HERDERS SÄMMTLICHE WERKE

BAND IV

Elibron Classics
www.elibron.com

Elibron Classics series.

© 2006 Adamant Media Corporation.

ISBN 0-543-94615-0 (paperback)
ISBN 0-543-94614-2 (hardcover)

This Elibron Classics Replica Edition is an unabridged facsimile of the edition published in 1878 by Weidmann, Berlin.

Elibron and Elibron Classics are trademarks of Adamant Media Corporation. All rights reserved.

This book is an accurate reproduction of the original. Any marks, names, colophons, imprints, logos or other symbols or identifiers that appear on or in this book, except for those of Adamant Media Corporation and BookSurge, LLC, are used only for historical reference and accuracy and are not meant to designate origin or imply any sponsorship by or license from any third party.

Herders
Sämmtliche Werke.

Herausgegeben

von

Bernhard Suphan.

Vierter Band.

Berlin,
Weidmannsche Buchhandlung.
1878.

Inhalt.

	Seite
Einleitung.	V

Kritische Wälder. Oder Betrachtungen über die Wißenschaft und Kunst des Schönen. 1769.

Viertes Wäldchen.	3
Stücke aus einem älteren „Critischen Wäldchen." 1767.	198

Kleine Schriften (Recensionen). 1767—1769.

Aus den Königsbergschen Gelehrten und Politischen Zeitungen auf das Jahr 1767. ... 221

Aus der Allgemeinen Deutschen Bibliothek 1767—1770.

1. Johann Elias Schlegels Werke: Vierter Theil. 1766.	232
2. Christ. Adolph. Klotzii carmina omnia. 1766.	239
3. Christ. Adolph. Klotzii opuscula varii argumenti. 1766.	243
4. (Willamov) Dithyramben: Zwote Auflage. 1766.	251
5. Karl Wilhelm Ramlers Oden. 1767.	261
6. Des Herrn Nicol. Dietr. Giesekę Poetische Werke 1767.	271
7. (Dusch) Briefe zur Bildung des Geschmacks. Zweiter Theil 1765.	278
8. Briefe zur Bildung des Geschmacks. Dritter Theil 1767.	292
9. (Bodmer) Die Grundsätze der deutschen Sprache. 1768.	298
10. (Gerstenberg) Ugolino. 1768.	308
11. Die Gedichte Ossians, übersetzt von M. Denis	320

	Seite
12. Des C. Cornelius Tacitus sämtliche Werke. Uebersetzt durch Joh. Sam. Müller. 1765. 66.	326
13. C. Cornelius Tacitus Werke aus dem Lateinischen übersetzt. (von Joh. Sam. Patzke) Magdeburg 1765.	333
Öffentliche Erklärungen gegen Klotz und Riedel. 1768. 1769.	337
Journal meiner Reise im Jahr 1769.	343
Einzelne Blätter zum „Journal der Reise."	462
Anmerkungen.	487

Einleitung.

Der vorliegende vierte Band bringt zuvörderst in gleichem Verhältnis wie der zweite zum ersten, die vom Verfasser nicht veröffentlichte, aber druckfertig ausgearbeitete Fortsetzung des im dritten Bande enthaltenen Werks. Mit seinem zweiten Teile, der Sammlung der kleinen Schriften aus den Jahren 1767—69, bildet er den Abschluß der ersten, der kritisch-polemischen Periode Herders; der dritte Teil, das Journal der Reise vom Jahre 1769, leitet schon zu den Werken der nächsten Periode über.

Über das vierte Wäldchen und die hier zuerst aus dem Nachlaß aufgenommenen Stücke des ältesten kritischen Wäldchens (S. 199—218) gibt die Einleitung des dritten Bandes (S. XII—XIV. X—XII) Auskunft. In dem vierten Wäldchen hat man seit seiner Veröffentlichung im Lebensbilde (1846. I, 3, 2, 217—520) ein würdiges Seitenstück des ersten anerkannt, dem es an Ideengehalt den Rang streitig macht. Der erste Abdruck genügt, von der Ungenauigkeit im Orthographischen abgesehen, nicht einmal der einfachen Forderung wörtlicher Treue.[1] Für den hier gebotenen

---

1) Die Mangelhaftigkeit erhellt aus Fehlern wie „sichtbar" statt „fühlbar" (227. 424), „Pythisten" statt Pythissen (274), „reflektirten" statt „reflektirtsten" (284), „verhinderten" statt „verkinderten" (304), „dichterische" statt „Dichterischte" (352), „Seite" statt „Saite" (357), „einiges" (Bewußtsein) statt „inniges" (374), „Apoll" statt „Apell" (383), „der Bedürfnisse" statt „der Bedürfniß" (392), „zusammengeschloßner" statt „zusammengeflossner" (467), „wo es nicht" statt „wo ers nicht" (505). Das ist noch nicht die Hälfte. Bisweilen sind Worte ausgelassen, so z. B. die gesperrt gedruckten in den Stellen: „Ich sage nicht, daß sie nicht (427); . . . „sinnlich machen: wer in der Welt hat so gesprochen?" Daß andrerseits Provinzialis-

habe ich außer dem Manuscript der letzten Bearbeitung auch die erhaltenen Blätter der älteren Niederschrift (Band III, Einleitung S. XIII) benutzt — sie haben die mit a bezeichneten Varianten geliefert — sparsam natürlich und in der Regel nur dann, wenn bei letzter Fassung der Autor absichtlich eine literarische oder persönliche Beziehung verdunkelt oder verdeckt hatte, die bei solch halber Andeutung gegenwärtig vollends unverständlich sein würde.

Neben und zwischen den bis hierher reichenden größeren Werken, die unter drei verschiedenen Namen doch gleichsam einen, fortlaufenden, „kritischen Wald" darstellen, sind die kleinen Schriften erwachsen, welche sich nun in vollständiger Sammlung S. 219 — 341 anschließen. Es sind zumeist Recensionen; einige wenige für die Königsbergischen Zeitungen verfaßt, denen Herder seine kritischen Erstlinge anvertraut hatte,[1] zum größeren Teil in Nicolais Allgemeiner Bibliothek veröffentlicht. In der alten Gesamtausgabe suchte man sie vergeblich. Und doch hatte schon, als diese in Vorbereitung war, Friedrich Heinrich Jacobi fürsorglich an diese kleinen anonymen Arbeiten und ihren Hauptfundort erinnert. „Es stehen in der Allgemeinen Deutschen Bibliothek," schrieb er an Herders Witwe im Mai 1804, „mehrere ganz vortreffliche Recensionen von Herder, die schlechterdings in der Sammlung seiner Werke aufbewahrt werden müssen." Er weist namentlich hin auf die Besprechung des Ossian von Denis (S. 320—325), der Gedichte des Herrn von Creuz und der ältesten Sammlung von Klopstocks Oden.[2] „Im Jahr 1784 zu Weimar lag ich Herdern an, daß er diese treflichen Aufsätze gesammelt möchte beson-

---

men wie „laß| dieser" (392) u. a. als Schreibfehler angesehen und beseitigt sind, braucht kaum bemerkt zu werden.

1) Vgl. Band I Einleitung S. XIX fgg.

2) Die von 1772—1774 erschienene zweite Serie von Recensionen, zu welcher die oben genannten gehören (auch Denis, Ossian II. III) wird in Band VIII dieser Ausgabe, vereinigt mit sämtlichen übrigen Recensionen der siebziger Jahre, aufgenommen.

ders herausgeben. Er hatte nichts dawider, als daß er darüber Händel mit Nicolai bekommen könnte. Diese Ursache fällt nun weg." Der Hinweis blieb damals fast wirkungslos. Die Herausgeber verwarfen die vor dem Jahre 1770 verfaßten Recensionen als „verlebt"[1] sämtlich, und nur eine überhaupt aus der ganzen stattlichen Reihe, die von Klopstocks Oden (1773) fand Gnade vor ihren Augen. (WW. z. sch. Lit. u. K. XIII, 271—286. 8°). Das „Lebensbild" übernahm es dann, den Ausfall zu decken; dort (I, 3, 2, 1—146) findet man wenigstens die für die Allgemeine Deutsche Bibliothek von 1767—69 geschriebenen Recensionen beinahe vollzählig, freilich andrerseits auch überzählig,[2] beisammen, ferner auch (I, 2, 382—86. I, 3, 2, 196—197) die beiden größeren „Erklärungen." Es fehlt, nicht ohne gewisse Berechtigung, die Recension von Ramlers Oden (S. 261—271) und die kleine Sammlung aus den Königsbergischen Zeitungen (S. 221—231).

---

1) Zu der Ugolino=Recension merkt Georg Müller an: „Zweifelhaft" (ob aufzunehmen). „Das Stück ist ja ganz vergessen."

2) Man wird, die so genannte „Recension," von Bodmers Noachide, Lebensbild S. 147 fgg., nachdem sie in Band II dieser Ausgabe unter den Parallelen der umgearbeiteten zweiten Sammlung der Fragmente (S. 163[1]—178) ihre zugehörige Stelle gefunden, in diesem Bande nicht vermissen. Eben so wenig wie sie war die im Lebensbilde darauf folgende (S. 169—177) Studie über ein Buch von Boulanger, L'antiquité dévoilée. Amsterdam 1766 irgend für die Allgemeine Deutsche Bibliothek bestimmt. Vgl. Band II S. 372 zu S. 137. Höchst wahrscheinlich dagegen die unvollendete Recension von etlichen Gedichten und Gedichtsammlungen von Christian Friedrich Daniel Schubart, Ende 1768 geschrieben. (1 Blatt gr. 4°). „Nun tritt auf einmal und das in Schwaben ein Dichter hervor, der, der — kurz der kein Dichter von gemeiner Art ist." Nur die erste Piece, „Der Tod Franciscus des ersten: Roemischen Kaisers: eine Pindarische Ode, Ulm bei Bartholomäi, 3 Bogen, wird kritifirt („Kurzum! sie ist keine Pindarische Ode. — Indeßen bleiben wir dabei, daß dies Poetische Stück nicht zu verachten, und mit allen folgenden nicht zu vergleichen sey.") Von den letzteren stehen nur die Titel da: Ode auf den Tod Abbts (vgl. Band II, 254[1]); Die Baadcur; Todesgesänge.

Erklärlich ist es, daß Herder sich an dem Preußischen Provinzialblatte nur noch mit halbem Interesse beteiligte,[1] seit ihn Nicolai zur Mitarbeiterschaft für die Bibliothek geworben hatte,[2] das einflußreichste Organ wissenschaftlicher und aesthetischer Kritik, dessen Bedeutung der junge Autor selbst in den Fragmenten (Band I, 144) willig anerkannt hatte, wie viel er auch dort an seiner Einrichtung auszusetzen gefunden.[3] Auch wenn sie sich fernerhin statt der „idealischen Form," von welcher die Fragmente geträumt hatten, mit einer „practicablern" begnügte, blieb die Bibliothek der geeignetste Ort, das Ideal von productiver Kritik, das der Fragmentist so glänzend aufgestellt hatte (Band I, 245—249), in die Wirklichkeit einzuführen. Und in der That, erst in diesen Recensionen für die Bibliothek gewinnt das dort entworfene Bild des ächten Kritikers Leben, welcher ein Werk aus den Bedingungen seines Entstehens zu begreifen und es in den Geist seines Urhebers zurückzuverfolgen sucht.

Für die Anordnung der Recensionen ist die Zeit der Abfassung oder der Termin, zu dem sie eingesandt worden, maßgebend gewesen, nicht die Stelle, welche sie zufällig in der Bibliothek einnehmen. „Die Ordnung der Recensionen kommt mehr von dem Buchdrucker und dem Corrector, öfters, als von mir her" (Nicolai an Herder im Lebensb. I, 2, 388) — diese willkürliche mußte der genetischen Reihenfolge um so mehr weichen, wenn es sich erwies, daß die letztere für die Würdigung und das richtige Verständnis einzelner Stücke, wie der Recensionen von allen Klotzischen Schriften, keineswegs unwesentlich ist. Die vier ersten Recensionen schließen sich hiernach eng an die dritte Sammlung der Fragmente

---

1) Haym, Herder und die Königsberger Zeitung III. Im Neuen Reich 1874, S. 618—623.

2) Lebensbild I, 2, 206. (November 1766). 220 fgg.

3) Auf seinen alten „Fragmenten-Rath," der auf größere Concentration der Beiträge hinausläuft, kommt Herder in einem späteren Briefe an Nicolai zurück (November 1768, Lb. I, 2, 373) — mit dem gleichen Miserfolge; f. ebenda S. 387 fg. II, 103.

an (Januar, Februar 1767), die fünfte ist im October 1767 [1]), die Nummern 6 — 8 sind im Mai 1768 eingesandt. Wiederum nach halbjähriger Frist [2] (Ausarbeitung der beiden ersten kritischen Wäldchen) ist die neunte geschrieben, die vier letzten im ersten Viertel des Jahres 1769.

Das Manuscript dieser Arbeiten ist, mit Ausnahme eines Stücks, von welchem Herder wider seine Gewohnheit ein Duplicat zurückbehalten hat (vgl. S. 251[1]), verloren gegangen; die Frage, ob etwa auch der Text hie und da unter fremder Willkür gelitten, läßt sich endgiltig also nicht erledigen. Unerörtert indessen darf sie nicht bleiben.

In dem Gefühl, daß es ihm schwer fallen möchte, den Ton der Berliner Kritik zu treffen, stellte Herder dem Herausgeber der Bibliothek anheim „Localgesichtspunkte zu ändern." (Lb. I, 2, 229. Februar 1767). „Die Freiheit, die Sie mir gaben, etwas zu ändern," erwidert Nicolai (S. 251), „werde ich gewiß nur selten und dann in bloßen Nebendingen zu brauchen nöthig haben." Die Correspondenz der sechziger Jahre, so weit sie im Lebensbilde vorliegt, geht auf diese Dinge nicht weiter ein, Herder hatte wichtigeres mit dem Berliner Freunde zu verhandeln. Später ist öfters die Rede davon, und wir erhalten so eine Vorstellung davon, wie Nicolai die „Freiheit" aufgefaßt hat. „Werden Sie mir wohl vergeben," heißt es da bezüglich einer Recension aus dem Jahre 1771, „daß ich einige Metaphern und Gleichnisse, die mir allzu kühn oder nicht passend schienen, weggelassen habe? Sie haben mir vor Zeiten Vollmacht dazu gegeben; ich weiß aber nicht, ob

---

1) Herder an Scheffner Sept. 1767: An Nicolai D. Bibl. nehme ich minder Antheil als Sie denken ... seit einem runden halben Jahre [habe ich dafür] keine Zeile geschrieben. Lb. I, 2, 271, vgl. 229. 238. (Lebensgefährliche Erkrankung im Februar 1767).

2) An Nicolai, 9. August 1768: „Die erste Muße soll Ihrem Journal gewidmet sein, und ich hoffe immer mit mehrerm Nachdruck, weil ich von Zeit zu Zeit immer mehr Deutsch lerne. Lassen Sie mich aber jetzt auch etwas fertiren." (Lb. I, 2, 338).

sie noch dauert. Wenigstens habe ich mich derselben sehr sparsam bedient." (Von und an Herder I, 324). Und Herder willigt auch jetzt noch in eine Stilcorrectur, die ja noch einschneidender von derselben Hand auch Thomas Abbt an seinen Beiträgen zu den Litteraturbriefen und an noch reiferen Arbeiten geduldet hatte. „Wo es nicht ganze Meinung betrifft (in welchem Fall es Differenzen von Urtheil geben kann); über alles andere haben Sie ja Macht, wie und wo Sie wollen. Ich weiß es ist beschwerliche Vollmacht, und nichts mehr, aber glauben Sie, ich lerne gern. Und aus wie vielen Proben weiß ich, auch aus Abbts Briefwechsel, Ihre und Herrn Moses Sorgsamkeit im Stil und Gefühl von Richtigkeit des Ausdrucks." (a. a. O. 328). Aber diese Befugnis gewinnt auch eben jetzt und für die Recensionen der nächsten Jahre bedeutend an Tragweite. So viel auch Nicolai schon wider den „Hamannischen cant" der Fragmente auf dem Herzen gehabt hatte (Lebensb. I, 2, 207), ein tieferes Misvergnügen empfand er bei Herders Stil doch erst, als dieser in den Frankfurter Gelehrten Anzeigen, in den Blättern von Deutscher Art und Kunst den für die Prosa der Sturm= und Drangperiode maßgebenden Ton anschlug und sich mit dieser „allzu nachdrucksvollen und fremden Schreibart" auch in der Bibliothek nicht mehr verleugnen wollte. Jetzt erst fallen von seiner Seite dann und wann „vorwitzige" und schulmeisterliche Bemerkungen über einzelne „emphatische Ausdrücke", und jetzt allerdings hat man Grund, allerlei anmaßliche Änderungen von seiner Hand zu vermuten.[1]

Anders vor dem Jahre 1770. Nur im ersten Torso=Stücke noch finden wir jenen „hohen Stil," der die Fragmente so merkbar

---

1) Von und an Herder I, 338—340. Ein Beispiel S. 338. Herder hat geschrieben: „bei wenigem Tilgen der Auswüchse." Nicolai will dafür setzen: „durch Wegschneiden einiger wenigen Auswüchse." — „Wenn ich mir daher zuweilen die Freiheit genommen habe, in ihrer Schreibart etwas zu ändern, so sind es Stellen dieser Art. Stellen, die mir zwar fremd und daher tabelhaft schienen, bei denen aber ohne gänzliche Umwerfung der Perioden Ihr Sinn nicht konnte erreicht werden, habe ich nicht angerührt."

auszeichnet, und der, wie oft auch Herder sich wie seine Kunstrichter darüber täuschen mag, doch sein eigner und wahrer Stil ist.[1] In der dritten Fragmenten-Sammlung ein allmähliches Hinabgleiten, in den Kritischen Wäldern ein entschiedenes Hinübertreten auf den breiten und glattgeschlagenen Pfad der Prosa des „guten gesunden Verstandes" — man erkennt die Wirkungen von Nicolais freundwilligen Zurechtweisungen, noch mehr wol von jenem Sturme des Misfallens, der sich aller Orten gegen die Schreibart des Erstlingswerks erhoben hatte. Zwar dort im Torso legt er noch für Abbt und im Namen aller originalen Stilisten Verwahrung ein gegen die Ansprüche, mit denen eine verstandesdürre Kritik neue und kühne Sprachbildungen antasten möchte, aber er selbst, so scheint es, begiebt sich absichtlich von jetzt ab aller Sonderrechte, die er für das Originalgenie beansprucht, und zu keiner Zeit hat er der planen und nüchternen Prosa der Nicolai, Mendelssohn und Spalding näher gestanden als zu Ende der sechziger Jahre, am nächsten aber jedenfalls in den Arbeiten für die Bibliothek. „Bei meinen Recensionen lege ich mich recht aufs Geschwätz, um verständlich zu werden" — diese Äußerung aus dem Jahre 1773 (Von und an Herder I, 346) hat im Hinblick auf die ältere Reihe der Recensionen ihre volle und einzige Berechtigung. So ist es denn gewiß nicht bloßer Zufall, daß in der einen Recension (über Willamovs Dithyramben, S. 251—261), deren Wortlaut nach dem Manuscript geprüft werden konnte,[2] sich nur geringe

---

1) Zur Selbsterkenntnis auch hinsichtlich seines Stils sehen wir ihn gelangt im Reisejournal, S. 438 fg. dieses Bands, vgl. 338.

2) In dem ersten Satze auf S. 257 hat das Msc. zuerst, wie es im Druck lautet, „so gut"; „gut" aber ist durchgestrichen, und das bessere „künstlich" darüber gesetzt. Im Msc. ist die Recension mit Rr, im Druck mit C unterzeichnet, vielleicht auf Nicolais Anordnung. „Seine Zeichen sind in Vol. V—VI C, in VII—XII Y, in XIII—XVIII L, vom XIX. Bande an T. Ds. Auch wäre es möglich, daß er irgend einmal aus eigner Bewegung ein anderes Zeichen gewählt hätte, welches nicht ins Register eingetragen worden, sonderlich in den ersten Bänden." (Nicolai

Verschiedenheiten der Lesart ergeben, und darunter keine solche, die man auf Nicolai zurückführen müßte. Man darf annehmen, daß der Censor hier auch „in Nebendingen" noch Enthaltsamkeit geübt hat.

Nur ein Mal hat er sich einen gewaltsamen Eingriff gestattet. „Localgesichtspunkte" ganz eigener Art haben dabei entscheidend mitgesprochen.

Die von Herder eingesandte Beurteilung von Ramlers Oden fanden Nicolai und Mendelssohn „zu strenge," und der letztere entschloß sich dazu, eine neue Recension zu verfertigen, „unter welche er einen Theil der Herderischen verwebte." Dies der Sachverhalt mit den Worten Nicolais (Lb. I, 2, 310), der weiterhin (314) von „Herders mit Moses Gedanken vereinigter Recension" redet, endlich sie schlechthin „Moses Recension" nennt, wie sie denn auch einfach mit Mendelsjohns Chiffre O. in der Bibliothek erschienen und in desselben gesammelte Schriften (IV, 2, 537 fgg.) übergegangen ist. Um Herders Anteil mit einigem Erfolg zu reclamiren, darf man sich nur an die Einzelbesprechungen der zweiten Hälfte (S. 16 fgg.) halten, in denen man stellenweise Herders Ausdruck unverfälscht vernimmt und nur etliche verbindlich beschönigende Wendungen den ängstlichen Zwischenredner verraten. Wenn dagegen auch in den breitgezogenen Allgemeinsätzen des vorderen Teils einige Gedanken Herders genutzt sein mögen, so sind sie doch dermaßen aller Originalität entkleidet, daß er gewiß sich selbst darin nicht wiedererkannt hat. Um nicht lockere Bruchstücke zu geben, habe ich daher die zweite Hälfte ganz aufgenommen und die von Herder sicherlich nicht herrührenden Stellen darin mit Klammern bezeichnet.

Der Eifer, der den jungen Schriftsteller auf die Bahn der Kritik getrieben hatte, war völlig verraucht, als die letzten Recensionen erschienen. Die Modekrankheit der Zeit — so nannte er

---

a. 1804). — Außer der Dithyramben-Recension sind nur wenige Zeilen über Duschens Briefe (S. 286 Z. 4 v. u. — 287 Z. 21), doch nicht in letzter Redaction, erhalten.

die Kritik, als er ihr mit Leidenschaft anhieng — er glaubte sie in allen Phasen überstanden zu haben, und in dem Widerwillen, ja Abscheu vor allen kleinlichen „Modebeschäftigungen" empfindet er die Gewähr seiner beginnenden Reise. „Geist des Handelns" überkommt ihn, der menschlichen Thätigkeit soll sein Mannesalter gewidmet sein, er trägt sich mit reformatorischen Entwürfen für seine baltische Heimat, mit civilisatorischen Planen für das allweite Reich seiner Kaiserin, und bis zu ihrem Throne erheben sich seine hochfliegenden Gedanken. Und diesen „würdigen Anschlägen" allein, oder doch ihnen vorwiegend soll auch seine Feder dienstbar werden. Eine wundersame Wandlung und Wiedergeburt; sie hebt in Riga unmerklich an, sie vollzieht sich aber erst unter den mächtigen Eindrücken einer Reise, die lange geplant, und dann doch in betäubender Hast angetreten, ihn „wie im Traume" in eine neue Welt entrückte. Sie macht Epoche in seinem Dasein, dem menschlichen und schriftstellerischen, wie kein zweites Ereignis seines Lebens. Ihren Verlauf zu schildern, ist dem Biographen vorbehalten.[1] Hier ist nur ein literarisches Denkmal derselben historisch einzuführen, die wichtigste Urkunde zugleich für ihre denkwürdigsten Stadien: das „Journal meiner Reise im Jahr 1769." Dazu aber genügt es, den äußeren Verlauf in einigen Daten und Stationen zu markiren, wie sie ein Blättchen aus der Reise-Schreibtafel angiebt, die Data im Eingang des Tagebuchs (S. 345) ergänzend:

„Den 6/17 Juni vor Koppenhagen, 8/19 in Helsingör, 10/21 von Helsingör, 22 Jun./3 Juli im Canal, 1/12 Juli aus dem Canal bei Dovesande; den 4/15 der Ebbe wegen bei Painböf geankert; den 5/16 von Painböf nach Nantes. Den 4. November aus Nantes, den 8. Nov. in Paris." Noch vor Ablauf des Jahres Abreise nach Holland.

. 1) Joret, Herder Et La Renaissance Littéraire En Allemagne. Paris 1875. p. 281 fgg. Voyage En France. Ich verweise im voraus auf Hayms Herder, dessen zweiter Halbband der Vollendung nahe ist. Buch III. Reiseleben, Abschnitt 1. Von Riga bis Paris.

Nur der engere Freundeskreis wußte um die Existenz des Reisejournals und erhielt von seinem allmählichen Wachstum Nachricht. „Mein Journal der Reise ist noch zu jung," meldet ein Brief an Hamann, etwa vom 30. August[1] zu datiren, „und meine Tristramschen Meinungen, die den Mangel an Denkwürdigkeiten ausfüllen müssen, zu unreif und also notwendig zu jastreich,[2] als sie schreiben zu können." (Lb. II, 61.) Wie es scheint, hat es noch eine Zeitlang bei diesen Anfängen sein Bewenden gehabt, und kam es erst im October zu der eigentlichen Redaction. Angesichts der bevorstehenden Abreise[3] verzeichnet Herder in einem Briefe an Hartknoch (datirt: October; a. a. O. 73) die Arbeitsreste, die er in Nantes noch zu erledigen habe. Unter diesem Debet befindet sich „mein Tagebuch, mit welchem ich noch immer auf dem Schiffe, und lange noch nicht einmal im Sunde bin, ob ich gleich schon zwei Hefte in Quart voll habe." Diese beiden ersten Hefte und die nächsten Seiten des dritten, die sich mit ihrer zierlichen, reinlich ebenmäßigen Schrift ganz wie die zum Druck ausgearbeiteten Werke der Rigenser Jahre ausnehmen, zeugen noch von der behaglichen Abgeschlossenheit, in die sich Herder, rastlos arbeitend, zu Nantes eingesponnen hatte. Von da ab (S. 43 des Manuscripts,

---

1) Von dem Briefe ist nur das undatirte Concept erhalten. Das Datum ergibt sich aus der Stelle: „Ich bin an der Encyclopädie," verglichen mit dem Briefe an Hartknoch vom 28. August: „Morgen will ich die Encyclopädie vornehmen." (S. 57).

2) Die Ideen müssen eine Gärung durchmachen, ehe sie sich abklären — das ist eine Lieblingsvorstellung Herders („kritische Wälder auszujähren" Lb. II, 78; „Mein Urteil giert," Von und an Herder I, 353. a. 1773) wie Hamanns („Sich selbst und das Publicum ausgähren lassen," Schriften ed. Roth III, 386. An Herder 1768). Hier also mit einem landschaftlichen Ausdrucke, den die Schriftsprache jener Zeit auch sonst nicht verschmäht. S. Grimm D. W. B.

3) Bei den Worten: „Ich werfe mich morgen in den Postwagen nach Paris zu" (77) sollte man sogar an den Vorabend der Reise denken. Dazu stimmt aber das Reisedatum des Notizblättchens nicht, und der Widerspruch läßt sich leicht erklären. Vgl. S. 88. Brief an Begrow vom (4.) November: „Eben werfe ich mich in den Reisewagen nach Paris."

S. 409 dieses Bandes) nehmen die Schriftzüge streckenweise den flüchtigen Charakter an, der auf den letzten, in Paris geschriebenen Bogen merklich vorherrscht. Auch der Stil, mit seinen bald lässigen, bald kurz abgeschnittenen und abgebrochenen Sätzen, mit seinen Gallicismen, die sich je weiter nach dem Ende je zudringlicher einmischen,[1] verräth von da ab die Hast und Unruhe der letzten in Nantes verlebten Wochen und die Ungemächlichkeit — „frostige und unbequeme Stellung" (S. 448) — des zu kurz bemessenen Aufenthaltes in Paris. Mit jenem Briefe ist die eilfertigere Fortsetzung angekündigt; augenfällig ist es, wie die ersten Sätze derselben (S. 409, Z. 7—17) mit einer bedeutsamen Stelle eben dieses Briefes (a. a. O. 75) übereinstimmen. Von dem dereinstigen reformatorischen Wirken in Riga, dem eine einflußreiche pädagogische Stellung zur Stütze dienen sollte (Herder war von der Regierung zum Rector der Livländischen Ritterakademie designirt), ist die Rede. „Ich arbeite fürs Lyceum so wesentlich und für die Menschheit so würdig, daß, wenn meine Plane und Absichten einmal eine würdige Stelle finden, wo es auch sei? sie nicht verkannt werden können. Warum sollte die Zeit der Lykurge und Solonen,[2] der Calvine und Zwinglius, dieser Schöpfer von kleinen glücklichen Republiken, vorbei sein, und warum sollte es nicht ein mögliches Datum zu einem Etablissement geben, das für die Menschheit, für Welt und Nachwelt, Pflanzschule, Bildung, Muster seyn könnte? Ich habe nichts auf der Welt, was ich sehe, daß andere haben: keine Ader für die Bequemlichkeit, wenige für die Wohllust, nichts für den Geiz. Was bleibt mir übrig, als Wirksamkeit und Verdienst?"

In Paris ist nur das letzte Viertel des Tagebuchs (von S. 433 = S. 60 des Msc. ab) verfaßt. Die Fortsetzung kennzeichnet sich

---

1) Von dem „Kauderwelsch" in seinen gleichzeitigen Briefen: „Ich bin jetzt eben im Zeitpunkt des Gährens zweier Sprachen, da ich keine kann." Lb. II, 37.

2) „Sokraten" im Lb. ist offenbar verschrieben.

hinlänglich schon durch die zahlreichen Rückerinnerungen an Nantes
(z. B. S. 437 fgg.). Leider hat sich dieser Teil der Reiseaufzeich=
nungen nicht vollständig gerettet. Eine beträchtliche Lücke findet
sich schon nach den ersten Blättern,[1] und der Schluß fehlt. Man
darf sich damit trösten, daß das Tagebuch überhaupt nicht viel
weiter geführt sein kann. Es war seiner ganzen Anlage nach nur
denkbar, so lange der Verfasser seiner Reisemaxime, „Gang und
Stillstand, Handlung und Traum" (an Hartknoch, Lb. II, 79)
treu zu bleiben vermochte. Traum, d. i. nach Herders eigentüm=
licher Redeweise Sammlung der Seele zu ruhiger inniger Reflexion,
war unentbehrlich, um ein Tagebuch dieser Art zu führen, ein
Tagebuch, das mehr ein Repertorium aller geistigen Erträgnisse der
Reise, eine Geschichte aller inneren Erlebnisse sein sollte, als ein
Verzeichnis dessen, was man sonst zu den Denkwürdigkeiten einer
Reise zählt.

„Von Voltaire bis zu Freron, und von Fontenelle bis zu Mon=
tesquieu, und von D'Alembert bis zu Rousseau, unter Encyclopä=
disten und Journalisten, unter denen ich das Journal étranger sehr
genutzt, ... unter Theaterstücken und Kunstwerken, und politischen
Schriften, und alles, was Geist der Zeit ist, habe ich mich herum=
geworfen und umhergewälzt. Darum wird mein Tagebuch auch
so groß und es wird dies einmal ein sonderbares Ding sein, für
mich und Artikelweise für meine Freunde zu lesen." (Lb. II, 80.)
Damit erklärt Herder den Freunden in Riga sein rätselhaft langes
Verweilen in Nantes und das langsame Vorrücken des Tagebuchs,
mit dem er noch immer nicht „im Sunde" sei. Er läßt uns
zugleich in das Werden desselben einen Blick thun.

Aufzeichnungen über die Seefahrt, wol meist nur flüchtig in
die Schreibtafel eingetragen, darf man als die ältesten „Quellen"
des Journals betrachten. Unter die „See=Träume" gehören die

---

1) Vgl. S. 441[1] Entweder ist eine ganze Lage (Herber sagt: Heft)
von etwa 3 Bogen (6 Blättern 4º) verloren gegangen, oder es fehlen an
der vierten zwei Bogen, d. h. vorn und hinten zwei Blätter.

reformatorischen Pläne für Riga, welche gewiß nicht bloß mündlich dem Reisegenossen Gustav Berens anvertraut (Lb. II, 133), sondern zu gleicher Zeit schriftlich entworfen sind.[1] Ueber die Gespräche mit diesem Freunde, mit dem Schiffscapitän, über einzelne Momente der Seefahrt wird wie aus unmittelbarer Erinnerung an eben geschehenes berichtet. Erhalten hat sich von solchen Blättern nichts; nur ein genauer über neun Blätter in engster Schrift hinlaufender Auszug aus dem im Reisejournal (S. 409) besprochenen Werke Le Commerce de la Hollande, datirt lû et abrégé au Categat vis à vis du rocher de Kull [Kullen] le 10/21 de Juin 69, gehört zeitlich hierher. Aber dem Inhalt nach wird man dies Excerpt schon zu der Masse von Studien und Vorarbeiten zählen, jener Ausbeute einer mit unsäglicher Betriebsamkeit gepflogenen Lectüre, zu welcher Bibliotheken und „chambre littéraire" in Nantes einluden. Alle die edelsten Gedanken jener Geister, mit denen er dort in stillem Verkehr lebte, die ihn aus den Büchersälen in die Einsamkeit der Wälder begleiteten, und eine Ueberfülle von Plänen und Ideen anregten, sie sollten schließlich samt diesen eigenen Gedanken sich in dem Tagebuche ansammeln. Blätter und Bogen mit solchen Materialien finden sich reichlich im Nachlasse:[2] Excerpte und Gedanken-

---

1) Den Plan zu einer „Verbesserung der Domschule," „mit allem Feuer und Freiheit geschrieben," übersandte Herder von Helsingör aus an Hartknoch und durch ihn an seine Gönner, den Rathsherrn und den Secretär Berens. — „Gesichtspunkte und Rücksichten, die man nehmen müßte, um aus meiner gewesenen Stelle zu machen, was sie nicht ist und doch sein sollte. Der Plan hiezu ist lang gerathen, weil ich überall Gründe gesagt habe, die freilich das Ganze nicht vorbeigehen, aber es auch nicht eigentlich betreffen." Lb. II, 39. 74. Ausführliche Skizzen zu diesem Promemoria stehen in einem als Notizbuch auf der Seereise benutzten Octavhefte. Die „Einrichtung meiner Schule," des Lyceums (S. 371—401), die ursprünglich als ein Programm an die „Krone" d. i. die russische Regierung, oder an den Landtag der Ritterschaft gedacht sein mag (Herder in Riga. Urkunden S. 57), wie jene „Verbesserung" für den Rat der Stadt bestimmt war, wird in den Grundzügen ebenfalls auf dem Schiffe entworfen sein.

2) Arge Verwüstungen hat unter diesen wichtigen Papieren die Herausgabe des Lebensbildes angerichtet. Die brauchbar befundenen Blätter sind

ſkizzen in allen Graden der Ausführung. Aufzeichnungen flüch=
tigſter Art, wo in den bezeichnendſten Worten zwiſchen Punkten
und Strichen gleichſam nur die Häupter der Gedanken auftauchen;[1]
ſchematiſirte Entwürfe; endlich auch ſolches, was uns friſch wie
eine erſte, urſprüngliche Faſſung des Tagebuchs anmutet. Lectüre
einer bedeutenden Schrift giebt den Anſtoß, ſelbſtändige Gedanken
drängen ſich zwiſchen das Excerpirte, gewinnen die Oberhand, und
ſo endigt wol das Blatt mit Confeſſionen, mit feurigen Ergüſſen.
Solcher Art ſind die Stücke, die ich als einen Anhang zum Tage=
buche zuſammengeſtellt habe.[2] Die Friſche und Unmittelbarkeit der
Empfindung verleiht ihnen faſt einen Vorzug vor der letzten
Redaction, formell ſtehen ſie hinter den flüchtiger geſchriebenen
Partien keineswegs zurück — mit Ausnahme eines Stücks (4.)
S. 469—478, dem ich wegen ſeines bedeutenden Inhalts und
ſeiner engen Zugehörigkeit hier eine Stelle eingeräumt habe, um es
nicht bei den „Skizzen" im Supplementbande zu vereinzeln. Es
gehört als Entwurf und Vorſtudie zu dem politiſchen Memoire
„Über die wahre Cultur eines Volks und inſonderheit Rußlands,"
das im Reiſejournal (403—405) ſkizzirt und an noch mehr

---

aus den Studien= und Collectaneenheften ausgeriſſen, und mit ungebundenen
Blättern und Lagen vereinigt, ſo daß man jetzt das ſachlich zuſammenge=
hörige mit Not zuſammenfindet, die zeitliche Ordnung aber, in der das alles
geſchrieben, ſelten mit Sicherheit beſtimmen kann.

1) Von dieſer Art ein merkwürdiges Blatt, im Format des Journals,
ohne Zweifel in Nantes geſchrieben: ein Entwurf zum Leben Jeſu (S. 440
Z. 8 fgg. 446—448): „O Freund, ich will dich von Jeſu unterrichten. — —
Hier entfernt, einſam, leſe ich Leben — — fühle Züge der Seele — —
immer verfolgt mich ein Bild — — wir haben kein Leben von Jeſu" u. ſ. f.
Vgl. „Einige Züge zum Bilde Chriſtus," Briefe das Studium der Theologie
betreffend II, Br. 21 der zweiten Ausgabe.

2) Alle dieſe Stücke ſtehen auch im Lebensbilde II, aber lückenhaft
und mit den ſinnwidrigſten Lesarten auf jeder Seite, da es dem Herausgeber
häufig nicht gelungen iſt, die zahlreichen Abkürzungen zu entziffern. Nr. 4
iſt dort gar in zwei Stücke zerriſſen und S. 337—349. 478—485 unter
verſchiedenen Titeln abgedruckt.

Stellen berührt wird, das zeitweilig alle andern Arbeiten in den Hintergrund drängt und mit jenen hochstrebenden und ehrgeizigen Plänen zusammenhing,[1] die ich oben kurz angedeutet habe.

Solch eine Fülle des Mannigfaltigsten und Verschiedenartigsten, nur im Sinne, der Endabsicht des Verfassers geeinigten, konnte in einem tagebuchähnlichen Werke sich friedlich zusammen finden, so lange diesem die Ruhe gegönnt blieb, alle Bäche und Nebenrinnsale bedachtsam in das eine Bett zu leiten. Diese Ruhe mußte der Reisende im Gewühle der Weltstadt schmerzlich vermissen. (Lb. 89. 128.) „Paläste, Gallerien und Lustschlösser zu durchtraben," lautet hier gleich anfangs sein Programm (91), und sein Schlußbericht: „Ich habe gesucht, Bücher und Menschen, Deklamation und Schauspiel, Tänze und Malereien, Musik und Publikum zu studiren. — Meine Zeit habe ich in Bekanntschaften mit Gelehrten, in Besuch der Bibliotheken, Malerei-Gallerien,

---

[1] Völligen Aufschluß darüber gewährt Herders Brief an seinen Freund Begrow in Riga, vom 3. Nov. 69. Lb. II, 84—88. „Die Veränderung meiner gelehrten Denkart hat mich auf Studien geworfen, ... die sich auf nichts weniger als auf Bildung der Völker, der Zeiten, der Gesetze, der Regierungen, des Jahrhunderts erstrecken. — — Sie müssen merken, daß ich von einem politischen Werke rede, von dem ich Ihnen mündlich schon Ideen gegeben habe." Darauf die Bitte um literarische Hilfsmittel, dringender um Nachrichten über die innere und äußere Politik der Kaiserin, die eben jetzt nach den entscheidenden Siegen über die Türken auf der Höhe ihrer Macht steht und am Ziele ihrer politischen Sendung zu stehen scheint. „In Holland oder England werde ich an meinem Werke arbeiten: sollte es wohl angehen, daß ich als ein ungenannter Reisender ein Exemplar im Manuscript an die Kaiserin sendete? Wäre Orloff, der Favorit, nicht dazu der erste Mann — —? Glaubten Sie nicht, daß bei allen so weitläuftigen Anstalten die Kaiserin auf ein Werk merken würde, das sie und ihr Geschäft [das Gesetzbuch] in allem Licht zeigte, als es der verstorbene Montesquieu nicht zeigen konnte, weil damals dies große Geschäft noch nicht existirte? Ist ein Weg, es an die Kaiserin geradezu zu senden? Lieset sie gerne Deutsch oder muß es Französisch sein?" — Geheimnisvoll zu gleicher Zeit an Hartknoch: „Bald sollen Sie etwas aus Deutschland her lesen, wo ich sehen werde, ob man mich erkennen wird, oder nicht." (83. 140).

Antiquitäten= und Kupferstichſammlungen, Schauſpiele und Gebäude, die des Anſchauens werth ſind, und dann in Studiren und Verdauen getheilet." (123 fg.) Zum Durcharbeiten des Neuauf=
genommenen konnte es nicht kommen, höchſtens zu flüchtiger Nieder=
ſchrift. Solcher Art ſind die kurzen Eſſays über Oper und Theater, S. 479 fgg., noch mehr die gehaltreichen Studien zur „Plaſtik", zu den bildenden Künſten überhaupt, welche hier in Paris natur=
gemäß den Vorrang behaupten, wo durch lebendiges, man darf ſagen andächtiges Schauen Herder ſich in theoretiſchen Anſichten beglaubigen konnte, auf die er berechtigter Weiſe hohen Wert legte.[1] Auf dieſe Studien, Beobachtungen, Entdeckungen kann das Reiſejournal nur noch mit einem „Siehe das Collectaneenbuch" (444 fg.) verweiſen, es fehlt die Muße, ſie in den alten Rahmen einzuſpannen.

„Mit Ihrem Reiſejournal ſiehts weither aus, wenn Sie noch nicht weiter als im Sunde ſind" — bemerkt trocken und lakoniſch der nüchterne Rigaer Freund und glaubt vor Zerſplitterung der Kräfte beſcheidentlich warnen zu dürfen. (a. a. O. 139.) Er hatte Recht; bei dem zu großartigen „Gothiſchen Zuſchnitt" mußte die Fortführung ins Stocken geraten, ſchließlich unterbleiben. (S. 438. 447). Jedenfalls wurde es um dieſelbe Zeit abgebrochen, als Herder in Folge der unerwarteten Berufung nach Eutin ſich auf eine ſchleunigere Rückkehr nach Deutſchland einrichtete. (Lb. II, 102. 120.)

So fand Georg Müller ein unvollſtändiges Manuſcript vor, er wollte es „Selbſtgeſpräche auf der Reiſe" nennen. Dem „ſon=
derbaren Dinge" gegenüber ſah er ſich in unbequemer Lage. Das Biographiſche konnte allenfalls bei den „Erinnerungen aus dem Leben" eingerückt werden. (I, 131. 425—472). Das meiſte aber von dem

---

1) Abgedruckt im Lebensb. II, 361—426. „Von der Bildhauerkunſt fürs Gefühl. (Gedanken aus dem Garten zu Verſailles)" u. ſ. Sie bilden die Mittelſtufe zwiſchen den gleichartigen Kapiteln des vierten kritiſchen Wäld=
chens und der „Plaſtik" (vgl. Bd. III, Einleitung S. XIV), ſtimmen mit der letzteren im Inhalt und in allem Charakteriſtiſchen des Ausdrucks über=
ein und können deshalb hier keine Stelle erhalten.

übrigen Inhalte war ja später in vollkommnerer Gestalt als „Werk" erschienen. So sollte denn wenigstens der pädagogische Abschnitt der Nachwelt nicht vorenthalten werden, und er fand ein bescheidenes Unterkommen als „Beilage zu den Schulreden" (WW. z. Ph. u. G. XII, 269—298. 8°) mit der Aufschrift „Ideal einer Schule", bei der man schwerlich daran gedacht hat, daß in diesem Plane, der in origineller Weise das damals junge Problem: Realschule oder Gymnasium? zu lösen sucht, alles und jedes auf die Wirklichkeit berechnet war. Den ganzen Schatz zu heben blieb dem Herausgeber des Lebensbildes vorbehalten, und er hat ihn gehoben, so gut er es mit ungeschickter Hand und ungeübtem Auge vermochte.[1] „Lebensbild" und „Erinnerungen" haben dem Abdrucke zur Grundlage gedient, welcher von Freunden und Verehrern Herders bei Gelegenheit der Säcularfeier und der Enthüllung seines Denkmals in Riga veranstaltet ward.[2]

Die Bedeutung des Journals liegt, seiner ganzen Natur nach, mehr in seinem engen Zusammenhange mit den geistigen Schöpfungen des Autors, als in seinen biographischen Elementen. Freilich fesselt es den Leser durch die Kunst, die Herder hier in einer fast unheimlichen Weise bethätigt, das Geheimnis des eigenen Innern zu belauschen und zu enthüllen. Er selbst sah darin den Hauptwerth autobiographischer Aufzeichnungen.[3] Aber ein noch höheres Interesse hat es

---

1) Eine nochmalige Aufzählung von Druckfehlern im Lb. lohnt nicht. Die Zahl der störenden Fehler beträgt über funfzig. Darunter „Schüler" statt „Schule" (196), gehabt st. gezält (233), Freimüthigkeit st. Freimäurer-Loge (242), schreiben st. sprechen (285), Domestiquen-Litteratur f. domestiquen Litteratur (296). Außerdem willkürliche Änderungen wie S. 277 (vgl. Bd. III, S. XV, Anmerk. 1) und Auslassungen. S. 283 = S. 428² hat das Lb. richtig gelesen d'un; im Msc., wie ich jetzt finde, steht undeutlich d'vn, nicht d'on.

2) Jegór von Sivers, Herder in Riga. Urkunden. Riga 1868 S. 1—39. Humanität und Nationalität. Eine livländische Säcularschrift. Berlin 1869. S. 34—39.

3) S. 365. 366. „Dazu will ich mein Tagebuch schreiben." — Vom Erkennen und Empfinden, S. 20—22. „Lebensbeschreibungen:

jetzt, das Werden seiner folgenden Werke hier zu beobachten. Entwicklungskräftig und schon aufgeschlossen liegen hier die Keime zur Plastik, zur Schrift vom Erkennen und Empfinden, zur Philosophie der Geschichte der Menschheit,[1] zu den Humanitätsbriefen und der Adrastea, wie zu den Briefen über das Studium der Theologie und den Christlichen Schriften. Diese Kinder seines Geistes, das fühlen wir zugleich, werden es über ihn gewinnen, die älteren werden sich nicht verstoßen lassen. „Mit Geists Gewalt" werden sie ihn zurückziehen in ihren Kreis; der Plan von großartigem praktischen Wirken ins Weite bleibt ein „Traum".[2] Der Schöpfungsdrang erinnert an die Erstlingsschrift[3] — hier schlingt die Kette der Schriften aus der ersten Periode sich zusammen — nur daß jetzt alles viel bewußter in dem Tone des „Ich will, ich muß, ich werde" auftritt. Und so wird man, in der Sprache der Ältesten Urkunde zu reden, dieses Werk als das Orphische Ei betrachten dürfen, in welchem, nach dem Lichte verlangend, die Welt aller zukünftigen Schöpfungen Herders beschlossen liegt.

Bemerkungen der Ärzte und Freunde: Weissagungen der Dichter: sie allein können uns Stoff zur wahren Seelenlehre schaffen. Lebensbeschreibungen, am meisten von sich selbst, welche tiefe Besonderheiten würden sie liefern!" u. s. w. Nächst dieser mit ergreifender Beredsamkeit geschriebenen Stelle verweise ich auf die Abhandlung in der Adrastea II, 33—40. „Maas der Adrastea in Denkwürdigkeiten seiner selbst." (1801).

1) „Universalgeschichte der Bildung der Welt." S. 353. „Mehr als Geschichte des Menschlichen Geistes: Geschichte des Fortgangs und der Kräfte des Menschlichen Geistes in dem Zusammenfluß ganzer Zeiten und Nationen!" S. 478.

2) Die Ahnung, daß es so sein werde, spricht sich schmerzlich aus im Briefe an Hartknoch, Dec. 1769. Lb. II, 123.

3) Band I, Einleitung S. XXIV.

Kritische Wälder.

Oder

Betrachtungen

über die

Wißenschaft und Kunst

des Schönen.

Viertes Wäldchen
über Riedels Theorie der schönen Künste.

Unus erat toto naturae vultus in orbe
quem dixere Chaos! — — —   Ovid. Metamorph.

1769.

Inhalt.

I.

1. Ueber die drei Grundgefühle der neuen Philosophie. Innerer Wiederspruch und Quelle des Irrthums in ihnen, bis zur Ungereimtheit.
2. Ihre übeln Folgen auf die Methode der Weltweisheit. Sie ertödten diese in ihrem Wesen und in ihrer Bildsamkeit. Lächerliche Antiwolfianer, wenn sie Grundsätze der Vernunft leugnen.
3. Ueber Riedels Brief von den drei Methoden der Aesthetik. Die Methode des Aristoteles, Baumgartens und Home wird gerettet und verbunden.
4. An Baumgarten wird der verfehlte Begrif der Philosophie des Schönen gezeigt. Vorwürfe und falsche Nutzbarkeiten, die mit diesem wegfallen.
5. Ursprung und Entwicklung des Begrifs vom Schönen in der Menschlichen Seele. Aussichten daher auf die Psychologie.
6. Von der Verschiedenheit des sensus communis, des Gewißens und des Geschmacks. Von der Verschiedenheit des letzten nach Bildungen, Erziehung, Himmelsstrichen und Zeitaltern.
7. Riedels Theorie hat weder bündige Kürze, noch Zusammensetzung, noch Bekanntschaft mit denen, die ihm vorgearbeitet.

II.

[bricht ab.]

1.

Die Grundbegriffe unsrer neuen Modephilosophie sind, wie alle guten Dinge, drei: hier sind sie mit Hrn. Riedels Worten: „Der Mensch hat dreierlei Endzwecke, die seiner geistigen Voll„kommenheit untergeordnet sind, das Wahre, das Gute und das „Schöne."

„Für jeden hat ihm die Natur eine besondere Grundkraft ver„liehen, für das Wahre den sensus communis, für das Gute das „Gewissen, und für das Schöne den Geschmack."

„Der sensus communis ist das innere Gefühl der Seele, „wodurch sie ohne Vernunftschlüße von der Wahrheit oder Falsch„heit einer Sache unmittelbar überzeugt wird. Das Gewissen ist „eben dasselbe von dem, was gut und böse ist, und der Geschmack „eben dasselbe von dem Schönen, wo es sich findet, unmittelbar „überzeugt zu werden." [1]

Unmittelbar überzeugt zu werden? haben die Worte einen Sinn: so wollen sie sagen, ohne Schlüße, ohne Urtheile, blos durch eine einfache Empfindung überzeugt werden. Und wovon könnte uns eine einfache Empfindung überzeugen? Nicht anders als von einer Einzelnheit, von einem Inselbegriffe. Zween Begriffe verbinden, oder trennen, wäre schon Urtheilen; zwei Urtheile verbinden, um in ihnen das Dritte zu erkennen, wäre schon schliessen: und hier soll nicht geschloßen, nicht geurtheilt, sondern unmittelbar empfunden werden. Was also eine einfache Empfindung, ein unmittelbares Gefühl in mich bringet, kann nichts

---

1) a: Man sieht die so genannten Grundkräfte einer bekannten neuern [zuerst: der Crusisch=Darjesisch=Hutchesonschen] Philosophie.

als einfache Empfindung, nichts als einzelnes Gefühl seyn. Hier muß die Sprache so die Worte wiederholen, wie sich die Ideen wieder erneuren: und wenn ich von tausend Dingen so überzeugt würde, tausend Inselbegriffe, tausend einzelne Gefühle, ein unverbundnes Chaos von Empfindungen und Eindrücken.

Laßet uns unsre Analyse verfolgen. Alle diese unverbundnen Eindrücke, von welcher Art und Klarheit wären sie, wenn sie nichts als solche wären? Natürlich die dunkelsten Gefühle. Eine Sache nur im mindsten klar erkennen, heißt schon sie unterscheiden; und keine Unterscheidung geschicht ja ohne Urtheil und ein Urtheil ist ja kein unmittelbares Gefühl mehr. Gar etwas deutlich erkennen: dazu gehört schon so gar die klare Erkenntniß der Theilbegriffe, als solche, als Merkmaale des Ganzen, folglich die Handlung des innern Vernunftschließens; und Hrn. Riedels inneres Gefühl soll durchaus ohne Vernunftschlüße überzeugen: die dunkelste Ideenart also oder kein Chaos ist dunkel.

Es ist vielleicht der einzige und beste Nutzen der Vernunftlehre, wie wir sie haben, daß sie durch das Zerlegen der Begriffe, den Irrthum wenigstens evident machen kann; wenn sie ihn schon nicht vermeiden lehrte. Laßet uns also Herrn Riedels Grundbegriffe weiter zergliedern. Wir sahen, daß sie blos einzelne Empfindungen geben konnten, daß diese Empfindungen von der dunkelsten Art seyn müßten; noch einen Schritt, und siehe! den offenbaren Wiederspruch, den augenscheinlichen Irrthum. Eben sie sollen doch Abstrakta erkennen lehren? und so zusammengesetzte, feine, verflochtne Abstrakta, als das Wahre, Schöne, Gute? Und sie sollen davon überzeugen? d. i. vernünftig mit Ursachen, Merkmalen, Gründen uns dessen sichern? Wie? und das alles ohne Urtheil, ohne Schluß? Das alles soll ein blindes, dunkles Gefühl thun? Ueberzeugen, von Wahrheit und Falschheit, von Gut und Böse, von Schön und Häßlich unmittelbar, durch einen dunkeln Zug, ohne Vernunftschlüße, und doch überzeugen? Wer hier den offenbaren Wiederspruch in Bindung solcher Begriffe nicht sieht, der siehet nichts. Herr Riedel ist in einer ärgern Verwirrung, als wenn er behauptete, daß das grobe Gefühl unsrer Augen, das z. E. auch ohne Licht, in der größten Dunkelheit würket, das sich äußert, wenn ein Strauch oder ein Schlag dies Auge trifft, daß dies grobe Gefühl eben das wäre, was wir Gesicht nennen, und daß wir also kein Licht zu sehen nöthig hätten. Hr. R. irret sich eben so grob in Absicht auf das Gesicht der Seele, auf den innern Sinn des Erkennens und Gefühls.

Das folgt aus der Entwicklung der Riedelschen Begriffe selbst; jetzt näher an die Erfahrung. Unmittelbar, durch ein innres Gefühl bin ich eigentlich von nichts in der Welt überzeugt, als daß ich bin, daß ich mich fühle. Diese Wahrheit allein wird ohne Schlüße innerlich erkannt, und der Skeptiker, der sie einen Augenblick leugnen, d. i. der die unmittelbare Ueberzeugung eines Gefühls in Urtheilen und Schlüßen erwiesen haben wollte: der wäre um einen Grad ein größerer Thor, als es der entschloßenste Egoist und Idealist seyn können. Er will das Ich durch Vernunftschlüße erwiesen haben, was doch selbst diese Vernunftschlüße machen müste: er will an Vernunftschlüßen nicht zweifeln und zweifelt an der Basis von Empfindung, worauf sie ruhen, und die sie blos modificiren können: er ist, wenn er seyn könnte, ein Thor. Dies innere Gefühl also ist der erste und wahre sensus communis der Menschheit, der unmittelbar und ohne Schlüße und Urtheile erlangt wird.

Die Ueberzeugung davon, daß Etwas Außer uns sei, ist von andrer Art, deren Unterscheid so schwer zu charakterisiren ist, als der Unterschied zwischen Innen und Außen; indessen noch Ueberzeugung und Gefühl. Der Streit mit den Idealisten ist, recht erklärt, nur immer Wortstreit, daß das Außer uns, kein In uns sey, und wenn also auch die Vorstellungsarten von Körpern, nichts mehr als Vorstellungsarten, und bequemere Formeln unsrer Charakteristik wären: so haben sie so fern, als unentbehrliche Hypothesen, äußere Gewißheit. Eine andre können sie nie haben, so lange ich Sinn durch Sinn, Körper durch Körper, ein Aeußers durch ein Aeußers erkennen muß, und so lange ich also zu den Organen, und ihrer

Stimmung unter sich, selbst Vorstellungen von Außen nöthig habe. Es bleibt dies also ein äußeres Gefühl, und als solches ein erster und wahrer sensus communis der Menschheit, der nicht durch Schlüße und Urtheile erlangt werden kann.

Wohlan aber! nun gebrauche ich meine Organe in Folge und Mannichfaltigkeit: siehe da eine Menge Inselbegriffe, ohne Ordnung, ohne Zusammenhang, ohne Brücken und ohne Dämme. Sie sollen gereihet, sie sollen verbunden werden — ei! nun würkt mein inneres Gefühl nicht mehr allein: ich lerne verbinden und trennen: siehe da! eine reflechirte Würkung der Seele: ich urtheile. Etwas außer mir, mit der Empfindsamkeit meiner Organe zu fühlen, war Gefühl; die mindste Unterscheidung in diesem Etwas, schon Urtheil; die mindste deutliche Unterscheidung in dem, was erst Urtheil hieß, ist eine Doppelreflexion der Würkung der Seele und also schon Schluß, schon Vernunftschluß. So bald ich nicht eigensinnig seyn will, um Namen und Bezeichnungen zu verwerfen, die Jahrtausende durch angenommen sind: so bald ich nicht blind seyn will, um Würkungen der Seele zu vermischen und durch einander zu werfen, die so verschieden sind, als der einfache Sonnenstral von dem einmal= und zweimal gebrochnen: so sehe ich hiegegen noch nicht den mindsten Einwand gegen die Wahrheit.

Wohl aber sehe ich auf der andern Seite eben hiemit den Grund des entgegengesetzten Irrthums, und kann ich den sehen: kann ich nicht blos zeigen, daß es Irrthum sey, sondern auch, woher der Irrthum komme; so ist er gleichsam doppelt wiederlegt. Ich bin nicht blos Philosoph gegen, sondern auch über ihn geworden: nicht blos sein unförmlicher Körper sondern auch die Entstehungsart dieser Mißgestalt ist augenscheinlich.

Vorausgesetzt also nichts als den Unterschied zwischen Empfindung, Urtheil und Schluß; laßet uns in unsre Kindheit zurückgehen: die ersten Begriffe von den Körpern, z. E. ihre Undurchdringlichkeit, Farbe, Figur, wie haben wir sie erlangt? unmittelbar durch ein einzeln Gefühl? Nichts minder! durch viele einzelne Gefühle, durch das lange Gegeneinanderhalten derselben, durch Vergleichung, und Urtheil, blos dadurch lernten wir sie bis zur Ueberzeugung. Der Begrif von Größe, von Weite, von Entfernung, scheint Empfindung, unmittelbares Gefühl: daß ers aber nicht sey, das zeigen unsre oftmaligen Irrthümer und die kleinsten Versuche mit Reflexion. Sie zeigen, daß alle diese Ideen Urtheile, spätgefaßte Urtheile, die Folgesätze aus vielen, anfangs verfehlten, und noch oft fehlenden Schlüßen sind. Und sind dies die einfachsten, sinnlichsten Begriffe von Körpern, die der unmittelbaren Empfindung durch die Organe so nahe zu liegen scheinen: sind sie nicht blos durch ein unmittelbares Gefühl, sondern durch viel Vergleichungen und Schlüße gebildet worden: wie denn die allgemeinsten, feinsten Abstrakta? Wenn ich Weite, Größe, Entfernung eines Körpers schon nicht eigentlich sehen kann; sondern schon urtheilen, schließen muß; wie denn Wahrheit, Falschheit, Gut, Böses, Schönheit, falschen Geschmack nicht beurtheilen, nicht schliessen, sondern unmittelbar empfinden, wie ichs empfinde, daß ich denke, daß ich bin? Welch ein unaufgeräumter Kopf! welch ein Schwall von Begriffen!

Aber freilich! von der ersten Kindheit an haben wir uns ans Denken, und an die mancherlei Arten des Denkens, und an alle Arten unter einander gewöhnt, daß, so wie bei allen Gewohnheiten, auch endlich bei dieser, das Bemerken und Unterscheiden der Theilhandlungen, die wir Gewohnheitsweise verrichten, schwer fällt. Wir haben von der ersten Lebenszeit an gedacht, geurtheilt, geschlossen, alles dies oft Wechselsweise, unter einander, zusammen; alles hat sich also in einen Knoten verwickelt, oder vielmehr, die mancherlei Fasern so vest in einen Faden zusammengewebt, daß er würklich, wenn man ihn nicht genau zertheilt, als ein einfacher Staubfaden das Auge betriegen kann. In der Schnelligkeit und Gewohnheit urtheilen wir, schliessen wir, und glauben noch unmittelbar zu empfinden: wir lassen Mittelglieder aus, und der Schluß scheint ein simples Urtheil: wir verdunkeln den Zusammenhang der Begriffe, und das Urtheil scheint unmittelbare Empfindung. Die ersten Begriffe von Farbe, Figur, Weite der Körper lernten sich blos durch ein langes Gegeneinanderhalten einzelner Empfindungen;

allein eben durch das lange Gegeneinanderhalten, wurden sie uns geläufig: die Mittelglieder zwischen ihnen verdunkelten sich: sie blieben als simple unmittelbare Empfindung, und so nehmen wir sie im Gebrauch, im Uebersehen der Anwendung, in der fertigen, schnellen, unbemerkenden Gewohnheit. Wie aber? soll sie der Weltweise so nehmen? eben er, der bedächtige, forschende Zergliederer der Seele? Wie, wenn die Seele eines Newtons in ihren Mathematischen Offenbarungen, mit einmal Glieder hinüber wegschauet, über viele Mittelsätze sich mit innerer gewohnter Stärke wegwirft, und das als unmittelbare Folge erblicket, wo sein Ausleger in der Schlußkette noch manches Glied zwischen inne zu stellen hat, um den Zusammenhang zu zeigen, wo der Schüler noch bei jeder Zwischensproße sehr mühsam zu klettern hat, um die ganze Leiter zu ersteigen — wie? die verschattete Zwischenreihe von Begriffen in der Seele Newtons, wird sie denn durch die Verschattung, durch das feurige Ueberhinsehen denn an sich vernichtet? verneinet? weggeräumet? oder ist sie nicht würklich noch da in der Kette, und zeigt sich dem Auge des einzeln forschenden Kommentators, des langsam lernenden Schülers unentbehrlich? Und wenn die Seele eines Kindes, (in ihrer Sphäre so groß, wie die Seele Newtons!) durch eine lange Gewohnheit zu denken, zu urtheilen, zu schliessen endlich Gewohnheitsmäßig, ohne sich immer des Unterscheides bewußt zu seyn würket, hört denn damit der Unterschied an sich auf? und für den Philosophen auf, der die Grundkräfte und Grundwürkungen der Seele eben aufzählen, eben unterscheiden will? — — Mich dünkt, die Quelle der Unbestimmtheit ist sichtbar gnug.

Vielleicht aber war es Hrn. R. hier nichts an Bestimmtheit gelegen: vielleicht wollte er mit seinen Erklärungen nichts, als in schöner Verwirrung folgendes sagen, daß wir uns unserer Urtheile und Schlüße nicht immer deutlich bewußt seyn, daß wir ohne dieses Bewußtsein die Wahrheit und Schönheit und Rechtschaffenheit lebhafter erkennen und fühlen und wählen, weil wir voll vom Objekt die Mittel unsrer Würkung gleichsam vergessen, und des Formellen unsrer Erkenntniß unbewußt, das Materielle so lebhaf=

ter umfaſſen. Vielleicht wollte er ſagen, daß die Natur gut gehandelt, daß ſie den mittlern Grad der Menſchheit auch auf dieſer mittlern Stuffe von gewohnter Faßung der Seele, zwiſchen dunkeln und deutlichen Ideen ſtehen laſſe: daß dieſer mittlere lebhafte Grad eben die Horizonthöhe ſey, die wir gewöhnlich in Sachen der Erkenntniß Sensus communis, in Sachen des Rechts und Unrechts Gewißen, bei Gegenſtänden des Schönen, Geſchmack nennen: daß dieſe Ausdrücke nichts als ein Habituelles Anwenden unſres Urtheils auf Gegenſtände verſchiedner Art bedeuten = = doch was träume ich, was Hr. Riedel habe ſagen wollen, da er eben diametraliſch das Gegentheil ſagen will: denn eben dieſe drei Habituelle Anwendungen einer Geiſteskraft macht er, und das iſt ſein Zweck, ſein Verdienſt, ſeine Verbeßerung der Philoſophie, zu Grundkräften der Seele.

Und ſo wird, was voraus blos Logiſche Unbeſtimmtheit war, wahrer Pſychologiſcher Unſinn. Die drei Mißgeburten von Ideen, ein unmittelbares Gefühl, das ohne Vernunftſchlüße, und doch überzeugt, und zwar von den feinſten Abſtraktionen des Menſchlichen Geiſtes, von Wahrheit, Schönheit und Güte, überzeugt; dieſe Geſchöpfe einer verwirrenden Reflexion werden Grundkräfte, erſte unaufzulöſende Grundkräfte, und kommen, gleichſam auf Waßerebnem Boden der Seele neben einander. Neben einander? Senſus communis, Geſchmack und Gewißen als Grundkräfte neben einander? Wie, ſo würkt doch jede, als Grundkraft für ſich? So iſt Senſus communis ohne Geſchmack, und Gewiſſen ohne Senſus communis möglich? So ſind Geſchöpfe möglich, die Geſchmack ohne Verſtand, und Verſtand ohne Gewiſſen haben? Die Gefühl für das Gute und Böſe, andre für das Schöne und Häßliche haben können, ohne einer Empfindung des Wahren fähig zu ſeyn? O des Pſychologen, des Pſychologen! Er weiß ſich Geſchmack und Gewiſſen ohne Sens=commun. Er findet in beiden nichts, aus dieſem erklärt zu werden. Er kann ſie ohne dieſen als Grundkräfte erklären, ordnen, vielleicht auch ſchaffen — o des Pſychologen!

Der Geist nimmt gleichsam unvermerkt eine finstre sombre Mine an, wenn er, nachdem er die Seelenlehre in der Simplicität und Nettigkeit und genauen Präcision betrachtet hat, in welche sie die Schüler Leibniz gestellet, und in welcher Mendelssohn und Sulzer so manche Paradoxe insonderheit im Felde dunkler und verworrener Ideen aufgekläret haben, wenn er von dem Anschauen dieses durch seine edle Simplicität großen Gebäudes mit Eins in den Crusisch=Riedelschen Irrgarten soll, wo Grundkräfte über Grundkräfte wild verwachsen dastehen, wo die zusammengesetztesten und verwickeltsten Fertigkeiten der Seele Grundempfindungen werden, aus denen alles, was man will und nicht will folget, wo die Menschliche Seele ein Chaotischer Abgrund innerer unmittelbarer Gefühle und die Weltweisheit eine empfindsame dunkle Schwätzerin wird — o Schwätzerin, du bist keine Philosophie mehr, die du alle Philosophie tödtest!

2.

Alle Philosophie tödtest? und Hr. R. bauet gar auf jede seiner Grundkräfte eine eigne neue Philosophie, die so abgetrennete Gebäude seyn sollen, wie ihre Grundlage abgetrennte Kräfte sind — die Philosophie des Geistes, des Herzens, des Geschmacks. Wir wollen an sie hinan und ihre Säulen prüfen: lasset uns aber ja hüten, daß sie nicht gar in ihrem Fall auf uns stürzen.

Das Wesen der Philosophie ist, Ideen, die in uns liegen, gleichsam hervorzulocken, Wahrheiten, die wir nur dunkel wußten, zur Deutlichkeit aufzuklären, Beweise, die wir nicht in allen Mittelursachen helle faßten, zu entwickeln. Zu allem gehören Urtheile und Schlüße: Urtheile, die von der Vergleichung zweier Ideen anfangen, und in ihrer Entwicklung so lange fortschließen, bis die Verhältniß beider gegen einander offenbar wird. Hierinn beruhet das Wesen und die bildende Kraft aller Philosophie, daß ich durch sie Wahrheiten, wenigstens in einer Evidenz, in einer Gewißheit sehe, die ich voraus gar nicht, oder wenigstens nicht so klar, so deutlich sahe: daß ich durch sie Urtheile des Geschmacks mit einer Gewißheit fälle, und Schönheiten in einem Lichte unterscheide, in dem sie mir voraus nicht erschienen; daß ich das Gute und Böse, in dem Ursprunge, in der Gestalt und in den Folgen seines Wesens einsehe, wie ichs schlechthin voraus nicht erblickte: das ist die Bildsamkeit der Philosophie und siehe! sie ist weg über den Riebelschen Grundkräften. Ein unmittelbares Gefühl ohne Vernunftschlüße läßt sich nicht aufklären, läßt sich nicht entwickeln, und wenn es sich auch ließe, wozu der lange unnütze Umweg? Ists ein unmittelbares Gefühl für Wahrheit, Schönheit und Güte, das mich ohne Cultur und Vernunftschlüße zu diesen drei so hohen Zielen der Menschlichen Seele hinwirft; wohin weiter, wohin in der Welt höher, als zur Ueberzeugung dessen, was Wahr, Gut und Schön ist? „Der sensus communis lehrt jeden Menschen so viel Wahr„heit, als er braucht, um zu leben und das Gute nicht zu ver„kennen." So viel, als er braucht? zu leben? und das Gute nicht zu verkennen? ich ergänze die unausstehlichen Unbestimmtheiten dieser Worte: ich denke mir etwa ihre Ideen: und habe ich an meinem innern Gefühl so viel; Dank dem Denker für seine Grillen! Ich habe nicht blos den Probierstein; ich habe die Quelle aller Wahrheit; ich habe alle Wahrheit selbst in mir; ich habe ein inneres Licht, ein unmittelbares Gefühl, auf welches der mittelbare Kram des Philosophen erst weitläuftig soll zurückgeführt werden: ich danke. Mit der Philosophie des Herzens nicht anders: wenn mich mein Gefühl sicher leitet, wozu System? wenn es mich unmittelbar zum Guten führet, wozu Philosophische Aufmerksamkeit? wenn ich ein innerliches Licht habe, was mich erwärmt, erschüttert, durchflammt: wozu das Schattenwerk abgezogner Begriffe und kalter Schlüße, die vor meinen Augen spielen, und nichts als schwache Rückprallungen meines innerlichen Lichts sind. Vollends die Philosophie des Geschmacks? man lese Riebels Briefe über das Publikum, und man wird ihre Achtserklärung feierlich finden. Alle Philosophie hört also auf: lebe wohl unnütze Schwätzerin! wir sind im Reiche Vernunftloser Instinkte, in den Abgründen unmittelbarer

Züge, und bunkler Schwärmereien! Verlaße uns, du, die du nicht anders als auf lichten Höhen wohnest, um die Welt zu erleuchten: verlaße uns in unserm Vaterlande, in dem wir uns so wohl befinden, in der dunkeln Höle Platons.

Und wenn ich zum Unglück ein Geschöpf wäre, daß diese Gefühle nicht hätte, wenigstens nicht in der Stimmung mit meinen Nebengeschöpfen hätte; wo bleibt alsdenn in der Schöpfung der Wesen das gemißbrauchte Wort Ueberzeugung? Nicht ihr Schatte ist denkbar: das Wahre, Schöne und Gute ist qualitas occulta: wer sie fühlt, mag sie fühlen; — wo nicht — wer kann helfen, wer kann überzeugen? Der Philosoph, dieser sonst so mächtige Gebieter über den unabhängigsten Theil unsrer Seele, Vernunft und Freiheit; der Philosoph nicht. Er hat den Wunderstab seiner Einwürkung, seiner Umwälzung, seiner Verwandlung Menschlicher Seelen verlohren: seine Philosophie ist keiner Vernunftschlüße, mithin keiner Beweise, mithin keiner unentweichlichen Ueberzeugung fähig. Du so; ich fühle anders — wir gehen aus einander. C...[1] fühlt so viel fremde Geister in seine Seele würken, fühlt bei jeder Gattung, was es für ein Geist sey, fühlt, auf wie viel Arten er würken könne — er fühlts! Was sich nicht anders, als wahr fühlen läßt, ist wahr — meinetwegen! ist wahr! wir gehen aus einander. Klotz ruft sich selbst zu: Hr. Geheinderath Klotz, Sie schreiben schön, o sehr schön! neu, vortreflich, gründlich, Göttlich — ich fühle es! Was sich nicht anders, als schön fühlen läßt, ist schön — ist schön! meinetwegen: aller Wiederspruch hört auf! Und du, Philosoph der Tugend und Religion, der du mich vom Laster und Elende zurückruffen, zurückreißen willst, ach! die Stimme deiner Zurechtweisung, deiner Änderung schreit sich matt: mein sittliches Gefühl ist anders gestimmt, wie das deinige: siehe hier! Die Sympathie für das Laster in meiner Brust: sie reißt mich ohne Vernunftschlüße fort, wie kann sie durch Vernunftschlüße geändert werden. Die Tugend ist

---

1) a: Crusius

unmittelbares Gefühl: in mir ists das Laster: ich handle nach der Mechanik meines Herzens. — — — Man darf Folgen von der Art nur zeigen, um ihren Grund zu verwerfen und zu verabscheuen, und eine Philosophie mit solchen Grundkräften und obersten Grundsätzen nur etwas überdenken, um ihr gerade zu den Eintritt in die Seele zu versagen, wie Plato den verderblichen Dichtern.

An einzelnen Sätzen, Lehren und Beweisen, gebe ichs gern zu, daß sich in der Wolfischen Philosophie noch vieles ändern lasse, so wie bereits manches mit Grunde in ihr geändert ist: ich gebe es gern zu, daß es nie Geist der Weltweisheit werden müße, Lehren und Hypothesen nach zu beten und nach zu beweisen; aber wenn unsere großen Antiwolfianer dieser Philosophie denn auch nichts, auch nicht Grundsätze zu Denken; wenn sie der Vernunft auch nicht ihre ersten Axiome lassen, und alles, Principien, Methode und die Vernunft selbst zu Sektengeist machen wollen; so sehe man nur das an, was sie in die Stelle setzen, um zur Wolfischen Philosophie, den Grundsätzen nach, zurückzukehren. Mir hat jederzeit die Baumgartensche Psychologie eine reiche Schatzkammer der Menschlichen Seele geschienen, und ein Commentar über sie mit der Dichterischen Anschauungsgabe eines Klopstock, mit der gelaßnen Bemerkungslaune eines Montagne, und mit seinem ruhigen Blick auf sich selbst in der Sphäre des guten Verstandes; in den höhern Gegenden endlich mit dem scharfen Blick eines zweiten Leibniz: ein solcher Commentar wäre ein Buch der Menschlichen Seele, ein Plan Menschlicher Erziehung und die Pforte zu einer Encyklopädie für alle Künste und Wißenschaften. So viel Ordnung und Genauigkeit in Bestimmung der Seelenkräfte: so viel Reichthum an Psychologischen Aussichten: so eine allweite unerschöpfliche Natur Menschlicher Seele, als er übersehen läßt: sind sie nicht Lockung gnug für einen Forscher sein selbst, nach solchem Plan, nach solchen Aussichten, in den Grund seines Busens zu steigen, neue Erfahrungen zu suchen, und sie auf ihn zurückzuleiten? Alsdenn welche strenge Grundbegriffe wird er finden! welche feine Entwicklung derselben zu jeder Modification jeder Seelenkraft! welche Errichtung

des Baues der Menschlichen Seele, in Simplicität, Ordnung, Reich=
thum und Schönheit auf einer einzigen, ebnen, vesten Basis. Die
Gabe zu definiren kenne ich bei keinem Philosophen in kürzerer
bündigerer Vollkommenheit, als bei Aristoteles und ihm; ja, wenn
ich sie nie geschätzt hätte, so würde ich sie bei dem Riedelschen
Definitionsgeiste schätzen lernen. So manche Homische Erfahrungen,
die unsre Deutsche wieder für neu aufnahmen, hatte ich lange bei
ihm in einer genauern Sprache gekannt: manches, womit sich unsre
neue Schönphilosophen Seitenlang brüsten, liegt bei ihm oft in
einem Worte, in einer stillen Erklärung: und wenn man nicht
klein gnug ist, um sich an dem erniedrigenden Namen seiner
„untern Seelenkräfte" zu stoßen: so wird man ihn als den
ersten Philosophen neuerer Zeit finden, der in diese Gegenden der
Seele eine helle Philosophische und oft Dichterische Fackel getragen.
— — Ich halte es mir für eine Ehre, aus Ueberzeugung dem
Schatten dieses Mannes stille Weirauchkörner zu streuen, zu einer
Zeit, da man ihn für einen blödsinnigen, fühllosen Demonstranten
angeben darf, und sichs für ein Verdienst hält, seine Philosophie
zu verläumden. Wer nur einige neue Modeschriften gelesen hat,
wird mich nicht fragen wollen, wie jener Spartaner den Lobredner
des Herkules: wer tadelt ihn? da ihn jetzt jeder tadelt, der ihn
nicht verstehet.

Laßet uns statt seiner die Riedelsche Methode der Philosophie
sehen. Hier solls erster Grundsatz seyn: „was jedermann als
wahr denken muß, ist wahr!" und dieser Grundsatz ist nicht blos
kein Grundsatz, sondern das förmlichste Bekenntniß, daß seine Philo=
sophie keine Grundsätze habe und leiden könne. Die Regel: „was
allen gefallen muß, ist schön!" ist keine Grundregel einer Philo=
sophie: sie sagt nur, daß die Philosophie des Schönen keine
Grundregel habe, und daß es also keine Philosophie des Schönen
gebe. In seiner Aesthetik sind also das Schöne und Häßliche zwo
unmittelbare Gefühle, zwo unaufzulösende Empfindungen. Aus
ihnen soll alles hervorgeholt werden, wie aus der magischen Laterne
der Theosophen: mit ihnen soll Philosophisch und zugleich so wun=

derschön gedacht werden, daß man eine wahre Seltenheit in Hrn. Riedels Vergleich zwischen den Philosophen und Schöndenkern in seiner Einleitung zur Theorie selbst lesen mag. Mit ihnen soll so schön geschrieben und so innig heraufempfunden werden, daß man ja in Schönheit keine Wahrheit suchen solle, und niemand mehr Spott erhält, als der elende Tropf, der Denker. Das ist die hervorgefühlte Riedelsche Philosophie des Geschmacks, nach dem vortreflichen obersten Grundsatz „was sich nicht anders, als schön fühlen läßt, ist schön!" Greife zu, wer Lust hat!

3.

In den Briefen an und über das Publikum, die aber im Inhalte und Vortrage wohl unter der Würde des Publikum seyn dörften, an das, und über das er schreibt, hat Hr. R. sich mehr über seinen Begrif der Aesthetik erklären, oder vielmehr zeigen wollen, daß er von ihr ganz und gar keinen Begrif gehabt. Er findet drei Wege der Aesthetik, die er den Aristotelischen, Baumgartenschen und Homischen zu nennen beliebt, wo der Grieche seine Gesetze aus dem Werke des Meisters, der Deutsche, der elende trockne Baumgarten aus der Definition, der Britte aus der Empfindung genommen hätte; und auf keinem von Dreien findet unser große Vierte Schöpfer, Aesthetik. Auf keinem von Dreien? und sind denn alle drei Wege — ich will nicht fragen, ob sie den gedachten Drei Männern ausschließend zugehören — sind sie denn an sich selbst ausschließend? Kann ich, indem ich das Kunstwerk eines Meisters, ein zweiter Aristoteles, zergliedere, nicht eben denn auch auf meine dadurch erregte Empfindung, mit Homischer Stärke, merken, und eben daher mit der Genauigkeit, Unterscheidung und Unterordnung Baumgartens Bestimmungen zur Definition sammlen? Ists nicht dieselbe Seele und dieselbe Würkung der Seele, die ein Meisterwerk voraussetzt und in ihm Kunst bemerkt, Empfindung des Schönen daran voraussetzt, und jetzt eben diese Empfindung zergliedert, eine Definition der Schönheit — nein! nicht voraussetzt, sondern eben objektiv aus dem Kunstwerk und subjektiv aus der Empfindung sie sammelt? Ist dies nicht alles Eine Arbeit Einer Seele, und warum denn muthwillig die Wege trennen, um sie muthwillig zu verläumden, da doch ohne alle drei zusammengenommen nie eine Aesthetik werden kann?

Nicht ohne den Aristotelischen Weg; ich will ihn Hrn. R. zu Gefallen so nennen, und eben der Aesthetik zu Gefallen ruffe ich den Aristoteles unsrer Zeit zu: wie Aristoteles seinen Homer und Sophokles, Weise unsrer Zeiten, so zergliedert ihr die Kunstwerke eurer grossen Originale, Dichter und Künstler, Künstler und Dichter. Ein Winkelmann seinen Apollo, wie Mengs seinen Raphael: ein Hagedorn seine Landschaftschöpfer, wie Hogarth Wellenlinien und Carrifaturen. Ein Addison seinen Milton, und Home seinen Shakespear: ein Cesarotti seinen Oßian und ein beßerer Meier unsern Klopstock. Ein Skamozzi und Vignola seine Gebäude; ein Rameau und Nichelmann ihre Tonkunst: Ein Noverre seine Tänze, und ein Diderot[1] die Gemälde und den Ausdruck der Bühne. Jeder zergliedere sein Kunstwerk, und sammle die Spuren, wo sich das Schöne offenbahret: sie arbeiten für die Aesthetik alle, nur jeder in seinem Felde; und elend gnug, daß Riedel bei seiner ganzen Theorie der schönen Künste und Wißenschaften, an nichts weniger, als an solche Felder und solche Arbeiten gedacht hat.

Er thut also was beßeres, solche Arbeiten verruffen, und herabsetzen: und ach! ich werde gezwungen, mich in sein magres Detail von Gründen zu begeben. So muß man oft Zeit und Arbeit verderben, um zu wiederlegen, um viel zu sagen, damit der andre nichts gesagt habe. „Diese Regel, sagt Hr. R., hat „der Dichter vielleicht und vielleicht auch nicht im Sinne gehabt." Vielleicht und vielleicht auch nicht? Liegt sie würklich in seinem Werke, ist sie da, ein Bestandtheil des Schönen, das Würkung

---

1) gestrichen: Leßing

thut; wohl! so hat sie der Dichter im Sinne gehabt: sie gehört mit zu seinem Werke. Ob er sie deutlich oder undeutlich dachte, was geht das meine Beobachtung an? je größer er war, desto weniger zerarbeitete er sich mit deutlichen, schwächenden, ermattenden Regeln, und der größte Geist wars, der, da ihn die Muse begeisterte, von keinem Gesetz wuste. Ein Sophokles dachte an keine Regel des Aristoteles; liegt aber nicht mehr, als der ganze Aristoteles in ihm? „Die Regeln, die der Kunstlehrer aus der „Jliade aufblättert, für wen sollen sie Regeln seyn?" für keinen! für Milton und Klopstock, für Schönaich und wenn Hr. R. ein zweiter Buttler werden will, auch für ihn nicht! für kein Genie, das sich selbst Laufbahn eröfnen, Originalflug nehmen kann, und wie die Geistercabbalistik weiter laute. Sie sollen gar nicht Regeln: Beobachtungen sollen sie seyn: aufklärende entwickelnde Philosophie für Philosophen, nicht für Dichterlinge, nicht für selbstherrschende Genies. Wie, weil es unmöglich ist, daß zergliederte Thiere sich vermehren können, soll deßwegen der Anatom keins zergliedern? „Aber solche Regeln gehen zu sehr ins Detail!" Ins Detail, um angewandt zu werden? dazu wurden sie nicht gesucht. Ins Detail, um nicht ein Ideal von Werke zu geben? Die Schuld liegt am Künstler und das eben zeigt der Zergliederer. Ins Detail, um die Schönheit nicht Philosophisch im Bilde zu geben; die Schuld liegt am Aesthetiker; er hat nicht recht bemerkt, abstrahirt, geordnet. — Hebt das aber die Sache? „Wie leicht ists Fehler in „seinem Autor für Schönheiten anzusehen, und sie zu Regeln zu „machen?" Freilich leicht, sehr leicht, und ohne aus löblicher Schweizerliebe, den wahrhaftig Philosophischen Breitinger, und dazu in einem Beispiel anzuführen, wo er mehr Recht hat, als Riedel, frage ich nur, was aus diesem so leicht zu begehenden Fehler folge? Daß der Philosoph seine Augen ganz wegwerfe, weil er Fehler als Schönheiten sehen kann, oder daß er sie beßer brauche? Daß er an Genauigkeit ein Aristoteles werde? o daß es Riedel in seiner Theorie der sch. K. geworden wäre, was würden wir für ein ander Buch haben!

So einen kahlen Beurtheiler andrer habe ich vor mir, und gegen Baumgarten wird er noch etwas mehr als kahl, hämisch; da doch Riedel, er, der Baumgarten in allen Fehlern seiner Methode gefolgt ist, ohne Eine von seinen Tugenden zu haben, gerade der letzte Mann hätte seyn sollen, sich an B. zu machen. „Eben, „sagt er, als wenn sich die Schönheit wie Wahrheit definiren „liesse!" Und eben, antworte ich, als ob es eine Ungereimtheit wäre, das zu behaupten? eben, als wenn die Schönheit, die ich empfunden, deren Phänomene ich in ihr und in meiner Empfindung zergliedere, sich nicht dem Deutlichen der Wahrheit nähern liesse? eben als wenn diese Deutlichmachung nicht Zweck der Aesthetik wäre? und diese also würklich die Schönheit, dies Phänomenon der Wahrheit, nicht zu definiren suchen sollte? Ich denke, ohne Ungereimtheit, das soll sie! „Als ob eine Ode, wie ein Sorites, „und die Epopee wie eine Disputation zu behandeln sey!" für den Dichter der Ode und der Epopee ja nicht; der Philosoph aber behandelt sie nicht eben, wie eine Disputation, wenn er „aus den „gegebnen Begriffen durch eine Reihe von unumstößlichen Schlüßen „Regeln folgert", er braucht also keine Spottnamen, denn er folgert Sätze zur Erkennung der Schönheit. „Aber wo ist der allge„meine Begrif der Schönheit: die Schönheit ist ein $\alpha\varrho\varrho\eta\tau o\nu$, was „mehr empfunden, als gelehrt wird." Und was Hr. R. einwirft, ist unverdautes Geschwätz. Schönheit, als Empfindung betrachtet, ist ein $\alpha\varrho\varrho\eta\tau o\nu$: im Augenblick des verworrenen süßen Gefühls, der sanften Betäubung ist sie unaussprechlich: sie ist unaussprechlich, wenn genau bestimmt werden soll, wie diese Empfindung mit diesem Gegenstande so mächtig zusammen hänge. Aber daß dieser unaussprechliche Augenblick von einem andern, der nicht fühlen, sondern denken will, nicht aufzuklären; daß der unaussprechliche Eindruck eines Gegenstandes auf Sinne und Phantasie, nicht bis auf gewisse Grade zu entwickeln, daß in einem Objekt, wie in Gebäude, Gedicht, Gemälde, nicht die Schönheit und die Gründe des Wohlgefallens aufzusuchen sey — wen wird das der Zweifler überreden? Nur den, der noch keine Zergliederung eines Kunstwerks der Schön=

heit je gemacht oder gelesen hätte. Aber „Aus willkührlichen Be-
„griffen folgen nur willkührliche Regeln", und also aus unwillkühr=
lichen Begriffen, die aus wesentlichen Bestandtheilen der Schönheit
abstrahirt sind, wahre Säße, nicht? „Vielleicht sind sie alsdenn
„zu sklavisch gebildet, und blos aus Kunstwerken, die vorhanden
„sind, abstrahirt?" Wohl! so hätten wir eine Aesthetik, nur über
die, aber über alle die Kunstwerke, die schon vorhanden sind, und
haben wir die? haben wir den kleinsten Theil derselben philosophisch
generalisirt? Und wenn denn auch die, die wir schon haben, so
sklavisch gebildet, so unvollkommen, so schwankend, so wiederholt,
so übel angewandt, so sehr an unrechtem Ort zu Gesetzen gestempelt
wäre: freilich so verdienen sie Berichtigung, Vervollkommung; aber
Spott? die ganze Methode Spott? alle Verdienste in derselben
Spott? Mich dünkt, die Muse der Philosophie des Schönen kann
Spötter nicht anders, als mit Verachtung lohnen.

Bei der Homischen Denkart weiß ich nicht, wie sie den
andern entgegenstehe. Auch Home zergliederte Kunstwerke, seinen
Shakespear und Oßian: auch Home schloß von einem gefundnen
Begrif herab, wie Baumgarten herabschloß: und ohne alle drei
Wege zu verbinden, die nur würklich Ein Weg sind, ist wahr=
haftig keine Aesthetik möglich. Diese wählt sich die Methode der
Philosophie, die strenge Analysis: nimmt Produkte der Schönheit,
in jeder Art, so viel sie kann, merkt auf den ganzen ungetheilten
Eindruck: wirft sich aus der Tiefe dieses Eindrucks auf den Gegen=
stand zurück: bemerkt seine Theile einzeln und zusammenwürkend:
vergibt sich keine leidigschöne Halbidee; bringt die Summe der
Deutlichgemachten unter Hauptbegriffe, diese unter ihre; endlich
vielleicht ein Hauptbegrif, in dem sich das Universum alles Schönen
in Kunst und Wißenschaft spiegelt. O Aesthetik! die fruchtbarste,
schönste und in manchen Fällen neueste unter den Abstrakten
Wißenschaften, in allen Künsten des Schönen haben dir Genies
und Künstler, Weise und Dichter Blumen gestreuet — in welcher
Höle der Musen schläft der Jüngling meiner Philosophischen Na=
tion, der dich vollende! Siehe! er wird bauen, und sich mit dem

Kranz deiner Vollkommenheit verewigen, indessen ich unter Riedel=
schem Schutt wühle, um ihm eine Ebne zu bahnen!

4.

Um mit Einmal den kleinen Armseligkeiten zu entkommen,
die man gegen die ganze Aesthetik aus einem übel verstandnen Be=
griffe derselben hat, nähere ich mich dem Philosophen, der nur zu
klein wäre, wenn er den Namen der Aesthetik erfunden, wenn er
nicht auch den Scientifischen Plan derselben überdacht hätte. Baum=
garten, sonst der Wortgerechteste Aesthetiker, wird uns mit seiner
Einleitung am besten Gelegenheit geben, den Unterschied zwischen
einer Philosophie über und aus dem Geschmack zu zeigen.

Er nennet sein Werk Theorie der schönen Künste und
Wißenschaften; und ohne Zweifel ist dies der beste Name, den
er selbst, wie Moses und Sulzer gezeigt haben, mehr im Großen
hätte beobachten sollen. Er nennts Aesthetik, Wißenschaft
des Gefühls des Schönen, oder nach der Wolfischen Sprache,
der sinnlichen Erkenntniß; noch angemeßen! Sonach ists
eine Philosophie, die alle Eigenschaften der Wißenschaft und der
Untersuchung, Zergliederung, Beweise und Methode haben muß.
Er nennt aber auch seine Aesthetik die Kunst schön zu denken;
und das ist schon eine ganz andre Sache; ein Ich weiß nicht Was,
von Fertigkeit und Praktischer Anweisung, die Kräfte des Genies
und Geschmacks anzuwenden, oder nach der Kunstsprache, die sinn=
liche Erkenntnißfähigkeit schön zu gebrauchen, und das ist Aesthetik
ihrem Hauptbegriffe nach nicht.

Man setze die Kräfte unsrer Seele, das Schöne zu empfinden,
und die Produkte der Schönheit, die sie hervor gebracht, als Gegen=
stand der Untersuchung: siehe da eine große Philosophie, eine
Theorie des Gefühls der Sinne, eine Logik der Einbildungskraft
und Dichtung, eine Erforscherin des Witzes und Scharfsinns, des
sinnlichen Urtheils und des Gedächtnißes; eine Zergliedererin des
Schönen, wo es sich findet, in Kunst und Wißenschaft, in Körpern

und Seelen, das ist Aesthetik, und wenn man will Philosophie über den Geschmack. Die Kunst des Geschmacks hat zum Zwecke die Schönheit selbst, und übel mit der Aesthetik gepaaret, will sie selbst schön denken, schön urtheilen, schön schliessen; statt blos richtig zu schliessen, scharf zu urtheilen, wahr zu denken. Die eine ist ars pulcre cogitandi; die andre scientia de pulcro et pulcris philosophice cogitans; die eine kann blos Liebhaber des Geschmacks; die andre soll Philosophen über denselben bilden. Die Vermischung beider Begriffe gibt also natürlich ein Ungeheuer von Aesthetik, und wenn Meier in seine Erklärung noch gar dazu setzt, daß sie das sinnliche Erkenntniß „verbeßere", so weiß man noch weniger.

Ich fahre fort, in der Kunstsprache Baumgartens zu reden. Man weiß, er hat eine natürliche und künstliche Aesthetik, die von einander nicht mehr als Gradweise unterschieden zu seyn scheinen, die es aber vielleicht wesentlich ganz sind, ob sie sich gleich einander voraussetzen. Jene natürliche Fähigkeit, das Schöne zu empfinden, jenes Genie, das durch Uebung zu einer zweiten Natur geworden, wie würkts? in den Gränzen des Gewohnheitartigen, in verworrenen, aber desto lebhaftern Ideen, kurz als eine Fertigkeit des Schönen. Da ist sich weder Dichter, noch jedes andre feurige Genie, der Regeln, der Theilbegriffe des Schönen, und mühsamer Ueberlegung bewußt: seine Einbildungskraft, sein Feuerblick aufs große Ganze, tausend Kräfte, die in ihm sich zusammen erheben, würken; und unselig wenn ihn eine Regel störet! Eine solche natürliche Aesthetik kann weder durch Regeln gegeben, noch ersetzt werden, und es ist Unverstand, zwo so unendlich verschiedne Sachen zu vermischen.

Die künstliche Aesthetik, oder die Wißenschaft des Schönen setzt die vorige voraus; aber gar nicht auf demselben Wege fort; ja sie hat gar das Gegentheil zum Geschäfte. Eben das Gewohnheitartige, was dort schöne Natur war, löset sie, so viel an ihr ist, auf, und zerstörts gleichsam in demselben Augenblick. Eben die schöne Verwirrung, wenn nicht die Mutter, so doch die unab=

trennliche Begleiterin alles Vergnügens, löset sie auf, sucht sie in Deutliche Ideen aufzuklären: Wahrheit tritt in die Stelle der Schönheit. Das ist nicht mehr der Körper, der Gedanke, das Kunstwerk, das im verworrenen Anschauen würken soll; in seine Bestandtheile der Schönheit aufgelöset, soll es jetzt als Wahrheit erscheinen: das soll deutlich gesagt werden, was vorher verworren auf mich würkte — welche zwei Ende des Menschlichen Geistes! sie heben sich beinahe im Augenblick der Energie einander auf.

Man verwirre also nicht zwei Dinge, die so verschieden sind, um einer Aesthetik aus der andern Vorwürfe zu machen. Wenn die eine sinnliches Urtheil ist, eine gebildete Natur, in Sachen der Schönheit Vollkommenheit und Unvollkommenheit zu sehen, sinnlich, mithin lebhaft, mithin durchdringend, mithin entzückend zu genießen; so bleibt sie immer sinnliches Urtheil, verworrene Empfindung, und solls bleiben. Seelen solcher Natur nennen wir Genies, schöne Geister, Leute von Geschmack; nach dem Grade, in welchem sie sie besitzen; ihre Aesthetik ist Natur, ist Evidenz in Sachen des Schönen. Wie aber die andre, die eigentliche wißenschaftliche Aesthetik? Sie heftet sich mit ihrer Aufmerksamkeit auf die vorige Empfindung, reißt Theile von Theilen, abstrahirt Theile vom Ganzen — nicht mehr schönes Ganze: es ist in dem Augenblick zerrißne verstümmelte Schönheit. So durchgeht sie die einzelnen Theile, sinnet nach, hält alle zusammen, um sich den vorigen Eindruck wiederzubringen, vergleichet. Je genauer sie nachsinnet, je schärfer sie vergleichet, desto deutlicher wird der Begrif der Schönheit, und so ist also ein deutlicher Begriff der Schönheit kein Wiederspruch mehr an sich, sondern nichts als ein völliger Unterschied von der verworrenen Empfindung derselben. Und so fällt mancher leere Vorwurf, den man auf die Aesthetik geworfen, weg.

Ich will auch in diesen Vorwürfen Baumgarten folgen. Da er nicht die genaue Unterscheidung beobachtet hat, die ich vorangeschickt: so müßen manche seiner Antworten langweiliger fallen, als es uns nöthig seyn wird. „Ist z. E. die Aesthetik unter der „Würde, unter dem Gesichtskreise des Philosophen?" Keinesweges!

sie ist ja selbst die strengste Philosophie über einen würdigen und sehr schweren Inbegrif der Menschlichen Seele und der Nachahmungen der Natur: sie ist ja selbst ein Theil, ein schwerer Theil der Anthropologie, der Menschenkänntniß; was brauche ich also die Baumgartenschen höflichen Entschuldigungen „der Philosoph sey „doch auch ein Mensch, der sich was vergeben könne", ich sehe in ihm hier nichts, als den würdigen Philosophen der Menschheit. „Aber Verwirrung ist die Mutter des Irrthums." Ich streiche hiegegen alle drei Baumgartenschen Antworten aus, die auf einem verworrenen Begrif der Aesthetik beruhen. Weder liebt diese die verworrenen Ideen, nicht als Conditio sine qua non, nicht als Morgenröthe zur Wahrheit; noch sucht sie geradehin vor Irrthümern zu sichern: dies ist das Werk abgeleiteter Theorien; noch will sie die Verwirrung verbeßern und aufheben, daß man die Schönheit künftighin nicht mehr verworren sondern deutlich fühlen soll, als welches ein Wiederspruch wäre. Alles nicht! und wie wäre auch wohl das letzte ohne Nachtheil des Vergnügens der Menschheit möglich? Aber statt aller antworte ich kurz, daß die Aesthetik, als solche, gar nicht die confusen Begriffe liebe; daß sie sie eben zum Gegenstande nehme, um sie deutlich zu machen, daß man also auch nicht sagen könne „deutliche Erkänntniß sei beßer!" denn wie unbestimmt, und für die Menschheit gesprochen, wie falsch wäre dies? und wie wenig würde es auf die Aesthetik paßen, die eben dies beßere, das deutliche Erkänntniß liebt. Eben so wenig wirds Vorwurf, daß „wenn das Analogon der Vernunft gebildet wird, „für die Vernunft selbst Nachtheil zu befürchten sei," denn hier wird jenes nicht gebildet und diese nicht versäumt, wie man in der Verwirrung glaubte: jene ist nichts als Gegenstand, an dem sich diese übe. Noch weniger wirds gegen die Aesthetik seyn, daß sie nicht Wißenschaft sondern Kunst sey, daß der Aesthetiker gebohren und nicht gemacht werde: denn alles sind offenbare Mißverständniße des Hauptbegrifs. Unsre Aesthetik ist Wißenschaft, und will nichts weniger als Leute von Genie und Geschmack; nichts als Philosophen will sie bilden, wenn sie rechter Art und nicht nach dem Meierschen Begriffe eine Wißenschaft ist, so Gott will! schön und was andre deutlich sagten, verworren zu schreiben: denn freilich als solche verliert sie Zweck, Würde und Bestimmtheit.

Meine genauere Bestimmung des Begrifs hat von Vorwürfen gerettet, und ein eben so großer Nutze! sie muß von falschen Nutzbarkeiten, von welkenden Lorbeern entblößen. Nun wird man ihr nicht sagen können, daß sie „das Scientifisch ausgedachte der „gemeinen Faßungskraft bequemen wolle!" denn nichts weniger will sie seyn, als eine Feilbieterin Philosophischer Wahrheiten, für den lieben Captus, in wer weiß welchem falschen Schmucke. Nichts weniger, als dies: Philosophie, strenge, genaue Philosophie selbst, hat sie nichts zum Zweck als Scientifische Erkänntniß, ohne sich der Faßungskraft zu vergeben. Man wird von ihr nicht sagen wollen, „daß sie die Verbeßerung der Erkenntniß auch außer die Schranken „der Sphäre der Deutlichkeit bringe," da es noch sehr ungewiß ist, ob die Logik die so genannten obern Kräfte verbeßere, und es wenigstens nicht der erste Zweck der Aesthetik ist, eine neue schöne Natur, ein Gefühl zu geben, das man nicht hatte. Sie lehrt Seelenkräfte kennen, die die Logik nicht kennen lehrte; aus ihren Bemerkungen mögen freilich nachher in den einzelnen Theorien Praktische Handregeln folgen, war aber das ihr erstes Hauptwerk? Noch weniger wird sie sich darüber einen Lorbeer anmaaßen, „daß sie im gemeinen Leben zu Ausführung der Geschäfte „vor Allen bilde!" denn was heißts, zu Ausführung der Geschäfte vor Alles gelten? und durch welch ein Band reicht eine Philosophische Kenntniß des Schönen, eine Psychologische Entwicklung einiger Seelenkräfte dahin? Endlich am wenigsten können die Meierschen Tautologien gelten, daß sie „die untern Seelenkräfte verbeßere," und besonders wieder, daß sie „den größten Theil der „Menschlichen Gesellschaft verbeßere", und besonders wieder, daß sie „den Geschmack verbeßere:" und benn, daß sie „den ernsthaften Wißenschaften einen schönen Stof bereite," und wieder, daß sie „die Ausbreitung der Wahrheiten aller Theile der Gelehrsamkeit befördere" u. s. w. w. lauter Nutzbarkeiten, die nach der Meierschen

Sprache den Horizont der Aesthetik sehr verrücken. Nach ihnen wird sich alsdenn, was sie bei Hrn. Meier ist, einem guten Theil nach, wiedergekauete Logik, das andre ein Aesthetischer Flitterstaat von Metaphorischen Benennungen, Gleichnißen, Beispielen und Lieblingsfätzen: und unter dem Titel, was haben wir Deutsche mit unsrem neuerfundnen Namen Aesthetik gewonnen?

5.

Der Begrif der Aesthetik ist bestimmt, und da ich über den Begrif einer Scienz schrieb: so muste ich mich allerdings auch etwas kleinen und frostigen Unterscheidungen, Vorwürfen und Nutzbarkeiten bequemen. Jetzt soll der Grundsatz, oder nach Hrn. Riedels Ausdruck, das Grundgefühl des Schönen, etwas genauer bestimmt werden; und da habe ich noch mehr nöthig, um Verzeihung kurzer aber bequemer Schulausdrücke zu bitten. Wenn man sieht, in welche Wiedersprüche der Verf. der Theorie und der Briefe über das Publikum, mit seinen Behauptungen von der Grundkraft des Schönen, und von dem Unterschiede desselben im Urtheil einzelner Menschen gefallen ist: so wird man lieber eine etwas dornigte aber sichere Bahn wählen, um durch solche Wiedersprüche mitten durchzukommen: als auf einem irrigen Wege Wortschön forthinken wollen.

Haben alle Menschen von Natur Anlage das Schöne zu empfinden? Im weiten Verstande, ja! weil sie alle sinnlicher Vorstellungen fähig sind. Wir sind gleichsam Thierartige Geister: unsre sinnlichen Kräfte scheinen, wenn ich so sagen darf, in Maße und Raum genommen, eine grössere Gegend unsrer Seele auszufüllen, als die wenigen obern: sie entwickeln sich früher: sie würken stärker: sie gehören vielleicht mehr in unsre sichtbare Bestimmung dieses Daseyns, als die andern: sie sind, da wir hier noch keine Früchte geben können, die Blume unsrer Vollkommenheit. Der ganze Grund unsrer Seele sind dunkle Jdeen, die leb=

haftesten, die meisten, die Maße, aus der die Seele ihre feinern bereitet, die stärksten Triebfedern unsers Lebens, der größeste Beitrag zu unserm Glück und Unglück. Man denke sich die Integraltheile der Menschlichen Seele körperlich, und sie hat, wenn ich mich so ausdrücken darf, an Kräften mehr specifische Maße zu einem sinnlichen Geschöpf, als zu einem reinen Geiste: sie ist also einem Menschlichen Körper beschieden; sie ist Mensch.

Als Mensch, nach ihrer Maße von innern Kräften, im Kreise ihres Daseyns, hat sie sich eine Anzahl Organe gebildet, um das, was um sie ist, zu empfinden, und gleichsam zum Genuße ihrer selbst, in sich zu ziehen. Schon die Anzahl dieser Organe, und der große Reichthum ihrer Zuströmungen, zeigen gleichsam die große Maße des Sinnlichen in der Menschlichen Seele. Wir kennen die Thiere zu wenig; ihre Geschlechter sind zu vielartig, und die Philosophie über sie zu Menschlich, als daß wir es wüsten, wie weit sie in der ganzen Proportion dieser sinnlichen Kräfte von uns abstehen: und zu unserm Zwecke thuts auch wenig.

Wenn keine Menschliche Seele mit der andern völlig dieselbe ist: so ist auch bei ihren Wesen vielleicht auch eine unendlich veränderte und modificirte Mischung von Kräften möglich, die noch alle zu ihrer Summe eine gleiche Anzahl von Realität haben können. Diese innere Verschiedenheit wäre es alsdenn, die sich nachher durch den der Seele Harmonisch gebildeten Körper das ganze Leben hin äußert, da bei diesem der Körper über die Seele, bei jenem die Seele über den Körper, bei diesem der Sinn über jenen; bei einem andern die Kraft über eine andre herrschet. Auch in der Aesthetischen Natur ist also die unendliche Mischung und innere Verschiedenheit möglich, die die Schöpfung im Bau aller Wesen bewiesen.

Wir nehmen eine mittlere Größe, und treten in die ersten Zeiten zurück, da der Mensch ein Phänomenon unsrer Welt wurde, da er sich aus einem Zustande, wo er nur denkende und empfindende Pflanze gewesen war, auf eine Welt wand, wo er ein Thier zu werden beginnet. Noch scheint ihm keine Empfindung beizuwohnen, als die dunkle Idee seines Ich, so dunkel als sie nur eine Pflanze fühlen kann; in ihr indessen liegen die Begriffe des ganzen Weltall; aus ihr entwickeln sich alle Ideen des Menschen; alle Empfindungen keimen aus diesem Pflanzengefühl, so wie auch in der sichtbaren Natur der Keim den Baum in sich trägt, und jedes Blatt ein Bild des Ganzen ist.

Noch empfindet der zum Säuglinge gewordene Embryon alles in sich; in ihm liegt alles, was er auch außer sich fühlet. — Bei jeder Sensation wird er, wie aus einem tiefen Traume geweckt, um ihn, wie durch einen gewaltsamen Stoß an eine Idee lebhafter zu erinnern, die ihm seine Lage im Weltall jetzt veranlaßet. So entwickeln sich seine Kräfte durch ein Leiden von außen; die innere Thätigkeit des Entwickelns aber ist sein Zweck, sein inneres dunkels Vergnügen, und eine beständige Vervollkommung sein selbst.

Mit wiederholten gleichen Empfindungen wird das erste Urtheil gebildet, daß es dieselbe Empfindung sei. Das Urtheil ist dunkel und muß es seyn; denn es soll Lebenslang dauren, und als eine ewige Basis in der Seele bleiben. Es muß also die Stärke und so zu sagen Consistenz eines innern Gefühls erhalten: es wird als Empfindung aufbewahret. Der Entstehung nach wars indessen schon Urtheil, eine Folge der Verbindung mehrerer Begriffe; nur weil es durch Gewohnheit entstand, und die Gewohnheit, es gleich anzuwenden, es aufbewahrte, so verdunkelte sich die Form der Entstehung, nur das Materielle blieb; es ward Empfindung. So bildet sich die Seele des Säuglings: die wiederkommenden Bilder geben eine Menge solcher Vergleichungen, solcher Urtheile, und blos so wird das Gefühl gesichert, daß es Wahrheit außer uns gebe.

Wenn man bedenkt, wie viel geheime Verbindungen und Tren= nungen, Urtheile und Schlüße ein werdender Mensch machen muß, um nur die ersten Ideen von Körper außer sich, von Figur, Gestalt, Größe, Entfernung in sich zu lagern: so muß man erstaunen. Da hat die Menschliche Seele mehr gewürkt, und entwickelt, gefehlt und gefunden, als der Philosoph im ganzen

Leben seiner Abstraktionen. Wenn man aber wieder von der andern Seite sieht, wie glücklich die mühsame Form aller dieser Urtheile und Schlüße in die Dunkelheit der ersten Dämmerung zurückgewichen ist; wie glücklich jedesmal die Art des Mechanismus im Schatten der Vergeßenheit blieb, und nur immer der Effekt der Handlung, das Produkt der Thätigkeit nachblieb — nachblieb als simple Empfindung, aber um so lebhafter, stärker, ungeschwächter, unmittelbarer; wer muß nicht noch mehr erstaunen? Wie viel Weisheiten wären in diesem dunkeln Mechanismus der Seele zu berechnen! wie ungeheuer und schwach die Seele, die hier deutlich handelte! und wie viel ließe sich in der ganzen Bildung der Seele aus diesen so zusammengesetzten Würkungen im Traum der ersten Morgenröthe unsres Lebens erklären! Die Summe aller dieser Empfindungen wird die Basis aller objektiven Gewißheit, und das erste sichtbare Register des Reichthums unsrer Seele an Ideen.

Die Seele entwickelt sich weiter. Da in ihrem Vorrathe von sinnlichen Eindrücken, wie wirs nennen wollen, das Eins und das Mehr als Eins, schon ihr eingeprägt; da der Begrif von Ordnung und sinnlicher Wahrheit schon dunkel in ihr ist; wie? wenn sie in ihrer beständigen Würksamkeit, Ideen zu erlangen, zu vergleichen, zu ordnen, darauf kommt, in diesem und jenem den Grund von einem Dritten zu erblicken, anschauend zu erblicken; siehe! da ist die Wurzel zum Begriffe des Guten, offenbar durch die zusammengesetzteste Schlußart gebildet. Es lernt Dies und Jenes unterscheiden, was auf Ihn diese und jene Zusammenstimmung zum Wohlgefallen hatte, mehr als einmal zu seinem Wohlgefallen hatte: und so lernts sein Gut erkennen: so bekommts die Begriffe von Ordnung, Uebereinstimmung, Vollkommenheit, und da die Schönheit nichts, als sinnliche Vollkommenheit ist, den Begrif von Schönheit. Alle diese Ideen sind im ersten Zustande unsers Hierseyns Entwicklungen unsrer innern Gedankenkraft; weil sie aber alle der Form ihrer Entwicklung nach dunkel sind: so bleiben sie, als Empfindungen, auf dem Grunde unsrer Seele liegen, und falten sich so nahe an unser Ich, daß wir sie für angebohrne Gefühle halten. Im

Handeln ändert diese Meinung nichts: wir können immer auf sie bauen, als wären sie angebohrne Gefühle: sie bleiben immer der Stamm unsrer Begriffe, stark, kräftig, prägnant, sicher, von der innersten Gewißheit und Ueberzeugung, als ob sie Grundkräfte wären. Aber wie anders, wenn sie der zergliedernde Weltweise so nehmen wollte, blos weil sie ihrem Ursprunge nach dunkel und verworren sind? als ob es nicht seine erste Pflicht wäre, in diese Verwirrung Licht und Ordnung zu bringen.

Unsre Kindheit ist ein dunkler Traum von Vorstellungen, so wie er gleichsam nur auf das Pflanzengefühl folgen kann; aber in diesem dunkeln Traume würkt die Seele mit allen Kräften. Sie ziehet, was sie erfaßet, scharf, und bis zur innersten Einverleibung in ihr Ich zusammen: sie verarbeitet es zum Saft ihrer Kraft: sie windet sich immer allmälich aus dem Schlafe empor und wird sich Zeitlebens mit diesen früh erfaßten Traumideen tragen, sie alle brauchen, und gleichsam daraus bestehen. Sich ihres Ursprungs aber erinnern? deutlich erinnern? wie könnte sie das? Sinnlich wird ihr hier und da eine abgerissene Idee, aber nur Spätaus, aus den letzten Augenblicken dieser Morgenröthe beifallen: dieses Bild, dessen sie sich aus der Kindheit, bewußt oder unbewußt erinnert, wird sie bis auf den Grund erschüttern: sie wird zurückfahren, wie vor einem Abgrunde, oder gleichsam als ob sie ihr Bild sähe. Das alles aber sind nur einzelne kleine Fragmente; die vielleicht nicht alle Seelen, wenigstens nicht in allen Lebensaltern haben; die sich nur selten, und wenn wir am tiefsten in uns wohnen, zeigen; die durch nichts so sehr als durch leichtsinnige Zerstreuungen verjagt und unmöglich gemacht werden; aus denen sich so erstaunend viel in der Menschlichen Seele erklären ließe, und noch nichts erklärt ist — — das sind nur Reste dieser Bilder, die uns so flüchtig vorspringen, wie der Schlaf auf bethränte Augenlieder, und uns schnell wieder verlaßen — der wahre, erste, mächtige, lange Traum ist verlohren und mußte verlohren seyn! Nur ein Gott und der Genius meiner Kindheit, wenn er in mich sehen konnte, weiß ihn!

Das Erwachen unsrer Seele geht fort, und mit ihm scheinen sich die Kräfte der Seele von einander loszutrennen, die wir in uns unterscheiden. Ist ihr gegenwärtiger und voriger Zustand ihr nicht mehr Eins: gewöhnet sie sich, gegenwärtige Sensation von der vorhergehenden, die in ihr geblieben, zu unterscheiden: siehe! so tritt sie aus dem Zustande, da ihr alles nur Sensation war: sie gewöhnt sich Eins vor dem Andern durch seine „innere Klarheit" zu erkennen: sie ist auf dem dunkeln Wege zur Phantasie und zum Gedächtniß. Wie oft muß sie darauf gleiten! wie viele Uebung, um ihr innres Auge an diesen Unterschied und Stufen und Nuancen der Klarheit des Gegenwärtigen und Vergangnen zu gewöhnen! Ein Kind muß diesen Unterschied noch oft in sich verwirren, es kommt nur durch viel Uebung zur Gewißheit: diese Gewißheit aber dauret ewig: so sind Gedächtniß und Phantasie mit ihren ersten, mächtigen, ewigen Formen da. Je näher beide noch an ihrer Mutter, der Sensation, kleben: desto dunkler wieder, aber desto stärker. Die ersten Phantasien eines Kindes werden feurige, ewige Bilder, sie geben seiner ganzen Seele Gestalt und Farbe, und der Philosoph, der sie ganz in ihrer Flammenschrift kennete und übersehen könnte, würde die ersten Buchstaben seiner ganzen Denkart in ihnen sehen. Gewiße wachende Träume, die uns bei spätern Jahren, wenn die Seele noch nicht verlebt ist, anwandeln: dunkle Anerinnerungen, als ob wir dies und jenes Neue, Seltne, Schöne, Ueberraschende an Ort, Person, Gegend, Schönheit u. s. w. schon gesehen, schon einmal erlebt und genossen hätten, sind ohne Zweifel Stückwerke dieser ersten Phantasien. Zu tausenden liegen solche dunkle Ideen in uns: sie bilden das Seltne, Eigne, und oft so Wunderliche in unsern Begriffen und Gestalten von Schönheit und Vergnügen: sie flößen uns oft Widerwillen und Zug ein, ohne daß wirs wissen und wollen: sie erheben sich in uns, als lang entschlafen gewesne Triebfedern, um mit Sympathie und gleichsam Anerinnerung diese und jene Person plötzlich zu lieben, wie jene andre zu hassen: sie sträuben sich oft gegen später erlernte Wahrheit, und hellere, aber schwächere Ueberzeugung, gegen

Vernunft und Willen und Gewohnheit: sie sind der dunkle Grund in uns, der die später aufgetragnen Bilder und Farben unsrer Seele oft nur gar zu sehr verändert und nur schattieret. Sulzer hat ein paar Paradoxe aus dieser Tiefe des Geistes erkläret: vielleicht werfe ich mit diesen einzelnen Bemerkungen einige Stralen dahin, und wecke wenigstens einen andern Psychologen, mehr Licht hinein zu bringen. Ein Kind kann oft nicht Träume und wachende Bilder unterscheiden; es träumt wachend und nimmt oft als geschehen an, was nur ein Traum war: der Bildervolle Schlaf dauret fort: die Seele ist gleichsam noch ganz Phantasie, die nahe an der Sensation klebt.

Sie trennen sich immer mehr, je mehr sich der Scharfsinn und sein Pendant, der Witz entwickeln: Witz und Scharfsinn sind die Vorläufer und Vorspiele des Urtheils: das Urtheil wird eben so sinnlich gebildet, als seine Vorgänger. Die Form, wie es sich bildete, erlöscht; das Ausgebildete bleibt, und wird Fertigkeit, wird Gewohnheit, wird Natur. Und wenn nun unsre Seele sich lange so geübt hat, über Vollkommenheit und Unvollkommenheit der Dinge zu urtheilen; wenn das Urtheil ihr so geläufig, so evident, so lebhaft, wie eine Empfindung geworden: siehe! so ist der Geschmack da, „die gewohnte Fertigkeit, in Dingen ihre sinn-„liche Voll= und Unvollkommenheit so schnell zu beurtheilen, als „ob man sie unmittelbar empfände." Durch welche lange Auswicklungen und Zusammensetzungen, Fehltritte und Uebungen ist also das, was unsre Sentimental-Philosophers Grundgefühl des Schönen nennen, erst geworden!

6.

Ein falscher Grundsatz gibt nothwendig mißliche, wiedersprechende Folgen, und Hr. R. ist also Meinungen verfallen, die sich einander so gerade entgegen sind, daß ich nicht weiß, wie Ein Mann, der Philosoph seyn will, beide auf einmal behaupten; wie er eine Theorie schreiben könne, in der der Geschmack als angebohrne Grundkraft paradiret, so allgemein, so sicher, so zureichend, als es die Menschliche Natur ist, und wie derselbe Briefe schreiben könne, in denen dem Geschmack alle allgemeine Sicherheit, und der Schönheit alle objektive Regeln abgesprochen werden, in denen behauptet werden kann, daß da Schönheit blos empfunden werden müsse, es keine äußere sichere Bestimmungsgründe gebe, daß der Geschmack so verschieden, wie die Empfindungsart sey und also zwei sich gerade zu wiedersprechende Urtheile von Schönheit und Häßlichkeit auf einmal gleich wahr seyn können. O ein Philosoph mit bestimmten Grundsätzen und einförmigen Folgen! Ich möchte die Mine des Herrn Moses gesehen haben, da der Polygraph, der selbst nicht weiß, was er schreibt, mit der bedeutendsten Stellung vor ihn trat, und ihm in einem langen schleppenden Briefe heillos vordemonstrirte, daß Schönheit — empfunden werden müße. Eben, als wenn Moses der blödsinnige Demonstrant, der zweite Gefühllose Baumgarten wäre, dem so Etwas, und auf solche Art vorbewiesen werden müste.

Ist uns das Gefühl der Schönheit angebohren? meinetwegen! aber nur als Aesthetische Natur, die Fähigkeiten und Werkzeuge hat, sinnliche Vollkommenheit zu empfinden; die daran ein Vergnügen hat, diese Fähigkeiten zu entwickeln, diese Werkzeuge zu brauchen, und sich mit Ideen der Art zu bereichern. Alles liegt in ihm, aber als in einem Keim zur Entwicklung, als in einem Schrein, wo sich eine andre Fähigkeit, wie ein kleinerer Schrein findet: alles aber wird aus Einer Grundkraft der Seele, sich Vorstellungen zu verschaffen, sich eben dadurch, durch diese Entwicklung ihrer Thätigkeit, immer vollkommner zu fühlen, und sich eben dadurch zu vergnügen. Wie schön wird eben damit die Menschliche Seele! Einheit im Grunde, tausendfache Mannichfaltigkeit in der Ausbildung, Vollkommenheit in der Summe des Ganzen! Keine von der Natur zubereitete fertige drei Grundgefühle; alles soll aus Einem gebildet, und zur mannichfaltigsten Vollkommenheit erhoben werden.

Und was liesse sich denn auch bei diesen drei Grundgefühlen bestimmtes denken? „Der sensus communis soll jeden Menschen „so viel Wahrheit lehren, als er braucht, um zu leben." So viel? und wie viel ist dies So viel? wo ist das Non plus ultra? und warum stehen seine Grundsäulen eben da und nicht weiter? Sehe ich denn nicht, daß eine Nation ihren sens commun, „das schnelle Gefühl zu fassen" blos nach Proportion ihrer Ausbildung, blos in ihrer Welt habe? Der sensus communis des Grönländers und des Hottentotten ist er in Absicht auf Gegenstände und Anwendung der unsrige? und der sensus communis des Landverwalters der eines Gelehrten? Können nicht ganze Fächer der Seele leer bleiben, wo sie nicht genützt, und ganze Fähigkeiten schlafend bleiben, wenn sie nicht erweckt werden? Hat unser Sens-commun wohl Wahrheiten, die er nicht gelernt; hat er mehr Wahrheiten, als er zu lernen Gelegenheit gehabt hat? hat er wohl eine einzige mehr? — Nein? und wo ist denn das innere Gefühl der Seele, das jedem Menschen so viel Wahrheit lehrt, als er braucht? bei mir finde ichs nicht. Ich finde eine immer würksame Kraft in mir, Känntniße zu haben; und wo diese hat würken können, worinn ich Gelegenheit gehabt, viel Begriffe zu sammlen, Urtheile zu bilden, Schlüße zu folgern, da lebt auch mein Sensus communis: irrt, wo diese Urtheile irrten, schließt falsch, wo die Schlüße, auf die er bauet, falsch schloßen, mangelt gar, wo dieser Vorrath von gewohnten Urtheilen und Schlüßen mangelt — ich sehe also keinen innern, unmittelbaren, allgemeinen, untrüglichen Lehrer der Wahrheit; ich sehe eine Fertigkeit, Erkenntnißkräfte anzuwenden, nach dem Maaß, wie sie ausgebildet sind.

Ists mit dem Gewissen anders? Wo ist innres Gefühl der Seele, das sich nicht auf unser sittliches Urtheil gründen sollte? Dies freilich, das sittliche Urtheil, ist seinem obersten Grundsatze nach, so heilig, so bestimmt und gewiß, als Vernunft, Vernunft ist; aber die Ausbildung dieses Urtheils, die mehrere oder mindere Anwendung desselben auf diese und jene Fälle, die stärkere oder schwächere Anerinnerung dieses und eines andern Grundes der

Sittlichkeit, modificirt die nicht das Gewißen so vielfach, als es nur sittliche Subjekte gibt? Wo ist nun der innere unmittelbare Lehrer der Natur, wo man nichts, als eine Fertigkeit wahr nimmt, nach sittlichen Grundsätzen zu handeln? Diese Grundsätze mögen sich so tief in einzelne Eindrücke und Empfindungen verhüllen und einwickeln; Grundsätze bleiben sie immer, nur daß man nach ihnen, als nach unmittelbaren Empfindungen handelt. Als sittliche Urtheile sind sie gebildet, nur da die Form des Urtheils verdunkelt ward, so wurden sie durch Fertigkeit und Gewohnheit einem unmittelbaren Gefühl analogisch. Das ist Gewissen, und nicht anders kommt man aus dem Streit über seine Ursprünglichkeit, Allgemeinheit, Verschiedenheit u. s. w. als durch Aufmerksamkeit auf die Wurzeln seiner Bildung und seines Wachsthums.

Bei dem Geschmack wird dies noch augenscheinlicher. Hier eine völlige Gleichheit, auch nur Gleichförmigkeit, auch nur Ähnlichkeit anzunehmen, ist gerade dem Augenschein entgegen, in dem sich die Menschen mit der größten Verschiedenheit ihres Urtheils über die Schönheit zeigen. Diese Verschiedenheit der Empfindung, die Hr. R. selbst einräumt und mit einem Gewühl von Zweifeln übertreibt, wie ist sie aus seinen Grundgefühlen zu erklären? ohne daß alle objektive Gewißheit wegfalle, ohne daß alle Ueberzeugung, Regeln, und Philosophie wegfalle, ohne daß der Geschmack der eigensinnigste, sich beständig wiedersprechende Thor werde — — anders nicht! und welche Philosophie ist da noch möglich? Laßet uns die Erfahrung und die Natur fragen: so bleibt kein so grober Wiederspruch: alles erklärt sich; von allem sehe ich Grund und Ordnung. Wenn der Geschmack nichts als Urtheil über gewisse Klassen von Gegenständen ist: so wird er als Urtheil gebildet; er fehlt in Sachen, wo dies Urtheil nicht gebildet werden konnte, völlig: er irret in Sachen, wo dies falsch gebildet wurde, völlig: er ist grob oder schwach, stark oder fein, nach dem man das Urtheil leitete. Er ist also nicht Grundkraft, allgemeine Grundkraft der Seele; er ist ein Habituelles Anwenden unsres Urtheils auf Gegenstände der Schönheit. Laßet uns seiner Genesis nachspüren.

Alles was Mensch ist, hat, wie oben gezeigt ist, in mehr oder minderm Grade Aesthetische Natur; nur nichts ist mit dieser ersten Annahme natürlicher, als daß wenn ihre sinnlichen Kräfte sich in dem und jenem Verhältniß zuerst entwickeln, auch diese vor jener eine Uebermacht erhalten, auch eine die andre verdunkeln, die Seele sich also auch zu einer Seite mehr hinbilden werde. Wird nun dies Verhältniß zwischen Ausbildung der Seelenkräfte veste Lage; kommt die Seele in Gewohnheit, nach ihm und in ihm zu würken; gewiß, daß sie für diese und jene Sphäre empfindsamer seyn wird, als für eine andre, und so liegt schon in der verschiedenen Entwicklung verschiedner Seelenkräfte nach verschiedenem Verhältniß ein Grund zur unendlichen Verschiedenheit des Urtheils über Anmuth und Schönheit.

Es gibt niedrige Naturen, denen die gröbern Sinne allein Vergnügen gewähren können, weil diese über alle die Uebermacht bekommen und gleichsam das ganze Gefühl ihrer Natur geworden sind: Naturen also, denen das Gefühl ihr feinster Philosoph und der Geschmack die entzückendste Musik ist. Es gibt aber auch höhere Naturen, die ihre feinern Sinne in solcher Verschiedenheit besitzen können, als gleichsam Modificationen und Veränderungen in der Anzahl und den Qualitäten derselben möglich sind. Ein Geist, ganz für die Musik geschaffen, kann gleichsam ein ganz Heterogenes Wesen gegen ein Genie seyn, das eben so sehr für die bildenden Künste gebildet ist, wie jener für die Tonkunst: der eine lauter Auge, der andre lauter Ohr: der eine ganz da, um Schönheit zu sehen, der andre um Wohllaut zu hören — Geschöpfe also von ganz verschiedenen Gattungen, wie würden sie sich einander innig verstehen? welch ein artiger Wettstreit, sie beide, lediglich in ihrem Hauptsinne fühlend und existirend, über Anmuth und Schönheit philosophiren zu hören? Dem einen würde die Malerei zu kalt, zu superficiell, zu wenig eindringend, zu unmelodisch, zu weit vom Tone entfernt seyn: dem andern wären die Töne zu flüchtig, zu verworren, zu undeutlich, zu weit weg vom Bilde eines ewigen Anschauens. Ton und Farbe, Auge und Ohr, wer kann sie com-

mensuriren, und wo Geschöpfen gleichsam ein gemeinschaftliches
Organum der Empfindung fehlt, wer kann sie einigen? Hebt aber
diese Uneinigkeit die Gesetze der Schönheit und der Anmuth deß=
wegen überhaupt auf? Kann er beweisen, daß es gar keine gewisse
Regeln derselben in den Gegenständen gebe? beweisen, daß alles
in der Natur ein Chaos von einzelnen Disharmonischen Stimmun=
gen sey, die nicht zu akkordiren wären? — Welch eine Folge!
Als ob der Akustiker und der Optiker nicht jeder gleichsam die
Welt seines Gefühls innig geniessen, und wenn beide auch Philo=
sophen wären, jeder seinen Sinn sehr Philosophisch und wahr zer=
gliedern könnte? Und alsdenn, eben je inniger und unterschiedner
die Gefühle, eben je wahrer und allgemeiner die abgezognen Regeln
des Schönen in beiden Künsten sind; um so mehr werden sie sich
hinten begegnen, und endlich, wie die Farben des Sonnenstrals in
ein Eins zusammenfliessen, das man Schönheit, Anmuth oder
heiße, wie mans wolle. Will man mein Beispiel verificirt sehen:
so lasse man die Saite etwas nach, suche Naturbeispiele, die aus=
schliessend für eine oder die andre Kunst gebohren sind, und höre
ihr Urtheil.

Nicht unter allen Himmelsstrichen ist die Menschliche Natur,
als fühlbar, völlig dieselbe. Ein andres Gewebe von Saiten der
Empfindung; eine andre Welt von Gegenständen und Tönen, um
durch die ersten Schwingungen diese und jene schlafende Saite zuerst
zu wecken: andre Kräfte, die diese und jene Saite anders stimmen,
und gleichsam den Ton, den sie ihr geben, in ihr verewigen —
kurz! eine ganz andre Methode der Anlage zu empfinden, noch in
den Händen der Natur; wie sehr kann sie nicht ein Menschliches
Wesen Heterogenisiren? Nach dem ersten Genuße und seiner
wiederkommenden Gewohnheit, bekommt Organ und Phantasie
gleichsam Schwung und Wendung, die ersten Eindrücke in das
zarte Wachs unsrer Kindheitsseele gibt uns Farbe und Gestalt des
Urtheils. Zween Menschen neben einander, mit einerlei Anlage
der Natur, von denen der Erste sein Auge an Chinesischen, der
andre an Griechischen Schönheiten von Jugend an gebildet, von

denen der Eine sein Ohr zuerst nach Afrikanischer Affenmusik, der andre nach dem Wohllaute Italiens gestimmt — welche zweierlei Menschen! Wird nicht einer sich vor der Musik des andern das Ohr halten? wird nicht einer von der Schönheit des andern sein Auge wegwenden? Werden sie sich je in ihrem Geschmack vereinigen können, wenn sie beide in ihrer Art schon ausgebildet sind, und sich ihre Seele wie eine Blume am Abend schon geschloßen? Nein! Hat aber daran die Natur Schuld? die Natur, in der keine Gewißheit dessen, was Schön ist, liege: die Natur, die tausend verschiedne Samenkörner tausend verschiedner Grundgeschmacke ausstreue? Ich denke nicht! Noch werden alle den Gesang der Nachtigall, und die ungeschmückten Reize der Natur schön finden: noch wird sich, wenn dieser und jener abweicht, der Grund dieser Abweichung finden lassen: noch werden also, ohngeachtet aller Abweichungen und Singularitäten, Naturregeln des Schönen vestbleiben, auch wenn sie aufs übelste angewendet würden: noch ist also Schönheit und Anmuth kein vager, leerer Name. So bald sich eine Abweichung erklären läßt, so wird eben durch sie die Hauptregel neu bestimmt und bevestiget.

Nationen, Jahrhunderte, Zeiten, Menschen — nicht alle erreichen einerlei Grad der Aesthetischen Bildung, und dies druckt endlich das Siegel auf die Verschiedenheit ihres Geschmacks. Hat die wilde feurige Natur der Völker, der Zeiten, „wo Kinder sich „die Haare ausraufen rings um das Bett eines sterbenden Vaters; „wo eine Mutter ihren Busen entblößt, und ihren Sohn beschwö„ret, bei den Brüsten, die ihn ernährten; wo ein Freund seine „abgeschnittnen Haare auf den Leichnam seines Freundes streuet; „ein Freund seinen Freund auf den Schultern zum Scheiterhaufen „trägt, seine Asche sammlet, und sie in eine Urne einschließt, die „er oft geht mit seinen Thränen zu benetzen; wo Wittwen, mit „fliegenden, zerrauften Haaren sich das Angesicht mit Nägeln zer„reißen, wenn ihnen der Tod ihren Gemahl raubte; wo Häupter „des Volks in öffentlichen Bedrängnißen ihre gebeugte Stirn in den „Staub legen, im Anfall des Schmerzes sich vor die Brust schla-

"gen und ihre Kleider zerreissen; wo ein Vater seinen neugebohr-
"nen Sohn in seine Arme fasset, ihn gen Himmel erhebt, und
"über ihn zu den Göttern betet; wo die erste Bewegung eines
"Kindes, das seine Eltern verlassen hatte, und sie nach langer
"Abwesenheit wieder siehet, ist, ihre Knie zu umfassen, und so
"niedergeworfen den Segen zu erwarten; wo die Gastmahle Opfer
"sind, die sich mit Libationen an die Götter anfangen und endi=
"gen; wo das Volk an seine Gebieter spricht, und seine Gebieter
"die Stimme des Volks hören und auf sie antworten; wo man
"siehet, einen Menschen vor dem Altar mit Opferbinden um die
"Stirn, und eine Priesterin, die Hände über ihn ausbreitend, den
"Himmel anruffen und die heiligen Weihgebräuche vollführen: wo
"Pythißen, schäumend, durch die Gegenwart eines Gottes getrie=
"ben, auf ihrem Dreifuße sitzen mit wild verwirrten Augen, und
"von ihrem Prophetischen Gebrüll die ganze felsichte Höle erschal=
"len lassen: wo die Blutdürstigen Götter sich nicht besänftigen
"lassen, als wenn Menschliches Blut fließt; wo Bacchanten mit
"Thyrsusstäben bewafnet die Tiefen der Haine durchirren, und
"dem Ungeweiheten, der auf sie stößt, Schrecken und Entsetzen
"einjagen; wo andre Weiber Schaamlos sich entblößen, und sich
"in die Arme des Ersten werfen, der sich ihnen darbietet u. s. w."
Zeiten, Sitten, Völker, wie diese, haben sie bei einer und der=
selben Anlage der Natur einerlei Maas der Bildung, einerlei
Urtheil des Geschmacks mit unsrer weichen erkünstelten Welt gesit=
teter Völker? Die Musik eines rohen, kriegerischen Volks, die mit
Enthusiasmus und Raserei beseelte, die zur Schlacht und zum Tode
rief, die Dithyramben und Tyrtäuslieder weckte, ist sie einerlei mit
der weichen Wollust Lydischer Flöten, die nur seufzet und girret,
nur mit Träumen der Liebe und des Weins erwärmet und an die
Brust der Phrynen das aufgelösete Herz hinschmilzt, oder ist sie
gar einerlei mit unserm Schlachtfelde voll Künstlicher Verwirrung,
und voll Harmonisch kalter Taktik in den Tönen? Der Griechische,
der Gothische, der Mohrische Geschmack in Baukunst und Bild=
hauerei, in Mythologie und Dichtkunst ist er Derselbe? Und ist

er nicht aus Zeiten, Sitten und Völkern zu erklären? und hat er nicht also jedes mal einen Grundsatz, der nur nicht gnug verstanden, nur nicht mit gleicher Stärke gefühlt, nur nicht mit richtigem Ebenmaas angewandt wurde? und beweiset also nicht selbst dieser Proteus von Geschmack, der sich unter allen Himmelsstrichen, in jeder fremden Luft, die er athmet, neu verwandelt; beweiset Er nicht selbst mit den Ursachen seiner Verwandlung, daß die Schönheit nur Eins sey, so wie die Vollkommenheit, so wie die Wahrheit.

Es gibt also ein Ideal der Schönheit für jede Kunst, für jede Wißenschaft, für den guten Geschmack überhaupt, und es ist in Völkern und Zeiten und Subjekten und Produktionen zu finden. Schwer zu finden freilich. In der Luft mancher Jahrhunderte ist es mit Nebeln umwölkt, die sich in alle Figuren wölben; aber es gibt auch Jahrhunderte, da die Nebel, kalt und schwer zu seinen Füßen fielen, und das Haupt dieses Bildes der Anbetung in heitrer heller Himmelsluft glänzte. Es gibt freilich Völker, die in die Vorstellung deßelben Nationalmanier bringen, und sich sein Bild mit Zügen ihrer Einzelnheit gedenken; es ist aber auch möglich, sich von diesem angebohrnen und eingeflößten Eigensinn zu entwöhnen, sich von den Unregelmäßigkeiten einer zu singulären Lage loszuwickeln und endlich ohne National= Zeit= und Personalgeschmack das Schöne zu kosten, wo es sich findet, in allen Zeiten und allen Völkern und allen Künsten und allen Arten des Geschmacks; überall von allen fremden Theilen losgetrennt, es rein zu schmecken und zu empfinden. Glücklich, wer es so kostet! Er ist der Eingeweihete in die Geheimniße aller Musen und aller Zeiten und aller Gedächtniße und aller Werke: die Sphäre seines Geschmacks ist unendlich, wie die Geschichte der Menschheit: die Linie des Umkreises liegt auf allen Jahrhunderten und Produktionen, und Er und die Schönheit steht im Mittelpunkte. Das ist Er, und jeder andere, der nur an Lokal= und Nationalschönheiten, oder gar nur an Vortreflichleiten seines Klubs hängt, nur seinen Familienklotz hat, deßen Besuch er wie den Besuch des Apollo verehret, der ist ein Philosoph der Kabale: die Götzen seines Publikum fallen, und Zunftphilosoph von einem Tage, wo bist Du?

7.

Herr Riedel hat seine Theorie „einen Auszug aus den Werken verschiedner Schriftsteller" genannt, und sie ists auch reichlich geworden; nur hat ein Epitomator, der schon nicht selbst denken will, als Epitomator gewiße erste Tugenden nöthig, die ich auch Hrn. R. gewünscht hätte — bündige Kürze, leichte und ordentliche Zusammensetzung; Bekanntschaft endlich, mit denen, die ihm vorgearbeitet. Hr. R. hat keine von Dreien.

Nicht bündige Kürze. Oft, wenn er so viel Data, Betrachtungen und Erklärungen andrer weitschweifig und wiederholend vorausgesetzt hat, kommt eine eigne Erklärung nach, die ärger ist, als jedes vorhergehende Jota. In Nichts ist Hr. R. unglücklicher, als im Erklären, und bei den durchgearbeitsten Materien; wo er z. E. bei Untersuchung der Schönheit, des Grossen, des Erhabnen, u. s. w. am meisten vor sich findet, ist er eben am verworrensten, am unbestimmtesten. Und was ist doch wohl eine Philosophie, ein Akademisches Lesebuch, eine Theorie der sch. K., in der ich durchaus keinen bestimmten Begrif finde? Eine Schande der Philosophie, ein Verderb für Jünglinge, die sich darnach bilden sollen, ein Verfall des Jahrhunderts.

Fluß und Leichtigkeit in der Zusammensetzung der Auszüge miße ich noch mehr. Jedes Hauptstück ist ein Ruinenhaufen, zusammengetragen, wie die Stücke in die Hand fielen, wo ich beständig auf und absteigen muß, wie über ein altes Gemäuer in einem verwünschten Zauberschloße. Und so sind Hauptstücke, und so ist die Zusammensetzung der Hauptstücke, und so das Ganze Buch. Bei der Zergliederung so abstrakter Materien, als hier theoretisch abgehandelt werden sollen, verliere ich alles, wenn ich den Faden der Fortleitung verliere, der mich immer auf einer Bahn, immer näher zum Ziel, immer tiefer in die Idee hinein fortleite. Alsdenn reißt mich der Verf. auch bei schweren Materien fort: je näher dem Ziele, desto mehr arbeiten die Olympischen Läufer, um es zu erreichen; um so freudiger eilt man gleichsam der immer mehr entkleideten, nackteren Idee zu. Finde ich aber nichts von diesem Allen; sehe ich keinen Faden, keine Fortleitung, keine immer fortschreitende Entwicklung, die z. E. Sokratische Gespräche, Shaftesburische und Harrissche Untersuchungen, und Leßingsche Abhandlungen über Fabel und Malerei so unterhaltend, so unermüdend macht; muß ich nichts anders als auf und absteigen, gehen und wiederkommen, zusammen= und loswickeln — wer kann die Höllenarbeit des Sisyphus und der Danaiden aushalten — — verdammt zum Spott bei Bodenlosen Fässern! die immer schöpfen und immer leer bleiben!

Endlich sollte doch wohl ein Epitomator wenigstens die vornehmsten Schriftsteller kennen, die er nutzen soll. Der gelehrte R. hat, an Engländer, Franzosen und Italiener nicht zu gedenken, unter Deutschen nicht einmal den Hauptautor der Aesthetik, und an dessen einzelne Abhandlungen in der Akademie nicht zu gedenken, ihn nicht einmal nach seinem Hauptwerke gekannt — Sulzers Theorie der Empfindungen, die er, ohne in den vortrefflichen Plan dieses Autors zur Aesthetik im geringsten einzubringen, nur einmal, am unrechten Orte, unter einem Schwall von andern, die er eben so wenig gelesen, und nur sehr läßig anführt. Doch was ists für Schande, in einer Theorie der sch. W. einen Sulzer nicht zu kennen, wenn man dafür die Schriften der Hrn. Klotz und Dusch, die zur Aesthetik ja so viel geliefert haben, desto genauer kennet?

II.

Haben wir im Deutschen ein allgemeines Wort, um die Beschaffenheit aller sinnlichen Gegenstände überhaupt zu benennen, mittelst welcher sie Wohlgefallen würken? Ich weiß nicht. Unsre und keine Sprache ist von einem Philosophen ausgedacht, der die athmosphärische Natur abstrakter Begriffe gleichsam von oben herab in Worte geordnet hätte. Die Erfinder der Benennungen stiegen von unten hinauf: sie bemerkten und benenneten einzeln: so müßen wir ihnen nachsteigen, alsdenn sammlen, alsdenn übersehen.

Gegenstände des Gesichts sind am klärsten, am deutlichsten: sie sind vor uns; sie sind außer und neben einander: sie bleiben Gegenstände, so lange wir wollen. Da sie also am leichtesten, am klärsten, und wie man will, zu erkennen; da ihre Theile der Auseinandersetzung fähiger sind, als jeder andre Eindruck; so ist bei ihnen also die Einheit und Mannichfaltigkeit, die Vergnügen würkt, am sichtbarsten, und da ist der Begrif des Worts „Schön, Schönheit!" Er ist hier seiner Abstammung nach: denn schauen, Schein, Schön, Schönheit sind verwandte Sprößlinge der Sprache: er ist hier, wenn wir recht Acht geben auf seine eigenthümliche Anwendung, da er sich bei Allem, was sich dem Auge wohlgefällig darbietet, am ursprünglichsten findet. Nach dieser ersten Bedeutung ist der Begrif der Schönheit „ein Phänomenon" und also gleichsam als ein angenehmer Trug, als ein liebliches Blendwerk zu behandeln. Er ist ein Begriff eigentlich von Flächen, da wir das Körperliche, Wohlförmige, und das solide Gefällige nur eigentlich mit Beihülfe des Gefühls erkennen, und mit dem Gesicht nur Plane, nur Figuren, nur Farben; nicht aber unmittelbar körperliche Räume, Winkel und Formen sehen können. Wegen dieses Superficiellen also, womit sich das Gesicht beschäftigt, wegen des so weit außer Uns Entlegenen, das nur schwach in uns würket, das uns nur durch die feinen Stäbe der Lichtstralen trift, ohne uns näher und inniger zu berühren; endlich auch wegen der grossen Menge und Verschiedenheit von Farben und Gegenständen, womit es uns auf einmal überhäuft, und unaufhörlich zerstreuet — wegen dieser drei Beschaffenheiten ist das Gesicht der kälteste unter den Sinnen. Es ist aber auch eben deswegen der Künstlichste, der Philosophischte Sinn: es wird nur, wie es Blindgewesene zeugen, mit vieler Mühe und Uebung erlangt; es beruhet auf vielen Gewohnheiten und Zusammensetzungen: es würkt nicht anders, als durch unabläßiges Vergleichen, Meßen, und Schließen: es muß uns also, auch in dem es würkt, zu allen diesen feinen Seelebeschäftigungen, Kälte und Muße laßen, ohne die es nicht würken kann — sehet da! das ist eine kurze Charakteristik des Gesichts, und seiner Tochter, der sichtlichen Schönheit, die mit Beispielen bestätigt, und mit Bemerkungen vermehrt, den Grund gäbe zu einer reichen und sehr angenehmen Aesthetik des Gesichts, die wir noch nicht haben.

Weil also die angenehmen Gegenstände dieses Sinnes gleichsam mehr vor und nicht so tief in uns sind, wie in den andern Sinnen: weil ihre Theile neben einander, und also der willführlichen und gefälligen Auseinandersetzung, oder, nach dem eigentlichern Ausdruck, der Beschauung am fähigsten sind: weil ihre Unterscheide sich kälter fühlen, und also auch deßwegen deutlicher und unterschiedner in der Sprache ausbrücken laßen: weil endlich die Einbildungskraft, die an Benennungen ihrer Arbeiten so arm ist, wie überhaupt unsre ganze Seelenlehre an eigentlichen Ausdrücken, doch immer dem Sinne des Beschauens, der Anschauung am analogischten würket: aus allen diesen Ursachen hat man sich der Sprache des Gesichts bemächtigt, um durch sie die Beziehung alles deßen, was wohlgefällig auf die ganze Seele würkt, zu bezeichnen. Das Gesicht ists also, das die Bilder, die Vorstellungen, die Einbildungen der Seele allegorisiret, und Schönheit ist fast in allen Sprachen Hauptbezeichnung und der allgemeinste Begrif geworden, für alle feinen Künste des Wohlgefallens und Vergnügens. Schönheit ist[1] das Hauptwort aller Aesthetik*).

Eine Theorie des Gesichts; eine ästhetische Optik und Phänomenologie ist also die erste Hauptpforte zu einem künftigen Gebäude der Philosophie des Schönen. Was hilfts und wirds helfen, von oben herab die Schönheit zu definiren, und von schöner Erkenntniß, schöner Rede, schönen Tönen u. s. w. allgemein und verworren zu plaudern, wie mans thut, wenn man lieber die Einheit und Mannichfaltigkeit in dem Sinn suchen sollte, wo sie sich am klärsten, am deutlichsten, am unverworrensten zeigen, in Linien, Flächen und Figuren. Hier wäre eine jede Bemerkung gleichsam Phänomenon, sichtbare Erfahrung: hier würde sich manches wie im Sonnenlicht, wie auf einer Fläche, wie in Linien und Figuren dar=

---

*) Hr. R. hat bei dieser Gelegenheit den beiden grossen Philosophen des Schönen, Home und Moses einen sehr tiefliegenden Irrthum gezeigt, daß jener den Begrif der Schönheit zu sehr verenge, dieser zu sehr erweitere: jener da er die Schönheit eigentlich nur dem Gesicht zuschreibt, dieser da er sie den Grund aller unsrer natürlichen Triebe nennet. Hr. R. weiß beßer, genauer, fruchtbarer, was Schön ist, nehmlich — man höre den grossen Philosophen! — was ohne interesirte Absicht gefallen kann, und auch denn gefallen kann, wenn wirs nicht besitzen. Ich laße Hrn. Riedel seine neue, sehr bequeme und sehr hieher gehörige Bestimmung des Unintereße bei der Schönheit; nur wird er mir auch meinen Gesichtspunkt laßen, in welchem Home und Moses Recht haben? Ist der Begrif von Schönheit nicht ursprünglich, und eigenthümlich, was er bei Home ist, ein sichtlicher Begrif, und wollte ihn Home hier anders, als nach seinem Ursprung und Eigenthümlichkeit bestimmen? Ist bei alle dem, was wir wählen, und wornach wir hinwallen, nicht der dunkle Begrif vom Vergnügen würksam, und ist nicht also nach dieser weiten abstrakten Benennung, nach diesem sensu complexo der Schönheit, der Satz des Hrn. Moses eine Psychologische Wahrheit? Und ist denn bei einem und dem andern ihr Axertum etwas anders, als Nebensache, die, wenn sie auch falsch wäre, nichts von ihren Grundsätzen stört und verwirret? — — Doch warum läßt man nicht Kindern die Ruthe, um große Leute, wenn sie nicht höher reichen, wenigstens an den Fersen zu züchtigen?

1) Hiernach gestrichen: aus Armuth der Sprache,

stellen, was wenn es in einem fremden Sinn betrachtet wird, schielend, und wenns in der Seele gesucht wird, nur äußerst dunkel erscheint. Eine solche Theorie würde uns das Schöne sehen lehren, ehe wirs auf die reflektirtsten Gegenstände der Einbildungskraft anwenden, und hier oft so davon reden, wie der Blinde von Farbe und Spiegel, und wie unsre gemeine Critici und Bibliothekäre Deutschlands und Frankreichs, wenn sie die feinsten Schönheiten der Gedanken in der vagesten Sprache von gewohnten Kunstausdrücken auseinandersetzen. Hier erwartet also die Aesthetik ihren optischen Newton.

Für die Gegenstände des Gehörs ist unsre Sprache an eigentlichen Ausdrücken des Wohlgefälligen in ihnen ärmer: sie muß zu schönen, zu süßen Tönen, zu entlehnten fremden Begriffen ihre Zuflucht nehmen, und in Metaphern reden. Die Ursachen dieser Armuth sind offenbar. Die Würkungen dessen, was in unser Ohr angenehm einfließt, liegen gleichsam tiefer in unsrer Seele, da die Gegenstände des Auges ruhig vor uns liegen. Jene würken gleichsam in einander, durch Schwingungen, die in Schwingungen fallen: sie sind also nicht so aus einander, nicht so deutlich. Sie würken durch eine Erschütterung, durch eine sanfte Betäubung der Töne und Wellen; die Lichtstralen aber fallen, als goldne Stäbe, nur stille auf unser Gesicht, ohne uns zu stören und zu beunruhigen. Jene folgen auf einander, lösen sich ab, verfließen und sind nicht mehr; diese bleiben und laßen sich langsam erhaschen und wiederholen. Die Sprache des Schönen für das Gehör ist also nicht so reich, als die für das Gesicht. Ich sage nicht, daß sie nicht reicher seyn könnte. Wenn uns das Gesicht nicht unaufhörlich zerstreuete; wenn nicht Gehör und Gesicht auf gewiße Art Feinde wären, die sich selten in gleicher Proportion neben einander finden, wenn nicht das Gehör, eben seines Innigern und Succeßiven wegen, schwerer auszubilden wäre, als das leichte überhin fliegende Gesicht, was immer wieder kommen kann und dieselbe Welt findet; so zeigen uns ja die Blindgebohrnen, wie viel feine, uns unbekannte Nuancen sich im Gehör unterschei=

den ließen, die jetzt nur dem Gesicht zugehören, und auch von jenen schwer ausgedrückt und für Menschen kaum verständlich gemacht werden konnten, die nicht, wie sie, die Tiefe des Sinnes hatten, der zur Empfindung nöthig war. Noch jetzt hat die Italienische Sprache einen größern Vorrath von Ausdrücken für den Wohllaut, als andre unmusikalischere Nationen, die nicht so viel inniges Gefühl besitzen, und insonderheit als die Franzosen, die fast nichts als das Jolie ihrer Chansons und petits airs kennen. Würden wir, wie z. E. die Griechen, die Musik mehr zur Musik der Seele machen und auch die Poesie so tief als Musik fühlen, die bei ihnen ein Hauptname und gleichsam der herrschende Inbegrif der Künste des Schönen war: so würde auch unsre Philosophie gewinnen, die von dem Schönen aus diesem Sinne, an allgemeinen Grundsätzen und Bemerkungen noch so arm ist. Vielleicht würde diese Philosophie der Töne alsdenn den **Wohllaut** zu ihrem Hauptbegriffe haben, den ich aber von Harmonie, von Wohlklang u. s. w. unterscheide, und wenn sie in ihm alles Angenehme, Entzückende und oft Bezaubernde dieser Kunst aufsuchte, so fänden sich vielleicht in ihr, und in ihr allein, die Eigenschaften des Wohlgefälligen, die am tiefsten in die Seele dringen, und sie am stärksten bewegen. Und eine solche Theorie ist gleichsam die zweite Pforte der Aesthetik, die wir noch weniger haben, als die erste.

Der dritte Sinn ist am wenigsten untersucht, und sollte vielleicht der erste seyn, untersucht zu werden: das **Gefühl**. Wir haben ihn unter den Namen der unfeinern Sinne verstoßen: wir bilden ihn am wenigsten aus, weil uns Gesicht und Gehör, leichtere und der Seele nähere Sinne, von ihm abhalten, und uns die Mühe erleichtern, durch ihn Begriffe zu bekommen: wir haben ihn von den Künsten des Schönen ganz ausgeschloßen, und ihn verdammet, uns nichts, als unverstandne Metaphern zu liefern, da doch die Aesthetik, ihrem Namen zufolge, eben die Philosophie des Gefühls seyn sollte. Ich habe es gesagt, wie wir ihn jetzt haben, und bilden und anwenden, hat er wenig Werk in dem Cyklus der schönen Künste; allein darf ichs auch behaupten, daß er uns nicht völlig ist, was er seyn könnte, und daß er uns also auch im Kreise des Schönen nicht ist, was er seyn würde?

Ich setze also die unleugbare Erfahrung voraus, daß es das Gesicht nicht sey, was uns von Formen und Körpern Begriffe gebe, wie man es durch eine gemeine Meinung annimmt, und wie es auch die Philosophischste Abhandlung[1] über den Grundsatz der schönen Künste angenommen hat. Ich setze es voraus, daß das Gesicht uns nichts, als Flächen, Farben und Bilder zeigen könne, und daß wir von allem, was Körperlicher Raum, sphärischer Winkel, und solide Form ist, nicht anders, als durchs Gefühl, und durch lange wiederholte Betastungen Begriffe erhalten können. Dies zeigen alle Blindgebohrne und Blindgewesene. Bei jenen waren Körper und Formen gleichsam ihre ganze äußere sinnliche Welt, wie lediglich Töne ihre innere sinnliche Welt waren. Der Blindgebohrne, über den Diderot Betrachtungen anstellte, lehrte seinen Sohn mit Buchstaben in Relief lesen; er wußte den Spiegel nicht anders, als wie eine Maschine, durch welche Körper im Relief außer sich selbst geworfen werden: er konnte nicht begreifen, wie dies außer sich geworfne Relief sich nicht fühlen laße, und schloß also, daß es ein Betrug seyn, daß eine neue Maschiene möglich seyn müste, um den Betrug zu zeigen, den die andre machte. Er wußte sich die Augen nicht anders, als wie Organe, auf welche die Luft denselben Eindruck machte, wie ein Stab auf die Hand; er beneidete also andern ihr Gesicht nicht, weil er keinen Begrif von Flächen und von der Vorspiegelung derselben hatte; er wünschte sich nichts, als längere Arme, um in die Ferne zu fühlen. Natürlich also, daß er sein Gefühl zu einer Feinheit, und Richtigkeit gebracht hatte, die in ihren Proben Erstaunen erweckt. Das Gefühl war ihm Waage des Gewichts und das Maas der Entfernung, und die Quelle dessen, was er schön nannte, und worinn er tausend Annehmlichkeiten wahrnahm, die wir mit Gesicht und Gefühl zusammen genommen, nicht empfinden, das

---

1) Zuerst: selbst Moses in seiner Abhandlung

Gefühl war ihm in der Äußern Welt alles. Es gab ihm aber, wie aus jedem Beispiel zu sehen ist, keinen Begrif, als von Form und Körper: Alles, was diese ausmachten, begrif er tausend mal genauer, feiner und inniger, als wir, die wir das Gesicht, als einen bequemern Stab, an der Stelle des Gefühls, gebrauchen, und dies durch jenes verwahrlosen: Flächen aber begrif er nicht.

Der blinde Saunderson begrif sie eben so wenig. Rechen= maschinen waren ihm statt der Zahlen: durch Maschinen machte er sich Flächen und Figuren auf denselben begreiflich: Linie und Polygon muste Körper werden, damit ers fühlte. Man weiß, daß er Maschinen nachgelaßen, deren Nutzen für andre verschwindet, die ihm aber zu seinem Studium des Maaßes der Flächen unent= behrlich waren. Was sehenden Personen, die an Körpern nur immer hingeworfne Reliefe sehen, in der Geometrie am schwersten zu begreifen wird, solide Körper, war ihm in der Demonstration ein Spielwerk; was sehenden Personen am leichtsten wird, Figuren auf Fläche, war ihm mühsamer und mit seiner Erklärung beschwer= licher für die, die davon ohne Gesicht hätten Begriffe sammlen sollen. So war es auch mit seiner Optik; Figuren des Plans waren ihm nur angenommene Hülfsbegriffe: Körper waren seine Objekte und selbst der Sonnenstral ward zu seiner Begreiflichkeit Körper.

Am deutlichsten aber sehen wir, daß Gesicht und Gefühl sich so wie Fläche und Körper, wie Bild und Form trennen, an der Genesung des Blindgebohrnen durch Cheselden. In seiner Staar= blindheit hatte er den Tag von der Nacht, und bei starkem Lichte, das Schwarze, Weiße und Hellrothe von einander unterscheiden können; aber alles durchs Gefühl, alles als Körper, die sich auf sein geschloßnes Auge bewegten. — Das Auge wurde geöfnet, und jetzt erkannte er die Farben, als Flächen nicht, die er voraus als Körper unterschieden hatte. Das Auge ward ihm geöfnet, und er sahe gar keinen Raum; alle Gegenstände lagen ihm im Auge. Er unterschied keine Gegenstände, auch von den verschiedensten Formen, und erkannte keine durchs Gesicht, die er voraus durchs Gefühl erkannt hatte. Er fand also durchaus keine Identität zwischen Körper und Fläche, zwischen Gestalt und Figur: man lehrte ihn sie finden; er vergaß sie; er wuste nichts. Er konnte nicht begreifen, daß die Gemälde, die er sahe, daß die figurirten und kolorirten Flächen, die ihm vorkamen, dieselben Körper wären, die er voraus gefühlt hätte, und als er sich davon überzeugte, war er noch ungewiß, ob sein neuer oder sein alter Sinn ihn tröge, von denen jener ihm nichts als Flächen, dieser nichts als Körper lehre. Tausend andre sonderbare Unwißenheiten über Raum, Größe, Vergleichung der Flächenräume u. s. w. alle lehren uns, daß es durchaus völlig getheilte Gränzen zwischen Gesicht und Gefühl, wie zwischen Fläche und Körper, Figur und Gestalt gebe, daß wie das Gefühl nichts von Fläche, von Farbe, so wiße das Gesicht durchaus nichts von Form und von Gestalt. Ich könnte den Satz aus der Optik und Logik demonstriren, wenn nicht die drei Beispiele redender wären, als drei Demonstrationen.

Was folgt hieraus? sehr viel. Das Gefühl muß also wohl nicht so ein grober Sinn seyn, da er eigentlich das Organ aller Empfindung andrer Körper seyn soll, und also eine so große Welt von feinen, reichen Begriffen unter sich hat. Wie sich die Fläche zum Körper verhält, so und nicht minder verhält sich das Gesicht zum Gefühle, und es ist blos eine gewohnheitsmäßige Verkürzung, daß wir Körper als Flächen sehen, und das durch das Gesicht zu erkennen glauben, was wir würklich in unsrer Kindheit, nicht anders, als durchs Gefühl und sehr langsam lernten. So und nicht anders lernten wir den Begrif vom Raume, von der Undurchdringlichkeit und Bewegung: so wie wir wiederum den Begrif von Größe, Figur und Fläche durch viele Experimente des Gesichts lernten. Aber weil beide Sinne immer zusammen und gemeinschaftlich würkten, so ward gleichsam von allen Körpern ihre verkürzte Gestalt auf die Retina des Auges, als Figur geworfen, und in dieser Verkürzung wird sie Gewohnheitsmäßig von uns gebraucht: wir glauben Körper zu sehen und Flächen zu fühlen, da doch nichts ungereimter ist, als beides.

Nichts, als Irrthümer, entspringen aus dieser unlogischen und unphysischen Vermischung, und eben diese Irrthümer sinds gewesen, die die meisten Einwürfe gegen die Wahrheit der sinnlichen Vorstellungen hergegeben haben. Du siehest den zerbrochnen Stab im Waßer: du greifest darnach, und bekommst nichts; du siehest, es war der zurückgespiegelte Stab selbst. Du irrtest dich, aber nicht dein Sinn, sondern dein Urtheil, zu dem du bei den Sinnen gewöhnet bist, und das jetzt die Objekte vermischte. Dein Auge kann nichts als Flächen sehen: die Waßerfläche sahest du: und sie war sinnliche Wahrheit. Den zurückgebrochnen Stab sahest du auf ihr, als Fläche: du sahest recht: als Bild wars sinnliche Wahrheit. Aber du griffest nach ihm; da hattest du Unrecht; wer wird nach dem Bilde auf einer Fläche greifen? Das Gefühl ist nur für Körper; wustest du aber durchs Gefühl, daß da ein Stab im Waßer wäre, wo Du ihn haschen wolltest? Nein! und so trog dich nicht dein Sinn, sondern dein Urtheil, das durch lange gewohnte Vermischung, sich übereilte, und da das Gesicht substituirte, wo nur das Gefühl das Organ des Begrifs seyn konnte. Eben die Bewandniß hats, mit allen Irrnißen, die über Weite, Größe, Figur und Gestalt, so oft vorfallen.

Ich will keine neue Regeln geben, wie der Sinn des Gefühls, der so sehr vom Gesichte verkürzt und verdrängt ist, wieder in seine alten Rechte zu setzen sey, damit man zwar langsamer aber sicherer zum Begrif körperlicher Wahrheit komme. Hier hat Roußeau, wie ich glaube, schon geredet, und das wäre hier nicht am rechten Ort; ich mache nur eine Anwendung auf die Aesthetik, die einem grossen Theile derselben, ganz andre Gestalt gibt. Alles nehmlich, was Schönheit einer Form, eines Körpers ist, ist kein sichtlicher, sondern ein fühlbarer Begriff; im Sinne des Gefühls also muß jede dieser Schönheiten ursprünglich gesucht werden. Das Auge ist nicht ihr Ursprung, noch also ihr Richter: es ist dazu zu flüchtig, zu seicht, zu superficiell, und eine Theorie über Form und Gestalt durchs Auge ist nicht eigentlicher, als eine Theorie über die Töne aus dem Geschmack: nicht eigentlicher, als wenn jener Blindgebohrne sagte: die rothe Farbe ist, nun begreife ichs, wie der Schall einer Trompete.

Alle Schönheit der Körper, als Formen, ist also fühlbar; vom Gefühle sind alle Aesthetische Ausdrücke, die jene bezeichnen, genommen, sie mögen angewandt werden, wo sie wollen: rauh, sanft, weich, zart, Fülle, Regung, und unendlich viel andre, sind vom Gefühle. Das ganze Wesen der Bildhauerkunst ist, wie alle Welt durch einen Irrthum bisher angenommen hat, und wie das Gegentheil gezeigt werden soll, nicht sichtlich, als nur dem kleinern Theile nach, so fern sie Fläche enthält; an sich aber, als körperlich schöne Kunst ist sie nichts als fühlbar. Durch diesen Sinn erkannt, entweicht sie allem falschen Geschmack und Urtheil, und nähert sich, zwar langsam und bedächtlicher, aber desto gewißer der Wahrheit. Das ist also die dritte Hauptpforte des Schönen: das Gefühl, und das dritte Werk, was ich wünsche, eine Philosophie des Gefühls, die keine bloße Metapher sey, wie das Baumgartensche Werk, auch mit vollendetem Plane, nur immer geblieben wäre, und mit dem jene also durchaus nichts gemein hätte.

Es gibt noch zween Sinne in der Menschlichen Natur, die aber an der Empfindung des Schönen weniger Antheil haben, und gegen die ich überhaupt, ich weiß nicht was? habe, sie in allen Theorien so ganz collatoral neben die gedachten drei Hauptsinne gestellt zu sehen, da sie doch mehr zwo zusammenhängende Modificationen des Gefühls, als zwei völlig neue Gefühle sind, wie Auge und Ohr. Als solche Modificationen des Gefühls liefern sie zu unserm Zwecke einige Benennungen, einige Metaphern: da sie aber selbst keine neuen Gefühle sind, so haben sie auch keine eigne Künste des Schönen zum Gegenstande. Geschmack, weiß man, ist Hauptbezeichnung geworden, die im Grunde doch aber nichts sagen will, als ein leichteres, erquickendes Gefühl. Bei den Spaniern soll dieser Gusto zuerst üblich geworden seyn: die Italiener, und Franzosen haben ihn bald adoptirt: die Engländer, Deutsche und andre sind nachgefolget: man hat ihn endlich gar in die Lateinische Sprache zurückgetragen, in der er in den besten Zeiten wenig=

ſtens nicht als Hauptbenennung üblich geweſen: und eben weil ſich am Geſchmack viel käuen, viel zerlegen läßt, ſo hat man ihn auch, inſonderheit in Frankreich, ſehr zergliedert. Indeſſen dünkt er mich nicht der fruchtbarſte Begrif, und der fruchtbarſte Sinn zur Aeſthetik: ſeine Entlehnungen, vom Süßen, Erquickenden, Berau= ſchenden, Picquanten der Anmuth ſind entweder bloſſe Mobifica= tionen des Gefühls, oder beim Geſchmacke unfruchtbare Metaphern. Und gar die Bezeichnungen des Wohl= und Uebelgeruchs, die ſelbſt in Beſchreibung der Schönheit nur mit Maas einzumiſchen ſind, was wären ſie zur Charakteriſtik des allgemeinen Schönen?

2.

Drei Hauptſinne gibts alſo, mindſtens für die Aeſthetik drei, ob es gleich gewöhnlich geweſen iſt, ihr nur zwei, das Auge und Ohr einzuräumen. Jeder von dieſen Sinnen hat eigenthümliche erſte Begriffe, die er liefert, und die den andern blos appropriirt werden: Ein Gefühl modificirt ſich durch alle Sinne; jeder aber gibt demſelben ſeine neue Art, und ſo erſt nur ſpät und zuletzt tragen ſich aus allen Sinnen complexe Begriffe in die Seele über, wie ſich verſchiedene Ströme in ein groſſes Meer ergieſſen. So wird der Begrif der Wahrheit und auch der Schönheit: er iſt ein Werk vieler und verſchiedner Organe, und da jeder von dieſen ſeine eigne Welt hat, gleichſam ein Raub vieler Welten. Die Ein= bildungskraft nimmt und ſchaffet und bildet und dichtet; aber alles bekam ſie durch fremde Hände, und in ihr iſt dieſes Zuſammen= getragne nichts als ein groſſes Chaos.

Unmöglich alſo, das ſiehet man offenbar, kann man von hin= ten anfangen, und von den abſtrakteſten Begriffen der Einbildungs= kraft, von Schönheit und Größe und Erhabenheit u. ſ. w. reden, ohne die geringſten Eindrücke vorangeſchickt zu haben, aus denen dieſe ſo abgezogne, ſo vielfaßende Ideen erſt wurden. Jeder die= ſer Begriffe muß ein verworrenes Chaos ſeyn, wenn nicht ſeine vermiſchten Eindrücke erſt auf jeden Sinn zurückgeführt, jedem ſein eigenthümlicher Ursprung, und Bedeutung angewiesen, in alle nach der Reihe Ordnung gebracht und insonderheit die Proportion erwogen wird, in welcher sie zu dem und jenem Hauptbegriffe, der dunkel in uns liegt, beitragen. Und eben die Methode, die ich verruffe, ist sie bisher nicht fast die Einzige gewesen? Von oben herab, von Schönheit und Erhabenheit fängt sich das Definiren an; man fängt also mit dem an, was eben das Letzte seyn sollte, Schönheit. Soll der Begrif dieser mehr als eine wiederholte Worterklärung seyn, aus dem man die lang bekannten Sätze nachbete: „das Objekt, was gefallen soll, muß sinnlich seyn, muß keine „Unvollkommenheit haben, muß uns auf befriedigende Art unter= „halten," soll der Begrif der Schönheit fruchtbarer seyn, als an schwankenden elenden Allgemeinsätzen: mein leichter Philosoph, so ist er mehr als ein Hüter am Titelblatte. Er ist ein schwerer, langsamer Begrif; er muß aus vielen einzelnen Datis und Bezeichnungen abstrahirt werden: alle diese können nicht gnugsam gesammlet, gefeilt, geordnet und verfeinert werden, um aus ihnen die Analyse des Schönen überhaupt zu geben; und eben diese ist das letzte Produkt von allen einzelnen Phänomenen.

Blind wurde ich, da ich in Riedels Theorie, von Alle dem, nicht einen Schatten sah. Was nach meinem Plan, der letzte, schwerste Begriff, die Summe aller Empfindungen dieser Art, ist, Schönheit; das demonstrirt er zu Anfange auf der Stelle weg, und zieht ein Gemisch von Consektarien daraus, die ich ihm schenke. Was nach meiner Idee das Hauptaugenmerk des Werks wäre, die Phänomene und Data des Schönen zu sammeln, zu ordnen, auf ihre Ursprünglichkeit zurückzuführen: davon weiß Riedel nichts im ganzen Buche. Was nach meiner Idee die einzige Methode der ganzen Aesthetik wäre; Analysis, strenge Analysis der Begriffe; das ist bei ihm eben das, was er am meisten verspottet, und dem er nichts als sein $\alpha\varrho\varrho\eta\tau o\nu$ von Quackerempfindung supponiret. Er hat eine Menge allgemeiner, abstrakter Begriffe, weiß Gott, woher? aus Gerard und Moses und Home und Winkelmann: die stellt er im Gewühl neben einander, und was er bei andern Autoren über sie findet, im Gewühl neben einander. Der wahre Philosoph hat keine, als wo sie ihm in einem Sinne erscheinet: da suchet er sie auf, da verfolgt er sie durch alle feinen Nervenäste, bis sie sich andern Sinnen, und endlich der Seele mittheile. Diese Physiologie der Sinne und sinnlichen Begriffe, die bei einem Weisen alles ist, Objekt, Hauptaugenmerk, Methode, ist bei Riedel Nichts. Wo Schönheit ist, da ist Mannichfaltigkeit, und da ist auch Einheit und auch Größe und Wichtigkeit und auch Harmonie und Natur und Naivetät und Simplicität und Ähnlichkeit und Kontrast und Wahrheit und Wahrscheinlichkeit und Rotundität und Nachahmung und Illusion und Zeichnung und Kolorit und Vergleichungen und Figuren und Tropen und Körnichtes und Gedankenfolge, und ernsthafte, lächerliche, belachenswerthe, komische, launische, sanfte, tändelnde Vorstellungen und Interesse und Sentiments und Pathos und Schicklichkeit und Würde und Sitten und Kostume und Anstand und Geschmack und Genie und Enthusiasmus und Erdichtung — ach! ach! meine Hand ermüdet mir! das ist die Zusammensetzung, der Plan, die Methodische Ordnung der Riedelschen Theorie aller schönen Künste und Wißenschaften! O Chaos! Chaos! Chaos!

Kann mans denn gnug beklagen, daß die nützlichsten Dinge in der Welt, Sprache und Unterricht, zugleich auch die verderblichsten werden können? Sollten wir uns ohne Unterweisung anderer, selbst alle unsre Begriffe mit ihren Benennungen und Unterschieden ausfinden, sollten wir uns jeder selbst seine Sprache und Ausdruck erfinden müßen: welch eine Mühe! welch eine lange ewige Wanderschaft! Das Menschliche Geschlecht würde alsdenn in lauter Individua zerfallen, die lange Kette von Gedanken und Ueberlieferungen, die vom ersten bis zum letzten Menschen durch alle Völker, Zeiten und Jahrhunderte reicht, würde bei jedem Gliede brechen: jedes Subjekt bliebe sich selbst, seiner Mühe und seinem alleinigen Fortstreben überlassen: und die ganze Menschheit in einer ewigen Kindheit. Jeder würde sich mit Erfindung weniger Wahrheiten quälen, Lebenslang quälen, und sterben, ohne weder davon selbst Gebrauch gemacht zu haben, noch ohne sie andern, als Erbschaft überlassen zu können: wir wären ärmer, als die Thiere, die mit ihrem Instinkt alle Kunstfertigkeit, die sie bedörfen, zur Welt bringen, und die Natur, die sie bildete, selbst zur Lehrerin haben. Diese, die Mutter Natur, sorgte also für uns anders: sie gab uns die Sprache, als ein Werkzeug, die Seele des andern unmittelbar zu berühren, unmittelbar ihr Känntniße einzupflanzen, die sie nicht, die andre für sie erfunden haben. Damit erleichterte sie nicht blos jedem Menschen seine beschwerliche lange Bahn zur Wißenschaft und Weisheit: sondern sie knüpfte auch ein ewiges Band, das das ganze Menschengeschlecht zu Einem großen Ganzen machet. Nun war kein Glied allein: kein Gedanke in der ganzen Reihe Menschlicher Seelen ist vergebens gedacht worden: er hat auf andere gewürkt: er hat sich gereihet, sich durch Jahrhunderte und Zeiten fortgepflanzet; andre, gute und böse veranlaßet, und zum Verfall oder zur Erhebung der Menschlichen Seele beigetragen. Es hat sich also in Unterricht und Sprache eine grosse Niederlage von Gedanken gesammlet, die wir vor uns finden, die andre für uns erfanden und ausdrückten, die wir mit tausendfach wenigerer Mühe lernen. Aber siehe! nun fängt sich bei dieser so schätzbaren Erleichterung des Mittels zur Wißenschaft auch unmittelbar drauf ein Schade, ein Verfall an. Nun lernen wir also vermittelst der Worte Begriffe, die wir nicht suchen dorften, und also auch nicht untersuchen: Känntniße, die wir nicht sammlen dorften, und die wir also aufraffen, brauchen, anwenden, ohne sie zu verstehen. Und wie erniedrigt ist hiemit die Menschliche Seele! Mit jedem Worte, was sie lernt, erschweret sie sich gleichsam das Verständniß der Sache, die es bedeutet: mit jedem Begrif, den sie von andern empfängt, töbtet sie in sich eine Nerve, diesen Begrif selbst zu erfinden, eine Kraft, ihn innig zu verstehen, wie wenn sie ihn erfunden hätte.

Bei allen sinnlichen Dingen haben wir Auge und Werkzeuge, die diese Abstumpfung der Seele noch verhindern: wir haben Gele=

genheit, die Sache selbst und den Namen zugleich kennen zu lernen, und also nicht das Zeichen ohne den Begriff des Bezeichneten, nicht die Schale ohne Kern, zu fassen. Aber bei abstrakten Ideen? bei allem, was eigentliche Erfindung heißt? um so viel mehr. Wie leicht nehmen wir da das Produkt einer langen Operation des Menschlichen Geistes an, ohne selbst die Operation durchzulaufen, die das Produkt ursprünglich hervorgebracht hat, und so kaufen wir also Folgesätze ohne den innern Grund zu wissen, Probleme ohne die Auflösung zu verstehen, Lehrsätze, ohne sie aus ihrem Beweise selbst zu folgern, Worte, ohne die Sachen zu kennen, die sie bedeuten. Da lernen wir eine ganze Reihe von Bezeichnungen aus Büchern, statt sie aus und mit den Dingen selbst, die jene bezeichnen sollen, zu erfinden: wir wissen Wörter und glauben die Sachen zu wissen, die sie bedeuten: wir umarmen den Schatten statt des Körpers, der den Schatten wirft.

Lehrlinge der Wißenschaft! so schläft eure Seele ein: Alle ihre Glieder lähmen sich, wenn sie sich in die Gewohnheit legen, auf den Worten und Erfindungen andrer zu ruhen. Der Mann der das Wort erfand, das ihr so überhin lernet, hatte dabei eine ganz andre Gestalt, als ihr: er sahe den Begriff; er wollte ihn ausdrücken: er kämpfte mit der Sprache: er sprach; die Nothwendigkeit trieb ihn, was er sahe, auszusprechen. Wie anders mit euch, die ihr den Begriff blos durchs Wort kennet, und jenen zu haben glaubt, weil ihr dies auffaßet, und es mit einer Halbidee anwendet? Ihr seid in dem Augenblick nicht in dem innern Lichte, wie er: ihr habt blos ein willkührliches Geldstück, das ihr durch Konvention angenommen habt und andre von euch durch Konvention annehmen; statt daß jener, der es bildete, es nach seinem innern Werthe kannte. Fahret also eine Zeitlang fort, in diesem ruhigen Schlafe, Worte andrer in euch zu träumen, ohne ihre Ideen der würklichen Natur mit Mühe entreißen zu dörfen, fahret fort; in kurzer Zeit wünsche ich euch Glück, zu eurer erstarreten, schlaffen Seele, die ein grosser Mund geworden ist, ohne eine Zelle des Gehirns zu Gedanken mehr übrig zu haben.

Und das ist der klägliche Zustand unsers heutigen ganzen Reiches der Gelehrsamkeit. Wir haben so viel zu lernen was andere gedacht, und endlich lernen wir selbst nichts, als lernen. Von Jugend auf gibt man sich alle Mühe, uns in diesen bequemen Zustand des Seelenschlafes zu wiegen: man erleichtert uns alle Beschwerde, ja nicht etwas erfinden zu dörfen, und so werden wir Zeitlebens nichts erfinden können. Man macht alles ad captum; man verkürzet, ziehet aus, erleichtert, und so wird unser captus natürlich so bleiben, wie man ihn haben wollte, die verkürzte Gestalt der Geister, von denen wir lernten. Wir gaben uns rechte Mühe, ja nicht wie sie ad captum ipsorum, sondern ad captum nostrum zu denken: wir schmälerten, und verkinderten[1] also ihre Werke: siehe da also die Kindische Form gegen sie, die wir Zeitlebens behalten! Du lerntest alles aus Büchern, wohl gar aus Wörterbüchern: schlafender Jüngling, sind die Worte, die du da liesest und Litterarisch verstehen lernest, die lebenden Sachen, die du sehen solltest? Naturgeschichte, Philosophie, Politik, schöne Kunst aus Büchern: wie? wenn du Montesquieu durchgelesen, und verstehest und weißst; denkest du wie Er dachte, der die Welten und Regierungsformen ansah, oder sich als lebendig träumte, die er verwaltet; und du, der du seine Grundsätze dir einbetest, denkest du damit, wie er dachte? bist du jetzt Montesquieu?

Wir sind leider! jetzt im Zeitalter des Schönen. Die Wuth, von schönen Künsten zu reden, hat insonderheit Deutschland angegriffen, wie jene Bürger aus Abdera die tragische Manie. Und wie lernen wir die Begriffe des Schönen? wie, als aus Büchern? Eine Theorie halb durchgelesen, ein Viertheil davon, dem Buchstaben nach verstanden, und nichts dem Verstande nach begriffen; ist mehr als zuviel, um ein Kenner der Kunst zu heißen, von der sie handelt: denn es gibt gar andre Kenner, die ihre Sprache nur aus Recensionen der Journale und gar aus keiner Theorie einmal herhaben. Nun hat man eine Menge von Wörtern im Munde, von

---

1) Zuerst: verkindischten

deren keinem ¹ man die Sache gesehen; die man aber nach dem Conventionsfuß des litterarischen Commerzes, an andre gibt, so wie man sie von andern empfing. O letzte Stuffe zum Verfall aller Gedanken! Elender, entnervter Schmecker des Schönen! Die Worte, die du aus deinem Pernetty kennest und herhast: der Schwall von Simplicität und Gracie und Perspektiv, und Kontrast und Haltung und Kostume, und wo kann ich den Non=sens herbeten, den unsre Klotze und Meusels in ihren Taschen tragen: alle diese Worte, sind sie bei dir in dem Augenblicke, da du sie herlallest, daßelbe, was sie bei den Künstlern waren, die sie ihren Werken einflößten? was sie bei den gerührten Betrachtern waren, die sie lebendig vom Kunstwerk abrißen, und gleichsam erfanden? sind sie das bei dir? Bei dir das Wort Grazie daßelbe, was es dunkel in der Seele des Correggio war, da er sie seinen Gemälden anschuf, und was es in der Seele Winkelmanns und Hagedorns war, wenn sie dieselbe von ihren Idealen abzogen — todte, entschlafne Letternseele, bei dir daßelbe? Hochverrath gegen alle Musen und Künste wäre es, wenn du, indem du von Michael Angelo's männlicher Manier schwatzest, du dich in die Waßergleiche mit ihm setzen wolltest, da er sie an den Antiken studirte, da er sie seinen Werken gab!

Die ganze Riedelsche Theorie ist ein verworrener Schattenriß von solchen Lettern= und Bücherideen; ich nehme keinen Artikel und keinen Begrif derselben aus. Schönheit und Mannichfaltigkeit und Einheit und Größe und Harmonie und Natur und Simplicität und Ähnlichkeit, und wie das ganze Buch durch das Gewirr folge — alles sind Worte ohne Sachideen, Schatten ohne Körper. Nichts ist von der Natur und von der Kunst abstrahirt: nichts im lebendigen Anschauen erkannt: nichts unter seinen Sinn, seine Kunst, seine Klaße von Gegenständen geordnet: alles überhin und durch einander in der abscheulichsten, gräulichsten Vermischung. Bei keinem einzigen Begrif kommt es ihm ein, wo er denn ursprünglich entstanden? wovon er denn abstrahirt? wem er denn eigentlich

---

1) Msc.: keiner

und wem nur tropisch zukomme? wie einer auf den andern folgen möge oder nicht? Nichts von allem! Er spricht über die Grazie aus Winkelmann und über die Naivetät aus Moses und über die Schönheit aus Baumgarten; von keinem aus der Natur. Er träumt alle Kapitel hin überweg von Wörtern ohne Objekte und setzt Begriffe und Kapitel neben einander, über die man erstaunen muß, sie in einer Theorie der schönen Künste und im ersten allgemeinen Theil derselben zu erblicken. Harmonie neben Natur, Simplicität neben Ähnlichkeit, Wahrscheinlichkeit neben Rotundität, Zeichnung neben Illusion, Tropen neben das Körnichte, Gedankenfolge neben das lächerliche, komische, launische, tändelnde: dies neben Intereße und Sentiments und Pathos und Schicklichkeit und Würde und Sitten und Costume: Anstand neben Geschmack und Genie neben Enthusiasmus — als wenn das alles? allen schönen Künsten? und ohne Unterschied? und mit gleicher Ursprünglichkeit? und in der Ordnung zukäme? und nichts sein Vaterland? seine Eigenthümlichkeit? sein Gebiet? seine Stuffenfolge? seine Ableitung hätte? und als ob hierauf in einer Theorie alles Schönen aller Künste nicht Alles beruhete? und doch von Alle diesem Nichts? Nichts als ein Chaos von Kapiteln, Definitionen und Worten? und also kein einziger wahrer ursprünglicher Begrif der Aesthetik im ganzen Buche? — O vortrefliche Theorie der schönen Künste! Jünglinge! leset, lernet, hört über sie, um euch auf ewig zu verderben!

3.

Was zögere ich bei meinem Ausschreiber allgemeiner Begriffe? ich kehre zur Untersuchung der Sinne des Schönen zurück. Wir sahen, es gab Drei: den Sinn des Gesichts, der „Theile als außer sich neben einander," das Gehör, das „Theile in sich und in der Folge nach einander," und das Gefühl, das Theile „auf einmal in und neben einander" begreifet. Theile als auffer sich, neben einander, heissen Flächen: Theile in sich und in der Folge nach einander sind am ursprünglichsten Töne:

Theile auf einmal in und neben einander, Solide Körper — es gibt also in uns einen Sinn für Flächen, für Töne, für Körper, und wenn es auf das Schöne ankommt, für die Schönheit in Flächen, in Tönen, in Körpern. Drei besondere Klassen äußerer Gegenstände, wie die drei Gattungen des Raumes.

Wenn es nun Künste gäbe, die die Natur in diesen drei Räumen nachahmten, die das zerstreute Schöne in jedem derselben sammleten, und wie in einer kleinen Welt dem Sinne darstellten, der für diese Art der Gegenstände da ist; so sieht man, werden eben damit drei Künste des Schönen. Eine, bei der das Hauptobjekt Schönheit ist, so fern sie der Raum enthält, so fern sie sich auf Flächen spiegelt: das ist Malerei, die schöne Kunst fürs Gesicht. Eine, die zum Objekt das Wohlgefällige hat, das In und nach einander gleichsam in einfachen Linien der Töne auf uns würket; das ist Musik, die schöne Kunst des Gehörs. Endlich eine, die ganze Körper schön vorbildet, so fern sie aus Formen und Maßen bestehen: das ist Bildhauerei, die schöne Kunst des Gefühls. Ich gehe noch nicht weiter, um erst das Wesentliche und Wahre dieses Unterscheides zu entwickeln, und sage also:

Eine Theorie der Bildhauerei, die diese Kunst als ein völliges und ursprüngliches Objekt des Gesichts betrachtet, und hieraus seine einzigen und wesentlichen Regeln holet, kann nichts weniger als eine Philosophische Theorie werden. Sie entwickelt an ihrem Grundbegriffe eine Uneigenheit und muß sie nicht also fremde falsche Regeln entwickeln? muß sie als Theorie, nicht Irrthümern und Wiedersprüchen ausgesetzt seyn? das alles so gewiß, als Fläche nicht Körper, und Gesicht nicht Gefühl ist. Laßet uns einen Körper setzen, von dem wir durchs Gefühl keinen Begrif, oder gar setzen, daß wir von keinem Körper durchs Gefühl Begrif hätten: nun laßet ihn Gegenstand des Gesichts werden; laß das Gesicht, aber ohne Gefühl, sich alle Mühe geben, sich über ihn zu vergewißern, und zu unterrichten: wirds je eine Eigenschaft seiner Solidität errathen? Nein! und also gar alle ausfinden? Nein! und wirds also je den wahrhaften Begrif von ihm, als Körper, bekommen? Niemals, und so muß auch die Theorie einer Kunst der Körper, wenn sie diese blos als Gegenstände des Gesichts betrachtet, durchaus keine Theorie seyn.

Was sehen wir an einem Körper durchs Auge? Nichts, als Fläche; sie sei nun Elevation, oder hingeworfner Schattenriß: sie hat nur immer zwo Ausmeßungen, Länge und Breite! Die dritte Ausmeßung, die Dicke, können wir so wenig sehen, als jener Mahler den Hund hinter der Thür mahlen konnte. Daß wir sie oft und bei bekannten Dingen immer, zu sehen glauben, kommt aus der Ueberschnelligkeit unsres Urtheils, das durch lange Gewohnheit, Gesicht und Gefühl zusammen zu gebrauchen, beide vermischt, und wo beide nicht hinreichen, die Errathung ähnlicher Fälle zu Hülfe nimmt, diese mit der Sensation beider vermischet und also siehet, wo sie ursprünglich nur fühlte, siehet, wo sie nur schließet, nur muthmaßet. Wäre es nicht schwer, von dieser ewigen Gewohnheit zu abstrahiren, so könnte ichs also als ein Axiom der ersten Erfahrung annehmen, was jetzt vielleicht nur ein Axiom ist, für die ist, die die Würkungen des Lichts kennen; nehmlich „das Auge, als Auge, sieht an einem Körper nichts, als Fläche." — —

So auch an einem Körper der Kunst, nichts anders. Es trete zu einer Bildsäule, von welcher Seite es wolle: es hat nur Einen Gesichtspunkt, aus welchem es Einen Theil derselben, wie Fläche, übersiehet, und den es also so oft verändern muß, als es Einen neuen Theil der Bildsäule, wie eine neue Fläche, übersehen will. Eben dies, weiß man, ist eine der größesten Erschwerungen, die die Sculptur über die Malerei hat. Diese arbeitet für einen Gesichtspunkt, aus und für den sie Alles erfindet, vertheilet, zeichnet, färbet; die Sculptur hat so viel Gesichtspunkte, für die sie arbeiten muß, als es Radius Punkte in dem Cirkel gibt, den ich um ihr Werk ziehen, und aus deren jedem ichs betrachten kann. Aus keinem übersehe ich das Werk ganz; ich muß den Cirkel herum, um es betrachtet zu haben: jedweder zeigte mir nur eine kleine Fläche, und wenn ich den ganzen Umkreis durch bin, noch nichts, als ein Polygon von vielen kleinen Seiten und Winkeln. Alle

diese kleinen Seitenflächen muß die Einbildungskraft erst zusammen=
setzen, um sich ein Ganzes daraus, als Körper zu denken: und
dies Körperliche Ganze also ists ein Geschöpf meines Auges? oder
meiner Seele? ist der Effekt, den es nicht anders, als im Gan=
zen thun soll, eine Empfindung meines Auges? oder meiner Seele?
für das Auge unmittelbar ist also der Effekt des Ganzen der Kunst
völlig verlohren. Es gibt also durchaus keine Bildhauerei für das
Auge! Nicht Physisch, nicht Aesthetisch! Nicht Physisch, weil das
Auge keinen Körper, als Körper sehen kann: nicht Aesthetisch, weil,
wenn dies Körperliche Ganze in der Bildhauerei verschwindet, alles
Wesen ihrer Kunst, und ihres eigenthümlichen Effekts verschwindet.
Das erste ist bewiesen, das zweite soll bewiesen werden.

Das Wesen der Bildhauerei ist schöne Form: nicht Farbe,
nicht blosse Proportion der Theile, als Flächen betrachtet, sondern
Bildung. Es ist die schöne elliptische Linie, die in allen Theilen
ihre Bahn verändert, die nie gewaltsam unterbrochen, nie stumpf
vertrieben, nie scharf abgeschnitten, sich mit Pracht und Schönheit
um den Körper gleichsam umherwälzet, und ihn mit ihrer bestän=
digen Einheit in Mannichfaltigkeit, mit ihrem sanften Guß, mit
einem schöpferischen Hauche, bildet. Diese Form im Ganzen der
Gestalt und im Ganzen ihrer Theile, die die Alten ihren Werken
so unnachahmlich gaben; die die Angelos in diesen Werken so tief
betrachteten, die die Winkelmanne und Webbe so entzückend prei=
sen, und die der Pöbel ohne Empfindung so wenig fühlet; diese
Form der Schönheit, sage ich, das Wesen der Bildhauerkunst,
ohne die sie Nichts ist — kann die eigentlich durch das Gesicht
begriffen werden? So wenig als eine Bildsäule, als solche, im
Plan eines Kupferstichs gezeigt werden kann, so daß sie noch runde
Bildsäule bleibe. Das Auge, was immer nur Eine Seite ihrer
Ansicht fasset, nach dem Gesichtspunkt, den es nimmt; verwandelt
diese Seite gleichsam in Fläche; es geht weiter, verwandelt eine
andre eben so, und zwischen beiden wird ein Winkel. Die sanft
verblasne Form des Körpers, die von keinem Winkel wuste, ist
also in ein zusammengesetztes Polygon von winklichten Flächen ver=

wandelt, und eben dadurch, ist nicht jene in ihrer eigentlichen runden, sich immer wälzenden Schönheitslinie zerstöret? und eben dadurch, scharf gesprochen, nicht auch das Wesen der Kunst verschwunden? Das sind nicht Werke der Bildhauerei mehr, die durch ihr solides Schöne, als solches, entzücken; es sind Zusammensetzungen von Flächen und Spiegeln, die weit sind, wenn sie jenem nur nicht augenscheinlich wiedersprechen.

Man siehet die Bestätigung meiner Behauptungen, wenn man die Operationen des Auges selbst zergliedert, die es sich bei der Bildsäule nimmt: sie laufen alle dahin heraus, sich an die Stelle des Gefühls zu setzen; zu sehen, als ob man tastete und griffe. Bemerket jenen stillen, tiefsinnigen Betrachter am Vatikanischen Apollo: er scheint auf einem ewigen Punkte zu stehen, und nichts ist weniger; er nimmt sich eben so viel Gesichtspunkte, als er kann, und verändert jeden in jedem Augenblick, um sich gleichsam durchaus keine scharfe, bestimmte Fläche zu geben. Zu diesem Zweck gleitet er nur in der Umfläche des Körpers sanft umhin, verändert seine Stellung, geht und kommt wieder; er folgt der in sich selbst umherlaufenden Linie, die einen Körper und die hier mit ihren sanften Abfällen das Schöne des Körpers bildet. Er gibt sich alle Mühe, jeden Absatz, jeden Bruch, jedes Flächenartige zu zerstören, und so viel als möglich, das vielwinkelichte körperliche Polygon, das ihm sein Auge so zerstückte, in die schöne Ellypse wiederherzustellen, die als solche, nur für sein Gefühl gleichsam hervorgeblasen war. Wie? hatte er nicht also jeden Augenblick nöthig, die Beschaffenheit des Gegenstandes gleichsam zu zerstören, die eben das Wesen der Okularvorstellung ist, Fläche, Farbe, Winkel des Anscheins? und muste er sich nicht mit dem Auge jeden Augenblick einen Sinn geben, den dies nur sehr unvollkommen ersetze, das Gefühl? und war also der Sinn, den er anwandte, anders, als eine Verkürzung des ursprünglichen Sinnes,[1] eine abbrevirte Formel der Operationen des Gefühls? Und so beweiset er selbst,

---

1) Hiernach gestrichen: „ein Vikar des Gefühls"

indem er siehet, daß er, um den Effekt der Kunst zu erfahren, die blos durch Körper würket, nichts als fühlen wollte und fühlte.

Nun setzet, er habe diesen Effekt erfahren: setzet, daß sein tausendfach verändertes Umherschauen und gleichsam sichtliches Umfühlen der Bildsäule seine Einbildungskraft in den Stand gesetzt, das ganze Schöne in Form und Bildung sich innerlich so vollkommen körperlich zu gedenken, daß das Wenige blos Flächenartige gleichsam verschwindet, und sie das Polygon würklich in der ganzen soliden Ellypse sich vorstelle; die Illusion ist geschehen: was blos ein Compositum kleiner gerader Flächen war, ist ein schöner fühlbarer Körper geworden — sehet, nun empöret sich die Phantasie, und spricht, — — als ob sie nichts als fühlte. Sie spricht von sanfter Fülle, von jenem Weichen,

> das alter Griechen leichte Hand
> von Grazien geführt, mit hartem Stein verband,

von prächtiger Wölbung, von schöner Rotundität, von rundlicher Erhobenheit, von dem sich regenden, und gleichsam unter der fühlenden Hand belebten Marmor. Warum spricht sie lauter Gefühle? und warum sind diese Gefühle, wenn sie nicht übertrieben sind, keine Metaphern? sie sind Erfahrungen. Das Auge, das sie sammlete, war nicht Auge mehr, das Schilderung auf einer Fläche bekam: es ward Hand, der Sonnenstral ward Finger, die Einbildungskraft ward unmittelbare Betastung: die bemerkten Eigenschaften sind lauter Gefühle.

Und eben daher erkläre ich auch die Begeisterungen der Liebhaber, die in dieser Kunst gewiß die andern übertreffen. Wenn der Kenner der Malerei sein Gemälde beschreibt: so hat er Fläche vor sich: er setzt ihre Figuren in ihrer Anlage und Gegenwart auseinander; er schildert, was er vor sich siehet. Lasset aber den Liebhaber des Apollo im Belvedere, und des Torso, und der Niobe beschreiben; er hat nicht Fläche; er hat Körper, den er fühlt, zu schildern, oder vielmehr nicht zu schildern, sondern andern fühlbar zu machen. Da tritt seine fühlende Einbildung in die Stelle des kältern, aus einander setzenden Auges: da fühlet sie den Herkules immer in seinem ganzen Körper und diesen Körper in allen seinen Thaten. Sie fühlet in den mächtigen Umrißen seines Leibes die Kraft des Riesenbezwingers, und in den sanften Zügen dieser Umriße den leichten Kämpfer mit dem Achelous: sie fühlet die grosse prächtige Brust, die den Geryon erdrückte, und die starke unwankbare Hüfte, die bis an die Gränzen der Welt geschreitet, und die Arme, die den Löwen erwürget, und die unermüdbaren Beine, und den ganzen Körper, der in den Armen der ewigen Jugend Unsterblichkeit genoß. Die fühlende Einbildungskraft hat hier kein Maas, keine Schranken. Sie hat sich gleichsam die Augen geblendet, um nicht blos eine todte Fläche zu schildern: sie siehet nichts, was sie vor sich hat; sondern tastet, wie in der Finsterniß, und wird begeistert von dem Körper, den sie tastet, und durchzeucht mit ihm Himmel und Hölle und die Enden der Erde, und fühlet von neuem, und spricht alles, dessen sie ihr Gefühl erinnert. Todte Mahleraugen! verarget ihr nicht, daß sie nicht blos aus einander setzt, und pinselt und kleckt und wie ihr betrachtet. Kennt ihr etwas unerschöpflichers und tieferes als Gefühl? etwas begeisterndes, als das Solidum seines schönen Gegenstandes? und etwas lebhafteres, als die von ihm erfüllte Einbildungskraft? Wie die Fläche zum Körper: so verhält sich eure Schilderung zu solcher Beschreibung!

Kein Gesetz der Malerei kann, ohne Einschränkung und wenigere Umschaffung Gesetz der Bildhauerkunst werden, als wenn die Fläche zum Ganzen eines Körpers würde. In der Malerei liegt das Wesen der Kunst in Belebung einer Fläche, und das Ganze ihres Ideals trift also genau auf die Zusammensetzung vieler Figuren, die wie auf einem Grunde bis auf jeden Pinselstrich ihrer Haltung und Vertheilung und Lichter und Farben unzertrennbar Eine Flächenwelt von lebendigem Anscheine machen. Von hier aus, aus diesem Hauptgesichtspunkt, wird alles geordnet, vollführet und betrachtet: man steht wie vor einer Tafel (tavola, tableau etc.). Nichts verschiedner, als hier, das Hauptgesetz der Sculptur. Die zahlreichste Gruppe von Bildwerken ist nicht, wie eine malerische

Gruppe ein Ganzes. Jede Figur steht auf ihrem Boden, hat den fühlbaren Kreis ihrer Würkung und Schönheit lediglich in sich, und ist also auch dem Hauptgesetz der Kunst nach als ein Einzelnes zu behandeln. Da ists frember Gesichtspunkt, wenn Dandr' Bardon den Alten die pittoreske Dekonomie in Anordnung ihrer Gruppen von Statuen vorwerfen will; hätte er nachgedacht, so würde er seine malerischen Kunstwörter, von quantité de belles figures, surabondance d'objets, oeconomie pittoresque, pensées poëtiques, beau desordre u. s. w. nicht ohne Unterschied in der Bildhauerei gesucht haben, wo alle diese Dinge von ganz andrer Natur sind. Der Sinn, die Allegorie, die Geschichte, die ins Ganze Eines Gemäldes verlegt wird, hat andre Gesetze, als der Ausdruck einer Gruppe der Skulptur zuläßet und fodert: der Contrast zwischen den Gruppen und Figuren ist in beiden Künsten von der verschiedensten Art, und noch mehr die Würkung des Lichts und Schattens. Der Maler hat alles auf einer Fläche vor sich und kann so lange Farben mischen, anordnen und auslöschen, bis er seinen Trug, der im Ganzen des Gemäldes liegt, erreicht; der Bildhauer, der aus jedem seiner Felsen körperliche Wahrheit, wie in einem Ganzen, aushauet, um sie hier wie auf allen Seiten zu fühlen zu geben, ist ein Schöpfer andrer Natur. Jede Figur der Malerei ist an sich nichts, sie ist alles aufs Ganze der Fläche des Auges; jeder Körper der Sculptur ist nur wenig aufs Ganze, er ist an sich selbst, für die fühlende Hand Alles — welcher Unterschied!

Der Contour der Malerei ist mir immer, wie die Umkreislinie einer Figur auf einer Fläche: daher nimmt er Gesetze in Absicht auf seine Genauigkeit, seinen Geschmack und seinen Ausdruck. Die sanfte Rundung desselben, die einen Körper gleichsam vorhebt, und uns auch hinter das, was wir sehen, sehen läßt, ist in der Malerei bloß schöner Trug zur Linderung der Härte; in der Skulptur ist sie die erste Wahrheit. Die Stellung der Figuren bestimmt sich also in der Malerei blos nach der einen Flächenseite, die sie zeigen, und nach dem Ganzen der Zusammensetzung. In der Skulptur soll sie sich allein, und von allen Seiten fühlen

laſſen; welch ein andres Feld zu Geſetzen! In der Malerei wird der Ausdruck in einzelnen Figuren blos nach dem Ganzen berech=
net, zu dem ſie concurriren; in der Bildhauerkunſt iſt der Aus=
druck der Materie unterworfen, die durch ihn auf die fühlbarſte Weiſe ſchön dargeſtellt werden ſoll, und iſt alſo gleichſam ein Produkt der Diviſion des Gedankens in die körperliche Maße. Der ganze neuere Streit: ob die Kunſt blos ſchöne Körper aus=
drücken ſolle? würde gewiß mit wenigerer Hitze und mehrerer Be=
ſtimtheit geführt ſeyn, wenn man zwiſchen ſchöner Kunſt und ſchöner Kunſt hätte unterſcheiden, und erſt ausmachen wollen, wo=
von man ſpreche. Die häßliche und eckelhafte Bildſäule, die ich in Gedanken betaſte, und unaufhörlich in dieſer Verzerrung, in dieſer Unnatur fühle; wird mir wiederlich. Statt das Schöne zu finden, komme ich auf Brechungen des Körpers, die ein kaltes Zittern durch die Glieder jagen: ich fühle in dem Augenblick dieſes ver=
zerrenden Bruches, eine disharmoniſche Schwingung meiner Gefühls=
nerven, und gleichſam eine Art innerlicher Zerſtörung meiner Natur. Ich grauſe wie in der Finſterniß, und wenn der heilige Bartholomäus, da ich ihn im Augenblick ſeiner Todespein, halb geſchunden, mit dieſem Grauſen durchtaſte, mir zuruft: non me Praxiteles sed Marcus finxit Agrati, ſo ſtoße ich ihn zurück: kein Praxiteles würde dich haben bilden, und in dieſer Geſtalt gleichſam aus einem Steine hervorfühlen wollen! Man ſieht, wie ungleich freier hier die Malerei iſt, die keinen Körper, ſondern nur eine Figur: nicht dem langen innigen Gefühl, ſondern nur dem flüchtigen Auge: nicht Allein, als Ganzes, ſondern unter Figuren, Lichter und Farben zerſtreut; nicht bilden, ſondern ſchil=
dern ſoll. Welch ein Feld zu Unterſcheidungen, und wieviel möch=
ten dieſe nicht in Winkelmanns, Caylus, Webbs, Hagedorns, Leßings, und andern Schriften über dieſe Lieblingsmaterie unſrer Zeit, erſt beſtimmen und eben damit auch auflöſen.

Endlich erklärt ſich auch eben daraus: warum das Kolorit, das in der Malerei auf einer Fläche von ſo großer Zauberkraft, in den Formen der Skulptur von gar keiner Würkung iſt? Herr

R. kommt an einer Stelle seines confusen Buchs auf die Frage, und will sie auflösen; was kann aber der Mann, der über keinen Unterschied der Künste je nachgebacht hat, auflösen? Er gibt auf die Frage: warum denn eine marmorne Statue nicht ohne Uebelstand mit Farben bekleidet werden könne? bald zum Grunde an, daß die Ähnlichkeit damit zu vollständig werde: bald, daß man in der Entfernung sie für einen würklichen Menschen ansehen, bei der Annäherung den Betrug entdecken und nichts, als das Erstaunen fühlen würde, was der Betrug verursacht: bald, daß die Vorstellung der Ähnlichkeit in eine Vorstellung von Identität versinken würde u. s. w. Der verworrne Kopf glaubt, nur eine Ursache anzuführen, und führt drei an; drei, die sich alle drei wiedersprechen: drei, die alle drei nichts erklären. „Die Ähnlichkeit wird zu vollständig!" Als ob je die Ähnlichkeit zwischen einem Kunstwerk und der Natur, wenn sie anders kein anderes Gesetz ihrer Kunst übertritt, je zu vollständig werden könnte? und diese Vollständigkeit je Verbrechen wäre! „Die Ähnlichkeit versinkt in Identität!" Als ob sie das bei jemand anders, als bei Kindern, oder Narren, könnte! Und ob, wenn Identität so viel als Illusion seyn soll, das nicht Zweck der Kunst wäre? „Aber wir würden in der Entfernung eine solche Statue für einen lebenden Menschen ansehen, und darauf zugehen!" Warum nicht gar für ein Gespenst ansehen, und das Ave Maria beten? Ist die Entfernung so groß, daß das Auge noch nichts unterscheiden kann: so ists noch nicht im Horizont seiner Würkung; es gehe näher, es suche Standpunkt, und es wird sich bei allem Geschmier von Farben keinen lebenden Menschen träumen. In jedem weitern Falle ists nicht Fehler der Kunst, einen Jupiter des Phidias für einen Glockenthurm anzusehen, sondern Mangel der Brille: und dieser kann wohl in der Aesthetik nichts erklären. Blos Gesetze aus dem Wesen der Kunst erklären hier. Bildhauerkunst ahmt durch Körper Formen für das Gefühl nach: alles also, was nicht Form, was nicht fürs Gefühl ist, ein aufgemahlter Augapfel, eine Tinte von Farben u. s. w. ist ihr fremde. Es ist blos Farbe, die sich entweder nicht fühlen läßt, und so bedarf sie derselben nicht; oder ist diese fühlbar, ist sie selbst Körper, der die Betastung der Form hindert; so ist sie ihr entgegen. Sie, die auf einer Fläche, wo alles außer einander ist, das Gesicht erleuchtet, leitet, bezaubert: hier, auf einem Körper, wo alles in einander gefühlt werden soll, muß sie das Gefühl verdunkeln, und die reine Würkung der Kunst schwächen. „Warum wird die ge= „fallende Kuh des Künstler Myrons nicht mehr gefallen, wenn „man sie mit Haaren bekleidete?" Welcher Einfall! und welche Antwort auf den Einfall „sie würde alsdenn einer Kuh zu ähnlich „seyn." Kuh einer Kuh zu ähnlich -- ist Unsinn; aber eine mit lebendigen Haaren bekleidete Kuh und die noch ein Kunstbild sey — da liegt der Wiederspruch. Die Bildhauerkunst kann nicht, als in fühlbaren Flächen arbeiten; die sind ihr hier genommen; das Kunstwerk ist keine Bildsäule mehr; es ist ein ausgestopfter Popanz. Die Bildhauerei formt für das schöne Gefühl; und was läßt sich an diesem Haarbalge fühlen? Aber durch Flächen, durch die Kunst, für das Gefühl, da gebet immer dem Löwen Mähnen, ihr Künstler, wie Myron seiner Kuh natürlich Haare gegeben: da habt ihr nichts von dem Zu ähnlichen zu besorgen, wovon unser Theorist schwatzet, da arbeitet ihr für das schöne Gefühl, und den süßen Trug der Einbildung.

Ich sehe ein großes Feld von Dingen, die sich aus diesem einzigen Principium des schönen Gefühls bei der Bildhauerkunst erklären ließen. Auf diesen simpeln Ursprung zurückgeführt, würden wir sehen, daß alle ihre Gesetze daher folgen; daß alle ihr falscher Geschmack entstanden, wenn man sie als Malerei, oder halb Mosaische Arbeit, mit goldnen Augen z. E. silbernen Ringen u. s. w. behandelte, wenn man sie mit allen Figuren aller Malerei, auch in allen Stellungen, Ausdrucksarten und Farben, wetteifern ließ. Es würde sich zeigen, daß alle Unordnung und Ausschweifung in der Critik dieser Künste entstand, wenn man sie für eins nahm, und wie z. E. auch oft Winkelmann in seinen Schriften, sie unter sich und mit dem Mittel zwischen beiden, dem Relief, vermischet, wo sich dieses auch finde. Es würde sich alsdenn die Frage über den Wettstreit beider Künste weit philosophischer auflösen, als die meisten der Künstler, die im XVI. Jahrhundert darüber manche so merkwürdige Briefe geliefert, ihn auflösen konnten. Ursprung, Wesen, Effekt, Genie und Regeln beider Künste würden sich in einem Licht des Unterschiedes zeigen, das den Philosophen befriedigen, den Kenner ergötzen, den Liebhaber unterrichten, und den Künstler so vor dem falschen Geschmack sichern, als sein wahres Gefühl begeistern würde.

Ich schweige von den vielen einzelnen Aufflärungen, die aus diesem Grundsatz sich auf die Geschichte der Kunst der Alten in manchen Eigenheiten und Vorzügen, und auf die Geschichte der Neuern nach manchen Abweichungen und einzelnen Seltenheiten ausbreiten müßten. Die weise Einfalt der Alten, und die selige Ruhe, und der genaue Contour und die nasse Drapperie, die sie ihren Statuen gaben, erklärt sich offenbar aus diesem Gefühl, das gleichsam in der Dunkelheit tastet, um sich nicht vom Gesichte zerstreuen zu lassen, und hier sich aller Ergießung der Einbildungskraft überläßt. Hier kann nichts Häßliches, nichts Verzücktes und Verzerrtes Hauptausdruck werden: denn wenn das innige Gefühl, in seiner dunkeln Kammer auf solche Mißbildungen stößt: so grauset es zurück, und weder bei dem Uebertriebenen noch bei dem Häßlichen hat die Einbildungskraft, die blos dem Gefühl folgen soll, freien und anmuthigen Spielraum zu würken. Hier ist die selige Ruhe Hauptzustand: denn sie allein läßt der Schönheit Platz, die dem Gefühl ewig gefället, und die Einbildungskraft in sanfte Träume wieget. Hier ist der feine Contour eine Haaresspitze: denn eben in der fühlbaren Vollkommenheit, die eine Linie mehr oder weniger zerstören kann, liegt die Wohllust der Kunst. Hier ist die naße Drapperie von Würkung: sonst fühle ich nichts als Gewand, drückendes Gewand, und die schöne Form des Körpers, das Wesen der Kunst, ist verlohren. Alle Phänomena, die sich sonst so unzuverläßig erklären liessen, und oft so falsch angewandt wurden, ergeben sich hier aus Einem Principium, der Natur des schönen Gefühls.

Ich kenne keine Theorie der Bildhauerkunst, die mit aller Philosophie und Erfahrung Alles entwickelte, was aus diesem Grundsatze folgte: alle folgen haufenweise dem Gesicht, das doch hier nur als ein verkürztes Gefühl, und wie es schon Deskartes in seiner Optik angenommen, mit Hülfe der Sonnenstralen, wie mit Stäben, in die Ferne würket. Im gemeinen Leben möge immer diese Verkürzung bleiben: sie ist bequem, behende, schnell, und was bei uns über Alles gilt, anständig: wer wird fühlen wollen, wo er sehen kann? Aber für die Philosophie und die wahre Theorie der Kunst kann eine uneigentliche Verkürzung nur unvollkommen das wahre Organ ersetzen: beide fodern eigenthümliche Wahrheit. Das Auge ist tausendmal feiner und unterscheidender, als das Gefühl; aber in nichts als Farben, Flächen, und Flächenproportionen, die bei der Bildhauerkunst nicht gelten: in Form und Bildung ists blind. Da urtheilet ein feiner Grif eines Albani beßer, als tausend Okularbetrachtungen eines sehenden Grüblers: da arbeitet kein Künstler beßer, als der sein Werk, abgezogen, wie im lebendigen Gefühle bildet. Ich habe viel andere Betrachtungen zu dieser Theorie des Gefühls gesammlet, und in ihr so groſſe Aufklärungen über diese Kunst, ja gleichsam eine neue Logik für den Liebhaber, und einen neuen Weg für den Künstler gefunden, an Vollkommenheit solcher Werke den Alten ähnlich zu werden, daß es für mich die süßesten Stunden seyn würden, diese Bemerkungen unter den Augen eines Künstlers sammlen und zur Philosophischen Vollkommenheit vollenden zu können. Aber so anders ists in einem Zeitalter der Litteratur, wie das unsrige zu werden anfängt. Aus Patriotismus für die wahre Philosophie und den guten Geschmack hat man Schriften zu wiederlegen, die alles verberben, und wenn diese im Besitze des Ruhms sind, ach! so muß man sie gar erst weitläuftig zergliedern, um so viel zu würken daß sie nichts würken können. Damit gehen die besten Jahre unsers Geistes vorüber, in denen man selbst nützliche Dinge hätte leisten können, statt blos schädliche zu zerstören!

4.

Zwischen Bildhauerkunst und Malerei, das ist zwischen Körper und Fläche, steht die erhobne Arbeit in ihren mancherlei Arten, vom höchsten Relief an, bis zu dem Truge der Malerei, wenn sie Figuren und Farben gleichsam über die Fläche hervorzuspielen weiß. Diese Zwischengattungen participiren nach Beschaffenheit von einer oder der andern Kunst, ihre Gesetze, nachdem sie der oder jener am nächsten liegen. Ich rede also von der Malerei. Wenn gewiße Worte auf meinem Wege oft wiederkommen: so übersehe man etwas dem Theoretischen Vortrage, das in einer blos schönen Abhandlung freilich ein Fehler wäre.

Der Blinde, der das Gesicht bekam, sah alle Gegenstände, wie eine grosse colorirte Bilderfläche unmittelbar auf seinem Auge liegen: eben so sehen Kinder: eben so würden wir auch sehen, wenn wir nicht durch lange Erfahrung diese Fläche gleichsam vom Auge weiter weggerückt, und von der verschiednen Entfernung der Dinge Begriffe erlanget hätten. Durch das Gesicht unmittelbar erlangen wir diese also nicht: alles mahlet sich, nur mit verschiedner Größe auf eine Retina. Der weite sich vor uns herabsenkende Himmel, und der entfernte Wald, und das nähere Feld, und das vorliegende Wasser, alles ist ursprünglich Eine Fläche. Siehe da, den ersten Stoff zur Malerei! Sie ahmt diese grosse Tafel der Natur mit allen Bildern im kleinen nach, und gibt auch, wie diese, Himmel, Erde, Meer und Bäume und Menschen auf Einer Fläche. Diese Repräsentation der Dinge nach ihrem äußern Anschein in Einem Flächenraume, oder ihre Gestalt, wie sie sich auf Einem geraden Continuum mit andern uns vorspiegeln, das ist der erste Begriff der Malerei.

Sogleich ergibt sich ein wesentlicher Unterschied zwischen ihr und der Bildhauerkunst. Diese ahmt Dinge nach, aber immer nur Substanzen, als für sich bestehend, nie, wie fern sie im grossen Expansum der Natur und gleichsam im Continuum mit andern enthalten sind. Sie kann Schäfer und Schäferinnen bilden, aber nicht kann sie sie mit ihrer ganzen Schäferlandschaft, unter ihrem schönen Himmel, auf ihrem sanften Grase, neben ihrem dumpfen Waßerfalle, in ihrer schattigten Laube vorstellen: dies ganze Continuum der Schäferansicht geben kann sie nicht. Die Malerei kann Alles; und eben dies Alles ist ihr Wesen. Sie gibt keine Sache gleichsam an sich wie Bildhauerei; nichts als den Anschein der Sache, so fern er sich im Expansum sichtlicher Wesen schildert. — Sie malet Schäfer und Schäferin nicht nach ihrem abgetrennten körperlichen Seyn; sondern so fern die Schäferwelt sie enthält. Hier die grüne Dunkelheit ihrer Laube, dort das Chor der Nymphen, das auf ihre Lieder horcht, und der Hain, der es durch seinen Wiederhall ausbreitet, und über ihnen die Morgenröthe, die in ihrer rosenfarbnen Tracht vom Himmel auf sie sieht, und neben ihnen die Rose voll Silberthau, und die zarte Lilie vom Morgenroth gefärbt, und in dem Teiche vor ihnen das Bild des Gartens und der blühenden Bäume, um den sich Heere von Schmetterlingen mit hundertfarbgen Flügeln jagen: eben dies Alles, als ein grosses Continuum der Schäferwelt ist die veste Tafel der Malerei. Was die Bildhauerkunst, die nur Körper, als Körper gibt, gar nicht vorstellen kann, das Expansum der Dinge, ist ihr Wesen, und ihr weites Reich.

In diesem Hauptstück also kann eine Kunst die andre zum Muster nehmen, ohne sich selbst zu verlieren? Nein! Alles, was sich unmittelbar durch die Flächen eines Körpers fühlen läßt, ist nur Bildhauerisch: da wohnet eigenthümlich jene unsichtbare Vollkommenheit, die sich in der Materie offenbahret, und von dieser nur so viel nahm, um sich fühlbar zu machen: da wohnet jenes Urbild von Bedeutung und sanftem Ausdruck und Wohlförmigkeit. Alles ist in den todten Stein gelegt, um nur da zu wohnen, und die Malerei träte völlig aus ihren Schranken, wenn sie auf Eine ihrer Figuren die ganze Schärfe dieser Foderungen fallen ließe, die nur auf den körperlichen Stein fallen. Sie kann diese so wenig erreichen: als sie, die blos Umrisse und Ansichten liefert, so fern sie im Expansum der Natur enthalten sind, in ihrem Wesen von der Bildhauerei erreichet werden kann. Der Bach,

— — wenn Zephyrs Fittig drauf
der Bäume Blüthen weht,
die Silberfluth, auf ihre Decke stolz
Rauscht froh dahin und hauchet Duft — —

dieser Bach ist malerisch, aber für die Sculptur? Der Baum, der seine Blüthen abwirft, und Petrarchs Laura damit decket, ist ein schönes Bild der Malerei, aber für die Sculptur? Alle Erscheinung, die sich im Continuum des Sichtbaren, als in solchem, zuträgt; die Nacht, der Blitz, die Luft, das Licht, die Flamme u. s. w. alles ist malerisch; nichts kann die Sculptur nachahmen, und wenn sie es auch könnte, muß sie es nicht wollen — nichts bilden wollen, was nicht den ganzen Umkreis seiner Würde und seines Ausdrucks in sich selbst, in seinem fühlbaren Selbst habe. Erscheinungen des Raums als solche, sind Malereien; fühlbar schöne Körper sind Sculptur.

Ich schließe aus meinem Einen Begriff weiter: eben durch ihn wird Zusammensetzung, oder vielmehr Nebeneinandersetzung der Malerei wesentlich. Da dem Auge eigentlich nichts hinter, alles neben einander erscheint: so liegts schon in dieser Idee, daß sie aus Einem Gesichtspunkt, den sie nehme, eine Menge von Gegenständen, oder wenigstens von Theilen an einander schildern müße. Wenn nun alle ihre Gesetze von Zusammensetzung, Vertheilung, Anordnung u. s. w. wie offenbar ist, aus diesem Hauptbegriff entspringen, und dieser der Bildhauerei nicht wesentlich ist; so siehet man, daß auch alle diese Gesetze der Strenge nach ihr fremde werden. Suchet also nicht in den Gruppen der Bildhauerkunst eine malerische Vertheilung: diese schildert nicht, wie auf einem Grunde; sie setzt nicht neben einander, auf einer Fläche: sie setzt in einander und es wird Form. Auf der andern Seite trennet nicht in der Malerei eine Figur vom Ganzen: jene ist an sich nichts, blos in Absicht aufs Ganze ist sie Alles.

Hieraus wird das Farbenklavier ein Unding. Gegenstände des Gesichts sind alle ursprünglich neben einander: da hat das bei dem erſten Anblick allemal geblendete Auge Zeit und Raum, ſie zu durchgehen, und zu betrachten. Im erſten Augenblick gaffete es nur: ſoll es ſchöne Kunſt genieſſen, ſo muß es ſehen, und dazu mahlet ihm die Natur ihre Schönheiten neben einander. Nun kommt der Umkehrer, und will das neben zum nach einander, das Auge zum Ohr machen. Wie? läßt er dem Auge nicht Zeit, zu betrachten: ſoll es nur einen Augenblick gaffen: ſo hört alles ſeine Vergnügen, ja endlich gar alles Vergnügen auf, es wird ſchmerz= liche unaufhörliche Betäubung. Das Auge iſt zur Ruhe gemacht: es iſt der kälteſte, philoſophiſchte der Sinne: es will Dinge ihm vorgelegt haben, und die ſind immer blos neben einander, auch neben einander zu betrachten. Kann es dies: läßt das Farben= klavier mit ſeiner Folge, dazu Zeit; ſo iſt die ganze Erfindung ein Wortſpiel; es iſt eine Folge von Bildern, nichts mehr. Kann es dies nicht: ſo iſts keine ſchöne angenehme Kunſt mehr, es iſt die Kunſt eines dummen ſchmerzhaften Gaffens.

Aus eben der Urſache iſt das ſo ſehr geprieſene Vanlooiſche Gemälde, darinn alle Allegoriſche Tugenden vorgeſtellt waren, die aber durch ein Glas betrachtet, das Kopfbild ſeines Königs vor= ſtellten, eigentlich kein Verdienſt als Gemälde. Es iſt feine Schmei= chelei an den König, es iſt ein guter optiſcher Einfall; ein male= riſcher nicht. In den Gränzen der Malerei habe ich blos das erſte Allegoriſche, und das letzte Porträtgemälde einzeln zu betrachten; wie Eins durch das Andre entſtehe, iſt ein Optiſches Blendwerk, kein neues Maleriſches Verdienſt. — Doch ſolche Berichtigungen folgen Schritt auf Schritt, und der Leſer kann ſie ſich ſelbſt machen.

Drittens: Licht iſts, das uns dieſe groſſe Tafel von Bildern, die vor dem Auge liegt, ſichtbar machet: ſo iſts auch eine Lichtmaſſe, die gleichſam die ganze Hal= tung der Maleriſchen Fläche macht, und ſiehe! die einige auch Haltung nennen. Wir reden noch nicht von Farben, von einzelm Licht und Schatten, von einzelnen Würkungen der Luft= perſpektiv, ſondern noch von dem groſſen Hellbunkel, von dem Aus= gebreiteten, das allen Dingen Licht, Farbe und Daſeyn gibt: und dies folgt so aus dem ersten Begrif des Sinnes der Malerei, wie die Bildhauerkunst nichts von ihm weiß. Die Haltung dieser ist einzeln nach Körperlichen Gesetzen: darauf beruhet ihr Stand, ihre Stellung, Proportion u. s. w. Die Haltung der Malerei liegt auf dem Continuum ihrer Fläche, nach Gesetzen des Lichts und des Raums; hierauf beruhet Durchsichtigkeit und Uebergang, Schein und Wiederschein, Stellung und Gegenstellung, alle Regeln der Anordnung, so fern sie von der Beleuchtung abhangen. So weit sind noch Kupferstecherei und Malerkunst in gleichem Schritt, und jene, die keine Farben hat, muß gar in Bearbeitung der bloßen Lichtmaße, aller Zauberei der Farben nachahmen. Das sie es auf einige Weise kann, ist eben aus dem Gesagten begreiflich: sie hat gleichsam den Körper ganz unter ihren Händen, der in der Natur getheilt und gebrochen, Farben gibt, das Licht: sie kann also diese, bis auf einen gewißen Grad, mit jenem, mit dem Licht, als der Quelle der Farben ersetzen.

Aber hier tritt die Malerei ganz eigenthümlich ab. Der Stral des Lichts auf einer Fläche gebrochen und Verändert, gibt Farben: Farben sind also der Zauberstaub des Malerpinsels, mit dem er unsre Augen blendet: hier fängt sich das feinste Detail seiner Eigenheiten an. Wenn viele von der Colorirung so nachläßig gesprochen: so haben sie meistens die todte Farbengebung verstanden, die eigentlich nur das Physische Auge, nicht die Einbildungskraft blendet. Das wahre Colorit gehört mit zum Ausdruck der Bedeutung, zur Anordnung; sie ist die Blume der Vollkommenheit selbst zur Zeichnung, zu dem sich wölbenden Contour. Sie hilft gleichsam alle diese Begriffe vollenden, und drückt das letzte Siegel der Wahrheit auf ihre Erscheinungen im Raum: denn mittelst der Farben sehen wir diese am deutlichsten, am unterschiedensten, und zweifeln nicht mehr an ihrer Gegenwart. So wie also das Gefühl unsrer Einbildungskraft nicht höher gehen kann, als wenn es in der körperlichen Gestalt seiner Materie alle Eigenschaften seiner Gedanken und seines Ideals der Schönheit fühlet: so wird das Auge der Seele auch gleichsam gesättigt, wenn es nach Durchforschung aller Gegenstände des Malerischen Plans, seiner Zeichnung, Composition, Haltung u. s. w. sich zuletzt in der Bestätigung alles dessen, durch Farben verlieret: denn wird das Phänomenon in seinem schönen Truge vollendet.

Es fehlt noch Eins. Das Gesicht sieht eigentlich keine Entfernungen, keine Weiten; ihm liegt ursprünglich Alle Erscheinung auf Einer Fläche; die alte Malerei war ohne Zweifel eben so. Nur so wie wir durch Gefühl und Bewegung, Größen und Weiten und Entfernungen endlich schätzen lernen, und diese endlich dem Gesicht so zur Gewohnheit werden, daß es sie unmittelbar mit den Gegenständen selbst siehet: so hat auch die Malerei diesem Vorurtheil des Gesichts nacheifern müssen, und da ist also die letzte künstlichste Wißenschaft geworden, die Perspektiv in ihren mancherlei Arten. Ich wundre mich, wie manche von den Neuern bei ihrem Streit über die Perspektiv der Alten sich so ohne Unterschied auf die Vortreflichkeit derselben in der Bildhauerei beruffen, wie wenn aus dieser Alles auf alle Perspektiv folge. Als ob nicht die Formen der Schönheit in der Bildhauerkunst für das Gefühl zu einer grossen Vollkommenheit gestiegen seyn können, ohne daß man deßwegen Entfernungen fürs Auge machen könne? Das Gefühl ist gleichsam der erste, sichre und treue Sinn, der sich entwickelt: er ist schon bei dem Embryon in seiner ersten Werdung, und aus ihm werden nur mit der Zeit die übrigen Sinne losgewunden. Das Auge folgt nur in einiger Entfernung, und endlich die Kunst des Auges, Entfernungen und Weiten genau zu treffen, wie weit folgt die nicht? Mit der Geschichte der Künste unter den Völkern ists genau, wie mit der Geschichte der Menschlichen Natur. Formung für das Gefühl ging lange voran, ehe Schilderung für das Gesicht werden konnte, und wie viel später Schilderung der Entfernungen als solcher? und mit Abweichung von ihren natürlichen Maassen? welch eine andre Sache!

Ueberhin also beruffe man sich nicht auf die Bildhauerkunst; so bald man aber findet, daß ihre Künstler das unmittelbare

Gefühl verlaßen und ihre Statuen auch für Erhöhungen, für Entfernungen gemacht; so werden damit eben auch sehr schwere Schritte in der Optik der Kunst sichtbar? Eine Bildsäule zu schaffen, die unten für das unmittelbar anliegende Auge ganz ohne Gestalt und Proportion ist, und doch Gestalt und Proportion hat, um auf einer Höhe zu thronen — diese Kunst erfodert weit mehr complicirte Optische Wißenschaft, als die leichtere Ausmeßung einiger Entfernungen auf einer Fläche. In dieser spiegelt uns gleichsam die Natur durch die verschiednen Größen vor, in welchem sie die Entfernungen zeiget: ist einmal die Malerei Nachahmerin geworden, so hat sie keinen durchaus neuen Schritt zu thun, um es auch in der ordentlichen Nachschilderung dieser Größen zu werden, und eben damit wird schon der erste Versuch zur Perspektiv unmerklich und von selbst gemacht. Für die Bildhauerkunst aber, welch ein durchaus neuer Schritt, körperliche Wahrheit, Proportion und Form des Gefühls, des Hauptsinnes, zu verlaßen, und für das Blendwerk eines andern, fremden, flüchtigen Sinnes zu arbeiten? Wie viel feine Kunst gehörte dazu, um der Figur Vertiefung und Vorsprung, Höhe und Gleichmaas für einen entfernten, niedern Augenpunkt zu geben? und da die Alten dieses wusten, und ihren Statuen gaben, sollten sie, bei denen alle Künste Hand in Hand gingen, denn nichts von den leichtern Anfängen der malerischen Perspektiv gewußt haben? Mich dünkt, auch hier wird die Geschichte des Menschlichen Geistes in ihrem Fortgange in der Kunst, gerade, wie in der Natur sichtbar: darf ich einige Schritte zeichnen?

Die erste Perspektiv des Auges übet sich an Körpern, die hinter Körpern erscheinen; da lernen wir Weite, Größe, Maas, und da übte sich zuerst auch die Kunst. Jene langen Säulenreihen an denen Tempeln, die sich in der Ferne verlieren; jene grossen Profile der Baukunst, die sich in ihr am leichtesten, geradesten, frei und linienvest ausnehmen, und das Wohlgestaltete und Wohlverhaltende oder das Unförmliche und Mißverhältniß am simpelsten zeigen; jene Säulenstellungen, die Begriffe von nahe= schön= weit=

fern=fäuligen Werken so bald und leicht gaben; jene Bögen, mit ihrem Licht und ihrer Oeffnung: ja jene einfachen Säulen selbst, die sich in der Höhe von selbst verdünnen — das waren ohne allen Zweifel die ersten Uebungen dieser Kunst, so wie die mit der Höhe sich verjüngenden Bäume, die mit der Weite sich verengende Bogen, (wo die Natur sie auch darbiete, in Hölen und Wäldern, in Grotten und Lauben) und endlich die in der Ferne sich verkleinernden langen Reihen von Menschen, und Alleen, die ersten Vorbilder der Natur waren. Wo also die Perspektivische Kunst zuerst zu einiger Vollkommenheit kommen konnte, war an Gebäuden, sollten es auch ursprünglich nur Lauben, Hütten, Alleen, und Verschönerungen von Hölen oder Grotten gewesen seyn. Die Verschönerung war leicht, nahe an der Natur und nahe am Bedürfniß, der Mutter aller Erfindungen.

Diese Kunst ging fort und erreichte die gröste Höhe ihrer Art in Anordnung der Tempel, und in Verzierung der Schauplätze. Da sie in den letzten Alles zu Hülfe nahm, um dem Auge grossen und reichen Anblick zu geben: so ists unleidlich, sich hier ein wildes Gemische von Gegenständen denken zu wollen, bei dem ja jeder erste Begrif von Ordnung, und Schönheit verschwindet. So weit ist das ganze Alterthum Zeuge, und der Fortgang der Menschlichen Vernunft, die hier keinen neuen Schritt zu thun hatte, sondern nur auf den Vorbildern der Natur fortgehen dorfte, Bürge. Die Perspektivische Kunst ging in einer Art zur Vollkommenheit, und muste die andern in einiger Entfernung bald nach sich ziehen.

Die Bildhauerkunst nach der Geschichte zuerst; aber nach der Untersuchung dieser Geschichte auf welchem Wege diese Kunst aus dem Gefühle entstanden, ursprünglich unmittelbar für das Gefühl würkete, welche Gewalt wars denn, die sie den feinen Werkzeugen des Gefühls entriß, und sie dem Auge erst natürlich und endlich gar Perspektivisch darstellte? Dieselbe Gewalt, die uns in unsrer Erziehung das Auge an die Stelle des Gefühls zu setzen lehrte, nehmlich die Gewohnheit, alles so viel möglich aufs bequemste zu verrichten. Diese Gewohnheit, die Tochter unsrer natürlichen Liebe zur Ruhe, verkürzte uns im Umgange mit allen Körpern, das beschwerliche, langsame Gefühl, und gab dem in der Ferne fühlenden Auge das Amt desselben. Eben diese Gewohnheit würkte auch in der Kunst: sie nahm also die Bildsäule aus den Händen des sie hervortastenden Künstlers, des sie umherfühlenden Liebhabers, und stellte sie für sein Auge — nun war der Schritt zu aller Veränderung geschehen, und die Bahn zur Perspektiv lag da.

Der Blindgewesene, der voraus Alles durchs Gefühl erkannte, muß, wenn die erste Zeit der Betäubung vorbei ist, da Alles als Riesengestalt in seinem Auge lag, seine Gegenstände durchs Auge gleichsam kleiner und dürftiger finden, als sie ihm durch das Gefühl schienen. Durch dieses unterschied er an ihnen mehr Theile und Beschaffenheiten während seiner Blindheit: er empfand sie in ihrer ganzen Völligkeit und Vollständigkeit; jetzt, da die erste übertäubende Klarheit des blendenden Lichts vorbei ist, siehet er an ihnen, im Vergleich des vorigen Gefühls, nichts als eine unvöllige magre Fläche, nichts als ein schmächtiges Bild, in welches ihre volle Gestalt eingeschrumpft ist. Cheseldens Blindgewesener wunderte sich, daß er mit dem Gesicht an seinen Freunden nicht das fand, was er durchs Gefühl an ihnen gefunden hatte, und daß die Personen und Sachen, die er am meisten geliebt, nicht auch für sein Gesicht die schönsten wären. Wir können von diesem Unterschiede nicht mehr urtheilen, weil wir schon durch lange Gewohnheit Gefühl und Gesicht gegattet, verglichen und mit einander compensirt haben. Der Abfall zwischen beiden aber muß ursprünglich so merklich seyn, als die Proportion eines ganzen völligen Gefühls zu einer zwar deutlichern, aber ungleich schwächern und gleichsam kleinlichern Empfindung eines Bildes; so merklich also als die Quantität eines Körpers zur Fläche: als ein Apollo im Belvedere zu einem im Kupferstich.

Was war also zu thun, um diese erste stärkere Empfindung zu ersetzen? um sich noch mit dem Auge etwas von dem innigen Eindruck zu geben, den die tiefe Wohllust des Gefühls vorher so unaussprechlich gefühlt hatte? Man muste der Erscheinung gleich=

sam das Kleinliche nehmen, das sie jetzt vors Auge hatte, und voraus in ihrer Völligkeit nicht gehabt hatte: man muste die Masse so vor das Gesicht vergrößern und verstärken, daß sie am Eindruck der Kraft gleich würkte, die sich voraus durchs Gefühl offenbarte. Und so ward die Bildhauerkunst Coloßalisch: Auf keine Art wird dieser erste frühe Schritt in das übernatürlich Große so tief und natürlich erklärt, als auf diese. Der Jupiter des Phidias sollte dem Auge eben das an Würkung seyn, was er ursprünglich in der Natur seiner Kunst dem Gefühl geworden wäre. Um diese Gleichung zwischen zwei Organen, dem eigentlichen und substituirten Gefühl zu erreichen, ward seine Masse erhöhet, und er ward ein halber Coloßus. Als solcher wäre er freilich für das Gefühl vast und unbegreiflich, und für den Sinn des Gesichts also aus den Schranken der Schönheit; er ist aber auch nicht mehr für diesen Sinn, sondern für einen andern da. Für einen andern, dem derselbe mächtige Eindruck geliefert werden sollte, den er in jenem hatte; für einen andern, der aber keinen Eindruck, als von Bild und Fläche gab, dem also kein Eindruck verstärkt werden konnte, als durch Vergrößerung des Bildes und der Figur: und diese Vergrößerung, wie konnte sie anders geschehen, als durch Verstärkung der Maße, die ihr Bild, ihre Figur ihm zuwirft. Er ward also Coloßalisch.

Diese Anmerkung erstreckt sich von den ganzen Vorstellungen der grossen Götter und Helden bis auf einzelne Theile. Der Jupiter des Phidias erklärt sich damit so innig aus dem Wesen der fortgehenden Kunst, wie aus seiner Parallele, die man gewöhnlich aus Homer ziehet: und das längere Maas der Beine des Apollo, das nach Hogarths Bemerkung so sehr zu seiner Größe im Eindrucke beiträgt, beweiset, was ich sage, im Kleinern. Ich übergehe alle übrige Merkwürdigkeiten, die in einzelnen Beispielen hieraus folgen, und zeige nur, wie verschieden die Malerei in dem Falle dieses Coloßalischen sey. Sie, die sich nie an die Stelle eines ursprünglichen Gefühls zu setzen hat: sie, die keinen Körper unmittelbar, wie er als Körper Eindrücke geben würde; sondern ihn nur zu schildern hat, wie er sich in seinem Continuum spiegelt, sie kann vom Coloßalischen keinen Theil des Gebrauchs machen, den die Bildhauerkunst machte. Gesetzt sie wolle den Coloßus in ein Continuum unter kleine Figuren mahlen, daß ihr Unterschied sichtbar werde; wohl! dieser Unterschied ist eben so sichtbar, bei einer Proportion zwischen beiden in kleinern Räumen, als in den ungeheuresten. Der Herkules, den kleine Amors fesseln, ist in einem Migniaturgemälde, wenn seine Proportion beobachtet ist, von eben der Bedeutung, als auf einer Hufengrossen Fläche: Was braucht also das Ungeheure? es ist unnützes Geschmier.

Es wird aber mehr, als unnüß, wenn wir nur die erste Bemerkung wiederholen, daß das Wesen der Malerei die Vorstellung einer Fläche, als Fläche, mit allen sichtlichen Gegenständen sei, die dies Continuum superficiell enthält. — Eine Coloßenfläche, einen Coloßenraum, Coloßengegenstände in dem Raum kann kein Auge, wie das Unsrige übersehen: es fällt also blos auf Theile des Raums: es kann das Ganze nicht fassen: die Würkung ist verlohren. Das Gemälde ist nicht Gemälde mehr, es sind zusammengesetzte Stücke der Malerei, das Ganze ist, als obs nicht da wäre. Bei den Coloßen der Skulptur trift dies nicht zu, da ist das Auge nicht Auge mehr, es ist ein Gefühl, was, wie sein ursprünglicher Sinn, gleichsam allmälich umtasten, und in dieser hohen Anstauung den grossen Eindruck sich erfühlen will, den bei kleinerer natürlicher Proportion sein Gefühl gehabt hätte. Dieselbe Ursache, die das Uebergroße der einen Kunst erklärt, verbeuts in der andern. — — Ich nehme der Abwechselung wegen noch einen Seitenweg nach Egypten.

5.

Warum sind die ältesten Werke dieses Landes auch in der Bildhauerei nicht blos Coloßalisch, wie ein Werk des Phidias, sondern gleichsam Übercoloßalisch, wahrhaftig Riesenhaft? In dieser Größe sind sie nicht blos, was jene sind, Ersetzungen, sondern gleichsam Ueberspannungen des Gefühls, das auch im Auge, unter ihnen erliegt, und sich ins unermäßliche Dunkle verlieret? Die vorige Ursache kann also nicht allein zureichen; und die man sonst gibt, erklären noch weniger. Wenn die Aegypter, nach ihrer Mißgestalt, von der Schönheit nichts wusten: wusten sie damit auch nichts, von der wahren Größe? musten sie deswegen auch ins Ungeheure, nicht blos der Gestalt, sondern auch der Höhe nach übergehen? — Wenn sie die Dauer, die Ewigkeit in ihren Werken liebten, waren dazu nicht ihre Gebäude, ihre Tempel, ihre Pyramiden, ihre Obelisken gnug? warum auch die Bildsäulen, die dadurch in die Wolken verschwanden, und indem sie ewig seyn sollten, unkenntlich wurden? ja woher dadurch ewig, da eben solche Höhe, mit solcher Schwere, auf so kleiner Grundfläche den Sturz derselben beschleunigen musten? Haben die Aegypter also so ohne Ursache gegen sich und ihren Grundsatz gehandelt, ihren Werken Ewigkeit zu geben? — ich glaube nicht, und noch mehr, ich glaube aus diesem ihrem Phänomenon, einen grossen Schritt des Menschlichen Geistes erklären zu können.

Wenn wir die Grösse der Erscheinungen nicht unmittelbar empfinden, sondern nur nach dem Winkel, den diese in unserm Auge mahlen, muthmaassen und schließen: so sind wir in den ersten Urtheilen, ohne gnugsame Erfahrung, bei allem was Erscheinung ist, Irrthümern über die Größe ausgesetzt — die ins Gigantische laufen müßen. Dem Kinde, das sehen lernt, kleben erst alle Gestalten im Auge: sie fangen sich an, zu entfernen, und was können sie seyn? als — — colorirte Riesenbilder. Der Blindgewesene Cheselvens sahe: er lernte unterscheiden, die Bilder vom Auge trennen, und sahe — — — Riesengestalten. Wir gehen in der Dämmerung, gleichsam in der Mitte zwischen stockfinstrer Nacht der Blindheit und dem Tage des Gesichts: wir können sehen, aber nicht klar, nicht deutlich: wir können weder Beschaffenheiten und Farben unterscheiden, noch Fernen und Zwischenräume messen — was sehen wir? einen nahen Baum für ein entferntes, auf uns zukommendes Riesengespenst, für ein furchtbares Ungeheuer. Das sind Irrnißerfahrungen unsres körperlichen Gesichts, und wir werden sehen, auch unsrer Einbildungskraft, unsrer Seele.

Welches sind die ersten Gestalten, die sich der Seele eines Kindes eindrucken, von dem die Rede ist? Riesenfiguren, übernatürliche Ungeheuer. Noch weiß die empfindende Einbildungskraft des Unmündigen kein Maas der Wahrheit, das blos durch ein langes Urtheil entstehet. Die ersten Eindrücke liegen also noch alle gewaltsam in ihr, da sie sie nicht zu ordnen, und in den gehörigen Gesichtspunkt zurückzustellen weiß: sie erliegt unter denselben, wie unter übergrossen Mißgestalten, und wenn die Würkung derselben lange dauret, gewöhnet sie sich an sie, als an das Maas der Wahrheit. Daher kommt bei Kindern die Neigung zum Wunderbaren, und zu dem Märchenhaften, das sich so oft in Frazzen, in ein albernes Große verliert. Daher, daß sie auch in Religion und Geschichte sich am meisten an dies Erstaunende und Uebermenschliche halten. Daher, daß Fabeln, Hexenerzählungen und Gedichte ihr liebster Zeitvertreib sind. Eltern, Erzieher, Lehrer! das sind die Schranken, aber lasset sie nicht die Form des Menschlichen Geistes werden! Dies Riesenhafte, Uebergrosse ist nöthig, wenn sich das Auge öffnet; aber nicht, daß sich das Auge darnach bilde, und das Maas dieser Gestalten für den ewigen Größenstab aller Erscheinungen des ganzen Lebens nehme. Körperlich entwöhnt sich das Auge von selbst dieses Ungeheuren: Gefühl und die übrigen Sinne treten hinzu und helfen den Zauberschleyer entfernen: die Bilder treten zurück, finden sich in ihre Schranken und bekommen Maas der Wahrheit. In der Erziehung sey statt des Gefühls die Erfahrung eine Lehrmeisterin der Wahrheit und die Pallas, die uns die Wolke von den Augen nehme, und den zu nahe blendenden Trug zerstreue.

Man siehet, wie schwer dies wird, da wir uns nicht von allen Sachen, die uns durch Erzählung und Unterricht so übergroß ins Auge fallen, durchs unmittelbare Urtheil der Erfahrung immer vergewissern können. Da bleiben manche Seelen, wenigstens in manchen Feldern von Gegenständen, Lebenslang Swifts Monde gleich, wo sich Schattenfiguren und Riesengestalten ewig umhertaumeln. Und so gut diese überstarken Eindrücke ihrem ersten Stoße nach waren, um aufzuwecken, um ewigen Ton zu geben; so hinderlich sind sie, wenn wir nicht in den Jahren unsrer zweiten Erziehung sie, bis auf jede Kleinigkeit stimmen und zurechtordnen wollen.

Mit der Kindheit ganzer Nationen gehets eben so, wie es alle Geschichten aller Völker in allen Künsten und Wißenschaften zeigen. Die ersten Ideen von Religion und Naturerklärung: das erste Ideal ihrer Gedichte und Musik: die ersten Gesetze ihrer Staatsklugheit und ihres Umgangs: die ersten Anfänge endlich von Philosophie und schöner Kunst, sind Uebertreibungen. Es ist die erste blendende Tafel von colorirten Figuren, die auf ihr Auge fiel; einige sonderten sie los, bei einigen wurden sie verhärtet, und die kamen nie zur Erkänntniß der Wahrheit.

Nachdem also die Aegypter darauf kamen, Bildsäulen, nicht blos dem Gefühl, sondern auch dem Auge zum Eindruck des Grossen darzustellen: natürlich und der Analogie aller Anfänge gemäß; sie wurden übertrieben, und Koloßalisch. Mit mehrern Völkern haben sie den Schritt gemein; aber zum Glück nicht mit mehrern Völkern, daß dieser Schritt der höchste und letzte der Kunst blieb. Andre gingen weiter und fanden das Maas der Schönheit; die Aegypter aber, dies harte und Gesetzmäßige Volk, schlug gleich die Form der Regel und der Gewohnheit auf ihre Versuche. Verliebt in die Gebäude des Unermäßlichen gaben sies also auch ihrer Kunst, und nun, da es Gesetz und Gewohnheit wurde: so blieb freilich diese Kindheit des Volks ewig. Es ging mit ihrer Kunst, wie mit einer Religion, die in den Zeiten des Wunderbaren, Uebertriebnen, und also gleichsam in der Morgenröthe der Welt erfunden, zu bald und auf ewig Canon wird, der nicht zu ändern ist, dem man die Unfehlbarkeit zutrauet. Er wird nie geändert werden, und also immer Traum der Morgenröthe bleiben. Der Mensch, der in der Dämmerung Bäume für Gespenster anſahe — laßet ihn ſich nicht des Beßern verſichern; befehlet ihm gar durch ein Geſetz, oder durch das ſchärfſte Zeugniß, daß es Geſpenſter geweſen — er wird ſie ewig, als Geſpenſter glauben. Wie nöthig iſts alſo überall, immer zu unterſuchen und nirgends aufzuhören, bis man nicht blos den Schein, ſondern auch das Maas der Wahrheit habe.

In der Kunſt fanden dieſe die Griechen und wir kehren zurück, um aus ihrem Koloßaliſchen den Schritt zur Perſpektiv in der Bildhauerei zu ſuchen. Ein Volk, das einmal den Weg gefunden, Statuen außer der Proportion des Gefühls blos fürs Auge zu machen, hatte die Bahn offen, ſie auch für mancherlei Geſichtspunkte des Auges zu machen. Und da es in der Architektoniſchen Verzierung der Schauplätze, wie wir wiſſen, ſo weit gekommen war; ſo ſind wir eben damit unmittelbar am perſpektiviſchen Relief, und mit dieſem an der eigentlichen Skulptur ſelbſt, die ſie, wie wir wiſſen, eben ſo wohl zur Verzierung anwandten. Und kannten ſie ſie in dieſer Kunſt, ſollte die Malerei ohne Känntniße davon geblieben ſeyn? in der ſie der Zeichnung nach einfacher und leichter iſt, als in der Sculptur? Man ſiehet, daß wenn man ſie ihnen abſprechen will, man wenigſtens theilen, und welche es ſey? beſtimmen müße.

Ein mehreres iſt hier nicht mein Zweck: da ich nur die Geſetze der Malerei aus ihrer Natur unterſuchen wollte — und wie viel bliebe hier noch zu ſagen, um die ihr eigene urſprüngliche Geſichtsſchönheit zu beſtimmen, ſo fern ſie keiner ihrer Schweſtern zukommt. Ein kleine franzöſiſche „Naturlehre der Schönheit und ihrer Reize," deren Verf., wie mich dünkt, Morelli heißt, und von der ich auch im Deutſchen eine alte abſcheuliche Ueberſetzung geſehen, hat hier Anfangsverſuche über Phänomena des Gefühls und des Geſichts gemacht, die ich aber jetzt nicht, als einem Auszuge nach, der mir von der Lektüre derſelben übrig iſt, bei der Hand habe. Gleich= und Wohlförmigkeit ſind ihr die Urſachen der Schönheit, deren Würkung im Reize der Verf. in einigen Stücken wohl zergliedert; allein eine Phyſiſche und Mathematiſche

Optik des Schönen überhaupt, wie ich sie wünsche, ist sein kleines Buch durchaus nicht. Da liegt noch eine würkliche grosse „Wißenschaft des schönen Anscheins" im Schooße der unentdeckten Zukunft, die sich so auf Mathematik und Physik stützen wird, wie die Schönheitslehre der Gedanken auf Logik und Sprache. Ich weißage nicht aufs Gerathewohl ihr Daseyn, weil etwa Baumgarten und Boden vom Aesthetischen und Poetischen Licht und Schatten geschrieben haben: denn wer die Schriften dieser Verf. kennet, weiß, daß sie blos einen entlehnten bilblichen Begrif abhandeln. Ich rede von keinem solchen, sondern da ganz eigentlich gesprochen, die sichtbare Schönheit doch nichts als Erscheinung ist: so gibts auch eine völlige grosse Wissenschaft dieser Erscheinung, eine Aesthetische Phänomenologie, die auf einen zweiten Lambert wartet.

Mich dünkt, wir Deutschen wären dazu die nächsten, da wir außer der Genauigkeit unsrer Analyse, zu der wir selbst unsre Sprache und Styl gewöhnt, Theorien über einzelne Künste des Sichtbarschönen haben, die unsere Nachbarn uns beneiden. Wenn seit Plato, wie Winkelmann sagt, vom Schönen nicht mit der Empfindung desselben geschrieben worden: so sind die Schriften desselben, nicht nach einem flüchtigen Uebersehen, sondern gleichsam im lebendigen Händegefühl der Bildschönheiten verfaßet worden. Seine erste Produktion von der Nachahmung, ist mit der reichsten Salbung und gleichsam in der aufwachenden Morgenröthe seiner Empfindung gebildet: diese und sein Sendschreiben von der Empfindung des Schönen selbst und das Wesentliche seiner Kunstgeschichte ist eine Grube voll Goldadern zum Schatz der ganzen Aesthetik. Wenn er zu allgemein spricht, so darf man nur sein Urtheil auf die Kunst desselben und seinen Gesichtspunkt einschränken, der vorzüglich Sculptur ist, um es zu lieben, und eben dasselbe gilt vielleicht vom Platonischen Theile der Mengsischen Originalschrift. Am meisten aber hätte ich zu sagen, wenn ich die Beiträge zählen wollte, die in den Hagedornschen Betrachtungen über die Malerei zur allgemeinen Aesthetik des Schönen enthalten sind. Die Dichterischte Malereilehre; die reichste Malerische Philosophie — — doch es ist jetzt Modeton, von Schriften der Kunst allgemeinhin zu reden, und von lauter Hagedorns, de Piles, Felibiens, Lairessen, Hogarths und Bardons zu träufeln. Riedel hat auch bei den Malerischten Ideen seiner Theorie diese Dichterische Malereilehre, diese reiche Malerische Philosophie, die ein Schatz für Deutschland ist, nicht gekannt, und Klotz bei allen seinen Anführungen derselben ist nicht werth, sie zu lesen.

6.

Wie verschieden finde ich den Pallast der Aesthetik des Gehörs gegen die Philosophie des Sichtbarschönen? Nicht minder, als Auge und Ohr, Ton und Farbe, Raum und Zeit verschieden seyn dörften. Das Schöne des Auges ist kälter, mehr vor uns, leichter aus einander zu setzen, und bleibt ewig da, um sich finden zu lassen; die Wollust der Tonkunst liegt tief in uns verborgen: sie würkt in der Berauschung: sie verschwindet und läßt eine so kurze Spur nach, als das Schiff im Meer und der Pfeil in der Luft, und der Gedanke in der Seele. Kannst du also, o Philosoph, dein Inneres Gefühl außen vor dich setzen, und den untheilbaren Ton wie eine Farbe zergliedern: kannst du fühlen und zugleich denken, und das vorüberfliegende Moment erhaschen und zur Ewigkeit fixiren — so rede! so schaffe eine Wißenschaft, die noch im Schooße der Empfindung liegt!

So haben wir nicht Wißenschaften über die Tonkunst? Wer sollte das nicht wißen? Die Eulers, und d'Alemberts und Diderots und Mersenne und Gravesande und Sauveurs haben die Physische und Mathematische Musik zu einer Vollkommenheit gebracht, zu der nur die Optik der Farben hat gelangen können. Man hat die verschiedne Zahl der Vibrationen einer Saite nach Länge, Stärke und Gewicht, und daraus die Töne, und daraus die Verhältniße zwischen den Tönen, und daraus die Harmonie und daraus die Komposition nach Regeln bis in die Algebra hineinberechnet; in allem, was am Tone gleichsam Physische Qualität und Mathematische Quantität ist, ist die Akustik fast vollkommen. — — Auf der andern Seite, wer kennet nicht die vortreflichen Praktischen Anweisungen zu den Künsten des Gehörs, die insonderheit Deutsche fast zu eben der Höhe in ihrer Art gebracht haben. Welcher Liebhaber und Kenner kennet nicht Quanzens Flöte und Bachs Klavier und Mozarts Violinschule und Agrikola's Singekunst als Meistertheorien ihrer Instrumente, die unsere Nachbarn kaum haben? Die beiden Enden des Wißenschaftlichen in der Tonkunst, der Abstrakteste oben und der Praktische Theil unten sind also vollkommen; ist nichts in der Mitte? Mich dünkt ja! und wenn wir nur nicht in dieser grossen leeren Mitte eben den ungebildeten Theil fänden, den wir suchten.

Physik und Mathematik, wie unterscheiden und bestimmen sie die Töne? Aus den Schwingungen der Saite in einer gegebnen Zeit, nach Proportion des spannenden Gewichts, des Körperlichen Inhalts und der Länge der Saite. Und was ist's, was aus diesen Verhältnißen im Tone selbst berechnet wird? Nichts als selbst Verhältniße, Höhen und Tiefen, Stärke und Schwäche, Intervallen, Gleich- und Ungleichzeitiges u. s. w. lauter Verhältniße, die in den Wißenschaften, für die sie gehören gnug sind, um in ihnen den Ton zu erkennen, und aus diesen Känntnißen Folgen abzuleiten, die aber, wie wir sehen wollen, für die Aesthetik der Töne durchaus nichts sind. Sie erklären nichts vom einfachen Tone selbst; nichts von der Energie desselben aufs Gehör; nichts von der Anmuth derselben, einzeln und in der Folge; von allem Nichts. Es gibt also mit ihnen noch kein Jota zur Philosophie des Tonartig Schönen.

Ich sage, sie erklären nichts vom Tone. Denn wofür nimmt diesen die Physik? Für einen Schall aus den Schwingungen eines Körpers, den sie äußerlich, als einen körperlichen Effekt in Beziehung auf lauter Körper, auf Saite, auf Luft, auf die Schläge des Tympanum im Ohr, auf lauter Physische Objekte, Physisch erkläret. Weiß ich dadurch etwas vom Tone des Aesthetischen Gefühls selbst? Nichts. In dem Körper, der ihn erregt, in dem Medium der Luft, die ihn fortwirbelt, in dem äußerlichen Ohre, das ihn empfängt und läutert, ist er Schall, eine bewegte Luftwelle, ein Körper. Wie er nun aber das Einfache, gleichsam der hörbare Punkt wird, den ich in meinem Innern empfinde, den ich Ton nenne und vom Schalle so deutlich unterscheide, weiß ich das? und ist dieser einfache fühlbare Ton ein Gegenstand der Physik? so wenig als der Mathematische Punkt. Sie kann ihn nicht untersuchen, nicht erklären, nicht nutzen: sie weiß nichts von ihm.

Und die Mathematik eben so wenig. Diese nimmt ihn für den Unterschied zwischen den Schwingungen eines Körpers, in dem Raume, in der Zeit: sie nimmt ihn also als Quantität, als ein abstraktes Ganzes, das Theile hat. Lerne ich dabei etwas, was seine Qualität sey? Nichts. Die erste Schwingung der Saite gibt schon den ganzen Ton, der auf das Ohr würkt, und alle folgenden Schwingungen thun nichts, als ihn unterhalten, nichts, als ihn jedes Moment durch einen wiederholten Schlag der Luft erneuren. Wie? die Succeßion dieser Schläge, die Quantität dieser homogenen Erneurungen ist die Ton? Kann sie, als solche, etwas vom Ersten, Innern, Einfachen desselben erklären? Weiß ich, was ein Körper sei, wenn man mir sagt: er durchläuft so viel Raum in so viel Zeit: und weiß ich, was ein Ton sei, wenn ich weiß: er macht so viel Schwingungen in Einer Sekunde? Alle Sensationen aller Sinne geschehen durch eine Wiederholung von Schlägen; des Lichts im Auge, der Geruchausflüße im Geruch, der Luftschwingungen im Ohre — diese Wiederholung von Schlägen aber erklärt die je die ursprüngliche Sensation eines Sinnes? Gilt sie nicht in allen Sinnen so viel, als ob sie nur ein Einziger fortgesetzter Stoß wäre? und wenn ich in diesem nur die Fortsetzung ihrem abstrakten Begriffe nach, kenne; weiß ich etwas mehr, als eine Quantität? Ich kenne die Sensation nur, als ein Ganzes, das Theile hat, und weiß, wie sich diese Theile unter sich verhalten;

weiß z. E. wie sich in einem Lichtstrale die rothe gegen die grüne Farbe bricht; wie in einem Schalle diese Saite gegen eine andre Schwingungen macht — weiß also ein abstrahirtes Verhältniß der Folgemomente: weiß ich damit aber das Geringste vom Einfachen ersten Moment, dem alle folgenden gleichartig sind? so wenig vom ersten, als vom letzten. Ich kenne Succeßion, aber kein einfaches innres Moment der Succeßion; abstrahirend von Verhältnißen, weiß der Mathematiker also von dem, was Ton ist, so wenig, als der Naturlehrer.

Noch weniger bekümmern sich beide, wie Ton als Ton auf uns würkt. Nicht der Physiker, der ihn blos als Schall kennet. Der verfolgt ihn von Saite durch die Luft, von Luft zum Ohr, durch alle Gehörgänge des Ohrs zur Nerve; aber noch immer als Schall. Wie will er also wißen, wie die Nerve von dem, was nicht mehr Schall, was nur einfacher Ton ist, getroffen wird? wie dieser in die Seele würkt, und sie beweget? Wenn erforscht der Naturlehrer, was nicht mehr Körper, was gleichsam Mathematischer Punkt ist? und wie kann ers in seiner Würkung erforschen? und in der verschiednen angenehmen und unangenehmen Würkung, die wir in unserm Innern fühlen? — — Daß der Mathematiker, der den Ton blos als Verhältniß kennet, dies eben so wenig kann, wird noch offenbarer. Ich will noch vor der Hand dem Verhältniße der Töne unter sich in der Harmonie und Harmonischen Melodie so viel Kraft auf die Seele zuschreiben, als man will: ich will mir diese, als eine Mathematik verständige gedenken, die in der Mitte des Gehirns sitzt, um lauter Verhältniße zu zählen, zu berechnen, und sich daran so innig zu vergnügen, als Newton bei neuen Aequationen; so dünkt mich doch, es kann unwiedersprechlich bewiesen werden, daß Verhältniß die erste Grundquelle des Vergnügens in den Tönen nicht seyn, und daß daraus aufs erste Gefühl der Würkung nichts erklärt werden könne. Der Beweis ist leicht, und die Folgen wichtig.

Ohr, als Ohr fühlt so wenig ein Verhältniß, als das Auge eine Entfernung unmittelbar siehet, und der Geruch eine

Fläche fühlet. Laßet einen Ton, den verfeinerten und gleichsam einfach gemachten Stoß der Luftwelle zu ihm bringen; was fühlt es in ihm für Verhältniße? Keine! Und doch fühlet es im ersten Momente, abstrahirt von allen Folgetönen, die ursprüngliche einfache Macht einer einzelnen unmittelbaren Sensation. Und doch kann ein solcher Ton, ohne Verbindung und Folge, uns so tief erschüttern, so innig rühren, so gewaltsam bewegen, daß dies Eine Erste Moment der Empfindung, dieser einfache Accent der Musik an innerer Maße mehr ist, als das Produkt aller Empfindungen, aus allen Verhältnißen, allen Harmonien eines großen langen Stücks? Menschen, die inniges Gefühl für die Musik haben, ihr werdet meiner Erfahrung beistimmen, oder ihr seid gar nicht zum Gefühl derselben geschaffen — was aber ist in diesem einfachen Moment der Empfindung für Verhältniß?

Verhältniß in den Beitönen, sagt Rameau, die man insonderheit bei einer groben Saite dem Haupttone nachschallen höret, und die seinen größern vollkommenen Akford ausmachen. Man weiß, daß Rameau auf diese Erfahrung alle seine Harmonie, und sein Erklärer d'Alembert sein ganzes System von Musik gebauet hat. Nun gehts uns hier nicht an, aus welchem Grundsatze man alle Hauptgesetze der Musik erklären und hervorwälzen könne; noch ob der Rameausche, wie ich sehr zweifle, der erste Grundsatz sey; aber das ist gewiß, daß dieser die Würkung der Musik auf die Seele gar nicht erkläre, daß man aus ihm, wie doch sein Erfinder will, alle verschiedne Würkungen nichts minder, als einsehen könne, kurz! daß er von dieser Seite gar kein Grundsatz sei. Läge in ihm auch alle Proportion, die Rameau zu finden glaubt und d'Alembert nicht findet: so erklärte sie hier aufs erste Moment der Sensation nichts. Die harmonischen Töne sind Nachklänge, und was thun sie zur ersten Intonation des Vergnügens oder Mißvergnügens? Zudem, woher käme es, daß einzelne Töne, die alle dieselben Nachklänge haben, nicht auch alle gleich gefallen? nicht auch allen gleich gefallen? nicht auch Allen gleich stark gefallen? nicht auch auf Einerlei Art in einer Gattung

der Empfindung gefallen? woher daß einige mit denselben Nach=
klängen, ihrem ersten Antone nach, völlig widrig seyn können? und
denn überhaupt, was kann doch ein bloß Verhältniß in der Sen=
sation erklären, das erst späte, kalte, eine von der Sensation ganz
verschiedne Folge derselben ist? Das erste Moment der Empfindung
ist so untheilbar, als der Ton, den es würkte, was wollen hier
spätere Nachklänge sagen?

Lebhaftigkeit des Moments ists also vielleicht, die das Ver=
gnügen erklärt, wenn nehmlich die Sensation nicht gar zu stark
und also betäubend, und also unangenehm; auch nicht gar zu
schwach, sondern im rechten Grad der Beschäftigung und also ver=
gnügend ist. Diese Erklärungsart ist ein Zweig aus der Sulzer=
schen Theorie angenehmer Empfindungen, die aber hier, so wie
überhaupt die ganze Theorie dieses Philosophen, nicht so wohl die
Art, als die Schranken der Empfindung und also alles nur nega=
tiv erkläret. Sie sagt nicht, woher z. E. abstrahirt von Stärke
oder Schwäche, die völlig etwas anders sind, mir dieser Ton gleich=
sam seinem Wesen nach, (so fern es der Franzose timbre nennet),
angenehm oder widrig ist, woher zween in Einem Maaße der Leb=
haftigkeit gerade auf die entgegengesetzte Art erschüttern? woher bei
zween Menschen, von gleicher Stärke der Sinnlichkeit, Ein Ton
in Absicht seiner Art den entgegengesetztesten Eindruck machen, und
auch bei einer angenommenen Hauptidee des Vergnügens Ein
Ton bei Zween, zween verschiedne und beide doch angenehme Em=
pfindungen erregen kann? Erklärt Sulzers Grund Etwas von
alle Dem? erklärt er Etwas in der Art der Empfindung? so
wenig als Maas je Art erklären, oder Quantität und Quali=
tät einerlei seyn kann.

Nach so mißlungenen Versuchen also, um den Grund zu fin=
den, warum ein Ton gefalle oder nicht: sollte es nicht besser seyn,
die Frage ganz aufzugeben? sie für unnütz, unerklärlich und für
eine Klippe zu halten, an der so Viele gescheitert wären, und ewig
scheitern würden? D'Alembert thut dies mit einer spröden
bestimmten Mine, und hat als Mathematiker Recht es zu thun.

In der Mathematik wird die Ausfindung dieses Grundes nie von Folgen seyn, da diese nur immer Quantität und Verhältniß der Töne gegen einander braucht und berechnet. Für den Mathematiker als solchen, wird sie auch immer eine Klippe bleiben; denn so bald es gewiß ist, daß Ohr, als Ohr kein Verhältniß empfinden kann, und doch im ersten Moment der Sensation, im simpeln Wohllaut, die Basis aller Musik liegt: so muß unwiedersprechlich folgen, daß überhaupt kein Grundsatz möglich sey, aus Verhältnißen und Proportionen das wahre, erste, ursprüngliche Vergnügen des Ohrs zu erklären. Und wenn nun die ganze Kraft der Musik nur eigentlich aus lauter solchen einzelnen, ersten Momenten bestehen kann, so wie ein Körper nicht anders, als in einfachen Monaden; wenn es wahr ist, daß ein Aggregat von Tönen nicht könne erkannt und erklärt werden, wenn die materiellen Bestandtheile des Aggregats nicht kennbar, nicht erklärlich sind: so wird es immer die natürliche Folge bleiben, daß aus Verhältnißen und Proportionen sich durchaus das Wesen, die Art und die Würkung der Musik nicht erklären laße, und wer den Ton blos als Verhältniß denkt, wer zu der glücklichen Fühllosigkeit gekommen ist, um ihn sich blos, als solchen denken zu können; der hat Recht, wenn er Msr. D'Alembert glaubt und folget.

Der eigentliche Physiker ist in eben dem Falle. Ohne daß ich eine Metaphysische Hypothese im Vorrath hätte, um durch sie die Physik zernichten zu wollen, ists offenbar, daß alle äußern Schraubengänge und selbst das Tympanum im Ohr nicht eigentlich das Werkzeug der Empfindung seyn können. Sie sind da, den Schall zu reinigen, zu verstärken, zu modificiren; sie sind die kleine Welt, die aus dem, was bisher bloßes Geräusch, bloße Luftundulation war, den Ton nur erst zubereiten und gleichsam schmieden: sie sind, was Häute und Säfte im Auge sind, die das Bild brechen und in eine kleinere Welt schaffen, es nicht aber in sich halten und erklären. Was also der Physiker aus diesen Hörwerk=

zeugen erklären kann, ist Nichts, als was er in der grossen äußern Welt im Grossen vor sich findet: Körper, Schall. Von diesem kann er Stärke und Schwäche, Langsamkeit und Geschwindigkeit erklären; aber noch immer als Schall, als Körper. So bald aus dem Körper, dem Schalle, eine einfache Linie, der Ton, geworden: so verschwindet er ihm tief in die Seele, und er kann nicht von ihm, was man hier will, Innigkeit, Art, Verschiedenheit, Wohlgefälligkeit erklären, so wenig sich das Geheimniß des Sehens und irgend eines andern Sinnes bisher noch vom Naturforscher als solchem, erklären läßt. Hier kommts auf ein inneres, einfaches, würksames Gefühl an: der Physiker weiß nur von äußeren, zusammengesetzten Erscheinungen und von Bewegungen durch ihre Folgen.

Daß wir doch also ja nicht Mathematische und Physische Akustiken für das halten, was wir suchen! Können diese Erfahrungen und Berechnungen enthalten, die für uns sind — wohl! und ohne diese müßen wir nie schließen; aber auch gewiß es nicht bei ihnen bewenden laßen, sondern die Erfahrungen weiter tragen, in das Innere unsrer Empfindung, und die Berechnungen zu vergeßen wißen, wenn nur diese sprechen soll. Laßet uns nur Vorarbeiten erwarten, und uns auch darauf gefaßt machen, daß immer der Vorarbeiter seinen Schritt über die Grenzen gewagt haben mag und also im Irrthum ausgeschweift ist. Das unentdeckte Land, was wir suchen, ist kein Metaphysisches Wortgeschwätz: es ist innere Physik des Geistes, eine fruchtbare und nützliche Gegend in der Seelenlehre des Schönen, von welcher man viele neue Erdstriche wird übersehen können, wenn erst Bemerkungen und richtige Schlüße uns in diese gebracht haben. Ich lege zween leichte Sätze zum Grunde.

Schall und Ton sind in Absicht auf den ersten Grund der Physischen Entstehung sich gleich; denn beide werden in Elastischen Körpern, durch Schwingung ihrer Theile. Jedes Instrument im Ganzen erregt, gibt einen Schall, laut und vermischt, in dem alle Töne schlummern: so antwortet Klavier und Laute auf einen unbeutlichen Laut, der es trift, eben so unbeutlich; mit der ganzen Polytonie, die in ihm schläft, mit einem Schalle. Laßet diesem Instrument nahe, ein einzelner heller Ton tönen: so wird in ihm nichts als dieser Ton antworten. Laßet zween Töne ruffen, zween werden antworten, und so herauf bis sich viele Töne vermischen und der confuse Schall ist wieder da. Es hindert also nichts, diesen, als eine **Maße vieler Töne**, als einen aus **Vielen zusammengesetzten Körper** zu betrachten: das ist **Erste** Bemerkung, die durch Physische Versuche bestätigt wird.

Laßet uns gleich eine Anwendung auf die Aesthetik machen. Es ist Erfahrung, daß gewiße einfache Töne, unabhängig von Höhe und Tiefe, von Stärke und Schwäche, von Länge und Kürze, **ihrer innern Art nach**, verschiedne Eindrücke auf uns machen. Der eine trift uns gleichsam glatter und heller; ein andrer rauher und finstrer. Der eine scheint unsre Nerve aufzuwecken und zu erheben; der andre niederzuschmiegen und einzuschläfern. Der eine strengt sie zum Staunen an; ein andrer schmelzt sie in sanftes Gefühl hin — — dies ist Erfahrung, und sie soll uns Grundsatz werden. Wenn aber nun jemand nicht feine Empfindbarkeit gnug hätte, um diesen ganz verschiednen Eindruck einzelner Töne zu unterscheiden, auf dem hier doch Alles beruhet: wenn er ihn deßhalb gar läugnen wollte — so ist noch immer ein Mittel ihn zu belehren. Du, der du von Nichts als von Stärke und Schwäche, von Höhe und Tiefe der Töne einen Begrif hast: gib Acht, ob der Schall einer Flöte und einer Schallmei, einer Laute und Geige, einer Trompete und eines Nachthorns auch in der Vermischung aller Töne, wo von keiner Stärke und Schwäche, von keiner Höhe und Tiefe die Rede seyn kann, noch **Einerlei Art** und gleichsam **Eine specifische Masse des Klanges** habe? ob jeder dieser ganzen Schälle gleiche Würkung auf Deine Empfindbarkeit habe? Und wenn dies nicht ist, wenn es Körper gibt, in denen bald eigentlicher Schall und Wiederschall schläft; andre, in denen ein weinendes Ächzen und Gewinsel schlummert, andre, in die ein seufzender Liebesgott der Sehnsucht und der Klage eingeschloßen ist

— wenn es Instrumente gibt, deren Eins dem Schalle des Ganzen nach heulet, das andre schreiet, das dritte tönet, das vierte ein leises Wellengetöse, das fünfte ein Rollen der Töne formiret — wenn ferner jeder dieser Schälle eine eigne Beziehung auf unsre Empfindbarkeit hat: bei diesem fühlen wir nichts, bei jenem fahren wir auf, bei einem andern zittern und schaudern wir durch: dieser schläfert uns ein: jener erhitzt uns zur Tapferkeit und zum Zorn: ein dritter schmelzt uns zum Erbarmen, zum Mitleid, zur Liebe hin: dies sticht, dies kreischt ins Ohr, dies fließt sanft in uns — wo kann ich zu allem Worte finden? wer ist der Taube, der diese Verschiedenheit von Schällen nicht fühlen könnte? und kann er die fühlen, so muß er auch eine einzelne Verschieden= heit einzelner Töne zugeben, die selbst in Einer Stuffe der Höhe in Einem Grade der Stärke wesentlich anders seyn, und so wenig zu vergleichen seyn können, als Hart mit Weich, Sanft mit Rauh, Hohl mit Voll u. s. w. Gibt ers bei ganzen Schällen zu; der Schall ist nichts anders, als ein dunkles Aggregat der Töne: so muß es auch bei diesen, und zwar bei diesen eigentlich und ursprünglich statt finden, weil sie das Wesentliche des Schalles sind. Gibts eine Kraft der Körper als Aggregate, die nicht aus den Kräften ihrer einfachen Bestandtheile entspringe? Gibts eine verschiedne Art und Kraft der Schälle, als Schälle, die nicht aus den verschiednen Kräften der Töne herrühre?

Schall ist also eine körperliche Maße von Tönen: Töne sind seine einfachen kräftigen Momente — was folgt hieraus weiter? Ich halte mich noch erst mehr daran, die Schluß= art zu sichern, als Schlüße zu geben. Es folgt daraus, daß ein Menschengeschlecht, ein Volk, ein Zeitalter, das nicht Feinheit gnug hat, um die ersten Momente des Wohllauts zu untersuchen, sich freilich an die Schälle halten müße, um jene zu erkennen; daß es aber auch das, was in den Schällen blos Aggregation ist, nicht mit dem Wesen der einfachen Momente vermischen müße. Von jenem habe ich ein Beispiel gegeben; von diesem wirds noch nöthiger. Rameau nimmt eine grobe Saite und schlägt darauf; die Saite ist noch so grob und wenig Elastisch, daß sie ihrem Haupton hinten nach Nachtöne gibt. Sie ist also das Mittel zwischen Schall und Ton: sie gibt nicht so eine confuse Menge von Tönen, daß ihr Laut ein Geräusch; sie ist aber auch nicht so fein und so gespannt, daß ihr Laut einfacher Silberton seyn könnte — was folgt daraus? bei Rameau und d'Alembert sehr vieles; bei mir zur Erklärung des Ersten Moments im Wohllaute nichts: denn hier ist kein reines erstes Moment. Die Rameausche Grundharmonie ist ein dunkler Begrif vieler solcher Ersten Momente zusammen, der also eine Zusammensetzung für das Wesen, und was Nichts, als Ueberbleibsel des Schalles ist, für den ersten Bestandtheil der Musik nimmt. Alle Körper bringen im Schall alle Töne hervor, die sie geben können, so wie ein gespanntes Seil alle seine Theile hinunter zittert; daß unser Ohr nur einige dieser Töne, die mit ihm harmonisch sind, aufnimmt, so wie das Klavier nur auf den ihm harmonischen Ton antwortet, daß es die dazwischen liegenden unharmonischen oder zu schnellen Zwischenräume vorbeiläßt, und sich auf die entferntern, ihm homogenen Töne mit mehrerer Bemerksamkeit wirft; was ist dies anders, als die erneuerte Frage: warum sind in einem Schall, in einer Maße von Tönen, einige harmonisch, andre nicht? Und ist diese Erfahrung also Grundsatz der ganzen Musik? So, daß kein einseitigerer vielmehr gefunden werden könnte. Er nimmt Harmonie für Grundbegrif, oder was einerlei ist, Zusammensetzung zu einem Schalle für wesentliches Moment des Tons an. Er kann sich also auch nicht weiter, als auf Regeln der Zusammensetzung zu Schällen, d. i. auf Harmonie erstrecken: und also nichts weiter, als Verhältniße suchen und finden: und weiß also vom Wesentlichen der Musik, von ursprünglichem Ton und aller Melodie nichts. Er ist aus der halben Dunkelheit des Schalles geboren, und da er diese für das Wesen der Tonkunst nahm, so kann er sich auch nur auf halbdunkle Schälle, auf Harmonien erstrecken. Laßet uns also unsre zweite Bemerkung sichern: Schall und Ton ist nicht

Einerlei: jener ist nur eine dunkle Form der Composition, dieser das Wesen der Tonkunst. Und mit diesen beiden Grundsätzen versehen, wollen wir uns auf den Weg machen, um den Mathematischen und Physischen Verwirrungen zu entgehen.

7.

Schall ist eine körperliche Masse von Tönen, in der diese die wesentlichen Elemente sind: so verschieden also die Massen ihrer Art nach seyn können, so verschieden müßen auch die Elemente der Massen seyn in Absicht der Art ihrer Empfindung. Alle Elastischen Körper tönen; nicht alle sind für uns auf einerlei Weise empfindbar: so muß es auch unter den Momenten einzelner Töne eben so viel verschiedne Klassen geben, als es in ihren Summen gab — und zwar verschiedne Klassen nicht in Absicht auf Höhe und Tiefe, wie sie Euler ausgezählt hat, noch auch auf Stärke und Schwäche, wie sie sich eben damit auszählen, sondern auf Empfindbarkeit der Beschaffenheit und Art. Diese Beschaffenheit ist zuerst widrig und angenehm: und denn gibts unter jeder dieser Hauptgattungen so viel Unterklaßen, als es widrige und angenehme Gefühle in uns gibt. Jedes derselben muß sich aus einem Ton, oder aus einer Mischung von Tönen erregen laßen und es endlich so viel Arten der Töne und Schälle geben, als es braucht, um alle Empfindungen in uns zu erregen. Die Schlüße folgen aus einander, und wenn der Aesthetiker für diesen Sinn sich die Mühe geben will, Ohr und Auge, Ton und Farbe, Schall und Lichtstrom, Tonempfindung und Bildidee mit einander zu vergleichen, so wird er durch die Analogie mit diesem klärern Sinne auf jedem Schritte Bestätigung finden.

Ich nehme also diese innige Tonverschiedenheit an; woher läßt sie sich erklären? Nicht, wie gesagt, aus Höhe und Tiefe, aus Stärke und Schwäche der Töne; denn abstrahirt von diesen äußert sie sich doch, wenn nicht in Tönen so in ihrem Aggregat, den

Schällen bemerkbar. Noch weniger, aus Verhältniß und Proportion als solcher; denn diese kann blos bei der Quantität des Ganzen, nicht bei der Qualität eines einzelnen Moments statt finden, wie wir weiter hin sehen wollen. Noch auch aus der blossen Veränderung des Zustandes unsrer Seele: denn bei gewißen Tönen und Schällen ist sie auch selbst im entgegengesetztesten Zustande der Seele noch dieselbe. Woher käme sie denn? — — Schall ist ein Aggregat von Tönen. So wie nun beim Wiederschalle eines Klaviers nur immer der Ton antwortet, der gefragt wird, und die andern, wenigstens für uns unhörbar schlummern: so wie in einer groben Saite, die alle Intervallen von Tönen durchbebt, sich nur die harmonischen hören lassen; so muß diese Analogie aufs Ohr angewandt, auch Ursache von der verschiednen Empfindbarkeit der Töne in uns geben.

Wir gehen die Schraubengänge und das Tympanum des Ohrs vorbei, Organe, die nur da sind, den Schall zu verfeinern, und da treffen wir ein Saitenspiel von Gehörfibern an, die in Zahl, in Lage, in Verhältniß gegen einander, in Länge verschieden, gleichsam auf den modificirten Schall warten. Warum war eine Nerve nicht zureichend? warum sind nicht alle Fibern in gleicher Stärke da? warum sind sie in verschiedne Reihen und Entfernungen geordnet? Kann, wie sie jetzt dahin gelagert sind, jeder Ton, jede und jede in gleichem Maaße und Verhältniß und jede auf Eine Art treffen? Man müste nicht die Struktur des Ohrs und die Bewegung des Schalles kennen, um das zu behaupten, und so sind wir an der Schwelle der Erklärung. In der Verschiedenheit der Nervenäste des Gehörs muß auch die wesentliche specifische Verschiedenheit der Töne und Tonmaßen, das ist, der Schälle liegen, so fern sie der Qualität nach, der Grund des Musikalischen Wohl= oder Uebellauts ist. So weit stärker und inniger die Empfindung dieser verschiednen Qualität im Ohr, als im Auge ist: so weit klärer muß sich dieser Beweis in den Gehörfibern machen lassen, als in den Nerven des Auges, die doch auch als Saitenspiele für die Farben betrachtet werden.

Der Schall, als Körper, oder sein Element, der Ton, als Linie, trift also seine Saite im Spiele des Gehörs; in dieser oder jener Richtung? homogen, oder nicht? darauf beruhet das Widrige oder gleichsam Glatte des Tons. Widrig ist der, der in seine Nerve in einer so ungleichartigen Richtung hineinzittert, daß alle Fasern gegen einander in eine so widernatürliche Bewegung gerathen, als wenn die Nerve zerspringen wollte. Denn entsteht ein stechendes, ein zerreißendes Gefühl, oder wie es uns weiter vorkomme. Mich dünkt, alle diese widrige Gefühle ließen sich durch unregelmäßige Linien, jedes nach seiner Art, ausdrücken, an denen sich die Mathematik intensiver Größen weithin versuchen könnte; von dieser grossen, schweren Wißenschaft aber ist noch wenig mehr, als der erste Begrif geliefert.

Angenehm ist der Ton, der die Nerve in ihren Fasern homogen und also harmonisch berührt, und durchwallet; offenbar also hat diese Annehmlichkeit zwo Hauptarten. Die Nerve wird homogen angestrengt, und die Fibern auf einmal mehr gespannet; oder sie wird erschlaffet, und die Fibern fließen allmählich, wie in eine sanfte Auflösung über. Jenes ist dem Gefühl gleichartig, was wir in der Seele Gefühl des Erhabnen nennen; das letzte ist Gefühl des Schönen, Wohllust. Sehet daraus entspringt die Haupteintheilung der Musik in harte und weiche Schälle, Töne und Tonarten — und dies zeigt die Analogie des ganzen allgemeinen Gefühls in Körper und Seele, so wie sich in ihm alle Neigungen und Leidenschaften offenbaren.

Wir haben einen Brittischen Erfahrungsphilosophen, der diese zwei Gefühle bis tief in unsre Natur und gleichsam auf das Faserngewebe, das unmittelbar die Seele umgibt, verfolgt, und überall das Erhabne auf ein Gefühl der Anstrengung, das Schöne auf eine sanfte Erschlaffung der Nerven zurückleitet — es ist Burke, der Verf. der Philosophischen Untersuchung des Schönen und Erhabnen, den uns Moses bekannt gemacht und Leßing nur zu lange versprochen hat. Ich laße ihm die Paarung seiner beiden Gefühle mit den Trieben des Selbstgefühls und der gesellschaftlichen Neigungen: ich laße ihm seine qualitates occultas von Begriffen, die sich aus einem intellektuellern Gesichtspunkte freilich nicht mehr rektificiren laßen: ich laße ihm alles, was System ist. Aber die eigentlichen Erfahrungen in ihm sind würkliche Entdeckungen, wo man bisweilen, wie durch einen innern Schauder, wie durch ein inniges Bewußtseyn Wahrheit fühlt. Es sind Entdeckungen in einer so dunkeln Gegend, die sich gemeinen Augen von fern, wie eine mit Wolken bedeckte Zaubergegend zeigt, und die, da er die Wolke durchschifft, ein blühendes Land wird, eine Insel Madera in ihrer Entdeckung. Nur Schade, daß Burke seine Erfahrungen des allgemeinen Gefühls nicht in ihre dünnern Fäden feinerer und speciellerer Gefühle verfolgen konnte! Schade, daß er nicht Musik und überhaupt nicht künstliche Erfahrung gnug besaß, um über diese reflectirten Kräfte dieselben Erfahrungen anzustellen! Schade endlich, daß es fast nicht, ohne ein Quacker von Empfindung zu werden, möglich ist, jede Wucht jedes Eindrucks, jede Art der Nervenschwingung, jede Mittheilung und Fortpflanzung der Gefühle, die gleichsam von Nerve zu Nerve rauschen, zu schätzen, und die ganze Zusammenblättrung vieler Fibern zu Einer Hauptgattung des Gefühls zu zergliedern. Wie viel neue, feine Erfahrungen würde das geben, deren jede eine Produktion der Würkung des Schönen, und eine fruchtbare Wahrheit der Aesthetik wäre! Wie viel würden wir auch auf Burkens Wege über das Gehör haben? Jetzt bemerkt er nur meistens die klärern Eigenschaften der Dinge, die sich bemerken, die sich aus einander setzen laßen: jetzt beschäftigt ihn meistens ein allgemeines Gefühl, ohne die specifischen Arten desselben eigentlich zu ergründen: jetzt endlich sind seine Objekte der Erfahrung nach meistens aus der grossen rohen Natur — Dunkelheit und Helle, Macht und Privation, Kleinheit, Grösse, Unendlichkeit, Licht und Farbe, Bitterkeit und Geruch, Schall, Laut, Geschrei — das sind jetzt seine liebsten meisten Gegenstände, ohne daß er auf die zubereitetern Nachahmungen der Künste merkte. Aus tiefen, wilden Hainen der Natur hat der Britte also seinen Lorbeer gebrochen:

auf steilen Anhöhen hat er ihn erstrebet; die Blumenkränze aus den ebnern Gegenden der verschönerten Natur — — genauere, sorgsamere Deutsche! die warten noch auf ihre Lieblinge, und da hangt auch noch ein Kranz für den Philosophen des Wohllauts! Burke gestand, daß er nicht Ohr genug hätte, um diesen zu zergliedern, und wagte sich also nicht daran; der Gehörlose folge seinem bescheidnen Beispiele, der Empfindende Kenner aber dem Vortritt desselben auf der Hauptbahn, wo er Spur gebrochen — —

Nach diesen ersten Schritten, die mancherlei Anmuth in den Tönen zu erklären: wäre man nahe dran, um jeder Gefühlsart gleichsam ihre Gegend in der Seele einzumeßen, wo sie in dieser oder einer andern Empfindung sich ausbreitet. Da ist der Weg zur **Pathetik aller einfachen Musikalischen Accente**, wie mit gewißen Tönen, und mit gewißen Erregungen des Gehirns auch gewiße Empfindungen der Seele wiederkommen: wie es also gewiße Schälle für gewiße Zustände des Gemüths, und überhaupt eine Materielle Seele gebe, deren äußeres Gewebe von Berührungspunkten nicht ganz der Nachforschung verschwände. Welche Aussichten von hieraus in die mancherlei Gränzen und Angränzungen der Leidenschaften, wie der Schälle und Töne! Da sähe man, wie Drydens Timotheus von Affekt zu Affekt übergeht, aus einem Meer ins andre seinen Alexander stürzt, und mit seinen Tönen, wie mit dem Seil der Ariadne, sich durch alle Labyrinthe der Empfindungen, und durch jede neue kleinere Verirrung jedes Labyrinths durchfindet. Wenn die Natur keinen nähern Weg an die Menschliche Seele wüßte, als durchs Ohr vermittelst der Sprache, und keinen nähern Weg an die Leidenschaft, als durchs Ohr mittelst der Schälle, der Töne, der Accente — Muse der Tonkunst, welche Eingebungen sind in deiner Hand, um die Physiologie der Menschlichen Seele zu enträthseln.

Es gibt dunkle Stellen in der Geschichte der Völker und des Menschlichen Geistes in verschiednen Zeiten, die sich nicht, als bloße Geschichte verstehen laßen, die oft unverstanden verlacht werden, und nur durch gewiße Psychologische Känntniße Licht erhalten können. So ists mit der Musik der Völker, die ihre Töne an gewiße Ideen, und ihre Accente an gewiße Subjekte festgebunden hatten; die ihren Gesang des Krieges und der Eintracht, ihren Ton des Zorns und der Liebe, ihre Melodieen der Weisheit und des Lasters besaßen. In diesen würden wir freilich manche Uebertreibungen finden: Uebertreibungen in den Aegyptern, die jedes solches dünne Band zwischen Ton und Idee zu einem Gesetze machten. — Uebertreibungen in den Pythagoräern, die aus solchen Verhältnißen die Welt erklärten — Uebertreibungen in den Platonikern, die Politische Romane für den Staat daher schuffen — Uebertreibungen in den Auslegern, die bewunderten, übertrieben und nichts verstanden — Uebertreibungen in den Lesern, die lachen und lachen und nichts verstehen. Wir würden aber in einer Pragmatischen Geschichte der Tonkunst, ehe wir urtheilen, zu verstehen suchen, und vielleicht sagen: siehe da! ein rohes, einfältiges, aber tiefer fühlendes Volk. Wir empfinden nur Schall, da sie das Element des Schalles, den Ton, empfanden.

Wir empfinden nur Schall, da sie, Ton, empfanden. Der Blindgebohrne hat ein ungleich tieferes Gefühl für die ersten Momente des Wohllauts, als der zerstreute Sehende, den tausend äußere Flächenbilder von seinem innern Sinn des Tongefühls abrufen. Jener ist von diesem weggewandt; natürlich und ewig also in der ungestörten Stille, die wir uns in einer Sommernacht erschleichen, um den Wohllaut der Laute oder einer Bendaschen Geige Grundauf zu fühlen. Er, ewig in dieser Stille, so ganz in sein innres fühlendes Ich versammelt, und ohne Unsinn zu sagen, ganz Ohr — was fühlet der Unzerstreuete nicht in dem mächtigen Wohllaut Eines Tons? in der holdseligen Stimme seines Mädchens, die ihm

— — den Himmel öfnet, und ins ganze Herz
Ruh und Vergnügen singt.

Berechnet er hier Verhältniße und Proportionen? Harmonien und Intervalle? O kalt, o elend. Er fühlet vielleicht in einem einfachen Antone unmittelbar, der ihn bis auf den Grund erschüttert und in Entzückung aus sich reißet, Millionenmal mehr, als wir in der bunten Verwirrung eines ganzen Stücks. So die einfachern, innigern, minder zerstreueten Alten. Von Jugend auf an die wahren Accente der Natur gewohnt; von Jugend auf lieber tiefern Eindrücken, als überhinrauschenden Bildern offen, fühlten sie, wo wir, wir in alle Welt Zerstreueten, durch Abstraktionen und tausend andre Dinge am Gefühl geschwächten, nichts fühlen. Die erste Nerve des Gehörs ist also gleichsam todter: sie hörten Element des Tons, wo wir nur das Aggregat der Töne, Schall, hören.

Sie hörten Ton, da wir nur Schall hören. Völker, die noch näher dem Gesange der Sprache, auch in dieser nicht so wohl dumpfe verworrene Schälle, als schon einfach gemachte, wohlzuunterscheidende Töne reden, sie länger anhalten, und mit höhern Accenten des Wohllauts bezeichnen: singende Völker von der Art sind natürlich den Elementen des Musikalischen Gefühls näher, als andre, die nur schallende Körper von Sylben und Lauten reden. Die Sprach- und Hörwerkzeuge jener sind so, daß was bei andern nur als dunkles Geräusch, in dem noch alle Töne liegen, ausgesprochen wird, bei ihnen, wie der himmlische Kuß der Venus fünfmal durchläutert ist. Es ist also nicht mehr, wie ein eiserner Klang, oder wie das Murmeln einer Glocke, dunkel da, und kaum dem Schalle nach zu verstehen; es ist ein Silberton geworden, der seiner Höhe nach Musikalisch zu bestimmen, und seinem Ausdruck nach, süß zu empfinden ist. Das eine Volk spricht eherne Panzer von Worten; das andre mit feinern Sprachwerkzeugen tönet Silberwellen, die durch feinere Hörorgane zu silbernen Pfeilen geschmiedet, die Seele durch Töne, wie durch einfache Punkte treffen. Da sinds alsdenn nicht Metaphern, was wir von dem Sprachgesange der alten Griechen lesen, die gleichsam zween Abmessungen der Sprachtöne mehr hatten, als wir, Harmonik und Rhythmik — keine Metaphern, wenn sie auch im Grundgefühl eines Tons tiefer empfanden als wir. Noch ist die halbsingende Sprache der Italiener mit ihrer Natur zur fühlbaren Tonkunst vereinigt; wie die süßtönende Stimme des weiblichen Geschlechts mit einem feinern Gefühle der Musik. Die Natur selbst hat für solche Völker gearbeitet, und ihnen in einer feinern Himmelsluft feinere Sprach- und Hörwerkzeuge und gleichsam ein natürliches Saitenspiel der Empfindung gewebet. Sie sprechen und hören und fühlen Silbertöne; wo andre rauhere Völker, die nur Schälle reden, auch nur Schälle hören können.

Sie hören nur Schälle, wenn jene Töne hörten, und was Wunder also, daß sie endlich auch ihre Kunst Musik zu hören und zu setzen, zu einer Schallkunst machen? Von Jugend auf daran gewöhnt, gleichsam schwere Massen zu hören, die aus den ungleichartigsten Theilen zusammengesetzt, nur murmeln, nur Getöse geben, das das Ohr nicht reinigen kann, und das also auch nur als Schall vor die Seele tritt, werden sie auch natürlich in der Musik diese schwere Maßen von Tönen lieben. Sie werden sich alle Mühe geben, die Würkung eines Tons, der ihnen zu schwach dünkt, durch einen andern zu gleicher Zeit zu verstärken, oder vielmehr das zarte Eine Moment seines Wesens harmonisch grausam zu zerstören. Ihre Musik wird Kunst werden, die zehn Töne auf einmal zu fühlen, und also keinen in seiner Musikalischen Mutterkraft zu empfinden gibt. Diese Völker werden überaus gründlich in der Harmonie und Tonsetzung, sehr stark in Begleitung und Ausführung, sehr gelehrt in der Wißenschaft ihrer Kunst, starkes Geräusch in der Welt machen, und indem sie sich gewöhnen Alles auf Einmal zu hören, so weit kommen, daß sie nichts von dem Einen hören, was man nur allein auf Einmal hören muste. Sie haben es also gut, die Musik, als Praktische Kunst zu studiren; Mathematisch die Saite zu meßen, die sie nicht Musikalisch empfanden, die Schwünge zu zählen, deren ersten Anton sie nicht fühlten; die Kunst zum Wunder von Tonwißenschaft, Setzkunst und Fingerwerk zu machen, die für sie kein Wunder der einzelnen Energie seyn konnte. Sie hören nicht Töne, sie hören nur Schälle: sie fühlen nicht Accente, sie denken sich also Gothische schwere Harmonieen und gelehrte Verhältniße.

Wen aber, o Lycidas,
> wen seine Mutter unter den göttlichen
> Gesängen froher Nachtigallchör' empfing,
> wer ihr in sanften Götterfreuden
> nächtlich als Schwan sich vom Busen loswand —

Ununterwiesen wird der als Knabe schon
Toneinfalt lieben,

und sie in den unharmonischen Melodien der Nachtigall und aller himmlischen Sänger mitempfinden, und sie in den unharmonischen Accenten aller Leidenschaft der Natur mit jeder neuen holden Biegung und Verschiedenheit, wie eine gleichgestimmte zarte Saite, innig erkennen, und sympathetisch wiederholen, und auf ewig in sich einbeben, und mit jedem Momente eines Tons ein fühlbareres Geschöpf werden, und

> — — froh bestürzt
> sich einen Sänger grüßen hören

und ein Monarch unsrer Empfindungen seyn. Fing dieser Sohn der Natur damit an, zween fremde Töne zu Hülfe zu nehmen, um den Hauptton fühlen zu können? Um die himmlische Sängerin, Aedone, zu hören, dachte er sich einen Fundamentalbaß zu ihrem Liede? lernte er innere Macht der Töne, indem er sie in Schälle verwandelte, und mit allen möglichen und unmöglichen zusammenpaßte? fand er die Wunder der Nachahmung und den Ausdruck des Herzens durch eine Reihe Akkorde und eine Intervallen Leiter? und wurde Apell der Zauberer seiner athmenden Farben, indem er Leitern von Farben mahlte, und sich an solchen Klavieren das Auge übte? und doch war das nur kältere Malerei, noch lange nicht innige lebende Tonkunst. O ihr grossen Harmonisten! so ist auch Schall kein Ton! und eine Schall= keine Tonkunst.

8.

Schall ist kein Ton, sondern ein Aggregat von Tönen, ein Bund Silberpfeile. Diese müssen, es sei auf welche Weise geson=

bert, die Luft enger eingeschlossen, die Saite vester gespannt werden, bis unter allen sich ein Ton fixirt. Der ist alsdenn ein Pfeil aus dem grossen Bunde, was Körper war, ist die feinste Linie der Berührung geworden: denn ist er Musikalisch. Ich mache eine Anwendung, um hieraus die grosse Innigkeit des Gehörs zu erklären. Das grobe Gefühl hat die Natur gleichsam zum Zaune unsres körperlichen Daseyns gemacht: es ist auf die Oberfläche unsrer Existenz, wie ein zartes Wachs ausgegossen; die andern Sinne nähern sich zwar mehr einem Innern, noch aber empfinde ich im Organon selbst. Das Bild des Auges ist mir zwar in der Seele; aber der Gegenstand des Bildes schwebt mir doch außer mir klar vor. Das Ohr ist der Seele am nächsten — eben weil es ein **inneres** Gefühl ist. Der Schall, als Körper betrachtet, berührt nur die äußerlichen Organe des Gehörs, wo dies noch äußerliches allgemeines Gefühl ist. Der bereitete einfache Ton, die Mathematische Linie des Schalles gleichsam, er allein würkt auf **die feine Nerve des Gehörs**, die die Nachbarin des Geistes ist, und wie innig also? Die Werkzeuge, die die Natur unmittelbar in ihrer Hütte braucht, sind die feinsten, und das Gewebe, das so nahe um sie ist, das empfindsamste. Es verhält sich zum äußern Gefühle, wie die Linie zum Körper, da sich das innerliche Gefühl des Auges zum äußern nur wie Fläche zum Körper zu verhalten scheinet.

Daher also der grosse unvergleichbare Unterschied zwischen Schall und empfindsamen Tone: jener würkt nur aufs Gehör, als ein äußeres Gefühl; dieser durchs innere Gefühl auf die Seele. Das sanfte Rauschen, das ich in Gleims Liede an Kleist so lebendig fühle

    Freund, welch ein liebliches Geschwätze
    hier dieser Quelle! laß dich nieder!
    So schwätzete des Tejers Quelle
    wenn er im Schatten seines Baumes
    den Rausch der Blätter und die Lispel
    des Zephyrs hörte —

dies körperlich sanfte Gefühl ist völlig von andrer Art, als ein einziger geistiger Ton, auf den er uns im Verfolg eben so lebendig einladet

— laß dich nieder
und sitze neben mir und höre
die Muse meines Tejers, höre
die Harmonien seiner Leier
und sieh den Bacchus und den Amor
ihm horchen: sieh den offnen Busen
Cytherens wallen: sieh die Nymphen
der Brunnen ihre Waßerkrüge
verlaßen und zu dieser Quelle
herfliegen, alle schon im Fluge
den Sänger horchend — alle wollen
ihn hören u. s. w.

Ein Ton dieses Gesanges und das vorige Gelispel trift es einerlei Ort des Gehörs? So wenig als der Donnerschlag, der mich bis auf den Grund erschüttert und mein Gehör zerreißt, daßelbe Ding was der Einzige widrige Ton ist, der auch auf den Grund erschüttert, und das Gehör zu zerreißen drohet. — —

Mit eben dem erklärt sich die Macht des Gehörs vor andern Sinnen. Das Auge, die äußere Wache der Seele, bleibt immer ein kalter Beobachter; es sieht viele Gegenstände, klar, deutlich, aber kalt und wie von Außen. Das Gefühl, ein starker und gründlicher Naturforscher unter den Sinnen, gibt die richtigsten, gewißesten und gleichsam vollständigsten Ideen: es ist sehr mächtig, um die Leidenschaft zu erregen und mit dieser vereint, übertrieben; immer aber bleibt noch sein Gefühl außen. Die Einbildungskraft muß sich gleichsam an die Stelle des Gefühls setzen, um es redend zu machen; mit aller ihrer Macht kann sie es nicht in ihren Sitz ziehen. Das Gehör allein, ist der Innigste, der Tiefste der Sinne. Nicht so deutlich, wie das Auge ist es auch nicht so kalt: nicht so gründlich wie das Gefühl ist es auch nicht so grob; aber es ist so der Empfindung am nächsten, wie das Auge den Ideen und das Gefühl der Einbildungskraft. Die Natur selbst hat diese Naheit bestätigt, da sie keinen Weg zur Seele beßer wußte, als durch Ohr und — Sprache.

Hier wäre ein grosses Feld für den Pragmatischen Geschichtschreiber der Tonkunst, sich auf die Künste einzulassen, wodurch einige alte Völker diese so geistige Kunst noch geistiger zu machen, und der Seele tief einzuverleiben suchten. Man weiß alle die Würkungen, die sie ihr auf Denkart und Bildung der Seele in Erziehung der Jugend, auf Sitten des Volks in der Politik, auf Berichtigung und Stillung des Gemüths in der Weltweisheit zuschrieben. Dem Lehrer der Aesthetik des Gehörs würden diese historischen Data manche Erscheinungen geben, die mich hier nur ableiten; aber welche poetische Einkleidung, wenn sie die Innigkeit der Musik überhaupt andeuten wollten? Der innerliche Schauder, das allmächtige Gefühl, was sie ergrif, war ihnen unerklärlich; nichts, was so innig und tief auf sie würken könnte, kannten sie in der ganzen Natur sichtbarer Wesen: Geister also, glaubten sie, Geister des Himmels und der Erde, hätten sich durch die Ketten der Musik herbeigezogen, aus Sphären und Grüften gestürzt; schwebten um sie; zwar unsichtbar, aber um so empfindlicher: man fühle ihre Gegenwart und das wäre der innere Schauder, das tiefe Gefühl, was sie bei Tönen ergriffe! — — — Hier wünsche ich dem Philosophen des Wohllauts die magische Macht, alle diese Zaubergesichte von der Innigkeit der Musik in wahre Erscheinungen verwandeln zu können: und wenn er die Kraft einzelner Accente und Leidenschaften und Töne, und Musikelemente erforschet hat, kann ers!

Auch das Aggregat harmonischer Töne ist noch Schall, wie wohl es der regelmäßigste Schall ist, und Harmonie kann also so wenig Grundbegrif der Musik seyn, als Zusammensetzung das Wesen des Körpers. Der Akkord besteht aus dreien Tönen, die, da sie harmonisch sind, sich leichter zusammen hören lassen, als andre; die eben durch dies Zusammenhören einen Begrif von Proportion, und also Vergnügen erregen; kann dies

Vergnügen aber Grundvergnügen der Musik seyn? Es ist das Resultat einer Composition, und also ein trockner Begrif des Geistes; die drei Töne, die sich zusammen hören lassen, sind nur in ihren einzelnen Momenten wesentlich; die Zusammensetzung selbst ist nichts als ein Zustand — was will dieser erklären? Wäre die Rameausche Erfahrung also auch an sich so wahr, als sie jetzt schon vielleicht an sich scheinbare Unwahrheit ist, für den Philosophen des Wohllauts ist sie eine trockne, einseitige, unfruchtbare Erfahrung. Akkord ist nur Schall, und alle Harmonieen von Akforden nur Schälle; Schall ist nur Zusammensetzung, aus der also nichts weiter, als wieder Zusammensetzung und das Abstraktum derselben, Verhältniß folgt. Schüler des Wohllauts weißest du damit auch das kleinste Etwas vom innerlichen Moment Eines Tones? Etwas von Einer Kraft Eines einzelnen Accents auf die Seele? Etwas von Einer Folge dieses Accents mit andern, nach welcher sich seine Kraft fortsetzet, und verstärkt? Etwas von allen Folgen aller Accente nach ihren verschiednen Empfindungssprachen und Bewegungen und Unregelmäßigkeiten und Unebenmaaßen? Etwas vom ganzen Ausdruck der Musik? Nichts! Du weißt nur von einer Zusammensetzung vieler Töne zu Einem Schalle, wo auf gewisse Art jeder einzelne Ton seinem Momente der Würkung nach erstirbt, und an sich nichts ist; wo aus einer Vermischung aller zu Einem eine von Allen Einzelnen verschiedne Sensation entstehet, die schön und Verhältnißmäßig für den Geist, aber grob und kalt für das Ohr ist. Du weißt nur von einer todten Zusammensetzung, in der du es selbst nicht erklären und vielleicht auch mit der Zeit nicht fühlen kannst, was die bloße Umkehrung der Akforde schon für grosse Veränderung in der Würkung gebe, und wie würksamer also jeder Mutterton wäre, wenn er in seiner zarten Kraft nicht vom regelmäßigen Geräusch erstickt würde. Du weißt nur von einer todten Regelmäßigkeit, aus der du dir keine andre als eine todte Folge todter Regelmäßigkeiten erträumen kannst — du hörest nur Schall, nicht Ton: du denkest dir Verhältniß; weil du Tonwollust nicht mehr fühlest.

Wo ist ein andrer fühlbarer Jüngling, der Töne als solche empfinden kann: er kann der Philosoph in der Aesthetik dieses Sinnes werden. Erst lauter einfache, würksame Momente der Musik, einzelne Tonaccente der Leidenschaft — das ist das Erste, was er fühlt und sammlet, und das wird eine Musikalische Monadologie, eine Philosophie ihrer Elemente. Denn verbindet er sie durch das Band der Folge, in ihrer Annehmlichkeit aufs Ohr, in ihrer Würksamkeit auf die Seele: das wird Melodie, und sie in ihrem weiten Inbegrif ist das grosse Hauptfeld seiner Bemerkungen. Harmonielehre, als solche, wie die neuern das Wort brauchen, ist für seine Aesthetik nur das, was Logik im Poeten ist; welcher Thor wird sie in ihm, dem Hauptzwecke nach, suchen wollen? — — Man siehet aus meiner Eintheilung, daß wir die Wißenschaft noch schwerlich haben, die ich suche; da die Lehre der Harmonie, insonderheit uns Nordischen Völkern Lieblings= und fast einziger Gegenstand der Theorie dieser Kunst ist — schön für den Mathematischen und Praktischen Theil derselben, aber für ihre Aesthetik nichts, als vielleicht Verführung zu falschen und todten Verhältnißsystemen, unter denen das Wesen der Kunst verschwindet. Wenn Ton nicht Schall ist: so ist Ton= und nicht Schalllehre, Melodie und nicht Harmonie der Haupttheil der Aesthetischen Musik.

Ich kann nicht Regeln geben; ich gebe eine Geschichte einzelner Erfahrungen. Musik ist dem Menschen, als Sprache, freilich nicht so natürlich, als den Vögeln ihr Gesang: das zeigen seine ersten Bedürfniße, seine Sprachwerkzeuge diese Bedürfniße auszudrücken, seine Analogie mit andern unmusikalischen Thieren, und die Geschichte aller Völker. Wenn die ersten Bedürfniße schmerzhafte Empfindungen sind: so ist die erste Sprache ein Geschrei unartikulirter Töne; und wenn die Befriedigung dieser Bedürfniße Freude gebiert: so ist die Sprache derselben eben so wohl Sprache der Empfindung, unartikulirte Töne. Beide erschallen hoch, stark, bringen zum Ohr und zur Seele, werden mächtige Accente der Empfindungen — sie sind die erste Basis der Sprache. Und wenn nun bewiesen werden kann, daß die Menschen nicht anders, als durch den Weg der Sprache auf die Tonkunst gekommen sind: so folgt eben damit, daß Accente einzelner Machttöne Ursprung der Musik gewesen.

Die Menschen also formten sich eine Sprache, die nur noch eine Folge rauher, hoher, starker, langangehaltner Accente war, sofern sich mit diesen Bedürfnisse, Gefühle und sinnliche Ideen ausdrücken ließen — eben hieraus, sieht ein jeder leicht, wird roher Gesang: denn wie ist anders Gesang und sprechende Stimme unterschieden, als daß jener nicht so wohl vermischte Schälle, als bestimmtere, länger angehaltne Töne, Accente der Empfindung gibt? Man sang also, indem man sprach; aber der Sprachgesang war nicht Musik der Vögel. Er hatte nichts minder, als annehmliche Töne; da diese vielmehr mit den ersten noch ungebrauchten Sprachwerkzeugen hart und schwer gebildet, insonderheit in Nordischen Gegenden sich stark und unsanft hervorarbeiten musten. Er hatte nichts minder, als eine annehmliche Folge dieser Töne; da sie vom Bedürfnisse und dem regellosen, heftigen Affekt hervorgestoßen, nur Herz und Seele durchbohren und erschüttern; nicht aber dem Ohre schmeicheln wollten. Soll also die Musik der Vögel erster Begrif der Tonkunst in der Natur: sollen dieser ihre Grundeigenschaften süße Töne und harmonische Folgen blos für das Ohr seyn: so war dies keine Musik, so wars ein bloßes Sprachgeschrei.

Wie aber, wäre jener Begrif denn der erste in der Natur? Singt wohl ein einziger Vogel blos des Physisch annehmlichen seiner Töne wegen; es sei für sich, oder für andre Geschöpfe? Singt die Nachtigall, durch bloße Töne und Tonfolgen ihr oder ein fremdes Ohr zu ergetzen? Nein! ihr Gesang ist Sprache, Sprache der Leidenschaft und der Bedürfniß; so wie dem Löwen sein Gebrüll und dem Wolfe sein Geheul und dem Menschen sein erster rauher Sprachgesang. Laß dieser also auch zwischen dem Geheul des Wolfes und dem Gesange des Vogels in der Mitte stehen — er hat mit beiden das gemein, daß er nicht singen, daß er sprechen will, wie Vogel, Wolf und Löwe in seiner Art.

Aber das Menschengeschlecht hat in seiner ganzen Gestalt der Succeßion eine andre Beschaffenheit und gleichsam eine Ausmeßung mehr, als Vogel, Wolf und Löwe. Jedem derselben ist seine Sprache Instinkt der Natur, und Kunsttrieb, der sich bald entwickelt und den er mit sich ins Grab nimmt; das Menschengeschlecht hängt in der Reihe seiner Individuen zusammen; also auch in allen Erfindungen einzelner Individuen zusammen; also auch in der Sprache. Sie erbt sich fort: sie wird von Glied zu Glied gelernt, weiter fortgetragen, immer verändert, und also oft verbeßert, oft verschlimmert: sie geht fort und bleibt ewig, wie das Vorrecht der Menschen, die Vernunft. Wir wollen also so viel Zeiten annehmen, als nöthig ist, um diesem rohen Sprachgesange so viel Vollkommenheit zu geben, daß eine Gattung des Menschlichen Geschlechts nach ihrem Gesichtspunkt sie für Ideal halte. So ist also ein feinerer Gesang wohlklingenderer Töne und Tonfolgen geworden; in welchem aber noch immer Gedanke, Empfindung, Bedürfniß zu bezeichnen, das Wesen, und Ton als Ton, Tonfolge als Tonfolge, nur immer noch untergeordnetes Nebenaugenmerk ist. Der Gesang ist noch immer Sprache. Diese müßen die Menschen erst, sie müßen Gedanke, Empfindung, Bedürfniß zu bezeichnen einige Augenblicke vergeßen, um Ton als Ton und Tonfolge als solche zu cultiviren; von dem Augenblick an wäre der Schritt gethan zur Tonkunst.

Nun ist nichts in der Welt unnatürlicher und dem Fortgange des Menschlichen Geistes wiedersprechender, diesen ersten Schritt von der Nachahmung der Vögel u. s. w. abzuleiten. Wollte der Mensch diesen nacheifern: so fand er natürlich seine Sprachwerkzeuge ungeschickt, um die Töne in der Annehmlichkeit fürs Ohr zu geben; die Nachahmung selbst ward ihm also beschwerlich und nicht befriedigend. Je mehr wir ihm Gefühl an dem Annehmlichen der Vögeltöne beilegen; desto mehr muste er das Unannehmliche seiner Stimme fühlen; desto weniger wird der Ursprung der Musik als solcher Nachahmung begreiflich. Und über dem was hört wohl der ungebildete Mensch in dem Gesange der Nachtigall, was für ihn war?

Hört er die Accente der Leidenschaft in ihr, die die Nachtigall selbst fühlet; die nur ihr Gatte sympathetisch höret? Verstehet er also das Band ihrer Töne, was in jeder Biegung und Lenkung, in Höhe und Tiefe, in Stärke und Schwäche blos von Leidenschaft und Empfindung gezogen wird? Nein! und was kann er also nachahmen? blos das äußerlich Wohlklingende der Stimme als solcher, die Reinigkeit, Klarheit, Vestigkeit, Höhe, Zartheit, Geschwindigkeit ihrer Töne, und kann er die? muß nicht jede dieser Eigenschaften ihn beschämen, und so lange er nicht Nachtigall werden kann, von der Nachahmung abschrecken?

Daß eine so kalte, kindische Nachpfeifung des Vogelgesanges nicht der Ursprung der Musik gewesen, zeigt der älteste Charakter derselben und die ganze Gestalt des damaligen Menschengeschlechts. Leidenschaft und Empfindung waren die ersten Vollkommenheiten, die man ihr gab, die die Denkart der Menschen foderte, und liebte; auf die aber die Nachpfeifung des Vogels allein wohl nicht unmittelbar führen konnte. Wer kennt den wahren innern Ausdruck des Vogels? wer hört in ihm viel mehr als das Physisch wohlklingende seiner Töne? Dies also müßte natürlich, wenn Vogelnachahmung die erste Musik gewesen wäre, auch der zuerst ausgebildete Theil gewesen seyn, und Ausdruck Menschlicher Leidenschaft in ihr, eben der letzte. Nach allen Nachrichten und Zeugnißen von der ältesten Musik wars verkehrt. Der Mechanisch vollkommenste Theil, Läufe, Gänge, Wohlklänge, Künstlichkeiten fürs Ohr war eben das, wovon man nichts, oder nur sehr spät wuste; im Ausdruck der Leidenschaft, in den unregelmäßigen, kühnen, gewaltsamen Accenten der Empfindung war man frühe bis zum Unnachahmlichen und bis zum Wunderbaren stark. Lernte man aber ein Jota davon von den Vögeln? vielmehr daß diese auf ewig davon abgeführt hätten!

Menschen eines spätern ganz veränderten Geschlechts! nehmet das Gefühl eurer Urväter zurück und ihr werdet eine weit nähere, natürlichere Quelle der Musik finden, die singende Sprache. Was wars, das man mit der ersten Musik ausdrücken wollte? Leiden=

schaft, Empfindung: und diese fand sich nicht in den für die Menschen todten Vögelgesängen, sondern in den singenden Tönen seiner Zunge. Da lagen schon Accente jeder Leidenschaft, Modulationen jedes Affekts, die man so mächtig fühlte, an die Ohr, Zunge und Seele von Jugend auf gewohnt war; die es also leicht wurde nur etwas mehr zu erheben, zu ordnen, zu moduliren, zu verstärken — und es ward eine Wundermusik aller Affekte, eine neue Zaubersprache der Empfindung. Hier fand der erste begeisterte Tonkünstler tausendfachen Ausdruck aller Leidenschaften, den die Menschliche Zunge in Jahrhunderten vielleicht hatte hervorbringen, den die Menschliche Seele in Jahrhunderten hatte empfinden können: den tausendfachen Ausdruck, der ihm und seinen Brüdern von Jugend auf, eigen, natürlich und geläufig war; der ihm von selbst mit jeder Leidenschaft in die Brust und auf die Zunge trat; den andere eben so natürlich und stark verstanden — allen den Ausdruck fand er in tausend Accenten, Tönen, Rhythmen, Modulationen in der Sprache vor sich; sollte er ihn nicht brauchen? Und etwas verschönert also — was war da, als die erste Tonkunst?

Aus der Sprache ging sie also aus, und da jene, wie es gnug gezeigt ist, im ersten Anfange nichts als natürliche Poesie war, so waren Poesie und Musik auch unzertrennliche Schwestern. Diese diente jener; jene gab dieser Ausdruck, Leben, Empfindung, und beide zusammen brachten also die Würkungen hervor, die uns in der alten Geschichte so fabelhaft dünken, und keine Fabeln sind. Diese Musik der Alten war nichts, was unsre ist: sie war lebende tönendere Sprache. Ihre Hauptheile also Rhythmik, Metrik, Poetik, Harmonik, wie sie dazumal waren, finden bei der unsern durchaus nicht statt und von manchen haben wir kaum bestimmte Begriffe. Jene war Vokalmusik im höchsten edelsten Verstande; die Instrumentalmusik ward später, nur nach und nach, erfunden; und ist bei den Alten vielleicht nie so ganz gewesen, wie sie wir jetzt haben. Wie viel läßt sich auf die Geschichte der Musik und Poesie hieraus erklären! Die grosse Bestimmtheit der Prosodie, der vortrefliche Wohlklang, die Affektvolle und auch im Ton unterstützte Sprache der Dichtkunst: auf der andern Seite die Geschichte ihrer Instrumentalerfinder, die Theile ihrer Musik, ihre Sonderbarkeit von der unsern, ihre Anwendung, ihre Würkungen, ihre Achtung -- alles erkläret sich aus einem Prinzipium, das man nur zu sehr verkennet, und deßen Folgen also natürlich eben so sehr befremden müßen.

So wie die Wiederherstellung der bildenden Künste: so ist auch die Wiedergeburt der Musik in Italien diesem ersten Ursprunge analogisch. Nachdem die Scene alle Jahrhunderte der Barbarei durch in bloße Deklamation ausgeartet war: so war der erste Versuch des Melodrams vom Ende des funfzehnden bis zum Ende des sechzehnden Jahrhunderts noch ganz Melodische Poesie. Man sang Gedichte, Tragedien und Pastorale von einem Ende zum andern; nur die Poesie und die Sprache herrschte. Das war erst eine ganz neue späte Schöpfung, die die Musik zur Hauptkunst machte, in inartikulirten Tönen den Ausdruck der Leidenschaft suchte, den voraus nur die Artikulirten Gestalten der Sprache gehabt hatten, und sich bemühte, der Musik als solcher, die ganze Pitoreske Haltung zu geben, die sie voraus als dienende Kunst nicht hatte haben können. Natürlich waren es Instrumentaltonkünstler, die diese Schöpfung vornahmen; durch welche die Sprache und die Musik so ganz verändert sind — jene, indem sie dadurch sich dem Pfade nahete, Prosaisch, Philosophisch und Unpoetischer zu werden; diese, indem sie sich als Hauptkunst mehr zur Harmonie ausbildete. Daher alle neue Veränderung unsrer Welt. So wie die neuere Musik aller Völker in Europa sich aus Italien ableitet; so haben auch alle diese die unpoetische Musik angenommen, und jede auf ihre Art verändert. Die kältern gründlichen Deutschen haben sie zur Wißenschaft erhoben, und die Harmonie, im neuern Verstande, zu einer Höhe gebracht, daß ich mir kaum in einer Wißenschaft zwei entgegengesetztere Ende, als Griechische und neuere nordische Musik denken kann. — —

Bei der Griechischen Musik war harmonisch wißenschaftliche Kunst nichts; und lebendiger Ausdruck alles. Aus der Sprache der Leidenschaft geboren, blieb sie dieser ewig getreu: eine sehr einfache Melodie; eine für uns unausstehliche Einförmigkeit in dem, was blos Kunst der Verhältniße und Gelehrsamkeit heißt: vielleicht sehr unregelmäßige und kühne Gänge — auf der andern Seite aber, starke Accente, sehr reiche und feine Verschiedenheit der Tonarten, grosse Abwechselungen der Modulation — das waren die Eigenschaften jener Musik der Leidenschaften, wie die unsre eine Tonkunst der Verhältniße, und der Vernunft ist. Wie sich die Griechische zur Französischen Sprache verhält: so mag sich auch die Tonkunst beider Völker verhalten, wenn man von Musik der Alten so gute Begriffe hätte, als von ihrer Sprache. Der Rangstreit höre also endlich auf: denn Welt, Zeit, Menschengeschlecht, Ohr, Sprache und Musik haben sich geändert; man fange an, kalt zu untersuchen.

Nun wäre es vielleicht zu Deutsch gelobt, wenn man Deutsche Musik zum Ideal der Untersuchung empföle, das am meisten Melodie mit Harmonie verbände. Da wir, so wie in unsern Theorien, so auch in Praxis weit mehr zu dieser und zu kalten künstlichen Verhältnißen hinhangen: so habe der Aesthetiker gleichsam kein Vaterland; wo er Musikalische Energie und Melodie finde, in Italien und in Griechenland, und selbst im wiedersinnigen China sey er zu Hause. Und da dies Empfindungsreiche Wesen der Musik von jeher so nahe an der Sprache gewesen: so ist hier die Musikalische Poesie, über die wir kaum einen Versuch der Theorie, wohl aber mehr Praktische Muster haben, der grosse Vorhof zur Pforte der allgemeinen Musikalischen Aesthetik.

9.

Die Tanzkunst der Alten ist nichts, als ihre sichtbar gemachte Musik; indem wir also Eine erklären, beschreiben wir die andre. Ihre Tonkunst war Sprache der Leidenschaft; das auch ihre Tanzkunst: jene druckte die Energie derselben in der Folge von

Tönen aus, wie diese von Bewegungen: in jener war das bloße Verhältniß zwischen Tönen so eine fremde Sache, wie in dieser zwischen Linien der Bewegung. Da ist die ganze Geschichte und Genesis der alten und neuen Tanzkunst.

Sie ist eine sichtbar gemachte Musik: denn wie Leidenschaften ihre Töne haben: so haben sie auch durch den Ausdruck der Natur ihre Geberden und Bewegungen — jene sind das fürs Ohr, was diese fürs Auge sind: sie sind unzertrennlich und weiterer Rangstreit ist unnütz. Wenn der Mensch der Natur also Accente der Empfindungen aus dem Innersten seiner Brust stößt: so zeigen sich auch die Minen derselben in Gesicht und seinem ganzen Körper. Alles ist so vereint, daß man nach einer alten Erfahrung in einen gewißen, selbst gewaltsamen Ton der Seele kommt, wenn man sich in die Geberden desselben körperlich setzt; und daß wenn man gewisse Geberden auch in der nachahmenden Kunst sieht, kein Ausdruck geläufiger ist, als der: ich höre ihn das und das sagen! seine Mine ist so redend, daß — — — die Kunst der Geberden ist sichtbare Sprache.

Sie ist sichtbare Musik, noch auf eine zweite Art; in der Zeit und Modulation der Bewegung selbst. Jede Leidenschaft hat diese: die traurige steigt langsam herunter; die freudige schnell hinauf: die jauchzende wirbelt und springt: die unruhige bebt, schwankt und taumelt. Daher der Rhythmus der Sprache, von da aus der Musik, von da aus der Tanzkunst. Was Poesie in Worten zum Ausdruck der Töne war, das ist diese durch Geberde und Bewegung: und das Lob auf die Malerei, daß sie eine stumme Dichtkunst sey, das galt unendlich mehr von ihr. Wer wollte an ein Farbenklavier denken: da sie lebendige Musik, und noch mehr ein vereinter Ausdruck aller Künste des Schönen ist. Von der Bildhauerkunst entlehnt sie schöne Körper: von der Malerei schöne Stellungen: von der Musik innigen Ausdruck und Modulation; zu allem thut sie lebendige Natur und Bewegung hinzu — sie ist eine Vereinigung alles Schönen, als Kunst, wie es die Poesie als Wißenschaft ist, lebendige Bildhauerei, Malerei, Musik und alles zusammengenommen, stumme Poesie.

Wir haben sie also auch nicht mehr, so wenig wir die Musik der Alten haben. Wie diese nicht mehr eine unmittelbare Dienerin der Leidenschaft: sondern eine prächtige eigenmächtige Kunst geworden: so auch jene. Sie zirkelt so in künstlichen Linien der Bewegung und Stellungen, wie die neuere Tonkunst in Tönen und Akkorden — beide Veränderungen sind unzertrennlich. Ein Reisender unsres Jahrhunderts hat sich die Mühe gegeben, die Reste der Griechischen Tänze so in diesem Vaterlande des Schönen aufzusuchen, wie zehn vor ihm die Reste der bildenden Kunst. Ich weiß nicht, ob sein Werk schon erschienen ist: es wird aber gewiß viel Licht auf ihre alte Sitten, ihren ganzen Charakter, viele Stellen ihrer Schriftsteller und endlich auf die Theorie einer Kunst werfen, die wir nur durch ausschweifende Lobeserhebungen kennen — und wer, wenn er sie sähe, könnte denn auch kalte Beschreibungen von ihr geben! Lucians Stück über sie ist mit dem Feuer einer lebendigen Gegenwart geschrieben: Plutarchs Nachrichten sind bestimmter; indessen kann Cahusac zeigen, daß sich noch immer über sie keine Geschichte schreiben laße, wenn man kein Grieche zu werden wisse. Da man in den neuern Zeiten so viel Analogie zwischen den alten Aegyptern und den altväterischen Chinesern entdecket hat: so müßen uns die Sitten dieses Volks überhaupt, und so auch seine Tänze, einiges Licht auf die Aegyptische Kunst geben, und aus dieser wären vielleicht die schöneren Eigenheiten der alten Griechen begreiflich, wo diese für uns ausgestorben sind.

Noverre hat die Tanzkunst der Leidenschaften wieder aufwecken wollen; zu Wundern ihres Ursprungs aber wird sie sich denn erst und von selbst wieder erwecken, wenn nach einem Barbarischen Zeitalter, zu dem wir vielleicht hineilen, sich die Menschliche Natur wieder erneuret, und ihre unverhüllteren Leidenschaften durch Ton und Geberde, durch Sprache und Bewegung so sprechen wird, wie zu Anfange. Denn wird sich bei diesem erneuerten Weltjahr die Poesie und Musik und jede schöne Kunst der Empfin-

dung neu emporheben: das Genie wird sich begeistern und neu auf=
leben, da uns blos der kalte todte Geschmack übrig geblieben ist.
Jetzt muß die große Phantasie eines Wielands, die in den Um=
armungen der Platone und Luciane gesäugt, in seinem Agathon
auch die Tanzkunst der Griechen wieder erwecken wollen, blos
dichten; und der Aesthetiker überhaupt muß rathen, wenn er sie
erforschen will: alsdenn wird er sie sehen, und die Philosophie des
Schönen an ihr, als am Versammlungspunkte der Künste vollenden.
Ungern indessen vermißte ichs, daß Sonnenfels in seiner Dra=
maturgie, die so ein Werk des feinsten Geschmacks, als die
Leßingsche des Philosophischen und Dramatischen Genies ist, daß
er, sage ich, der auch im Ausdruck seiner Schreibart alle Wendungen
und Grazien dieser Kunst besitzet, sein Versprechen in Absicht ihrer
schuldig geblieben, da er doch an einem Orte ihrer Gegenwart lebt.

Von zwo Künsten habe ich nicht geredet, die man auch unter
die Künste des Schönen rechnet, Bau= und Gartenkunst. Ein
Blick auf sie zeigt, daß sie eigentlich nicht Hauptquellen eines neuen
Schönen, sondern nur verschönerte Mechanische Künste sind, und
also auch keinen eignen neuen Sinn vor sich haben können. Sie
sind nur angenommene Kinder des Auges: dieses, von Schönheit
in der Natur und der Kunst trunken, verschönerte was es ver=
schönern konnte, und welch ein würdiger Gegenstand waren da
Gebäude!

Baukunst also ein Pflegekind andrer Künste, besitzet gewiße
abstrahirte Eigenschaften des Schönen, die in keiner andern, so
deutlich und einfach, als in ihr erscheinen, und in diesem Betracht
ist sie vom Philosophen der Schönheit sehr zu studiren. Da sie an
sich selbst Mechanische Kunst ist, nur mit Begriffen des Schönen
überkleidet: so ist sie auch mit ihren Ideen der sichern Wahrheit
am nächsten, und in den Charakteren der Schönheit, die sie ursprüng=
lich liefert, gleichsam ein Muster der Vestigkeit und Einfalt für
andre. Ich rathe also dem Untersucher des Schönen mit ihr

anzufangen: der erste Eindruck, den sie ihm gibt, mit ihrer erhabnen Größe, mit ihrer genauen Regelmäßigkeit, mit ihrer edeln Ordnung, sei ihm gleichsam bildende Logik und Mathematik auf seine weitere Reise.

Vielleicht hat auch keine Kunst das Glück, in der Theorie so häufig von Meistern in ihr selbst bearbeitet zu seyn, als die Baukunst. Von Vitruv und noch mehr von den Zeiten des neuerschaffenen Schönen an, was für große Namen stehen nicht vor Lehrbüchern der Architektur; die wir in Malerei und Bildhauerkunst wenigstens nicht in solcher Anzahl haben. Die größesten Baumeister, insonderheit Italiens, haben gebauet und geschrieben, und auf beide Art die Nachwelt unterrichtet, und die großen Ideen ihrer Seele so wie in ihren Werken, so in ihren Schriften verewigt.

Daher dünken mir die Theorien dieser Kunst einen Vorzug zu haben, den ich der ganzen Theorie aller Künste wünschte, nehmlich eine edle Simplicität auch in Styl und Ausdruck. Weil Baumeister sie schrieben, die gewohnt waren, ihren Werken aus Stein eine veste, ewige Sicherheit, und auch im Schmuck edle Einfalt zu geben; so brachten sie diese oft bis zum stillen Anstaunen auch in ihre Werke der Unterweisung. So sind auch die Schriften Winkelmanns, im Einzeln der Gedanken, wie Bildsäulen und im Ganzen des Plans und der Schreibart, wie ein Gebäude gebildet.

Wäre es, aller dieser Ursachen wegen, nicht beßer, auch in der Seele der Jugend lieber einige ersten Ideen des Schönen, aus Betrachtung dieser Kunst, zu schöpfen, in der sie sich so groß und sicher und einfach offenbaren, als aus mancher andern verwornern Poetik und Rhetorik? Wäre es nicht wenigstens gut, sie nicht so aus dem Cirkel der schönen Erziehung auszuschließen? — Doch ich sorge für die Jugend; wäre es nicht wenigstens nothwendig, daß ein Theorist der schönen Künste, welch ein grosser Name! erst ein Gebäude durchstudirt hätte, ehe er sich an die Ideen der Größe und Erhabenheit, Einheit und Mannichfaltigkeit, der Einfalt und Wohlordnung wagt? Unser Riedel hat diese abgehandelt, als hätte er nie ein Gebäude gesehen, und unser Klotz, der überall weiß, wo es fehlt, weiß auch von der Winkelmannischen Schrift über die Baukunst der Alten, daß „sie noch starke Vermehrung leide!" Als ob wer das Winkelmannische Werk auch nur gesehen in ihm ein Bausystem verlangen könnte? und als ob ein so hingesagtes Verlangen, das hundert Kluge nicht befriedigen würden, nicht die ganze Blöße eines solchen Mannes zeige. — —

Die Gartenkunst kann den wenigsten Beitrag zum allgemeinen Schönen liefern: hier sind die Gedanken eines neuen Französischen Autors, der sie mit der Baukunst vergleicht, im Auszuge: „Die Aussicht auf einen grossen und schönen Garten gibt „uns ein sehr ähnliches Vergnügen, als die Ansicht eines grossen „und regelmäßigen Gebäudes. In beiden bewundern wir Pro„portion und Symmetrie, die uns gleichsam das Mittel erleichtern, „die Sammlung von Ideen, die wir uns hiemit erwarben, in „unser Gedächtniß einzuordnen. Der Garten gefällt uns noch „durch seine Massen des Grünen — eine Farbe, die immer dem „Auge gefällt, die uns an die Versprechungen des Frülings „erinnert und uns in der Hitze Kühle und Schatten ankündigt. „Der Garte gibt uns auch eine vortheilhafte Idee von dem Men„schen, der so über die Natur walten konnte — — — doch das „letzte weniger und unvollkommener, als es die Baukunst, selbst „die unvollkommenste Baukunst gibt. Hier erregt zuerst die Maße „der Gebäude unsre Bewunderung. Sie hält das Gesicht in einer „starken Spannung, und die Sensation verstärkt sich, weil sie an„haltend ist, ohne Einmischung fremder Sensationen. Die Aegypti„schen Pyramiden ziehen die Augen des Wanderers auf sich und „flössen ihm eine Art religiöser Ehrerbietung ein. Wenn er sie „lange mit ununterbrochner Empfindung betrachtet hat, sagt er zu „sich selbst: „Und das hat der Mensch gemacht!" und setzt gleich „hinzu: „und das wird ewig dauren!" Die Gothischen Gebäude „imponiren durch ihre Masse und Leichtigkeit, die mit der grösten

„Kühnheit verbunden ist. Sie geben dem Geist finstre Ideen;
„aber diese finstre Ideen gefallen. Die Vielheit ihrer Zierrathen
„und ihrer Proportionen geben mehr eine Folge von Sensationen,
„als eine fortdaurende Sensation, und dadurch benimmt sie der
„Macht des Eindrucks. Die regelmäßige Architektur eines Gebäudes
„frappirt anfänglich durch die Ausbreitung, durch eine Folge von
„Zierrathen einerlei Art, durch eine Art von Einförmigkeit, die
„im Auge dieselbe Vibrationen vervielfältigt. Sie erinnert an die
„Macht und Genie des Menschen: sie vereinigt wie die Gothische,
„Leichtigkeit und Kühnheit: sie zeigt glatte Oberflächen und Run=
„dungen: sie stellet die Winkel um den Begrif der Pyramide zu
„erwecken, an den sich die Idee von Solidität schliesset: sie erweckt
„die Begriffe von der Nützlichkeit und Bequemlichkeit: und noch
„mehr ihre Symmetrie gibt Hoffnung, daß sich in uns ein getreues
„Bild erhalten werde, von allem, was wir bewundern. — — Bei
„symmetrischen Gärten verhindert uns eben die Symmetrie, daß sie
„uns nicht lange vergnügen. So bald diese sie in unser Gedächt=
„niß prägt: so bald haben sie nichts Neues mehr, und die andern
„Vergnügen, die sie uns, außer der Symmetrie, gaben, sind nicht
„so groß und zahlreich, um sie nicht in weniger Zeit zu erschöpfen.
„Alsdenn haben wir nichts als Langeweile in den Gegenden,
„wo der erste Anblick uns bezauberte!" Wie klein ist also die
eigne Aesthetik des Gartens!

10.

Wir gingen die Sinne des Schönen durch, um jedem derselben
seine Hauptkunst des Schönen anzuweisen, und aus der Physiologie
jenes das Wesen dieser zu zergliedern: wir kamen auf die Künste
des Schönen selbst, um in jeder die ursprünglichen und eignen
Ideen ihrer Natur zu bemerken: wir gingen den Weg hinunter
meistens auf ungebahnten Pfaden, und hatten mehr vorzuzeichnen,
was geliefert werden sollte, als was geliefert wäre. Eine eigentliche

Aesthetik des schönen Gefühls! eine Philosophie des schönen Anscheins! eine ästhetische Wißenschaft der Musik! die drei Unternehmungen fanden wir nothwendig, ehe Jemand an eine Theorie des Schönen aller Künste denken könnte. Wir gaben Plane, Aussichten auf dunkle Stellen der Geschichte der Kunst, Erklärungen mancher Paradoxie und Verwirrung der Künste, Anfeuerung = = kurz! die Materie riß uns hin, und es kann nicht anders seyn, als daß mancher Leser, der in dieser oder jener Kunst fremde ist, mir wie durch ein verwirrtes Labyrinth mit Unwillen gefolgt ist. — —

So sehr die Aesthetik von Seiten der Psychologie und also subjektiv bearbeitet ist; von Seiten der Gegenstände, und ihrer schönen Sinnlichkeit ist sie noch wenig bearbeitet: und ohne diese kann doch nie eine fruchtbare „Theorie des Schönen in allen Künsten" überhaupt erscheinen. Jede Kunst hat ihre Originalbegriffe, und jeder Begrif gleichsam sein Vaterland in Einem Sinne. So wenig diese zu vergleichen sind, so wenig Auge und Ohr und Gefühl einerlei ist: so kann es auch nicht gleich viel seyn, wo ich jeden Begrif herhole und zergliedere: jeder wird nur in seinem Hauptsinn, in seiner Hauptkunst deutlich. Und so muß jede Theorie des Schönen überhaupt ein Chaos werden, wenn sie nicht ihren Weg zuerst durch die Künste nimmt, jede Idee an ihren Ort stellet, Schönheit in jedem Sinne und jedem Hauptphänomenon jedes Sinnes untersuchet, nie von oben herab schließet in undeutlichen complexen Begriffen, sondern immer der strengen Analysis folget = = doch was träume ich von einer solchen Philosophie des Schönen in unsrer Zeit? in unsrer Zeit? wo nichts verworrener geliefert wird, als Lehrbücher der schönen Wißenschaften und Künste: wo man Poetiken liebt auf den Boden der Malerei, und Betrachtungen der Malerei liebt, auf den Boden der Poesie bauet: wo man die Aesthetiken mit Boßius Rhetorik, und die Commentare der Aesthetik mit Baumgartenscher Psychologie füllet. Aus Home Kritik und aus Gerards Abhandlung vom Geschmack, mit andern Schriftstellern versetzt, wird, was jene gar

nicht liefern wollten, eine Theorie der schönen Künste und
Wißenschaften. Und benn endlich unsere Journalisten? unsre
Deutsche Bibliothekäre? Die mischen Himmel in Erde und Erde
in Himmel. Sie werfen mit Kunstausbrücken umher, wie die
Menschenähnlichen Künstler in Africa, die durch ihre Nachäffung
alles beßen, was sie sehen, so berühmt sind, wie diese in ihrem
Harmonischen Affengesange mit Sand und Nußschalen. Sie tadeln,
was sie nicht verstehen, und reden, wo sie nichts von wissen, dog=
matisiren in Metaphern und metaphorisiren in Ausdrücken. Ein
Klotz schreibt ganze Bücher von Künsten, wo der Künstler, wie
Angelo sagen würde: „meine Magd hätte sich beßer darüber erklärt!"
und ein Riedel schreibt eine Theorie der Künste, ohne das Wesen
einer einzigen zu verstehen — Zeitpunkt der Babylonischen Ver=
wirrung! Wollte man den Mißbrauch und die Entfremdung aller
Begriffe zeigen, und jeden seiner Kunst wiederherstellen: über jedes
Kapitel der Riedelschen Theorie müste ein Leßingscher Laokoon
geschrieben werden, und wie viel Laokoons wären da nöthig!
Schönheit, Einheit und Mannigfaltigkeit, Grösse, Wich=
tigkeit, Harmonie, Natur, Naivetät, Simplicität, Ähn=
lichkeit, Contrast, Wahrheit, Wahrscheinlichkeit, Rotun=
bität, Nachahmung, Illusion, Zeichnung, Kolorit, Ver=
gleichungen — — — doch was schreibe ich das abscheuliche Gewirre
des Buchs wieder her.

Daß der Mann von jeder Kunst, über die er schreibt, so einen
Begrif hat, wie der Blinde von der Farbe, mögen die Erklä=
rungen zeigen, die er sehr tiefsinnig aus seinem zusammengerafften
Kohl „von der Beschaffenheit des ganzen schönen Produkts, und
„von der Beschaffenheit der schönen Gedanken, und der Zeichen für
„sich betrachtet, und der Zeichen in Absicht auf seine Bedeutung
„betrachtet" u. s. w. wie köstlichen Geist abziehet. Ich dörfte nichts
zusetzen, nichts ändern: sie allein würden schon von seiner Erklä=
rungsgabe, und Kunstkänntniß zeigen; ich will mir indessen die
Mühe nehmen, einige zu zergliedern. Dadurch lernt der Lehrling
mehr, als durch das Kapitel von Definitionsregeln in der Logik

und der Denker selbst soll an Hrn. Riedel das Muster eines Philosophischen Kopfs, und an seinem Buch das Muster einer Philosophischen Theorie unsers Jahrhunderts sehen. Nur Muth und Gebuld!

Poesie ist die Kunst und Wißenschaft, vollkommen sinnliche, schöne, imaginative und successive Produkte, vermittelst einer vollkommenen Harmonischen Rede darzustellen. Sie ist also eine Kunst. Und eine Kunst ist? — nach Hrn. R. einige Reihen vorher, „eine „regelmäßige Fertigkeit, die ihren letzten Sitz blos in dem untern „Erkenntnißvermögen hat," und so ist also nach dieser vortreflichen Erklärung die Poesie dem Hauptbegriffe nach, wohl nicht Kunst. Die regelmäßige Fertigkeit, Poetische Produkte zu schaffen, heißt Poetische Kunst; nie aber habe ichs von andern als etwa Riedels, sagen hören: der Jüngling hat viel Poesie, statt, er kann gute Gedichte machen. Nie habe ich umgekehrt: ist das Poesie? will das das Wesen der Poesie? so auslegen hören: ist das die Fertigkeit, Poetische Produkte zu schaffen? Kunst also aus der Erklärung weg. — So ist Poesie Wißenschaft? Das Wort ist sehr vieldeutig. Wißenschaft der Poetischen Kunst heißt — — wie anders? als Poetische Wißenschaft, Poetik, Poetische Philosophie; nicht Poesie. Als Wißenschaft kann jemand diese sehr wohl inne haben, und doch ist er kein Poet. Man sieht, das Wort Poesie ist vieldeutig, und so ists eben erste Sache des Erklärers, die Vieldeutigkeit zu bestimmen, wo sie sich durch Worte bestimmen läßt. Und wo ließe sich diese nicht? für Poetische Kunst haben wir Deutsche das vielsagende Wort Dichtkunst: für Poetische Wißenschaft, Poetik: Poesie, Dichterei, wie die Opitze sagten, ist das Wesen der Werke, die die Dichtkunst liefert, und welche die Poetik in Regeln bestimmet: Poeme, Gedichte heißen ihre Werke selbst — wo ist da wohl eine Verwirrung nöthig? Bestimmter also Dichtkunst. Dichtkunst ist (wir wollen mit aller Ehrerbietung die tiefsinnige Erklärung wiederholen!) die Kunst, vollkommen sinnliche, schöne, imaginative und succeßive Produkte, vermittelst einer vollkommenen Harmonischen Rede darzustellen. Klingt das nicht schön? Lang, Abstrakt, prächtig, Neologisch; eine solche Erklärung muß man studiren.

Also eine Kunst, vollkommen sinnliche Produkte darzustellen. Darzustellen, ist ein tropisches Wort, das wohl in einer Erklärung nicht so recht ist: Produkte darzustellen ist ein alberes Wort, das in eine Erklärung noch weniger taugt: und endlich gar in der Erklärung der Dichtkunst Produkte darstellen wollen, wird offenbare Falschheit. Dichtkunst stellt keine Produkte dar: sie ist keine der bildenden Künste, die Werke zu einem ewigen Anblick darstellen; diese würkt, indem sie fortarbeitet, Energisch. Das Gedicht, als ein dargestelltes vollendetes Werk, als ein gelesener oder geschriebner Codex ist Nichts, die Reihe von Empfindungen während der Würkung ist Alles: sie ist also keine Kunst Produkte darzustellen.

Doch weiter! was für Produkte? Vollkommen sinnliche, schöne, imaginative und succeßive Produkte. Behalte es wohl, Lehrling! vollkommen sinnliche, schöne, imaginative und succeßive Produkte. Hr. Riedel hat Baumgarten gelesen; darum sind seine Produkte der Poesie vollkommensinnlich; er hat ihn aber auch nicht verstanden: darum sind seine vollkommensinnlichen Produkte auch noch außerdem schön. Hr. R. hat Darjes gelesen; darum sind seine vollkommen sinnlichen schönen Produkte auch imaginativ; er hat aber auch Leßing gelesen; darum sind seine vollkommen sinnlichen, schönen, imaginativen Produkte auch ja succeßiv — nun ist der Nonnenpsalter ganz da.

Also vollkommen sinnliche, schöne Produkte: sind schöne Produkte nicht vollkommen sinnlich; was brauchen also die Worte zu plappern? sind aber auch alle vollkommensinnliche Produkte der Poesie schöne Produkte? Nein! und dörfens auch nicht seyn. Auch das Häßliche, das Schreckliche kann ein Ingrediens der Dichtkunst zur vollkommenen Sinnlichkeit werden, und also Dichtkunst noch immer Dichtkunst bleiben; da sie mit dem Worte schöne Produkte zu einer Äffin der schönen Kunst wird. Das erste ist also gnug: und es bleiben nun — vollkommen= sinnliche, imaginative und successive Produkte ver= mittelst der Sprache. Imaginative und successive Produkte vermittelst der Sprache? und wie kann denn eine Sprache anders würken, als successiv? und wenn sie vollkommensinnliche Vor= stellungen gibt, wem anders als den untern Seelenkräften, und also im weiten Verstande imaginativ? Was braucht die wieder= kauende Barbarei, die sich von selbst leichter denken läßt, als unter dem Panzer solcher Worte. Ja die hier würkliche Verwirrung macht: denn nicht für die Imagination allein nach dem eigent= lichen Sinne des Worts würkt die Poesie; sie würkt auch für andre Seelenkräfte: sie würkt auch fürs Ohr — alles aber liegt in dem Wort vollkommensinnlich, und die Neologien fallen weg.

Also noch sinnlich vollkommene Produkte vermittelst einer vollkommenen Harmonischen Sprache. Das Kanzleiwort vermittelst ist hölzern, und auf die Poesie, die wie die Musik innig würket, viel zu todt. Also das kräftigere durch; durch eine vollkommene Harmonische Sprache. Als ob eine voll= kommene Sprache nicht auch Harmonisch, und mehr als Har= monisch, und auch schon dem Klange nach, mehr als Harmonisch, Melodisch und was weiß ich mehr seyn müßte? Und was ist denn Harmonische Sprache? Harmonisch im Klange? Harmonisch mit den Gedanken? — Das Beiwort kann lieber gar eingehen, ehe es nichts sagt; und was bleibt nun nach der grausamen Schlackenreinigung übrig? Sinnlich vollkommene Pro= dukte durch eine vollkommene Sprache: Produkte aber durch den Ausdruck einer Sprache heißen, Menschlich und vernünftig geredet, Vorstellungen, und eine Sprache, die eine Reihe von Vorstellungen würkt, heißt Rede; und eine Rede, die vollkommen sinnliche Vorstellungen auf voll= kommen sinnliche Art erregt, heißt vollkommen sinn= liche Rede. Poesie ist also vollkommen sinnliche Rede.

Alle Wortprodukte der Riedelschen Definition sind in die Spreu gegangen: da sind wir unvermerkt bei der Erklärung Baumgartens.

In so viel Sprachen ich Erklärungen der Poesie kenne: so finde ich in keiner bündigere und reichere Worte, als in die Baumgarten sie, wie einen Edelgestein in die feinste Einfaßung, vestgestellt hat. Indeßen hat sie doch auch in Deutschland bei allem Beifall einiger, bei andern so viel Wiederspruch und was noch ärger ist, bei Dritten so viel Mißbrauch gefunden, daß drei so verschiedne Dinge auf einmal befremden würden, wenn sich nicht von Allen Dreien Ursache geben ließe. Wir Deutsche streiten um Worte, wie andre Nationen um Sachen: wir sind in Erklärungen so glücklich, als andre in Erfindungen, und so hat auch in dieser Erklärung Baumgarten ein Wort gebraucht, das bis zur Vieldeutigkeit reich und prägnant ist, das also auch bis zum Streit und zum Mißbrauch vieldeutig werden kann; das Wort sinnlich. Wie viel Begriffe paaret die Deutsche Philosophie mit diesem Worte! Sinnlich leitet auf die Quelle und das Medium gewißer Vorstellungen, und das sind Sinne: es bedeutet die Seelenkräfte, die solche Vorstellungen bilden, das sind die sogenannten untern Fähigkeiten des Geistes: es caracterisirt die Art der Vorstellung, verworren und eben in der reichen, beschäftigenden Verworrenheit angenehm zu denken, d. i. sinnlich: es weiset endlich auch auf die Stärke der Vorstellungen, mit der sie begeistern, und sinnliche Leidenschaften erregen — auf alle vier Gedankenwege zeigt das vielseitige Wort sinnlich, sensitiv, nach Wolfs, Baumgartens, und Moses Bestimmung. Man siehet, ursprünglich ist das Vorzügliche dieser Erklärung nur eine Sprachbequemung: man hat einen Ausdruck bei seiner schönen Schwäche und complexen Unbestimmtheit erhascht, und in ihn ein ganzes Heer von Begriffen gelagert. Hieraus erklärt sich das Schicksal der Baumgartenschen Erklärung. Denen, die nicht die Energie des Hauptworts wissen, ist sie eine algebraische Wortformel, die sie nicht verstehen, und Franzosen z. E. werden ihren Batteux zehnmal beßer, deutlicher, und vielsagender finden. Andre, die das Wort sinnlich, wie nach dem gemeinen Begrif, halb im Schatten verstehen, werden es auch wie im Schatten gebrauchen und falsch anwenden; mich dünkt, wir haben in Deutschland davon mehr als ein Beispiel. Der Dritte nur, der sich die Ideen in ihm deutlich, und in der Vestigkeit, die ihnen die Wolfische Philosophie gegeben, aus einander setzt; nur der wird die Erklärung deutlich, bündig, kurz, vollkommen finden, wie wir keine andre haben.

Und das ist der Werth der Philosophischen Erklärungen überhaupt. Sind sie vollkommen; so hat der Erklärer das Verdienst eines Dollmetschers der Seele, und eines Meisters der Philosophischen Sprache, wenn er gleich damit noch kein Erfinder von Wahrheiten geworden. Er hat eine ganze Wißenschaft in wenige Hauptsätze, diese Hauptsätze in wenige Worte, diese Worte in eine deutliche complete Idee zurückgezogen; aus der sich also wieder die Hauptsätze folgern, und die ganze Wißenschaft übersehen läßt — diese Eine Idee ist seine Erklärung. Sie ist ein Gesichtspunkt aufs Ganze der Scienz und der Punkt, aus dem sich alle Kettenreihen von Axiomen, Sätzen, Beweisen und Schlüßen anfangen: ist dieser Punkt veste, ist der Gesichtspunkt allgemein und unumschränkt — so ist die Erklärung vollkommen, und ihr Erfinder solch ein logischer Künstler, als der uns eine grosse Menge von Begriffen in Einem Schrein von Worten gibt. Man öfnet den ersten, und es liegt ein kleinerer drinn: so bis wir aufs kleinste und im Zurücksteigen wieder aufs Größeste, aufs Ganze kommen. Er ist der Verkürzer einer ganzen Wißenschaft in eine Metaphysische Hauptformel, in deren Kürze, Bestimmtheit und Vollständigkeit Alle sein Verdienst liegt. Sein Affe aber, der seichte Erklärer, der Worte häuft, die nichts bedeuten, die sich wiedersprechen, die unter einander stehen, die dem Ganzen unwesentlich sind, die vom Wesen des Ganzen gar abführen — was ist der Werth dessen? Dem, der die Wißenschaft noch nicht weiß, den Kopf zu verrücken, dem, der sie weiß, das Ohr zu betäuben und zu verwirren. Und das ist der Werth meines Autors die ganze Reihe seiner Erklärungen hinunter.

Man höre seine Erklärung der Malerei. Sie ist die Kunst, sinnliche Dinge, als zugleichseyend, dem Auge auf einer ebnen Fläche, durch Figuren, als natürliche Zeichen, zum Vergnügen abzubilden — ist das der engste Grundkeim, der die ganze Frucht in sich fasset: ist das die kürzste Metaphysische Formel, um Malerei im deutlichsten vollständigsten Begriffe zu geben; weh! so schmerzt mir mein Ohr. Ich höre eine Formel von acht oder neun langen Gliedern ohne Einheit, ohne Verhältniß, ohne Verbindung: ich sehe die Gestalt eines Keims von neun furchtbaren Höckern — laßet uns sie zergliedern.

Malerei ist die Kunst, Dinge abzubilden; ich weiß nicht, ob das Wort bilden, abbilden nicht mehr für die Bildhauerei gehöre, statt daß die Malerei nur Bild auf eine Fläche wirft, nur also schildert. Doch dem sei so; was schildert sie denn? sinnliche Dinge! o Neuigkeit, unauszulassender wesentlicher Hauptbegrif! Dem Auge, auf einer Fläche, durch Figuren, sinnliche, und ja keine andre Dinge schildert sie — unauszulassende Neuigkeit. Und denn ist der zugeflickte Höcker falsch: auch unsinnliche Dinge, auch Gedanken, auch Leidenschaften, die ganze Seele kann die Malerei schildern: schildert sie denn sinnliche Dinge? sie schildert sie sinnlich; ists denn aber Einerlei sinnliche Dinge, und Dinge sinnlich malen? Sinnlich fort! Dinge also als zugleichseyend dem Auge auf einer ebnen Fläche durch Figuren abbilden; nichts mehr, als das bleibt übrig. Dinge, als zugleichseyend? Das versteht sich; aber eben weil es sich versteht, muß es in der Erklärung angedeutet werden? muß jede Eigenschaft, die z. E. der Verfaßer des Laokoons als Folge aus dem Begrif der Malerei zieht, um sie seinem Zwecke nach von einer andern Wißenschaft zu unterscheiden, in den Hauptbegrif der Wißenschaft, in die Erklärung kommen? Ohne daß Alles verwirrt werde, Hauptbegrif und Folge, durchaus nicht. Also nur Dinge auf einer Fläche vorstellen, und sie sind als zugleichseyend vorgestellt; aber auf einer ebnen Fläche? als ob denn eine unebne Fläche nicht noch Malerei bliebe? ob wenn was Erhobnes und Vertieftes

Gegenstände durch Farben schildert, es nicht noch immer Malerei bliebe? Und denn, dem Auge, auf einer Fläche, durch Figuren, als natürliche Zeichen abzubilden; welcher A. B. C. Schüler kann das Vorbuchstabiren aushalten? Auf einer Fläche, und wie anders, als durch Figuren, und nicht durch fleischichte dicke Körper, oder Klötze? durch Figuren, als natürliche Zeichen, und welcher vernünftige Mensch denkt sich denn in ihnen, wenn sie abbilden sollen, Nullen oder Ziffern? Und Figuren auf einer Fläche fürs Auge? und ja nicht für den Geruch, ja nicht für den Geschmack! Und abbilden zum Vergnügen? warum nicht auch zur Rührung, zur Erbauung, zur Geschichte, zur Nachricht, zur Belehrung? zum Vergnügen? und versteht sich das nicht, daß sie zum sinnlichen Wohlgefallen, vollkommen sinnlich schildern muß, wenn sie schöne Kunst ist? Alles ist also wieder in den Schlacken: was bleibt übrig? ich suche, ich suche und finde nichts! kein einziges Wort von Hrn. Riedel hält Stich; da ist die alte Erklärung: Malerei ist die schöne Kunst (ich erkläre nichts, was in diesen Worten liegt, weil ichs verstanden voraussetze!) die schöne Kunst, auf Flächen zu schildern. Nun sehe man zurück, was Kunst? was schöne Kunst sey? was sich auf Flächen schildern lasse? was schildern heiße? wie schöne Kunst schildere? und man hat den ganzen Schatz der Malerischen Theorie.

Wenn die Malerei unserm Theoristen so schlecht gelungen: so muß ihre Schwester, die Bildhauerkunst dasselbe Schicksal haben: und sie hats. Sie ist die Kunst, sinnliche Dinge, als zugleichseyend, auf unebnen Flächen durch natürliche Zeichen erhabner Figuren und Formen zum Vergnügen abzubilden. Hier stehet man eben die sinnlichen Dinge, durch natürliche Zeichen, zum Vergnügen, über das ich mich bei der Malerei erklärt habe; das Eigne der Bildhauerkunst ist noch bunter gesagt. Sie bildet ab, sinnliche Dinge, als zugleichseyend; nichts in der Welt unwahrer als das! Ein Einziges Ding durch den Bildhauer gebildet, ists nicht vollständige Kunst? Ein Einziger Apoll, als solcher, ohne daß er mit andern eine Gruppe macht, kann er nicht ein Ideal der Sculptur werden? Womit muß er zugleichseyend da seyn, um Bild zu sein? Man wickle sich nicht heraus, daß seine Glieder die Coexistenzen sind — denn sind sie coexistirende Dinge? ist nicht der Einzige Apoll das Ding, der Gegenstand der Kunst, und mit wem coexistirt er? mit seinen Gliedern? — Man siehet, der Unsinn kommt aus der Malerei, die ihre Gegenstände als in einem Continuum, auf einem Flächenraume vorstellt; und mit dem Raum auf einer Fläche ist also die Idee der Coexistenz unzertrennlich. Auch eine einzelne Figur coexistirt auf der Tafel der Malerei gewisser maaße mit andern, mit Luft, mit dem Raum, der sie umgibt, mit der Gegend, die ihr von hintenauf zugenähert wird; mit allen macht sie Eine Fläche. Aber die Bildhauerei, mit dem Einen fühlbaren Körper, den sie gibt, wo bildet die Coexistenzen? Gerade das Gegentheil. Fühlbare ganze Existenzen, aber jede allein, jede als ein ganz eignes Daseyn. Das Centrum ihrer Würksamkeit ist mitten in ihr, nicht zwischen zugleichseienden Gegenständen; nicht also in der Coexistenz, die gerade ihr Wesen zerstöret.

Doch das ist noch nichts, gegen das Folgende: **sie bildet Dinge als zugleichseyend durch erhabne Figuren und Formen auf unebnen Flächen ab**: denn was kann aus der Erklärung, sie sei so gelindert, als sie wolle, je mehr für ein Begrif entstehen, als vom Relief? und ist das Bildhauerei? das Wesen, das Ideal der Bildhauerei? Diese soll **Dinge auf unebnen Flächen durch erhabne Figuren und Formen abbilden**, so müßen also unebene Flächen da seyn, und die Basis werden, daß erhabne Figuren und Formen darauf kommen? Anders verstehe ich die Worte nicht: auf unebnen Flächen durch Figuren und Formen bilden: anders wird sie niemand verstehen. Und nun denke man sich den Bildhauer, **der auf unebnen Flächen Formen bildet, der Figuren, die sich, wie andre Augen sehen, sonst nur auf Flächen zeigen, erhaben bilden kann**. Man denke sich den Wundermann aus einer andern Welt, und seinen Theoristen, der nicht weiß, was Fläche, Figur und Form ist, nicht weiß, was es heiße auf Flächen durch Formen bilden: der auf unebnen Flächen, durch erhabne Figuren seinen Künstler bilden läßt — man denke sich den Wundertheoristen zu seinem Wunderkünstler! Ja endlich gar durch natürliche Zeichen erhabner Figuren und Formen bildet er Dinge auf unebnen Flächen ab. Nicht durch Formen als natürliche Zeichen, wie Moses sagt; durch natürliche Zeichen erhabner Figuren und Formen, wie Hr. Riedel ihn widersinnig abschreibt. Und wem schwindelt nun nicht bei der ganzen Erklärung der Kopf? Kann ein einziges kluges Wort bleiben? das letzte abbilden nicht einmal; denn thut die Kunst nicht mehr als porträtiren? Lehrling! so streiche Wort für Wort aus und schreibe die drei Worte hin: **schöne Kunst, Körper zu gestalten** — das ist Bildhauerei.

Auf die Erklärung der Musik war ich begieriger als auf andre, weil wir von dieser Kunst die wenigste Philosophische Aesthetik haben; ich ward aber auch am meisten betrogen. Sie ist, nach Hrn. Riedel, **die Kunst durch abgemeßne Töne Handlungen zum Vergnügen für das Gehör sinnlich zu machen.** Der Ausdruck **abgemeßne Töne** ist figürlich und für eine Erklärung also nicht der beste: wer kann Töne meßen? wer kann Farben hören? — Indessen auch den Kunstausdruck als Wort gebilligt; ist er als **Begriff** nichts: denn wer nur Etwas Musik kennet, der weiß, daß die bloße Abmeßung der Töne noch das wenigste in ihrer Theorie sey. Harmonie und Melodie der Töne fodert weit mehr als **Modulation**: diese ist zu jenen nur Eins der Mittel: wie weit minder also Zweck, Hauptbegriff der Musik? — Doch Eine Unwissenheit wird durch eine zweite, noch größere ersetzt: **Musik macht durch abgemeßne Töne Handlungen sinnlich.** Mit Einem solchen Ausdruck ist man, wie vom Himmel gefallen. **Handlungen sinnlich machen,** das sollte, das könnte die Musik? **Handlungen durch Töne sinnlich machen:** als ob Eine Handlung in der Welt durch Töne könnte sinnlich gemacht werden? Endlich **Etwas durch**

Töne sinnlich machen: wer in der Welt hat so gesprochen? wer in der Welt will so sprechen? Töne fürs Gehör sinnlich machen? wer macht Töne je für Fuß und Rücken sinnlich? Und Töne zum Vergnügen sinnlich machen? und nicht auch zu mehr, als zum kalten Vergnügen, zur Bezauberung, zur Rührung, zur Illusion? und als ob Musik nicht schon als schönste Kunst zum Vergnügen würken müßte? und als ob sie sich je in den Sinn nähme, Handlungen dem Ohr sinnlich zu machen, oder den Geruch einer Rose zu schmecken zu geben? — O Definition! Definition! es ist, als wenn sie ein taubes, hörloses, Musikloses Geschöpf gemacht hätte, das von Tönen nicht anders weiß, als von Körpern, die abgemeßen werden, die etwas dem Ohr recht sinnlich machen, die Handlungen sinnlich machen könnten; und das also mit lauter groben Gefühlsbegriffen umgeben, die ganze Musik zum Unsinne macht. Für jeden Hörenden ist die Tonkunst unendlich anders. Der weiß, daß sie Empfindung, Bewegung, Leidenschaft ausdrucken könne, aber durchaus keine Handlung als solche. Der weiß, daß sie ihrem Wesen nach, Handlung auch nie ausdrücken wolle, ohne eine blos begleitende, oder gar falsche Kunst zu werden. Der weiß, daß sie durch Töne Nichts dem äußern Trommelfell des Ohrs sinnlich machen, sondern daß sie in die Seele würken, daß sie ausdrücken will. Der weiß, daß sie nicht zum kalten Vergnügen etwa Verhältniße zu zählen, und Akkorde zu berechnen, sondern zur innigsten Energie würke. Der weiß also, daß Musik kurz und gut schöne Kunst sey, durch Harmonische und Melodische Töne zu würken; oder wenn wir die Beschaffenheit der Töne und die Energie der Würkung in das Wort Wohllaut faßen wollen, die schöne Kunst des Wohllauts.

Es ist leicht zu vermuthen, daß ein Mensch, der von der Musik ohne Ohr redet, von Pantomime, dieser sichtbaren Musik, völlig ohne Aug und Ohr reden werde, und unser Erklärer ist in dem Falle. Pantomime soll die Kunst seyn, die Handlungen, die die Musik dem Ohr mahlt, durch abgemeßene und schön regelmäßig verwickelte Stellungen nachzuahmen — wie muß sich die Zunge durch Töne durcharbeiten, um mit jedem Wort dem Verstande eine Unbedachtsamkeit zu sagen! Pantomime ist die Kunst Handlungen nachzuahmen: warum hier eben nachzuahmen, da Hr. R. alle andre Künste mehr als nachahmen, sinnlich machen läßt. Ich weiß, daß alle schöne Künste nachahmen; allein das thun sie als Künste; in dem Worte liegt schon der Begrif. Wird er aber noch außerdem wiederholet; so wird er Verführer. Pantomime, die Tanzkunst der Alten, war kein blos nachahmender Affe: sie drückte aus, lebendig aus; würkte mit aller Kraft der Täuschung — das that sie. —— Und womit that sie es? Hr. Riedel sagt, mit Handlungen, die die Musik dem Ohr mahlte, und ich sehe wieder den vorigen Riedel. Er, der von der Musik so unbegreifliche Dinge wußte; weiß sie hier von der sichtbaren Musik, der Tanzkunst: seine Musik mahlt, sie mahlt dem Ohre, sie mahlt Handlungen, sie mahlt die Handlungen, die die Pantomime ihr nachahmen soll. Man höre, man höre doch! Riedels Musik mahlt: und jedes Ohr von Gefühl weiß, daß sie eigentlich nicht mahlen kann, und wenn sie es dem Hauptzwecke nach thun will; wenn sie ihr Reich, die Empfindungen, verläßt, und dem malenden Auge nacheifert; so ist sie nicht Musik mehr, sondern ein tönendes Geklimper. Riedels Musik mahlt Handlungen; und wir haben gesehen, daß sie diese mahlen nie kann und nie will, daß Handlungen durch unartikulirte Töne nie können gemahlt werden, und daß die Musik der Pantomime noch weniger vormalen könne. Und Riedels Pantomime ahmt sie doch von da aus nach? von da aus, wo sie nicht seyn können, nicht seyn wollen, ohne alles zu verderben? wo also, wenn sie von da aus nachgeahmt würden, die elendeste Nachahmung in der Welt entstände? O was kann eine leichte Gänsefeder nicht schreiben! Siebenfachen Unsinn mit drei Worten: mit drei Worten, daß die Musik beschämt wird, die Pantomime beschämt wird, der Knecht auf den Herren und der Herr auf den Knecht gesetzt wird — was kann eine Gänsefeder nicht schreiben!

Und wodurch ahmt die Pantomime diese so neue, so unerhörte Tonhandlungen nach? Durch abgemeßene und schön regelmäßig verwickelte Stellungen: warum nicht durch ein abgemeßnes und schön regelmäßig verwickeltes Wortgeschleppe, wie die Riedelschen Definitionen sind? Als ob schöne Stellungen nicht auch regelmäßig, und regelmäßige Stellungen nicht auch abgemeßen, und abgemeßne, regelmäßig ver= wickelte Stellungen nicht auch schön wären? Und als ob die Pantomime lauter schöne Stellungen, lauter Regelmäßig= keiten foderte, und nicht auch einzelne unregelmäßige Widrigkeiten oft zum lebenden Ganzen gehörten? Und als ob Verwicklung der Stellungen Hauptbegrif wäre? ja endlich, als ob sie gar durch Stellungen nachahmte? — — Welch ein Wald von Ver= wirrung und Falschheit! Kann eine Stellung, als solche, eine Handlung? — können Stellungen, als solche, Handlungen nach= ahmen? So wenig, als Eine Einzelne Seite eines Körpers je einen Körper, als Solidum, vorstellen kann. Das Zusammen= gesetzte seiner Seiten, und also auch hier die Reihe von Stellungen, das Verändern in der Reihe, die würkliche Aktuation dieser Reihveränderungen — diese allein ist das Nachahmende einer Handlung; sie allein also das Ausdrückende in der Pantomime: sie allein also der Hauptbegrif der Kunst, der nirgends weniger, als in dem Wort Stellung, Stellungen gedacht wird. Und wie heißt nun diese Veränderung in den Stellungen, oder was wiederhole ich die dummen Stellungen? diese Aktuation veränderter Zustände, wie heißt sie? Handlung! Hand= lung kann also nicht, als durch Handlung ausgedrückt werden, und das versteht sich. Und wenn also Musik keine Handlung in ihrem Wesen hat: so kann sie es auch nicht in ihrem Objekt haben, und also keine Handlung ausdrücken: das versteht sich. Und kann sie keine Handlung ausdrücken: so sie auch nicht der Pantomime vormalen: und diese also auch keine Handlung von der Musik aus nachahmen, das versteht sich. Und wenn sie also Handlungen aus= drückt; so ist sie in diesem Ausdruck nicht nachahmende, dienende

Kunst einer andern, sondern ursprüngliche Hauptkunst — das versteht sich. Und so versteht sichs, daß in der ganzen Definition wieder kein kluges, richtiges Wort sey; daß nichts weniger, als die Pantomime darinn lebe.

Pantomime ist gleichsam **sichtbare Musik in Handlung**, und wenn jene also erkannt ist, muß diese sich leicht erkennen lassen. Sie druckt also Handlungen, äußere und innere Handlungen aus, wie die Musik Empfindungen, äußerliche und innerliche Bewegungen. Sie druckt sich durch Handlungen des Körpers aus, wie diese durch Bewegung, durch Töne. Jede bleibt also in ihrer Sphäre; nicht so, daß die Musik mahle und die Pantomime Modelle gebe: jene durch ihren Wohllaut, die Malerei durch ihre Stellungen und Linien — alle würken blos mit. Das was Handlung ausdrückt, die Menschliche Seele, würkt — würkt, durch Alles, wodurch sie kann, Minen, Gesten, Bewegungen, Thaten; nur durch Töne nicht, weil hier die Musik ihre Stelle vertritt. Diese lebendige Würkung wird also Hauptmoment der Kunst, und so ist **Pantomime, die schöne Kunst Handlungen lebendig auszudrücken**. Drückt sie diese auch durch Töne aus, so ist sie natürliche Pantomime; nimmts aber die Musik auf sich, diese auszudrucken und den sichtbaren Ausdruck hörbar zu begleiten: schmiegt dieser sich wieder so sehr an jene, als er kann, daß Musik so in der Sprache der Empfindungen, wie Pantomime im Ausdruck der Handlungen spreche und keine dominire — so ists Tanzkunst der Alten.

Um nichts schuldig zu bleiben, wafne ich mich noch auf die Schönste der Definitionen, von der Baukunst. **Architektur ist die Kunst, nach einem Grundriße von sinnlichdeutlichen Ideen die Produkte für die Bedürfniße des Lebens, ihrer Vollkommenheit unbeschadet, schön zu machen.** Man laße Krispin hereinkommen, um das Krispinsche Zeug zu erklären! Die Produkte für die Bedürfnisse des Lebens — und warum nicht gerade zu Gebäude? Das Wort ist aus dem gemeinen Leben, so gut wie der Begrif zu dem es gehört, die Bau=

kunst; und ist für alle Arten dieser Kunst weit genug. Baukunst ist auch dem größesten Theil nach Mechanische Kunst; nur ein Theil derselben kann Philosophisch behandelt werden — und wie übel angebracht ists also, ihr anders als ein Mechanisches Hauptwort zu geben? — — Zudem was sind Produkte für die Bedürfniße des Lebens? Wahrhaftig manches, was kein Gebäude ist. Und will ich mir auch diesen Begrif dazu denken, was sind wohl Produkte der Baukunst für die Bedürfniße des Lebens zunächst und eigentlich? Schriebe ich nicht über einen Schriftsteller von so gutem Ton, so artig, so anständig — — doch wer will sich bei Zweideutigkeiten aufhalten; Architektur ist eine Kunst, nach einem Grundriß von sinnlichdeutlichen Ideen Gebäude, ihrer Vollkommenheit unbeschadet, schön zu machen — Gebäude schön zu machen! welcher matte, laxe Ausdruck! Auch der Farbenschmierer, der auf dem Gerüste steht, um Pfeiler hinzumalen wo keine sind, will Gebäude schön machen, sie nach einem Grundriß von sinnlich deutlichen Ideen schön machen, sie ihrer Vollkommenheit unbeschadet schön machen — und ist der Farbenschmierer, jeder der Schmuck an ein Gebäude anflickt, ist der Künstler dieser Kunst? Welch ein Unterschied ists: Gebäude schön machen, und schöne Gebäude machen, Gebäude nach Regeln der Schönheit errichten, welch ein Unterschied für jeden, der Baukunst und Deutsche Sprache kennet! Also schöne Gebäude machen, ihrer Vollkommenheit unbeschadet — und so ists, daß Schönheit der Vollkommenheit schadet? so ists, daß sich diese zween Begriffe entgegen sind? Nichts minder als entgegen! nur der Mißbrauch der Schönheitsregeln kann der Vollkommenheit eines Gebäudes entgegen seyn. Ein schönes Gebäude ohne Vollkommenheit ist, als Gebäude, nicht mehr schön; Schönheit des Gebäudes ist eben seine anschauliche Vollkommenheit. Das weise unbeschadet also mischt sich in andre Gränzen, in die Mathematik und Oekonomie der Baukunst, die hier nicht hingehöret. Schöne Gebäude also nach einem Grundriße von sinnlich deutlichen Ideen. Sinnlich deutliche Ideen sind Nonsense; eben indem sie sinnlich sind, sind sie nicht deutlich und ein Grundriß von sinnlichdeutlichen Ideen ist, wahrhaftig nicht Hamannisch, sondern Jakobböhmisch: und denn diese sinnlich deutlichen Ideen sollen sie blos im Grundrisse seyn, und nicht im Gebäude selbst? und sind sie hier nicht das Wesen der Anschauung? und ist Grundriß etwas anders als Hülfsmittel der Ausführung? und muß also jedes Hülfsmittel, jedes Gerüst in die Definition kommen? Zudem ists Grundriß also, der sinnlich deutliche Ideen enthalten soll, und der Aufriß nicht? und die Erhebung nicht? und nicht jede anschauliche Seite der Baukunst? O definirender Philosoph, du solltest wie der Architekt, kein Wort umsonst setzen, und keins fehlen lassen und keins schwach, und schief und unbequem errichten; was wird sonst das Bauprodukt deiner Definition? So fern die Baukunst schöne Kunst ist, errichtet sie Gebäude nach den Regeln der sinnlichen Vollkommenheit; in anderm Betracht bekommt sie auch andre Erklärung.

Ich bin des Corrigirens müde, und lasse zwo eben so höckrichte Erklärungen von Rede- und Gartenkunst, so schön, wie sie sind, stehen; nur Eins will ich nicht blos den unpartheiischen Beurtheiler, der weder Freund, noch Feind ist — selbst den entschlossensten Freund des Verfassers will ich fragen: ob ein Kopf, der so unrunde, schielende, elende Ideen von den Künsten und Wißenschaften, über die er schreibt, besitzet, Theorien über sie liefern könne? Und siehe! er liefert sie! Theorien, und Philosophische Bibliotheken, und Deutsche Bibliotheken und Critisch Philosophische Zeitungen und — — — o jüngster Tag der Philosophie in Deutschland!

11.

Aber als Auszug aus den Werken verschiedner Schriftsteller kann die Riedelsche Theorie Werth besitzen, wenn der Verfasser auch selbst keine hätte liefern können. Wie als

Auszug? und der Auszieher kann in keinem Werk beßerer Schriftsteller beßere Erklärungen von den Künsten überhaupt finden? und wenn nicht Erklärungen, wie denn einzelne Bemerkungen? und wie wird er sie vortragen, sie ordnen, sie brauchen — er, der Mann, der so erklären konnte? und denn gibts auch schon Werke, aus denen eine Theorie der schönen Künste so ganz ohne Kopf, nur mit Hand und Augen auszuziehen wäre? Laßet uns etliche vortrefliche Schriftsteller angehen, wir verlieren damit wenigstens einen elenden aus den Augen.

Sulzers Theorie der Empfindungen (Hr. Riedel hat sie nicht gelesen oder verstanden, sonst hätte er unmöglich seine drei Grundgefühle hinstapeln können!) Diese Theorie ist, einiges vom Schmuck und von den zu leichten Gängen der Akademischen Vorlesung abgerechnet, ein kleines Monument in Deutschland, das unter so vielem Aesthetischen Schutte dasteht, der Hand eines Leibniz und Wolfs würdig. Alles fließt in ihr aus einem Einfachen und so Mannichfaltigen, immer regen, immer würksamen Principium der Menschlichen Seele — und so lesen wir diese mit eben dem Gefühl, wie wir eine sanfte Quelle betrachten, die immer Dieselbe Quelle, aus Einem Grunde immer neue Ströme mit Fülle emporquellet — — wie da unser gesenktes Auge über ihr gleichsam in eine sanfte Erstarrung hinfließt, und unsre Seele über der Musik der immer neu werdenden Ströme sich in Gedanken verliert; so sind die Augenblicke der Philosophischen Wollust, wenn man so viel Folge und Mannichfaltigkeit in den Empfindungen auf eine Einheit zurückgebracht sieht, und so immer das Bild der Schönheit und Vollkommenheit einer Menschlichen Seele vor uns schwebt. Ich rechne einige Punkte z. E. die Abwägung der Gefühle, die Erklärung der Verschiedenheiten u. s. w. ab; dem ganzen formellen Theil nach ist dies kleine Werk seinem kleinsten Theil nach eine Metaphysische Basis zu einer künftigen Aesthetik.

Mit Fleiß aber, sage ich, seinem formellen Theil nach, eine Metaphysische Basis; denn eine Theorie aus den Gegenständen der Schönheit, ist das Sulzersche Werkchen nicht. Es hält sich überall nur Metaphysisch an die Sensation des Vergnügens: es berechnet das angenehme Nervenspiel der Empfindungen mehr der Quantität seines Eindrucks, als der Qualität nach: es hat also zu wenig, und zu einseitige Materialien selbst die Würkung des Angenehmen zu erklären, und Gegenstand, als solcher, Kunst, Wißenschaft, wie sie einzelne, unterschiedne, angenehme Empfindungen würken, war ihm nicht Zweck.

Wohl aber ist dies Hauptzweck bei einem andern so lange versprochenen Werke: und er hat Deutschland zum Voraus von seinem Wege Rechenschaft gegeben, auf dem er die Schönheit in ihren Gattungen und Gestalten und Ähnlichkeiten und Unterschieden — in ihrer ganzen Originalität aufsucht. Ich rede von seinem Wörterbuch der schönen K. u. W. er hat sich darüber erklärt, auch über die Wahl eines Wörterbuchs erklärt; er verzweifelt nicht, damit vor den Augen der Ewigkeit erscheinen zu dörfen; er hat jetzt an Roußeau einen so ausnehmenden Vorgänger in seinem Wörterbuch der Musik; Bailen und die großen Encyklopädisten ungerechnet; aber warum, frage ich noch immer, und frage es nicht blos aus Modeneckel, warum ein Wörterbuch? Wie, sein Hauptzweck ists, die Schönheit in Gattungen und Gestalten aufzusuchen; und den Weg der Aufsuchung, der am meisten bildend ist, will er uns verbergen? Durch alle Künste hindurch Ähnlichkeiten und Unterschiede erklären; und doch nie den Zusammenhang der Künste und der Begriffe, anders als durch beschwerliche Siehe! Siehe! zeigen? Er will durch alle Künste hindurch die Ursprünglichkeit jedes Begrifs aufsuchen; und die Grenzen des Eigenthums und des Geborgten, und noch mehr die Progreßion in dieser Entlehnung will er nicht fortleiten? uns also den ganzen Grundriß ihres Gebiets entziehen? Zu viel, zu viel verlieren wir und die Nachwelt. Eben diese Fortleitung der Begriffe durch jede Kunst ist hier beinahe Hauptaugenmerk: sie muß dem Verf. selbst in der Methode seines Denkens Leitfaden und Weg seyn: wie? und was er schon selbst dem Wege nach Methodisch ausfand, wollte er nachher „der Leser wegen, die einen in der

„Gesellschaft halbgehörten, mißverstandnen Begrif nachschlagen „wollen," dieser wegen sein Ganzes zerstücken, wo eben die Zusammensetzung, das Finden des Begrifs auf der rechten Stelle Alles war? — — Vielleicht, wenn ich auch in die Idee des Verf. eindränge, ihn zu überzeugen, vielleicht kommt meine Meinung zu spät, um ihm die Arbeit der Penelope aus den Händen zu nehmen, die schön webte, und das schöne Gewebe des Tages die Nacht hindurch auftrennte: wie da die Zauberei der Kunst, so geht hier die Hauptenergie der Philosophischen Methode verloren.

Und ich wüste nicht, ob seine Aesthetik deßwegen ein so Materienarmes Luftschloß von Abstraktionen seyn dörfte, als leider! unsre meisten Systeme. Der größte Theil der Materialien, die Hr. Sulzer aus Künsten und Wißenschaften gesammlet, wird eben Grund der Analysis jedes Begrifs; und so würde eben das erste Sachenreiche System in Deutschland werden, das mit der Ordnung und Methode einer Analyse, alle Fülle und Reichthum eines Wörterbuchs verbände. Der andre Theil der Materialien; einzelne historische Nachrichten sind wieder im Wörterbuch nur immer Stückwerk: sie senden uns von Orient nach Occident, um uns endlich doch nichts zu sagen. Aber ein Zusammenhang aller an Ort und Stelle; jede so fern sie zum Anwachs oder Ausbreitung oder Verfall der Kunst, oder aller Künste des Schönen beigetragen; wie dies ist würklich das Einzige Ziel der Sulzerschen Bemühungen, und er wollte nachher auch dies historische Ganze „ein Gebäude der Aesthetik nach „Zeiten, Völkern und Geschmacksarten in allen Künsten und Wißen„schaften des Schönen überhaupt!" dies Ganze, worauf er arbeitet, wollte er nachher zerschneiden? — wo wird der Vater seinen Absyrthus wieder erkennen? — Ist ein Wörterbuch nicht von der Art, daß alle Artikel zusammengesetzt ein vollständiges Historisches und Dogmatisches Ganze der Kunst machen, von der es handelt: so ists unvollkommen, betrügerisch und unnütz. Machts dies aber aus: ists Hauptweg der Methode es im Zusammenhange auszufinden, welch eine Mühe, es zu zerschneiden? — Ich bin gewiß, daß auch Rousseau sich zu dieser Arbeit nicht würde herabgelassen haben, wenn er nicht, blos zum Reisegelde, es leicht gehabt hätte, seine Artikel aus der Encyklopädie herauszuziehen und zu vermehren. Ich bin gewiß, daß die Diderots und d'Alemberts kein Wörterbuch gewählt hätten, wenn sie sich ohne tausend fremde Hände und Köpfe zu einer Encyklopädie stark gefunden hätten. Sobald ein Einziger aber, seinem Gegenstande gewachsen, als Philosoph, und frei arbeitet; wo wird er auf das Spiel der Anfangsbuchstaben und also auf ein Lexicon fallen? Aus dem Wörterbuch wird eine Theorie und eine Philosophische Geschichte werden, und bei Sulzern also, grosses Versprechen! eine **Philosophische Theorie und Geschichte des Schönen in allen Künsten!** Welch ein andres Werk, als das Riedelsche! und was wird dieser, wenn er Gefühl hat, beßer thun können, als das seinige entweder durchaus zu verbeßern, oder, da es sich nicht, ohne eine Palingenesie, verbeßern läßt, es den gütigen Flammen zu opfern. Wie jetzt, ist aus dem ganzen Werk jedem Buchstaben nach zu sehen, daß das Sulzersche Wörterbuch noch nicht erschienen war und der Verf. selbst nicht den Plan desselben kannte.

Moses Mendelssohns Briefe bestimmen den Unterschied zwischen Schönheit und Vollkommenheit, zwischen dunkelm, klaren und deutlichem Vergnügen, zwischen Beitrag des Körpers und der Seele zu angenehmen Empfindungen näher, als Sulzer, und ergänzen seine Theorie, wo er, was nicht Schönheit ist, zu Schönheit macht, scharfsinnig und mit der Mine des liebenswürdigsten Enthusiasmus. Sie und die Rhapsodie, die auf sie folgte, umfassen den Menschen in seinem weiten Inbegrif vermischter Natur, und gäben, noch genauer nach Quantität bestimmt, eine sehr **Philosophische Theorie der vermischten Empfindungen.** In ihnen aber ein System der Aesthetik suchen wollen, ist so, als wenn Swifts Mondenabentheurer unter den seligen Seleniten nach Golde fragte: und Hr. R. hat also auch in ihnen nichts finden können, als, daß wenn er sie durchdacht, er nicht seine Einleitungskapitel von Schönheit überhaupt u. s. w. und noch weniger seine **Briefe**

an das Publikum, zu einer wahren Schande des Publikum in Deutschland würde geschrieben haben.

Die Abhandlung des Verf. über die Hauptgrundsätze der schönen Künste und Wißenschaften ist eine allgemeine Landkarte, schätzbar für den, der die ganze Gegend übersehen will; noch zu unmateriell aber und etwas zu wenig auseinander gesetzt, für den, der darnach reisen, oder gar die Grenzen des Schönen jeder Kunst ausmeßen wollte. Diese Grenzen genau bestimmen, jeder Kunst ihre eigenthümlichen, ursprünglichen Begriffe geben, wollte Hr. M. nicht: er zeigte und entwickelte nur einen Hauptgrundsatz, von oben herab; und Hr. K. der dies nicht siehet, hat sich, da er ihn unverstanden abschreibt, zu den schlechtesten Fehlern seiner Erklärungen der sch. K., meistens durch ihn und Leßings Laokoon verleiten laßen.

Wo ich von Hrn. M. am meisten lerne, ist in seinen einzelnen Beurtheilungen, wo er auch über schöne Wißenschaft, nach jenem Lobspruche der Athenienser beim Thucydides, „mit Wohlbestimmtheit philologirt, und ohne Weichlichkeit philosophirt." Und wie känntlich ist er da in der Bibl. d. sch. W. und in den Litteraturbriefen. Gewiße Leute mögen sagen, was sie wollen; das Werk, an dem Leßing, Moses und Abbt Hauptverfasser waren, wird Eine der besten Schriften unsres Jahrhunderts bleiben, und die Recensionen des mittleren, unpartheiischten und gleichesten Philosophen wären es allein, die einen Lehrling auf den Weg der wahren Weltweisheit hinführen könnten, der jetzt, seitdem die Wolfe, Baumgartens, Kästners, Reimarus, Sulzers und Moses nicht mehr drauf wandeln, in Deutschland so verstäubt ist.

Der Diderotsche Artikel Beau in der Encyklopädie ist ein kurzer kritischer Auszug von dem, was Frankreich über diesen Begrif geliefert. Er gehet zuerst die Lehrmeinungen des Plato, Augustins, Crousaz, Hutchesons und Andre vom Schönen durch, urtheilet vom Kirchenlehrer, daß er sich mit seiner Untersuchung zu sehr in das Eine der Vollkommenheit verlohren, daß Crousaz

zu viel und zu maßive Theile der Schönheit gewählt, und daß
Hutcheson minder seinen sechsten Sinn bewiesen, als seine Ver=
legenheit gezeigt habe, einen sechsten Sinn annehmen zu müßen, da
doch eben er das Schöne, als ein Intellektuales, Geometrisches
Geschöpf aufsuchet. Diderot setzt alsdenn die Untersuchung seines
Andre, aus einander und fügt eine Reihe Philosophischer Gedan=
ken über die Bildung des Begrifs der Schönheit in uns, über die
Gesichtspunkte vieler Sprachen zu diesem Begrif, über die Verschie=
benheit desselben u. s. w. hinzu, die überall den scharfsinnigen
Philosophen verrathen, der sich in seiner Nation so sehr unter=
scheidet. Der ganze Artikel wäre der Uebersetzung und Beleuchtung
würdig, zumal als Gesichtspunkt zu den Lehrgebäuden Crousaz,
Andre, und Hutchesons vom Schönen. Hr. R. hat weder
Crousaz, noch Andre, noch Diderot zu brauchen gewürdigt;
und das Grundgefühl des Britten, Hutchesons und Hume,
möchte ich ihm schenken.

Die meisten Untersucher des Schönen in Frankreich haben sich
aber nicht so wohl auf die Untersuchung des Schönen in Gegen=
ständen, als auf das dunkle Gefühl desselben gewandt, das diese
Nation mit ihrem Lieblingsnamen Geschmack nennet, und von
welchem alle Schriften ihrer schönen Geister voll sind. Mon=
tesquieu, der Lehrer der Könige, an der Spitze: selbst der
Mathematische d'Alembert und die St. Evremonds und St.
Mards, Fontenelle und Marmontels, Bernis und
Voltaire folgen. Man erwarte sich bei allen solchen Unter=
suchungen über den Geschmack nichts als selbst Geschmack, eine
schnelle Evidenz im Ganzen eines Urtheils, ohne genaue Unter=
scheidung — schöne Auen voll Blumen und Früchte, die zu samm=
len, zu genießen, zu ernten sind; nicht aber schon gemähete Ernten
und Blumenhaufen. Es wäre unermäßlich sie durchzugehen, in=
sonderheit, wo sie sich nachher in den Geschmack einzelner Künste
einlassen, und wo die de Piles und Wattelets zu reden
anfangen. Man hat ja die so genannte Theorie der Franzosen
über die schönen Künste und Wißenschaften überhaupt,

die Batteuxschen Werke, in zween Ueberſetzungen im Deutſchen, und ich bin nicht der Erſte, ders beklagt, daß Rammler ſeinen Autor gar nicht und Schlegel ihn ungründlich verbeßert habe. — — — Ich komme von einer Nation, die ſo wenig das trockne Syſtemartige liebet, und ſich in Blumen verlieret, zu einer andern, die es auch nicht liebet, um ſich ernſthaften und gründlichen Erfah=rungen zu überlaſſen, das ſind die Britten!

Vielleicht ſind Home's Grundſätze der Critik ihrem Pſychologiſchen Theil nach in Deutſchland ſchon alle bekannt geweſen: vielleicht hatte ich im Leſen recht, daß ich ſie von dieſer Seite alle, nur anders geſagt, in unſern Philoſophen fände. Sein Buch hat einen andern Geſichtspunkt, es iſt eine Welt von Bemer=kungen, von einzelnen Phänomenen und Datis, die andre noch nicht ſo nahe unter das Feld der Beobachtung gebracht hatten. Hr. R. hat dieſes vortrefliche Buch ſehr gebraucht; nur werden zween Blicke gnug ſeyn, Home zu charakteriſiren, und zu zeigen, daß ers durchaus nicht gebraucht habe, wie ers hätte brauchen ſollen.

Zuerſt Home liefert einen Wald von Erfahrungen, Bemer=kungen und Erſcheinungen in der Seele; es bleibt aber ſeinem Zwecke nach, ein Wald. Er ſondert ſie nur unter gewiße Haupt=namen, vom Neuen, Schönen, Erhabnen u. ſ. w. ohne dieſe Hauptnamen unter ſich zu einem Ganzen zu verbinden. Er legt ſeinen Reichthum in Fächer, die ihm zur Hand ſind, und läßt es ſeinen Lehrlingen über, zu claſſificiren und zu ordnen. Sein Buch iſt alſo kein Syſtem; es hat keine fortgehende Entwicklung der Hauptbegriffe; es hat genau geredt, Unordnung im Plane — Und ſiehe! eben dieſe Unordnung iſts, die Hrn. R. am beſten muß gefallen haben, weil er ſie nachahmt. Die Materialien ſeiner Be=merkungen ihrem innern Werth nach, läßt er Homen ſehr ruhig; was er ihm frölich abborgt, iſt nur Nebenwerk, was gewiß nicht Home's Tiefſinn verräth — was er aber zuerſt von ihm lernet, iſt ſeine Methode, die Kapitel in der löblichen Unordnung folgen zu laſſen, wie er und Gerard ſie hinſtreueten.

Home hat eine entgegengesetzte Vollkommenheit im Detail seines Styls, die vielleicht diesem Mangel im Ganzen die Waage hält; die aber vielleicht nur sein würdiger Uebersetzer,[1] und etwa der bemerkt, der das Buch in genauen Auszügen studirt. Dies ist der sparsame Plan im Einzelnen seines Vortrags, der bestimmte, veste Grundriß, jeden Gedanken genau und doch schön zu sagen, die Verbindung jedes Worts, jedes Gleichnißes an seinem Ort — alles dies hat sein Compilator aber entweder nicht bemerkt, oder nicht für gut befunden, nachzuahmen. Er ist vielmehr, da alle seine Schriften so lose im Vortrage, wie in der Denkart sind, zum Britten das schönste Gegenbild.

Zweitens. Home hat Grundsätze, oder vielmehr Erfahrungen der Critik; nichts weniger aber eine Theorie der schönen Künste und Wißenschaften liefern wollen — und wer sein Buch als solche braucht, stehet im falschesten Gesichtspunkte. Es ist zuerst offenbar, daß ihm nicht alle Künste und Wißenschaften gleich lieb sind. Natur und Dichtkunst liefern ihm die meisten Produkte; die eigentlichen schönen Künste in ihren Gattungen und Eigenheiten — man sehe, wie er diese im dritten Theile abfertigt. Was man also an Baumgarten, Meiern und andern ausgesetzt, könnte man auch an ihm beklagen; nehmlich daß er sich nicht extensiv gnug Data und Gegenstände zur Critik gewählt habe. Da er seine Dichtkunst und seinen Shakespear mit so vieler Präbilektion liebet, da er die schönen Künste, die wahren Kinder des ersten Schönen in der Natur, und die getreuesten Abbrücke ihrer Mutter, der spätern Enkelin, der Poesie, so sehr aufopfert, und also nur die dunkle Kopie so vieler Kopien studirt: so ists wohl unläugbar, daß dies in der ganzen Bemerkungssphäre des Engländers das größeste Unebenmaas und also in seinem Plan keine Theorie der schönen Künste gebe, für die sie doch Hr. R. genommen und so treulich abgeschrieben. Es ist offenbar, daß Home mehr den empfindsamen Theil unsrer selbst, als die Schönheit in den Gegen-

---

1) a: der würdige Meinhard

ständen zergliedern will, daß sein Buch also der schätzbarste Beitrag zu dem Einen, dem subjektiven Theil der Aesthetik sey; daß das Objektive aber nur einzelne Bemerkungen, ober hintenangeordnete unvollkommene Betrachtungen werden, wie sie im dritten Theile stehen, und welcher Besonnene kann daraus den Hauptzweck des Buchs machen, eine Theorie der Künste?

Drittens. Home also, seinem Plan zufolge, schließt im Ganzen immer von oben herab, von Bewegungen und Leidenschaften herunter, zu denen er alsdenn Beispiele nur gleichsam aufsuchet. Es versteht sich also, daß diese Beispiele, und oft auch die Critik des Lords über Beispiele, wie es uns Hr. Klotz mit hoher Brust versichert, nicht der glücklichste Theil des Homischen Werks sey; denn er ist wahrhaftig nicht Hauptwerk. Was sind ausgerißene Beispiele? matte, verwelkte Blumen, die vielleicht noch Spuren der ehemaligen Röthe und Grüne und Schönheit zeigen mögen, aber erbleicht, verwelkt, sterbend: denn sie sind aus ihrer Erde, von ihrer Wurzel, aus ihren Säften gerißen und liegen einzeln da. Vielleicht, daß man in Shakespear, im ganzen Tone seines Stücks, im fortgehenden Strome der Empfindung würklich das Phänomenon gab, was der Critikus bemerket, und an dieser Stelle beweisen will; vielleicht, daß er sich auch mit seinem Beweise trüget — gut! sein Phänomenon in der Seele bleibt noch immer vest, wenn gleich sein Exempel wanket. Und wenn jenes nur recht bemerkt ist; o mein Hr. Klotz, ein Exempelbüchlein, einen Commentar über Dichter, einen Tröster von schönen Stellen hat Home nicht schreiben wollen: da seine Bemerkungen in der Empfindung ihm Hauptaugenmerk waren.[1] Wie anders in einer Theorie der schönen Künste, wo ich nicht von oben herab Empfindung träumen, und im Traum Beispiele für die lange Weile hinzusuchen; sondern von lauter einzelnen Erfahrungen und Phänomenen in den Gegenständen des Schönen zurückschließen muß — Hr. R. hat sich also den Kopf des

---

1) a: man nutze erst den großen zusammengeworfnen Schatz von Bemerkungen in ihm, ehe man das geringste aussetzt.

Home verkehrt aufgesetzet: was hinten stehen soll, steht vorn, das Vorderste hinten — ein schönes Ebenbild! ein zweiter Home.

Gerard endlich vom Geschmacke: mit dem Worte schon wieder ein subjektiver Zergliederer des Schönen in unsrer Empfindung: und Einer der ersten, wenn nicht immer an tiefer, so an fruchtbarer, mannichfaltiger, Exempelreicher Philosophie. Immer aber ist Geschmack seine Aufgabe, und nicht Theorie der schönen Künste. Wie er jener ein Gnüge gethan, ob er in Vertheilung der Gesichtspunkte und Hauptstandorte; ob er in Zusammenordnung der Materien und Abschnitte, jeder Hauptidee auf den Grund gekommen oder nicht? ob er nicht oft den wegleitenden Faden der Ideen völlig verliere, und statt die Einbildungskraft und die Vernunft ihren Gang fortgehen zu lassen, über einzeln vorliegende Gerichte und Wurzeln des Geschmacks urtheile und französire — alles dies mag ich nicht; das möge die Akademie beurtheilen, die das Werk krönte. Aber auch die vortrefliche Seite seines Buchs, wo er zunächst mit der Critik gränzt, wo er eine grosse Summe von Empfindungen addirt, und häuft, ohne sie zum ersten Grunde abzuziehen, wo er für alle, die Urtheil lernen wollen, bildend, und für alle, die sich über ihren Geschmack Rechenschaft geben wollen, leitend ist; wo er viele Theile der Baumgartenschen Aesthetik nahrhaft machen könnte — in allem ist er keine Theorie der Künste, und es ist an Home gezeigt, wie sehr sich Riedel vergriffen, wenn er daher Methode, Ordnung, Materie und Plan nachgeahmt hat.

Und was soll ich alle, selbst die besten Schriftsteller herzälen, die Hr. R. in Einzelnen Materien, nicht oder mißgebraucht hat. Was ist sein Schönes und Erhabnes, seine Grazie, sein Genie, sein Geschmack geworden? Wie zerschlagen ist hier Moses, Winkelmann und wer weiß ich mehr? und wo ist hier Burke, Kant, Wattelet, Zanotti u. s. w.? wo sind die vielen vortreflichen Abhandlungen über einzelne Materien, die man schon in Englischen Philosophien, Lehrbüchern der Kunst, Wochen- und Monatsschriften vorfindet; die fast jeder Dichter und jeder Künstler insonderheit Italiens in seine Werke gestreuet, und uns endlich Herausgeber und Kunstrichter über ihre Autoren geliefert haben? Als Auszug ist also das Buch so einseitig und mißbrauchend, wie es, als eigne Abhandlung Nichts ist.

12.

„Wie aber, wenn Hr. R. Alles im zweiten Theil nachholte? Wenn dieser, wie er versprochen hat, die Anwendung der vorigen Grundsätze auf die verschiednen Gattungen der Künste und Wissenschaften enthielte? wenn dieser sich zum ersten, wie die angewandte, zur reinen Mathematik verhielte?" — — Wer dies glauben, wer dies für möglich halten kann, für den habe ich bis jetzt zu vergebens geschrieben — vergebens es gezeigt, daß eine Theorie der schönen Künste und Wissenschaften eben durch diese ihren Gang nehmen müße, um zu Grundsätzen zu kommen; vergebens es gezeigt, daß keine Grundsätze ohne Data und Phänomene möglich sind, und diese aus Einzelnen Gattungen geschöpft werden müssen — vergebens es gezeigt, daß Worte von oben herab gesprochen, complexe Trugideen, und daß alle Riedelschen Kapitel solche halbverstandne, entlehnte, nachgebetete Trugideen sind — vergebens es gezeigt, daß da keine aus ihren Produkten unmittelbar und lebendig herausgezogen, also auch nicht auf ihre Produkte angewandt werden könne. Und was bleibt da für eine angewandte Aesthetik übrig? Ein solcher Kram, als die so genannte reine des ersten Theils; die unreinste, an Begriffen, Abhandlung und Ordnung, die ich in der Welt kenne: welcher Unwißende wagt sie mit der bestimmtesten, gründlichsten und genauesten Wißenschaft, der Mathematik, auch nur zu vergleichen? — — —

Hier sind meine Ideen und Linien zu dem großen Gange durch alle schönen Künste und Wißenschaften hindurch zu einer Theorie des Schönen. Man wird sehen, der Gang selbst ist in seinen Fortschritten Hauptsache: mit ihm ist Alles gewonnen und verlohren. Ich überlaße mich also der Einbildung seines Traumes,

Mich dünkt, die schöne Kunst, in der Einheit und Mannichfaltigkeit im simpelsten stärksten Augenscheine erscheinen, ist Baukunst. Die Zusammenfügung ihrer Glieder ist sehr einfach: das Verhältniß derselben zur Proportion des Ganzen, ihr gegenseitiges symmetrisches Entsprechen, ihre Regeln des Reichthums und der Stärke, der Fülle und Zartheit: ihr Eindruck von Schönheit und Schicklichkeit: ihre Größe und Anstaunung ist noch sehr einfach — alles ist vest und groß und wohlgeordnet, wie ein Gebäude. Unter allen Künsten wird also die Baukunst mein erstes vastes Phänomenon der Betrachtung, und so wie überhaupt nach Platons und Aristoteles Ausdruck, aus der Bewunderung alle Philosophie entstanden, so ist das grosse, das stille, das unverworrene, und ewige Anstaunen, was diese Kunst gibt, der erste Zustand, um den Philosophischen Ton der Seele zur Aesthetik zu stimmen. Jüngling, in dessen Seele die Philosophie des Schönen schläft: der Genius der Künste wird dich mit diesen starken und grossen Ideen erwecken, und indem er dich an sein Heiligthum führet: so wirst du zuerst ein Gebäude sehen, und fühlen und anstaunen lernen. Da sehe ich dich in der tiefen betrachtenden Stellung, wie du vom ersten Eindruck der Größe und Stärke und Erhabenheit dich sammlest, und in ihm, wie in einem Monument der Ewigkeit, was Jahrhunderte und Menschengeschlechter überleben wird, die Linien der Einheit und Mannichfaltigkeit, in der größesten Simplicität, in der erhabensten Wohlordnung, in der regelmäßigsten Symmetrie, und dem einfachsten Schicklichen des Geschmacks studirest. Alle diese Phänomene erscheinen hier unverworren, in den vestesten Linien der Sicherheit vorgezeichnet: sie würken lange auf die Seele und stehen ewig dem Auge da. Anstaunend wirst du sie also in dir entwickeln, von dem Einfachen und Simpelsten der Säule bis zur reichsten Mannichfaltigkeit ihrer Theile, ihres Ganzen, ihrer Ordnungen: alsdann von der Symmetrie zweener Säulen zu ihrem Bogen hinaufsteigen und von da zum Pallaste in seinem ganzen Bilde: dann Seiten und Säulenreihen herunter fliegen: zurück kommen, das Gebäude zu zerschneiden, und seinen

Grundriß zu suchen, und in allen Ausmeßungen Ideen der Vollkommenheit finden, die sich im simpelsten Contour offenbaret. Dann wird deine Einbildungskraft wachsen, bis du in dem ausgehölten Marmorberge nichts als ein Ideal anschaulicher Vollkommenheit siehest und dich ins Staunen verlierest. Nun gehe hin, und nimm nicht blos das Bild mit dir, und die simpeln Ideen, die du in ihm gefunden; es präge sich dir auch ein, um deine Seele selbst einzurichten: um ihr auf ewig die Größe und Stärke und Simplicität und Reichthum und Wohlordnung und Schicklichkeit zu geben; um sie, wie ein schönes Gebäude, zu erbauen. Wenn dich alsdenn der Eindruck nie verläßt, wenn dir die Einrichtung ihrer Vollkommenheiten wesentlich geworden: Jüngling! so bist du zu den Geheimnißen des Schönen eingeweihet, und der Genius der Künste wird dir sein Heiligthum eröffnen. Baukunst war deine Vernunftlehre des Schönen: die Metaphysik desselben folget.

Noch sahest du kein Naturbild, kein wahres Ideal der Schönheit: denn was man auch von Ähnlichkeiten in dieser Kunst mit Bäumen, Menschen und Pflanzen, was auch Skamozzi von Riesenhaften, Herkulischen und Weiblichen, Heldenhaften und Jungfräulichen Säulen sagen möge: dies alles ist eine außerwesentliche oder erzwungne Ähnlichkeit. Die Vollkommenheit der Baukunst ist nur in Linien und Flächen und Körpern anschaulich, die ganz erdichtet, willführlich abstrahirt und kunstmäßig zusammengesetzt ist. Sie war also nur eine Vorbereitung außer dem Thore der wahren Kunst — die Pforte thut sich auf, und siehe da! ein Naturbild, das wahre Ideal einer lebendigen Schönheit: die Statue.

Hier ist Natur: wahre Ähnlichkeit, und also Nachahmung, und also Wahrheit der Kunst, die bis zum Fühlen, bis zur körperlichen Betastung, als dem sichersten Mittel derselben, Wahrheit ist.

Hier ist Schönheit; oder was man für einen Namen zu der Annehmlichkeit habe, die sich nicht blos durch unvollkommene Wellen- und Schlangenlinien, und schöne Ovalen, und Ellypsen, die sich blos auf einer Fläche äußern und also ewige Streitigkeit nachlassen werden, sondern durch Rotundität und fühlbare, immer dieselbe, und immer neue Wohlförmigkeit offenbaret: sie ist Schönheit!

Hier ist das Original des Ausdrucks, das Lebendige, die durch den Körper sprechende Seele und also Täuschung, und lebendiges Anziehendes, und Interesse der Empfindung.

Hier ist mehr als ein todtes Schickliches der Baukunst: Proportion im Gliederbaue und Anstand in der Stellung, und Reiz in der Bewegung, und unersättliche Gedankenfülle in der Handlung.

Alle diese Gefühle hat die Hand des Künstlers fühlbar in den todten Marmor gelegt; fühlbar und gleichsam leibhaftig, wie in körperlicher Fülle bewohnen sie den Tempel des Kunstbildes. Mit jedem Worte, Jüngling, eröfnet sich dir eine neue Welt feiner Empfindungen: höre mich: tritt vor die Arbeiten der Phidias und Lysippe, und schließe deine Augen, und erfühle dir in dieser heiligen Dunkelheit die ersten Ideen schöner Natur, und der Wohlform, und des Ausdrucks und der Handlung und aller der unzähligen Begriffe, die davon abhangen. Erfühle sie dir, und du wirst finden, daß die Urheber der Sprache mit ihrem Gefühl, mit ihren Empfindungen des Schönen ursprünglich kein leeres Schattenbild, sondern Wahrheit gesagt haben: du wirst finden, daß auch in dieser Welt des Sinnlichschönen Gefühl eben so der erste, treue, wahre Sinn der Erfahrung sey, wie in der Welt des Sinnlichwahren: du wirst finden, daß die reiche Fülle von Begriffen, die sich hier erfahren und nicht blos todt anerkennen lassen, die Basis alles Schönen, und gleichsam körperlich daseh, um die Seele zum Begrif des Schönen zu bilden und zu formen. Du wirst dies thun, du wirst dich bilden und formen, und unter Statuen, wie in einer Welt sinnlich gemachter Originalideen des Schönen wandeln: das wird deine erste Akademie seyn.

Noch erscheinet indessen in dieser Körperwelt des Schönen jede Figur einzeln. Was in und an ihr vorgestellt werden kann, ist fühlbar; aber was außer ihr, und nur in Entfernung mit ihr Eins seyn soll, muß abgetrennt erscheinen. Selbst also bei einer Fabel, bei Einem Drama von Bildern dieser Kunst, wird noch nicht recht ein unzertrennliches Ganze, wie aus Einem Grunde; jedes steht vor sich da, denn das Continuum, was sie zusammenhält, die Luft, der Tag, die Nacht, die Fläche des Gesichts, ist nicht bildbar. Es muß also noch Eine Kunst geben, die dieser grossen Zaubertafel der Natur nacheifere, und auch wie sie Gegenstände durch Licht und Farben auf eine Fläche werfe, wo sie in ihrem Continuum, alle auf Einem Grunde, alle wie Eins erscheinen — — Lehrling des Schönen! das ist Malerei. Der grosse Vorhof des Schönen der Körper war dunkel: in heiliger unzerstreueter Finsterniß wandeltest du unter den Werken Menschlicher Hände für Menschliche Hände gemacht; dein Genius führte dich durch sie der Dämmerung und allmählich dem Lichte zu. Das eröfnet sich dir jetzt: siehe! Die Zauberkunst Menschlicher Hände für Menschliche Augen dichtet dir eine Welt des Sichtbarschönen auf einer Fläche vor, als ob es nicht Fläche wäre.

Siehe da, Vielheit auf Einem Grunde, in Einem Continuum, in Einer Haltung des Lichts und Schattens: da studire also den Begrif der Einheit und Mannichfaltigkeit als Ordonnance, als Neben= und Zusammenordnung. Glatt und vollkommen findest du diese Begriffe hier, im Ganzen, und im Effekt desselben, in seinen Gruppen und Figuren, Stellungen und Kontrasten, Lichtern und Farben; überall ist Eine Fabel und Eine Welt des Sichtbar Mannichfaltigen und Einen: alles bis auf die kleinste Nuance tritt herzu, dir diese Ideen der Dichtung, der Schaffung einer zusammenhangenden Reihe von Wesen, aufzuklären. Ueberlaß dich ihnen: denn freilich würkt jede Figur dieser Kunst in Vergleichung mit der Bildsäule nur unendlich schwächer, nur wie der Schatte von jener auf deine Seele; allein das ist auch nicht Hauptwürkung dieser Kunst. Sie würkt nicht durch das Einzelne einer Figur, als solcher; sondern durch ein Ganzes aus Figuren und Lichtern und Farben und

Räumen. Diese alle versammle in dir zu Einem Einzigen Eindruck, so wie du aus Einem Gesichtspunkte siehest; und breite dich von diesem Eindrucke wieder auf alle Zusammensetzung aus: so siehest du Malerisch — so bist du würdig Eine Welt mit Einem Blicke zu überschauen, und dich an ihrer Vollkommenheit zu entzücken.

Bemerke also: je weiter du kommst: desto mehr wächset das Künstliche in den Künsten, und die Malerei ist voll von demselben. Du kannst dir ihren Haupteindruck nicht erfühlen; es gehört grosse Gewohnheit des Auges dazu, um ihn aus allen Theilen zu sammlen, und das Studium der Kunst wächset also mit jedem Schritte. Ueberfleuch nicht ihre Fläche mit Einem Blicke der Unwissenheit oder des rohen Enthusiasmus: denn das hiesse gaffen und ein Farbenbrett anlaufen: sondern siehe! betrachte! vergleiche! sammle!

Siehe Zeichnung! Bei der Bildhauerkunst war diese nur außerwesentliches Hülfsmittel, um dem Gefühl Form zu geben, und verschwand also, da sie diese gegeben hatte: die Dienerin, die blos aus Schwachheit und Bequemlichkeit nöthig war, wich, da die Herrin, der sie diente, Eindruck machen sollte. In der Malerei war sie wesentliches Mittel der Kunstwürkung und muste also bleiben: denn Trug ist das Wesen dieser Kunst, die nur Trugbilder von Körpern auf einer Fläche dichtet, und jede Helferin, die am Truge Theil hat, muß sichtbar bleiben: da ist Zeichnung die Erste. Sie zeichnet den Anschein der Körper zu einem schönen Truge auf einer Fläche, und was gibt sie also nicht zu studiren? Wahrscheinlichkeit in ihrer Uridee, und dazu alle Genauigkeit und Richtigkeit der Linien; anschauliche Schönheit in ihrer Uridee, und dazu jede Annehmlichkeit von Wellen- und Schlangenlinien, schönen Ovalen und Ellypsen, Eleganz und Geschmack der Zeichnung. — — Dies Alles schwimmt in einem Continuum, und da also,

Siehe Haltung des Ganzen: in Figuren anschaulicher Trug der Subsistenz und also Anatomie des Körpers und der Seele, das ist Charakter: in Gegenden anschaulicher Trug des Daseyns, und also Weiten und Fernen, Helle und Dunkelheit, Licht und Schatten; über Alles ergießt sich endlich die Zauberei der Farben, und so

Siehe malerische Täuschung: eine Täuschung, die von der fühlbaren Illusion der Bildhauerkunst so verschieden ist, wie Gesicht und Gefühl. Dort ward der Körper lebendig, und hier die ganze Bilderfläche mit Figuren, Licht und Farben gegenwärtig; jenes ward Trug des Gefühls, wie dies der Augen — Ueberall also ein neues Ideal, das im Ganzen einer anschaulichen Welt voll Kunstzüge auf Einer Fläche beruhet: die feinste, klärste und deutlichste Aesthetik des Gesichts: eine Tafel der Weisheit der Schönen. Das, Jüngling, ist Malerei!

Eine Tafel der Weisheit der Schönen; und auf einer Tafel, auf einer Fläche gibts noch eigentlich keine Folge; Alles ist Ein Augenblick Einer Vorstellung, so wie es nur Eine Tafel, Eine Fläche ist. Der Anschein von fortgehender Handlung ist hier nur Anschein, nur Trug der Einbildungskraft; und es ist also noch immer nur die Kunst Eines Moments, Eines Augenblicks. Wäre keine andre möglich, die auf mehrere Augenblicke würke? die in ihrer Energie länger daure? die sich so der Dauer, der Zeit, der Folge auf einander bemächtige, wie die Bildhauerkunst des Körperlichen und Malerei des Flächenraumes? Wenn es Eine gibt: so wird sie eine ganz neue, eigne Kunst seyn, die mit jenen [1] kaum commensurirt werden kann: denn ihre Empfindniße der Anmuth werden so von jenen unterschieden seyn, wie Folge und Raum, wie Neben- und Nacheinander — hier wird ein neuer Sinn aufwachen, von dem das bloße Auge und Gefühl keinen Begrif haben konnte — hier bereite man sich also auf eine neue Welt von Wohlluft der Kunst — es erschallet Musik.

Hier öfnet sich ein neuer Sinn, eine neue Pforte der Seele, und empfindet Ton, Töne: Töne, die in jedem einfachen Momente das Ohr mit Wohlluft in sich ziehet: Töne, die in jedem einfachen Momente auf tausend neue Arten die Seele berühren,

---

1) im Msc. verschrieben: jeden

und tausend neue, verschiedne, aber innige, unmittelbare Empfindungen geben: Töne, die das unmittelbarste Instrument auf die Seele sind. Wogegen also der Ausdruck der anschaulichen Kunst nichts als Oberfläche war, wird hier inniges Wesen, das ist, die Energische Kraft, das Pathos, wie soll ichs nennen? das Tiefeindringende auf die Seele: die Welt eines neuen Gefühls. Alle unsre Empfindungen werden hier ein Saitenspiel, dessen sich das, was Ton heißt, in aller Stärke einzelner Momente, und schöner Abwechselungen und wiederkommender Empfindsamkeiten bemächtigt.

Hier also ist Natur in Sprache der Leidenschaft und aller Empfindung: die Accente von diesen, und also Nachahmung und sympathetische Wahrheit in Tönen, und Äußerungen des Gefühls, und Ausdruck.

Hier ist Anmuth, oder wie man die ursprüngliche Empfindung nennen wolle, die unabhängig von Verhältnißen und Proportionen in einfachen Momenten die Seele angenehm beweget.

Hier ist schöne Folge im ersten einfachsten Original: die Melodie der Töne, in ihrer Abwechselung, ihrem Maaße, und ihrer Art.

Hier ist endlich zur Bevestigung von allem hörbares Verhältniß: Akkord: Harmonie. Theilklänge stimmen zum Einklange und mit Einer Empfindung theilt das Ohr gleichsam das Untheilbare Eines Augenblicks, der noch immer Ein Augenblick bleibt. — — Das sind die Gefühle dieses neuen Sinnes. **Eindruck und gleichsam Ton auf die Seele, Accent der Empfindung, Harmonie und schöne Folge;** wo diese sich finde, in Gedanken und Bildern, in Sprache und Farben, da ist sie Musikalischer Natur; da ist sie von der Musik entlehnet. Wo aber diese von Symmetrie und Kontrasten, von Anordnung und Licht und Schatten auch in Tönen spreche: da borgt sie von andern Künsten, in denen diese Begriffe original erscheinen: da ist sie Schuldnerin.

Musik als solche hat Nachahmung Menschlicher Leidenschaften: sie erregt eine Folge inniger Empfindungen; wahr, aber nicht deut=

lich, nicht anschauend, nur äußerst dunkel. Du warest, Jüngling! in ihrem dunkeln Hörsaale: sie klagte: sie seufzete: sie stürmte: sie jauchzete; du fühltest Alles, du fühltest mit jeder Saite mit — aber worüber wars, daß sie, und du mit ihr klagtest, seufzetest, jauchzetest, stürmtest? Kein Schatte von Anschauung; Alles regte sich nur im dunkelsten Abgrunde deiner Seele, wie ein lebender Wind die Tiefe des Oceans erreget. Wie? wenn ein deutlicherer Menschlicher Ausdruck d e r Leidenschaft dazu käme, die die Tonkunst nur so undeutlich sagte? Menschlicher Ausdruck durch die Sprache? ist zwar deutlicher; aber nur gar zu deutlich. Da diese willkühr= lich, da sie mit der Natur der Empfindungen also nicht so innig verbunden ist: so wird sie zwar aufklären, aber nicht verstärken: sie wird eher abwenden und schwächen. Sollte es also keinen natür= lichen Menschlichen Ausdruck der Leidenschaft geben, der so unmittel= bar und unwillführlich sey, als Accent, als Ton selbst? Aller= dings! Ausdruck in Körper, in Mine, in Stellung, in Bewegung, in Handlung; wie sich in diesen die Seele so natürlich und ganz äußert — welch ein Ausdruck! welche Würkung! Und wenn nun die Musik ihre Töne hinzufügte — doch nein! nicht hinzufügte, sondern Jedes von Jenem so natürlich belebte, als es die Leiden= schaft vorbringt, und es mit jedem Ton tiefer einprägte? und nichts über einander herrschte, nicht Musik über das Anschauliche, als blos um es zu beleben, um ihm Energie zu geben; nicht das An= schauliche über die Musik, als blos um den Ausdruck derselben durch sichtbare Bewegung und Handlung klärer zu machen? Und wenn nun jede dieser Bewegungen und Handlungen alle Linien und Gestalten und Stellungen des Schönen vereinigte, die sich ver= einigen ließen — und in jeder alle Kraft der Leidenschaft und des Wohllauts sichtbar ausdrückte, die sich ausdrücken ließen? Und wenn nun die Musik in ihren Tönen jede derselben allmächtig und alles erfüllend begleitete und verstärkte? und nichts über Einander herrscht und Alles Eins wird — fühlbarer Jüngling, welcher Ein= druck! Die Kunst schöner Gestalten und malerischer Stellungen und reizender Bewegungen und Musikalischer Energie und Mensch=

liche Empfindung — alle Künste des Schönen und Entzückenden würken zusammen, und die Menschliche Seele belebt sie: sichtbar und hörbar belebt sie sie: durch Auge und Ohr, von allen Seiten wird also die Seele bestürmt — das war die Tanzkunst der Alten!

Ich bin zu blöde, um meiner kleinen Analyse den prächtigen Titel aufzusetzen: **Auflösung der Schönheit in ihre Bestandtheile**: ich liefre nur Andeutungen, nur Winke. Eine Philosophische Theorie des Schönen in allen Künsten muß etwas mehr liefern, Ausführungen, ein zusammenhangendes vollendetes System. Hr. R. hat in seiner Theorie der sch. K. eine Abtheilung unter dem prächtigen Titel: **Auflösung der Schönheit in ihre Bestandtheile**; abscheulich ists aber und weniger als Nichts, was er da vom $\alpha\varrho\eta\tau o\nu$ der Schönheit und von vollkommner Sinnlichkeit und von uninteressirtem Wohlgefallen unbestimmt und kauderwelsch herbetet, und nichts weniger unternimmt, als uns alle beßere Entwicklung des Schönen, als steril, trocken und unwichtig zu verruffen. Doch was störet uns die barbarische Muse dieses Theoristen; wir gehen unsern Weg fort:

Aus allen Sinnen strömen die Empfindungen des Schönen in die Einbildungskraft und aus allen schönen Künsten also in die Poesie hinüber. Wie Phantasie nichts ohne Sinne, so weiß diese nichts ohne die schönen Künste: sie hat ihre meisten Grundideen des Schönen aus diesen, und ist Alles ein zusammengefloßner Ocean von Gestalten und Bildern und Tönen und Bewegungen der Annehmlichkeit — wo soll ich die Ableitung eines solchen Meers anfangen, ohne mich zu verwirren, ohne in ihm zu sinken?

Jede Vorstellung der Phantasie ist schon ihrem Namen nach Vorstellung, das ist Bild, und aus den Künsten der Anschauung, der Vorstellung, der Bildung, muß also die Poesie, die einzig schöne Kunst unmittelbar für die Seele, ihre Urbegriffe herholen. Und woher wird nun die Größe und Schönheit eines Gedankens, als Bild? die Ähnlichkeit desselben mit der Natur? die Auswahl deßelben, aus der Natur, und also seine Verschönerung? der schöne

Anschein desselben im Zusammenhange, und also seine Zeich=
nung, sein Charakter, sein Colorit? aus welchen Künsten werden
diese Begriffe anschaulich und ursprünglich erkannt? — Sie sind
gezeigt, die Künste des Gefühls und Augenscheins des Schö=
nen; hier sind jene also lebendig: hier also auch für die Poesie zu
studiren, die ohne diesen Unterricht blos eine Nachschwätzerin der
Künste des Schönen bleibt. Da also sind die Ideen und die Gesetze
von Schönheit und Ähnlichkeit und Auswahl und Zeich=
nung und Charakter und Farbe der Gedanken zu suchen, und
so wie man in der Metaphysik einen Begrif abziehet und sondert:
so bildet man hier eine Vorstellung einzeln, so zeichnet und
schildert man sie im Zusammenhange mit andern; überall wird
die Poesie Nachahmerin, und die Theorie derselben Schülerin der
schönen Künste, oder sie ist Gewäsch, wie fast alle, die wir haben.

Zwo Vorstellungen sollen in Einen Satz, Gegensatz, Beispiel,
Gleichniß zusammengestellt werden; die einfachste Zusammenstellung
nach Regeln des Schönen, wird Architektonisch. Die Vestigkeit jeder
von beiden Ideen, ihr Maas, ihre Proportion und Symmetrie
gegen einander, das Wesentliche und Zierliche ihrer Glieder zu ein=
ander, wo hats in der Kunst sichtbares Vorbild? In der Säulen=
lehre, und wie diese mit Mechanik und Mathematik; so gränzt jene
mit Philosophie und Logik. Wie zwo Säulen gegen einander,
stehen also diese beiden Ideen des Satzes, der Antithese, des
Exempels, der Vergleichung da — haben sie Vestigkeit und Wohl=
ordnung? Sind sie, wenn sie aus Gliedern bestehen, auch aus
ihnen so regelmäßig und mannichfalt und frei zusammengesetzt, daß
auch mit ihnen das Ganze grosse Würkung thut? Und sind auch
diese kleinern Glieder aus der Natur gleichsam ausgeformt, voll=
kommen an sich, und wohl unter einander? die Kleinen und die
Grossen zu decken und zu unterscheiden — alle unüberhäuft und
ohne Wiederholung; in Abwechselung und ohne Verwirrung; in
ihrem Ausprung und Einziehung für den Gesichtspunkt schicklich,
in ihren Zierrathen wohlgereimt, und jedesmal nach ihrer Ordnung
wohlverhaltend? ——— bis auf so kleine Verhältniße der Rede=

theile erstrecket sich das Vorbild der Künste, und wo es auf das kälteste Verhältniß der Anordnung ankommt, das Vorbild der Baukunst — vom kleinen Satz, Gegensatz, Beispiel, bis zur grossen Rede, bis zum einfachen Plan des grossen Gedichts: so fern es in diesem noch auf blosse Verhältniße ankommt.

Blosse Verhältniße aber liebt die Dichtkunst nicht allein: sie sind zu ihrem Hauptzwecke zu kalt, zu trocken, zu gleichförmig; die lebendigere Kunst wird also lieber Lehrerin und Muse. Bildhauerei wars, die in ihrer Zeichnung von den vesten geraden Umrissen der Baukunst, die nur durch Simplicität und einige sanfte An= und Abläufe gefallen wollte; sonst aber die harte Linie der Wahrheit liebte; die von dieser abging und sich die eigne Linie der Schön= heit in der Natur suchte, Ähnlichkeiten studirte und verschönerte, Ausdruck fürs Gefühl und einfache Handlung lernte. Wenn vor= aus also Einheit und Ebenmaaß herrschte: so fing sich hier schon ein schönes Unebenmaaß, und Reiz in der Bewegung und Frucht= barkeit in der Handlung des Einzelnen Geschöpfs an, das diese Kunst machte. Große Zusammenordnung endlich, Einheit und mannichfaltige Entgegensetzung, und Vertheilung der Gruppen und schöne Unordnung in Figuren, im Licht und Schatten, im Tone der Farben — alles dies ward im Gemälde sichtbar. Von allen dreien Künsten borgt die Dichtkunst; nur wo sie von jeder borge? ist am schwersten zu bestimmen. Wo und wie weit das Ebenmaas der Baukunst, die einfache Handlung der Skulptur und die zusam= mengesetzte Mannichfaltigkeit der Malerei herrsche und nicht herrschen müße? welche Bauarten und Gestalten und Manieren und Farben jedes der merkwürdigsten Zeitalter, Völker und Dichter geliebt? was in jedem nachzuahmen und zu vermeiden? und woher jede Eigen= heit und Gestalt und Manier zu erklären sey — das alles sollte die Theorie der Dichtkunst erklären, und bestimmen — man urtheile, ob wir eine solche haben. Man hat die Poesie lange eine stumme Malerei genannt: und eben so lange mit der Bildhauerei ver= glichen; nur Philosophisch verglichen, und abgesondert, das hat man noch nicht.

Poesie ist mehr als stumme Malerei und Skulptur; und noch gar Etwas ganz anders, als beide, sie ist Rede, sie ist Musik der Seele. Folge der Gedanken, der Bilder, der Worte, der Töne ist das Wesen ihres Ausdrucks; hierinn ist sie der Musik ähnlich. Nicht blos, daß ich in einem Wort Bild und Ton und also eine gewisse Harmonie höre, die wie ein Accord in einander fällt, und das Wesen der Prosodie ausmacht. In der Wortfolge selbst vornehmlich folgt und würkt eine Melodie von Vorstellungen und Tönen: mit jedem Wort und Tone würkt die Energie tiefer in die Seele, und Alles würkt auf das Ganze. Ode und Idylle, Fabel und Rede der Leidenschaft sind eine Melodie von Gedanken, wo jeder Ton rührt, indem er geschieht und einem andern Platz macht, und sich durch die süße Spur, durch den schönen Nachklang, den er nachläßt, sich in einen andern auflöset und verlieret. Eben aus der Kette also solcher Auflösungen und Verfließungen, die uns den Eindruck immer Zweckmäßiger in die Seele hineinheben, entstehet die Würkung der Musik, und durch die Sprache das Ganze der Ode, der Idylle, der Fabel, des Drama, der Epopee, wo jedes Einzelne Moment an sich Nichts, und der Effekt des Ganzen Alles ist. Hienach wird eine Theorie der Dicht=kunst in der Folge und Kraft ihrer Vorstellungen zum Ganzen möglich.

Endlich aber soll sie lebendige Bewegungen und Empfindungen sinnlich machen, die diese todten Künste alle nur todt und die Musik allein nur dunkel ausdrückte; welch ein grosses Muster wäre hier die Tanzkunst der Alten, wenn sie uns noch Vorbild seyn könnte. Den lebendsten Ausdruck der Leidenschaft und aller Leiden=schaften nach einander, durch Mine, Gebehrde, Stellung auf und neben und nach einander; was Leben und Reiz und Handlung heißt hat die Poesie aufgenommen, es geistig in ihr Wesen, und ihren Ausdruck, und in den Vortrag ihres Ausdrucks, die hohe Deklamation verpflanzt — Göttliche Poesie! geistige Kunst des Schönen! Königin aller Ideen aus allen Sinnen! ein Sammel=platz aller Zaubereien aller Künste!

Das übrige ist in der Poesie und in den Künsten Nebensache; es gehört in die eigenthümlichen speciellern praktischen Anweisungen, nicht in die Philosophische Theorie des Schönen überhaupt. So gibts in jeder der Künste ein Mechanisches und Handwerksmäßiges: und auf der andern Seite ein fremdes Wißenschaftliches, was aber nur von fern gränzt. Ein Theil der anschauenden Künste beruht auf Optik und Perspektiv: die Musik auf der Mathematischen Akustik, und die Baukunst auf wie vielen Künsten der Handarbeit! Ein grosser Theil der Dichtkunst stüzt sich auf Grammatik, ein andrer auf Logik, wenigstens auf Logik des guten Verstandes, ein dritter auf Metaphysik so gar. Alles dies aber sind Grundlagen, sind Mittel zu Zwecken; wer sie als Zwecke, als Gebäude der Theorie in seine Kunst und gar in die Aesthetik des Schönen bringt, baut an einer Nebensache, wie an einem Hauptwerke. Wäre dies nicht mit eine Ursache, warum wir bisher mit der eigentlichen Aesthetik noch so unweit sind? Die Baumgartensche ist ganz Nebenwerk, und die Riedelsche ein Flickwerk von Angebäuden und kleinen Gänsehütten ohne Hauptzweck, Plan und Ordnung.

Der Weg, den ich bezeichnet, dünkt mich die einzige Methode, um eine Wißenschaft aufzuräumen, und zu sondern, die noch so verworren daliegt. Durch eine solche Aesthetik würden unsre Aesthetische Schwätzer, die über und aus allen Künsten in Bildern und Blumen hinwegreden, belehrt, oder wenigstens entlarvt. Durch sie würde die Jugend zu einer Wißenschaft gelockt, die ihnen nicht mit Abstrakten Ideen ins Auge fährt; in der sie durch alle Künste hindurch lauter schöne Erscheinungen geniessen, bei jedem Schritt mit neuen Phänomenen und Erfahrungen bereichert, sich nur zulezt der von selbst entkleideten Idee der Schönheit nähern. Durch sie entstünde eine Wißenschaft bildend für den Geschmack in allen Künsten, in allen Dingen des Sinnlichschönen, und also eine Führerin zur reizenden, gebildeten Denkart zu leben. Durch sie würde vielleicht die alte Erziehung der Jugend wieder lebendig, da die zarte Seele nicht mit vagen, Abstrakten Ideen, sondern mit vesten, wesentlichen Begriffen des Schönen genährt, und immer weiter geführt, endlich eine Seele voll Griechischen Gefühls und Griechischer Philosophie würde. Unendlich viele, jetzt schiefangenommene Halbbegriffe würden dadurch bestimmt oder ausgerottet, die jetzt Aesthetik, als eine spielende unphilosophische Wißenschaft verruffen: in ihr würde die jüngere, munterere Schwester unsrer Logik und die angenehmste Tochter der Psychologie gebohren: wie nützlich, wenn sie in Schulen angefangen und auf Akademien vollendet würde. Sie würde mehr als Logik bilden, denn sie ist Logik der Seelenkräfte, die im Jünglinge erst erwachen und die der Ungelehrte am meisten braucht: sie würde mehr, als Akademische Geschichtchen reizen, denn sie ist weit und reich und fruchtbar, wie die allweite schöne Natur: sie würde nie ermüden, denn sie führt immer weiter, von Augenschein zu Augenschein, von anschauender Kunst zum Ohr, und von da in die Seele selbst: sie würde nicht, was oft die Wißenschaften thun, das Genie unter Abstraktionen ermatten, sondern immer Erfahrung bleiben, Auge, Ohr, Hand und Phantasie unvermerkt bilden, und der Seele den Reichthum an Ideen, den Geschmack an der Schönheit, die Richtigkeit des Urtheils und des Sinnes geben, die allein den schönen Geist machet — ihn, der das Schöne sieht und fühlt und anbetet, wo es sich findet, in jeder Kunst, wie im Schoosse der großen Natur, ihn, der das Schöne unter allen Völkern und Zeitaltern sucht, und wo er's auch nur in einer kleinen Spur findet, mit Feuer in sich schreibt, ihn, der sich also einen Geist sammlet, groß und reich wie die weite Natur, und fein und richtig, wie jede Kunst; unermäßlich wie Völker und Jahrhunderte, und doch genau und sicher, wie der Zeitpunkt des besten Geschmacks — o Menschliche Seele, du Tochter göttlicher Talente, warum wirst du nicht oft und immer so gebildet? und o Wißenschaft, die so bilden kann, warum bist du in alle deinem Licht, Ordnung, Faßlichkeit, Reichthum und Schönheit noch nicht da? — Theorie der schönen Künste und Wißenschaften!

Und eben lese ich, daß Sulzers Wörterbuch erscheinen werde;[1] auch schon als Wörterbuch angenehme Erscheinung, und

---

1) a: zum Druck fertig liege

vielleicht der letzte Vorbereitungsbeitrag, zu der Theorie, die ich wünsche und suche! Meine Kritische Wälder, meine Sorgsamkeit wenigstens in Entwicklung der Begriffe des Schönen, die Andre so gern verwirren, — dieses möge zeugen, ob ich ein Leser derselben zu seyn verdiene, oder wenigstens ein gleichgültiger Leser seyn würde. — Das Ende von Klopstocks Meßias, und eine pragmatische Uebersetzung der Schriften des Orients von Michaelis, und eine Geschichte der Wißenschaft, besonders der Dichtkunst des Alterthums von einem zweiten Winkelmann und neue Offenbahrungen der Wielandschen Muse, und Gleimsche Altdeutsche Balladen, Barden und Skaldengesänge, und einen Rammlerischen Horaz, und Meinhardsche Uebersetzungen der grösten Dichter aller Völker, und Heinische Ausgaben der Griechen und Römer, und Romeo's und Sara's für unsre Bühne, und Abdison=Sonnenfelsse in aller Prose der Deutschen, und neue Litteraturbriefe zur Züchtigung unsrer Mikrologen des Alterthums und zur Erneurung der wahren Philosophie, und Hageborne in jeder Kunst des Schönen, und denn eine Philosophische Theorie und Geschichte der Künste und Wißenschaften des Schönen — einige Wünsche von diesen werden erfüllet: unsere Zeit erhebt sich wieder zu einer neuen Periode Deutscher Verdienste — kannst du es, Göttliche Muse! so laß mich die übrigen erleben!

III.

Sollte es nöthig seyn, mich auf einzelne Abhandlungen im Riedelschen Lehrbuche einzulaßen? Nach dem, was gezeigt worden ist, nicht. Da in ihnen alle einzelnen Begriffe abgehandelt sind, ohne einen derselben nach seiner Ursprünglichkeit, Bestimmtheit und Sphäre geordnet zu haben; so kann es nicht anders, als die beschwerlichste verworrenste Nachwandelungen in einem Labyrinthe geben, das schrecklicher, als eine leere Wüste ist. Höllenstrafe wäre es also, diesen Wald von Kapiteln durchzuarbeiten, die ich, trotz aller Mühe, nicht alle habe durchlesen können. Um indessen mein Urtheil über das ganze Riedelsche Werk auch im Einzeln zu bestätigen; um im Einzeln einiger maassen zu zeigen, wie ein Begrif durch mehr als eine Kunst hindurch zu seinem Ursprunge sollte geführet werden, will ich mich an Einige Anfangskapitel wagen; es wäre viel, wenn ich zu Sieben oder Zwölfen aushielte. Zuerst also

1.
Vom Grossen und Erhabnen.

Vom Großen und Erhabnen zuerst? ohne alle Voraussetzung? — — — Setzt Größe nicht überall Vielheit der Theile, und ein Einförmiges der Theile, ein Maas voraus? Und welches ist nun das Maas des Aesthetisch grossen? sein Eines so vielmal gesetzt, daß eine Größe wird? = = Als ob sich Hr. R. darum kümmerte! Er fand in Home und Gerard diesen Begrif bald Anfangs abgehandelt: Longin und Mendelsohn hatten vorgearbeitet: hier war leicht ein Kapitel zusammen zu schreiben; also weg! zuerst weg mit dem Begrif der Größe! Einheit und Mannich=

faltigkeit kann hinten kommen! es bleibt doch eine Philosophisch=
ordentliche Theorie!

Aber wie nun den Begrif entwickeln? wie ihn aus seinem
Ursprunge erklären? Da weiß Hr. R. Rath, ohne solche Mühe
nöthig zu haben. Er legt in unsre Natur einen unüberwind=
lichen Hang gegen das Grosse, einen blinden Instinkt
gegen das Erhabne: er kleidet diesen Instinkt in eine prächtig
verworrene Sprache, vom fast Göttlichen, von Fülle und Schwung
der Seele, von höherer Region über der gewöhnlichen Sphäre u. s. w.
citirt gar einen Alten, der eben solchen Unsinn gesagt haben soll:
und so ist Alles geschehen! Die Begriffe des Großen und Erhab=
nen sind aus dem Grunde der Seele hervorgeholt: der Ursprung
des Grossen ist der unüberwindliche Hang unsrer Natur
gegen das Grosse: die Idee ist entwickelt! — — —

Nun aber, wenn Hr. R. sogleich fortfährt, die üble Würkung
des Zu grossen zu verexempeln, nun möchte ich wissen, was zu
Groß sey? „Was ich nicht sinnlich übersehen, nicht sinnlich denken
„kann, was ungeheuer und ohne Proportion ist!" Schön! für
Ein Undeutliches nicht mehr als vier noch verworrenere Undeutlich=
keiten! warum nicht lieber gar: „was für den unüberwindlichen
„Hang meiner Natur gegen das Grosse zu groß ist!" Da bliebe
sich wenigstens die Theorie treu!

Den Begrif der Größe als ein Absolutes Gefühl zu be=
handeln: man sage, ob es eine tiefere Philosophie geben kann? = =
Ist Groß je wo anders, als wo ein Eins etliche mal gesetzt und
also Maasstab wird? ists also je anders, als ein Relativer Begrif
der Vergleichung? Die Fama des Virgils und die Zwietracht
Homers und Miltons Teufel und der große Engel Mahomeds sind
sie anders als Relativ groß? und außer dieser Relation wer kennet
nicht die Dichtung des Mikromegas? Ist Erhaben nicht eben
dasselbe in Beziehung auf Das, was über uns ist? Liegt hier
also nicht auch ein Gesichtskreis, eine Horizontallinie zum Grunde,
über die eine Höhenmeßung aufgerichtet wird? Und wer ist der
Anfänger der Mathematik und Ontologie, der das nicht wüste?

Und siehe! bei Hrn. R. sind diese Begriffe in Aesthetischem Verstande, Absolute Grundgefühle, die er ohne Einheit und Mannichfaltigkeit, ohne Maasstab und Horizonthöhe, abhandeln und erklären kann — der weise Theorist!

2. Man sieht, es müßen Dinge ausgemacht werden, wo sich Größe, und Erhabenheit offenbaret: welche hat Hr. R. ausgemacht? Welche? Keine! Er redet von grossen Objekten und von erhabnen Gedanken, die ihnen ähnlich seyn müsten, und wieder von grossen Gedanken, als Objekten, und mitten inne von komischer Größe und von grossen Gedanken, die nicht Objekte sind — — welch Gemisch! welche Verwirrung! welche Unbestimmtheit! Und was ließe sich nicht in solcher Trübe ein ganzes Capitel durch für Schlamm fischen?

Jeder Anfänger der Metaphysik weiß, daß Größe, Weite, Erhabenheit ein Beziehungsbegrif sey, durch eine lange Uebung des Urtheils am meisten bei Gegenständen des Gesichts gebildet. Da dies am klärsten, Theile neben einander und zu einander sich verhaltend, siehet: schnell nimmts Einen Theil zum dunkeln Maaße an; setzt ihn über- oder neben einander; so ist der Begrif von Größe. Je einförmiger und näher zusammen die Theile des Gegenstandes: je leichter das Augenmaas: desto schneller der Begrif von Größe. Je zerstreuter aber, je mannichfaltiger und ungleichartiger, desto langsamer, desto künstlicher. — — Nicht übel gewählter kann also ein Beispiel seyn, als das Erste und Vornehmste des Hrn. R. vom Frülinge. Das Laub, die Wiese, der Bach, die Blumen, die Vögel, der heitre Himmel, wie einzeln, wie zerstreut und ungleichartig sind diese Gegenstände? welche Mühe der Abstraktion, aus ihnen die Idee des Frülings zusammenzusetzen! Fällt hier das Grosse, als solches, sichtlich in die Augen? Die sinnlichen Theile fallen sie auch sinnlich in die Eine Idee der Größe zusammen, daß keine natürlicher wäre? Wahrhaftig nicht! Die Idee des Frülings ist reich, schön; aber kein erstes Beispiel der Größe, und wer dörfte an beßern Beispielen arm seyn, der je von einem grossen Gegenstande der Natur gerührt gewesen!

Gegenstände des Gesichts! Künste des Anschauens! welche Welt für diese Ideen! — Aufwärts hin; Höhen! unterwärts hin; Tiefen! vor sich hin; Weiten! lauter Ausmeßungen Eines Begrifs, lauter Größen! — — Und wie klein, wenn Hr. R. aus dieser Welt von Anschauung nichts mitbringt, als die elendneue Erfahrung, daß „körperliche Höhe mit proportionirter Breite und Dicke „ohne sinnliche Unvollkommenheit groß sei!" So nach ist körperliche Höhe allein groß, und eine Fläche, eine Linie als solche nicht? und nur allein mit proportionirter Breite und Dicke groß, ohne das nicht? und ohne sinnliche Unvollkommenheit — als wenn der Popanz hier was beitrage, was helfe oder schade? Armer Philosoph in einer Welt voll Höhen!

Aber Hr. R. weiß auch etwas von der Tiefe. „Die Tiefe, „wenn sie sich zuletzt in Dunkelheit verliert, die aber nicht allzu „abstechend und schneidend seyn darf, bringt ein vermischtes Gefühl „von Erstaunen und Ehrfurcht hervor, welches mit demjenigen „kann verglichen werden, was wir bei dem Eingange einer geraden „und unabsehlichen Allee empfinden." So also allein, wenn Tiefe sich zuletzt mit Dunkelheit mischt? allein, wenn die Dunkelheit nicht allzu abstechend und schneidend ist? Denn allein bringt sie dies Gefühl hervor? und dies Gefühl ist Ehrfurcht? und das nehmliche, was wir beim Eintritt einer Allee empfinden? eine dunkle Tiefe, und eine helle lange Allee geben einerlei Gefühl? Gefühl der Ehrfurcht? = = Mein Nervengebäude antipathisirt jedem Worte: warum mußte denn Hr. R. eben damals Leßings Laokoon lesen, um so was abstechendes und schneidendes anzubringen?

Es gibt also Größen, die auf einmal dasind: nebenhinter- über- unter einander, und der Brittische Philosoph des Erhabnen, Burke, hat manchen einzelnen Gefühlen derselben nachgespürt. Es gibt auch, aber dunklere Größen hinter einander, Töne, die gezogen werden, lange dauren, unermäßliche Sprünge insonderheit in die Tiefe thun — — Gefühle, die der Größe ähnlich, intensiv stärker, aber extensiv nicht so klar sind, wie die Gegenstände des Lichts. Es gibt endlich auch ein drittes Gefühl von

Größen, Kraft, Wucht, Gewalt: außerordentlich schnelle, oder stürmische Bewegungen, eine Macht, die das Gegengewicht, wie ein Donner zu Boden reißt u. s. w. erregen in uns ein Gefühl von Schwachheit, und Bewunderung, Schauder. Hier ist die Ausmeßung schnell, verworren, dunkel: das Gefühl muß überraschen und uns in unser Nichts zurückstürzen: es ist aber auch das innigste und mächtigste. Was gäbe es hier für eine weite Physiologie des Gefühls der Größen in den Sinnen, im Gesicht, als dem eigentlichsten und klärsten, im Gehör, wo Größe nur durch Dauer und Abstand würkt, im Gefühl, wo sie am uneigentlichsten und innigsten, durch die Verbindung vieler Begriffe, bei Kraft und Gewalt würkt — welches Feld zu Physiologischen Erfahrungen, das aber — — Hr. R. nicht gesehen.

Aller dieser sinnlichen Größen bemächtigt sich die Phantasie, um sich eine eigne Welt zu schaffen, wo noch die sichtlichen Begriffe die klärsten, die hörbaren inniger, die Gefühlartigen die innigsten und dunkelsten sind. Es ist natürlich, daß hier eine Theorie der Größe diese Begriffe ordne zergliedere und wäge, und gleichsam eine Philosophie und Mathematik von Größen der Phantasie aus dem Augenschein, dem Gehör und dem Gefühl schaffe. Hr. R. hat nichts dazu, er hat nicht einmal beide Arten, die sinnlichen, wo nur die Phantasie hilft, und die Phantasieen, wo sich die Gegenstände Eines Sinnes, von dem sie geborgt werden, auf eigne Weise bilden; beide hat er nicht einmal unterschieden. Er gibt Beispiele durch einander: zu sinnlichen Größen Beispiele der Phantasie; zu dieser Exempel aus den Sinnen. Miltons Teufel sollen sinnlich gemessen werden: ich soll vor sie hintreten, um sie Stückweise zu zerlegen; sie bleiben also nicht mehr die Geschöpfe der Phantasie, die als grosse Rauchwolken mein Poetisches Auge vorbeigehn, und eben durch dies unsinnliche Phantastische Große und Unermäßliche ins Gedicht würken sollen — nein! Die Zwietracht bei Homer und Virgils Fama wird von Hrn. R. geduldig übersehen, weil ihre Größe endlich doch nur figürlich gefunden wird, weil ihre Ausdehnung doch nur die Würkung bedeuten soll: sie bleibt also nicht ein Phantasieartig Geschöpf, sondern wird gedulbig mit dem Körperlichen Auge vermeßen. Umgekehrt wiederum muß Klopstock und Homer: ja was Klopstock und Homer? selbst abgezogene Begriffe, von Früling, Ewigkeit, von Alter, vom Fall Adams und was weiß ich mehr? muß Beispiel zu sinnlichen Größen seyn. —— Welche Verwirrung! welche Unordnung! Und so sind Beispiele und so die aus ihnen gezogne Sätze. „Geschwindigkeit und Heftig„keit mit Anstand und ohne Unschicklichkeit ist groß!" Wer versteht davon ein lebendiges Wort? was Geschwindigkeit mit Anstand, was Heftigkeit mit Anstand, was Anstand und Heftigkeit, und Geschwindigkeit ohne Unschicklichkeit sei? wer versteht davon ein Wort? und das ist Philosophische Erklärung und Theorie der Größe!

Es gibt endlich noch eine dritte Gattung, aus Abziehung der Begriffe, die ich Größen des Verstandes und der Vernunft nennen möchte, und von denen jene auf einem evidenten Urtheil, diese auf einer Reihe von Schlüßen beruhen. Zu den ersten gehört z. E. das Grosse in der geistigen Schönheit und Vollkommenheit eines Menschen; das was in einem Charakter, in einer Gesinnung, in einer That, in einem Beispiele rührt — eine Klasse, aus der Riedel einige Brocken hinstreuet. Zu den zweiten gehört das Grosse aus der Abgezogenheit vieler Gedanken in Einen z. E. Ewigkeit, Fall Adams u. s. w. Alle sind bei Hrn. R. vermischt, da doch jede ihre eigne Natur und Gesetze und Bestimmungen hat. So siehts bei ihm mit Aufzälung der Genetischen Gattungen von Größe aus! ein Allerlei von gestolnen, verschnittnen, mannichfarbigen Lappen und Flicken, wie in der Hölle des Schneiders!

Darf ich hier einen kleinen Ausweg nehmen, um einen Philosophen über das Grosse und Erhabne zu nennen, der in diesen letzten Gattungen insonderheit sehr lesenswürdig ist. Kant, ganz ein gesellschaftlicher Beobachter, ganz der gebildete Philosoph nimmt in seiner Abhandlung vom Schönen und Erhabnen, auch insonderheit die bildsame Natur des Menschen, die gesellschaftliche Seite unsrer Natur in ihren feinsten Farben und Schattierungen zum

Felde seiner Beobachtung. Das Grosse und Schöne an Menschen und Menschlichen Charakteren, und Temperamenten und Geschlechtertrieben und Tugenden und endlich Nationalcharakteren: das ist seine Welt, wo er bis auf die feinsten Nuancen fein bemerkt, bis auf die verborgensten Triebfedern fein zergliedert, und bis zu manchem kleinen Eigensinn, fein bestimmt — ganz ein Philosoph des Erhabnen und Schönen der Humanität! und in dieser Menschlichen Philosophie ein Shaftesburi Deutschlands. Wie kommts denn, daß diese kleine Schrift von so reichem Inhalte weniger bekannt und angemeldet ist, als sie es verdiente? Die Litteraturbriefe dachten an sie; schliefen aber darüber ein. Riedel kennet sie nicht — — doch das wäre endlich ihr wenigster Schade, daß sie Riedel nicht kennet. Ich komme auf sein Kapitel von Größe in den schönen Künsten und Wißenschaften zurück.

Größe in den schönen Künsten und Wißenschaften? ei! was entschlüpft der Feder, wovon sein ganz Kapitel nicht handelt; wovon er nichts als Fratzen und Brocken weiß. Einmal wirft er z. E. wie von Ungefähr die Frage auf: „woher es komme, „daß der Dichter die Größe höher treiben könne, als der bildende „Künstler?" und weil ihm Leßings Laokoon eben den Kopf verwirret: so antwortet er, wider seinen Willen, daraus zu antworten: „Daher, daß der Dichter durch Progreßion und Kontrast; der „Künstler nur durch Kontrast allein; daher jenem mehr Erhabnes!" Nun, lieber Leser! halte dir den Kopf! nun weißt du alle Arten der Größe in den schönen Künsten, und in jeder ihren verschiednen Ausdruck, ihr Maas, ihre Gegenstände, ihre Zwecke!

Hat Baukunst keine Größe? und Hr. R. übergehet sie, ohne an sie zu denken. Ist sie nicht die Kunst, die aus dem ganzen Naturgebäude der Schöpfung sich in einen engen Raum zusammenzieht, um da groß und vest und schön zu erscheinen? Welcher Begrif ist bei ihr also ursprünglicher, anschauender, allgemeiner, als Größe durch Vestigkeit, und Kraft, und Dauer? In ihrem Wesentlichen und ihrer Verzierung, in Säulenstärke und Symmetrie, und Zusammen- und Uebereinanderordnung, bis auf die kleinsten Kennzeichen, Stellungen und Glieder ist Größe durch Vestigkeit herrschend: Le Roi hat sie als Einen der ersten, allgemeinsten Grundsätze entwickelt: sie ist stark und anstaunend: die nächste nach dem Tempel der grossen Natur, und ganz aus den Materialien derselben errichtet, um diesen Begrif zu geben. Und dem allen ohngeachtet hat sie unser Theorist der schönen Größe nirgends minder als in einem Gebäude gesucht und anerkannt. Er redet vom Frülinge und vom Falle Adams.

Größe in Bildhauerkunst, das Anstaunende in einer Koloßalischen Figur — — mich dünkt ich habe es ursprünglicher, als Hr. R. erkläret: da es unsre ganze Seele, durchs Auge, wie durchs Gefühl, füllen soll. Dies Erstarrende in einem Anblick, der uns ganz an sich heftet, und vor Staunen, wenn ich Rammlerisch reden darf, uns in das Objekt hineinwurzelt, was hat dies mit der Progreßion und dem Kontrast des Dichters gemein? ich sehe nicht weitere Gränzen allein; sondern eine ganz unterschiedne Würkung, die sehr unrecht durch Kontrast und Progreßion ausgedrückt wird — — doch wer kann jedes mißlungene Wort verbeßern in einem Buch, wo alles mißlungen ist.

Größe in Malerei. Hier ist dieser Begrif weit eingeschränkter, da in der Malerei kein Eindruck einer einzelnen Figur; sondern Zusammenordnung auf einer Fläche Hauptbegrif ist. So gleich ist hier auf das Problem gewiesen, „warum das Koloßalische „in der Bildhauerei von so grosser; in der Malerei von keiner „Würkung ist." Jene soll durch das Coloßalische dem Auge das Gefühl der Hand ersetzen: sie nimmt also Alle Ausdehnung zu Hülfe, die zwischen Himmel und Erde für unser Auge erreichbar ist. Bei der Malerei liegt alles auf einer Fläche; je abentheuerlicher die Figur, desto kleiner die Fläche; desto mehr fallen die Schranken der Kunst ins Auge. Zudem, eine unermäßliche Figur auf einer Fläche weicht aus dem schönen Augenschein und wird also häßliche Verzerrung. Und denn zumal eine Composition von nichts als Riesenfiguren? auf einer zur Vorstellung ausgesonderten kleinen Ebne? lauter Unschickliches und Beleidigung des Auges! Malerei sucht also andre geistigere Größen, der Phantasie, des Menschlichen Urtheils, der Bewunderung.

Größe in Musik: wir haben schon vom Uneigentlichen derselben geredet, und ich verstehe Hrn. R. nicht, wenn er die Progreßion für ein vorzüglicher Mittel, oder wie er sagt, Hülfsmittel hält, Größe zu schildern; ich denke, Progreßion, als solche, gibt eigentlich gar keine Größe.

Aber die succeßive und Progreßive Dichtkunst? In ihrem Mittel freilich Succeßiv; aber in ihren Gegenständen und Vorstellungen; mehr als Bildhauerin, Malerin; Schöpferin ist sie da! und was für Größen kann sie nicht aus der Vereinigung aller Sinne der Einbildungskraft geben! In jedem einzelnen Moment groß, und in jedem von neuem groß, und durch das, was Longin $\alpha\upsilon\xi\eta\sigma\iota\varsigma$ nennet, hinzuthuend; wie hoch kann sie nicht steigen! Wie viel Arten der Größe umfaßen! Das grosse Thema „vom ver„schiednen Ausdruck der Größe in den Künsten und Wißenschaften" ist, auch nach dem, was Hr. R. davon geschrieben, noch ein neues, unberührtes Thema, und es war doch Thema seiner Abhandlung.

Nun laßet uns zurück sehen, was haben wir gefunden? Keine Erklärung und Entwicklung des Begrifs: keine Untersuchung der Arten des Gefühls: keine Bemerkung der Verschiedenheit der Künste in dem, was Größe ist: nichts gefunden, als unverdaute Compilation aus Longin, Moses und Gerard.

2.
Einförmigkeit und Mannichfaltigkeit.

Wenn man in diese beiden Begriffe die Hauptidee der schönen K. und W., die Schönheit häufig aufgelöset hat; was sollte man bei diesem Abschnitte erwarten? Nichts minder, als das Migniaturgemälde der ganzen Aesthetik, und was im Koran der Wahlspruch Mahomeds ist. Und wenn beide Begriffe aus der Seelenlehre schon von andern so reich erklärt sind; was sollte man in einer

Theorie der Künste eher hoffen, als daß das Auge des Bemerkers von Kunst zu Kunst fliege, und in Allem aufsuche: Einheit und Mannichfaltigkeit, d. i. Schönheit. Daß es hier nicht geschehen, zeigen durchhin Regeln und Beispiele, Beispiele und Regeln.

Der Verf. will den Satz verbeispielen, daß Mannichfaltig= keit unterhalte, Einförmigkeit ermüde, und hebt an: „ein „langes Gedicht in Einem Tone mit Versen ohne Ab= „wechselung, eine Satyre mit einerlei Gemälden, eine Galle= „rie von Gemälden, wo man nur eins sehen darf, um sie alle „gesehen zu haben, ein Garten, deßen u. s. w." Sind die Bei= spiele, und so ausgedrückt nicht die treffendsten, wesentlichsten in einer Theorie der Künste? „Zu viel Mannichfaltigkeit ist „widrig!" Hr. R. weiß kein Beispiel als Horazens Delphin im Walde, und sein humano capiti cervicem etc. die beide nicht auf Eine Meile hieher gehören! „Der Künstler soll Fruchtbar= „keit, Gegenwart des Geistes und weiß der Himmel, welche „Talente mehr haben, um Mannichfaltigkeit in seine Werke zu „bringen," und der Theorist redet in Beispielen von keinem Künstler, von nichts als Dichtern, von einem Homer und schönes Paar! von einem Dusch, dem Sänger des Schooshundes. Welche lächer= liche Magerkeit, wenn er bei dem letzten ausruft: „Kann eine „Handlung auf keine Art mannichfaltig werden: so ruft man eine „Gottheit zu Hülfe!" Kann Swifts Skribler, oder sein Bathos schönere Regeln geben? Was für unausstehlich halbe Ideen, wenn „die ganze Würkung des Mannichfaltigen in sch. K. und W." so verexempelt wird: „Der Maler wird mit der reichen bedeutenden „Manier eines Raphael Nachdenken, mit dem gefälligen Colorit „eines Korreggio Entzücken und mit der Wahrheitsvollen Nach= „ahmung eines Titian Zufriedenheit — — — u. s. w. w. w. Der „Tonkünstler wird die Seele durch vieltönende Harmonien „in das Ohr bannen und den übrigen Sinnen Still= „schweigen gebieten, oder sie nur da empfinden lassen, wo es „das Ohr erlaubt u. s. w." Kann ein Tauber Musikloser unbestimmter schwatzen, als dieser Philosoph, der uns das, was

Mannichfaltigkeit in den ſch. K. würkt, genau und theoretiſch ent=
wickeln will? „Der Fehler, der der Mannichfaltigkeit entgegen
„ſtehet, ſoll Trockenheit und nüchternes Weſen heißen!" Heiße er
ſo, nur was ſind hierüber die Gottſchediſchen und die Gelegenheits=
dichter für Winkelzeugen? — — So unbeſtimmt und einſeitig ſind
alle Beiſpiele und da Regeln nur aus Beiſpielen gezogen werden,
  Zweitens auch alle Regeln. Ich bleibe bei dem Deutlichſten,
dem objektiven Theile, zuerſt von dem, der das Objekt
liefert. Der ſoll Fruchtbarkeit und Gegenwart des Geiſtes,
und Biegſamkeit und Gelenkichkeit und Dauer und Munter=
keit haben, um Mannichfaltigkeit hervorzubringen; und was
weiß ich nun zuerſt, oder zuletzt? Iſt hier auch in der Regel
Einheit und Mannichfaltigkeit? Keine unnütze Wiederholung?
Keine Verworrenheit von Eigenſchaften? jede ſo ausgeführt, daß
man überall ihr Produkt, Mannichfaltigkeit, ſehe? Nichts weniger,
und ſo iſts bei der Beſtimmung des Objekts ſelbſt. Was
Einheit und Mannichfaltigkeit ſey, weiß ich aus mir ſelbſt;
was aber der Riedelſche Erklärungszuſatz ſey: „Verbergung der
„Verbindungsregel unter einem Kolorit, wodurch das Mannichfaltige
„noch ſinnlicher und hervorſtechender wird, als die Regel ſelbſt,"
weiß ich nicht. Und wenn Hr. R. wieder hinzuſetzt, daß „Kon=
„traſt, Progreßion, Mangel der Uebergänge, Auslöſchung der
„Zwiſchenideen, Umkehrung des Fortgangs, Veränderung der Stel=
„lungen, Miſchung des Lichts und Schattens, Verſchiedenheit des
„Colorits u. ſ. w. die Mittel dazu ſind," ſo weiß ich noch weniger.
Und das war der groſſe Abſchnitt der beiden Hauptbegriffe der
ganzen Aeſthetik.

3.
Natur, Simplicität, Naivetät.

So wie eine gewiße Natur in der Riedelſchen Schreibart, wo
dieſe nicht nachläßig wird, herrſchet; ſo läßt ſich auch dieſer Abſchnitt
beßer, als die vorigen leſen. So wahr iſts, daß jedes Auge die

Farben am besten untersucht, die dafür gemacht sind. — — — Nur was Natur? schöne Natur überhaupt in den Künsten und in jeder der Künste sey? die Frage ist hier im Abschnitt nicht beantwortet; der Verf. kennet nur Eins, das Natürliche in der Bearbeitung, was die Mühe verbirgt, und auch dies nur im Gesichtspunkt von Gedichten. Ist aber ein Gedanke allein unnatürlich? und allein unnatürlich, wenn er mit Mühe gesagt wird? Das Gezwungene soll die Ordnung und den Ausdruck der Gedanken betreffen: warum allein Gedanken? warum blos Ordnung und Ausbildung? und welche Beispiele wieder vom Dichter, Schöpfer, Stümper, Pope? — — — Man siehet überall die enge einförmige Sphäre des Verf., die nicht Theorie der schönen Künste ist.

Bei dem was edle Einfalt, Simplicität heißt, sagt Hr. R. manches Gute; nur nichts allgemein gnug, und das Naive ist meistens ganz aus Moses. — — Endlich folgt eine Rekapitulation der Fehler dieser Begriffe und sie ist eine Rekapitulation von Armuth. Sind das alle Phänomene des Unnatürlichen, Gezwungnen, Erkünstelten, Ueberladnen, die der Verf. anführt? aus allen schönen K. und W., zu einer Philosophischen Theorie? und alle in der rechten Ordnung und Zusammenstimmung? — Einige Tropfen aus einem Ocean!

Kein Wort in der Menschlichen Sprache ist vieldeutiger, als Natur: unzählich sind fast die Irrthümer, Mißdeutungen, Zänkereien, die über $\varphi v \sigma \iota \varsigma$, ov, $v\pi o \varsigma \alpha \sigma \iota \varsigma$, $\varepsilon v \tau \varepsilon \lambda \varepsilon \chi \varepsilon \iota \alpha$, natura, forma substantialis, essentia, Natur, Stand der Natur, in der Philosophie entstanden sind; und so vieldeutig ist dasselbe Wort auch in der Kunst und den Künsten. Natur bei der Baukunst, schöne Natur der Bildhauerei und Malerei: Natur im Tone, in der Kunst der Geberden, in der Dichtkunst, welche Verschiedenheit! welche Vielbedeutung! Natur einer Kunst und in einer Kunst, welche Verschiedenheit — — die in einer Theorie durchaus bestimmt werden muß und hier durchaus nicht bestimmt ist: und das ist wieder Hauptbegrif der Aesthetik.

Ueber Naiv will ich nicht streiten; ich bin aber auf Herrn Moses Seite, daß es der Ausdruck eines Gedankens, gleichsam durch Rede sey — auch eine naive Mine ist nur die, die was auf naive Art zu sagen scheinet, und also ein aßociirter Begrif. Doch solche Noten zu Noten, wie eckelhaft sind die!

4.

Laune.

Ich komme auf ein lockenderes Menschliches Wort, das aber in eine Theorie der Künste, und an diesen Ort so wenig hingehört, als in die Geometrie: denn man sage doch, kommt Laune allen Künsten des Schönen zu? wie hoch schätzt man sie am Baumeister, am Bildhauer, am Maler, am Musikus? Ist sie wenn sie auch allen zukäme, ein so Erster Grundbegrif der Theorie, daß er unmittelbar nach Einheit und Mannichfaltigkeit, nach Natur und Einfalt stehen muß? Doch so gehts, wenn man ausschreibt. Simplicität riß aufs Naive hin, wo Hr. Moses vorgearbeitet hatte: Naivetät auf Laune, wo andre vorgearbeitet haben, und die Ueberlegung, ob das hieher gehöre? gibt geduldig der arbeitenden Hand nach.

Laune und Humour, die Worte werden meistens für Eins gebraucht: so braucht sie auch Hr. R. und martert sich unter Engländern und Deutschen, Griechen und Römern, um ihnen Equivalente aufzusuchen. Mich dünkt, die Mühe ist fürs Erste unnöthig. Ein so complexes, vielfaßendes Wort wird in der Entwicklung noch verworrener, wenn man ihm viele Halbsynonyme zur Seite stellt, deren jedes seine eigne Natur hat. Humour z. E. ist offenbar ein Nationalwort der Engländer aus ihrem Charakter, und man muß also, um es in seinen kleinen Nuancen bestimmen zu können, selbst Engländer seyn, selbst Brittisch Humorisiren können: kann Hr. R. das? Sein Freund, Klotz, kann Urbanisiren, recht Römisch und fein Horazisch Urbanisiren, und Urbanisirt in seiner Bibliothek noch alle Tage.

Ich bin ein Deutscher und frage also, was Laune ist, und da scheint das Wort in unsrer Sprache ursprünglich eine böse Bedeutung gehabt zu haben. Launisch ist noch ein Provinzialausdruck unter dem Volk, der mehr als unwillig und weniger als zornig, und auf eine eigensinnige Art unaufgeräumt bedeutet. Allmälich bedeutete es mehr und ward ein Charakterwort, eines Launischen, der seinen Kopf für sich hat; noch aber, wie man sieht, mehr böse, als gut. Mit der Zeit wards ein gleichgültiges Wort: man konnte gute und böse Laune haben, oder ursprünglich in gutem und bösem Laun seyn; und vermuthlich, weil eine solche Unbeständigkeit dem beständigen Deutschen fremde vorkam, so ward dies Veränderliche jetzt Hauptbegrif. Man wunderte sich, daß man launisch wie das Wetter, wetterlaunisch, und von so abwechselnder Art seyn könnte; bis endlich, so wie sich diese abwechselnde Art, auch das Wort verfeinerte, und einen eignen Mann in Gesellschaft, in Denkart, in Schriften, im Betragen u. s. w. bedeutete: der Begrif ist hier zu untersuchen. Man siehet aus dieser Wortfamilie zuerst, daß in unsrer ernsthaften Nation und Sprache, auch die ernsthafte und fast mürrische Laune ein früherer Begrif, zweitens, daß der Ausdruck eher eine Zeitbezeichnung der Veränderlichkeit, jetzt unaufgeräumt, jetzt lustig, als ein beständiges Charakterwort gewesen: und denn, daß das Wort ganz von gesellschaftlicher Natur, und also eher im lebendigen Umgange, als in Schriften zu suchen sey.

Ich will über diese Sprachbemerkungen nicht philosophiren, sondern nur hinzusetzen, daß im Englischen, gerade das Gegentheil, nicht böse, oder mürrische, oder veränderliche Laune, sondern der good humour Hauptbegrif sey — dieser habit of being pleased — — a constant and perennial softness of manner, easiness of approach and svavity of disposition, like that, which evry man perceives in himself, when the first transports of new felicity have subsided and his thoughts are only kept in motion by a slow succession of soft impulses — — a state between gaiety and inconcern — — the act or emanation of a mind at leisure to regard the gratification of another, und wie ein Britte diesen süßen Balsam des Lebens weiter beschreibt. Aus diesem Begriffe scheinen die feinern, rektificirten Begriffe entstanden zu seyn, die so viel Britten untersucht und noch mehrere Britten besessen haben.

Im weitesten Verstande bedeutet also gute Laune ein sich mittheilendes, aufgeräumtes Wesen, und in die Schriftstellerei verpflanzt, eine freie Art, allem, was uns in Herz und Sinn kommt, Lauf zu lassen; alles mit der ungezwungenen Leichtigkeit wegzusagen, mit der es uns einfiel. Das nennt Hr. R. komische Laune, und komisch ist sie doch wahrhaftig nicht immer; nicht immer lustig einmal darf die gute, die der mürrischen und ernsthaften entgegengesetzte Laune seyn; und wie weit ist noch lustig und komisch von einander? Welches Kind kann hier Hrn. R. nicht wiederlegen?

Aber komisch ist noch nicht gnug; er fodert zu ihr Unschicklichkeiten, Bisarrerien, Eigensinn — der Mann mag wissen, was Ungezogenheit, nicht aber was Laune ist. Ist nicht schon ein unverholnes freies Wesen, das auf seine aufgeräumte Art ohne Decke und Zwang spielet, gute Laune? was brauchen Unschicklichkeiten, Bisarrerien dazu? und was gar Eigensinn dazu? ich kenne nichts, was die gute, und selbst die komische Laune mehr verdirbt! So bald das Bestrebniß merkbar wird, abstechend vor andern vortreten, und seine Rolle spielen zu wollen; so bald gar Unschicklichkeiten und Grobheiten dazu kommen, um uns dies Eigenthum sichtbar zu machen — weg ist die gute Laune aus Gesellschaft, aus Gespräch, aus Schriften, und ich nehme das Uebertreibende, das die Bühne haben muß, aus, auch von der Bühne. Die wahre Mine der guten Laune ist, von keinem Eigensinn wissen; es nicht merken, daß sie gute Laune ist: so gefällt sie, so nimmt sie ein. Hr. R. trift also recht sehr die gute Laune, in seinen Schriften und in seiner Erklärung, wenn er sie in

Unschicklichkeiten, in Bisarrerien, in Eigensinn, in einer Art von Komischem findet — recht sehr!

Das Gegentheil der guten Laune nennet Hr. R. ernsthaft, und ich finde das Wort eben so wenig paßend, als sein Contrarium, komisch. Sie äußert sich nicht blos bei wichtigen Dingen, die uns durch ihre Folgen intereßiren; sondern eben bei gleichgültigen, nicht zu wichtigen am meisten; ja oft gar, daß sie die wichtigsten gleichgültig macht. Ueberhaupt drittens: was gibt in der Laune den Unterschied, die Dinge, über die sie sich? oder die Denkart, in der sie sich äußert? und auch was diese betrift, nicht in Tragischen eigensinnigen Gesinnungen, wer hat da je das Wort Laune gehört? Sondern kurz, die unheitre, finstre Laune ist ein unaufgeräumtes Wesen, was seinen Gedanken auf die eigne Art, wie sie gedacht werden, freien Lauf läßt. Sie ist also mehr als ernsthaft: nicht die Dinge, sondern die Denkart: nicht blos wichtige Dinge, nicht erhabne tragische Gesinnungen, nichts minder als Eigensinn macht ihr Wesen — wie mißrathen ist Alles wieder!

So waren die beiden Gattungen, und nun der Hauptbegrif aus beiden gezogen? Der Sohn sieht seinen werthen Eltern ähnlich. Hr. R. fodert durchaus „Unschicklichkeit in den Gesinnungen: „eine Art von Linkem in Außerung derselben: und was das ärgste, „Eigensinn in der Abstechung!" Nichts von Allem bei Laune überhaupt! Laß diese eine nicht gemeine Eigenthümliche Denkart seyn, laß sie sich ohne Rückhalt äußern, laß sie nichts Abstechendes, keinen Eigensinn affektiren: laß das Gefallende in ihr nichts als eine sich frei äußernde originale Menschliche Seele seyn, so ist das nach unsrer Sprache schon Laune. Dieser Begrif nachher durch alle seine Arten, Charaktere und Schriftsteller durchgeführt, von einem Kopfe, der selbst Laune hätte, und sich jedem Charakter der Laune anschmiegen könnte — ein solches Werk müste an Lesenswürde gleich hinter einen Montagne kommen. Ein Versammlungssaal aller eigenthümlichen Menschlichen Seelen, wo jede auf ihre Weise handelt — muß der nicht den eintretenden Lehrling bilden?

und ergötzen? und selbst die Säfte seiner Laune erregen? und ihm eine freie Seele und freie Hände machen, diese Seele zu äußern? — — — Doch wo gehört das Alles hieher in eine Theorie der Künste? Der Humour kann freilich Dichter und auch ein Zaubermaler seyn; aber auch ein Künstler in allen Künsten?

5.
Vom Lächerlichen und Belachenswerthen.

Der Theorist kommt immer weiter ab. Wo ist das Lächerliche und Belachenswerthe in der Baukunst, Bildhauerei, Malerei, Tonkunst, was Regel des Schönen sey? Wo gehört also der Abschnitt hieher? = = Doch warum soll man es nicht einem Kinde übersehen, wenn es **anzubringen** sucht, was es gelernt hat; habe es nur was rechts gelernt. — — Hr. Riedel hat die Definitionen des Lächerlichen gesammlet, und selbst einige lächerliche Definitionen hinzu fügen wollen; er hat darauf ein grosses Register von Arten aufgezählet, wie sich das Lächerliche äußert, und hinter eine jede wäre hinzuzuschreiben: **auf eine lächerliche Art, das ist, so, daß hier gelacht werden soll:** Hr. R. hat also wenigstens viel Geräusch gemacht, eine Theorie des Lächerlichen zu liefern.

Ich bin des einzelnen Kunstrichtens und Ordnens und Corrigirens müde: ich setze also über den ganzen Schwall dieses Kapitels meine Gedanken überhaupt hin, die vielleicht einem künftigen Theoristen des Lächerlichen dienlich seyn können. So wie das Lachen an sich eine Art von Erschlaffung und sanfter Erlaßung der Seele ist: so ist seine Theorie schwerer zu finden, als über einen angestrengten Zustand. Der Ausdruck einer sanften Bewegung ist schwerer, als eines Uebertriebenen, eines in die Wolken wallenden Meeres.

Ein Theil dieser Theorie ist Physisch, das körperliche Lachen, und gehöret nicht hieher. Ein andrer Metaphysisch, das Lachen als vermischte Empfindung, wie es Hr. Moses betrachtet; dies, so fern es zum Ausdruck der sch. K. und W. beiträgt, ist Aesthetisch — hat Hr. R. den Unterschied beobachtet?

Kein Thier lacht, und jener Philosoph definirte gar: der Mensch ist ein Thier, was lachen kann. Ein Menschliches Lachen soll also wohl nicht ohne Vernunft seyn, und hieraus möchte wohl folgen, daß es eigentlich keine lächerlichen Sachen gebe, die man Personen, Eigenschaften, Handlungen, Gedanken, Ausdrücken gerade entgegensetzen kann. Was lächerlich seyn soll, muß einem lebendigen und am meisten einem Vernünftig seyn sollenden Wesen inhäriren, oder in Beziehung darauf gedacht werden. Keine Sache, als Sache, ist, wie nach Hrn. R. Theorie, lächerlich.

Eine Person, als Person, eben so wenig; Eigenschaften, Handlungen in ihr, könnens seyn — die Unterscheidung ist in unserm Autor wieder auszulöschen.

Das Lächerliche und Belachenswerthe bestimmt Hr. R. mühsam. Ein andrer beßerer Philosoph, bei dem selbst die tiefste Weltweisheit eine lachende Freundin wird, Kästner macht nichts als eine Affenbetrachtung: „Man lacht über ein Ding, was närrisch ist, „und närrisch seyn soll; man lacht aber ein Ding aus, was „närrisch ist und klug seyn soll, oder will. — Der Affe ist ein „Thier über das man lachen muß; der Mensch ist ein Thier, das „man auslachen muß." Hat uns der Affe nicht mehr gelehrt, als der langweilige Philosoph?

Nicht alle Künste sind des Lächerlichen gleich fähig. In einigen lachen die Gegenstände; in andern hat der Künstler gelacht, da er sie schuff; beidemal lachen wir mit; aber beidemal sehr verschieden. Es gibt lachende Weise und altkluge Narren — wäre der Unterschied nicht weithinaus zu bestimmen?

Arten vom Lächerlichen herzuregistriren, ist schwer und unmöglich. Der Humour, dieser böse Zauberer launet, wie er will; und es wird oft lächerlich zu bestimmen, wie er gelaunet habe? Riedel hat in seine meisten Artikel dieses Registers das weise Wort mit eingesetzt „auf lustige Art, drollicht, kurzweilig u. s. w." und in die andern, wo ers nicht gesetzt, muß es noch dazukommen. Hat da der geneigte Leser nicht lachen gelernt? Lächerlich ist brolligt, und brolligt ist kurzweilig und kurzweilig ist lustig und lachen ist lachen.

Noch weniger können solche aufgezählte Arten „Kunstgriffe „heißen, deren sich der Artist bedient hat, um das Lächerliche aus= „zubilden." Der wahre Humour tritt Kunstgriffe und Regeln und Gesetze und Vorschriften unter die Füße, mischt Art in Art, Farbe in Farbe, und jetzt ist sein meister Ausdruck — Wurf des Pinsels, bei dem ihm ein Dämon geholfen haben mag! und kein steifer Kunstgrif, der sich in eine Regel auffangen ließe.

Am wenigsten endlich kann ein solches Todtenregister für ein Verzeichniß der Arten des Humours gelten, wie Hr. R. es zweimal zu nennen beliebt. Art des Humours muß einem Schrift= steller oder Künstler oder Gesellschafter aus dem ganzen Ton seines Werks, seines Gesprächs u. s. w. abgehascht werden, und nicht aus einem frostigen Beispiele. Ganze Mine der Person, ganze Gestalt eines Menschen, wer wird sie wohl aus dem kleinen Zehe, der unter der Decke hervorsieht, lernen?

Ja endlich taugt eine solche Topik aus einzelnen Exempeln, und wenn es auch tausend wären, durchaus nichts, um die Arten des Humours kennen zu lernen. Während der Energie eines Werks classificiren und zählen „halt! das war ungereimte Ver= „gleichung! und jenes Vergrößerung der Handlung und dies ———" o des trocknen Deutschen, der also lieset! Sein Lineal und Senk= blei in der Hand, seine feuchte Wasserwaage im Kopfe, mißt er Disproportionen, statt das Lächerliche, das daraus entspringt, zu fühlen. Er lacht also nicht herzlich mit: er entfaltet die lächelnde Mine der bezaubernden Schöne, und siehe! sie wird häßliche Runzel. Die meisten Classenbeispiele lassen sich bei Hrn. R. nur mit Gähnen lesen. Man sieht, der lustige Philosoph hat nicht lachen wollen, um zu wißen, was lachen sey? und da ers zu wissen glaubt, da er mit dem lustigen Fachwerk von Anticlimax, Sneer, Reduktion, Disproportion u. s. w. aufgeschichtet, antrabt: so kitzelt er sich jedesmal wieder mit einem Beispiele, um zu wissen, ob er auch würklich lachen könne?

Nicht anders, als eben auf dem entgegenlaufenden Wege können die wahren Arten des Humours bestimmt werden. Sich jedem Eindruck, jeder Laune eines Schriftstellers ganz zu überlassen, nicht bei einzelnen Bilderchen zu classificiren, sondern sich ohne Critische Arglist und Gefährde in den Ton desselben von Herzen hineinzulachen; alsdenn auf den ganzen Ton gemerkt, und er wird sich in ein inniges starkes Wort, in einen vielsagenden Ausdruck hineintreiben: der wird Charakter, der ist Art des Humours. So charakterisirt Leßing, Gerstenberg, Sonnenfels: wer wird das aber von unsern Gottscheden und Schönaichen, von unsern Klotzen und Meusels erwarten?

Daß es Hr. Riedeln an einer solchen Charakteristik nicht fehle, zeigt sein Brief über die Schriftsteller des Lächerlichen in seinem Werkchen über das Publikum; das einzige Lesbare im ganzen Buche. Er schichtet und ordnet nicht nach Gemeinörtern, sondern nach Klassen der Genies, und so viel ich sonst im Einzelnen dagegen hätte, schätze ich ihn an Methode über diese Topik weit über. Nur mein lieber Waser sollte keinen so schiefen Seitenblick bekommen, dessen Laune gewiß nicht unglücklich ist, da wir Deutsche noch immer wenig Schriftsteller von Laune haben. Seine Moralischen Urtheile haben von Leßing selbst ihr Lob erhalten: sein Paar Briefe in der Langischen Sammlung zeigen, daß Humour Wendung seines Kopfes sey: und denn auch selbst seine Uebersetzung des Hudibras, in eine fremde Sprache, in eine Prose, in die Sprache eines zierlichern Volks und einer gezwungenern Zeit — — selbst Engländer verwundern sich, daß sie so weit geglückt ist, und uns wirds schon zu lange, in ihr Spuren eines Deutschen Hudibras zu loben?

Nicht einen Accisezettel der Manieren des Lächerlichen — wie? wenn uns Jemand in die volle süße Gesellschaft aller lustigen Humoristen führte; eine Versammlung aus allen Zeiten und Nationen und Arten, lachend oder mit verbißnem Lachen ernsthaft;

sanftlächelnd oder „die Hände gestemmt in keuchende Seiten;" bäurisch, oder bürgerlich, oder Romantisch:[1] albern kluge, oder altkluge Narren: Poßierliche Gesichter oder ihre Masken — alle unterhaltende Gecken und lachende Musen von der Welt Ende. Die Chöre der Satyre, die ihrem Genius Blumen und Wein opferten, mit den Gaukeleien der Wilden zusammengeschlungen, bei denen der Spott aus dem Schlamm roher Natur wächset, wie eine Blume aus dem Fette der gesunden Erde. Die Satyre gesitteter Völker von ihren Leuteschändern, den Aristophanen, bis auf ihre Jronische Sokraten, und spottenden Luciane: von ihren lüderlichen Plautus, bis zu ihren höflichen Terenzen und den Horazen der Urbanität: von einem Riesenmäßigen Ariost bis zu allen kleinen Affen der Komödie: von einem Rabelais bis zum Narren Skarron: von Moliere bis zum leutseligen La Fontaine — Brittanniens unzälige Humoristen, Swift auf seinem Huynhoum und Tristram auf seinem Steckenpferde, Hudibras auf seinem Gaul und Young auf seinem Centaur, Don-Quichotte auf seinem Roßinante, und Don Sylvio bei seinem Buttervogel; vom Episch komischen Dichter bis zum Romanlügner, zum Harlekin; ich lasse sie alle durch einander laufen; jeder indessen nach seiner Art. Wenn nicht alle gleich belustigend, gleich merkwürdig, gleich artig, gleich für mich; alle aber werth, daß man auf ihre Minen und Gaukeleien merke, und nicht Gedichtarten, Klassen, Regeln, Gemeinörter; sondern Launen, Launen, Menschliche Seelen studire. Wer wird sich da, mit dem Deutschen Uebersetzer des Shakespear darüber ärgern, daß seine Narren und Todtengräber keine Hymnen syngen? Wer wird sich da, um den Geschmack eines jungen Herrn von Stande zu bilden, Hudibras in Miltons Sylbenmaaß übersetzen? Ueber Wielands komische Erzälungen ein $\pi\rho\acute{o}\tau\epsilon\rho o\varsigma\ \xi\iota\vartheta\iota$ ausruffen, weil sie nicht mehr Empfindungen eines Christen, und mit dem unsterblichen Nachtwächter[2] Young es beklagen, daß Swifts Huynhums keine frommen Einsiedler sind. Jeder sey, was er ist; im brausenden

---

1) a: Romanisch   2) a: Nachtwacher

Getümmel finde ich Unterhaltung, laure in einem Betrachtungs=
winkel mit der Sternischen Mine: wer jeder sey? wer er seyn wolle?
sehe Launen, studire Menschen! Setze dich neben mich, mein
Freund, und du wirst hier, Winkelaus, Welt, Zeitfolge der Sitten
und des Geschmacks, die Falten und Runzeln des Menschlichen
Herzens, die Steckenpferde der Leidenschaften und Neigungen, die
Schattierungen von Völkern, Geschlechten und Ständen mehr kennen
lernen, als, das versichre ich dich! die Welt aus deinen neun und
neunzig [1] Deutschen Wochenblättern, das Menschliche Herz aus den
Nutzanwendungen deiner Postille und den Geschmack der Völker
aus Klotzens Münzarchiven. — — Mein Scherflein halte ich also
für den Eintritt in dies Concilium fertig; wo ist ein Möser, der
sich nicht schämt, es uns zu öfnen!

6.
Ähnlichkeit und Contrast.

Fast gehe ich hier lieber mit Hrn. R. aus einander. Bei drei
Materien, die zum Unglück nicht in seine Theorie gehören, Naivetät,
Laune, Lächerliches, war er doch noch zu lesen; nun aber Ähn=
lichkeit, Contrast, so bald es wieder auf Kunstmaterien, auf
wesentliche Begriffe seiner Theorie kommt; sobald ist er kaum mehr
erträglich.

Ähnlichkeit will er hier von Nachahmung, die er im
folgenden Kapitel nimmt, unterschieden wißen, und man sehe, ob
er sie unterscheidet? Er will blos von Vergleichung der zusammen=
gestellten Gegenstände reden, und schnappt immer auf Vergleichung
mit dem Urbilde über — weiß der Mann, was er schreibt? Zudem
Ähnlichkeit, wenn sie von Nachahmung unterschieden werden
soll, gehört sie hieher oder unter den spätern Abschnitt von Zusam=

---

1) a: aus deinen dreißig

menstellung in einer Komposition, oder gar unter den Hauptbegrif
der Einheit und Mannichfaltigkeit? Und denn ist eine solche
Ähnlichkeit: „wir haben kaum zwei Objekte empfunden und über=
„dacht, so wissen wir auch schon ihren Unterschied aufs genaueste
„anzugeben", dies Spiel von Vergleichungen, Ähnlichkeiten und
Kontrasten ists Hauptquelle des Vergnügens in den schönen Künsten?
Hauptbeschäftigung des Virtuosen? Hauptzweck des Künstlers? Ists
also ein Begrif, der hieher, in eine Theorie, noch vor die Abhand=
lung von Nachahmung und Illusion hingehört? — Elender, elender
Theorist! er tritt vor das Gemälde, vor die Bildsäule, nicht um
Energie der Kunst, Schönheit, Ausdruck zu fühlen, sich in einen
Traum der Täuschung zu versetzen, und dem Künstler nachzuempfin=
den; nein! er jagt kleinen Ähnlichkeiten nach, er hat fremde Ver=
gleichungen im Kopfe: „er hat kaum zwei Objekte empfunden, so
„weiß er schon ihren Unterschied aufs deutlichste anzugeben", er
macht sich Ehre daraus, die Anstrengung des Geistes zu zeigen, daß
er „kleine unmerkliche Unterschiede sinnlich machen könne": „jemehr
„Mühe die Vergleichung kostet, desto angenehmer ist sie ihm!"
Elender Theorist! er weiß nichts vom ruhigen Kunstgefühl, und
wesentlichen Kunstgenuße. Sein Witz sucht Spiele der Vergleichung:
sein grübelnder Scharfsinn Punkte des Unterschiedes: er wird
Scholastiker, da er Virtuose seyn sollte: die Arbeit des Künstlers
ist für ihn verlohren.

Ich meine jedes Künstlers von Baukunst bis auf Poesie.
In allen Künsten kann Nachahmung der Natur Zweck gewesen seyn;
die ists aber, die unser Theorist nicht abhandelt. Er schreibt
Homen ab, der von Aufsuchung fremder Ähnlichkeiten redet, die
in einer Theorie gerade alle Würkung der Künste stören. Denn
selbst in der Poesie sind die Gleichniße und Allegorien nicht an sich
vergnügend und in der Mühe, die sie geben, entwickelt zu werden,
Hauptzweck des Dichters, sondern — und wer weiß das nicht? um
diesen und jenen Gedanken anschauend zu geben, lebhafter, sinnlich
zu machen; nicht aber einen elenden Witz zu üben, um die Mühe
der Anstrengung selbst zum Zwecke zu machen — welche elende

Kunst eines Lullius wäre das! Das ganze Kapitel geht also ein: keine Phänomena, die der Autor aus diesem Spiel von Ähnlichkeit erklären will, lassen sich daraus erklären; nicht Myrons Kuh, nicht eine farbichte Statue, wie in diesem; nicht die Gränzen zwischen Nachahmung und Ideal, wie im ersten Theil dieser Wälder gezeigt ist. Der Begrif von Kontrast endlich gehört blos in ein spätes Kapitel von Zusammensetzung vieler Figuren: im ganzen Kapitel ist kein gesunder Begrif, wie im ganzen Buch keine Ordnung!

7.
Nachahmung und Illusion.

Illusion hat zu Deutsch den guten Namen Täuschung; allein so wie diese dem Künstler und Dichter schwer zu erreichen, so ist auch dem Weltweisen derselben ihre Göttlichkeit schwer zu bestimmen. Und da jeder Künstler und jeder Dichter seine eigne Zauberei hat, in diese Träume zu wiegen, und jedesmal diese Träume anders sind: so versteht sich das, was Riedel nicht verstanden, daß jeder Zustand der getäuschten Seele in jeder täuschenden Kunst aufgesucht werden muß.

Wenn Baukunst am wenigsten illudirt, weil sie nichts lebendiges nachahmt; wie soll ich das Staunen nennen, das ihr erster Anblick gibt, und das lebhafte Bild nennen, das sie zuletzt in der Seele zurückläßt? Das wäre ihre Illusion. Wenn Bildhauerei den Anblick einer lebendigen Natur gewährt, wenn ich im Gefühl meiner Einbildungskraft endlich keine Bildsäule mehr, sondern als ein zweiter Pygmalion eine Elise zu umarmen glaube: wie heißt diese Täuschung beßer, als Gefühl einer lebendigen Gegenwart? Nur muß man freilich nicht dies Gefühl durch Bombast ausdrücken, wie unser Exempelgenaue Theorist z. E. „wir „sehen Laokoon, und wenn er seinen Schmerz zu verbeißen „scheint: so bricht dieser bei uns desto heftiger hervor;" ist das wahr? ist das die eigentliche Täuschung der Skulptur? oder ists Galimathias: „weint er nicht, so weinen wir! und weinen wir „nicht, so weint er"! — — Die Täuschung der Malerei ist falsch, wenn sie Anstaunen würken will; sie ist Trug einer kleinen exsistirenden Schöpfung, und vielleicht im eigentlichsten Verstande Illusion, Äffung. Die Täuschung der Musik endlich ist Rührung, Entzückung; in ihrem höchsten Grade möchte ichs süßen Wahnsinn (ich bitte die Witzigen meiner Hrn. Kunstrichter, es von ihrem Wahnwitz zu unterscheiden) und in der Tanzkunst der Alten, der höchsten Täuschung in der Welt, Bezauberung nennen; man untersuche jede Illusion, und man wird sie von andrer Art finden.

Poesie borgt von allen Künsten, und also auch von allen Illusionen. Jetzt, bei einem einzelnen ganzen Gegenstande, ist ihr Trug Phantastische Gegenwart; jetzt bei einer Malerei von Bildern Leben der Anschauung; jetzt bei einer Folge und Melodie von Vorstellungen, Aus sich reißung, Entzückung: jetzt bei dem höchsten Grad der Sinnlichkeit, Bezauberung. So hat jede der grossen Dichtarten eben auch ihre Täuschung: die Illusion eines Poetischen Gemäldes, die Phantastische Gegenwart des Drama, die hohe anstaunende Anschauung der Epopee, die singende Entzückung der wahren Ode;[1] jede derselben hat ihre Art, ihre gleichstimmige Menschliche Natur und ihre bequemere Zeit gehabt, die sie hervorbrachte — — —

Doch ich träume in meiner Philosophischen Täuschung fort, und vergeße, daß mein Theorist nichts von alle dem gesagt hat: sondern seine Illusion in solcher Verwirrung, wie alles, abhandelt. — — Und wahrhaftig, weiter kann ich ihm nicht nacharbeiten! Seine Abschnitte vom Neuen, Unerwarteten, Wunderbaren, von Wahrheit, Wahrscheinlichkeit und Erdichtung: wie weit, wie weit müßte ich aufräumen, um diesen Begriffen in einer

---

[1] a: daß es also eine Art von Odenillusion, Dramatischer Gegenwart, Epischer Anschauung, und singender Entzückung gebe.

Theorie der sch. K. u. W. ein Gnüge zu thun, und eine Poetische Rhapsodie zu corrigiren. Und wenn er sich denn mit Eins wieder auf Licht, Schatten und Kolorit stürzt, und gleich anfängt, einen Firniß des Plinius (Apelles absoluta opera atramento illinebat ita tenui, ut id ipsum repercussu claritates colorum excitaret) den Apell seinen vollendeten Gemälden gab, für ein Beispiel zur Mischung von Licht und Schatten, und Colorit zu erklären, und damit beweiset, daß helle Farben in einen Contrast von dunkeln müsten gesetzt werden, und denn eine unverdauete Theorie des Lichts aus der Malerei herlallet, und sie in lauter Phöbus und Bombast auf die schönen Künste überhaupt anwendet — wer kann ihm da folgen? „Ohne eine Mischung „von Licht soll nichts anschauend gedacht werden können," und das soll Seneka sagen! „Selbst bei Gegenständen, die durch ihre „Dunkelheit erhaben werden, ist noch immer ein gewisser Grad der „Erleuchtung nöthig, wodurch die Dunkelheit sinnlich und „abstechend wird;" das ist in dem Kapitel von der Erhabenheit bewiesen. „Ohnehin ist jede Empfindung ein Ganzes aus Licht „und Finsterniß zusammengesetzt;" wer's nicht glauben will, lese den Versuch über die Empfindungen. „Und überhaupt selbst die „Schönheit besteht in einer Mischung von Klarheit und Dunkel-„heit," siehe Moses Briefe über die Empfindungen, und man höre die Folge! „so wird sich der Artist gewiß von den allgemeinen „Gesetzen der Menschheit nicht ausschließen und — unter das Leb-„hafte in seinen Werken — immer denjenigen Schatten mischen, „welcher — nöthig ist, wenn — jenes soll empfunden und mit „Vergnügen empfunden werden." Denn „was das Helle für das „Gesicht ist, das ist die Klarheit für die Seele, und Finsterniß ist „der Mangel der Klarheit, und Klarheit in einem hohen Grade „ist Lebhaftigkeit, und Lebhaftigkeit ist in jedem Werke der Kunst „nöthig — sollte es auch nur wegen der Täuschung seyn, die „ohne Lebhaftigkeit der Ideen nicht erfolgen kann — das Original „ist immer schon durch sich selbst lebhafter, als die Nachahmung" (das heißt nun nach dem Zusammenhange des Vorigen, es hat in

13*

einem größern Grade Licht, Klarheit und was weiß ich mehr? und nun höre man das Beispiel:) „Denn, wenn ich die geschnittenen „Steine des Stoschischen Kabinets in den Pikartschen Stichen „betrachte: so wünsche ich wenigstens, die Pasten zu sehen: wenn „diese, so das Original:[1] und denn möchte ich immer[2] den Mäcenas, „Sokrates u. s. w. selbst sehen!" Solch Zeug füllt nun in der Theorie der sch. K. das große Kapitel von Licht und Schatten und Colorit! Lieber Pasten als Kupferstiche: weil jene mehr Licht, weniger Schatten, folglich mehr Lebhaftigkeit haben: lieber Steine, als Pasten, weil jene mehr Licht, weniger Schatten, folglich mehr Lebhaftigkeit haben: lieber Menschen, als Steine, weil jene mehr Licht, weniger Schatten, mehr Lebhaftigkeit haben, und Lebhaftigkeit ist jedem Werk der Kunst nöthig, sollte es auch nur der Täuschung wegen seyn, die ohne Lebhaftigkeit nicht erfolgen kann. O Wirrwarr! Wirrwarr! Und so ist das ganze Kapitel, so das ganze Buch. — — „Schicklichkeit und Anstand, Würde und Tugend: „Pathos und Intereße, Grazie und Figuren: Zeichnung „und Folge sinnlicher Ideen: Ausdruck und das Mecha= „nische, Genie und Geschmack" — welcher Schwall, welche Unordnung! wer mag ihn aufräumen? wer mag ihn durcharbeiten? Ich bin die Kapitel nur durchflogen; Leser! danke es mir, daß ich nicht weiter kann: im Innern noch mehr Schwall, noch mehr Unordnung. Hr. R. mag ein leichter, fähiger, geschickter Kopf seyn: er mag auch in diesem Buch gute Sachen hie und da hingestreuet haben: wer mag sie suchen? wer kann sie finden? Ein Lehrer der sch. K. u. W. ist er so wenig, als Eulenspiegel ein Maler: er kleckt uns eine Menge Begriffe hin, ohne Richtigkeit, ohne Känntniß, ohne Ordnung, ohne Fruchtbarkeit. Seine ganze Theorie ist ohne Data des Schönen in Wißenschaft und Kunst, ohne Unterscheidung dieser Erscheinungen, ohne alle Bestimmtheit der Begriffe, ohne gnugsame Weite und Anpassung der

---

1) R.: wenn ich diese gesehen, so wünsche ich das Original,
2) R.: noch immer

Ideen und Beispiele, ohne Plan und Ordnung in Theilen und im Ganzen, kurz ohne alle Känntniß und Sinn des Schönen: unter allen bisherigen Theorien (ich nehme selbst Lindners Lehrbuch nicht aus!) die elendeste, die verderblichste, und ach für unsre Zeit, die gelobteste, die tiefsinnigste, die stolzeste, die vollkommenste!

Beschluß.

In Griechenland wars Patriotismus, wenn dieselbe Hand, die die Verdienstvollen des Vaterlandes erhob, die Bildsäulen der Tyrannen niederstürzte, und in einer Zeit des Verfalls ists eben so wohl Patriotismus, die sinkende Philosophie zu erheben, und die schreiende Unwißenheit zu entlarven — was schadet es, wenn diese, die gegen so viele ihre Stimme erhoben, auch meinen Schatten anbellet? Ich sage, meinen Schatten, nur Schade! daß damit der Name eines ganz andern Schriftstellers gemißbraucht, und seine Person, sein Amt, sein Stand von Niederträchtigen, niederträchtig mißhandelt wird! Womit kann ichs diesem Unschuldigen ersetzen, daß ich zu solchen Mißhandlungen unschuldiger Weise Gelegenheit gegeben?

Meine Wälder haben keine Ordnung, keine Methode: und wann wäre dies bei Wäldern eine Schönheit? Nach gewißen Zeitungen und Bibliotheken hat ihr Verf. kein kluges Wort darinnen gesagt: und nach gewißen Briefen hat er weder Griechisch, noch Latein buchstabiren können; die Folge und eine zweite Auflage wird es zeigen. Einige Mißverständnisse, Wiederholungen, Fehltritte und zu rasche Züge ausgelöscht: andre Züge verstärkt, ergänzt, vermehrt; und ich hoffe, daß meine Wälder nicht unfruchtbare und unangenehme Sammlungen für den Liebhaber der Philosophie des Schönen seyn werden. Das soll meine Antwort, das soll mein Triumph seyn! Denn soll die unpartheiische Nachwelt gewiße litterarische Briefe zur Hand nehmen, um mich zu lesen, und zu richten.

Bei Allem aber stiehlt sich zum Ende meiner Arbeit ein Seufzer hervor! Wie klein ists, sich zum Werke und noch mehr oft zum Ton kleiner Leute herablaßen zu müßen! Wie erniedrigend, sich nach einer schlechten Mikrologischen Zeit zu bequemen, um einer beßern Platz zu machen! Was habe ich geliefert, das auch, wenn Zeitverbindungen zerstäuben, noch daure, noch bleibe? Und wieviel hätte ich nicht zu thun, zu liefern? — Muse! das sey also die Laufbahn meiner Arbeiten! Zur Gedankenreihe Menschlicher Seelen was hinzuzufügen, oder zu schweigen, lebend verdient zu werden, und zu sterben. Italien, Frankreich, England haben ihre Jahrhunderte groß und glänzend gemacht: Deutschland fing an, sie zu' übertreffen, und wie? es will wieder in Antiquarische und Scholastische Mikrologie versinken? und ich versinke mit ihm?

Stücke

aus

einem älteren „Critischen Wäldchen."

1767.

(Aus der Handschrift.)

I.

(Vgl. I. Einleitung S. XXXVI. III. Einleitung S. X. fg.)

— — Ich springe über die Römer hinweg und wo werde ich die Neuern finden? Wo ich sie finden will, theils bei bloßen, und oft pedantischen Erzälern theils bei historischen Künstlern, die nichts so gern, als mahlen, historische Perioden, wie Alleen führen, und hinten drein uns so prächtige Charaktere, Porträte, und Schilderungen machen, die vielleicht blos in ihrem Gehirn leben; Staatskluge endlich, die über die Geschichte ein ganzes Lehrgebäude für eine ganze Nation in allen ihren Politischen Verfaßungen haben schreiben können. In der ersten Claße werden vielleicht die meisten Deutsche; in der zweiten Franzosen, und in der dritten Engländer und Schotten seyn: und unter der letzten insonderheit ein Hume.
— — Hume, allerdings einer der größesten Köpfe unserer Zeit, den ich jedesmal mit Verehrung lese; aber darf ich wieder sagen, nicht als Geschichtschreiber, sondern als einen Philosophen der Brittischen Geschichte. Der wäre nicht würdig, sein Leser zu seyn, der an ihm nicht den scharfsinnigen Staatsmann, den tiefen Denker, den eindringenden Erzäler, den aufklärenden Urtheiler bewunderte: so viel ich indeßen von ihm zu lernen wünsche, so ist unter diesem Vielen das Wenigste — — Geschichte. Es ist das, was Hume davon denkt, wie ihm die Lage der Sachen erschienen, wie aus seiner Vorstellung sein Urtheil fließe, wie er sich die geschehenen Begebenheiten und Personen denke, wie er sie stelle, nicht aber nothwendig, wie sie geschehen, wie sie gewesen sind.

Ich führe einen Brittischen Schriftsteller an; denn da es unter den Britten über ihre Nationalsachen die merklichste Verschiedenheit von Köpfen und Urtheilen gibt: so kann uns die Vergleichung verschiedner und auch verschieden denkender Geschichtschreiber über einen Vorfall zeigen: welche Kluft es sey, zwischen Geschichte und Lehrgebäude, zwischen Begebenheit und Urtheil.

Unvermuthet also bin ich in meinem Critischen Wäldchen, da, wo ich ausging, und was bringe ich von meinem Gedankenspatziergange mit? Ungefähr folgendes:
eine Geschichte kann Lehrgebäude seyn, so fern sie uns Eine Begebenheit, Ganz, wie ein Gebäude darstellte. Ist aber diese Begebenheit einzeln, so kann eine solche Beschreibung nicht füglich Lehrgebäude heißen.

Also zweitens, daß sie die Ursachen der Begebenheit, das Band zwischen Grund und Folge aufsuche. Dies Band wird nicht gesehen, sondern geschloßen, und die Schlußkunst darüber ist nicht mehr Geschichte, sondern Philosophie.

Vollends zum dritten. Soll eine große Reihe Begebenheiten zu Einer Absicht, in Einem Plan mit einer gewißen Uebereinstimmung der Theile verknüpft werden: so ist noch mehr Gefahr, daß dies Lehrgebäude nach dem Maasstabe Eines Verstandes nicht in Allem einfache und klare Geschichte sey.

Aus diesen Hauptsätzen, die man, wenn es auf Philosophische Sprache ankäme, ziemlich erweislich machen könnte, würde folgen:

daß wenn man eine rechtmäßige Geschichte glauben, man alles, was an ihr Lehrgebäude seyn dörfte, untersuchen müße.

daß die Grade der historischen Wahrscheinlichkeit, und der Wahrscheinlichkeit des Systematischen Theiles in ihr nicht müßen verwirret werden.

daß je planer eine Geschichte ist, je mehr sie auf augenscheinlichen factis oder datis beruhe, um so wahrscheinlicher; je mehr historische Kunst, je pragmatischer; um so lehrreicher vielleicht, aber auch um so mehr zu prüfen.

daß, um einer Nation Geschichte zu geben, nie von dem höchsten, dem historischen Plan, dem Pragmatischen der Geschichte, u. s. w. müße angefangen werden, ehe wir die reine, klare Herodotische

Schreib= und Denkart inne haben. Geschieht jenes, so wie in allen sechs übrigens nützlichen Bänden der neuen historischen Akademie man noch kaum weiter als beim Plan ist (Untersuchungen, die eben zuletzt hätten bleiben sollen) so kommen wir eben so weit, als mit allen Theaterregeln von den drei Einheiten und dem Plane, ohne für das Dramatische Genie dort, und hier für das historische Genie mit einem Brosamen zu sorgen.

daß die Historiographie nie mehr ausarte, als wenn sie anfängt, Vernünftelei oder gar System ohne historische Grundlage zu seyn. In Deutschland haben wir mit unsern reichlichen Pragmatischen Vorschriften schon einen guten Anfang dazu gemacht, zu raisonniren, ohne beinahe zu wißen, worüber? wovon z. E. Hausens Geschichte der Protestanten zeuget.

daß endlich die Geschichte die beste sey, in welcher, was in ihr Geschichte und Lehrgebäude sey, als ganz verschiedenartige Dinge, zwar verbunden, aber auch kenntlich unterschieden, und der Grad angegeben werde, was der Verf. als Geschichte geschöpfet, und als Lehrgebäude hinzugedacht habe. — —

Wenn auch unsere jetzige historische Conjunkturen in Deutschland mich nicht auf diesen Gedankenpfad geleitet hätten: so nehme man ihn als eine Selbstprüfung an, wie fern ein Leser auch bei einer Kunstgeschichte die doppelte Pflicht habe, zu glauben, und zu untersuchen. Und nun bin ich also wieder bei Winkelmann.

IV.

Ich laße bei einer blos litterarischen Materie lieber alle kleinern Erinnerungen weg, die ich noch zu sagen hätte, und eile zu einem Philosophischen, oder welches noch lockender ist, zu einem Menschlichen Vorwurf: „von den Ursachen der Verschiedenheit der Kunst unter den Völkern, und vorzüglich von dem Einfluß des Himmels in die Menschliche Bildung." Hier erscheint mir Winkelmann in der Gestalt eines höhern Wesens, welches auf einer Waage der Weisheit die Schönheit und den Geist der Menschen und Menschengeschlechter abwäget. Darf mein Finger die Waage, wo sie etwas zu tief zu sinken scheint, unterstützen und wo sie sich etwas zu hoch heraufschwingt, ins Gleichgewicht bringen.

Den großen Einfluß des Clima auf die Säfte, und Bestandtheile, auf die Gesundheit und mithin auch auf die Bildung der Menschen, wäre unnöthig beweisen zu wollen, da Hippokrates und Plato, Aristoteles und Galenus, Huart und Zimmermann sich so sehr darüber erklärt haben; ich will hier blos von dem Einfluß des Clima auf die Gestalt und Form der Schönheit reden. „Je mehr „sich die Natur, sagt W. dem Griechischen Himmel nähert, desto „schöner, erhabner und mächtiger ist dieselbe in Bildung der Menschen„kinder. Es finden sich daher in den schönsten Ländern von „Italien wenig halbentworfne, unbestimmte und unbedeutende Züge „des Gesichts, wie häufig jenseit der Alpen." Er fährt in diesem Tone der stillen Begeisterung so einnehmend fort, daß ich mich oft in ebenfalls angeglüheter Begeisterung über die Alpen warf, und unter dem Himmel wünschte gebohren zu seyn, der das Vaterland schöner Geister und Körper war. Folgende Anmerkungen indessen sind nicht eine Frucht meines Neides, oder meiner Zweifelsucht, sondern einer kältern Ueberlegung.

So vielen Einfluß das Clima auf die Bildung der Menschen habe: so kann ich doch dasselbe eigentlich nicht für die Bilderin der Schönheit ansehen. Unter einerlei Klima, in einem völlig gleichen Lande kann es so verschiedne Bildungen geben, als es Provinzen und Menschengeschlechter gibt: eine Erfahrung, die in der Geographie Menschlicher Bildungen so viele Beweise hat, daß die stärksten Vertheidiger und Clienten des Clima ihnen nicht haben entweichen können. Unter einerlei Clima kann es wiederum zu verschiednen Zeiten auch Einwohner von so verschiednen Bildungen geben, daß sie sich unmöglich für Brüder erkennen können. Wie aber anders, wenn das Clima einzig und allein die bildende Göttin der Schönheit wäre? Denn müste es nach Geographischer Abmessung Länder der Schönheit, ohne Ausnahmen geben: denn müsten nicht zween Völker zusammen, oder gegen einander wohnen, die ohne Änderung das Clima in ihren Bildungen Antipoden wären: denn müste man nicht in einem Lande die Schönheit verarten, oder durch neue Generationen völlig verschwinden sehen: nichts von allem, wenn das Clima die Menschengestalten bildete.

Und wie sollte es dieselbe im eigentlichen Verstande bilden können, da Clima, als Clima, nur das Medium ist, in dem dieselbe gebildet wird? Nun kann freilich zum Empfang und Ausbildung einer gewißen Natur die in daßelbe gelegt wird, ein Medium unendlich zuträglicher seyn, als das andere; allein das beste Medium ist nur immer noch gerade das, was — die Produktion am wenigsten hindert. Hiemit ist aber noch nichts in der Produktion selbst erklärt; und also auch hier noch nichts in der thätig bildenden Ursache der Schönheit selbst.

Wohl! wird man sagen, diese ist, nach Platons schöner Dichtung, die Menschliche Seele selbst, die sich in Mutterleibe einen Körper bildet, gebe man nun dieser bildenden Schöpferin ein freies Medium, worinn sie ohne Störung und Hinderniß würken kann: so hat man das Werk ihrer Hände erklärt; denn sie, die vormalige Bewohnerin seliger Gegenden würket nach der Idee von Vollkommenheit, welcher sie sich noch aus ihrem vormaligen Zustande erinnert, und ihr Werk, der Abdruck dieser Vollkommenheit, ist also das Gebäude Menschlicher Schönheit. — — Ich laße mir diese Platonische Dichtung gefallen, zumalen Mengs und Winkelmann ebenfalls darinn ihre Ursache der Schönheitsbildung einkleiden; allein eben in dieser Einkleidung fahre ich fort:

Die bildende Menschliche Seele hat sie bei ihrer Würksamkeit nicht noch ein weit näheres Medium um sich, in welchem sie würket, aus welchem sie bildet? das sie also auch in ihrem Werke mehr stören, oder fördern kann? in welchem sie schon die Formen, die Complexion der Maße ihrer Bildung vor sich findet? das also ihrer Arbeit die nächste Bestimmung geben muß? Nicht anders! Und dies nähere Medium, diese Maße der Bildung, diese nächste Bestimmung der Gestalt; man nenne es, wie man wolle, ich begreife alles unter dem Namen der Generation, und sage: wenn das Clima nichts als ein entferntes Medium ist, so ist die nähere Ursache der Schönheit Generation.

Darf ich zu dieser vielfaßenden Ursache die einzelnen Ursachen auflösen? Das darf nur der Naturlehrer, nicht gleichsam der Geograph der Schönheit, der blos auf einen verständlichen Begrif bauet, und aus diesem ziehe ich folgende Sätze:

Es kann und muß Geschlechter geben, in denen die Schönheit, und zwar die Schönheit der Bildung erblich ist. Die Stammältern druckten ihren Abkömmlingen diese Form der Schönheit ein, und setzten dieselbe also zu ihrem Geschlechts= zu ihrem Nationalcharakter vest. Das wurde nun also eine eigne Menschengattung von schöner Bildung, wie so viele Nationen und Geschlechter der Erde, und nach der Ähnlichkeit der Schlußart, Thier= und Pflanzengeschlechter beweisen. Solch ein schönes Menschengeschlecht waren auch die Griechen.

Sollten sie dies nicht angedeutet haben? Sie, die auf den Vorzug ihrer Schönheit so stolz waren, und dieselbe so hoch schätzten, als ohne Vorurtheil zu sagen, kein Volk der Erde: sollten sie nicht in ihrer Mythologie, Dichtkunst, Geschichte, Philosophie (Wißen= schaften, die alle selbst unter dem Hauptgesetz der Schönheit standen) auf diese erste Nationalursache ihrer Bildung gezeiget haben? Ich wollte, daß Winkelmann diesen allgemeinen Wink ihres Alter= thums nicht übersehen hätte; denn was würde Er uns darüber gesagt haben!

Die Griechen waren sich (nicht blos ihres gemäßigten Klima) ihres äbeln Stammes so sehr bewust, daß sie die Stammväter ihrer Geschlechter nicht häßlicher, als von dem Blute der schönen Götter erzeuget, besangen. Man weiß aus ihrer Fabelgeschichte der güld= nen Zeit, wie viel Vergnügen Jupiter daran gefunden, Griechenland mit schönem Göttlichen Geblüte zu bevölkern, was er zu diesen Zwecken für mancherlei Liebesgestalten borgte, und für List brauchte, der Juno nicht blos seine Umarmungen zu gönnen, und blos ein Vater der Götter zu heißen. Die meisten Heerführer der Griechen in ihren ältesten Zeiten, die meisten Stifter Griechischer Colonien, und die Stammväter ihrer Geschlechter waren solche Göttersöhne; ein Name, der endlich ein Beiwort der Könige wurde, die meistens von solchen Göttersöhnen abstammeten: und wie muste der Stamm seyn aus einem Gotte, und einer Sterblichen, die einen Gott reizen konnte, die Schönheiten der Juno und aller Göttinnen zu vergeßen. Daher ists Homer, dem Dichter der Schönheit, so gewöhnlich, die Wohlgestalt als eine Ähnlichkeit der Götter zu bezeichnen und zu benennen: so ist Alexander, der Liebling der Venus: so ist mehr als ein Heerführer der Griechen, den Göttern ähnlich, und bei Agamemnon vereinigen sich so gar von einzelnen Göttern die Schönheitstheile, die er nicht an einem Gotte fand. Sein Achilles ist ein Sohn der silberfüßigen Göttinnen, und keiner seiner Heroen ist nicht wenigstens in seinen Vorfahren mit dem Geschlecht der Götter verwandt. Der Altvater der Dichtkunst findet in dieser Idee so viel Sangbares, daß er uns den Besuch der Venus, den sie dem Anchises gibt, so ziemlich treu erzählet, und in eben dem Lobgesange auf die Göttin der Liebe es ihr zum ersten Ruhm anpreiset, zwischen Göttern und Menschenkindern eine Mutter der Schönheit gewesen zu seyn. Von diesen Ideen ist das schönste Griechische Alterthum voll: (denn freilich ein Callimachus besang nicht mehr so etwas in seinen Hymnen) die Griechischen Schönheiten waren Töchter der Sonne, oder wurden von der Sonne geliebet, und vom Apollo bis zum Phosphorus, von Venus, bis zur keuschen Liebhaberin Endymions, waren alle Schönheiten des Himmels auch bedacht, Schönheiten zu erwecken den Menschen: und von solchem Stamme war das Geschlecht der Griechen.

So lächerlich dieser Ursprung an sich scheinet, für jeden, der darüber zu lachen Lust hat; so bedeutend und scheint[1] ist die Einkleidung der Griechen, die damit auf ihren edlen Stamm von

---

1) verschrieben statt: „schön" oder „scheinbar".

schönem Geblüte sahen, und bei keinem ist dies sichtbarer, als bei Pindarus. Wenn dieser die Helden, oder die Stadt, die er besinget, bis auf ihre Stammväter zurücklobet: wie gerne mischet sich alsdenn der Dichter, der es überhaupt zu einer seiner Lieblingsideen hat, Göttlich zu seyn und von Göttern zu reden, unter die Götter! „O Phintis! ruft der Böotier aus: spanne mir denn schnell die Stärke von Mauleselinnen vor meinen Wagen, daß ich auf reinem Wege zum Stamme meiner Helden komme." Und nun erzählt er: wie am Ufer des Eurotas Pitana mit dem Göttlichen Neptun vermischt, die schöne Evadne geboren, und diese schöne Evadne wiederum unter dem Apollo zuerst die süße Venus geschmecket: wie sie nachher ihren buntgewürkten Gürtel, und ihren Silberkrug niederlegt, und unter dicken Gebüschen einen Knaben von Göttlicher Gemüthsart empfing, da ihr der goldhaarigte Apollo Lucina und die Parzen zum Beistande sandte. Und so wand sich unter den lieblichen Geburtsschmerzen von ihrem Herzen, und trat ans Licht — Jamus, der Vater der Jamiden." Ich will Pindar in seiner Göttergenealogie nicht weiter nachfolgen; denn sie ist seine Lieblingsausschweifung, und in seinen schönsten Stellen leitet er von solchem Ursprunge, Muth und Glück und insonderheit die Gestalt seiner Helden.

„Sie gebar vom Zevs die edelste Frucht
„und es erfreute sich der Held — — (der vermeinte Vater)
„da er den Sohn erblickte — — —
„der ein Mann ward, über alle berühmt
„an Thaten und an Gestalt"

Das war der Stammvater des Epharmostus, des edlen Jünglinges, dem Pindar keinen würdigern Gesang zu weihen wuste, als über den Satz: „daß das Beste in der Natur Göttliche Gabe seyn müste," und von dem er mit seiner Böotischen Stimme kühn und hoch ausruffen konnte, daß er „glücklich, wie ein Geschenk eines „guten Dämons geboren, tapfer von Arm, schön und schlank am „Gliedergebäu, und tapfren Muth aus dem Auge blicke." So sangen die Griechen über die schönen Geschlechter schöner Urväter:

Dichter und Weltweisen und Geschichtschreiber priesen sie als den edelsten Stamm der Menschen. — Ich sage nochmals, daß es mich unendlich daure, von Winkelmann kein Auge geworfen zu sehen, auf diese Herrlichkeit Griechisches Stammes, die sie über alles hielten, auch für den Grund ihrer Schönheit ansahen, und nichts so gern, als sich ihrer Väter rühmten, und dieselbe priesen.

So war ihnen das Geblüt der Schönheit erblich und also die Schönheitsgestaltung ein Nationaleigenthum. Nach ihr bildeten sie ihre Schönheits= und Kunstideen so aus, als die Aegypter ihre Mißbildung, die ihnen auch National, und ihnen also Schönheit und Alles war, in Gestalten verewigten. Eben so wählten und bildeten die Griechen die Schönheit, nicht aus Metaphysischen Gründen, weil sie dieselben für den Abdruck aller Vollkommen=heiten, wie Plato, erkannten, oder wie Künstler, alle schöne Proportianen, oder mit Hogarth alle Schlangen und Wellenlinien in ihr fanden, oder weil das ihnen eigne Profil den höchsten Grad schöner Gesichtsbildung enthielte, sondern — alles als Nationaleigenthum, als Griechische Generation. Nun gehört für einen spätern Geographen, ich will nicht sagen, Metaphysikus der Schön=heit, ein starker Glaube dazu, unter allen Völkern der Erde, und insonderheit der gemäßigten Zonen, die Griechen für das einzige Volk der Schönheit zu halten, und alle Völker des gemäßigten Asiens, und des schönen Theils von Europa auszuschließen, selbst wenn dies Theil nicht eben Griechenland hieße. Ich werde später, von Metaphysischen Grundsätzen der Schönheit reden, hier lasse man mich dieselbe blos als Nationalcharakter betrachten.

W. selbst kann Phöniciern, Persern, Italienern, Levantinern, und selbst Juden und Türken ihren Antheil an Schönheit nicht absprechen, und warum wollte er Alpen, und das Mittelländische Meer zu Gränzen setzen? Selbst der Caucasus zeuget ein Volk, das nach dem Bericht aller Reisenden eine Nation der Schönheit war — die Cirkaßen. Man setze nach Belieben noch andre Völker dazu, die ihre gute Nationalbildung haben, ohne vielleicht Griechen=land als den Mittelpunkt der Natur und seinen Himmel als das

Ideal von Clima anzusehen, „wo die Natur, nachdem sie stuffen=
„weise gegangen durch Kälte und Hitze, sich hier, wo eine zwischen
„Winter und Sommer abgewogne Witterung ist, wie in einem
„Mittelpunkte gesetzt." Immer ists wahr, daß weder ein Eißkaltes,
noch ein hitzig trocknes Clima das Medium seyn könne, wo ein Volk der
Schönheit dauret und wohnet; aber dies Medium blos auf Griechen=
land einschränken, und es daselbst zur einzigen Mutter der Schön=
heit machen — dieß dörfte Griechischer Nationalbegrif, und schwer=
lich das Urtheil eines Reisenden seyn, der, ohne Griechische Bild=
säulen finden zu wollen, mit blos unpartheiischem und Gefühlvollen
Auge die schöne Welt unsres Erdballs durchstriche. Ich wenig=
stens, je mehr ich die besten Reisebeschreibungen zusammen gehalten,
desto mehr habe ich Beweis zu finden geglaubt, daß bei National=
schönheit nicht blos Clima, sondern am meisten die Form und
Bildung des Geschlechtes würke. Ein Volk von ungestalter Bil=
dung (ich rede nicht von Farbe) bleibt, wenn es das beste Clima
einnimmt, ungestalt, wenn es sich nicht vermischt, und wenn es
sich mit einem beßern vermischet, so wird unter sie Gestalt und
Ungestaltheit nicht anders, als vertheilet, und durch die Theilung
beiderseits vermindert. Auf die Art kann das beste Clima übel
besetzt seyn, und die beste Menschengattung ausarten, oder wenig=
stens verarten, wie das letzte W. selbst bei den Aegyptern zugibt,
und das erste aus allen Völkerwanderungen zu erweisen wäre.
Das erste, was einem Geographen der Menschheit bei seiner Erd=
reise aufstößt, sind: Menschengattungen, ungestalt, häßlich, wohl=
gebildet, schön; nur immer ist bei dieser Wanderung das Siegel
der Nation, der Gattung, des Geschlechts ungleich kenntlicher, als
das Gepräge des Clima, das sich vorzüglich in der Farbe und
Gesundheit äußert.

Zweitens: nichts also, nichts ist so sehr der Genealogie
und dem Nationalcharatter der Schönheit oder Eigenthümlichkeit
eines Volkes entgegen, als Wanderung, oder fremde Vermischung,
und dies ists eben, was die Nordischen Nationen, die selbst nach
dem Zeugniß einiger Alten schön waren, ihrer Bildung beraubet.

Ein Theil der alten Scythen war aus dem besten Asien, und von sehr edler Leibesbildung: so auch die alten Deutschen und andre; allein die ungeheure Vermischung, die alle Völker, und Menschengattungen und Gesichtsformen und Leibesbildungen vermischte und in einander warf, die von der Herkulanischen Meerenge bis zur Baltischen See alles in einen Tigel der Verwüstung brachte — freilich die hat solche Umkehrung in den Menschengestalten erreget, als ein öfteres Erdbeben in den Lagen und Erdschichten des Bodens. Indessen wird ein Geschichtschreiber der Menschheit denn auch so etwas übersehen wollen? ungleiche Zustände und Lebensalter vergleichen? und wenn er bei Aegyptern und Griechen zurücktritt, um über sie nicht urtheilen zu wollen, weil sie fremde Gewächse, weil sie ein andrer Schlag von Menschen sind, denn über andre ohne diese Rücksicht urtheilen? —

Darf ich also diesen ganzen Abschnitt: „Verschiedenheit der Nationen in Absicht auf ihre Bildung:" historischer und nicht so Nationalgriechisch behandelt wünschen. Den alten Griechen war diese Zuversicht auf ihr Clima zu vergeben, denn sie waren Griechen, die nicht die Erde besehen hatten; sie war ihnen auch rühmlich, denn sie stärkte ihren Patriotismus, und feierte den Stolz an, das zu erhöhen, was ihnen ihr Vaterland vorzüglich gegeben. Nicht so aber ein Geschichtschreiber, der sich den großen allweiten Satz aufgibt: Verschiedenheit der Bildung unter den Völkern; dieser schreibe als auf einer Wolke, von welcher er die Nationen vor sich wegziehen lasse, um Grundsätze zu fassen. Um so gerechter muß alsdenn das Lob seyn, das auf eine vorüberziehende Nation trift, daß sie vor allen andern ihre Begriffe der Schönheit genutzt, erhöhet und gebildet habe: dies Lob aus Wahl und Prüfung ist mehr, als das Lob eines Vorzuges, der blos aufs Clima trift, und nicht weiter.

Und was haben wir mit dieser Untersuchung bei W. verloren: „warum unter allen Völkern, die nicht fremde von der Schönheit „waren, doch kein einziges in Bildung und Ideen der Schönheit „Griechenland geworden?" Nicht, als wenn ich das Kapitel:

14*

„von den Urſachen der Aufnahme der Kunſt unter den Griechen" nicht zu ſchätzen wüſte; ſondern weil ich zu meinem Zwecke die Ausſichten über andere Völker allgemeiner wünſche, und weil mich alles Verdienſt der Griechen nicht ſchablos gegen die Frage hält: „wie vieles von dem Ruhm dieſes Volks beruhet auf ihrer vor= „theilhaften Stelle?" zwiſchen Aſiaten und Europäern, zwiſchen Aegyptern und Römern treffen ſie in der Kette in der Mittheilung der Cultur eben auf den Platz, wo ſie die Größeſten werden konnten und bleiben mußten, weil ſie ſich die Vorwelt zu eigen machten, und die Nachwelt mit ihrem Vorbilde erfüllten. Doch dieſe ganze Ausſicht „über den Plan bei Mittheilung der Kunſt „und Wißenſchaft unter den Völkern," die bei einer Geſchichte der Kunſt Hauptausſicht ſeyn muß, iſt bei W. nicht abgezweckt, und wie hat er alſo unterſuchen können, wie viel bei dieſer Kette der Mittheilung, auf dem guten Platz an Zeit und Ort beruhe, den ein Volk für vielen andern beſeßen!

Der Gott Terminus ruffet mich zurück, und ich bringe alſo über die Verſchiedenheit der Völker in der Schönheit folgendes nach Hauſe:

Nichts iſt wohl bei dem erſten Blick auf die Geographie der Bildungen unſtreitiger, als Menſchengattungen, die ihre eigne Geſtalt, oder Ungeſtaltheit haben; eine gewiße Einförmigkeit in den Geſichts= zügen bei den meiſten Subjekten der Nation. So z. E. Chineſer, Mungalen, Cirkaßen, Juden, Griechen, Negers u. a.

Dieſe Nationalbildung bleibt ohne fremde Vermiſchung Jahr= tauſende dieſelbe, und würkt am entſchiedenſten, wenn ſie, wie eine Pflanze, an ihrem eigenthümlichen Boden klebt. So noch jetzt die Chineſer, Japaner, und alle unvermiſchte Völker, und ſo vormals die meiſten Gegenden der Welt, als Vaterlandsliebe und Haß gegen die Fremden noch ſtärker würkten, und noch nicht die ganze Welt ein Vaterland war.

Durch nichts wurden die Originalbildungen ſchwächer und unentſchiedener, als ſeitdem die Völker aus ihrem Lande und ihrer Natur gingen: daher alſo die „halb entworfne, unbeſtimmte, und unbedeutende Gesichtszüge," die W. jenseit der Alpen findet: daher etwa die minder völlige Form des Gesichts und Uebereinstimmung der Theile, die unvermischten Schönheiten eigen seyn mögen.

Das Clima wird hiebei als ein Medium beträchtlich, in dem die bildende Schönheit würket, und sich offenbaret, das aber nicht selbst ausschließende Ursache derselben seyn möchte.

Daher können in einerlei Gegend zwei Menschengeschlechter ganz wiederwärtig seyn in der Bildung, eben weil sie zwei Geschlechter sind, und auch immer unter demselben Clima zwei Geschlechter bleiben: so selbst in Griechenland bekannte Beispiele.

Daher, daß ein Geschlecht auch unter verschiednen Himmelsgegenden, unvermischt und in Lebensart ungeändert noch das Volk bleiben könne wie z. E. die Juden, es sei denn in Erdstrichen, die ihrer Natur ganz entgegen wären.

Umgekehrt aber, daß eine ganz veränderte, widernatürliche Lebensart, wenn Männer wie Weiber und Weiber wie Männer leben, wenn Nahrungsmittel und hundert schwächende Umstände vor oder nach der Geburt zur unnatürlichen Natur werden — man alsdenn ohne Ketzerei werde sagen können: die Bildung dieser Menschenkinder ist verlohren gegangen, und nichts ist so unmöglich einzuholen, als die Abweichung von ursprünglicher Gestaltung, und Natur. Daher also, daß ein fremder Schlag von Menschen in ein Clima ganz andre Naturen bringen, und sich die Bildung eines Landes durchaus ändern könne, wie z. E. Aegypten und der meiste Theil Europens.

Nach alle diesem Vorzüge eines Volks vor dem andern, in Besitz einer glücklichen Natur, in Erhaltung, Erhöhung und Anwendung derselben: und was es endlich im Innern und Äußern sey, daß nach unsrer Aussicht die Griechen in Vorzügen dieser Art zum ersten Volk des Alterthums gemacht habe.

Das sei eine Winkelmannische Abhandlung über die Verschiedenheit der Nationalbildungen und über den Einfluß dieser Verschiedenheit in die Kunst.

V.

Der andre Theil der Winkelmannischen Abhandlung „über die Verschiedenheit der Völker in der Denkart und den Einfluß dieser Verschiedenheit in die Kunst" ist nicht blos für die Kunst vortreflich, sondern würde selbst dem Weisen über die Geschichte der Menschheit und der Wißenschaft überhaupt schöne Grundsätze leihen. Eine Probe davon sei die Geschichte des Menschlichen Verstandes, deren Verfaßer, ob er gleich nichts als einen Versuch geliefert, sich nicht sollte abschrecken laßen, weiterhin in dem Menschlichen Geiste zu lesen.

Die Denkungsart der Morgenländischen und Mittägigen Völker und die Abstechung der Griechen gegen sie wird gut gezeiget; aber freilich kann eine solche Materie nicht gleich vollständig geliefert werden, wie es jemand thun könnte, der auf Winkelmanns Schultern stünde, und dem gebe ich hier, insonderheit für die Geschichte der Wißenschaft meinen Fingerzeig auf den Weg.

Da so wie die Kunst, so auch die meisten Wißenschaften in Morgenländern entstanden sind: so haben die meisten, es sey denn die Erfahrungen, oder die allgemeine Wahrheiten betreffen, eben so wohl das Morgenländische Gepräge: „bei ihnen sind die figürlichen „Ausdrücke so warm und feurig, als das Clima, welches sie „bewohnen, und der Flug ihrer Gedanken übersteiget oft die „Gränzen der Möglichkeit." Und ists für einen Geschichtschreiber der Menschheit und Wißenschaft Hauptgeschäfte, sich in die Quelle dieses Ursprunges zu wagen, und die Orientalischen Ideen genau zu läutern, die sich aus ihrem Vaterlande bis zu uns übergetragen und zum Theil erhalten haben. Alle Wallfahrten nach den Morgenländern in dieser Absicht sind heilig, da in Morgenländern der Saame zu Geschichte, Dichtkunst und Weisheit zuerst Boden gefunden. Auch Aegypten, ein sonst so wüstes Land voll Fußstapfen historischer, mystischer und symbolischer Träumer, würde hier immer noch Goldstücke liefern, für den, der es in dieser Absicht durchgrübe: nehmlich Alles, was Ihr ist, Nil und Pyramiden, Landes=

thiere und Menschen, ausgestorbne Thorheit und Weisheit, Alles, was blos Ihr ist, ihnen zu laßen, und nur das, was sie auf andre würkten, was sie bis auf unsere Zeiten durch andere würkten, zu bemerken. Ich führe nur ein Beispiel. Der Herr von Schmidt, vielleicht jetzt der gelehrteste Aegypter in Deutschland, wie manches könnte er in Aegypten suchen, das unsern Lauf der Kunst und Weisheit aufklärte, und er allein, so wie unsern Zodiakus, daselbst finden würde, wenn er den Aegyptern ihren Knoblauch und Zwiebeln ließe und die Altgriechische Mythologie und Weisheit daselbst suchte.

Selbst das Gebäude unsrer Theologie schließe ich von diesem Studium der Morgenländer nicht aus: denn das Vaterland derselben ist ja ebenfalls in dem Geist und in der Natur der Morgenländer gewesen. In ihrem Styl und für die Denkart derer, an die geredet wurde, sind unsre heiligen Bücher verfaßet: in Morgenländern hat unsre Religion lange Zeitalter durchlebt: aus Morgenländern ihre erste Sekten und Erklärungen und Richtungen für die Nachzeit; und je mehr wir also diese Morgenländische Ideen abzustreifen suchen, so fern sie blos National sind, desto mehr erscheint das lautere Wesen derselben und wie viel Verdienst erwirbt sich hierinn unser jetziges Deutsches Jahrhundert in mehr als einer Theologischen Wißenschaft, und für mehr als ein Menschengeschlecht.

Theologie indeßen der Theologie und ihren Richtern überlaßen, bleibe ich auf einer Stelle, die mir um so weniger strittig gemacht werden kann: **Morgenländischer Geschmack, Morgenländische Art zu philosophiren.** Hier wird man keinen Geschichtschreiber der Wißenschaft, des Geschmacks über Zeiten und Völker darüber anketzern dörfen, wenn er an Heldengedichten, Liedern, Erzälungen u. s. w. nach Morgenländischer Manier, eben diese Manier und nichts weiter prüfet, wenn er sie für das Land und die Zeiten prüft, in welche man sie eingeführt hat, wenn er blos untersucht, wie fern die fremde Sache zuträglich oder schädlich seyn könne, oder gewesen sey. Ich gebe ein Beispiel, und lieber aus entfernten Jahrhunderten, als aus dem unsrigen, denn aus jenen sind wir heraus. Der halb morgenländische Geschmack, der in den Mitlern Zeiten sich über Spanien und Italien nach Europa zog, der daselbst mit dem Gothischen= und Mönchsgeschmacke vermischt, jenes Ungeheuer bildete, das Ritter= und Riesenromane, Kreuzzüge und Turnierspiele, Mystiker und Scholastiker ausspie — welch ein Phönomenon in der Geschichte des Menschlichen Verstandes! Und sollten die Morgenländer nicht mehr, als dies auf uns gewürkt haben, was wir jetzt noch nicht sehen wollen, weil es unsre Augen überzogen? Ich werde bei einzelnen Völkern weiter reden.

Der Einfluß des Himmels in die Denkart der Griechen ist von W. geschildert, als wäre er selbst Grieche. Ihre Sprache, ihre Sinne und Einbildung, ihre Erziehung, Verfaßung und Regierung ist theils hier, theils in allen W. Schriften gemahlet, daß das Gemälde den Wunsch nach der Sache selbst erreget, und wir partheiisch werden, alles so gern, als Wahrheit finden zu wollen. Hier gehe ihm der Geschichtschreiber über Weisheit und Dichtkunst dicht nach in seinen Fußtapfen, und welch ein Wunsch wäre es, in Weisheit und Dichterei der Griechen mir selbst das seyn zu können, was W. in Absicht auf die Erklärung ihrer Kunst für Welt und Nachwelt geworden. Zwar — — doch wer wird jedes Zwar auffangen? wir kommen ja bald unter einzelne Völker und denn auch unter die Griechen.

Auf die Natur und Verfaßung der Römer zur Kunst, hat W. hier nur einen Hauptblick geworfen, und auch in der Ausführung seiner Geschichte eine eigentliche Untersuchung darüber ausgelassen, worüber er sich bei allen übrigen Völkern zuerst erklärt: „Ursachen der Kunst unter ihnen, aus Denk= und Gefühlsart, Gesetzen, Achtung der Künstler u. s. w." Da ich die Winkelmannische Kunstgeschichte zuerst in die Hände bekam; mit begierigen Augen suchte ich, zunächst den Griechen, eine solche Abhandlung unter den Römern: „was es denn gewesen, daß ihnen in der Kunst einen eignen Styl gegeben?" Zehne von diesen Ursachen, dachte ich, müßen auch in dem Reich ihrer Wißenschaften seyn; und welche Aussichten hoffentlich über die bei mir noch so unentschiedne Frage, vom Werth der alten Römer auch im Reich der Wißenschaften. Begierig also schlug ich hin und her, und wollte meinen Augen nicht trauen, da ich — nichts fand. Nichts fand, als hie und da eingeschaltete Bemerkungen hierüber und Römische Situationen, insonderheit im andern Theil der Geschichte, und also bei W. Gründe des Stillschweigens von außen suchte. Ein Winkelmann über die Römische Litteratur möge dieser enthoben seyn.

Endlich über die Fähigkeit der andern Nationen zur Kunst: Hier finde sich ein Herold der Völker, der die Natur derselben wäge. Ich für den der ganze Nationalcharakter eines Volks ein unabsehliches Bild ist, das immer dunkler dem Auge wird, je näher man an dasselbe herantritt, und welches sich blos in der Entfernung von diesen Völkern so sicher zeichnen ließ, ich — — halte mich an einigen einzelnen Urtheilen:

„In den Fähigkeiten der Italiener zur Kunst herrscht[1] die „Einbildung, so wie bei den denkenden Britten die Vernunft über „die Einbildung."

„Die Dichter jenseit der Gebürge reden durch Bilder,[2] geben „aber wenig Bilder. Man muß auch gestehen, daß die erstaunen=„den, theils schrecklichen Bilder, in welchen Miltons Größe mit „bestehet, kein Vorwurf eines edlen Pinsels,[3] sondern ganz und gar „ungeschickt zur Malerei sind. Die Miltonischen Beschreibungen sind, „die einzige Liebe im Paradiese ausgenommen, wie schön gemalte „Gorgonen, die sich ähnlich und gleich fürchterlich sind."

„Bilder vieler andern Dichter sind dem Gehör groß, und klein „dem Verstande. Im Homero aber ist alles gemalet, und zur „Malerei erdichtet und geschaffen."

---

1) W.: Das vorzügliche Talent der Griechen zur Kunst zeiget sich noch izo in dem großen fast allgemeinen Talente der Menschen in den wärmsten Ländern von Italien; und in dieser vorzüglichen Fähigkeit zur Kunst herrschet

2) W.: Es hat jemand nicht ohne Grund gesaget, daß die — reden

3) W.: Pinsels seyn könne,

„Je wärmer die Länder in Italien sind, desto größere Talente "bringen sie hervor, und desto feuriger ist die Einbildung, und die "Sicilianischen Dichter sind voll von seltnen, neuen und unerwar= "teten Bildern."

Ich trage diese Aussprüche hier in mein Gedankenbuch ein, um, wenn ich zu Leßings Laokoon trete, darüber etwas zu versuchen.

Darf ich über das erste Capitel meine Meinung im Ganzen sagen: daß ich dies ganze Capitel hier — wegwünsche. Weg= wünsche? ja aber nur von hier, von dem Anfange der Winkel= mannischen Geschichte. — — —[1]

---

1) Das Msc. bricht nach wenigen, inhaltlich unbedeutenden Zeilen ab.

Kleine Schriften

(Recensionen)

1767—1769.

Aus den Königsbergschen Gelehrten und Politischen Zeitungen auf das Jahr 1767.

(1. Stück, den 2. Januar.)

Fragmente einiger Gedanken des musikalischen Zuschauers, die beßere Aufnahme der Musik in Deutschland betreffend. Gotha bey Mevius. 5 B. in 4.

Diese wenige Bogen, sauber gedruckt, und sauber gedacht, sind werth, von allen Tonkünstlern und von allen hohen und niedrigen Liebhabern der Musik gelesen zu werden. Wir sagen sauber gedruckt; rechtfertigen aber damit nicht völlig die Titelvignette, unter welcher noch dies Non=sens von Versen steht:

Die besiegten Tiger waren
Die Verächter der Musik.

(Denn wenn sie Verächter der Musik waren, wie wurden sie denn durch die Musik besiegt?) Wenn wir sagen sauber gedacht, so meynen wir nicht eben den ersten voranstehenden Brief, der den Charakter eines Landedelmanns, und eines Reichsstädters in seinem niedrigen musikalischen Geschmack schildern soll, und, wie es uns vorkommt, sich künstlermäßig an ihm rächet, daß er ihn zum Land=vieh erniedrigt. Die darauf folgende Antwort aber, die die Opera seria über die Intermezzo erhebt, ist desto schöner, und die Frag=mente von Gedanken selbst wird jeder mit Vergnügen lesen: sie sind wahr, lehrreich, nützlich, und einige verzerrte Perioden aus=genommen, nachdrücklich gesagt. Der Verf. zeigt pag. 1. 2. daß Deutschland viel dran liegt, seinen Werth in der Musik über Italien zu behaupten. Um dies zu erlangen, soll man gute Subjekte aus=

ſuchen, und die Vocalmuſik mehr cultiviren (pag. 3.) Er unterſucht
darauf, woran es liegt, daß wir ſo wenig Sänger und Sängerinnen
in Deutſchland haben? (pag. 4—5.) kurz und gründlich: ſchlägt
Uebungen im Singen vor, wozu ein Solfeggio von Haſſe ein=
gerückt wird, p. 7—10. thut Vorſchläge zu Verbeſſerung der
Kapellen und Orcheſter p. 12—14. gibt reiſenden Muſicis gute
Regeln, p. 17—20, worauf einige Cadenzen als Muſter angeführt
ſind, p. 21—26. und endlich ſucht der Verf. den Geſchmack der
Liebhaber auszubilden (p. 27. 28.) denen er die Geſänge, die
Canons genannt werden, anpreiſet, und einige einrückt p. 29—33.
Der erſte iſt von Benda in Gotha; der zweite vom Italiäner
Martino; der dritte von einem ungenannten, und der letzte vom
Bertalotti: worauf ein kleiner Anhang p. 36. das Werk beſiegelt.
— Wir haben nicht leicht ein Werkchen geleſen, wo mit ſo wenigen
Worten ſo viel geſagt wäre, dazu ſcheint jedes Fragment unmittel=
bar aus der Erfahrung geſchöpft zu ſeyn, und verliert ſich alſo
nicht in Luftplanen, welche die gemeiniglich entwerfen, die einer
Wiſſenſchaft oder Kunſt aufhelfen wollen. Wir wünſchen ihm alſo,
reichlich geleſen und angewandt zu werden. Eins verbitten wir
uns von dem Verfaſſer — Verſe: die Strophen, die er ſeinen
Fragmenten vorgeſetzt, ſind mittelmäßig und hart: wenn man den
Poetiſchen Wohlklang ſo gar in einem Gedichte vermiſſet, das ſelbſt
ein Muſter des muſikaliſchen Wohlklanges ſeyn ſollte: ſo muß man
ſich ärgern, dies vor einem Werke zu finden, das der Muſik auf=
helfen ſoll. Poeſie und Muſik ſind zwey Schweſtern, und die
zweite kann nicht zu aller ihrer vielſeitigen Vollkommenheit
kommen, wenn man uns in der[1] muſikaliſchen Poeſie noch Deutſche
Härte, Rauhigkeit und Zwang vorwerfen kann, — ein Fehler, der
den meiſten Deutſchen Dichtern anklebt (denn wie wenige Ramlers
gibt es!) und den der Verf. im ganzen Werk vergeſſen. Koſtet in
der Kanterſchen Buchhandlung 24 gr.

Hr.

---

1) Im Originaldruck: der noch

(66tes Stück. Den 17. August.)

Hamburg.

Bey Mich. Fried. Bock ist das Jahr 1766 durch eine Monatsschrift herausgekommen, die noch fortgesetzt wird, und sich unter den übrigen periodischen Schriften, die zum Vergnügen geschrieben werden, so sehr herausnimmt, daß wir von den Stücken, die wir vor uns haben, unsern Lesern eine Nachricht schuldig sind.

Unterhaltungen, mit dem Motto aus la Fontaine:

La bagatelle, la science,
Les chimeres, les riens, tout est bon; je soutiens,
Qu'il faut de tout aux Entretiens.

Januar 1767. Die Einleitung von der Kunst unterhaltend zu seyn ist etwas langweilig: der Erweis, daß die christliche Religion ein Werk Gottes sey, und zwar aus dem 53 Capitel Jesaias kann nirgend anders, als in Unterhaltungen stehen, und hätte vielleicht auch da wegbleiben können, wenn er nicht eine Art von Benedicite bey dem Anfange dieses Werks seyn soll. Die Poesie an seinen Freund bey dem Communiontage ist mittelmäßig, das Duett aber, das weitläuftige kirchenliederische Duett ist schlecht, und beinahe eine Compilation von Stellen aus Klopstocks Liedern. Jetzt einige Formeln zur Erleichterung der Berechnung der Dreyecke von Klügel. — Jetzt eine Ode an die Mademoiselle Schulz, eine Schauspielerin bey Ackermann, welcher in diesen Blättern sehr oft Weihrauch gestreuet wird, als der ersten Aktrice in Deutschland, als einer zweiten Clairon u. s. w. Der Dichter sagt von ihr die größesten Lobsprüche; von denen wir blos die zwey bescheidensten anführen:

Du giebst dem Gallier, du giebst dem Britten wieder
Was ihm ein Uebersetzer nahm. — —

— Wenn was ein Schlegel schrieb, von deinen Lippen tönet
So wird, was er geschrieben Dein!

zwey hohe Lorbeerkränze! Von den kleinern Stücken, die die vermischte Aufsätze beschließen, führen wir blos ein kleines naives Hochzeitkarmen an;

> Weil du es selbst begehrst, Lucinde, nun so werde
> In Strephons Arm zur Gruft gebracht.
> Leicht sey dir diese Erde
> Und hiemit gute Nacht.

Nun kommt das zweite Hauptstück: Musik: eine Abhandlung vom musikalischen Geschmacke, die zuerst den National= geschmack einiger Völker, z. E. der Franzosen, Italiäner und Deutschen, alsdenn den Provinzialgeschmack einiger Deutschen, und im 2ten Stück den Temperamentsgeschmack in der Musik erläutert. Ob diese Abhandlung gleich nur ein unvollkommnes Fragment seyn dörfte, wenn man die weite und wichtige Materie betrachtet: so ist sie doch in allem Betracht sehr lesenswürdig und unterhaltend. — Jetzt kommt ein Wiegenlied, von Fleischer in Musik gesetzt, und nun: vermischte Nachrichten erst aus den Wissenschaften, nachher aus den Künsten. Wir führen von beiden einige an:

Es wird eine prächtige Ausgabe der leibnitzischen Werke angekündigt — wo aber? — in Paris? Wir haben ebenfalls eine aus Turin angekündigt gelesen! — Proh Dii! der größte Mann den Deutschland in den neuern Zeiten gehabt, der Stolz Deutschlands, den es selbst gegen einen Newton setzen kann, hat von seiner Nation weder Denkmäler, noch Ehrensäulen. Ein Fontenelle muß ihn loben, ein Jaucourt sein Leben schreiben, Paris und Turin sich seiner Werke annehmen, daß sie nicht vermodern.

Mosheims Kirchengeschichte ist mit Lobe ins Englische übersetzt: Krügers Gedanken von der Erziehung der Kinder mit Tadel; aber warum muß dieser auf die ganze Nation zurückfallen? jeder kluge Deutsche hat in dieser Krügerschen Schrift und in andern wenig Eignes und immer viel Professorwitz gefunden.

Voltaire ist in 35 Bänden ins Englische übersetzt. Die Ueber=
setzung des Hermanns unter dem Namen des Baron Cronzeck
ist von mehr als einem englischen Journal sehr gut aufgenommen,
deren Lobsprüche hier weitläuftig angeführt werden. O monstrum
horrendum, informe, ingens! Klopstocks und Geßners Schriften
werden zum Glück der Deutschen besser übersetzt, als sie es waren.
Von Michaelis antiquitatibus hebraicis wird der Anfang im
Auszuge dargelegt: wir sehen diesem lange versprochnen Werk mit
Erwartung entgegen. Ramlers Cantate: der May, ist von
Telemann und seine Ino von Krause in Musik gesetzt. Jetzt
sind Nachrichten, die die Malerey, Kupferstecherkunst, Tanz=
kunst, Musik, und das englische Theater betreffen: sie scheinen
meistens aus Zeitungen und Journälen geschöpft zu seyn: sind
aber unterhaltend gnug.

Februar: Der langweilige theologische Erweis nimmt noch
über einen Bogen ein: es folgt eine mittelmäßige Erzählung
Hegiag; aber nun kommt etwas, was das ganze Stück hebt:
Richardsons Ehrengedächtniß von Herrn Diderot! Eine
begeisterte, abgebrochne Abhandlung, die auf einem Bogen mehr
sagt, als eine nüchterne Eloge, oder trockne Zergliederung in einem
Buche: die sich oft auf den Flügeln einer dichterischen Schwärme=
rey erhebt, aber die Macht hat, uns mit sich fortzuführen, uns
anzuglühen, und uns mit der Gewalt, die nicht jeder Schriftsteller
hat, die Clarisse aufs neue in die Hände spielen zu können.
Alles ist voll Feuer, voll Seele, voll Sentiments, voll Leben.
„Nie habe ich einen, sagt Diderot, von seinen Landsleuten ange=
„troffen, nie einen von den Meinigen, der nach England gereiset
„war, ohne ihn zu fragen: haben sie den Dichter Richardson
„gesehen? und denn: haben sie den Weltweisen Hume kennen
„gelernt?" Er geht die Sittlichkeit, die Situationen, die
Känntniß der Welt und des Menschen durch, begegnet den Vor=
würfen, die man ihm in Frankreich gemacht, zeigt die Nutzbarkeit,
die Illusion, die charakteristische Malereien, die Stärke in der Folge
der Begebenheiten, die natürliche Briefkunst in Richardsons Roma=

nen, und ruft endlich aus: „O Richardson! wenn du gleich bey
„deinem Leben nicht alle den Ruhm genossen hast, den du ver=
„dientest, wie groß wirst du bey unsern Enkeln seyn, wenn sie
„dich in der Ferne sehen werden, in welcher wir einen Homer
„sehen! Wer wird es dann wagen, dir nur eine Zeile aus deinem
„erhabnen Werke zu rauben? Du hast auch unter uns mehr
„Bewunderer gehabt als in deinem Vaterlande und das erfreut
„mich. Eilt geschwinde dahin, ihr Jahrhunderte, und bringt die
„Ehre näher, die einem Richardson gebührt! Ich fodre alle, die
„mich hören, zu Zeugen auf; ich habe nicht erst auf das Beispiel
„andrer gewartet, deinen Ruhm zu erheben. Ich lag jetzt zu den
„Füßen deiner Bildsäule, ich betete dich an, ich suchte in dem
„Innersten meiner Seele Ausdrücke, die dem Umfange meiner Bewun=
„derung gemäß wären; aber ich fand keine. Die ihr diese Zeilen
„durchlaufet, die ich ohne Zusammenhang niedergeschrieben habe,
„ohne Plan, ohne Ordnung, so wie sie mir in der Bewegung
„meines Herzens in den Sinn kamen, o! wenn ihr von dem Him=
„mel eine empfindlichere Seele, als ich, empfangen habt, so durch=
„streicht diese Zeilen! Das Genie eines Richardson hat alles
„erstickt, was ich von Genie hatte. Seine Schattenbilder schweben
„beständig in meiner Einbildungskraft; wenn ich schreiben will, so
„höre ich Clementinens Klage, so erscheint mir Clarissens
„Schatten, so sehe ich einen Grandison vor mir wandeln, so stört
„mich Lovelace und die Feder sinkt mir aus der Hand. Und
„ihr, angenehmere Erscheinungen Aemilie, Charlotte, Pamela,
„liebe Miß Howe, indeß, daß ich mich mit euch unterhalte, gehen
„die Jahre der Arbeit und die Erndtezeit der Lorbeern vorüber;
„ich komme dem letzten Ziel nahe, ohne etwas zu unternehmen,
„welches auch mich der Nachwelt empfehlen könnte." Wie sehr
wünschte ich in diesem Augenblicke, dieses kleine Stück im Franzö=
sischen vor mir zu haben, um Diderot in seiner eignen prächtigen
Sprache zu hören: und vielleicht wünschen viele Leser dies mit mir.
— Jetzt ein Gedicht auf Herrn E. einen Schauspieler, das
schöne Stellen hat: wenn Lobgedichte auf gute Schauspieler dazu

beitragen können, die Ehre unsres Theaters zu erheben: so ists billig, daß die dichterische Muse eine Freundin der theatralischen Muse sey. — Preise der astronomischen Instrumente und eine Nachricht von einer merkwürdigen Veränderung der Farbe einer schwarzen Weibsperson, aus den Philos. Transact. sind keines Auszugs fähig, und einige kleinere Poetische Stücke desselben nicht würdig. Von Nachrichten sind für uns merkwürdig: der vortrefliche Lord Home, der durch seine Grund= sätze der Critik unter uns bekannt ist, hat sonst noch drey Werke geschrieben. Principles of Equity, ein wichtiges Werk, das die Gränzen zwischen dem gemeinen englischen Recht, und der Billigkeit vollständig, deutlich und gründlich bestimmt: Historical Law-Tracts, eine mit des Lords Philosophischen Geiste geschriebne Geschichte der Gesetze und Essays concerning british Antiquities: eben von diesem Werk wollten wir am liebsten mehrere Nachricht, und da schweigen die Verfasser. In Koppenhagen ist ein Preis von 50 Rthlr. auf das beste dänische Lustspiel [gesetzt] und eben so viel auf das beste dänische Gedicht über die Liebe zum Vaterlande. Von Michaelis arabischer Grammatik, arabischer und syrischer Chrestomathie wird eine angenehme Nachricht gegeben: Deutsch= land hat wenig Männer von seinen Talenten und seiner Gelehr= samkeit: wie viel hat er geleistet, und wie viel zu leisten! — Leben des berühmten Schauspieler Garrik. Unsern Lesern wird das berühmte Bildniß dieses Mannes in der Rolle Richards des 3ten, unter den Hogarthschen Kupferstichen bekannt seyn: und wie staunten wir, daß dies seine erste Rolle, im 24sten Jahr, da er zuerst das Theater betreten, seine Probe und sein Meisterstück gewesen. So bildet ein Genie sich selbst, und tritt auf einmal gebildet hervor, um die Bewunderung der Welt zu seyn. Noch hat uns in seinem Leben die großmüthige Unterstützung gefallen, mit der er einer Enkelin des großen Miltons aufhalf, da er ihr zum Besten eins von Shakespears beliebtesten Stücken aufführen ließ. — Es folgen Nachrichten vom Französischen Theater und einigen Favartschen Stücken insonderheit, und wie gerne wollten wir einen vortreflichen Brief noch einrücken, den Aretino 1537 an Michael Angelo über sein Gemälde des jüngsten Gerichts geschrieben: er ist wie eine Winkelmannsche Beschreibung des Apollo in Belvedere, oder des Torso. — Allein wir schliessen jetzt, und wollen mit unserm ästhetischen Auszuge fortfahren, weil eine Provinzialschrift, die für eine Stadt geschrieben, von einem Buchdrucker verlegt, und für einen Monat aufgesetzt ist, sich bald vergreift, in wenige Hände kommt, und bald alt wird. — Man siehet, daß die eignen Arbeiten der Verf. lange nicht so merkwürdig sind, als die fremden Stücke die sie uns mittheilen, und die sonst verfliegen würden. Man wird dies aus den folgenden Monaten noch mehr sehen. Man wird den musikalischen Geschmack der Verf. loben, ihre fremde Nachrichten gerne lesen, es aber bisweilen wünschen, daß sie mehr das Gepräge einer vollständigen und gründlichen Correspondenz zeigten, statt daß sie jetzt oft Zeitungen verrathen, die blos aus auswärtigen Journälen kommen, uns aber deswegen noch stets unterhaltend sind. Kostet in der Kanterschen Buchhandlung jedes monatliche Stück 1 fl.

(98tes Stück. Den 7. December.)

Hamburg.

Wir fahren in unserm kritischen Auszuge der Unterhaltungen fort, weil man periodische Werke von dieser Art gemeiniglich nur mit einer kalten Anzeige abzufertigen pflegt, ohne die einzelnen eignen Originalabhandlungen mit einem etwas vollständigen Urtheil zu begleiten.

Im Monat März eröfnet Basilio und Quiteria, ein Singgedicht für das Theater, die Scene: in welchem die Fabel aus dem Don Quixote genommen, und in dem Geschmacke dieses originalen Romans ausgeführt ist. Der poßierliche Contrast zwischen dem genannten Romanhelden und seinem Sancho: alsdenn die Schäferscenen: und die Geschichte zwischen Basilio und Quiteria selbst bringen Mannigfaltigkeit von Situationen in das Stück, und wenn der Poetische Ausdruck sich mehr über die Prose erhübe, wenn er insonderheit in den Recitativen für die Musik etwas runder wäre, und nicht bisweilen etwas zu schleppen schiene: so wäre dies Singgedicht eben so schätzbar zu lesen, als es auch schon jetzt bey der Vorstellung divertißant seyn mag; nur die allegorische Scene hätte nach unsrer Meynung völlig wegbleiben können. — Das Leben Fieldings, in diesem und dem folgenden Stück, größtentheils aus dem Englischen übersetzt, ist lesenswerth: es zeichnet uns Fielding, als Mensch, als Bürger, als Schriftsteller, von seiner guten und schwachen Seite, erklärt seine Schriften aus seiner Denkart, (wobey man ein Paar Anekdoten antrift, von wem er seinen Pfarrer Adams, und Pfarrer Trulliver copirt habe) geht seine vornehmsten Schriften mit einer genauen und feinen Beurtheilung durch, und parallelisirt ihn sehr richtig mit Marivaux, dessen Charakter hier treffend geschildert wird: es rangirt seine Schriften, und gibt sich die Mühe, zu erklären, warum Fielding, insonderheit als Komödienschreiber nicht größer geworden, als er ward: und so lernen wir ihn aus diesem Leben kennen, schätzen, lieben und beklagen. — Es folgt ein kleines Gedicht aus dem Arabischen, das das Siegel der orientalischen Hoheit auf seiner Stirne trägt: und da wir in einem der folgenden Stücke dieser Unterhaltungen noch ein Paar würdige Poesien aus dieser Sprache übersetzt fanden: so wünschten wir, daß man uns mehrere von dieser Art aus Schultens Anthologie u. d. g. gäbe. — Cleon, oder die eigensinnige Tugend, ein moralischer Charakter, kann endlich, wenn man nicht moralisch lesen will, überschlagen werden. Und noch mehr, das seichte Stück über den Geschmack aus der Encyklopädie vom Voltaire. Die kleine Cantate nach dem Italiänischen des Zappi würde wegen ihrer Naivete noch mehr gefallen, wenn auch im Deutschen der Ausdruck so originalnaiv wäre. Das Todtengespräch zwischen Horaz und einem neuern Gelehrten aus dem Dänischen des Patriotischen Zuschauers enthält viele wahre Gedanken über den ungereimten Gebrauch, den wir von den Griechen und Römern machen, und worin wir den Alten so weit nachbleiben. — In der musikalischen Classe finden wir einige Bemerkungen des Herrn Noverra über die französische Opernmusik: unter den vermischten Nachrichten stehen die Zusätze, die zu Warburtons Sendung Mosis dazu gekommen sind, die übrigen Nachrichten gehören jetzo, da der Recensent dies schreibt, schon in den alten Kalender. Die Anmerkung über Cramers Cantate, daß seine Perioden oft zu rhetorisch sind, um musikalisch seyn zu können, scheint uns so wahr, daß man auch von andern Gedichten dieses Verf. sagen könnte: hier sind die Perioden viel zu rhetorisch, um poetisch zu seyn. Die Lieder für Kinder von Weiße dörfen wir unsern Lesern nicht erst aus den Unterhaltungen bekannt machen: allein ihre Composition von Scheibe bekommt hier ein strenges Urtheil. Im 4ten Stück nimmt sich Weißens Poesie an den berühmten Wille aus, ob sie gleich ein etwas hingeeiltes Stück sein möchte. Er spricht vom Französischen Theater:

O glückliches Paris! noch glänzt auf deiner Bühne
Melpomene in voller Pracht!
Dir hat ein gut Geschick Corneille und Racine
Und Brigards und Bekains und Grandvals vorgebracht.
Noch klopft mein bebend Herz! noch seh ich Robogünen
Die schreckensvolle Düsmenil;
In ihren Augen brennt der Donner, Tod in Minen,
Sie steigt aus Ninus Grab — —
Wer ist die Göttliche? sollt' ich sie sterblich nennen?
Die Clairon? Welche Majestät!
Elektra, Dido weint, und ihre Thränen brennen
Bis in das Herz — das — —
Doch welche Wehmuth geußt in wollustreichen Thränen
Die sanfte Gaußin in mein Herz!
Es schmelzt in süßem Weh bey ihrer Liebe Sehnen,
Und Melanidens Schmerz ist der Natur ihr Schmerz —
Der Scherz' und Gratien laut jauchzendes Getümmel

Drängt sich aus der Couliß hervor;
Sie gucken aus der Scen' und vom gemahlten Himmel —
Wer kommt? — Thalia selbst — sie trägt die Maske vor
Und führt an ihrer Hand die holden Lieblingsbeide,
Die Dangevill, den Previll her.
Des Beifalls froh Geräusch, der Bühne laute Freude
Dringt bis zur Unterwelt, zum Vater Molier.
Der Schalkheit feinster Witz lauscht, lacht und spielt mit ihnen,
Und Scherz stimmt Wendung, Sprach und Ton.
Was oft dem Dichter fehlt, ersetzen ihre Minen u. s. w.

Die Vollendung der Liebe: eine Erzählung vom Abbt Chaulieu — Einige physikalische Beobachtungen. Ein Aufsatz über die Gedichte des Herrn Macpherson von einem irrländischen Gelehrten. Ohngeachtet die Zweifel, die in dieser Abhandlung gegen die Altschottischen Gedichte gemacht werden, nicht von der Gültigkeit sind, daß die Authenticität und das Alterthum Fingals darunter wirklich fiele: so sind wir doch dem Verf. für Mittheilung dieses kritischen Aufsatzes verbunden. Noch siebenfach größern Dank würde aber der verdienen, der uns die berühmte, merkwürdige und nützliche Abhandlung des D. Blairs über die Gedichte Oßians mit der Geschicklichkeit im Deutschen lesen ließe, als wir diese Gedichte selbst lesen können. Die genannte kritische Abhandlung des D. Blairs, die der Rec. blos dem Auszuge nach kennet, müßte uns in so verschiednen Gesichtspunkten neue Aussichten verschaffen, daß die Hofnung, die man uns aus Hamburg her gegeben hat, sie bald übersetzt zu liefern, uns eine vorzüglich angenehme Ankündigung gewesen. — In der Musik folgen einige Bemerkungen des Herrn Noverra über den Einfluß des musikalischen Gehörs in die Tanzkunst: und unter den kurzen Nachrichten ist ein Verzeichniß der Theatralischen Stücke, die Garrik für die seinen erkennet, das merkwürdigste.

Hr.

Aus der Allgemeinen Deutschen Bibliothek 1767.

Johann Elias Schlegels Werke: Vierter Theil. Herausgegeben von Johann Heinrich Schlegeln, Koppenhagen und Leipzig, im Verlage der Mummischen Buchhandlung, 1766. 320 Seiten in 8. [V, 1, 165—175]

Es sind in diesem Bande die kleinern Gedichte des sel. Schlegels enthalten, die dem Herausgeber seiner Schriften, der Erhaltung würdig geschienen. Wir setzen zuerst die Haupttitel her: Heinrich der Löwe, zwei Bücher eines unterbrochnen Heldengedichts: Bemühungen Jrenens und der Liebe, eine kleinere Epische Fiktion auf das Beilager Karls des sechsten: Briefe und vermischte Gedichte: Erzählungen: Oden: Cantaten: Anakreontische Oden: Kleinigkeiten: und zuletzt ein paar historische Abhandlungen. Je mehr wir Schlegels frühen Tod bedauren; desto sorgfältiger müssen wir auf seine Nachlassenschaft merken.

Man kann die verwaiseten Werke eines Schriftstellers in verschiednen Gesichtspunkten der Welt mittheilen. Will man blos dem Geiste desselben auf seinem Grabe ein Ehrendenkmal errichten: so wählet man vorzüglich die besten Produkte seiner Beschäftigungen, die reiffsten und wohlgebildetsten Kinder seines Genies; die Jugendarbeiten, die mittelmäßigen Probstücke und Versuche hält man vom Licht der Welt zurück, oder wenn sie da sind, sucht man sie, als unächte Brüder, zu verdrängen. Wir danken es der Zeit, oder den Verfassern selbst, daß sie uns bei den größten Geistern des Alterthums die Uebungsstücke und das Unächte entzogen: wir lesen Homer, Horaz, Cicero; aber zu ihrem Vortheil dörfen wir die Jugendproben nicht lesen, wodurch sie Homer, Horaz, oder

Cicero wurden. Man setze sich also, wenn man diesen Gesichts=
punkt treffen will, aus der Lage eines Freundes und Zeitgenossen
in die Stelle der Nachwelt, die aus Stößen und Manuscripten
eines Autors oft nur einzelne Bogen mit unpartheiischer Hand her=
ausreißt, und auf sein Grab zur Fahne des Nachruhms pflanzet. —

Wenn wir in diesem Traume den Band durchlaufen, der
vor uns liegt: so würden wir wenig oder nichts wählen wollen,
um vor die Augen der Nachwelt zu treten, oder unsern Schlegel
den Nachbarn bekannt zu machen. Wir wählen also einen andern
Gesichtspunkt, der für das Publikum sicherer und nutzbarer ist: uns
in den Schriften eines Mannes ein Porträt seines Geistes
zu sammlen. Kennet der Herausgeber seinen Autor, liefert er den=
selben, wie er ist, sagt er uns von ihm sein eignes Urtheil, die
Zeit, wenn seine Stücke aufgesetzt sind, Gelegenheit und Folge: so
giebt er uns eine Geschichte von dem Denken und Ausarbeiten
seines Schriftstellers; und oft fährt bei Gelehrten ihr Leben in
diese zwei Stücke zusammen. Man hat also hier den schönen
Anblick, einen Dichtergeist wachsen und sich ausbreiten zu sehen:
mit ihm von seinen Lehrlingsstücken bis auf den Gipfel seiner
Meisterstücke hinaufzusteigen. —

In diesem Gesichtspunkt hat diese Ausgabe der Schlegel=
schen Werke viele Vorzüge. Sie geht zwar nicht nach der Ordnung
der Aufsätze; allein vor jeder Classe finden wir einen Vorbericht,
der uns gleichsam genetische Nachrichten, und eigne Urtheile giebt:
der Herausgeber hat seinen Autor, als Bruder gekannt, ist
selbst ein Mann von Kenntniß und Geschmack: wir lernen also
unsern Joh. Elias Schlegel sehr kennen.

Und noch mehr! Wenn unvollendete Arbeiten nicht in die
Erde gescharret werden: so kann ein andrer damit wuchern; er
kann in die erledigten Fußstapfen treten, und nach den Anfängen
weiter fortarbeiten. Wie sehr ist dies insonderheit in Deutsch=
land zu wünschen, wo die besten Männer aus ihren halbentworf=
nen Planen gerissen sind, und ein frühzeitiger Tod den Genies
aufzulauren scheint. Hier verrathe man ihre Verlassenschaft,

daß ein andrer vielleicht davon Besitz nehme, und ihre Stelle ersetze. — So wollen wir Schl. Werke durchgehen.

1) Ein Fragment von einem Heldengedicht: Heinrich der Löwe. Es ist in vielerlei Absicht gut, daß unsere Dichter Schlegeln nachfolgen und die Vaterlandsgeschichte studiren möchten: blos auf diesem Wege bringt man in den Geist seines Volks, und kann man aus dieser Historie Stücke heben und mit Feuer und Geist beleben: so hat man ein doppelt Recht auf das Gefühl seiner Nation. Schl. hat bei dem Studiren der Deutschen Geschichte nicht blos Materialien zu einem Heldengedicht, sondern auch zum Leben seines Helden gesammlet, und dasselbe in 2. Octavbänden herausgeben wollen. Wir wünschen dem Herausgeber Zeit und Kräfte, sie mit der nöthigen Ausbesserung und Vollführung ans Licht zu stellen. „Gewiß! die Historie zeigt sich fast mehr in ihrer ganzen „Schönheit, und in ihrem vielfachen Nutzen, wenn sie irgend einen „großen Mann, einen sehr denkwürdigen Zeitpunkt auswählt, und „ein ausgeführtes Gemälde darstellt, als selbst in den besten „Miniaturschilderungen, oder den Inbegriffen der Geschichte ganzer „Reiche; und Heinrich der Löwe verdient die Aufmerksamkeit „eines Deutschen und jedes Liebhabers der Geschichte."

Aber Heinrich der Löwe als ein Sujet zum Heldengedicht? Das wird eine zweite Iliade seyn können: dieser Held ist wie der Achilles des Homers:

Impiger, iracundus, inexorabilis, acer;
Iura negat sibi data,[1] nihil non arrogat armis.

Uns fielen bei dem ersten Anblick dieses Stofs jene Worte Homers ein, die auf Heinrichen so genau als möglich passen:

Ου γαρ τι γλυκυθυμος ανηρ ην, ϵδ' αγανοφρων
Αλλα μαλ' ϵμμεμαως.

Aber Schl. wäre dieser zweite Homer nie geworden. Nicht „weil „der Meßias schon erschienen, und es bei einem Heldengedicht,

---

[1] So hat Herder öfters irrthümlich statt nata citirt.

„nach Schl. Meinung viel darauf ankommt, der erste in seiner „Nation zu seyn." Auch nicht, als wenn Schl. Fleiß nicht eine Epopee durch, ausgehalten hätte; dies vor vielen andern: denn sein Bruder sagt uns, daß er den Trieb, ein Epischer Dichter zu seyn, von Jugend an gefühlet — sondern, wenn wir nach seinen übrigen Arbeiten urtheilen wollen, weil seine Poetische Einbildungskraft uns für eine Epopee zu trocken, und Moralisch verkommt. Wir haben in den beiden Gesängen dieses Anfanges hier und da schöne Moralische Stellen, lehrreiche Allegorien, edle Sentiments, nachdrückliche Sentenzen, und ein ausgearbeitetes Sylbenmaas mit Reimen gefunden; aber nirgend den Ton der Epischen Erzählung, den Adel, den kurzen hohen Vortrag der Reden, die immer fortschreitende Handlung. Man kann alle einzelne Stücke in Lehrgedichte verpflanzen, und sie stehen am rechten Ort.

Wir haben gesagt: Lehrreiche Allegorien fände man in dieser Epopee; denn die Maschinen in ihr sind Tugenden und Laster. So heißts im ersten Gesange:

Indeß versammlete der Himmel reine Schaaren,
Die auf uns niedersehn, die Tugend zu bewahren.
Sie freun sich, wenn ihr Reiz der Menschen Herz gewinnt,
Und stehn den Seelen bei, wenn sie bekämpfet sind.
Ein jeder von der Zahl, die hier zusammen kamen,
Steht einer Tugend vor und führet ihren Namen;
Die Großmuth und die Huld und Frömmigkeit und
    Treu,
Gelassenheit und Muth und eine lange Reih
Von Geistern, die man oft blos aus der Würkung kennet,
Die oft kein Ausdruck faßt und keine Sprache nennet,
Stand um den hohen Thron des Geists der Majestät,
Durch den der Himmel schützt und stärkt, wen er erhöht u. s. w.

Wir führen diese Worte an, um unser voriges Urtheil zu beweisen, und würden es noch mehr bekräftigen, wenn wir die darauf folgende langweilige Rede Gottes, den Streit der Tugenden vor seinem Throne, und andre Stücke anzögen. Wir wollen die Einwürfe nicht vermehren, die man gegen die Moralische Wesen, als Epische Maschinen, gemacht hat; das Resultat würde vielleicht seyn, nicht blos, daß sie **unbequem,** sondern der Epopee selbst nachtheilig sind: aber das können wir mit **Schlegeln** nicht glauben, daß wenn man die Maschinen der Alten und die Geister unsrer Religion nicht brauchen könnte, „die **Allegorie** die einzige noch übrige Quelle des Wunderbaren sey." Fände sich ein Epischer Dichter zu **Heinrich dem Löwen,** der die beiden **Schlegelschen** Gesänge nutzte, aber umwürfe — sich eine Epische **Handlung** wählte, die wir hier nicht sehen: so würden wir ihm eine andre Quelle zu brauchbaren, erlaubten, Poetisch edeln und lebenden Maschinen anrathen, die nicht aus der Mythologie, noch unsrer Religion, noch aus der Moralischen Welt; sondern aus der **Politischen Geschichte** seines Helden personificirt würden, und dieses sind die **Schutzgeister der Provinzen und der Fürsten,** oder mit einem Dichter zu reden

— — Der Königreiche Beschützer,
Engel des Kriegs und des Todes, die im Labyrinthe des Schicksals
Bis zur göttlichen Hand den führenden Faden begleiten;
Die im Verborgnen über die Werke der Könige herrschen,
Wenn sie damit triumphirend, als ihrer Schöpfung sich brüsten. —

„Heinrich der Löwe, ein Fürst, dessen Macht nur mit des „Kaysers seiner verglichen werden konnte, der Stammvater des „großen Hauses **Braunschweig-Lüneburg, der Ueber-** „**winder und Bekehrer der Wenden;** durch den theils bei seiner „Regierung, theils bei seinem Falle, die Fürstenthümer **Hollstein,** „**Mecklenburg und Pommern,** die Städte **Lübeck** und „**Hamburg** und andre Landschaften und Städte mehr, das „geworden sind, was sie sind; ein Herr von großen persönlichen „Eigenschaften, von sonderbaren und rührenden Schicksalen," der seine Länder verlohr und zum Theil wieder bekam, der hier und dorthin zu Hülfe ziehen sollte, aber zu seinem Unglück nicht wollte

— ein solcher Fürst kann eine Anzahl Schutzgeister verschiedner Art für und gegen sich in Bewegung setzen, die nicht zum Schmuck, sondern zum Wesen der Epischen Handlung gehören, uns interessiren und alles beleben.

Man wird einer Deutschen Bibliothek es gern erlauben, daß sie über ein Fragment von zween Gesängen so ernsthaft spricht, wenn man bedenkt, daß dies Fragment nichts minder, als eine Epopee, und zwar über einen Deutschen Helden seyn soll: eine seltne Nationalerscheinung im doppelten Verstande. Dagegen schweigen wir

2) von den Bemühungen Irenens und der Liebe völlig: es ist in Allegorisch-Moralisch-Epischem Geschmack und zum Glück nicht lang.

3) Briefe und vermischte Sachen: diese sind das beste in diesem Bande. Einige kommen wirklich den Horazischen Briefen nahe, untermischt mit kleinen Fabeln, launischen Gesprächen und Moralischen Sentenzen in fliessenden Reimen. Aber dies sind auch nur einige, die so durchaus schön sind: worunter wir auch einige Uebersetzungen rechnen. Freilich verlieren Gedichte dadurch nichts, daß sie Gelegenheitsgedichte sind: ein Wort, an das wir uns unbilligerweise stossen, und das doch die besten Poesien der Alten und Neuern in sich begreift. Hat aber ein Gedicht weiter keinen Werth, als daß es Empfindungen besingt, das ist, daß es ein Gelegenheitsgedicht ist: so kann es in seiner Privatbeziehung schätzbar seyn; aber fürs Publikum ist es nicht.

4) Die Erzählungen sind sonst schon gedruckt, fliessend, aber ohne eignen Ton und nur vier.

5) Oden: hier können wir geradezu sagen: keine Oden! wie kann man auch ein Original in allem seyn? Der Herausgeber sagt das geprüfte Urtheil, das wir für mehrere Deutsche sogenannte Odendichter hinschreiben: „In einigen dieser Gedichte „wird sich hin und wieder ein gewisser Schwulst verrathen, eine „Zusammenhäufung von Bildern, die nicht immer am rechten Orte „stehen, die sich in einander verlaufen, oder die nur halb aus-

"gedruckt sind. Der Verf. war hievon eine Zeitlang, als von pinda=
"rischen Zügen, eingenommen. Er ist aber hernach ganz davon
"zurück gekommen und hat selbst diesen Zeitpunkt in seiner
"Denkungsart die Zeit seiner Dunkelheit genannt. Doch sind auch
"in den benannten Gedichten ausnehmende Schönheiten." Viel=
leicht; — aber Odenschönheiten haben wir keine gefunden: es sind
einige von ihnen correkte Strophen=Gedichte, die schöne Gedanken
und Bilder versificirt enthalten.

6) Cantaten: man wird einige in Composition kennen z. E. Phyllis und Thyrsis neulich von Bach; Cephalus und Prokris schon vorher von Scheibe componirt. Einige dieser Stücke sind schätzbar, da Deutschland noch so wenig, recht wenig musikalische Dichter aufzeigen kann: sie haben auch alle einen gewissen sanften Fluß der Versart; aber daran zweifeln wir, wenn wir unserm Ohr trauen dörfen, daß Schlegels Poesie sich bieg= sam gnug der Tonkunst anschmiege, oder daß in ihr der hohe musikalische Wohlklang den Poetischen belebe.

7) Anakreontische Stücke. Sollen diese Stücke einen Charakter haben: so müßte es bei den meisten eine schöne trockne Einfalt, und ein sanftes fliessendes seyn, das fast durchgehends sich trochäische Verse wählet. Die Eintönigkeit und Schwere rührt bei manchen offenbar aus dem gereimten Sylbenmaas her; denn wie uns dünkt, haben es die neueren Anakreontischen Dichter sehr vortheilhaft unterschieden, daß sie kleine Phantasien in dem sogenannten Anakreontischen Sylbenmaas ohne Reim vortragen, und blos die Empfindungen und Einfälle in Lieder reimen, die vom Reime Schönheit hernehmen.

8) Die Kleinigkeiten übergehen wir, und

9) von den historischen Abhandlungen scheinen uns die Gedanken über die Achtserklärung Heinrichs des Löwen nicht tief gnug in die damalige Verfassung von Deutschland zu blicken; die Geschichte Heinrichs wird dies vollständiger thun. Gerechter sind die Anmerkungen über die Ausschließung der Prinzeßin Blanca von der Thronfolge in Kastilien, die diesen Band schließen.

Jeder siehet, daß in diesem Theile viel Schönes sey, insonderheit in dem Felde, wo Schlegels Muse weidet, in lehrenden Betrachtungen; allein das wird man auch nicht verkennen, daß eine reiche Einbildungskraft und ein Schöpferischer Geist zu Erdichtungen nicht seine größten Talente gewesen, daß vieles nach der Jugend und dem Gottschedischen Zeitpunkte schmecke, und daß das meiste mehr einem **guten**, als **großen** Dichter gehöre. Wir urtheilen mit der Unpartheilichkeit, die wir der Asche eines so theuren Schriftstellers schuldig sind; wer Schl. in seinen Theatralischen Stücken, in seinen Abhandlungen, und in seinen Horazischen Briefen zu schätzen weis: wird es ihm leicht verzeihen, daß er kein Odendichter, oder kein Anakreontist vom ersten Range ist.

Der Herausgeber verspricht uns im folgenden letzten Theile das Wochenblatt: **der Fremde**, und das Leben seines Bruders. Wir sehen das letztere als ein Geschenk an, weil es uns eine Einleitung und gleichsam ein Commentarius perpetuus über seine Schriften, über die Richtung und die Falten seiner Denkart seyn kann. Das Leben eines Gelehrten und eines Genies ist vielleicht das leichteste zur Biographie wie sie seyn soll; nur müßte man sein eigner **Biograph** werden, oder der Geschichtschreiber müßte uns so kennen, wie ein Bruder den andern.

C.

Christ. Adolph. Klotzii carmina omnia: editio emendata et nova. 100 Seiten 8. [V, 1, 224—228]

Am kürzesten kämen wir weg, wenn wir folgende Worte eines Deutschen Kunstrichters statt zu recensiren hinschrieben, die doch wahr seyn müssen, weil sie dreust gesagt sind:* „Die Nachahmungen „des theuren Hrn. K. sind nachgemachte Straußbündel von römi= „schen Blümchen und Specereien, denen ein besseres Schicksal vor= „behalten war, als unter der Hand allmannischer Freibeuter zu

*) Merkwürdigkeiten der Litteratur, 2te Samml.

„verdorren." Allein Machtsprüche von der Art sind öfters vorgefaßte Meinungen, die man hinschreibt, weil man den theuren Herrn Horaz nur aus den Schulen und den theuren Herrn Klotzius nur vom Titel her kennet, und so leicht wollten wirs uns nicht machen. Wir lasen, hielten zwo Ausgaben zusammen, nachgeahmte Stellen gegen Horaz, die Nachahmungen gegen andere, und schlossen endlich mit dem Urtheil: Kl. ist ein Kenner des Horaz, sein Liebling in der Laune, und sein Nachahmer, wie es in einer längst ausgestorbenen Sprache möglich ist. Wir wollten zwar diese Aussprüche in das Ehrenwort zusammen ziehen: neuere Antiken; allein wir waren zu diesem Wort zu blöde. Unter vielen Ursachen auch deswegen, weil das ja nicht zur Antike gehörte, den Marmor und die Instrumente aus Griechenland zu holen, wenn man sie in seinem Vaterlande besser haben kann; und überhaupt, weil die ganze Vergleichung leidet. Wir haben unter dem Wort Carmina: Oden, Sylvas und Sermones von verschiedenem Werth; aber da es die zwote Ausgabe ist, blos von den Worten: neu und verbessert Rechenschaft zu geben, und setzen voran, daß wir diese Gedichte nicht als Originale, sondern der Denkart, Composition, und Sprache nach, blos als künstliche Nachbildungen, ansehen und sie also höchstens in die dritte Classe Poetischer Werke setzen können.

Ode 1. ad amicos meos: „Amor giebt dem Dichter die Citter, „um von Liebe zu singen: er hat gesungen, übergiebt die Citter „seinen Freunden; ihn soll eine ernsthaftere Muse empfangen: er „will ruhig leben und sterben, und Freunde sollen sein Grab „mit Blumen bestreuen." Man siehet, die Einkleidung der Ode ist alt und oft gebraucht, allein der Gang ist Horazisch und die Theile machen ein Ganzes aus. Die Ursache aber, warum er seine Muse verändert, ist ziemlich Deutsch:

— — Nunc veteres delicias ego
A Junone nova compede pronuba
Vinctus qui repetam lyra.

Ode 8. ad Fridericum Augustum: „Er wünscht den König „in sein verheertes traurendes Land zurück; und alles, selbst der

„Dichter, wird sich freuen." Man wiederhole mein voriges Urtheil und setze dazu, daß an ein Paar Stellen die Ode zu Prosaisch zu werden scheint.

Ode 9. de bello: Beinahe würden wir dieser Ode den Vorzug vor allen dazugekommenen geben. „Warum schweigt alles „so traurig? Es ist Krieg, Kriegsgeschrei, Blutvergießen, Hunger! „Wie wird einst ein Landmann staunen, wenn er Schwerdter und „Knochenhaufen aus der Erde graben wird? Seine Kinder wird „er sammlen, ihnen die traurige Geschichte seiner Vorfahren erzäh=„len, die Gebeine verscharren und die Waffen

>Tergo auferet secum et trepida manu
>Fumo nigris in postibus aedium
>Affiget, horrorem ad nepotum
>Opprobriumque patrum perenne."

Diese Fiktion, und natürliche Digreßion ist zwar wieder nicht neu, aber, bis auf einen mißlungnen Perioden, schön erzählt.

Ode 10. „Der Churfürst kommt zurück: Dreßden freue dich: er weint über die Sächsische Verwüstung:

>Sint orbe toto ipsaque vita
>Hae lacrimae tibi cariores.

„Mit ihm kommt der Ueberfluß, die Musen, Gerechtigkeit „und Treue; ja Sachsens Genius kommt von den Wolken „zurück!" Die letzte Erscheinung ist überraschend.

Ode 11. 12. Dreßden und Sachsen spricht über den vorigen Gegenstand.

Unter die Wälder sind die Elegien der vorigen Ausgabe gebracht, einige Stücke voll Horazischer Wendungen dazu gekommen: Die Satyren sind dieselbe. — Die Ausbesserungen betreffen theils die Composition der Bilder, und die Stellung des Perioden, theils einzelne Zusätze. Sie sind nicht häufig, aber meistens glücklich. Wir sagen meistens: denn wenn das Bild schon da steht, so ifts schwer die Figuren umzurücken: ein Beispiel!

> Vidi, nepotes, credite, credite
> Vidi sedentem nuper ad Albidos
> Germaniam ripas nefandum
> Exitium patriae dolere.

So fing die 5te Ode an: jetzt ist die 14te so geändert.

> Vidi sedentem, credite, credite
> Ripas ad Albis nuper et humido
> Germaniam vultu nefandum
> Exitium patriae dolere.

Ist sedentem das wichtigste, was mir bei dem Bilde zuerst ins Auge fällt? Ist das zweifache credite hier eine Schönheit? Ist das Exitium patriae dolere nicht etwas nüchtern, wenn die folgende ganze Strophe durch, das vultu humido noch umschrieben, und alsdenn noch einmal queritur wiederholt werden muß. — Hier ist Horazens Vorbild, der Leser urtheile!

> Bacchum in remotis carmina rupibus
> Vidi docentem (credite posteri)
> Nymphasque discentes, et aures
> Capripedum Satyrorum acutas.
> Evoe! recenti — —

Wir vergessen aufzuhören! hier ist alles voll, alles an seiner Stelle: das Bild zeigt sich nach und nach, wie wirs erblicken würden, hier steht kein sedentem, kein nuper: hier kann das credite posteri, nicht um ein Wort verrückt werden: in 4. Versen bereitet uns der Dichter, das Evoe! mit ihm zu singen: hat uns aber Kl. in seinen 4. Versen schon ein Eheu! ausgepresset?

Ein Beispiel ist gnug von den Verbesserungen der Bildercomposition; jetzt eins von den kleinern Zusätzen dieser Ausgabe. Der folgende muß uns ins Auge fallen, denn er ist S. 100. eben am Ende der letzten Satyre:

> Goetzius Hamburgi clamoribus omnia complet,
> Voce tonat rauca, turris templumque tremiscit.

Hier kommt es uns sonderbar vor, den Namen zu finden, da alle seine vorige Helden Bibulus, Birrus, Titius, u. s. w. heissen: nur auf einmal erblicken wir statt des Titius, Götzius und statt des Birrus, Ziegra;

> Idem amens chartas et vana diaria legit,
> Qualia bellipotens Hamburgi Ziegra, pusillus
> Natus et infausto coeli sub sidere scribit.

Wir kehren also zur Vorrede zurück, und finden: Liberius si dixerim quid, nec veniam oro nec caussam meam contra duriores judices defendo: non recito cuiquam, nisi amicis.

Uebrigens unterscheidet sich diese Ausgabe, durch Vignetten, die von antiken Steinen genommen, aber sonst schon bekannt sind.

C.

Christ. Adolph. Klotzii opuscula varii argumenti. Altenb. ex officina Richter. 1766. 330. Seiten in groß 8. [V, 2, 74—85]

Zuerst zeigte sich Herr K. durch kleine niedliche Werkchen, in denen blos die Einkleidung, die feine Känntniß der Lateinischen Sprache, und die Horazische Ader schätzbar war, ohne daß man dieselben als materielle Beiträge zur Litteratur hätte ansehen können. So waren seine Mores Eruditorum, Genius seculi, ridicula litteraria, opuscula poetica: Stücke, die man als schöne Blüthen, nicht aber als nutzbare Früchte betrachten konnte. Man wünschte von ihm eigne kritische Abhandlungen, da man von seiner Belesenheit und dem feinen antiken Geschmack viel erwartete; er hat einige geliefert, unter denen wir diesen opusculis ohne Anstand den Preis geben. In dieser Sammlung von 12. kleinen Stücken werden die Liebhaber der Philologie, der Griechischen und Lateinischen Musen, einige so schöne Aufsätze finden, daß sie sie ohne Streit nutzbare Fragmente zur Kritik des Schönen heißen werden.

Wir springen auf einmal in die Mitte. Das sechste Stück, von der glücklichen Kühnheit des Horaz, legt die Stelle des Quintilian zum Grunde: at Lyricorum idem Horatius fere solus legi dignus. Nam et insurgit aliquando et plenus est jucunditatis et gratiae et variis figuris et verbis *felicissime audax*: und ist zu diesem Dichter eine schöne Einleitung. Wenn daher Kl. seine Abhandlung beschließet: utinam vero hac opera faciliorem jucundioremque Horatii lectionem reddidissemus juventuti; so können wir diese Worte ändern: at vero hac opera nobis quidem jucundiorem illius repetitionem reddidisti; utinam et juventuti frequentiorem! Hätte ich dieses Stück irgendwo ungedruckt, im Manuscript liegen gefunden: wie hätte ich geeilet, um mir dasselbe größtentheils in meinen Horaz einzutragen, und dies mit einer süßen Mühe.

Nicht ohne Ursache unterstreiche ich das Wort größtentheils: denn die Einleitung, daß es eine doppelte Kritik gebe, hätte ich schon mit den Augen übersprungen: die Betrachtung: daß die Eigenschaften, Kühnheit und Glück, den alten Schriftstellern häufig beigelegt werden, wäre ich durchlaufen, und nochmals durchlaufen, weil in dieser Sammlung von Stellen fast in jedem Zeugnisse selbst eine glückliche Kühnheit herrschet, gleich als wenn jedes ein redendes Zeugniß seyn sollte. Dies sage ich auch von der Rubrik: die Kühnheit ist den Dichtern nöthig, aber gefährlich: sie ist angenehm, wegen der angezognen Stellen, aber übrigens bekannt gnug. So ist auch das ingenium Horatii nach den vorigen Worten Quintilians zuerst schön geschildert; aber die Schönheit liegt mehr im Ausdruck — noch denke ich also nicht an meine Feder.

Der Kunstrichter kommt näher auf Horaz. Er war der erste Lyrische Dichter unter den Lateinern, der mit kühnem Schritt auf unbetretne Höhen ging, und aus Griechenland einen Lorbeerkranz neuer Art holte. Wir breiten dieses Lyrische Neue des Horaz bis auf seine Griechischen Sylbenmaasse aus, die wir hier vermissen: so daß wir auch nicht einmal die prächtige Stelle angezogen finden: —

>   Carmina non prius
>   Audita Musarum sacerdos
>   Virginibus puerisque canto.

„Warum hatten die Lateiner so wenig Lyrische Dichter?" Auf diese Frage freueten wir uns; was Herr Kl. sagt: „daß die Knechtschaft Genies unterdrücke," sagt er schön; thut das aber dieser wichtigen und noch nie recht aufgelöseten Aufgabe ein Gnüge? Ueberhaupt sind die zwei letzten Stücke: Horaz war der erste und fast der einzige Lyrische Dichter in Rom: gar nicht ausgearbeitet.

Jetzt fängt sich erst der gute Theil der Abhandlung an: Horaz ist kühn in den abgebrochenen Anfängen seiner Oden, in den langen Digreßionen, den feurigen Sprüngen, in der verworfnen Wortordnung, und den Uebergängen über die Strophe. Seine zweite Art von Kühnheit zeigt sich in den edlen, hohen und prächtigen Sentenzen, wozu auch das Lob Augusts, und die Lobsprüche auf sich selbst gehören. Die dritte Art liegt im Ausdruck, und zeigt sich in kühnen Figuren, seltnen, antiken und neuen Worten, wie auch in Griechischen Constructionen. — Hier würde unsre Feder selten geruht haben: überall erscheint ein Mann, der seinen Horaz gelesen, verdauet und ganz inne hat: überall eine Menge von Beispielen, die immer triftig sind, ob gleich jede Rubrik ansehnlich vermehrt werden könnte: überall der feine Geschmack, der den ganzen Horaz gefühlt, und zu kosten giebt. Aber das denke niemand, daß, wer diese Abhandlung gelesen, auch den Horaz lebendig und innig kenne. Blos zum Lesen soll diese Schilderung bereiten; und nur durch das eigne Studiren schmeckt man tausend feine Schönheiten, die dem Kunstrichter entgiengen, oder die er nicht ausdrücken kann.

So sehr wir diese Abhandlung loben: so müssen wir doch sagen: sie ist unvollendet, selbst wenn wir sie blos Philologisch betrachten. Nun fehlen uns aber noch die beiden nützlichsten Stücke, der Philosophische und Praktische Theil derselben. Wir schämen uns nicht für dem Wort Philosophie, weil wir diese Sache nicht so geringe schätzen, als Hr. Kl. an verschiednen Orten; wir fodern auch einen Praktischen Theil, weil wir voraussetzen, daß man den Horaz, nach seiner angebohrnen Sprache und Situation nachahmen müsse. Ohne diese zwei Zugaben sind einzelne

Philologische Anmerkungen arena sine calce, und noch immer von der Anwendung und Nutzbarkeit zu entfernt.

Wir gehen also Hrn. Kl. nach, um seine zerstreute Perlen aufzufädeln. Warum sind die abgebrochnen Anfänge einiger Oden so natürlich, da andere einen leisern Schritt nehmen? Setzt dies Abgebrochne des Anfanges eine Reihe von Gedanken voraus: so stünde hier eine Beherzigung am rechten Ort: wie genau man sich in diese Gedankenreihe und Lage von Vorfällen setzen müsse, um begeisternd und nutzbar zu lesen. Eine Materie, die man aus vielen Beispielen beweisen kann, und die man doch oft vergißt. Bei dem zweiten und dritten Stück, den Digreßionen und Sprüngen würde ich unmöglich Home's* Einwurf vergessen haben: „Im Horaz nimmt sich kein Fehler mehr aus, als der „Mangel an Verbindung; die Beispiele davon sind unzählbar." Diesen Einwurf würde ich nicht so kurz abgefertigt haben, als viele Kunstrichter; ich hätte mich befleißigt, das Wort Ausschweifung und Sprung mehr auf die Natur der Begeisterung zurück zu führen, um vielleicht etwas anders darunter zu verstehen, als frostige Leser, und regelmäßige Nachahmer sich abzirkeln. Die verworfne Wortordnungen würde ich genauer auf die Natur der Sprache reduciren, um es zu unterscheiden, wo es der Gedanke, der Wohlklang, die Composition der Bilder, und das Sylbenmaas gefodert; denn oft kann Kühnheit eine Tapferkeit aus Vorsatz, oft ein Muß seyn. In den Strophenübergängen würde ich den Römer gegen die Griechen gestellet, die Gesetze der Sprache, der Phantasieen, des Lyrischen und Musikalischen Sylbenmaaßes untersucht, es geprüft haben, ob es Schönheit oder Licenz sey; am mindsten aber würde ich alle Einwürfe so abgefertigt haben: certe Grammaticorum filii hanc legem tulerunt. In den Sentenzen, Figuren und kühnen Worten, würde ich die Kühnheit des Horaz mehr subjektivisch behandeln; nicht blos das Kunststück zeigen, sondern zu bemerken suchen, warum und wie weit der Künstler so verfahren

---

*) Home's Grundsätze der Kritik Kap. I.

mußte: denn jenes findet der Leser selbst, auf dies muß er aufmerksam gemacht werden.

Nun käme der Praktische Theil der Abhandlung: vor allen Dingen würde ich im Quintilian das Wort *aliquando*: Horatius insurgit aliquando, nicht überhüpfen, oder gar wie Barth für eine falsche Lesart erklären. Ich würde dem alten bescheidnen Kunstrichter zufolge, die Poesie des Horaz nicht für die Schranken aller Lyrischen Kühnheit ansehen, und es aus unsrer Denkart und Stuffe der Cultur wahrscheinlich zu machen suchen, daß er, zum Trost der Odendichter, nicht alles Glück der Odenschwünge erschöpft habe. Ich würde mir mehr Mühe drum geben, wie bescheiden er die Kühnheit der Griechen nur von Ferne nachgeahmt; wie viel Vorrechte er als der erste kühne Lyrische Sänger in Rom, hatte; und nun kommt das große Feld, wie weit sind ihm die Neuern an Kühnheit ihrer Nachbildungen nahe gekommen? wie weit verbietet es die Zeit, ihm vorzufliegen, oder ihn zu erreichen? Betrachtungen, wo überall die Parallele zwischen Urbild und Kopie statt Beispiel und Erläuterung seyn mußte. — Dies alles hat Kl. in seinen libellum de audacia Horatii nicht einschließen wollen.

Aus der Mitte thun wir einen Sprung ans Ende des Buchs: von der Bescheidenheit Virgils, eine Abhandlung, wobei uns drei Excursus lockten. „Von den Sitten der Schäfer in den „Eklogen des Virgils:" wir lasen mit Vergnügen, wo sich seine Schäfer gut ausdrücken, und wo nicht; aber wir wandten das Blatt: es war zu Ende. Nun war ich mit mir selbst unzufrieden, daß ich in einem Klotzischen Excursu eine vollendete Materie erwartet hatte. — Auf das kleinere kritische Hausgeräth können wir uns nicht einlassen: sonst würde sich manches Zweifelhafte zeigen, weil Kl. manches Neue in diesen Discursen sagt.

Jetzt wanderten wir also zurück, und verglichen die Prolusion: de populari dicendi genere, mit einigen Bearbeitungen dieser Materie von andern Verfassern: denn wenn die neuere Zeit der Litteratur auch keinen Ruhm verdiente, so ists immer der, den Vortrag der Wissenschaften faßlich einzurichten. Verschiedne Schrift=

steller haben dies Sujet von verschiednen Seiten betrachtet — Vergleichungen und Aufsätze hierüber würden aber hier zu weitläuftig fallen. Daher kehre ich zum Anfange zurück: pro Lipsii dicendi genere: das erste Opusculum in diesem Bande.

Der Recensent hat von je her sehr viel von diesem Schriftsteller gemacht, und seine Schreibart den Manutiis und Bembis immer vorziehen mögen: er giebt also der Meinung völlig Recht, daß in dem Styl des Lipsius mehr Nerven anzutreffen seyn, als in seinen lieben Ciceronianischen Zeitgenossen. Dies ganze Stück: man müsse den Cicero nicht blind nachahmen: wird Jeder mit Vergnügen lesen; gegen das andere: man müsse sich selbst einen Lateinischen Styl bilden, hatte der Recensent zwar einiges; er vergaß es aber, und ging zu den Rettungen fort, über die Kürze, alte Wörter, Dunkelheit, Einstreuung der Verse, Verderbung des Geschmacks, die man dem Lipsius vorgeworfen. Nun schloß er, überdachte die Materie, und — setzte folgende kleine Noten dazu, die ihm über diesen Aufsatz einfielen:

1) Es ist eine mißliche Sache um das Wort pro! Freilich sind die Ankläger des Lipsius, die Hrn. Scioppius, Maresius, Vossius, Morhofius, Stephanus, Velserus, Pontanus, Scaliger, und wie sie mehr heissen, selig entschlafen, und lassen sich also ziemlich kurz abweisen; aber bei einer Vertheidigungsschrift nimmt jeder Leser Parthei gegen den Angeklagten, um urtheilen zu können, ob sein Advokat ihn gut vertheidiget. Nun fällt mir Leibniz ein, von dem es bekannt ist, daß eine Abhandlung wider die Lipsianisirenden Schriftsteller zu seinen unausgeführten Planen gehöre: ich stelle mir vor, wenn er diese Akroase läse, würde er zufrieden seyn, wenn man Lipsius gegen Dunkelheit schützen will, und sagt: obscuritas est vel objectiva, vel subjectiva — würde ein Leibniz damit zufrieden seyn?

2) Wenn ich den Titel: pro Lipsii dicendi genere, lese: so denke ich natürlicher Weise, Lipsius Schreibart überhaupt in allen seinen Werken. Und wie vielfach sind diese bei Lipsius? Kann ich mich hier wohl darauf einschränken, seine Briefe zu

citiren; oder werde ich mich nicht nothwendig ins Detail herablassen müssen, wie sich seine Schreibart zu seinen kritischen Werken, seiner Politik, Weltweisheit, den Briefen, Gedichten, der Satyre passe: alle diese Arten des Vortrages kann ich ja nicht über einen Kamm scheren, und Kl. redet für Lipsius, als hätte er blos Briefe geschrieben.

3) So wie ich fragen kann: wenn du diesen Schriftsteller beraubest, warum mußt du ihn, wie ein Araber, ganz plündern? so kann ich auch fragen: wenn du ihn vertheidigst, warum mußt du ihn nun ganz und gar vertheidigen, und allen seinen Anklägern nichts lassen? — Unpartheiisch zu reden, wählt sich auch hier die Wahrheit die Mittelstrasse; aber wie schwer ists, diese Mittelstrasse zu treffen, und abzuzeichnen? Es ist ungleich schwerer zu sagen: so weit hat der Gegner recht, und weiter nicht: so weit ist Lipsius fehlerhaft; so weit aber lobenswürdig! dies ist schwerer auszumachen, als ihn in einer Lateinischen Redübung vertheidigen. Gewisse Schönheiten des Styls sind wirklich gegen einander contrastirend und ausschliessend: die Ciceronianische Schreibart hat Vorzüge, die die Lipsianische nicht hat, und diese kann wieder in Fehler fallen, davon jene frei ist.

4) Wenn ich Lipsius mit seinen Worten vertheidigen wollte: würde ich mich an einigen Briefstellen begnügen, und die Worte hinschreiben: vellem ipse Lipsius accusatoribus suis respondisset? Freilich war Lipsius zu bescheiden, so viel Bogen mit Streitschriften anzufüllen, als wenn sonst zwei andre Critici sich bis auf Tod und Grab verfolgen. Aber desto sorgfältiger würde ich auf kleine eingestreute Vertheidigungen seyn, und ja nicht die Vorrede vor seinen Politicis vergessen, wo Lipsius für seine Schreibart mehr sagt, auf zwei Blättern; als ein andrer gegen ihn auf zween Bogen.

5) Lipsius war in seinem Styl immer ein Phänomenon; von Ciceronianern gebildet — in seiner Jugend, und in seinem ersten Aufsatz selbst ein Ciceronianer — lenkte jetzt auf einmal ab, und schuf sich seinen Styl. Hier würde ich es also auf ihn deuten,

was der Verf. des Gesprächs: über den Verfall der Beredsamkeit vom Cassius Severus sagt: Flexit ab illa vetere (Ciceronis) atque directa dicendi via: non infirmitate ingenii, nec inscitia literarum transtulit se ad illud dicendi genus, sed judicio et intellectu. Auf diese Gründe seiner Umänderung würde ich zu bringen suchen, seine Lieblingsschriftsteller Seneca und Tacitus nicht blos anführen; sondern den letzten insonderheit nutzen, um seinen Styl zu erklären; denn ihn hat er nicht blos gelesen, verbessert, herausgegeben, sondern auch seine Politica meistens aus ihm zusammen getragen. — Dies alles gehört ja nothwendig zur Vertheidigung.

6) Noch eins, und ich schliesse: die beste Vertheidigung ist, wenn ich meinen Autor mit seinen Tugenden und Fehlern hinmale. So ists ohne Zweifel eine Schönheit bei dem Styl des Lipsius, daß sein ganzer Periode in wenig Worten da steht: ganz, kurz, nachdrücklich; ohne Ciceronianische Umschweife. Aber ohne Zweifel ists ein Fehler: daß die Perioden nimmer verbunden sind, sie drängen sich auf einander: sie sind im lehrenden, beweisenden Vortrage verdrießlich. — Halte ich auf diese Art Fehler gegen Schönheiten: so kann ich schreiben, wie ich will. Aber vertheidige ich blos: so ist es so fremde, wenn Kl. in seinem Latein Lipsius durchgängig vertheidigt; als wenn Leibniz ihn in seinem Latein durchgängig getadelt hätte.

Der Raum verbietet mir, nach diesen vier Hauptstücken, die kleinern durchzugehen: ich nenne sie blos: 2. Orat. de dignitate, jucunditate et utilitate studiorum humanitatis, hier wäre es artig, Stellen anzuführen, wie Kl. von einigen Wissenschaften urtheile. 4. Orat. de viris Graecarum et Latinarum[1] litterarum peritis, qui Academiam Ienensem ornaverunt. 7. Observatio de nemoribus in tectis aedium Romanorum. 8. Ep. de minutiarum studio Grammaticorum quorumdam: das 3. 5. 11. 12. sind Casualstücke, die für uns unbeträchtlich sind.

---

1) im ersten Drucke: Graecis et Latinis

Wir haben durch unsern Auszug das Urtheil gerechtfertigt, daß diese Opuscula vor seinen übrigen kritischen Schriften den Preis verdienen: denn seinen vindiciis Horatii sehen wir nicht an: warum Horaz gegen Harduin vertheidigt werden mußte; es sey denn, weil Christ den Virgil gegen ihn vertheidigt hat. In seinen Homerischen Briefen würde wenig bleiben, wenn man die beiden Hypothesen, von der Mythologie und vom Thersites wegnähme, die doch bei einer Prüfung leiden würden. Ueberhaupt wünschen wir von Hrn. Klotz irgend eine ausgeführte und vollendete Materie zu lesen: wie groß wäre er, wenn er an Reflexion, allgemeinem Urtheil, und Philosophischem Geist das wäre, was er an einzelnen Betrachtungen, feinem Geschmack, Känntniß der Alten und schönem Vortrage ist.

C.

Dithyramben: Zwote Auflage. Berlin, bey Birnstiel, 1766. 5 Bogen in 8. [V, 1, 37—49][1]

Nachdem die Deutschen Dichter ihre Musen und Begeisterungen an sehr verschiednen Orten gesucht: auf Sion und Thabor, Sinai und Ararat; auf dem Olymp und Parnaß, in Arcadien und selbst in Mexico: so trat vor einiger Zeit auch einer auf, der sie auf den Thracischen Gebürgen und in den Bacchustempeln suchte. Nicht zufrieden, dem Bacchus in Gesellschaft von Trinkbrüdern Lobgesänge anzustimmen, hatte er den Muth, sich mitten in das Gefolge desselben zu wagen, ihn und seine Thaten wieder lebendig zu machen, und uns mitten unter wütende Thyaden und Bacchanten zu zaubern. Er schrieb Dithyramben. — Man fiel mit Freudengeschrei auf sie; denn wenigstens waren sie eine neue Gattung von Gedichten: man erklärte sie fast für wiedergefundne Pindarische Stücke, ohne die Dithyramben der Griechen je gesehen zu haben.

---

1) Die Vergleichung mit der erhaltenen Copie des eingesandten Manuscripts hat einige Berichtigungen und Varianten ergeben.

Stücke aus ihnen wurden ins Französische übersetzt, und vielleicht laßen sie sich in einigen Stellen beßer in der Ueberſetzung leſen, als in der Original Sprache: weil jene nach dem Genie ihrer Grammatick die im Deutſchen zerſtückten Bilder mehr an einander hängen muſten. Ja, was die höchſte Stuffe eines leidigen Autorruhms iſt: man ahmte ihnen elend nach!

Nur einige Kunſtrichter ſtanden noch in Bedenken, ob dieſe Lieder denn ſo ausgemacht Dithyramben wären, ſie machten Anmerkungen, und Schwürigkeiten, und — ſiehe! da tritt der Verf. mit einer zwoten Auflage in ihren Kreis! Vielleicht wird er uns von ſeinem zweiten Bacchiſchen [1] Zuge Entdeckungen mitbringen, Fragen auflöſen, und unſer ιεροφαντης in die heiligen Geheimniſſe des Dionyſius werden? —

Er rede ſelbſt! „Wem meine Erklärung kein Gnüge gethan „hat, dem werde ich es gar nicht verübeln, er nenne ſie Dithy„rambiſche Oden, oder ſchlechthin Oden, oder Geſänge, oder „wie er es ihrem Charakter am gemäßeſten zu ſeyn glaubet." Auch uns wird der Verf. nicht verübeln, wenn uns dieſe Entſcheidung kein Gnüge thut. Wenn der Verf. den Augenblick darauf ſaget: „er habe ſich der Benennung der Dithyramben mehr zu nähern „geſucht, indem er den Bacchus genauer in ſein Sujet gezogen, und „alles auf ihn zurückgeführt, was ſich nur hat wollen dahinbringen „laßen:" ſo bleibt ja der Knoten noch ganz unaufgelöſet. Wie? wenn Bacchus in ein Sujet gezogen wird, wohin er nicht gehört? Wie wenn alles auf ihn zurückgeführt wird, was ſich nur mit Gewalt dahin bringen läßt? — Außerdem iſt es der Griechiſchen Litteratur und der Dichteriſchen Begeiſterung entgegen, das Weſen des Dithyramben allein in den Gegenſtand des Geſanges zu ſetzen; die Natur des $\Delta\iota\vartheta\nu\varrho\alpha\mu\beta\omega\delta\varepsilon\varsigma$ iſt der Mittelpunkt der Unterſuchung. Die Schwürigkeiten bleiben alſo noch immer übrig: iſt der Verf., er ſinge, was er wolle, der Lyriſchen Begeiſterung treu geblieben? ſingt er ſeinen Gegenſtand würdig in ſeiner Dich-

---

1) Mſc.: Bacchantiſchen

tungsart? ist natürlicher Schwung, oder ein blos künstlicher Aufflug seine Erhebung? — Fragen, die immer vest bleiben, es sey ein Titel, welcher es wolle. Ist ein Werk das ungekünstelte Produkt einer schöpferischen Muse, und ein himmlisches Bild der Götter: so kann der Urheber ziemlich gleichgültig seyn, was für Aehnlichkeiten die Vorübergehenden in ihm finden. Er hat ein wohlgebildetes Kind gebohren; nun mögen sich seine Schwäger und Verwandte darüber zanken, was sie dem Kinde für einen Namen geben wollen. Aber der Fall dörfte nicht eben hier seyn. Als unser Verf. sich aus Nachrichten einen historischen Plan der Dithyramben bildete, ihn auf unsre Zeit anzuwenden sann, und überdachte, ob man Dithyramben singen könnte: da war er blos Kunstrichter. Er ward Dichter, und o! wäre er, selbst da er dichtete, oft nicht noch Kunstrichter gewesen: so hätte er vielleicht seinen Gedichten die Macht eingehaucht, den Leser zu ergreifen, daß er selbst die Fehler als Schönheiten liebet. Nun ist aber die Muse unsers Sängers eine Tochter der Kunst, nicht der schöpferischen Natur: wir finden in diesen Gesängen große Gedanken, kühne Worte und reiche Bilder; da sie aber künstlich zusammen gesetzt, mühsam herausgedrechselt, oder gar gelehrt gesammlet sind: so kann man ihn blos nach der Manier seiner Poesie betrachten, wenn man ihm nicht unrecht thun will.

Wir reden zuerst von den neuen Stücken, die in dieser Auflage dazu gekommen sind; und alsdenn von den Veränderungen. Bacchus Rückzug aus Indien! das schönste Sujet zum Dithyramben, und das 5te Stück dieser Sammlung. Wem ist der berühmte Zug unbekannt, da Bacchus Indien besieget, um Gesetze und Ackerbau und Gottesdienst und Wein den barbarischen Völkern zu geben? ein Feldzug, der voll von dichterischen Thaten, in dem ganzen Alterthum vom Ganges bis in Europa auch dadurch berühmt ist, daß er Gelegenheit zum ersten Triumph gegeben, den nachher die Eroberer Alexander, Antonin, u. a. nachgeahmt haben. Das muß ein göttliches Triumphslied werden können, das vor dem Siegeswagen unter Satyren, Faunen und Mänaden über diese Thaten schallt, und sie zu einem Fest von Dithyrambischen Bildern und Freuden macht! — Wir haben uns nicht völlig geirret. Der Verf. läßt den Triumph durch das Doppelchor von Satyren und Mänaden eröfnen: der alte Silen erzählt alsdenn die Wunder seines Königes; und die vorigen Chöre preisen ihn als einen Schrecklichen. Jetzt schildert ihn Silen in seinen Wohlthaten, und die Chöre jauchzen ihm als einem Geber der Freude. — Die Chöre sind schön, und wenn der alte Silen etwas mehr von den Freudentönen des Dithyramben hören ließe, wenn ein natürlicherer Fortgang der Bilder, und ein rauschender Fluß derselben uns fort= risse: so wäre dies vielleicht eine kleine Probe eines wahren Bacchischen Gesanges. Vielleicht wäre der ganze Auftritt glücklicher geworden, wenn der Verfasser, der jetzt die Idee dazu nach der Beschreibung Curtius vom Zuge des Alexanders ausgebildet, statt des Natalis Comes, und andrer lieben Leute den Lucian nicht vergessen hätte, der in seinen Werken diesen Zug des Bacchus in einem eignen Stück beschrieben, und wie uns dünkt, in seine Abhand= lung eine schöne Idee zum Dithyramben hierüber eingewebt hat.

Das vierte Stück heißt: Atlantis, und hat wieder einen würklich dichterischen Plan zum Grunde: „Der Dichter ist mit dem „Bacchus in der Unterwelt gewesen: hier hat er erfahren, daß die „Atlantische Insel, nichts anders als das Elysium sey, welches „vormals auf der Oberwelt gewesen, wegen der verdorbnen Sitten „der Welt aber von den Göttern in die Unterwelt versetzt worden." Eine schöne Poetische Lüge, wenn nur der Vortrag derselben ihr völlig entspräche? — Nicht völlig! Die Mänade siehet das Tageslicht wieder! Ein schöner Anfang; denn wenn sich der Leser erinnert, wie prächtig Milton und Klopstock diesen Anblick im Epischen Tone gemacht; so wird er ihn hier im Lyrischen, und zwar im höchsten Lyrischen Tone erwarten. — Allein die Mänade scheint in den Sonnenlosen, ewig dämmerigten (lieber däm= mernden) Gebieten des schwarzen Dis, wo ein Demantnes Schicksal blind und taub herrscht, und Freuden und Schmerz unwandelbar sind, selbst etwas kalt und unempfindlich geworden zu seyn: daher äussert sie nichts von den Jubeltönen, mit denen sie ihr Geburtsland, und die Weinberge und die Auen ihrer Tänze begrüssen sollte. — Nun ist die natürlichste Frage diese: Was hat die Mänade im Reich Plutons gemacht? Der Dichter antwortet so trocken, als möglich: Bacchus hat bei der Proserpina geschlafen, und die Mänade am Cocyt gewandelt: mehr weiß er nicht, und ich auch nicht. — Aber jetzt hebt die Priesterin des Bacchus an:

> Voll ist mir die Brust
> Von Göttergeheimnissen, Sterblichen ungehört,
> Er giebt sie mir der Geheimnißentdecker
> Mit weitgeöfnetem Munde auszusprechen.

Heil uns! hac iter Elysium nobis! Nun werden wir $\alpha\pi o\rho\rho\eta\tau\alpha$ des Bacchus hören!

> Ventum est ad limen, nam virgo, poscere fata
> Tempus ait: Deus, ecce Deus. Cui talia fanti
> Ante fores subito non vultus, non color unus,
> Non comtae mansere comae: sed pectus anhelum
> Et rabie fera corda tument: majorque videri
> Nec mortale sonans, afflata est numine quando
> Jam propiore Dei. — —

Allein statt aller dieser Kühnheit findet man eine Beschreibung von Elysium, die blos Malerisch und ganz und gar nicht Dithyrambisch ist. „Gebürge mit Licht überfirnist, Wälder und Blumenteppiche, goldgegipfelte Städte und ein perlengegründeter Tempel in der Mitte;" das ists, was sie gesehen. Ist Elysien nichts als dies; freilich so kann der Künstler, wenn er auch nicht Gottbegabet ist, diese Göttergefilde weit besser darstellen, und der Dichter sollte es nicht einmal wagen, sich mit ihm zu vergleichen. Aber heißt das Dichterisch nachgebildet? Dithyrambisch nachgebildet? Laß die Mänade erzählen, was sie in Elysien gemacht, was sie für göttliche Freuden hier geschmecket, mit ihrem Bacchus umhergeschwärmt, den Himmel gefühlt; laß sie alles in Dithyrambische

Handlung setzen; alsdenn würde kein Künstler ihr Dithyrambisches Göttergemählde nachbilden können,

und könnt' er auch
in reines Sonnenlicht, oder Titoniens
Purpur den Pinsel tauchen, und wäre gleich
das unnachahmliche Gewand des Aethers ihm
und der Smaragden Glanz mischbar.

Das Gleichniß übrigens, das die Schönheit Elysiens concentrirt, und sagt:

Wenn der Königin
von Amathus, der schwarzaugichten Schönheiterschafferin
auf der unsterblichen Wange ihr eroberndes Lächeln
sich bildet, schmilzt der Götter Herz und die Natur
wird zum Frühling: so unaussprechlich
reizend ist Elysien — —

Dies Gleichniß ist zwar schön; aber viel zu sehr mit Schmuck überladen, und wenn man es in seiner weit angenehmern Nacktheit siehet: so ist es nach Griechischen Worten nachgebildet. Jetzt folgt die Poetische Geschichte von Atlantis, in welcher insonderheit der Lärmen schön gemahlt ist, mit welchem die Cyklopen es auf Jupiters Befehl einreißen. Das Ende ist etwas kalt, und läßt in uns eine kleine Unzufriedenheit nach mit diesem Boten der Götter, der uns auch durch die Art seines Gesanges gleichsam in ein Elysium hätte entzücken können.

Das 6te Stück ist **Herrmann:** In Rom stehet der Tempel des Mars vom Blitz entflammet: Alpen stürzen in einander: am Himmel glänzen furchtbare Meteore:

Zittre, stolze Weltbeherrscherin!
Mars will nicht ferner für dich wachen.

Bacchus rüstet den Herrmann zum Helden für sein Vaterland aus:

O du, der du im Gefecht oft bei mir warst!
bei diesen Eichenkronen
meiner Stirn ersiegt, laß mich
die weiberherzigen Römer dir opfern!

So fleht Herrmann, zieht hin, und siegt. — Dies ist die Idee des Stücks; so künstlich[1] nun Bacchus in sie verflochten ist, so gehört sie doch vielleicht zu den Dithyramben, wo der B. alles auf Bacchus bringt, was sich nur auf ihn will ziehen lassen. Insonderheit ist die Stelle gezwungen:

welcher Gott du auch seyst
(Bacchus war es gewesen!)

Soll dieser Gesang Dithyrambe werden, so gehört er an die Freudentafel der Deutschen nach erhaltnem Siege, wo alles aber umgeändert werden müste. Statt dessen hätte er ihn lieber ganz ohne Bacchus, als einen Heldengesang bearbeiten können, und geriethe dieser ihm denn, so hätte Herrmann, unser Held, nebst einer elenden Epopee, und einem schönen Trauerspiele, hier einen Heldengesang, der neben dem vortreflichen lyrischen Gespräch: Herrmann und Thusnelde in den Bremischen vermischten Schriften, das nicht so bekannt ist, als es verdient, an seiner Bildsäule prangen könnte.

Nebst diesen drei neuen Stücken unterscheidet sich diese Ausgabe durch ansehnliche Veränderungen. Die erste Dithyrambe, die in dieser Bibl. (B. 3. St. 2.) eingerückt erschienen, schaltet jetzt, vermutlich um die Pindarische Digreßion nachzuahmen, die Orpheiische Geschichte ein; allein die Episode scheint erkünstelt, weil sie blos von der Gegenwart des Orts hervorgebracht wird. Die Mänade ist am Hebrus, und erzählt uns also etwas von Orpheus: Antistrophe und Epode ist voll: sie ruft: weg! weg von hinnen! Dort spiegelt u. s. w. und damit ist auch der ganze Orpheus weg, ohne Dithyrambisch eingeflochten zu seyn, und zum Wesen des Stücks zu gehören. Home hat völlig Recht, daß es eine unpoetische Verknüpfung der Ideen ist, die aus der Lage der Oerter entspringet. So ist auch diese Geschichte vom Orpheus nicht Bacchisch gnug angesehen, da sie doch selbst ein Ganzes der Dithyrambe geben könnte. Hätte der Dichter die Idee so verknüpft: „Gott Bacchus!

---

[1] A. D. B.: so gut

„ich wage mich unter die Mänaden! gieb mir die Lieder, aber „nicht das Schicksal des Orpheus!" und würde diese Idee auch nur so feurig ausgeführt, als Theokrit in seinen Βακχαις das Ende des Pentheus von den Mänaden schildert: so könnte dieser Gesang ein Creditiv der Bacchischen Begeisterung werden, und die Thyaden würden den Sänger bewillkommen, statt daß sie jetzt fragen müßen: ist Saul auch unter den Propheten?

Die übrigen Stücke haben oft glückliche Veränderungen. Das Lied auf Friedrich fängt beßer an, als erst, aber obgleich Bacchus selbst ziemlich lange in ihm declamirt: so ist doch der Gesang weder göttlich, noch königlich. Joh. Sobieski, noch mehr aber Peter der Große, sind als Heldenoden schön, und die letztere hat den Verf. beinahe über sich selbst erhoben. Der Friede ist ansehnlich verbeßert; und der Dithyrambe: der Krieg, weggefallen. — Indessen haben die Veränderungen noch kein einziges Stück zur Vollkommenheit gebracht: denn z. E. in den Himmelsstürmern ist Bacchus noch nicht die Hauptperson; noch ist es nicht werth, ein Triumphslied über diesen Sieg zu heissen, noch immer eine einfache Erzählung der Geschichte, eine kalte Begeisterung, und der Anfang dieses Dithyramben schreit uns so in die Ohren, als wenn Boileau seine Ode auf Namur anfängt:

Quelle docte et sainte yvresse
Aujourd'hui me fait la loi? u. s. w.

Das Gedicht Peter der dritte, hat sich in der metrischen Oeco=
nomie verschönert: aber wieder eine kleine Probe, wie wenig die Dithyrambische Muse sich unter die Künstelei bücket! das schönste Bild desselben: Blitze zerreissen den Olymp u. s. w. ward überall gelobt: Der V. will es verschönern, und aller Reiz ist weg! Beinahe ists auch so mit dem Beschlusse, wo ich mir immer, statt dieser langweilig erzählten Geschichte, doch lieber den Beschluß der ersten Ausgabe zurückwähle. Statt der Noten in der vorigen Ausgabe geht hier vor jedem Stück der Inhalt voraus; wenn der Verf. aber auch die Quellen anzeigen will, aus denen er geschöpft: so hat dies

weiter keinen Zweck, als zu zeigen, daß seine Känntniß der Quellen ein fundus mendax sey. Und überhaupt: Leute die den Natalis Comes zur Hand haben müßen, um zu lesen, sind eben sowohl Profane in den Heiligthümern des Bacchus, als eine Mänade, die ihn aus Natalis Comes singt. Die Thaten ihres Königes müssen so in ihrer Seele leben, als hätte sie dieselbe selbst gesehen.

Noch ein paar Worte über diese Dithyramben überhaupt! Sie sind als Gesänge schätzbar, wenn sie gleich als Dithyramben verwerflich wären; sie sind als künstliche Lyrische Versuche merk= würdig, wenn sie gleich nie Meisterstücke von der ersten Art werden dörften. Der Hauptfehler, der alle Stücke verunziert, und selbst ihre Schönheiten wiebrig macht, ist: daß jedes Bild in jedem Neben= zuge mit Zierrathen überladen, und eben dadurch im Ganzen klein= lich und unförmlich läßt. Der Verf. ist auch in den Dithyram= bischen Worten durchaus nicht glücklich: die seinigen sind zu erkünstelt, unbequem und kraftlos: die Gedanken kriechen unter ihnen, wie durch enge, niedriggewölbte, verkreuzte Hölen. An Orten, wo kein Feuer ist, und wo ein simpler Ausdruck mächtig gewesen wäre, machen sie einen unangenehmen Lärm, und wo die Rede sich erheben, und brausen soll: da schweigt diese Sprache der Götter. Am rechten Orte ist der Autor zu blöde, denn selbst seine vielsagende Prädicate auf Bacchus stehen nicht immer an ihrer Stelle, wo sie wunderthätig seyn könnten; bei Nebenzügen, bei Wörtern die nicht einmal in einer geraden Rection stehen, ist er Schöpfer. So sind Bacchus Zügel, goldgebißlenkende Zügel: sein Thyrsus der gehorsamgebietende Thyrsus: der Rhein der Alpengebohrne Rhein: das Blut Orpheus, das Blut des Felsenbeseelenden: Städte heissen hochmaurigte Städte, und ein Meteor ein licht= ausdämpfender Unstern. Die wahre πολυπλοκια der Worte muß nicht ein Spaas, sondern eine Folge der Begeisterung seyn: sie muß unsrer Sprache große Ideen und Empfindungen in ein Wort concentriren, in die alte Deutsche Stärke eindringen, und viele mit Unrecht veraltete Machtworte wieder hervorziehen. Opitz z. E. hat viel eble Dithyrambische Redarten theils überall, theils besonders in seinem Lobgesange auf Bacchus, die unsrer Sprache sehr angemessen sind. Irren wir uns nicht, so hat der Verf. bei dem 5ten Stück diesen Hymnus des Opitz in seinen Wörtern vor Augen gehabt. Weil er aber blos einzelne Wörter gewählet, und sie auf einander häufet, daß sie sich im Wege stehen: so siehet man gleichsam den großen Herrn nicht, der sich mit seinen Bedienten umherbränget.

Von dieser Seite wäre der Dithyrambe nützlich der Sprache; und wenn er auch kühne Sylbenmaasse, und gleichsam tripudia von Tönen versuchte, wie es hier nicht ist: so könnte er auch vielleicht unsre Prosodie bestimmen. Sonst aber wünschen wir nicht, daß das Dithyrambisiren der herrschende Poetische Geschmack unsrer Zeit würde; Griechische Dithyramben zurückzufinden, ist eine leere Kunst; und unsre Gegenstände Dithyrambisch besingen, ist uns fremde und voll Zwang. Es herrschet in dieser Gedichtart gleichsam ein hoher, kühner, regelloser Styl, der vor der wahren sanften, und regelmäßigen Schönheit voraus gieng; und wir wollen die letzte lieber. Der Verf. hat also Recht: „scharfe Gewürze und „lärmende Instrumente müßen sparsam gebraucht werden, wenn sie „nicht Unlust erwecken sollen." Aber wenn er sagt: „ich erkläre „mich, daß dies die erste und letzte Veränderung ist, die ich mit „meinen Gedichten vornehme!" so müssen wir gestehen, daß uns diese Worte ganz fremde und unverständlich sind, ob wir sie hier gleich schon vom dritten neuern Dichter in Deutschland lesen.

C.

Aus der Allgemeinen Deutschen Bibliothek 1768.

Karl Wilhelm Ramlers Oden. Berlin, bey Christian Friedrich Voſs. 1767. 7 Bogen in 8. [VII, 1, 3—28]

— — — Die erſte Ode an den König im choriambiſchen Silbenmaße hat den prächtigen Gang des Römers, wenn er nicht mit dem kühnſten Feuer, ſondern in einem gemäßigten, und deſto vollerm Tone ſinget, wie z. E. in ſeiner erſten Ode. Glaubt man nicht den Römer zu hören, wenn er anhebt:

> Friederich! du dem ein Gott das für die Sterblichen
> Zu gefährliche Loos eines Monarchen gab,
> Und, o Wunder! der du glorreich dein Loos erfüllſt.

Wer empfindet hier nicht das Horaziſche in dem ſo kühn und rund geſagten Beiwort: das für die Sterblichen ſo gefähr= liche Loos eines Monarchen, in dem darauf folgenden uner= warteten Gegenſatze: Und, o Wunder, der du u. ſ. w. Wer hört nicht den Römer, der ſein Thema ſo ankündiget:

> Siehe! deiner von Ruhm trunkenen Tage ſind
> Zwanzigtauſend entflohn.

Der vom Pindar ſagen kann:

> — — Der bircäiſche
> Herold, deſſen Geſang weiter als Phidias
> Marmor, oder Apells athmende Farbe ſtrebt.

Der endlich, nachdem die ganze Ode edel und fein gelobt hat, gleichſam Schlag auf Schlag, Lob auf Lob endigen kann:

— — Glücklicher Barde, der
Nicht den Feldherrn allein, und den geschäftigen
Landesfürsten in dir; der auch den Vater des
Hauses, der auch den Freund, der auch den fröhlichen
Weisen, groß in der Kunst jeder Kamöne, singt!
Götter! wäre doch ich dieser beneidete
Barde! selber zu schwach, aber durch meinen Held,
Und die Sprache gestärkt, die wie Kalliopens
Tuba tönet — —

Welch ein feines und wahres Lob auf unsere Sprache, und wie edel und wahr ist die Zuversicht, mit der er schließt:

— Wie weit ließ ich euch hinter mir,
Sänger Heinrichs! und dich, ganze Zunft Ludewigs!

Das waren einzelne Stellen, und wer das Ganze des Gesanges ohne Zerreißung liest, und ein Ohr hat, das den Tritt Horazens hören kann, der wird ihn überall hören: ihn hören, wenn sich der Numerus auf ein mächtiges Wort, oft nur auf ein starkes Verbindungswort stützet; ihn hören, wenn sich die Perioden aneinander drängen, und durch Wiederholung eines Worts gleichsam Hand in Hand schließen; ihn hören, wenn sich ein ganzer Sinn in ein einziges unerwartetes Beiwort zu lagern scheinet; ihn hören, wenn sich die Bilder so in die Sprache hineinweben, daß sie bei der geringsten Trennung zu verschwinden scheinen. — — Allein wir können nicht umhin auch folgende Kleinigkeiten anzumerken, die man nur an einem Ramler tadeln darf.

Die zwanzigtausend Tage treffen zu genau mit dem Alter des Königs zusammen, und wenn dieses der Muse auch von Ungefähr gelungen sein sollte; so hätte sie die Zahl nicht so geradezu nennen sollen. Die Lyrische Muse pflegt sich selten in so große Zahlen finden zu können.

— — Ihnen folgt allzubald
Jedes Denkmal von dir.

Den Tagen, welche entflohen sind, folgen die Denkmäler; dieser Ausdruck hat etwas unschickliches, und jedes Denkmal von dir ist zweideutig. Es kann heißen, jedes von dir errichtete, und auch jedes dir gewidmete Denkmal.

> — — Selbst der unsterbliche
> Macedonier, wie lebt er? Bewundert und
> Nicht geliebt; denn er fand keinen Dircäischen
> Herold, dessen Gesang weiter, als Phidias
> Marmor, oder Apells athmende Farbe strebt —
> Aber siehe! wie lebt Cesar Octavius
> Durch den Edlen in Rom?
> — — ewig geliebt, ewig ein Muster der
> Väter jegliches Volks!

Diese Wendung ist neu. Horaz sagt, ohne den Dichter bleibt der Held unberühmt. Ramler geht weiter. Malerei und Bildhauerkunst können auch den Helden verewigen, aber nicht den Vater des Volks, nicht den liebreichen Regenten. Sie stellen den Eroberer der Nachwelt zur Bewunderung dar; aber in dem Landesfürsten den Menschenfreund, den Weisen, als einen Gegenstand der Liebe, als ein Muster der Nachahmung darzustellen, ist der Dichtkunst allein vorbehalten, die

> weiter, als Phidias
> Marmor, oder Apells athmende Farbe strebt.

Schade! daß dieser Sinn in einer etwas getrennten Reihe von Sätzen ein wenig versteckt liegt, und sich dem Leser nicht sogleich anbietet.. Die Betrachtung hätte ihrer Neuheit halber verdient in ein stärkeres Licht gesetzt zu werden.

Die zweite Ode an den Apoll, bei Eröfnung des Opernhauses in Berlin, in fünf dreizeiligen Strophen, ist des Gottes würdig, an den sie gerichtet ist. Nach einer Allegorischen Beschreibung der Heroischen Oper, bittet der Dichter den Gott, dem der Tempel geweihet ist:

Vergönne doch auch der süßen Cythere
Den Zutritt, und o! dem freundlichen Amor
Der leicht gerüstet vor ihr hüpft;

Den Grazien, die der Gürtel entbehren,
Der Suada, mit hold einladenden Lippen,
Und allem jungen Göttervolk!

Komm, Freude, du Kind der Hebe! komm, Lachen,
Die Hände gestemmet in keuchende Seiten!
Und du, schalkhafter kleiner Scherz!

Wem werden diese süßen Bilder nicht gefallen? Wer wird nicht das o!, das den freundlichen Amor ankündiget, wohl aufnehmen? Wer siehet nicht gern den angenehmen Zwist der Bilder, den das gerüstet und das freundliche Hüpfen macht? Wessen Auge wird nicht heiter, Grazien ohne Gürtel, die Suada mit ihren hold einladenden Lippen, und alles junge Göttervolk im Gefolge der Venus kommen zu sehen? Wer klatschet nicht bei der anmuthigen Einladung: Komm, Freude! u. s. w. mit in die Hände, und siehet zuletzt den schalkhaften kleinen Scherz, der unschädlich ist, weil er nur klein ist, auch im Sylbenmaaße nachgaukeln? Das Lachen

Die Hände gestemmet in keuchende Seiten,

hat den Kunstrichtern misfallen. Es ist wahr, die Venus liebt nur jenes süße Lachen, das nach dem Bilde Alciphrons sanfter ist, als die stille See. Allein das zur Person umgebildete Lachen in abstracto, erfordert stärkere und charakteristischere Züge, solche, die der Maler wählen würde, wenn er es zu schildern hätte. Ein anders ist das Lachen, als eine Eigenschaft der holdseeligen Göttin, ein anders der kleine muthwillige Knabe, der mit dem schalkhaften Scherze ihr nachgaukelt. — Zudem konnte der Dichter, der alle Gattungen der Oper allegorisch beschreibet, die komische Oper, die gewiß mehr als ein sanftes Lächeln ist, nicht ganz übergehen, und er hat ihr nur eine Zeile aufgeopfert. — Mit mehrerm Rechte findet man den Ausdruck:

>Grazien, die der Gürtel entbehren,

etwas schwerfällig, und nicht so lieblich, als das Zonis Gratiae solutis.

Das dritte Stück: Amynt und Cloe, ein trefliches Gemälde in fortgehender Handlung, würde in einer Erzählung, wo die Bewegungen deutlicher in die Augen gefallen wären, mehr Leben bekommen haben. Die Lyrische Gattung verträgt sich nicht mit der Erzählung, daher der Dichter die Handlung in ihren Abänderungen nicht hat beschreiben können. Der Leser muß sie errathen, und in Gedanken hinzuthun, wodurch die Composition nicht einem jeden in ihrem vollen Lichte erscheinen dürfte. — Cloe im Bade gestört, — sie erschrickt, eilet plätschernd heraus, und fliehet nackt — weh! durch ein Dornengebüsche — Amynt verfolgt sie nicht, aus zärtlicher Sorgsamkeit, er rufet ihr flehend nach:

> Ich bins, o Cloe, fleuch nicht mit nacktem Fuß
> Durch diese Dornen! fleuch nicht den frommen Amynt!
> Hier ist dein Kranz, hier ist dein Gürtel,
> Komm, bade sicher, ich störe dich nicht.
> Sieh her! ich eile zurück, und hänge den Raub
> An diesen Weidenbaum auf.

Dieses thut er, und weichet wirklich zurück. — Das schüchterne Mädchen siehet sich um, erblicket niemanden, und kehret um, ihren Kranz und ihren Gürtel zu nehmen. — Jetzt schlupft der Fromme aus seinem Hinterhalte hervor: —

> Ach, stürze doch nicht!
> Es folgt dir ja kein wilder Satyr,
> Kein ungezähmter Cyclope dir nach! —

Er ereilet sie, und raubt ihr, was sie nicht geben wollte, — einen Kuß:

Dich schlankes, flüchtiges Reh, dich hab ich erhascht!
Nun widerstrebe nicht mehr! Nimm Gürtel und Kranz,
Und reiche sie der strengen Göttinn,
An deren öden Altare du dienst.

Die folgenden beiden Stücke: Sehnsucht nach dem Winter, 1744. und auf einen Granatapfel, der in Berlin zur Reife gekommen war, 1749. sind vielleicht die vorzüglichsten nicht in dieser Sammlung, allein sie werden Kunstverständigen, außer einzelnen Schönheiten, die darinn nicht sparsam vorkommen, auch deswegen schätzbar sein, weil es jugendliche Arbeiten des Dichters sind, die sein Genie im Aufkeimen zeigen. Man siehet darin den sich bildenden Dichter, der sich eine Bahn bricht, aber noch auf derselben mit etwas unsichern Schritten fortwandelt. Das erste hebt mit einer stillen Malerei an:

Die Stürme befahren die Luft, verhüllen den Himmel in
    Wolken,
  Und jagen donnernde Ströme durchs Land.
Die Wälder stehen entblößt; das Laub der geselligen Linde
  Wird weit umher in die Thäler geführt.
Der Weinstock, ein dürres Gesträuch = = =

Bei Erblickung des Weinstockes geräth die Muse in Lyrisches Feuer, und fährt auf:

  Was klag ich den göttlichen Weinstock?
Auf, Freunde! trinket sein schäumendes Blut,
Und laßt den Autumnus entfliehn mit ausgeleertem Füllhorn,
Und ruft den Winter im Tannenkranz her.

Aber sie kehret wieder zur Malerei zurück:

  Er deckt den donnernden Strom mit diamantenem Schilde,
    u. s. w.

Am Ende der fünften Strophe befindet sich ein Bild, das allein eine ganze Ode werth ist:

Dann baden die Knaben nicht mehr, und schwimmen unter
den Fischen:
Sie gehn auf harten Gewässern einher,
Und haben Schuhe von Stal: der Mann der freund=
lichen Venus
Verbarg des Blitzes Geschwindigkeit drein.

Die Ode auf den Granatapfel verbindet kühne Wendungen und Bilder, Nachdruck und den höchsten Wohllaut. [Grünen Krone, und noch weniger goldnen Körner, können nicht anders, als einer fehlerhaften Aussprache nach, für übellautend gehalten werden. Wer sie tadeln wollte, müßte etwa krüne Krone und koldne Körner aussprechen.] Im Jahr 1749. hatten wir im Deutschen vielleicht noch keine Ode von diesem Werthe; allein mit den spätern Arbeiten des Dichters verglichen, scheinet diese Ode ein zu studirtes Ansehen zu haben. Die Theile falten sich so frei nicht aus einander, und bewegen sich in ihren Gelenken nicht ohne Zwang. Die Verbesserungen, welche Hr. R. mit dieser aus den kritisch. Nachr. sonst schon bekannten Ode vorgenommen, sind, wie man sie von dem sichern Geschmacke eines solchen Kunstrichters und von der Fähigkeit eines solchen Dichters erwarten konnte, alle wohlgegründet und glücklich; aber sie betreffen nur das Detail. Die Anlage kann selten durch Verbesserungen gewinnen. Auch die Kunstrichter, welchen diese Ode vorzüglich gefallen, müssen mehr auf einzelne Schönheiten, als auf das Ganze gesehen haben. Die ganze vierte und fünfte Strophe z. B. sind vortreflich:

Urplötzlich sind der Felsen graue Rücken
Zu Tempeln und Palläften ausgehöhlt, u. s. w.

[Die sechste Ode heißt: Die Wiederkehr, und hat zum Inhalte, daß der Verf. der zu lange der Kritik gefolgt sei, sich jetzt ganz der allgefälligen Göttin weihe. Ohne uns nun in den Streit zwischen ihm, und seinem Freunde Selim einzulassen, schreiben wir folgende darunter gesetzte Anmerkung hier ab, die allen, welche Ramler bald hier, bald da, und nirgend lieber als

in den Litteraturbriefen haben finden wollen, zur Nachricht
dienen mag:

„Der Verf. hat vor und nach dem Jahre 1750., an
„keiner einzigen kritischen Schrift Antheil gehabt; man nehme
„das Lehrbuch aus, vor welchem sein Name stehet."

Die letzte Hälfte der Ode ist allgemein und moralisch; daher stehe
sie gleichfalls hier:

— — — O sich geliebt zu sehn
 Welche Seeligkeit! Liebe, dich
Tauscht mein trunkener Geist nicht um das Zeigen mit
 Fingern, um der Versammelung
Händeklatschen, des Volks ehrenbezeugendes
 Aufstehn; dich um Gespräche mit
Großen Königen nicht, noch um die schmeichelnde
 Tafel ihrer Gewaltigen.]

— Und nun können wir einen großen Theil Oden überspringen,
und uns mit Anführung ihrer Namen begnügen. Sie sind meistens
während des vorigen Krieges erschienen: Liebhaber der Dichtkunst
wissen sie auswendig. Sie heißen: An die Stadt Berlin: An
die Feinde des Königs: Lied der Nymphe Persante: Auf
ein Geschütz: An den Fabius: An seinen Arzt: An
Krause: An die Göttin der Eintracht: Auf die Wieder=
kunft des Königs: An Hymen: An die Muse: Glaucus
Wahrsagung: Ptolomäus und Berenice.

Mit unter läuft eine Ode an Lycidas, die wir zum ersten=
mal lesen, und die uns so außerordentlich gefallen, daß wir sie
gern ganz hersetzten; wir überlassen sie aber dem Liebhaber selbst
zu lesen. Man höre die erste und die drei letzten Strophen:

Wen seine Mutter unter den zärtlichen
 Gesängen heller Nachtigallchör' empfieng,
 Wer ihr in ihren Götterträumen
  Nächtlich als Schwan sich vom Busen loswand —

Ununterwiesen wird er als Knabe schon
Die Frühlingsblume singen, und froh bestürzt,
   Sich einen Dichter grüßen hören.
    Ihm wird die jüngste der Charitinnen,

Die wohlbewachte Scham, sich zur Führerin,
Entbieten. Ihm wird Pallas die Wolke von
   Den Augen nehmen, daß ihr Jünger
    Wahrheit und blendenden Trug erkenne.

In Wäldern wird er einsam den Vater der
Natur verehren. Endlich, o Lycidas,
   Erwartet er, gleich eines fremden
    Mannes Besuche, den Tod mit Gleichmuth.

Der Triumph hat ein freies Silbenmaaß. Jede Zeile hat den vollkommensten Wohllaut, aber sie sind von ungleicher Länge. Das einzige mal vielleicht, daß sich ein Ramler diese Freiheit erlaubt hat. An wahrer Poesie ist dieses Stück unsers Erachtens, eines der stärksten. Ein wohlgeordneter Plan verbindet alle Theile, Lyrische Wendungen, hohe Gedanken, mächtige Sprüche, und Pindarische Züge überall. Wir würden zu wenig Zutrauen zu dem Geschmacke unserer Leser verrathen, wenn wir ihnen alle diese Schönheiten einzeln zergliederten. Den Schluß allein wollen wir hersetzen, in welchem sich der Dichter von aller Beschuldigung der Schmeichelei gegen seinem Helden, mit der strengsten Wahrheit, (alle seine Zeitgenossen müssen ihm dieses Zeugniß geben) vor den Augen der Nachwelt rechtfertiget. — Welch eine Sentenz!

   Sich selbst mit eines Gottes Zufriedenheit
   Ansehn, ist der Triumphe
   Allerhöchster. — Und des Dichters
   Allerhöchster Triumph ist,
   Diesen König besingen.
   Drum schweige du nie von ihm, mein Lied,
   Stolzer, als der Ceische

Und der Thebanische Päan,
Keinem Golde feil,
Auch selbst dem Seinigen nicht.
Und ob er auch diesen Triumph verlenkt,
Und, deiner Töne nicht gewohnt,
Sein Ohr zu Galliens Schwänen neigt:
So singe du doch den Brennussöhnen
Ihren Erretter unnachgesungen.

Das Gedicht an Buddenbrock ist von der leichtern Gattung. Die Sprache fließend, die Gedanken natürlich und wahr, mehr Vernunftgründe, als Flüge der Einbildungskraft, und überhaupt, dem ernsthaften Geschmacke eines Mannes in Geschäften, angemessen, der die gesunde Vernunft höher schätzet, als Lyrische Trunkenheit. Es gehöret nicht zur Gattung der Ode im strengsten Verstande; allein die Liebhaber sehen die Muse eines Ramlers auch gerne in dieser leichtern Kleidung.

Der Abschied von den Helden, singt von dem, was der Dichter noch singen kann, und o! möchte er auch, was er kann, singen, und was er singet, mittheilen:

Noch viele goldne Pfeile ruhn unversucht
Im Köcher eines Dichters, der frühe schon
  Sein Leben ganz den liederreichen
    Schwestern Uraniens angelobt hat;

Der, hoffend auf die Krone der Afterwelt,
Den bürgerlichen Ehren entsagete;
  Der alle Wege, die zum Reichthum
    Führen, verließ: ein zufriedner Jüngling.

Verleiht, bevor dieß Haupthaar der Reif umzieht,
Ein guter Gott mir Einen Aonischen
  Mit Bächen und Gebüsch durchflochtnen
    Winkel der Erde: so sollen alle

> Durch alle Winde fliegen, den Weisesten
> Ein süßer Klang, dem Ohre des blöden Volks
> Unmerklich. — Ungeschwächt soll ihre
> Töne der Brittische Barde trinken;
>
> Sie sollen hell den Himmel Ausoniens
> Durchwirbeln; (dort war ehmals ihr Vaterherd:)
> Auch Galliens vergnügter Sänger
> Höre den Nachhall, nicht ohne Scheelsucht.

Wer wünschet nicht mit uns die Erfüllung dieser Angelobungen, zur Ehre Germaniens?

Vom Anhange, der die musikalische Idylle, der May, und die Kantate Ino enthält, dörfen wir nichts sagen, da der Verfasser längst als derjenige bekannt ist, der, der Musik gewidmete Gedichte, mit poetischen Schönheiten in vollem Maaße zu verzieren weiß.

Q.

Des Herrn Nicol. Dietrich Giesefe Poetische Werke. Herausgegeben von Carl Christian Gärtner. Braunschweig 1767. ein Alphab. 4 Bogen in 8. [VII, 1, 150—160]

In Deutschland ist der Geschmack an der wahren Poesie, oder mindstens glückliche Probstücke dieses Geschmacks nicht eben so alt, und in unserm Jahrhundert war Giesefe unstreitig einer der verdienten Männer, die durch Versuche und zum Theil Muster, der Sprache unseres Vaterlandes ächte Poesie einzuverleiben suchten. Viele von seinen Poetischen Stücken finden sich in den Bremischen Beiträgen, in der Sammlung vermischter Schriften, die auf jene folgte, und anderswo: überall aber zerstreut, ohne Namen des Verfassers, und unter andere oft mittelmäßige Stücke vergraben. Hr. Gärtner thut also seinem Freunde, den Freunden desselben und unserm Vaterlande einen Liebesdienst, daß er die Werke seines verstorbenen Freundes sammlet, und mit dem Leben desselben begleitet. Die Lebensumstände nebst dem Charakter stehen kurz voraus: alsdenn folgen Moralische Gedichte, geistliche Lieder, Oden und Lieder vier Bücher: ein Geschenk für Daphnen in funfzehn Gedichten, hierauf Cantaten, Fabeln und Erzählungen, ein Anhang von kleinern Stücken, endlich ein Nachzug von acht Briefen.

Giesefe war ein Ungar aber meistens zu Hamburg erzogen, und da die Zeit seines Studirens in Leipzig, eben mit der Zeit zusammen läuft, da durch die Bemühungen sehr verschiedener Schriftsteller von diesem Orte gleichsam eine reinere Sprache ausging: so sind auch alle Werke unsers Giesefe mit diesem Charakter der Sprachreinigkeit bezeichnet, und wenn zu Claßischen Schriften nichts mehr als Sprachreinigkeit gehören soll; so sind sie vor vielen neuern Werken Claßisch. Nach der Zeit, ich meine nach der Zeit, da die Cramers, Gellerts, Schlegels, Rabners, Giesefe, u. s. w. den Ton der schönern Sprache angaben: nach der Zeit hat der Styl sowohl der Poesie als der Prose weit mehr Kunst bekommen: Klopstock, Ramler, Gleim, Dusch, Gerstenberg, Wieland, haben die Poetische Diktion und in der Prose hat Leßing, Abbt und verschiedene Kunstrichter den Ausdruck, damit ich so sage, angedrungener und nervichter gemacht; unsre Sprache hat sich durch Uebersetzungen aus dem Französischen und Englischen mehr Formen und Manieren des Styls gegeben, aber freilich damit auf Kosten ihrer selbst. Der Ausdruck ist oft bis zum zugespitzten, zum gekünstelten, zum fremden, zum überladenen übergetreten; und so werden noch immer die Schriften schätzbar bleiben, in denen zwar mindere Kunst, aber vielleicht eine schöne nachläßige Natur in der Schreibart hervorblickt; diese werden, ja sie müssen uns schätzbar bleiben, nicht blos als Werke aus der Morgenröthe des Geschmacks, sondern vielleicht als Mittel zu demselben zurück zu kehren. Man lege Lehrlingen zu ihren ersten Vorbildern Stücke vor, in denen aber der Ausdruck auf dem Gipfel der Kunst und auf dem Höchsten ist — über das Höchste giebt es kein Höheres, und wenn sie diesen Gipfel noch überfliegen wollen, wie es unserer Natur sehr gemäß ist; so werden sie nothwendig ins Gesuchte, ins Spielende, in die

Meteoren der Schreibart sich verirren müssen. Und unser Zeitalter, wie nahe scheinet es diesem Meteoren Geschmack zu seyn! Nun lege man ihnen aber lieber anfangs die Schriften vor, in denen die Schreibart wie ein klarer Bach fließet, sollte gleich freilich für die Zunge eines neuern Geschmacks der Trank aus demselben wäßricht schmecken: man gewöhne sich zu der Simplicität im Ausdruck, zu der Runde des Perioden, die damals Mode war: sollte sie freilich bisweilen an das weitschweifige und zu deutliche gränzen — noch immer gut! Kürze, Gedrungenheit, Kunst, Zierrath kann nachher immer hereingebracht werden, wenn nur erst die Grundlage vest ist. Aber mit Kunstschreibart anfangen wollen, macht — Künstelei. Aus Gieseke, Cramers, Hagedorns und andern Schriften eine Auswahl, ist besser zu der ersten Farbe der Schreibart, als aus manchen neuern Schriftstellern. In ihnen ist reine Versification, Fluß der Sprache, Ausführung in Gedanken und Bildern, Deutlichkeit und Einfalt; die Grundsäulen eines guten Styls.

Dies ist ein vortheilhafter Gesichtspunkt zu Giesekens Schriften: und manchen wird der zweite noch vortheilhafter seyn. Die meisten seiner Stücke haben die Farbe der Religion. Er war ein Lehrer derselben, und vermuthlich war er so gerührt die Gegenstände in ihrem Licht zu betrachten, daß dies beinahe die herrschende Denkart seiner Gedichte wird. Hieher seine Moralische Poesien, nach Materie einige, andere nach Form. Z. E. Gedanken von der göttlichen Regierung, Empfindung eines Bußfertigen, Uebersetzung von Thomsons Lobgesange, ein unvollendetes Lehrgedicht über das Gebet, Trostschreiben an einen Vater über den Verlust seines Sohnes u. s. w. hieher seine drittehalb geistliche Lieder, über das Leiden Christi, Gebet eines Predigers, und Krankheitslied, hieher seine Nachahmung von Psalmen, seine Oden auf Trauerfälle und andere Gelegenheiten. Alle hauchen den Geist der Religion, und manche sind mehr zur Erbauung, als viele Stücke, die uns blos auf dem Titel Erbauung predigen. Wir wollen davon nicht reden, daß dieser religiöse Ton seinem Herzen Ehre macht, sondern nur

zu dem Zweck unserer Recension anmerken, daß er freilich seinen
Gedichten viele Würde und Einfalt gebe, insonderheit wenn er mit
den Worten der Schrift spricht; daß er aber auch zuweilen die
Sprache des Theologen und des Predigers zu sehr in die Sprache
des Christen und Andächtigen bringet. Daher kommts, daß seine
Moralischen und noch mehr seine Lyrischen Gedichte manchmal
unvermerkt in das Orientalische in Bildern und Ausdrücken sich
hinbiegen, das Kanzelsprache ist, und nichts mehr. Ferner, sein
Herz war den Empfindungen der Freude offen, und die Freund=
schaft ists, der auch die meisten seiner Gedichte geopfert sind: ein
Opfer auf ihren Altar, nicht blos dem Inhalt, sondern dem Ton
nach. Ein Schreiben über die Zärtlichkeit, über den Einfluß des
Geschmacks in die Freundschaft: viele Oden, das ganze Geschenk
an die Daphne, die Briefe, kurz der größte Theil des Buchs ist
der Freundschaft heilig. Sanfte Empfindungen wallen, wie die
Silberwellen an einem stillen Abende, in der Seele des Dichters
auf: und seine Gedanken, seine Worte, seine Verse fliessen wie
Honig von seinen Lippen herunter. Süsse Zärtlichkeit ist seine
Muse, die ihn und den gleichgestimmten Leser begeistert: denn bei
manchen seiner Gedichte, und insonderheit bei dem Geschenk an
seine Daphne, wird der Empfindungsvolle Jüngling wünschen: daß
ich sogleich einen[1] Freund, daß ich solch eine Daphne hätte! —
Aber das wollen wir dabei nicht entsprechen, daß dieser jammernde
und stille Ton der Freundschaft nicht etwas einförmiges und schläf=
riges auf seine Gedichte ausbreiten, und eine Art von schlummern=
der Ruhe manchmal wirken sollte, insonderheit wenn man als
Dichter lieset. Und als solcher muß man doch lesen, und als
solcher soll doch in Poetischen Werken Gieseke unter andere gestellet
werden? — Wohin nimmt nun die Sache den Ausschlag? — Ein
großer Dichter ist Gieseke eben nicht: so rein, so Claßisch, so
erbaulich, so Moralisch, so freundschaftlich, so sanft empfindend wir
ihn gezeiget haben: ein großer Dichter eben nicht!

---

1) solch einen (?)

Nicht in Moralischen Gedichten: in denen uns Haller und Witthoff schon mehr zu Philosophie, Hagedorn mehr zu Horazischer Charakter-Schilderung: und Dusch beinahe zur Präzision eines Pope gewöhnet haben. Unser Dichter hat, wie gesagt, einen Fluß an Gedanken, Worten und Versen bis zum Neide: er kommt aber nur hie und da auf ausserordentliche große Gedanken, und hie und da auf Bilder bis zum Erstaunen; indessen auch von diesem hie und da stehen Beispiele hier. S. 4.

Einst wird in näherm Glanz, ihm (dem Menschen) deine Gnade
erscheinen,
Und er nicht mehr von dir nach Vorurtheilen meinen:
Dann stört sein Murren nicht der Welten Lobgesang!

So betet der Dichter zu Anfang seines Gedichts über die göttliche Vorsehung, aus dem ich aber auch nichts mehr, als diesen Gedanken anzuführen wüßte. Eben so wenig aus den Empfindungen eines Bußfertigen, die ein schönes Cento von biblischen Worten sind. Der Lobgesang nach Thomson ist bereits bekannt und gepriesen gnug: und der Versuch vom Gebete in Hexametern ist abgebrochen und eben da abgebrochen, wo wir das meiste hoffen konnten. Der allgemeine Anfang von der Nothwendigkeit und Vernunftmäßigkeit des Gebets, mußte nothwendig tief in die Philosophie hineingehen, und konnte also unserm Verf. nicht so gut gelingen, als ihm die speziellern, und daß ich so sage, Menschlichern Betrachtungen gelungen waren. Indessen hat auch dieser Anfang schöne Stücke, wie z. E. S. 35 die Schilderung der Spinosistischen Gottheit,

Die dem Bernis in seiner einsamen Grotte
Schrecklich erschien, als sie schnell ein blaßes Feuer erfüllte
Und vor seinem bestürzten Auge die Welt zu vergehn schien.
Durch die Lüfte rollten die Stern' in vermischtem Getümmel
In der finsteren Nacht verirrt, durch einander. Vergebens
Hielten die Wirbel sie. Schon droht Alles in Abgrund zu sinken.
Nur der Barde blieb ruhig in seiner Freistatt, und sah sich

Unerschrocken in ihr vom entsetzlichen Chaos umfangen.
Gott, du schenktest ihm Muth, die schreckliche Nacht zu ertragen.
Plötzlich gab ihm den Tag ein Donnerschlag wieder, und mit ihm
Stieg aus den Trümmern der Erd' ein unermeßlicher Riese,
Eine Welt an Größe! hervor. An Gestalt ein Colossus
Schrecklich dem Aug' und doch nach Ebenmaaßen gebauet.
Sein gewaltiges Haupt war ein Gebürge, die Haare
Wälder; sein schreckendes Aug' ein entzündeter Feuerofen,
Oder ein flammender Abgrund. In einen Cörper verwandelt,
Stand vor dem Dichter die Welt. In seinen kleinsten Gefäßen,
Flossen die Bäche gemächlich, und durch die schwellenden Adern
Brauste das Weltmeer dahin. Sein Kleid war der Schleier
der Lüfte;
Also träumte Spinoza sich Gott.

Eben so schrecklich ist die Verwirrung geschildert die ohne Vorsehung in der Welt seyn würde, und überhaupt ist das Gedicht, als Fragment schätzbar, wenn gleich nicht von seiner Philosophischen Seite. Die folgenden stillern Moralischen Gedichte, vom Werth der Wissenschaft, vom Einfluß des Geschmacks in das Menschliche Leben, sind mehr nach der Laune unsers Verfassers, und voller schönen Stellen.

Von den Oden und Liedern kommen der Frühling, der Herbst, der Winter unter die Malerischen Gedichte: die meisten derselben sind von einer Situation des Lebens hervorgebracht, aus welcher sie denn auch den meisten Werth hernehmen. Die meisten an Daphne hat ihm die Liebe diktiret, und keiner überhaupt fehlet es ganz an schönen Zügen. Nur allen überhaupt an dem wahren Odenschwunge, oder an dem völligen Lyrischen Gebäude, das uns in den Alten das Auge erfüllet. Wir wundern uns auf der einen Seite über das Glück des Dichters, sich so gleich in jede Denkungsart hineindenken und jetzt mit Klopstock in seinem Sylbenmaaße, so wie in seinen Sprach= und Empfindungsformen: jetzt mit Cramer in dessen Sylbenmaaße, und in dessen Bilder= und Perioden=Manieren, jetzt mit andern Refrains= und Casual=

dichtern singen zu können. Auf der andern Seite aber bemerken wir, daß er weder selbst Originalmanier habe, noch in einer dieser Manieren vorzüglich der Zweite sey, vermuthlich weil er sie alle so glücklich nachgeahmet.

Wo Gieseke noch zum ersten eigenen Ton hätte, wäre in seinen Fabeln und Erzählungen, da er die Versification nicht bloß bis zum Fluß, sondern oft bis zum Ueberfluß in seiner Gewalt hat, und überdem eine würklich Fontainische Lustigkeit anbringt: so lassen sich diese Fabeln noch immer jetzt so gut lesen, als sie sich in den Bremischen Beiträgen lesen ließen. Ueberhaupt lassen wir Deutsche von einem neuen Muster, von einem neuen Critikus uns zu sehr stimmen, und sind denn oft zu unbiegsam, etwas ältern Mustern ihre völlige Gerechtigkeit wiederfahren zu lassen. Seitdem Leßing mit seiner Art zu fabeln hervortrat, und noch mehr diese fabelnde Muse als die Muse des Aesops aufzuführen wußte: seitdem er die Einfälle und die Versification für einen fremden Schmuck der Fabel hat erklären wollen, weil er selbst dieser Lustigkeit entsagte — seitdem sind manche Kunstrichter geneigt, von keiner Fabel beinahe wissen zu wollen, die von dieser Epigrammatischen Kürze Leßings abweicht. Unbillig für den Fabeldichter! unbillig für die Muse des Apologus, die ihre manche Arten zu erzählen hat! die jetzt unter Scherzen des la Fontaine, und jetzt in der Einfalt Aesopus, jetzt mit der Naivete des Gellerts und jetzt durch einen Leßingschen Einfall, lehren will. Und wer nach der Leßingschen Theorie Gieseken unter den Fabelndichtern nicht leiden will, der mag es thun! Gieseke findet immer Platz unter den Dichtern der Erzählung. Sollte er auch zuweilen sich zu sehr ausreden und etwas matt werden: so weiß man, daß bei den Erzählern im gemeinen Leben eine solche Pause gute Würkung thut, und warum nicht auch in schriftlichen Erzählungen, wenn man lieset, um sich zu unterhalten.

Von den wichtigsten Sachen haben wir Nachricht gegeben, und wir schliessen mit einer allgemeinen Anmerkung. Da Gärtner bei den Stücken, die er gesammlet hat, die Zeit bemerket, wenn sie verfertiget sind, und wir schon von Gieseken anführten, wie leicht es ihm geworden, sich in den Ton eines andern hineinzudichten: so sehen wir, wie sehr sich seit einiger Zeit die Sprachform unsrer Poesie verändert. Ich sage die Sprachform; denn freilich so ferne die Sprache ein Ausdruck von Gedanken ist, so bleibet sie an sich, was sie war, und richtet sich nach jedem eigendenkenden Schriftsteller; die Grundlage ihrer Grammatik läßt sich auch nicht verrücken, aber was den Ton der Schreibart anbetrift, dieser kann von Sylben= maaß, Zeitgeschmack, Lieblingswendungen einiger Hauptdichter u. s. w. ungemein verändert werden. Man nehme einzelne Bogen aus unserm Dichter: wer wird in den Stücken von 1745. und in denen von 1763. 64 Einen Verf. erkennen? da, wie gesagt, Gieseke in keiner Dichtungsart eigenen Ton, Originalmanier zu haben scheint: da er sich überall in den Ton eines Andern, aber sehr glücklich hineingedichtet hat: so läßt sich bei ihm als einem Nach= ahmer von der ersten Classe dieser veränderte Zeitgeschmack in der Diktion vielleicht offenbarer bemerken, als in der Originalen selbst: wenigstens wird bei Gieseken der Contrast der Farbe sichtbarer, weil doch die Grundfarbe immer Giesekens Denk= und Sprachart bleibet. Noch müssen wir anführen, daß unter den Oden und Liedern einige Uebersetzungen aus dem Horaz sind, die als Paraphrasen ihren Werth haben.

Y.

Briefe zur Bildung des Geschmacks: an einen jungen Herrn von Stande. Zweiter Theil. Leipzig und Breslau bei Meier 1765. 1. Alph. 2 Bogen. [VII, 2, 142—159]

Ein Buch zur Bildung des Geschmacks! Ich weiß nicht, was für eine Gattung schöner Schriften man mit mehrerm Beifall aufnehmen müsse, als diese. Vorausgesetzt, daß ich blos von Schriften des Geschmacks rede: so können freilich andre mehr Talente fodern, mehr Bewunderung verdienen; dem Autor mehr Ehre und

Unsterblichkeit machen; aber nützlicher seyn, ein ausgebreiteres Verdienst haben, bei einer Menge gute Würkungen hervorbringen: Diese Stelle bleibt den Schriften, die zur Bildung geschrieben werden, eigen und gewiß.

Und geschieht diese Bildung von einer Seite, da es vornehmlich gefehlt hat: zu einer Zeit, da man sie noch etwas vermisset: in den Falten, wo die Fehler am verborgensten sitzen, — um so besser!

So ausnehmende Talente darf ein solcher Lehrer des Geschmacks nicht eben haben. Ausserordentlich neue und überraschende Entdeckungen, kritische Subtilitäten, überfeine Bemerkungen erwartet man von ihm nicht; an einen besonders witzigen, oder tiefsinnigen, oder gar eigensinnigen Tadel ist hier überdem gar nicht zu gedenken. Hingegen sey ein guter gesunder Verstand, ein unverdorbenes Gefühl des Schönen, und die Gabe des deutlichen einnehmenden Vortrages, — — dieses dreifache Talent sey dem Manne eigen, der unser Lehrer seyn will, alsdenn kann er es seyn!

Wir brauchen es nicht unsern Lesern vorzudeklamiren, daß für Deutschland Bücher den Geschmack zu bilden, nicht in das Fach der Bibliothek gehören, auf das sich schreiben liesse: dies ist zu viel! und dies sowohl in Betracht der Materie als der Leser. In Betracht der Leser; denn, welche Menge von jungen Herrn und jungem Frauenzimmer, von alten Herrn und altem Frauenzimmer, von Stande und nicht von Stande hätte solcher Briefe nöthig! wenn der gute Geschmack so allgemein werden soll, als er es vielleicht noch nicht ist. Und nach dem Objekte betrachtet, ist solch ein Lehrbuch des Geschmacks vielleicht eben so neu, wenn ich mir nämlich ein Lehrbuch des Geschmacks für Deutsche denke. Die Bücher, die noch etwa dahin gehören, sind Uebersetzungen, oder so geschrieben, als wenn sie noch übersetzt werden sollten.

Uebersetzungen, meistens aus dem Französischen: und da versteht es sich, daß Französische Schriftsteller die Grundlage sind, über die commentirt wird: und daß alles auf einen Französischen Geschmack hinauslaufe, der für ihre Nation seyn möge, was er wolle; für uns Deutsche aber nicht ist. Und wollte es auch der Uebersetzer zu einem Buch für uns machen; so ist zuerst die große Frage: ob ers thun kann? denn wie selten kann ein Deutscher Uebersetzer etwas mehr als übersetzen! und wenn ers auch an sich thun könnte, wie ihm das ganze Werk gelinge? Eine Schrift zur Bildung für eine Nation geschrieben, für die andre umzubilden, ist eine undankbare Sache: entweder wird alles was dem Uebersetzer angehört, hinten angeschoben, und da bleibt es oft nichts als Angehänge: oder es wird dem Autor in seine Lücken eingeschoben, daß ein wunderbares Gemisch daraus wird: ein Amphibion, das nirgends recht leben kann. — Ich habe die Uebersetzungen aus dem Französischen genannt; denn mit denen, die blos unter Lateinern leben, geht es gemeiniglich noch ärger: denn wie selten wollen diese Geschmack bilden? und wollen sie es einmal, so ist es niemals recht Geschmack für unsre Zeit, für unsre Nation, für unsre Sprache.

Bei den Briefen, die vor mir liegen, gefiel es mir gleich im ersten Theil, daß der Verf. Produkte des Geschmacks aus mehreren Nationen, Zeiten und Sprachen zusammenbrachte: denn um allen den verschiedenen Classen und Schulen und Nationalzänkereien zu entkommen, und sich ein wahres, richtiges und gutes Urtheil des Schönen zu erwerben, war dies der einzige Weg. Tritt, heißt es hier, auf eine Höhe, erweitere den Horizont deiner Känntnisse: siehe verschiedene Völker, Zeiten und Geschmacksarten, alsdenn betrachte, urtheile, wähle. — Nun gefiel es uns freilich nicht, daß der Verf. dieser Briefe den Geschmack der Alten sich lange nicht so zu eigen gemacht hatte, als den Geschmack der Neuern, und daß er insonderheit in den paar Worten, die er von den Griechen entfallen lassen, sich schon zu sehr verrathen. Indessen war auch dieser Mangel zu übersehen, theils weil der Geschmack der Britten dafür desto mehr der Seinige zu seyn schien, theils weil, wenn die Griechen wo entbehrlich seyn können, sie noch am ehesten da entbehrlich wären, worüber der Verf. schrieb: nämlich in Didaktischen und Landgedichten.

Und daß er hierüber vorzüglich schrieb, war uns auch in gewissem Betracht lieb: wenn wir seine Briefe als ein Buch für

Deutschland ansehen. Deutschland hängt zum Didaktischen Ton hin; in dieser Gattung hat es Gedichte im besten Geschmack, wenn bei andern der Geschmack noch etwas unsicher ist: in dieser Gattung kann es andern Nationen nicht blos Stücke vorzeigen, sondern oft ihnen als Muster vorzeigen: und hier bilde man also ihren Geschmack zur Vestigkeit, zur Feinigkeit, weil er hier sehr leicht zu bilden ist. So willkommen also der erste Theil seyn konnte: so willkommen auch der zweite und dritte.

Noch beschäftigen sich beide meistens mit Didaktischen Gedichten: und welch gutes Vorurtheil kann man für diese Beschäftigung haben, da Hr. Dusch, selbst einer der besten Lehrdichter unter uns, wie bekannt, der Verf. dieser Briefe ist. Wie wird uns der alle Schönheiten des Lehrgedichts, bis auf die feinsten Züge ins Licht setzen können! wie wird er uns auf Geheimnisse bringen, die blos ein Genie in den Lehrgedichten wissen konnte! wie wird er uns auf die Kunst, auf den Bau dieser Poesie da aufmerksam machen, wo man nur durch eigne öftere Versuche, durch eigne Uebung und Ausbesserung Fehler und Schönheiten entdeckt, und Künste lernt. Von Dusch, einem unserer correktesten Lehrdichter war dies zu erwarten, und mit diesem guten Vorurtheil lesen wir —

Den 1—3. Br. Ob ein Lehrgedicht Poesie seyn könne? eine Materie, die eben nicht dahin gehört, einem jungen Herrn von Stande den Geschmack zu bilden: und einem andern, der die vielen Streitigkeiten über sie kennt, fast ekelhaft seyn muß. Als ein bloßer Liebhaber des Poetischen Geschmacks ist mir an ihr nichts gelegen; denn sey auch ein Lehrgedicht keine Poesie, sey es auch nur versificirte Prose; diese versificirte Prose enthält Schönheiten, die eine gemeine Prose nicht enthält. Diese Schönheiten will ich geniessen, sie will ich kosten lernen, in ihnen meinen Geschmack beveftigen, weiter nichts. Die Poesie zu definiren, ihre Arten und Gattungen zu klaßificiren, überlasse ich dem, der eine Philosophische Poetik schreiben will. Er untersuche; ob ein Lehrgedicht im Ganzen oder nur in Theilen Poesie sey; ob es dem Körper oder nur dem Schmuck nach Dichterisch erscheine; und wem dieser Reihn zwischen

Poesie und Prose zugehöre. Gehöre er, wohin er wolle, ich setze mich auf ihn nieder, und pflücke Blumen. So der Liebhaber des Poetischen Geschmacks, und der Criticus wird die ganze Frage dieser Briefe, ob das Lehrgedicht Poesie seyn könne? kurz und gut beantworten: wie man das Wort Poesie nehmen will. Nimmt man es nach dem Begriff des Aristoteles (den der Verf. dieser Briefe nicht zu kennen scheint: wenigstens denkt er an ihn nicht mit einem Worte, und streitet wider Batteur, als den ersten und einzigen, der dem Lehrgedichte den Namen Poesie abläugnet) nimmt man es nach seinem und aller Griechen Begriffe: so weiß man ja, daß diese vorzüglich Nachahmung, Fiktion, Fabel u. s. w. verstanden, und Aristoteles also sogar dem Empedokles, der in sein Physisches Gedicht doch gewiß einzelne Verzierungen, Allegorien, Einkleidungen und dergl. gebracht haben wird, daß er und Plutarch diesem Lehrdichter Empedokles völlig den Namen eines Poeten absprechen, weil — ihm Nachahmung und Fabel fehle. Wie Batteur den Begrif der Poesie, halb nach Aristoteles und halb nach der schönen Natur der Franzosen vestsetzt: so muß ebenfalls das Lehrgedicht sich an die Grenzen schleichen; nicht weil die Lehrdichter seiner Nation so oft Prosaisch werden; sondern weil sein Halbgriechischer Begriff der Poesie nothwendig dieses Opfer verlangte. Warkon hat seine Ideen zu sehr nach den Alten gebildet; der Name der Poesie und des Poeten ist ihm zu heilig, als daß er sie — ich will nicht sagen: jedem Lehrdichter — sondern jedem Helden = Tragödien = Oden = Eklogen = Dichter geben sollte. Wo also mit dem Streit hinaus? wenn wir Neuern den Begrif der Poesie erweitert haben, mehr unter sie begreifen als die Alten faßten, neue Arten ausgebildet, auf die sie nicht soviel Poetischen Fleiß wandten: so setze man diesen Unterschied der Begriffe ins Licht und die Sache ist geschehen. So historisch und auf dem Pfade der Untersuchung wird sie sich intereßanter und angenehmer zeigen, als in langweiligen Streitigkeiten, wie sie hier sind. Denn der Verf. der Briefe hat weder das Muntre des Styls, das überraschende eines streitenden Gesprächs, in seiner Gewalt; noch ist die Genauigkeit der Begriffe sein Theil: und wie unangenehm ist ein Streit auf so schwankendem Boden, mit lauter zerbrechlichen Gewehren.

Noch weniger weiß ich, wo der Verf. mit folgenden Worten hinaus will: S. 15. „Die Erfindung einer Fabel ist, meines „Erachtens, kein größeres Werk der Einbildungskraft, und des „Genies, als die Erfindung so mannichfaltiger und geschickter Ver=„zierungen, welche einem an sich trockenen Stof die größte Anmuth „geben. Wenn es blos auf jene ankäme, so würde der große „Shakespear gewiß eine armselige Figur machen. Es möchte „sich denn leicht der Verf. einer Felsenburg, oder einer Banise, „ohne Pralerei, mit demselben in einen Wettstreit um den Lorbeer „einlassen können. Aber von den gemeinsten Vorfällen des Lebens, „von ganz geringfügigen Anlässen, welche tausend andere Köpfe „übersehen hätten; oder von den magersten und trockensten Wahr=„heiten Gelegenheiten zu nehmen, um das os magna sonaturum „hören zu lassen, und zu zeigen, daß uns das ingenium, und die „mens divinior beiwohne, dazu wird mehr erfordert: und dieses „ist das Talent, welches den Shakespear, und jeden andern „Dichter groß macht. Ich habe mich schon einmal erkläret, daß ich „von den Talenten eines Lehrdichters große Gedanken habe: viel=„leicht größere, als sie seyn sollten; darüber will ich nicht streiten; „allein das weiß ich gewiß, daß die Ausarbeitung eines Planes „einem jedem Werk seine Lebenssäfte, seinen Körper, seine Gestalt „und Vollkommenheit giebt; daß ein vortreflicher Plan in einer „magern, oder mittelmäßigen Ausführung kein Werk erhalten, oder „unsterblich machen wird; und daß hingegen der schlechteste Ent=„wurf durch das Colorit, was ihm die Hand eines Shakespears, „oder Dantes zu geben weiß, allen Critiken Trotz bietet, und „sich gleichsam mit Gewalt in den Tempel des Geschmacks hinein=„bringt. Lehrgedichte sind so zu reden, gänzlich diesem Colorit „überlassen"). Wie muß Hr. Dusch den Shakespear kennen? Als einen, über dessen Erfindungsgeist, Einbildungskraft, Genie noch müßte gestritten werden? Als einen der keine Fabel, sondern nur Verzierungen erfinden konnte? Als einen, der nicht durch den Geist der Erdichtung, sondern durch die Gabe groß ward, von den geringfügigen Anlässen, von den magersten und trockensten Wahrheiten Gelegenheit zu nehmen, um das os magna sonaturum hören zu lassen? Als einen, der vorzüglich durch das Colorit, das er seinem Plane gab, Poet ist? Als einen, der Lehrdichter retten kann? — So mag ihn Hr. Dusch kennen: so kenne ich ihn nicht. Bei mir ist er von alle diesem fast das Gegentheil: ein Genie, voll Einbildungskraft, die immer ins Große geht, die einen Plan ersinnen kann, über dem uns beim bloßen Ansehn schwindelt: ein Genie, das in den einzelnen Verzierungen nichts, im großen, wilden Bau der Fabel Alles ist: ein Genie, für dem, wenn es den Begrif des Poeten bestimmen soll, alle Lehrdichter, alle witzige Köpfe zittern müssen: ein Poetisches Genie, wie ich nur einen Homer, und einen Oßian kenne. Mannigfaltige und geschickte Verzierungen erfinden, blos durch das Colorit groß zu seyn: diesen Vorzug überläßt er den Künstlern, die nicht zu bauen, sondern nur bei einem fremden Gebäude Farben und Schnörkel anzubringen wissen. Die Gabe, von den gemeinsten Vorfällen des Lebens und geringfügigen Anlässen Gelegenheit zu nehmen, um das os [magna] sonaturum hören zu lassen, überläßt er den witzigen Köpfen; sie ist nicht sein Hauptvorzug, und wo er sie hat, habe er sie nicht. Nirgends ist, wie bekannt, Shakespear mehr unter sich selbst, als wenn er bei den gemeinsten Vorfällen des Lebens, bei geringfügigen Anlässen sein os magna sonaturum hören läßt: und läßt ers sogar bei magern und trocknen Wahrheiten hören, will er Lehrdichter seyn; so halten wir uns für Bombast die Ohren zu. Shakespear, als ein solcher gelesen, als ihn Dusch will gelesen haben: man sage doch, ob dies den Geschmack bilden kann? Man sage doch, ob Shakespear sich je „in den Tempel des Geschmacks habe einbringen wollen," und ob der für Shakespear entschlossenste Britte Duschen diese Worte nachsprechen wird.

Der 4—6. Brief von dem Unterschiede der Lehrgedichte und den Verzierungen eines Gedichts. „Form, Verzierung

„und Ausdruck sind die drei Hauptmittel, wodurch die Poesie den „didaktischen Stof der Prose sich zu eigen machen kann, und diese „Mittel gehet der Verfasser durch." Bei den Formen des Lehrgedichts wundere ich mich, theils Formen zu finden, die nicht dem Lehrgedichte zugehören, theils die den Geschmack nicht bilden sondern mißbilden können. Verstanden, daß von dem Ganzen eines Lehrgedichtes die Rede sey: wie kann der Autor Dogmatische Stellen, in eine Epopee eingeschaltet, für eine Form, für die Epische Form von Lehrgedichten halten? Homer hat keine solche: Virgil habe sie weniger: und bei Milton, bei Dante, bei Ariost müssen wir sie — übersehen. Zur Epopee selbst gehören sie nicht: sie schwächen den beständig fortwallenden Epischen Ton: sie halten den Gang der Handlung an; und aus der Epopee losgerissen — nun! da sind sie keine Epischen Lehrgedichte: denn das Epische, das ihnen alsdenn noch anklebt, ist wieder ohne oder gegen den Zweck: es muß weg, und da steht alsdenn die simple Moralische oder Dogmatische Stelle da: ist dies neue Form des Lehrgedichts? Auf die Art, wenn ich in ein Drama, in eine Idylle, in eine Ode, und wo es sonst nicht hingehören mag, ein Lehrgedicht verpflanze, und die Pflanze nachher ausreiße: gäbe es alsdenn nicht eine Dramatische, Idyllen=, Oden=, Elegien=Form von Lehrgedichten, und für ihnen genade uns Gott!

Sollen überdem Dogmatische Stellen nicht blos eingestreuet, sondern das Lehrgedicht in das Wesen der Epopee, des Drama, u. s. w. verwandelt werden: soll ein solches Werk dazu geschrieben werden, um durchhin eine Moral in Aktion, oder eine Moral im Gemälde zu enthalten: so ist es zuverläßig weder Drama, und Epopee, noch Lehrgedicht: ein Gemisch von Metallen, die sich nicht zusammenschmelzen ließen, ohne ihre beste Natur zu verlieren.

Wenn die zweite Form Allegorie seyn soll: so wären hier Regeln den Geschmack zu bilden und zu verwahren, am nöthigsten gewesen. Ein Lehrgedicht, das im Ganzen Allegorie ist, wäre, wie ich glaube, so ungestalt als Leßing es von Allegorischen Fabeln gezeigt hat, und auch im Einzeln ist die Sucht zu Alle=

gorisiren, dem guten Geschmack der Poesie so schädlich gewesen, als sie der Auslegung der Schrift (wenn ich unheilige Sachen mit heiligen vergleichen darf) gewesen seyn mag. Die einzelnen Verzierungen von Lehrgedichten enthalten schöne Anmerkungen; darf ich aber sagen, daß sie mehr den Briefsteller verrathen, der selbst ein correkter Lehrdichter ist, als den Lehrer des Geschmacks, der auch, was die Verzierungen anbetrift, den falschen Geschmack verbannen, den guten bevestigen will. Sie enthalten mehr kritische Feinheiten, als Regeln.

Br. 7—9 über Ogilvies Gedicht von der Vorsehung. Der Verf. macht S. 107 die wahre und bei seinem Dichter so nöthige Bemerkung: „Starke mahlerische Züge haben viel Gewalt zu gefallen, „und Bewunderung zu erregen. Allein der Beifall verschwindet „bald wieder, und läßt keine Empfindung, kein Nachdenken von „einiger Dauer nach sich; wenn nicht solche Züge darunter sind, „welche Leidenschaften erregen: sie gehen dann nicht ins Herz. „Diese pathetischen Züge hingegen bringen tief ein, erregen sanfte „Bewegungen in der Brust, und lassen ein gewisses stilles Nach= „denken zurück." Aber die Exempel zu dieser wahren Bemerkung taugen nichts. Wie viel Beispiele von Gemälden ohne Empfindung, von todten Bildern ohne Leidenschaft hätte er aus seinem Ogilvie nehmen können, der davon voll ist: und er weiß keines als aus — — — Homer. Ich weiß, daß hier Jeder erschrecken wird, der Homer kennt, der ihn als einen Feind von todten Schildereien und Gemälden ohne Seele kennt, der es eben in ihm bewundert hat, wie er in jedes seiner Bilder Geist und Leben zu bringen weiß, wie er das Gemälde so lang zirkeln läßt, bis es einen Zug erwischt, der die Menschheit, der das Herz interessirt: und dieser Homer wird ein Beispiel von todten Gemälden? — In der That, hier muß ich mit Hrn. Dusch zanken. Er nimmt ein Nachtgemälde nicht aus Homer selbst: sondern aus dem Homer von Pope, und da weiß doch ein Jeder, wie viel lebendige Schönheiten Homers in Pope todt, erstorben, wie viele vortrefliche Griechische Blumen auf Brittischem Boden erfroren und ausgeartet sind. So wäre also vors erste das Beispiel unzuverläßig; aber noch ärger, es ist völlig untreu. Wie kann Hr. Dusch die zween letzte Verse von Popen's Gemälde, die Alles lebendig, Menschlich, intereßant machen, wie kann er diese auslaßen, und alsdenn sagen: es habe keinen von den lebendigen Zügen, die so tief eindringen? Hier ist das Gemälde aus Pope — doch warum aus Pope, und nicht gleich lieber aus Homer, bei dem es, was auch alle Melmoths und Dusche sagen mögen, in fünf Zeilen fünfmal mehr Geist hat, als bei Pope in zwölf. Hier ists, so weit es nämlich außer seinem Zusammenhange in einer Sprache, die gar nicht Griechisch binden kann, in einer Prosaischen Uebersetzung noch lebendig heißen kann, und die Griechischen Leser mögen das Original selbst nachsehen:

„Sie aber, sich selbst groß fühlend, saßen, nach Gliedern der „Schlachtordnung die ganze Nacht durch: und vor ihnen brannten „viele Feuerhaufen. Wie, wenn am Himmel rings um den leuch= „tenden Mond schönglänzende Gestirne scheinen, und allenthalben „die Luft still ist: alle Wachthürme, die höchsten Gipfel, die Berg= „und Waldhöhen zeigen sich: und von oben herab breitet der Aether „sich in unendlicher Wölbung auseinander: alle Gestirne laßen sich „sehen und der Schäfer freuet sich in der Seele. So erschien „zwischen den Schiffen und dem Fluß Xanthus das Feuer der „Trojaner vor Ilium. Ueberall auf dem Felde brannten tausend „Feuerhaufen, und bei jedem saßen funfzig Männer am Licht des „brennenden Feuers." Wie lebt hier alles! welch ein vortrefliches Gemälde der Trojaner bei ihrem nächtlichen Feuer! und welch schönes Nachtstück, das als Gleichniß eingebracht wird, alles Lobes würdig, das ihm Eustathius giebt. Bei Homer läßt sich kein Bild, das Gleichniß seyn soll, aus seiner Zusammenfügung reißen, und so ifts schon albern, ein solch Gemälde für sich betrachten wollen: wie es Dusch thut. Aber auch so betrachtet: wie viel Leben bringen die kurzen Worte:

$\gamma\varepsilon\gamma\eta\vartheta\varepsilon \ \delta\varepsilon \ \tau\varepsilon \ \varphi\varrho\varepsilon\nu\alpha \ \pi o\iota\mu\eta\nu$ —

„Der Hirt freuet sich in seinem Herzen" in das ganze vortrefliche Nachtstück. Der leuchtende Mond: die hellen Gestirne: die stille Nacht=

luft: die sichtbar werdenden Gipfel und Bergspitzen: der unendlich eröfnete Aether — alles schön, aber alles todte Natur; nun aber dazu — der Hirt, der mit seiner freudigen ruhigen Mine zeigt, daß er dies alles fühle: was fehlt zum Nachtstück, daß es lebe! Und wer also als Dusch kann dazusetzen: „Dieses Gemälde 2c." S. 109. So sehen Sie doch, Hr. Dusch, wann Sie nicht in den Griechischen Homer sehen können, in ihren Englischen Homer: finden sie da keine Figur von lebendigen Wesen in dem Nachtstück! O ja, und eine, die dem ganzen Gemälde mehr Stärke gibt, als Dyer's heavy ox vain struggling, to ingulph dem Morrastbilde, das S. 111 angeführt wird, nur immer geben kann:

> The conscious swains, rejoicing in the sight
> Eye the blue vault, and bless the useful light.

Was will Herr Dusch mehr? Wenn doch jeder der Augen hat, zu schreiben, auch Augen hätte, zu sehen, was er schreibt.

Die andern Anmerkungen, die über Ogilvie gemacht werden: daß er zu sehr Bild auf Bild häuft, jeden Nebenzug ausmahlet, die Beiwörter häufet, den Gedanken mit Nebenbegriffen überladet, und den Perioden schwerfällig macht: — daß er alles gleich schön sagen will, die Nebenzüge so schön mache, als Hauptzüge, Metaphern auf Metaphern häufe — alle diese Anmerkungen sind gerecht, und weil sie auf mehrere Englische Dichter passen, sehr werth gelesen zu werden. Man sieht aus ihnen, wie Herr Dusch seinen eignen Geschmack jetzt besser gebildet habe: denn hätte er nimmer[1] so gedacht, so hätten wir ja nie die Schilderungen in ihrer abentheuerlichen Sprache zu lesen bekommen.

Br. 10. Von Prior's Salomon. Die Kritik über dieses Gedicht hat ihren Grund.

Br. 11. Grainger's Zuckerrohr. Was der Autor über dieses Gedicht sagt, nimmt er aus der Monthly Review; Schade aber, daß er es nicht selbst besessen hat, und uns mehr mittheilen

---

1) immer (?)

konnte. Es ist dasselbe in Amerika, auf der Christophs=Insel geschrieben, hat einen Amerikanischen Gegenstand, und die ein=gerückten Bilder und Gemälde sind alle aus der Amerikanischen Welt, wie z. E. die Beschreibung der Insel St. Christoph, das Lob auf Columbus; die Beschreibung eines Caribischen Negers: des Orkans: eines Westindischen Prospekts, nach der Ernte des Zucker=rohrs: eine Schutzschrift an die Menschheit für die Negers — wer würde sich nicht gern länger in dieser neuen Poetischen Welt auf=gehalten haben!

Br. 12. Racine von der Religion: Es kommt dieses Gedicht hier freilich in ein schwaches Licht zu stehen, allein dahin wird es Jeder stellen, der Engländer und Deutsche in Lehrgedichten kennt.

Br. 13. Akenside Vergnügen der Einbildungskraft. Es werden von diesem göttlichen Gedicht, das unter uns schon bekannt ist, blos einige Stellen gegeben, und das mit mehr Kälte, als sie hätten gegeben werden sollen.

Br. 14. 15. Lucrez über die Natur der Dinge. Dem Lucrez wiederfährt nicht alle Gerechtigkeit, die ihm verdient. Warum muß das Urtheil des Cicero zum Grunde gelegt werden, der an seinen lieben Bruder Quintus dem Lucrez das Poetische Genie durch ein *ut scribis* absprechen soll? Warum zeigt Dusch ihn zuerst und vornemlich von der Seite, die Dusch gewiß nicht am glücklichsten aufzeigen kann: in seiner Philosophie? Heißt es ein Philosophisches Gedicht gründlich und zur Bildung des Geschmacks treu gnug durchgegangen, wenn man einzelne Stellen immer mit den Worten anzieht: wie scharfsinnig ist dies gesagt? Ists nicht Vorurtheil, wenn man dem Ausspruch Cicero zu Gefallen die ganze Anlage so macht, Lucrez als einen scharfsinnigen Philosophen, (hat er dies Lob affektieren wollen?) zu zeigen (Br. 14), der aber meistens Prosaisch bleibt (Br. 15), und wenn ihm noch etwas zuge=standen werden soll, einzelne Poetische Blumen übrig bleiben? Und so ist dem Verf. die Kritik gerathen. — Bei uns ist Lucrez ein Dichter, wenn je ein Dogmatischer Poet Dichter seyn soll:

seine Muse kämpft mit der trocknen Sprache des Systems und noch mehr mit den trockensten Wahrheiten: sie kämpft mit Wahrheiten, die im Latein, noch nicht gesagt waren, und mit einem Verse, der zu erst der Philosophie sollte zugeführt werden. Und sie über= windet meistens im Kampf: die trockensten Subtilitäten bekommen wenigstens eine einfältige Kürze, und eine rauhe Stärke. Lucrez wilde und feurige Einbildungskraft, an der er gewiß selbst den Virgil weit übertrift, streut überall Bilder und Beschreibungen ein, sagt, was sie kann, feurig: und unterstützt endlich Alles mit einem Numerus, der rauh und majestätisch, erhaben und ungekünstelt ist. So ist Lucrez: unter allen Philosophischen Lehrdichtern der erste, den wir haben, und nach meiner Empfindung eben so ver= ehrungswürdig, als irgend ein andres erstes Original in seinem Felde. Darinn, daß er, was sich nicht Poetisch sagen läßt, ohne zu verlieren, daß er dies nackt und Philosophisch erhaben sagt, nicht wie die Englischen Lehrdichter alles mit Putz und Allegorie, und Blumen überhäuft — darinn sollte er Muster seyn. Muster end= lich in seinem rauhen erhabenen Numerus, (ich rede hier nicht von dem Mechanischen der Lateinischen Sprache) der seiner Würde so vortreflich entspricht. So ist er und so hätte ihn Dusch vorstellen sollen; vielleicht aber gehört viel dazu, Lucrez auf die Art schätzen zu können und recht inne zu haben.

Br. 16. Polignaks Antilucrez: Als Dichter mag ich ihn nicht mit dem Lucrez vergleichen: vielleicht gehörte er auch gar nicht in Briefe zur Bildung des Geschmacks, wenn nicht als Pen= dant zu Lucrez. Denn hätte er aber anders müssen zerlegt werden.

Br. 17. Browne Lateinisches Gedicht von der Unsterblichkeit der Seele: ihm angehängt stehen einige Strophen aus Davies Gedicht: nosce te ipsum, übersetzet hier.

Br. 18. Youngs Nachtgedanken. Ich verstehe vermuth= lich Herrn Dusch nicht, wenn ich lese: „Young gehet, S. 337, zu „der Hauptwahrheit, die er lehren will, immer den geraden Weg „fort, ohne zur Seiten über die angrenzende Felder weit aus=

„zuweichen. Ich erinnere mich nicht, eine einzige Digreßion, Epi=
„sode, oder fremde Verschönerung in seinen Nachtgedanken gefunden
„zu haben. Ein Geist, wie der seinige, so unerschöpflich, so reich
„an Gedanken; welcher sich alles des Großen, Starken, Wunder=
„baren, was in einem Stoffe liegt, zu bemächtigen; eine Einbildungs=
„kraft, welche fast allen abstrakten Gedanken Leiber zu geben, und
„eine Gewalt der Sprache, die jedesmal das präcise Wort, und den
„nachdrücklichsten Ausdruck zu treffen weiß; wer diese Talente
„besitzt, der hat nicht nöthig, Wendungen zu machen, um Blumen
„auf Nebenwegen zu suchen." Welches ist Youngs gerader Weg?
Treibt ihn nicht sein Genie, über alle Felder und Wiesen, die oft
nur durch ein Wort, durch eine Metapher, durch eine Antithese an
das was er sagte, gränzen? Ist nicht sein Gedicht mehr ein
Ganzes von lauter Digreßionen, wo er auf allen Wegen und
Nebenwegen seinem Gegenstande nachjagt, auf Wegen und Neben=
wegen seinen Lorenzo verfolget — — Doch wie viel wäre hier=
über zu sagen, um das Eigne in Youngs sonderbarer Denkart zu
schildern. Der Autor hat es nicht geschildert, denn was er dar=
über sagt, und durch Vergleichungen erhellet, ist wenig.

Br. 19. Eine Nachlese, gibt noch von den Englischen Gedichten
kurze Nachricht: führt einige Stellen aus Opiz Vesuv an, und
macht Sucro's Versuche vom Menschen wieder bekannt. Das
letzte rechnen wir Dusch als Verdienst an, daß er diesen Dichter
aus der halben Vergessenheit hervorzieht: denn sind wir Deutsche
nicht unartig, nicht blos daß wir immer Stöße von Büchern
schreiben, sondern auch Stöße von Büchern haben wollen, um einen
Autor nicht zu vergessen. Aber Opiz, der Vater unserer Dichtkunst,
gehört der in eine Nachlese?

Aus der Allgemeinen Deutschen Bibliothek 1769. 1770.

Briefe zur Bildung des Geschmacks, an einen jungen Herrn von Stande. Dritter Theil, 1767. 22 Bogen in 8. Breslau und Leipz. bey Meyer. [X, 1, 28—35]

Der erste Brief verantwortet sich auf einige Einwürfe, die man diesem Buch gemacht, daß man z. E. noch immer die Werke der Dichter selbst lesen müsse: daß der Autor sich zu sehr bei mittelmäßigen Gedichten aufhalte, daß er die komische Epopee den Neuern, als ihre Erfindung berechnet habe. — Unsre Einwürfe über das Ganze des Buchs, über die Zusammenordnung und Ausführung seines Plans, über seine Methode, zu zergliedern, und den Geschmack zu bilden — diese wollen wir sagen, wenn das Werk vollendet seyn wird. Jetzt können wir von einem Gebäude, dem die Spitze fehlt, noch nicht vollständig urtheilen, oder könnten dem Autor in seine Arbeit fallen, und das wollten wir nicht.

Br. 2. Von den kleinern didaktischen Gedichten. Der ganze Brief beschäftigt sich mit Eintheilungen der Lehrgedichte, die Theils unwichtig sind, Theils von jedem gemacht werden können, am wenigsten aber in diese Briefe gehören.

Br. 3. Hagedorn von der Glückseeligkeit. Nirgends ist uns Hr. Dusch lieber, als da er jetzt endlich darauf kömmt, den Geschmack an Lehrgedichten aus Deutschen Dichtern zu bilden, von denen im ersten Theile blos Haller und Withof, wie unter andre gestreut, erschienen. Die Kritik ist hier oft fein: sie bemerkt in Hagedorn bisweilen Züge, die nicht an diesen Ort zu passen schienen, etwas zu prosaisch gesagte Andeutungen, einige leere Halbverse, Reime und Ausdrücke: nicht immer den besten Plan, und oft unvermuthete Ausbeugungen aus demselben, und hinten an steht ein Urtheil von Hagedorn im Ganzen, das wahr und charakteristisch zu seyn scheint. Im Vorbeigehen: eine Stelle, die Dusch tadelt, daß sie unpassende Züge enthalte, ist wie ich glaube, zu retten: S. 17.

Die Weisheit findet sich in würdiger Gestalt
Bey jeglichem Beruf, in jedem Aufenthalt:
Sie dichtet im Homer, gibt im Lycurg Gesetze,
Beschämt im Socrates der Redner Schulgeschwätze,
Bringt an den stolzen Hof den Plato, den Aeschin,
S. 18. Gehorchet im Aesop, regiert im Antonin,
Und kann im Curius sich den Triumph ersiegen,
Doch auch mit gleicher Lust die starren Aecker pflügen.

Einige Prädicate mögen hier freilich nicht treffend gnug ausgedrückt seyn; das Unpassende liegt aber im Ausdruck, nicht im Gedanken. Ich übersetze: „macht Weisheit allein glücklich: so kann sich diese bei jedem Beruf, in jedem Aufenthalte, überall und in allem zeigen, — und überall und in allem bleibt ihr ihre würdige Gestalt. Wann sie in Homers Fabelzeit, und in seinem Dichtungsgeist erscheinen soll; — auch Homer kann durch seine Fabeln und Gedichte Weisheit lehren, Tugend anpreisen. Wenn Lykurg für seine Spartaner Gesetzgeber werden soll; in seinen Gesetzen spreche die Tugend: sie dörfen nur auf die Glückseeligkeit ihrer Untergebenen zielen: so kann Lykurg zu sich sagen: ich gab Gesetze der Weisheit. So brauchte Socrates, seinen Platz, seine Gelegenheit, seine Gaben, um seine Zeit zu bessern, um das Schulgeschwätz der Redner zu beschämen: und der Gott ehrte ihn mit dem Lobe des Weisesten." Ich will nicht fortfahren. Dusch denkt sich einen falschen Hauptsatz, den Hagedorn durch Induktionen beweisen wollte: und so konnten auch die Induktionen nicht passen. Nicht, „daß die Weisheit gesetzt und standhaft mache," nicht dies allein will Hagedorn beweisen, sondern daß, so wie er bewiesen: man könne in allen Stellen Pöbel seyn; so könne man auch in allen Ständen weise leben, zur Glückseeligkeit anderer beitragen, für sich Seeligkeit genießen.

Br. 4. **Withofs moralische Ketzer.** Er geht ihm auf dem Gange seiner Gedanken nach, und schließt mit seinem Charakter, meistens nach der Zeichnung, die die Litteraturbriefe von ihm entworfen. Eine ausführliche Kritik über die großen Mängel und großen Schönheiten dieses Dichters, auf den Deutschland stolz seyn kann, sollten wir haben, und haben sie noch nicht.

Br. 5. **Zernitz von den Endzwecken der Welt.** Schön, daß Dusch an diesen Dichter denkt, und noch schöner, wenn er ihn, nach seinem Versprechen, in einer neuen Ausgabe bekannter machen wollte.

Br. 6. **Dusch Versuch von der Vernunft.** Gellerts Lehrgedichte sollen unter Didaktische Briefe genommen werden; hier ist über ein Gedicht von Dusch ein Brief, wie es heißt, von einer andern Hand. Beiläufig wird eine Stelle gegen die Bibl. d. sch. Wissenschaften gerettet, die sich aber nicht retten läßt, wenn die Anmerkungen wahr sind, die Hr. Dusch selbst gegen den Englischen Ogilvie (Th. 2. Br. 8.) macht. Zu Ende des Briefes soll Dusch als Lehrdichter geschildert werden: und hier verräth die zitternde furchtsame Hand, die schwebende Züge entwirft und fremde Zeugnisse herberufft — sie verräth vielleicht durch ihre Ungewißheit, daß sie — das Bildniß ihres eignen Herrn entwerfen soll. Herr Dusch hat diesen Brief also vielleicht von seinem besten Freunde, der zu bescheiden ist, sich selbst ins Angesicht und vor dem Angesicht der Welt zu loben, und sich daher auch nur bescheiden tadelt. Wir wollten, wenn Hr. Dusch unsre Hand auch für eine andre annähme, einen Brief über das genannte Gedicht einrücken, und seinen Charakter alsdenn mit vesterer Hand schildern. Es ist am besten, daß ein Autor nie von sich spreche, oder in seinen Werken von sich sprechen lasse: geschieht es aber, so geschehe es mit der breitsten Unpartheilichkeit, mit der die Helden Homers von sich sprechen, und die Alten mehrmals von sich schrieben, wenn sie ihr eigen Leben verfertigten. Wir wünschen also diesen Brief weg, denn wie er hier steht, macht Dusch unter den übrigen eine zu schlechte Figur; er würde eine größere machen, wenn Dusch jedem andern, nur nicht seinem so nahen Freunde, die Kritik über ihn überlassen hätte.

Br. 7. Tullin über die Schönheit der Schöpfung. Ein zu frühzeitig verstorbener Dänischer Dichter, der aus dem Nordischen Aufseher, den Schleswigschen Briefen über die Merkwürdigkeiten der Literatur, und am besten aus der guten Uebersetzung seines Gedichts, schon unter uns bekannt ist.

Jetzt folgen Gelegenheitsgedichte; über die der Verf. sich erkläret, daß ihr Name zu sehr in Verachtung gekommen sey; da man doch unter diesem Namen nicht blos vortrefliche Stücke liefern könne, sondern auch schon so vortrefliche Stücke habe.

Der Verf. hat Recht, und fast noch mehr Recht, als er sich giebt. Man kann nicht blos vortrefliche Stücke liefern, man hat nicht blos vortrefliche Stücke geliefert: sondern die vortreflichsten Stücke der Alten sind auf gewisse Art Gelegenheitsgedichte. Alle Pindarische Oden, die Gesänge Tyrtäus, die meisten Liederchen des Anakreon: die meisten Oden und Epoden Horaz: die mehresten Stücke Catulls; die besten Züge im Horaz, Juvenal und Persius — alles Gelegenheitsstücke. Nehmen wir aber das Wort Gelegenheitsgedichte so, wenn wirs verkleinern? für ein Poem, dem eine Reihe lebendiger Umstände zum Grunde liegt? Alsdenn würde ich allen Deutschen zuruffen: macht Gelegenheitsgedichte. Nein! die Bänkelsänger, die über abgedroschne Materien, bei alltäglichen Gelegenheiten, z. E. Hochzeit und Sterbefällen, elend oder trocken singen — und solche mag Thetis und Vulkan holen. Würde der Materie, oder Reichthum des Genies, war es, was die Alten empfahl: Würde der Materie wars, was auch ein schwaches Genie unterstützte: unsern fehlt beides. Herr Dusch läßt diesen Unterschied von Seiten der Materie aus, die doch mehr ihre Gelegenheitsgedichte unterstützte, als das Göttersystem, das er als die einzige Quelle anführt, den Gelegenheitsgedichten der Alten Poesie zu geben.

Der 8. Br. handelt hievon, und geht mit dem 9ten drei Lobgedichte Claudians auf Consulate durch. Hier muß ich den Geschmack des Hrn. Dusch selbst anklagen. Vom Claudian nichts sagen, als: „er hätte sich der Mythologie sehr wohl bedienet: es „ist die Weise des Dichters, daß er bei solchen Gelegenheiten seine „Exempel häuft, und zuweilen häuft er sie zu sehr: wenn Clau= „dian einen Gedanken hat, von dem er glaubt, daß er schmecke, so „giebt er volles Maas: der Epische Ton glückt ihm ungemein: starke „Funken des Poetischen Genies, und einzelne sehr große Schön= „heiten; vornemlich, eine eigne Manier, eine Materie durch Epische „Erfindungen zu beleben; im lehrenden Ton hat er Nervenvolle „Kürze und Sinnreiche Ausdrücke" — Von Claudian nur dies, das freilich alles wahr, critisch fein entwickelt ist, aber nur dies von ihm sagen, und nichts, was seine blendenden Fehler charakte= risirt, vor ihnen den Geschmack sichert und bevestigt, ist dies gnug für Briefe zur Bildung des Geschmacks? Der Verf. hätte nichts bessers gethan, als wenn er aus Geßners prolegomenis in Clau= dianum das vierte Stück: de ingenio et facultate poetica Clau= diani und das fünfte: lectione dignus est propter $\tau o\ \eta \vartheta \iota \varkappa o \nu$: entweder ganz eingerückt, oder mehr zu Rath gezogen hätte. Mit Meisterzügen ist hier Claudian geschildert, von einem Mann, der ihn besser kannte, und schildern konnte, als Hr. Dusch ihn schildern kann. Claudian durchgängig als Muster angeben, oder nur auf seiner glänzenden Seite zeigen wollen, giebt falschen Geschmack.

Br. 10. **Boileaus Lobgedicht auf den König.** Der Leser wird auf einige feine Wendungen und Einkleidungen des Lobes aufmerksam gemacht, und ein feines Lob des Pope auf Cobham dazugesetzt.

Br. 11. **Amthors, Pietschens, Opitzens Lobgedicht.** Was machen Amthor und Pietsch für eine Figur, wenn sie zwischen Boileau und Opitz zu stehen kommen? und was mußte in Deutsch= land für Geschmack herrschen, da man sie über alle Nachbarn und selbst die Alten als Muster wegsetzen konnte?

Br. 12. **Catull über die Vermählung des Peleus und der Thetis.** Einige schöne Stellen, niedliche Bilder, und der Gesang der Parcen wird ganz übersetzt.

Br. 13. Claudians Epithalamien: Wir verweisen auf unser Urtheil bei dem achten Briefe. Ueber Claudian, haben wir kein schöner Urtheil gelesen, als das vorher citirte Geßner'sche.

Br. 14. Von der Heroide: Ihre Natur und Geschichte. Beide Stücke sind nicht ausgeführt und zur Bildung des Geschmacks sehr trocken abgehandelt.

Br. 15. Von der Heroide des Ovidius: Die Ariadne an Theseus wird durchgegangen, um Ovids Fehler und Schönheiten ins Licht zu setzen. Gerstenbergs Kantate: Ariadne auf Naxos, der sich einiger Züge Ovids mit vielem Vortheil zu bedienen gewußt, ist in Absicht auf den Geschmack und die Dichterischen Schönheiten ein weit schätzbarer Stück in seiner Art, als Ovids ganze Heroide in der ihrigen.

B. 16. Eloise an Abälard von Pope. In Wartons Versuch über das Leben und Schriften des Pope findet sich eine ausführliche Recension dieses vortreflichen Stückes, der Dusch meistens allein folget; so wie Wartons Wort überhaupt bei ihm viel gilt.

Br. 17. Brief der Biblis an Caunus von Hrn. Blain de Sainmore. Von allen Französischen Heroiden ist dies die einzige, die der Verf. recensirt, und das mit durchgängigem großem Lobe. Also über den Geschmack der Heroiden überhaupt, und der neuern Französischen Heroiden insbesondere, von denen die meisten ziemlich einen Charakter haben, sagt der Verf. nichts, wie es doch hätte seyn müssen, wenn er bei jedem Briefe an den Titel gedacht hätte, der dem Buche vorsteht.

Der letzte Brief, der mit Hoffmannswaldau Heldenbriefen schließt, hätte wegbleiben, und höchstens an Hoffmannswaldau im 14ten Briefe mit einem Worte gedacht werden sollen. Gelegentlicher wäre es, wie gesagt, wenn eine gründliche Beurtheilung über das Gute und Verderbliche im Geschmack der neuen Französischen Heroiden den Band schlösse.

Ueber das ganze Verdienst dieser Briefe, wie weit und nach welcher Methode sie ihren Titel erreichen, nach welchem Plane sie ihre Materien ordnen, wie weit sie in der Länge und Kürze, im Feuer und in der Kälte, in Anpreisungen und Tadel, Symmetrie und Weisheit beweisen, wie weit sie dem Briefstyl treu bleiben? wollen wir sehen, wenn sie geendigt sind.

Y.

Die Grundsätze der deutschen Sprache. Oder von den Bestandtheilen derselben und von dem Redsatze. Zürich, bey Orell, Geßner und Comp. 1768. [IX, 1, 193—205]

Es ist heut zu Tage in Deutschland nicht eben so sehr gewöhnlich, auf wenigen Bogen vieles sagen zu wollen, und wenn dies viele insonderheit Anmerkungen über unsre Sprache beträfe — noch ungewöhnlicher. Dies Studium hat, ob es gleich noch nie in Deutschland seine rechte Periode gefunden, jetzt insonderheit so viel andern liebenswürdigen Tändeleien und Kunstkleinigkeiten Platz gemacht, daß ein Buch über die Grundsätze der Deutschen Sprache oder über die Bestandtheile derselben, ohne Zweifel einen ungewöhnlichen Auftritt macht, in Zeiten, wo jedes Lateinisch=Deutsche und Deutsch=Französische Kunstrichterchen ja sein Deutsch zu verstehen glaubt, und desto mehr vom wahren und falschen Styl, von Ciceronen und Seneka's spricht, je weniger es sich selbst je um die Bestandtheile, um die Grammatischen Grundsätze der Sprache bemühet hat, für die es mit wäßrigen Lippen eifert.

Je seltner also, um so angenehmer ist eine Sammlung von Blättern, die auf wenigen Seiten vieles Bekannte kurz und zusammengefaßt wiederholet; vieles Zweifelhafte in seinem Licht oder vielmehr in seinem Schatten des Zweifels vorstellt; und benn auch manches Neue, das in unsrer Sprache vor Jahrhunderten das Aelteste gewesen, vor Augen bringt, und unsern Betrachtungen überläßet. Der Hr. Prof. Bodmer, denn er ist der Verfasser dieses Buchs, hat in dem Viertheil Jahrhundert seines kritischen Lebens so manche Sprachmode in Deutschland, wie einen Herbst von Blättern abfallen, und so manche Sprachmode, wie einen

Frühling von Blättern wieder aufkeimen sehen, daß von ihm, wie vom Nestor Homers gelten kann:

> Τῷ δ᾽ ἤδη δύο μὲν γενεαὶ μερόπων ἀνθρώπων
> Ἐφθίαθ᾽, οἵ οἱ πρόσθεν ἅμα τράφεν ἠδ᾽ ἐγένοντο
> Ἐν Πύλῳ ἠγαθέῃ, μετὰ δὲ τριτάτοισιν ἄνασσεν.

Ueberdem ist er so lange mit seichten Sprachlehrern in Streit verwickelt gewesen, daß endlich aus solchem langen Pro und Contra wohl Grundsätze des Rechts und Unrechts werden können. Und denn hat seine alte vieljährige Bekanntschaft mit den Schwäbischen Sängern ihm ihre Altdeutsche Sprache der Liebe so verständlich, so einnehmend gemacht, daß ers gewiß wissen kann, was altes Deutsch gewesen, und wahres Deutsch seyn sollte. — — Alle diese Ursachen haben, jede das ihrige, beigetragen, um uns auf diesen wenigen Bogen mehr zu liefern, als in der wohlbeleibten, schwammigten Gottschedischen Grammatik, viele einzelne süße Bemerkungen unsers neuen Geschlechts von Kunstrichtern mit untergerechnet, enthalten ist.

Zwar noch lange nicht eine Deutsche Grammatik. Noch lange nicht ausgemachte Grundsätze der Sprache unsres Vaterlandes. Entweder ist in diesem die Sprache zu wesentlich verschieden und das Provinziale ihrer Gattungen schon zu systematisch gemacht, oder Hr. Prof. Bodmer hat noch nicht weit gnug abstrahirt, noch nicht allgemein gnug überschauet, oder es sey aus andern Ursachen — — indessen dünkt es uns doch, daß sein Buch nur noch für eine Reihe von Betrachtungen und Induktionen, und Zweifeln und Fragen, nicht aber für Grundsätze, und für vollständige, ausgemachte Grundsätze gelten könne. Er sagt in der Vorrede, daß er dem Abt Girard, wie wohl mit der nöthigen Abweichung gefolget sey. Eben die Parallele zeiget, daß der Franzose, vielleicht wegen der lahmen einförmigen Schwachheit seiner Sprache, indeß doch immer der Bestimmtheit derselben näher sey, als wir.

Wir wollen über diese lebendige, wirksame, obgleich unregelmäßige Bestrebungen unsrer Sprache zum Neuen, zum Abweichenden nicht also allein murren. Sie zeigt, daß wir noch im Frühlinge des Zeitalters leben, in welchem Genies blühen, und in dem wir noch mehrere zu hoffen haben. Eine völlige Regelmäßigkeit, die genaueste Reduktion auf Grundsätze, ist vielleicht nur denn zu erwarten, wenn eine Sprache todt ist, und dafür behüte uns noch der Himmel. Wir wollen unsern Genies immer lieber noch Grammatisch nachlesen, und nachprüfen, als keine mehr haben. Da wir einmal so weit abgekommen sind von der Sprache der Minnesänger: so müssen wir blos in einzelnen Fällen wieder zurückkehren: Dies müssen Schriftsteller seyn, die ihre Archaismen auch geltend machen können und dieses sind nur Genies, nur die Gattung von capricciosi, die sich auf steilen Felsen und Höhen auch freilich oft versteigen.

Hr. Bodmer hat seinem Buch zwo Abhandlungen vorausgesetzt. Die erste von der Würde der Sprachlehre ist für unsre Zeit nicht uneben, obgleich übrigens dem Inhalte nach bekannt: Die zweite von den Verdiensten D. Martin Luthers um die deutsche Sprache ist merkwürdiger, und hat manches, worüber ein Wort zu sagen wäre. Hr. Bodmer meint, daß die Sprache, die Luther vor sich gefunden, ihrem Genius nach die Sprache der Schwäbischen Dichter gewesen, daß Luther selbst aber diese Dichter nicht gekannt, daß er seine Schreibart blos nach dem Gebrauch gebildet, also viel Kernhaftes und oft Dichterisches beibehalten, aber zu oft Gottschedisiret, die Sprache nach dem Idiom fremder Sprachen verändert, nicht sie aus ihrem rechten Ursprunge heraufgeholet, übrigens aber die Sprachlehrer überall zu nahe mit den Eseln zusammengesetzt, als daß sie seine vorzügliche Gesellschaft hätten seyn sollen. — — An allem ist etwas wahr, aber wie gesagt, ein Wort bleibt uns doch noch dabei übrig. War der Sächsische Dialekt zu Luthers Zeiten völlig derselbe mit den Schwäbischen Dichtern? Wir glauben nicht, und Hr. Bodmer ist zu nahe an Schwaben, um nicht die Mundart der Minnesänger etwas weiter hin zu finden, als sie war. Die Schriften des Jahrhunderts zeigen würklich in Sachsen eine so merkliche Abweichung, daß Luther aus seinem Lande hätte ausgehen müssen, um Schwäbisch zu schreiben. Zu dem schrieb er fürs Volk, ich verstehe unter diesem Namen die Menge derer, die sich nicht durch die Sprachlehre zu Deutschen gebildet hatten. Unter diesen waren die Schwäbischen Dichter unbekannte Namen, und das Künstliche ihrer Sprache eine unbekannte Kunst, der sich Luther also nicht bequemen konnte. Ueberdem besteht ein Theil von Luthers Sprachverdiensten in Uebersetzungen, und zwar in Uebersetzungen, wo an der Richtigkeit und an der Form des Ausdrucks der fremden Sprache mehr gelegen war, als an der alten Originalen Art der Deutschen: es konnte also kaum ohne Einführung fremder Sprachformen abgehen. Und endlich war Luther nie ein Sprachlehrer, Sprache war bei ihm immer nur die dritte Sache und mußte es nur seyn, wenn sie nicht höhern Zwecken in den Weg treten wollte. So sehr er der Sprache der Theologie Ton gegeben und oft freilich zum Nachtheil biblischer Begriffe: so zweifeln wir daran, ob er überhaupt Muster der Schreibart geworden, und er für sich die Sprache seines Jahrhunderts verändert. — — Man siehet also, daß wir zu den Verdiensten D. M. Luthers um die Deutsche Sprache durchaus einen ganz andern Maasstab nehmen würden, als Hr. Bodmer, dessen Schätzung auf einer falschen Voraussetzung beruhet, und nicht die ganze Masse nimmt, die geschätzt werden soll.

Doch zum Werk selbst. Es ist werth in allen Schulen eingeführt zu werden, wo Deutsch gelehret wird, auf wie wenigen aber wird noch Deutsch gelehret? lieber Sprachen, die weder Lehrer noch Schüler in ihrem Leben genutzt haben, oder nutzen werden, als die Sprache, die man spricht und schreibt. — — Ein Auszug läßt sich nicht geben, wo das Buch selbst Auszug ist: ich breche also nur einzelne Blumen. Könnte ich sie nur so angenehm brechen, als Leßing und Rammler bei ihrem Logau; denn eine Grammatische Blumenlese ist für die wenigsten Leser. „Den Artickel zu verschneiden, 's Buch, ist pöbelhaft." S. 5. Nur wäre es nicht pöbelhaft, wenn wir in Versen, und insonderheit bei gedrängten Deka= und Hendekasylben auch der Engländer 't is, durch das bequeme 's ist nachahmten. Für unsre Sylbenzähler will ich keine neue Bequemlichkeiten machen; aber oft scheint es Nachdruck, Affekt und oft der Sinn selbst zu fodern, daß man das Es verschlucke, und von selbst verschluckt sich die erste Versssylbe am wenigsten.

Der Genitiv mit en z. E. der Brüsten sollte meiner Meinung nach ganz wegfallen; S. 5, er ist auch vormals mehr ein Nothfall gewesen. Aber das kann unsern Undeutschschreibern nicht gnug gesagt werden, daß man nicht derer Brüste, und denen Brüsten sagen soll, wo ich auf kein Demonstrativum oder Relativum hinzeige.

Ohne Zweifel sind wir schon zu weit weg, um noch die Manne, die Weibe zu sagen; aber ob es denn auch so gar Muthwille sey, Schilder statt Schilde zu sagen, weiß ich nicht. Man spricht ja doch einmal schon Bilder statt Bilde, da man doch das Verbum bilden hat: und wie also nicht Schilder, da man doch schildern sagt? Dünkt mich nicht unrecht, so macht meine Provinz einen dunkeln Unterschied zwischen die Schilde (clypei), und die Schilder (ausgehängte Wahrzeichen), ob gleich der Ursprung freilich derselbe ist. Der Unterschied wäre derselbe, als die Bande (Fesseln) und die Bänder (im Putze).

Wenn ich nicht Gezische und Getöse sagen soll, so muß ich mir noch weit weniger Geblüte und Gemüthe erlauben. Bei jenen ist das E nur etwa der folgenden harten Konsonante wegen; bei diesen wider den Redegebrauch und unnütz. S. 8.

Meines Wissens sagt man heut zu Tage noch immer das Finsterniß weniger, als die Finsterniß; nur sehe ich nicht, warum man im plur. die Finsternissen sagen sollte. S. 8.

Wenn Klopstock sagt zur Höllen hinabgehen, so ist das Höllen theils Kirchen= und Bibel= und Liedermäßig, folglich hat es die Mine des geistlichen Alterthums; theils ist es um den Hiatus zu vermeiden, es giebt also keine Regel. S. 10.

Trümmern statt Trümmer ist freilich Unrecht: und das Ohr der klugen Schöne eben so. Im letzten Fall aber wäre der Schönen zu sagen, theils doppelsinnig im Numerus, theils das Substantivum schwächend. Indessen ists wahr, daß Schöne statt Schönheit ein besserer Idiotism ist z. E.

— — sein ernstes Gesicht ist
voll von männlicher Schöne,

und es ist eben so wahr, daß das Große, das Edle, das Gute, das Angenehme in der Metaphysik unsrer Begriffe was anders ist, als die Größe, der Adel, die Güte, die Annehmlichkeit. Unser Winkelmann hat für seine Kunst die Großheit geschaffen, und keiner der vorigen Begriffe läßt sich substituiren: sollte nicht eben so in der Moral zwischen Güte und Gutheit ein Unterschied seyn?

Bodmer ist dafür, daß man Elysium's sagen solle; ich weiß nicht, ob, wenn bei solchen Deklinationen die Farbe des Ungewöhnlichen weg seyn wird, man nicht Elysiens sagen werde. Ich nehme die Wörter aus, wo solche Verdeutschung nicht angehet: sollte da aber nicht z. E. des Publikum statt des Publikums gnug seyn?

Bodmer hat Recht, daß man die Periode, die Echo, die Catheder sagen sollte, insonderheit wäre die zum Weibe umgeschaffne Echo den Poeten wieder die alte Nymphe, ein würkliches Wesen, da sie ihnen jetzt ein schallendes Gespenst ist. — —

Man sollte ja nicht das Talent unsrer Sprache eingehen lassen, verschiedne Formen der Verborum als Substantive zu gebrauchen. Bodmer führt an, daß die Minnesänger sehr diese Umwandelung liebten: von den Engländern ist ihr großer Vortheil bekannt, den ihre Verba als Substantiva gebraucht, ihnen geben, und würklich, um den Styl so munter und natürlich wenden und abwechseln zu können, wie z. E. Leßing, hat man immer auch diese Freiheit nöthig, deren sich dieser angenehme Stylist auch oft bedienet. Bodmer giebt Beispiele: Wohlthun ist gut, ehe besser thun kommt u. s. w.

B. ist unzufrieden, daß unsre Städte und Provinzen so oft neutra sind. Ich glaube, Poeten können, wenn sie personificiren,

freilich die hohe Jerusalem und die einsame Pathmos als
Weiber darstellen; nur müßten solche Abweichungen nicht so zur
Gewohnheit werden, wie in manchen Halbdeutschen Schweizerüber=
setzungen, wo die Personendichtung so nöthig nicht war. Wie die
fremden Nomina propria im Deutschen flektirt werden sollen, findet
hier seine verschiedne Regeln, die aber noch immer auf zu viel
Willkührliches hinauslaufen: und bei den Nationalwörtern wird
dies Willkührliche gar Eigensinn. — Samarier z. E. Athener, Car=
thager zu sagen, ist widrig; wenn Athenienser, Carthaginienser,
Samaritaner, Samariter auch freilich nicht so ursprünglich deutsch
wäre; Mißgeburten aus den Zeiten der Unwissenheit sind diese
Patronymen deßwegen nicht. Sie sind nach dem Lateinischen, und
in der Geschichte, Geographie und Litteratur zu sehr angenommen,
als daß wir uns von Athenern und Carthagern wollten vorerzählen
lassen: wie in der Wertheimischen Bibel von Jisraelen.

Bodmer tadelt die Wortfügung: Der du von Ewigkeit
bist, und will: du der von Ewigkeit ist — ohne Zweifel ist
dies Grammatischer, jenes aber durch den langen Gebrauch und
durch die Aehnlichkeiten fremder Sprachen, da die zweite Person
gleichsam überwindend ist, gerechtfertigt. Es ist eine Kernvolle
Wortfügung: heilig und rein, der geh ich hinaus — und so
führt B. mehr nervigte Constructionen über die Pronomina an, in
deren Gebrauch die alten Minnesänger so stark waren.

Es wird die Licenz: ein hölzern Hirtenstab, der Pallas
milchern Hals, der Thetis silbern Fuß erneuert; ich glaube man
hat sie abkommen lassen, um die Zusammenkunft der Consonanten
zu mildern: so daß sie nur noch bei neutris z. E. ein milchern
Naturell gebräuchlich seyn kann. Auch weiß ich nicht, ob man
eben der Pallas milcherne Hals sagen müßte, weil man ja nicht
sage: der schöner Herr. Die letzte Induktion paßt nicht und B.
hat alle Inversionen des Genitivs hier wider sich, z. E. meiner
Muse bester Gesang, wo ich wohl kaum beste sagen würde, und
ist der Pallas, nicht eben der Genitiv als meiner Muse und,
da es Hr. B. doch für den Artickel zu nehmen scheint? so dünkt

mich auch selbst die Nuance der Sprache nicht völlig einerlei, ob ich in stillem Triumphe, oder im stillen Triumphe sage und dergleichen mehr.

Bei der Zusammensetzung der Präposition mit den Verbis wird der Nachdruck nicht übersehen, der manchmal aus Trennung und Voranschickung erreicht wird z. E. herein stürzt Mann auf Mann — — zusammen schloß er sie u. s. w. Gleim hat diese oft starke Inversion aus seinen Kriegsliedern beibehalten und sich auch in weichen Liedern zur Gewohnheit gemacht, wo sie, insonderheit da sie bei ihm zu oft rauhe wieder kommt, nicht immer die beste Würkung thut.

B. findet es hart, den Artickel vom Substantiv zu trennen, und führet das Beispiel:

— Glücklich der
Barde, der u. s. w.

Ich fände das Beispiel auch hart, aber nicht der Trennung, sondern der Consonanten wegen in den Worten: glücklich der. Einer unsrer Dichter hat also seine ähnliche Stelle besser:

— Glücklicher Barde, der
unverdächtig u. s. w.

und hier fällt die Härte weg. In dem Sylbenmaasse der Horazischen Gattung ist ja kein Vers einzeln wegzuzählen, sondern schnell fortzulesen, und da kommt Band auf Band, da ist keine Trennung.

Im Abschnitte von den Inversionen, Jdiotismen, Synonymen und andern scheint B. mit dem Verf. der Fragmente über die neuere deutsche Litteratur zusammen zu kommen, aus dem er manches borgt, und dem er in manchen wiederspricht. Jdiotismen der Sprache z. E. fand der eben genannte Verf. oft mit der Laune derselben Nation so zusammenstimmend, so einträchtig, daß er die Deutschen, die so gern über aller Regelmäßigkeit einschlafen, anmunterte, den launigten Britten zu folgen, wie diese, beides zu vereinigen, Laune im Gefühl und Laune im Ausdruck, kurz eigen zu denken und frei zu schreiben. Ich weiß also nicht, ob Hr. B. ihn verstanden, wenn er frägt, wer sich wohl mit dem Deutschen Idiotismus ins Gras beissen, groß dünken werde? Die Antwort wäre leicht: keiner! als etwa der Pöbel. Aber welcher Schriftsteller sollte denn aus dem Pöbel seyn, und nach solchen Idiotismen jagen? Und hat die Deutsche Sprache nicht würdigere? auf die sie stolz seyn kann? mit denen sie sprechen kann, was andre ihr nur schwer nachsprechen? Immer wäre es thöricht, Idiotismen im bloßen Wortbau ausklauben zu wollen, ohne einen Idiotism von Gedanke zu haben. Noch thörichter Idiotistisch zu schreiben, um ja unübersetzbar zu seyn. Und am thörichsten elende pöbelhafte Idiotismen zusammen zu stoppeln, um ein eigenthümlicher Narr zu werden. Aber das alles fällt zu sehr ins Auge. Hier ist davon die Rede, daß wenn ein Originaler Geist seinem Gedanken freie Wendung und Schwung läßt, wenn er in seiner Muttersprache schreibet, sich in seiner Muttersprache lebendig und in Büchern zu einem Manne, der seiner Nation werth ist, gebildet hat: so werde der von selbst Idiotistisch schreiben, d. i. nicht so, wie z. E. unsre Claßischen Süßlateiner, bei denen jedes Wort, und jede Periode aus dem Latein übersetzt scheint; sondern ursprünglich aus der Deutschen Sprache, mit der freien, festen und sichern Art, die in der Kunst heißt keck malen. Und daß eben die launigsten Britten auch in solchen Idiotismen die sonderbarsten sind, ist wohl für jeden, der sie in ihrer Originalsprache kennet, unläugbar. Ich will nur den neuesten, den seltsamen Tristram Shandy und Yorik anführen, wie sehr ist seine Schreibart (nur muß man ihn in seiner Sprache und Laune lesen) bis auf jede Wendung, jede Nachlässigkeit und jeden Pinselstrich von Comma ein Wurf seines seltsamen Humours: und ich weiß nicht, wie es denn bei jedem Schriftsteller, der auf seine Kosten denkt, anders seyn könne, als daß er auch auf seine Kosten spreche. Die Hauptirrung zwischen beiden Sprachlehrern ist also Mißverstand. Der Fragmentist nimmt Idiotism als Farbe der ganzen Schreibart; der Schweizer einige einzelne ausgeklaubte Sprüchwörter.

Mit den Synonymen ists, wenn ich mich nicht irre, eben so. Sind sie blos da, um da zu seyn, d. i. Hübners Reimregister, oder einen elenden Gradum ad Parnassum zu füllen: sind sie da, um mit einem Nebenzuge einen leeren Vers voll zu machen — weg damit! Aber sind sie da, weil es viele Schattierungen eines Begriffes giebt, und eben im Vollzähligen dieser Begriffe der Reichthum einer Sprache bestehet; ists wider des Dichters Amt, diesen Reichthum der Sprache, die extensive Menge und Klarheit der Ideen in ihr zu seinem Zweck zu gebrauchen: so muß er mehr, als die trockne Reihe philosophisch bestimmter Begriffe; er will auch die klaren Zwischenideen haben, die der gemeine Mann Synonyme nennt. Für ihn müssen also diese nicht blos bleiben, sondern auch in dem gemäßigten Licht bleiben, daß sie ihm Syno= nyme dünken — und so ist der Wiederspruch gehoben.

Zuletzt, wenn Hr. B. von den Sylbenmaaßen und insonder= heit von den Hexametern redet: so kann es nicht anders seyn, als daß er die Hexameter der Schweizer mit dem, was er sagt, hat kanonisiren wollen. Sonst z. E. würde er nicht so sehr seine lah= men Trochäen statt der Spondäen vertheidigen, nicht aus den hinkenden Daktylen eben die vorzügliche Mannichfaltigkeit unsrer Verse beweisen wollen, nicht es für einen pedantischen Muthwillen schelten, in unserm Hexameter die Griechen nachzuahmen, nicht es für einen Vorzug der Hexameter ausgeben, wenn sie sich auf zweierlei Art scandiren lassen (denn es ist Unsinn, daß beide Scandierarten je gleich gut seyn könnten, da vielmehr keine von beiden deßwegen gut seyn kann) und kurz! dies letzte Kapitel ist Eins der unbearbeitetsten.

Ueberhaupt beklagen wirs, daß Bodmer selbst bei einem Lehrbuche sich nicht völlig vom Controversiengeiste frei machen kann, wo witzige Anspielungen auf seine alten Gegner, wenn sie auch nur in Exempelchen da stehen, doch immer eine ganz fremde Sache sind. Sodann wünschen wir, daß in einer zweiten Auflage einige trockne Kapitel nahrhafter gemacht, einige Sprachfehler verbessert würden, die selbst wider des Verfassers Regeln sind, und durchgängig die eigne Ableitungen aus dem Lateinischen, Adjectif (Adjectiv) Gerundif (Gerundium) Participen (Participien) u. d. g. m. nicht mehr das Ohr beleidigen möchten.

Y.

Ugolino. Eine Tragödie, in fünf Aufzügen. Hamburg und Bremen, bey Cramer, 1768. 8 Bogen in 4. [1770. XI, 1, 8—22]

Vor allem ist mein erstes Wort, daß ich dies Stück nicht als ein löblicher Kunstrichter vom Handwerk weder gelesen habe, noch beurtheilen werde; daß es nicht meine Sache seyn soll, zu untersuchen, ob die Regeln, in denen die Trauerspiele einer gewissen Nation, wie in Hülsen wachsen, genau beobachtet seyn mögen? ob diese Tragödie aufgeführt, oder gar als Trauerspiel gespielt werden könne? warum wir Deutschen denn nicht auf unsre Schauspieler, und etwa ein Lokaltheaterchen bei jedem Charakter und jedem Zuge des Charakters Rücksicht nehmen? Warum wir nicht aus unserer Geschichte Fabeln borgen, um so wenigstens National zu seyn! — — Was gehen mich alle diese Ehrenveste Fragen an? ich folge zuerst dem Strome meiner Empfindung.

Und sage, daß dies Stück im Ganzen große Eindrücke machet, daß es Scenen durch aus der tiefsten Brust, und zwar nicht weiche, sondern recht bittre Thränen erpresset, daß Schauder und Abscheu große Längen hinab sich meiner ganzen Natur bemeistert, und Hauptempfindungen dieses Stücks sind, die verrauschen, und immer von neuem, und immer fürchterlicher durch unsre Glieder zurück fahren, — daß sich in ihnen eine tiefe innere Känntniß der Menschlichen Seele äussere, da, wenn uns hie und da in ihr unvermuthet und oft mit einem verlohrnen Zuge der Abgrund einer Empfindung gezeigt wird, jeder, der Gefühl kennet, zurückschaudern werde: — daß bei allen seinen Fehlern und übertriebenen Stellen ein Dichter der ersten Größe, von wilder und weicher Imagination, von tiefer Menschlicher Empfindung, und einem innern unnennbaren Sinne spreche, der unsrer Nation in der Folge was Ausserordentliches zusagt. — — Das sage ich, und sage es aus innrer Empfindung, der ich nicht widerstehen mag: und will man diese nicht für ein kritisches Orakel gelten lassen, so hoffe ich, daß dies Blatt wenigstens einige junge fühlbare Seelen finden werde, die da sympathisiren. —

Die Geschichte des Drama ist aus dem Dante bekannt; nur hoffen wir, daß hier niemand eine Bearbeitung nach Dante's Manier erwarten werde. Die Geschichte kostet uns bei dem Italiener Thränen, aber die Mittel, die in ihr, als Episode, Thränen würken; können in der Tragödie unmöglich die Hauptmittel der Rührung seyn. Dante rührt durch seine kurze und einfältige Erzählung, durch den kalten Schmerz, der sich in seiner anscheinenden Ruhe nur um so mehr äussert, in den einzelnen Zwischentönen der Empfindung, die wie hohle Accente eines Elenden, der nicht reden soll, und doch redet, sich hervorstossen: so rührt Dante, und Meinhard hat die Stelle nach seiner Gewohnheit, das ist, schön und einfältig entwickelt. — Aber der Tragische Ugolino kann nicht völlig den Weg nehmen. Aus der Geschichte soll Drama werden: in die einfache Erzählung soll Handlung kommen: die Kinder des Ugolino sollen ihre verschiedene Charaktere erhalten: der einfache Ton der Empfindung, der in der Erzählung herrscht, soll in alle melodische Modulation, die das Drama hinunterwallet, verwandelt werden. — Der Stoff des Dante kann also nicht bleiben, was er ist, und der Dichter kann, wenn er ihn wohl umbildet, so ganz Schöpfer seyn, als hätte er die ganze Geschichte erfunden.

Aus zwo Ursachen machen wir diese Vorbauung. Zuerst, weil man vielleicht Dante auf Kosten der Erfindung unsers Dichters loben könnte: allein, die dies sich einfallen liessen, würden nicht bedenken, daß in solcher Anomalie von Dichtererfindung auch Dante nicht erfunden, sondern aus der Geschichte entlehnt habe, und daß bei dem Dichter nicht im Stoffe, sondern in der Zurichtung des Stoffes, in der Dramatischen Composition, z. E. der Erfindungsgeist herrsche. Zweitens wird man auch das nicht dem Herrn von Gerstenberg (denn der soll der Verf. seyn) anmuthen, daß er dem Ton der Empfindung im Italiener hätte folgen sollen. Ein Tragisches Drama hat so viele Empfindungen aus einander zu wickeln; es muß diesen Ton des Affekts in jenen stimmen; einen sich in den andern verflößen, und so nur allein wird die Tragische Musik für das Herz und die Seele. Wir setzen diese Anmerkungen zum voraus, weil man in Beurtheilungen der Werke des Genies nur zu oft dagegen zu handeln pflegt, und — fahren fort.

Die Personen und die Scene, und die Fabel der Handlung sind sehr einfach, so einfach, daß dies Stück nebst[1] dem Tode Adams von Klopstock und Leßings Philotas unter allen Deutschen der Simplicität der Griechen am nächsten kommen möchte. Der Gegenstand, und die Personen bleiben dieselben: die Gattung der Empfindungen dieselbe, nemlich Haß gegen den geistlichen Verfolger, Liebe der unglücklichen Familie gegen einander, Mitleiden, gemeinschaftlicher Schmerz, Verzweiflung. Nur so, wie nach der Erzählung des Dante, noch durch eine kleine Spalte des Gefängnißes Licht brach: so muß hier ein kleiner Anschein von Hoffnung, der aber zu bald, und ach! zu stark verbittert wird, in dies so einfache Trauergemälde Handlung bringen.

Der älteste Sohn Francesco hat oben im Thurm eine Oefnung wahrgenommen, schöpft Hofnung, herunter zu kommen, und Vater und Brüder zu befreien, kommt glücklich herunter, läßt die eingeschloßnen Seinigen auf seine Rückkunft hoffen, und warten — ach aber! da werden zwei Särge hineingebracht, und da diese sich öfnen, so ist in dem einen Francesco selbst, und im andern gar die Gemahlin des Ugolino. Diese todt, jener zwar lebendig, aber von Ruggieri gezwungen, Gift zu nehmen, und also das Elend der Eingeschloßnen im höchsten Jammer. Die Thür wird auf ewig verriegelt, und die Familie stirbt den schaudervollsten Tod des Hungers, und des innern Schmerzes — — Das ist das einfache Gemälde des Drama, und welch ein entsetzliches, ja fast abscheuliches Gemälde!

---

1) im ersten Druck: sich („sicher"?) nebst

Es ist ein gemeiner plumper Begriff von Dramatischer Handlung, sie sich nicht anders, als in einer Katastrophe, die viel Geräusch macht und nichts mehr, zu gedenken; ohne Zweifel ist auch eine Umwälzung der Empfindungen, und eine Aggradation bis zu einem Knoten, wo sie sich lösen müssen, Handlung und zwar allerdings die würksamste Handlung auf unser Gefühl. Aber wie? sollte hier völlig eine solche Umwälzung seyn? Kann nicht immer Ugolino, wenn er vernünftig seyn will, zu wenig Hoffnung aus dem Sprunge seines Sohnes schöpfen, als daß diese Hoffnung jetzt Erwartung, Freude, Froheit der Seele werden könnte? Ist dies nicht auch in der Gerstenbergschen Schilderung so? und bei dem kleinen träumenden Gaddo auch so, wiewol aus andrer Ursache? Und kann der dritte, Anselmo, dieser tollmüthige Jüngling, der selbst nie recht weiß, worüber er sich freuet, oder sich ereifert, kann der für alle gelten? Und ist auch selbst bei dem die Farbe dieser Empfindung nicht viel zu wenig angedeutet, als daß sie neuer Ton, und Knote des Stücks seyn sollte? — Und da dies nicht ist, sind nicht die andern Empfindungen viel zu einartig und monotonisch, als daß sie mit ihren kleinen Schattierungen Handlung ins Stück bringen konnten?

Wir kritisiren nicht aus Hedelin, oder Racine, sondern aus unserm Gefühl. Wäre die Hoffnung der Familie etwas angedeuteter geworden: um so empfindbarer wäre nachher der Contrast des gehäuften Elendes. Wäre er etwas würdiger ausgedacht, als in dem unwahrscheinlichen und kindischen Abspringen des Francesco, das wohl nicht viel erwarten läßt, und aus dem der Leser vielleicht noch weniger Hoffnung schöpft, als selbst Ugolino, der doch schon kalt, und nur gar zu kalt bleibt: wäre dieser Zwischenschub von der Art, daß sich auch andre ausser dem männlichen Kinde, Anselmo, darüber freuen könnten: so würde uns ohne Zweifel der Knote fester ans Herz gehen. Jetzt hat Dante mit seiner Spalte im Thurm Gerstenbergen verführt, ein Loch daraus zu machen, aus dem sich zur Noth herausspringen läßt, und dieser tollkühne Thurmspringer ist der ganze Deus ex machina. Sonst geht, ausser dem Sarge seiner todten Gemahlin, das Gemälde von Anfange bis zu Ende fort, und ist von Anfange bis zu Ende fast abzusehen. — — Auch das fürchterliche Thurmzuriegeln dünkt mir in dieser Absicht nicht merklich gnug: im Dante bringt es uns, als das letzte Verriegeln aller Hoffnungen, recht gewaltsam in Ohr und Seele: Hier vielleicht nicht so auszeichnend auf dem Grunde der Handlung. Wie daher anders, als daß diese nur gar zu lange fortwähret und gleichsam fortschleppet?

Indessen ist auch freilich dies Einfache des Drama nicht ohne seine eigenthümlichen Verdienste, und bei einem Dichter, der Shakespear so zu lieben scheint, lobwürdiger, als das Gegentheil. Ein theatralisches Genie, das auch nur Funken von Shakespears Geist hätte, ihm aber seine Untereinandermischung, sein Uebereinanderwerfen der Scenen und Empfindungen ließe, und sich keine Episoden erlaubte — was wäre dies für eine schöne Mäßigung des Britten!

Die Charaktere im Ugolino sind alle stark, und oft recht mit Shakespearisch wildem Feuer gezeichnet. Ugolino, ein wahrhaftig starker Geist, voll Liebe gegen seine Kinder, und noch mehr gegen seine Gemahlin; voll Schmerz über das Ungemach, das die Seinigen durch ihn leiden, noch mehr als über sein eigenes: voll Haß gegen seinen Todfeind Ruggieri, und voll Heldenmuth — so hat ihn Gerstenberg zeichnen wollen, und er muß es für das stärkste Ideal gehalten haben, ihn so zu zeichnen. Ob es aber wäre? ob er nicht in diesem hartherzigen, unversöhnlichen Charakter, der ihm so tief sitzt, oft selbst Ruggieri würde, der nur von den Mauern des Gefängnisses eingehalten wird, an seinem Ruggieri noch weit, weit grausamer, wilder, unmenschlicher* zu handeln?

---

*) Erster Aufz. S. 5 unten. Ruggieri hat dem Gabbo einen Schlag gegeben, und Ugolino will[1] ihm dafür das verruchte Herz aus dem Leibe drücken — wer ist mehr Barbar?

---

1) „will" fehlt im ersten Drucke.

Ob der so gräulich fluchende Ugolino, der Ugolino, der seinem Sohne Francesco, (dem doch nichts als sein kindisch recht gut gemeinter Einfall mißglückt ist, den Vater zu retten, der deswegen sein Leben gewagt hat, und es auch würklich einbüßet,) ob Ugolino, der diesem Unschuldigen so mitspielt, ihm so gräulich flucht, ihm die Faust vor die Brust setzet, ihn rüttelt, und wieder verfluchet — ob der Ugolino, wenn er Theilnehmung erwecken soll, sie so erweckte? Ob der Ugolino, der seinen Sohn Anselmo selbst, und das in Raserei, zum Todesopfer in seinem Blute macht — ob der Vater Mitleid erregen könne? — — Ob nicht der Schauder über ihn sich zu oft mit Abscheu, dem bittersten Abscheu mischte?

Ein Gerstenberg kanns freilich nicht ohne Ursache so gewollt haben, die Ursachen lassen sich in der Empfindung leicht finden, aber auch leicht widerlegen. Es ist gewiß, daß eine starke Seele auch bei aller Güte und Menschenliebe, ihre Stärke gegen ihren Feind in Haß, in eben so starkem Haße beweiset, als ihre Freundschaft sich gegen Freunde äussert. So bei den Griechischen Helden, so bei den Wilden, so bei der Natur. Allein hier muß doch immer Sympathie, Mitgefühl der erste Zweck des Drama bleiben, und wo auch das Entsetzen, der Schauder nicht ein sympathetischer Schauder, nicht ein theilnehmendes Entsetzen, sondern widerlicher Abscheu ist, da würke er nicht. — Das harte Betragen des Ugolino gegen seinen Francesco, soll freilich aus dem Gefühl des neuen Schmerzes gerechtfertigt werden, den Ruggieri dem Eingeschloßnen zufüget, und zu welchem neuen Triumphe dieser Francesco Gelegenheit gegeben, allein immer haße ich doch den Vater, der sich, von welchem Gefühl es auch sey, so hinreissen läßt, um so lange gegen sein unschuldiges, gutherziges, mitleidendes Kind zu wüten. Die Liebe gegen die eingesargte Gattin soll dieses Betragen noch mehr rechtfertigen, und sie verstärkt es auch im Stücke gnug: allein, ists natürlich, daß die väterliche Liebe hier so sehr von der ehelichen Liebe des Gatten bezwungen werde? — Und die letzte That Ugolino's ist unmenschlich und abscheulich. Freilich, sie geschieht an dem Anselmo, der wie ein hungriger Wolf seine Mutter annagen wollte, und wo eine Abscheulichkeit die andre kompensirt: freilich geschieht sie in Verzweiflung, in Raserei; aber wie? Ist diese Raserei mehr aus Mitleiden gegen die unglücklichen Schlachtopfer als aus Tolleifer gegen Ruggieri entstanden, so ist eine solche That unnatürlich, und wider alle guten Gesetze der rasenden Logik. In diesem Fall wird dem rasenden Vater das Bild seiner Söhne ganz ein andres Bild in seiner unsinnigen Seele seyn, als sich an ihm zu vergreifen. Ist aber die Tollheit aus Haß, aus überwiegendem Haß entstanden, der alles andre in der Seele, jeden andern Gedanken, der nicht Haß ist, verdrängt, der auch den Vaternamen, und das Bild der um sich Sterbenden, die ihm Alles seyn sollten, so verdränget, daß sie ihm nichts sind, daß er in Anselmo den Ruggieri mordet — weg mit dem väterlichen Ungeheuer! weg mit dem Tyrannen, der meine Sympathie erregen soll! —

Ich weiß, wie sehr ein Shakespear mit unsern Empfindungen schalten und walten kann; aber so unmenschlich, so gegen die Sympathie des Zuschauers schaltet er nur, wenn sich die Leidenschaften brechen; also nur im Vorbeigehen, um andre desto tiefer einzudrücken. Die Dissonanz, die hart an mich drang, löset sich auf, und meine Sympathie wird siebenfach stärker. Sie würken also bei ihm immer mehr als Mittel, nicht als Zwecke, und das für seine Britten; sollte sich aber v. G. nicht zu lange, zu zweckmäßig bei ihnen verweilen, und den letzten Fall ordentlich zum Zweck des Ausganges gemacht haben? — Abscheulicher Ausgang! —

Wie gerne möcht' ich mich mit dem V., dem so innern Kenner Shakespears hierüber, und über manches andere, was wohl nicht Shakespearisch ist, besprechen, wenn dazu hier der Ort wäre. Ich muß aber bei allem, was sich über solch ein Stück sagen läßt, forteilen!

Die Charaktere der Kinder sind, wie leicht zu denken, contrastirt: Anselmo ein kühner kindischer Held: Gaddo, ein weiches fast zu dummes Kind: Francesko in Worten und Empfindungen reifer und gesetzter; im Stücke vielleicht der durchgängig bestgetroffenste Charakter. Anselmo hat mir zu viel Aehnliches mit Philotas: und überdem: sein kindisches Heldenthum geräth zu sehr auf Wortspiele, die bei ihm die Federn der Empfindung seyn sollen: und an solchen Wortspielen, an Einem solchen Wortspiele hangt seine Seele oft so lange, daß Rasereien, wütende und gesunde Rasereien dadurch bewürkt werden. Ich setze mich in seine Stelle, und finde es kaum der Mechanik einer Seele, wenn es auch seiner Seele wäre, gemäß, mit solcher Kraft solche Würkung zu erreichen. Wenn nun noch, damit Gaddo's Charakter mit dem seinigen contrastire, auch dieser sich auf so kleinfügige spielende Weise äussert, und Seiten= Seitenhin der spielende Contrast fortgeht, beide aus ihrer Einbildungskraft spielen, beide mit einem Worte spielen, und oft darüber bitter zerfallen, — freilich, so sind die Kinder; aber muß nicht der Zuschauer mit solchen Kindern zu sehr kindisch, und zu lange kindisch sympathisiren, um ihr Charaktergeschwätz auch nur zu ertragen? Und wenn solcher Worthandel oft nicht auch im Worte, in gewissen Ausdrücken Würde, Behutsamkeit gnug hat, ist er Theatralisch? und wenn er ans Lächerliche noch anstreift, ist er Tragisch? — Ich will nur wenige Beyspiele geben.

Wenn Anselmo sich im ersten Aufzuge vom Francesco charakteristisch unterscheiden soll; und also die Größe des Gedankens, der es sey, vom Thurm zu springen, nach der Höhe abmißt, mal über mal abmißt. „Oben an der Spitze des Thurms — der Gedanke „ist so erhaben, daß ich ihn dir nicht nachdenken kann: um desto „mehr aber bewundere ich ihn — Und ich soll unten, wie ein „armseliger Tropf, zur Thurmthüre hinausschreiten? Was sag' „ich schreiten? schleichen! Eher soll man mich bei den Haaren „hinausschleppen! Merke dirs, Stolzer, ich springe!

„Franz. Thor, wird unser Vater nicht auch hinaus schreiten?

„Gaddo. Sprich, daß du schreiten willst! Was ist daran gelegen? gehts doch hinauswärts!

„Franz. Komm, Anselmo, du magst mich zurecht weisen, wenn ich an der Mauer herabklimme.

„Ans. Und ich soll das Nachsehen behalten? soll ich? u. s. w.

wenn eine Contrastirung auf eine solche Reihe von Wortspielen hinan läuft: so hätte die ein Schilderer des Menschlichen Herzens, wie Gerstenberg, nicht nöthig.

So ist die lächerliche kindische Scene, da Gabbo vom Essen geträumt hat, und noch immer träumt, und Anselmo von seiner Seite wieder eine andre Sache vor hat, die Gabbo ihm nicht versteht: und sie sich Seitenlang mit Worten hetzen. So ists, wenn sie aus diesem Gedankenspiel in ein anders fallen, was bei ihres Vaters Landgütern schön gewesen, einer den andern nicht versteht, und jeder nach seinem Kopf redet, und es recht angelegt scheint, um den Contrast bis zum lächerlichen Gewirre zu treiben. So ists, wenn das musikalische Rollen der Steine auf den Dachziegeln, gemacht wird, und auf der Laute gemacht werden soll, und Gabbo es nicht machen lassen will, weil ers schon so hört. So ist der Streit mit dem Vogelnest, dem Jagen, dem Einhegen u. s. w. der heftig und recht widerlich heftig wird. So sind viele Stellen, da die Leidenschaft ihren Gang auf Worten, wie auf Stelzen nimmt: mancher Zusammenhang des Dialogs, der durch ein Wortspiel zusammen hangt: so ist endlich ein guter Theil von der Raserei des Anselmo, in ihrer Entstehung insonderheit. — Alles wieder nicht Shakespearisch. Ich weiß, daß Gerstenberg, dieser so große Kenner des Britten, als ich manche Britten selbst nicht gefunden, die Wortspiele desselben aus seiner Zeit vortreflich erklärt; aber Shakespear für unsre Zeit? Ein Gerstenberg, der so genau und innig charakterisiren kann; der aus dem Grunde der Seele, aus der Wendung und Verflößung der Leidenschaft, in unerwarteten kurzen Ausbrüchen seine Personen so stark und treffend schildert, daß man staunet — sollte der in einer Zeit, wo man die Wortspiele so eckel findet, und wo der schale Kopf, der eben, weil er schal ist, Wohlstand und Geschmack, wenn auch nichts mehr? auf der Zunge trägt, nicht eben doppelte Sorgfalt hierinn beweisen? Ein Schriftsteller, der den ganzen Schatz der Sprache in seiner Gewalt hat, wie G., müßte, um nicht in das Spielende hingerissen zu werden, desto genauer auf seiner Hut seyn.

Nehme ich diese und andre Uebertreibungen aus — welch ein Charakterzeichner ist Gerstenberg. Sein kleiner Gaddo lebt bis auf jeden Zug seiner Mine: sein Francesco bleibt sich bis auf alles treu: und wenn ich über seinen Anselmo und Ugolino nicht durchgängig urtheilen mag: so blickt überall doch ein Genie hervor, das nichts darf, als sich selbst mäßigen: ein luxurirendes Genie, das wenn es seine Auswüchse verschneiden läßt, innere Fülle gnug besitzet.

Die Leidenschaften sind in dieser Tragödie fast verschwendet: und doch — — der Verf. billige oder mißbillige das Wort des Kunstrichters — doch wollt' ich noch immer schwören, daß die Zärtlichkeit der Empfindungen, vorzüglich die Seele dieses schönen Dichters sey. Schauder, Abscheu, giftigen Haß — alles mag er erregen können; aber wenn Ugolino über seine Gianetta weinet:

Ugolino. (zum Sarge gehend) Und ist sie todt? O Gianetta! bist du todt? todt? todt?

Fr. Rede du zu unserm Vater, Anselmo. Rede zu ihm.

Ug. Was hier? mein Bild an ihrem Herzen! Ach! sie war lauter Liebe und erhabne Gütigkeit! Sie vergab mir mit dem letzten stillen Seufzer ihres Busens. Es ist feucht dies Bild; feucht von ihrem Sterbekuß. Und küßte meine Gianetta ihren Ugolino in der richterlichen Stunde? Wie freundlich war das! wie ganz Gianetta! Ihr Tod muß sanft gewesen seyn, mein lieber Francesco!

Fr. Ihr Tod war ein sanfter Tod.

Ug. Gott sey gelobt! Ihr Tod war ein sanfter Tod. Ich danke dir Francesco. Dies Bild gleicht deinem Vater nicht recht. Das Auge ist zu hell, die Backen zu roth und voll. Ihr seyd die Abdrücke dieses Bildes; aber keine Wange unter diesen Wangen ist roth und voll. Ihr seyd blaß und hohl, wie die Geister der Mitternachtstunde. Ihr gleicht diesem Ugolino, nicht dem. Ach! ich muß hieher sehen.

Fr. Wir sind vergnügt, mein Vater, wenn du zu uns redest.
Ug. Daß sie mein Bild an ihrem Herzen trug, daß sie sich ihres Ugolino nicht schämte, mein Sohn, als sie vor ihre Schwester Engel hintrat; daß sie mit ihrem Sterbekusse meine Flecken abwusch: ach liebes Kind! wie erheitert mich das! wie gütig, wie herablassend war es! Aber sie hat mich immer geliebt. Kein pisanisches Mädchen hat zärter geliebt. Sie war die liebreichste ihres Geschlechts.
Fr. Und hier, diese diamantne Haarnadel, mein Vater, mit der sie nur an dem Jahrsfeste ihrer Vermählung ihr (duftendes) Haar zu schmücken pflegte —
Ug. Es ist mein Angebinde. Geschmückt, wie eine Braut, entschlief meine Gianetta. Sie lud mich ein: hier liegt ein Brief an ihrem keuschen Busen. Nie ist ein Liebesbrief geschrieben worden, wie dieser. Ha! es ist meine Hand! u. s. w.

Eine andre Probe bei dem Anfange des vierten Aufzuges:

Ug. Bin ich endlich allein? hier war ich König! hier war ich Freund und Vater! hier war ich angebetet! Ich heischte mehr. Wenn ich mir jetzt das goldne Gepränge, die Tropäen, den Stolz meiner kriegerischen Tage zurück erkaufen könnte: ach! mit Entzücken gäb' ich sie, alle die geprahlten Nichtswürdigkeiten, um ein dankbares Lächeln ihrer erröthenden Wangen, um einen belohnenden Blick ihrer Augen, um einen Ton ihrer Lippen; um einen Seufzer der Freude aus ihrer Brust. Ach Ugolino! du warst glücklich! kein Sterblicher war glücklicher! Und du hättest glücklich vollenden können! Da sitzt der Stachel! Ich bin der Mörder meiner Gianetta! Wider mich hebt sie ihr bleiches Antlitz zum Himmel! Auf ihren Ugolino ruft ihr unwilliger Schatten den Richter herab! liebenswürdiger Geist! liebenswürdig in deinem Unmuth! Ist dein Antlitz ganz ernst? Ach! dein Antlitz ist ernst! Einst habe ich dich gesehn, meine Gianetta; liebvoll und schüchtern sankst du in meine Arme. Da waren deine Blicke mild, wie der Morgenthau; und deine süssen Lippen nannten Pisa's Befreier deinen Erretter! Nun bin ich gebeugt, meine Liebe! Mein Haar ist nun grau, mein Bart ist fürchterlich, wie eines Gefangnen. Doch der große Morgen wird ja kommen! u. s. w. — — Ist meine Gianetta gefallen? mit Gift hingerichtet haben sie meine Gianetta? Gift sogen sie aus den Worten meiner Liebe? Ach! aus den Worten meiner Liebe? Einsame Erde! ich traure! Was? mit Gift hingerichtet haben sie meine Gianetta? u. s. w.

Scenen von der Art, sanftrührende Kindes = und Vater= scenen, viele sanfte Züge einer gesetzten holden Seele, die mit ihrer Ruhe uns über uns selbst wegreißt: solche sind häufig, und sie sind für unsre Empfindung die schönsten. Insonderheit verhungert der arme kleine Gaddo so recht von innen aus mit allen Sympto= men der fühlenden zarten Menschheit in einem Kinde: wir sehen ihn Schritt vor Schritt, mit seinen Erholungen und Rückfällen dem Tode näher, bis er erblasset. Aber was es auch sey, die Wurzel der Raserei in der Seele Anselmo's ist nach unserm Gefühl nicht Natur gnug: sie hat zu viel Studirtes, zu viel Kaltes. Und Ugolino, wir haben über ihn geredet; und überhaupt zuletzt wird der Dichter manches in Charakter, Situation, Leidenschaft anders verschmelzen müssen, als es jetzt ist: seine Meisterhand kann es allein.

Die Sprache ist oft zu Blumenreich. Und wenn ich mich auch in Italienische Denkart, in eine jugendlich feurige Einbildungskraft des Anselmo, und in die Hitze der Leidenschaft, als Zuschauer, nicht als Leser versetze, noch zu Blumenreich. So biegsam oft der Gerstenbergsche Dialog, so stark und leicht sein Ausdruck ist: so unerwartet oft Wendungen, und die Wendung des Gedankens der Sprache ist: so müßte oft ein Anselmo und Ugolino von Akteur, wenn er nicht Deklamateur seyn wollte, ermatten. Hier ist beim zweiten gleichsam Theatralischen Lesen mein Exemplar häufig ange= strichen, was lohnt aber, das allgemeinhin zu sagen, wo mir der

Raum fehlt, es im Einzeln vorzulegen. Ich wünsche dem Autor nicht einen kritischen Freund, sondern einen Theatralischen Mitarbeiter von Geschmack, mit dem er, wie ein Beaumont und Fletcher, zusammen arbeite: eine Brittische Bühne, wie sie in Deutschland noch nicht ist, und wer weiß? werden wird: und denn ein Brittisches oder Griechisches Publikum!

Y.

Die Gedichte Oßians, eines alten celtischen Dichters, aus dem Englischen übersetzt von M. Denis,[1] aus der G. J. Erster Band, Wien bey Trattner 1768. gr. 8. 226 Seiten. [X, 1, 28—35]

Die Erscheinung ist neu und schön. Einer aus der Gesellschaft Jesu der Uebersetzer Oßians, in Deutsche Hexameter, fast nach Klopstocks Manier, der Klopstocks Freundschaft und seinen Meßias rühmet, der uns durch seine Uebersetzung mit dem Hexameter aussöhnen will — die Erscheinung ist neu und schön. Ein Sonnenfels in seiner Gesellschaftlichen Prose, ein P. Wurz im Rednerschwunge, jetzt P. Denis in seinem guten Poetischen Geschmack — lassen die für Wien nicht viel hoffen?

Die Gedichte Oßians, des Sohns Fingal, diese kostbaren Ueberbleibsel der Vorwelt hatte Macpherson aus der alten Celtischen oder Gallischen Sprache in Englische Prose übersetzt. Wir bekamen schon vor Jahr und Tag aus Hamburg zwei gute, sehr wohlklingende Uebersetzungen auch in Prose, die die Stärke, die Kürze, die Erhabenheit und das Rührende des Barden ungemein ausdrücken. Hr. Denis hat sie nicht gesehen, und das schwere Werk übernommen, einen alten Dichter, der prosaisirt war, aus der Prose wieder hervorzurufen, und zu poetisiren. Kein Sylbenmaas schien ihm angemessener, als der Hexameter der Griechen, und er wünscht, „daß sich deutsche Dichter zur höhern Erzählung niemal „einer andern Versart, als dieser, oder höchstens noch der fünf=

---

1) A. D. B. Durchgehends „Dennis"

„füßigen männlichen Jamben bedienen! aber auch ihre Sylben=
„maaſſe ſo richtig beſtimmen, ihre Wörter ſo harmoniſch anreihen,
„ihre Abſchnitte ſo mannigfaltig verlegen, ihre Perioden ſo abwech=
„ſelnd ausſtrömen laſſen möchten, als unſer großes Muſter, der
„Sänger des Meßias!" Ein Ueberſetzer von ſo feinem Geſchmack
kann die freie offne Meinung ſeiner Leſer nicht anders als will=
kommen aufnehmen!

So ſind alſo die Gedichte Oßians in Hexameter überſetzt —
aber würde Oßian, wenn er in unſrer Sprache ſie abgeſungen, ſie
hexametriſch abgeſungen haben? oder wenn die Frage zu nah und
anbringend iſt; mag er in ſeiner Originalſprache den Hexameterbau
begünſtigt haben? Mögen in ſeinen Geſängen die Accente dieſer
Griechiſchen Versart ſo vorgezählt liegen, daß eine andre Sprache
nichts anders, als die disjecti membra poëtae in Ordnung bringen
darf, und es ſind Hexameter? Oder wenn wir dies nicht wiſſen:
thut Oßian in ſeinem Homeriſchen Gewande eben die Würkung,
als Oßian der Nordiſche Barde?

Wir wiſſen von den Nordiſchen Dichtern der Celten wenig;
aber, was wir von ihnen wiſſen, was die Analogie der Skalden,
ihrer Brüder, uns auſſerdem noch auf ſie ſchließen läßt, dörfte das
für den Hexameter entſcheiden? Nach allen einzelnen Tönen, die
uns von ihnen zurückgeblieben, haben ſie in einer Art von Lyriſcher
Poeſie geſungen, und da dies aus den Nachrichten von Skalden
gewiß wird, da man den Strophen= und Versbau dieſer Lieder=
ſänger zum Theil entwickelt hat: ſo wünſchten wir, Hr. D. hätte
ſich nach den Accenten ſolcher Bardengeſänge ſorgfältiger erkundigt,
von denen in den ſo bearbeiteten Celtiſchen Alterthümern Spuren
gnug anzutreffen ſind. Unſre Sprache, die in ſo vielen Jahr=
hunderten freilich ſehr nach andern disciplinirt und von ihrem
Bardenurſprung weggebogen iſt, würde vielleicht in dieſem Rhythmus
Töne finden, die zum zweitenmale Deutſche Barden wieder auf=
weckten. Und gewiß, ſo weit die Geſänge und Bilder eines Oßians
von Homer im Innern abgehen; ſo anders die Laute der Sprache
und der Kehle geweſen: ſo anders auch ſein Saitenſpiel. Jetzt

ists also Oßian der Barde im Sylbenmaaße eines Griechischen Rhapsobisten.

Vielleicht aber wird er dadurch verschönert, und gleichsam Claßisch? Er mag es werden: nur er verliert mehr, als er gewinnt, den Bardenton seines Gesanges. Homers Muse wählte den Hexameter, weil dieser in der reichen, vieltönigen, abwechselnden Griechischen Sprache lag, und auch in seinem langen und immer rastlosen Gange dem Gange der Poesie am besten nach= und mitarbeiten konnte. Leßing hat in unsern Tagen diese immer schreitende, fortgehende Manier Homers vortreflich entwickelt; und zu ihr war kein Sylbenmaas schicklicher, als der lange, immer gehende, immer fortwallende Hexameter, mit seinen vielen Füssen und Regionen und Abwechselungen. Ich bin nicht der erste, der diese Anmerkung macht, so wie Hr. Leßing nicht der erste ist, der Homers Manier in diesem Fortschritt entwickelt hat. Die Letters concerning Poetical translations Lond. 1739. 8. geben dem Homer Eilfertigkeit, Rapidität zum Charakter; dem Virgil Majestät — und sagen auch so manches andre über die Versification Miltons, und über seinen Griechischlateinischen Wortbau, das für den Uebersetzer Oßians nicht übel zu lesen wäre. Noch aus einer andern Ursache kleidet den Homer sein Hexameter so vortreflich, seiner süßen Griechischen Geschwätzigkeit wegen. Sein Ueberfluß an mahlenden Adjektiven und Participien, an tausend angenehmen Veränderungen und kleinen Bezeichnungen, seine Gewohnheit zu wiederholen u. s. w. alles schicket sich so vortreflich in den immer fallenden und wiederkommenden Hexameter, daß dieser aus mehr als einem Grunde im eigentlichsten Verstande der Vers Homers heissen kann.

Nun aber Oßian, und er ist fast in allem das Gegentheil. Er ist kurz und abgebrochen: nicht angenehm fortwallend und aus= mahlend. Er läßt die Bilder alle schnell, einzeln, hinter einander dem Auge vorbeyrücken; und das Anreihen derselben, ihre Ver= kettung und Verschränkung in einen Zug kennet er nicht. Rauhe Kürze, starke Erhabenheit ist sein Charakter — kein fortwallender

Strom, kein süsses Ausreden. Er tritt einher, möchte ich mit seinen Worten sagen; er tritt einher in der Stärke seines Stals, und rollt wie ein Meteor vorbei und zerfährt im Winde. Ich zweifle, daß die Denissche Uebersetzung diesem Charakter getreu bleibe. Epischen, Heroischen Eindruck läßt sie; aber nicht Schottisch-heroischen, Nordischepischen Eindruck. Sie muß die kurze Abgebrochenheit des Dichters mildern, und gleichsam verschmelzen: sie muß seine Bilder reihen, die er erhaben hinwarf: die Lücken zwischen ihnen verflößet sie: sie bringt Alles in Fluß der Rede — ein Homerischer Rhapsodist, nicht aber auch dem Haupteindruck des Tons nach, der rauhe erhabne Schotte.

Vergleichungen zwischen den Prosaischen, dem Macpherson wörtlich treuen Uebersetzungen, und zwischen dieser Poetischen bestätigen, was ich sage. In dieser finden wir mehr den Dichter in Versen, Worten, Construktionen; in jenen mehr das Nordische Original in seiner eigenthümlichen Hoheit, und abbrechendem kurzen rührenden Tone. Ihm entfallen nur einzelne Bilder und einzelne Laute bei Tragischen Geschichten; aber diese bringen zur Seele, diese lassen Stacheln im Herzen — jene gehen prächtig dem Auge vorüber, und thun nicht immer so viel Würkung. Es ist, wie mit jenen beiden Rednern Homer's: der eine spricht —

$$\varepsilon \pi \varepsilon \alpha \ \nu \iota \varphi \alpha \delta \varepsilon \sigma \sigma \iota \nu \ \varepsilon o \iota \varkappa o \tau \alpha \ \chi \varepsilon \iota \mu \varepsilon \varrho \iota o \iota \sigma \iota \nu \ —$$
der andre — $\pi \alpha \nu \varrho \alpha \ \mu \varepsilon \nu \ \alpha \lambda \lambda \alpha \ \mu \alpha \lambda \alpha \ \lambda \iota \gamma \varepsilon \omega \varsigma.$

Der letzte dünkt mich dem Tone des Originals treuer.

Noch eine Probe ist für mich. Der Uebersetzer hat oft Lyrische Chöre eingemischt, und sie sind von großer Würkung, oft Bardentöne bis zum Erstaunen. Hr. Denis hat so innige Accente des Wohllauts in seiner Gewalt, wie der starke Pindar Pfeile in seinem Köcher, daß mans um so mehr beklagt, daß nicht alles in ihm eine Bardenlust geworden. Wir nehmen das Erste das Beste:

    Aber Schlummer sinket
    Mit den Harfentönen;

Holde Träume schweben
    Allgemach um mich. —
  Ihr Söhne der Jagd!
  Entfernet den Schritt!
Verschonet der Ruhe
Des Barden, der jetzo
  Zu seinen Erzeugern
  Den Helden der Vorwelt
    Hinüber entschläft! —
Weichet, Söhne lauter Jagd!
Störet meine Träume nicht!

Ich wollte gerne noch das Lied der Moina in seinen süßen Trauertönen einrücken, wenn hier Platz wäre, und viele von den Hexametern sind sehr Melodienreich und wohlklingend. Wie wäre es, wenn der Uebersetzer in seinem folgenden Theil sich weniger das einförmige Gehege dieser Versart vorzäunte: wenn er z. E. nach den Mustern der freisylbigen Klopstockischen Oden allem Wohlklange aufhorchte, der jedesmal im Gedanken und im Ausdruck, bis auf alle Kürze und Stärke und Einsylbigrührendes und Halbstummes im Oßian liegt; alles dies mit allen freien Wendungen und Absätzen in seiner Muttersprache auffienge, sich mehr um die Barden- und Skaldensylbenmaaße bemühete, und dieselbe, wo sie nicht in Hieroglyphen und Logogryphen abarten, nachahmte — ein melodisches Ohr, wie hier der Uebersetzer bewiesen, was würd' es nicht an einem Oßian für Symphonien alter Barden erwecken! da würde ihm denn der Skalde vom Sunde her entgegen tönen:

  Ists Braga's Lied im Sternenklang,
  Ists Tochter Dvals dein Weihgesang,
  Was rings die alte Nacht verjüngt?
  Auch mich — ach! meinen Staub durchdringt! —

> Der Fels, wo er die Hymn' ergoß,
> Daß Nordsturm tonvoll ihn umfloß,
> Bebt unter ihm, die Tiefe klang,
> Und Geister seufzten in seinen Gesang.

Mit dem musikalischen Gedicht Comala bin ich gar nicht zufrieden. Die Dramatische Eintheilung gefällt mir; aber die Poetische Verarbeitung ist wäßricht, gezogen, und bleibt selbst der Hamburgischen Prose nach. Vielleicht, daß die Reime Hr. D. verführt haben, und ich wollte ihm freundschaftlich rathen, das ganze Stück noch einmal vorzunehmen, und nach dem freien Klopstockischen Sylbenmaaße, das ich vorgeschlagen, in einem der folgenden Theile umzuarbeiten — wie anders würde es klingen! Der Recensent hat selbst vor geraumer Zeit einige Oßiansche Stücke in dies freie Metrum Poetisch zu erheben versucht, und recht die Grenzen des besten Prosaischen, und des wahren Poetischen Wohlklanges gefühlt — wollte Hr. D. nicht die Bahn versuchen?

Die Anmerkungen des Cesarotti und Macphersons sind untergerückt: diese sind meistens historisch; jene kritisch, und mit dem Homer parallelisirend. Cesarotti hat selten ganz recht, indem er den Homer überall so zum Oßianer machen will, als andre den Klopstock zum Homeristen; allein seine Anmerkungen sind doch immer sehr lesenswürdig. Sie machen auf manche Detailschönheiten aufmerksam, und zeigen manche neue und fruchtbare Seite ihres Autors: wir hoffen also, daß Hr. D. mit ihnen fortfahren werde. Vor dem dritten Bande soll D. Blairs Abhandlung stehen, und sie ist sehr der Uebersetzung werth. — — Wir freuen uns überhaupt auf die ganze Fortsetzung der Denischen Arbeit mehr, als auf manche neuere süßlallende Originale in Deutschland, und wünschen, daß Oßian der Lieblingsdichter junger Epischer Genies werde!

Y.

Des C. Cornelius Tacitus sämtliche Werke. Uebersetzt durch Joh. Sam. Müller. Drei Bände groß 8. Hamb. bey Joh. Carl Bohn 1765. 66.
[IX, 2, 110—119]

Es ist spät, daß wir diese Uebersetzung nachholen; wir haben aber lieber die Hrn. Untreufeinde und Untreufreunde, die Verfechter dieser und einer andern Uebersetzung, im trocknen Ernst, oder mit seinen Heßischen Jronien sich ausreden lassen, um jetzt unsre Meinung überhaupt zu sagen. Jm Einzelnen und über einzelne Stellen glauben wir, ist der Streit zu Ende; wenigstens könnte es ganz gut für den dritten und letzten Akt des komischen Nachspiels gelten, da Hr. Müller noch selbst vortritt, und in der Vorrede zu seinem dritten Bande der Welt, und vornemlich sich selbst eine Menge Selbstlob und panegyrischen Unsinn über seine Uebersetzung ins Gesicht sagt, daß wohl kein Mensch, der lesen kann, daran zweifeln wird, daß er diese seine Uebersetzung für schön, ja für schöner, als das Original, den Tacitus selbst halte. Ein Schriftsteller von der Art ist, mit allen, die seines Theils sind, nicht zu belehren.

Bei solchen Zänkereien indessen bleibt das Publikum unpartheiisch. Nicht aus der Müllerschen Schule, und nicht in dem Verdacht, seine Uebersetzung verruffen zu wollen, hat es den Lateinischen Tacitus vor sich, und die Deutschen Tacitos neben sich, und vergleicht. Welche kommt ihm am nächsten? welche hat den Römer am besten ausgedruckt? an welchen haben wir einen solchen Originalmann, als der Lateiner war? Wir betrachten hier also die Uebersetzung vorzüglich im Ganzen, als ein Phänomenon der Deutschen Litteratur: und um da dem Wortgezänk des Uebersetzers zu entgehen, müssen wir ziemlich weit anfangen.

— Tacitus ist ein Römer, und da er seine politische Geschichte bis auf die Ursachen jedes kleinen Vorfalls aus den Tiefen seiner Republik hervorholt, da er immer als Römer, als Staatsmann, als Nationalgeschichtschreiber spricht: so hat er ein gewisses ausserordentliches Römisches Gepräge. Nicht blos, daß der Materie und den Namen nach das ganze Lexicon der Römischen Staatsverfassung in so vielen und vielartigen Zeiten bei ihm vorkommen muß; sondern es ist recht seine Laune, eine solche Staatssprache anzunehmen, und consultatorisch sich auszudrücken. — Dies ist sein Römisches Siegel, und das muß er auch in der Deutschen Uebersetzung behalten. Ueberall muß ich sehen, daß ich in der Römischen Welt bin: jeder starke Ausdruck, der gleichsam zu den Curialien der Geschichte gehört, die ich lese, den Tacitus mit Fleiß brauchte, oder gar selbst machte, um nur recht genau auf diese und jene Staatssache zu zeigen, muß seine Stärke und Eigenthümlichkeit behalten: ich muß in meiner Sprache so viel in ihm denken können, als der Römer mich wollte fühlen lassen — sonst ist er nicht mehr Tacitus, der Römer, der er seyn wollte.

Schwerlich, daß er dies in der Müllerschen Uebersetzung ist. Ich traue aus vielen Proben dem Uebersetzer zu, daß er Römer gnug sey, um diese Römisch-politische Sprache verstanden zu haben, allein sie auch uns verständlich zu machen, sie mit der Schicklichkeit und Energie des Tacitus in seine Muttersprache zu verpflanzen, das hat er nicht gekonnt. In den meisten Fällen, umschreibt er matt und müde, daß unser Auge im Lesen wohl nicht eben den Römischen Begriff kurz und andringlich trifft: und oft braucht er neuere Wörter, sie den alten Römischen unterzuschieben, wo eine solche Vermischung doch nichts als lächerlich ist. Ein Römischer Imperator und ein Generallieutenant, ein Triumvir, und ein Bauherr spaziren auf allen Blättern zusammen; und gewisse starke Staatsausdrücke, die wir im Lateinischen mit ganz Römischer Seele fühlen, sind im Deutschen in so matte elende Umschreibungen verflossen, daß wir uns in ihnen nichts denken, was der Römer dachte.

Um Beweise zu geben, müßte ich aus dem ganzen Buch ein ganzes Staatslexicon der Römer von Namen, Würden, Staatssachen, Zeitläuften, Curialien anführen, und wer würde mir die Mühe belohnen? Sollte sich jemand nach Hrn. Müllern noch an eine ganz neue Uebersetzung des Tacitus wagen: so wende er viel

Aufmerksamkeit darauf, um uns im Tacitus diese Römischpolitische Seite ganz fühlen zu lassen. Bei ihm mag sie Fehler seyn, wie ich gerne zugebe: allein ich will ihn nicht ohne dem Fehler sehen, ohne den er gar nicht mehr Tacitus bleibt. Vielmehr kämpfe unsre Sprache, dies Gepräge der Römischen Staatsherrlichkeit auszudrücken, und was sie nicht ausdrücken kann; wo man in einem Strale die 7. Farben nicht unterscheidet: da komme die Note zu Hülfe, da mache diese die Farbe sichtbar. In dem abscheulichen Notenmischmasch des Hrn. Müllers finde ich wenige, die dahin gehören; ob er gleich als Schulmann in ihnen wahrhaftig erträglicher gewesen wäre, als jetzt in seinem elenden Staatslustigen Bon-Mots- und Historienkrame.

Das ist also der erste durchgängige Mangel dieser Uebersetzung. Sie liefert nicht die Buste eines Staatsklugen Römers, sondern die verrückte Figur eines stammlenden Deutschlateiners.

Zweitens: es ist ein schon ziemlich lange genütztes Wort, das ursprünglich von der Musik hergenommen, und sehr prägnant ist, sich in den Ton eines andern setzen, seinen Ton treffen, oder ihn verfehlen. Wer ein musikalisches Ohr hat, wird die Unlust kennen, die aus dem verfehlten Ton eines Stücks, eines Satzes,[1] einer Stelle, eines einzelnen Lautes entspringt, und bei einem Uebersetzer in dem nämlichen Fall auch die nämliche Unlust. Nun hat Tacitus im Latein seinen ungemein eignen Ton theils in Erzählung seiner Geschichte, theils im Ausdruck seiner historischen Reflexionen, theils in der Stellung seiner Schilderungen, und im Bau seiner Perioden — kurz in seiner historischen Composition vom größesten bis aufs kleineste: überall eine ihm sehr eigne Manier, der er durchgängig sehr treu bleibt. Sein gesetzter, und raisonnirender Charakter hat sich in dem Geist seines Werks überall ausgedrucket, und ich glaube daher auch, daß ein Genie, das mit ihm nicht just einerlei Wendung des Kopfs hat, daß ein Ciceronianer z. E. sich an niemanden eher, als an Tacitus ermüden und

---

1) im ersten Druck: Setzers

veredeln werde, wegen seiner so einförmigen Betrachtungslaune; wie im Gegentheil ein Genie, das wie er gebildet ist, ihn verschlingen, ihn lernen, ihn auswendig wissen werde, aus der nemlichen Ursache, weil er sich selbst so sehr treu bleibt.

Und diesen Ton des Tacitus eben, soll ein Uebersetzer vorzüglich studiren, und so lange studiren bis er ganz in ihn stimmet, und in sich einen ganz Harmonischen Gedankenschwung fühlet, oder er ist nicht zum Uebersetzer des Tacitus gebohren. Findet er nicht in sich die Anlage, wie Er, Ideen zu häufen, sie kurz und bündig gegen einander zu stellen, so tief in ein Faktum zu bringen, als sich kommen läßt, alsdenn das Ausgefundne nur gleichsam zu berühren, es vest hinzustellen und zu verlassen, historische Aussichten zu eröffnen, allein auch alles dem Leser so vorzuhalten, daß er hinten nach denken, viel; für sich allein neben weg denken nichts kann und soll; findet er nicht in sich, diese strenge, consultatorische und fast gesetzgebende Mine des Geistes — so lege er den Tacitus bei Seite: sie sind nicht zween Männer vor einander, und werden sich immer queer über ansehen. Der suche sich lieber einen Schriftsteller von leichterer Denkart, von einer freien und gleichsam schlappern Manier, seine Ideen zu stellen, und zu umschreiben und nur die Blumen abzubrechen — allein das ernste, tiefdenkende, sparsame Gesicht unsers Römers schrecke ihn ab.

Hr. Müller war in diesem Verstande wahrhaftig nicht zum Uebersetzer des Tacitus gebohren, so wenig, als Tacitus zum Uebersetzer des Hrn. Müllers. Wer die Dedication und den Vorbericht und die Vorreden und Noten nur zu lesen anfängt, der siehet, daß es in der Welt nicht zwei verschiednere Menschengesichter geben könne, als Tacitus und Müller, oder nach dem Range, den er sich selbst anweiset, als Müller und Tacitus. Ein schleppender Styl, eine seichte Denkart, ein kindischer Witz, ein völliger Mangel an Umriß der Gedanken und Worte, an Unterscheidung des wichtigen und närrischen, eine steife Schulmine, und die unüberlegteste Zusammenschreiberei — alles dies an Hrn. M. drückt noch kaum den Contrast aus, den er und Tacitus machen. Sollte der Römer

aufleben, und die Vorreden und Anhänge, und Zueignungen und
Noten lesen, die seinem Werke angeschmieret sind: zum zweitenmal
würde er unser Deutschland ausruffen informem terris, asperam
coelo, tristem cultu adspectuque — — und seinen Hrn. Ueber=
setzer — ich mag ihn nicht mit Tacitus Worten charakterisiren.

Bei einer so gräulichen Ungleichheit der Köpfe ist also auch
die Manier des Tacitus durchaus verkannt und verstümpert, ja
Müller hat, glaub' ich, hinter aller Uebersetzung noch nicht davon
geträumt, was die Manier des Tacitus sey. Verzerrung und Zer=
reißung seiner Bilder und Gegensätze, Ausspülung seiner Sentenzen
in die wässerichste Sprache, Verschattung aller Nüancen, die ihm
so eigen seyn, und so oft wiederkommen mögen, als sie wollen —
die starre Seele des Uebersetzers hat sie nicht gesehen, nicht gefühlt,
nicht nachgeahmt, nicht ausgedruckt. Er hat seinen Wortleisten;
nach dem formt er, und in die Form muß der arme Tacitus. —
Je mehr man ihn vergleichet, desto näher kommt man der Erbitte=
rung; ich mag nicht Beispiele anführen, das ganze Buch ist
Beispiel.

Die Deutsche Uebersetzung des Tacitus aus dem vorigen Jahr=
hundert kenne ich nicht, daß aber wahrhaftig in unsrer Machtvollen
nachdrücklichen Sprache eine bessere möglich sey, zeigen einige Pro=
ben von einem Autor, den man hier nicht erwarten wird: Lohen=
stein. In seinem Arminius und Thußnelda sind viele Stellen
aus dem Lateiner wörtlich nachgeahmt, und oft mit ausserordent=
lichem Glücke. Sein häufiges Wortgeklingel abgerechnet — hört
man nicht ein dem Tacitus Aehnliches, wenn er anfängt: „Rom
„hatte sich bereits so vergrößert, daß es seiner eignen Gewalt
„überlegen war, und es gebrach ihm jetzt nichts mehr, als das
„Maas seiner Kräfte. Denn nachdem Bürger gewohnt waren,
„ganze Königreiche zu beherrschen, für Landvögten sich große Fürsten
„beugten, die Bürgermeister Könige für ihre Siegswagen spanneten,
„konnte die Gleichheit ihres bürgerlichen Standes ihren Begierden
„nicht mehr die Wage halten. Hieraus entspannen sich die inner=
„lichen Kriege, welche dem Kayser Julius das Heft allein in die

„Hand spielten, als der große Pompejus in der Pharsalischen
„Schlacht seine Kräfte, das römische Volk aber seine Freiheit ver=
„lohr, und jenem über Hoffen die Erde zum Begräbnisse gebrach,
„dem sie kurz vorher zu Ausbreitung seiner Siege gefehlt hatte.
„Denn ob zwar der andere großmüthige Brutus u. s. w. Also
„hänget ein gewünschter Ausschlag nicht von der Gerechtigkeit der
„Sache, nicht von der Sicherheit u. s. w. Wie nun Brutus vom
„Antonius erdrückt war: also entäusserte sich der furchtsame Lepidus
„seiner Hoheit und fiel dem August in einem Trauerkleid zu Fuße.
„Der letzte unter den Römern, Cassius tödete sich aus Einbildung
„eines fremden Todes. Des Sextus Pompejus Kopf schwamm im
„Meere: Cato und Juba fielen lieber in ihre eigne Schwerder,
„als in die Hände des Oktavius. Anton verlohr sich durch eigne
„Wollüste, blieb also niemand von den Großen übrig, als August
„und sein Anhang. Da nun dieser die Gemüther der Kriegsleute
„mit Geschenken, den Pöbel mit ausgetheilten Getraide, den Adel
„mit Freundlichkeit, alle mit fürgebildeter Süßigkeit des Friedens
„gewonnen hatte, war niemand, der nicht lieber eine glimpfliche
„Herrschaft, als eine stets blutende Freiheit verlangte u. s. w."
Man sage, ob man hiervon nicht eine ähnliche Mine von Tacitus
siehet, wenn dieser auf seine freilich gründlichere Art sagt: ubi
militem donis, populum annona, cunctos dulcedine otii pellexit,
insurgere paullatim, munia Senatus, magistratuum, legum in se
trahere nullo adversante: cum ferocissimi per acies aut pro-
scriptione cecidissent; ceteri nobilium, quanto quisque servitio
promtior opibus et honoribus extollerentur; ac novis ex rebus
aucti tuta et praesentia, quam vetera et periculosa mallent —
Läuft nicht eine ähnliche Aber der Schreibart? und sie ist überall,
wo Deutscher Heldenmuth spricht, und der Beschreiber sich nicht unter
Perlen und Edelgestein verirrt, noch sichtbarer. —

— Nun höre man den Deutschen Müller: „nachdem Brutus
„und Cassius erschlagen waren, und man keine Waffen mehr
„sah, die für die Freiheit Roms geführet wurden; nachdem
„der jüngere Pompejus bei Sicilien unterbrückt, Lepidus aller

„Gewalt beraubet und Antonius getödtet war: so blieb nicht ein-
„mal der julianischen Parthei (Julianis partibus) ein andrer
„Anführer, als Oktavius Cäsar übrig. Dieser legte den Namen
„eines Triumvirs ab, ließ sich einen Bürgermeister nennen,
„und stellte sich, als ob er zur Beschützung des niedrigern Volks
„sich mit der Gewalt der Zunftmeister begnügen ließe. Da er
„aber die Soldaten durch Geschenke, das Volk durch Austheilung
„des Getraides, und alle durch die Annehmlichkeit der Ruhe
„gewonnen hatte, erhub er sich allmählich, und zog die Macht des
„Senats, der Obrigkeitlichen Personen und der Gesetze an sich,
„ohne daß sich jemand dagegen legte, indem die Mächtigsten
„in den Schlachten, oder durch die Verbannungen gefallen waren;
„die übrigen aber aus den alten Geschlechtern bestomehr mit Reich-
„thum und Ehrenstellen überhäufet wurden, je geschwinder sie sich
„zur Knechtschaft bequemten, und wegen der Vortheile, die sie bey
„der veränderten Regierung fanden, die Sicherheit des gegen-
„wärtigen Zustandes der gefährlichen Wiederherstellung des alten
„vorzogen." Wem der Periode lang, schleppend, unerträglich dünkt,
der glaube, es ist vielleicht noch einer der erträglichsten im Buche.
Ich habe den Agrikola mit dem Original zusammen halten wollen
— und wollen — und nicht durchhin können: so wenig ist Tacitus
in ihm känntlich. Er ist eine langstreckige, gedehnte Figur, niedergeworfen und im Staube liegend, wie Mars, da er sieben Hufen
deckte.

Drittens endlich. Nicht Tacitus blos: keinen Lateiner, glaube
ich, kann Hr. Müller würdig übersetzen, denn er kennt nicht das
unterschiedne Maaß beider Sprachen. Tacitus hat keine Ciceronianische Perioden; er schiebt nur kurze Sätze aufeinander, läßt
Bindungen, und alles, was blos Wort ist, aus, und setzt nur
Figuren, Sachen — und doch schleppet sich der Müllersche Periode
schon so langweilig. Ei wenn nun ein weiter Lateinischer Periode
da wäre, mit Bindewörtern und Verschränkungen und Inversionen
und Vinkturen und Junkturen — wie denn? Hr. M. scheint zu
glauben, daß was im Lateinischen zwischen zwei Punkten stehet,

auch im Deutschen so kommen müsse, und welche Lateinischdeutsche Uebersetzung muß das werden?

Ich habe viel böses von meinem Autor gesagt, aber noch nicht alles: denn sein Notenwust ist das Abscheulichste im Buche. Da Geschichtchen aus der französischen Grammatik, aus Charakteren und Bagatellen und Loisirs und wo weiß ich mehr? her: da Parallelanekdoten, und schöne Raritäten, und schöne Spielwerke: und mitten inne Wortklaubereien, Verbeugungen an den neuesten Herausgeber des Tacitus in Deutschland, und wieder französische Brocken — o ein Geschmiere zum ernsten, Philosophischen grübelnden Tacitus.

Nach alle diesem Tadel muß ich den Fleiß und die Mühsamkeit des Verf. loben. Seine Uebersetzung, die dem Wortverstande im Ganzen Groben genommen, so ziemlich treu bleibt (wo der Wortverstand auf Geschmack beruhet, kaum) kann etwa den Lesern gut seyn, die eine etwanige Nachricht von Tacitus Geschichte haben wollen, ohne daß ihnen am Geist des Schriftstellers selbst gelegen sey. Und einem künftigen Uebersetzer kann sie wenigstens zu einem Stabe dienen, neben ihr sicherer zu gehen. So denke ich von dieser Uebersetzung sine ira et studio, quorum caussas procul habeo.

Y.

C. Cornelius Tacitus Werke aus dem Lateinischen übersetzt und mit den nöthigsten Anmerkungen begleitet. Magdeb. bey Hechtel, 1765. 2 Th., groß 8. Der erste 248. der andre 149 S. [IX, 2, 119—122]

Ein ganz andrer Geist herrschet in dieser Uebersetzung: das ist bei dem Anfange des Lesens sichtbar. Hier hat sich der Uebersetzer bemüht, des Tacitus Kürze und Stärke in Malereien und Sentiments auszudrücken, von Tacitus Charakter eine Deutsche Kopie zu liefern — die Bemühung ist lobenswerth. Er hat ein Buch zu liefern gewünscht, dabei man sagen könne: so muß die Geschichte geschrieben werden! — der Zweck ist für unsere Sprache noch lobenswerther — wie weit mag die Uebersetzung gekommen seyn in Erreichung desselben?

Tacitus, der Römer, hat hier mehr sein eigenthümliches Römisches Gepräge, als in der vorhergehenden. Die Namen der Staatsämter nicht allein, (denn sie sind das leichteste!) sondern gewisse Staatsausdrücke und Charaktere der Zeitläufte sind hier stärker auf Römisch bezeichnet, und wir haben also weniger den erbaulichen Anblick, einen alten Lateiner im Deutschen Putz, mit langen Manschetten und einer Schulperücke vor uns zu sehen. Der Noten ist wenig, und sie sind blos auf die Erläuterung dieser Römischen Seite in Tacitus gerichtet, da freilich wie die Vorrede sagt, kein Buch in der Welt bequemer wäre, mehr Noten, als Text zu machen, als Tacitus.

Man sieht augenscheinlich, daß der Uebersetzer sich Mühe gegeben, den Charakter Tacitus auszudrücken, und in der Kürze hat er ihm oft ziemlich nach gallopirt. Aber der einsylbige Nachdruck des Lateiners; die sorgfältige Wortstellung in seinen Bildern und Charaktern und Sentiments, der etwas dunkle und harte Ton seiner Farben — der dünkt uns vom Uebersetzer nicht immer bemerkt. Im Deutschen ist sein Ausdruck verbundner und fließender und etwas blühender geworden, als er uns im Lateinischen nach dem Ton des Ganzen dünkt; aber eben deswegen entgehet ihm auch unendlich viel von der trocknen Stärke, von der im Lateinischen so genau angeordneten und mächtigen Wortstellung, da beinahe jedes Wort eine Figur, und in Absicht auf seine Stelle wenigstens halb so würksam ist, als in Absicht auf sein eigentliches Gewand. Wir wollen die Hälfte davon auf Rechnung der Deutschen Sprache setzen, die schleppend, verbindend, dehnend, und an überflüssigen Füllwörtern nicht so edelarm ist, wie die Lateinische: aber was in dieser Composition noch vom Componenten abhängt, wollte das der Uebersetzer nicht auf sich nehmen? Seine Denkart und Ausdruck scheint von Natur leichter und blühender zu seyn, als des ernsthaften, wortarmen, tiefsinnigen Tacitus, und dieser Charakter überträgt sich auch in die Schriften, und ist ungemein merklich, wenn man den einen weglegt, und den andern so frisch in dem Tone des andern fortliest. Es ist als wenn zween zusammen sprächen: der eine heller und fließender, der andere tief und langsam und nachdrücklich — ist das eine Stimme?

Da der Charakter des Tacitus, wie auch unser Verf. zugiebt, so unterscheidend und ungemein auszeichnend ist: so siehet man, warum bei ihm mehr, als bei einem andern etwa, dem der Ausdruck von der Zunge wegfließt, und nicht so tief aus der Seele kommt, — warum mit Tacitus mehr Sympathie seines Lesers und Uebersetzers nöthig sey, als mit einem andern. Noch zehn Jahrhunderte, und kein Jüngling (es sey denn, daß er Anlage hätte, selbst ein Tacitus zu werden) wird ihn von Grundaus übersetzen — kein Ciceronianer ihn so von Grundaus schmecken lernen, als ein — nun, als ein zweiter Tacitus. Wird Deutschland den reifen, langsamen, tiefen Mann bald hervorbringen? Selbst Lipsius wars nicht völlig: er hatte seinen Seneka lieber, und bei Tacitus liebte er nur vorzüglich seine Kürze; den nachsinnenden, reifen, politischen Geist hatte Lipsius nicht.

Die nächste Bestimmung dieses Genies wird seyn: es wird den Tacitus studiren — studiren bis auf Worte, den Sinn und Nachdruck und Stellung der Worte, der Charaktere, der Begebenheiten, der ganzen Geschichtcomposition. Zur Probe, ob unser Uebersetzer den Tacitus in allem Rührenden seiner Rede, in dem Affectvollen abgebrochnen Ausbruch von Worten treffe, vergleiche man z. E. die Rede des sterbenden Germanikus im zweiten Buch Cap. 71. (72.) der Annalen. Die andringendsten Ausstoßungen des beweinenswürdigen Schmerzes: das *etiam* adversus Deos: das acerbitatibus diaceratus, insidiis circumventus, das im Lateinischen stark anbringt auf das Hauptaugenmerk: miserrimam vitam pessima morte finierim: das zweifelhaft flehende, si quos, si quos: das inlacrymabunt — flebunt — das sich allein und mit Schluchzen gleichsam ausnimmt: das stille Vorzählen der einzelnen Klagen — alles ist im Deutschen nicht da. Und wer den Unterschied noch

mehr ſehen will, vergleiche Charaktere, von denen das ganze Buch
voll iſt; auf einzelne verfehlte Stellen wollen wir uns nicht einmal
einlaſſen — wo der Verf. den Tacitus überall im Fluß überſetzt,
und einzeln nicht tief gnug ſtudirt.

Im Fluß überſetzt; einzeln nicht tief gnug ſtudirt:
das iſt alſo, wie wir glauben, der Charakter dieſer Ueberſetzung,
die, wenn ſie vollſtändig wäre, oder noch vollendet würde, in allem
Betracht vor jener Vorzüge hätte. Im Ganzen leuchtet der Geiſt
des Tacitus aus ihr ſehr gut hervor: als ein Buch im hiſtoriſchen
Styl iſts für unſre Sprache ſchätzbar: an Annehmlichkeit im Leſen
übertrifts jenen weit, und in Geſchmack, in Wahl der Worte und
Gedanken, in dem, was zum Tacitus ſchicklich oder unſchicklich iſt,
wer wirds darinn mit jenem auch nur vergleichen wollen. Es
wäre gut, wenn der Ueberſetzer ſein Werk vollendete, und ſich als=
denn, wenn der Ton des Tacitus in ihm erlöſchet wäre, an einen
ihm angemeßnern, fließendern Geſchichtſchreiber machte: er würde
durch die Biegſamkeit und den Fluß ſeiner Schreibart ſich viel
Dank erwerben können. Im Ganzen aber wünſchen wir noch eine
dritte Ueberſetzung, die hinter zween von ſo verſchiedner Art gewiß
ſehr vollkommen ſeyn könnte.

Y.

Öffentliche Erklärungen gegen Klotz und Riedel. 1768. 1769.

1.

Berlinische privilegirte Zeitung, 154. Stück, 24. December 1768.

An den Herrn Verfasser des gelehrten Zeitungsartikels bey Voß.

Mein Herr!

Zeitungen sind immer weniger zu gelehrten Kriegen und Turnierspielen, als zu Nachrichten, zu Erklärungen an das Publikum bestimmt. Ist dies, so gönnen Sie gegenwärtigem Briefe einen Platz in Ihrer Zeitung.

Es erkläret sich ein Schriftsteller, der lange geschwiegen, und auch schweigen können, weil andre Unpartheiische aus freier Einsicht für ihn geredet haben. Er würde auch noch schweigen, wenn sich nicht der als Mensch selbst vertheidigen müste, den andre als Schriftsteller vertheidigt haben. Zum Letztern haben auch Sie, mein Herr, ein paarmal das Ihrige beigetragen: an wen wollte ich mich also mit dem Erstern lieber wenden, als an Sie?

Der Verfasser der Fragmente über die neue deutsche Litteratur schickte ein Buch in die Welt ohne Namen, vermuthlich weil er glaubte, daß dies Buch auch ohne Namen, auch ohne seinen Lebensroman, auch ohne Verzeichniß seiner operum omnium, lesbar, vielleicht auch nützlich seyn könnte. Da in Deutschland Alles so sehr seine Classen des Geschmacks hat, vom kritischen Löwen bis zum Katzengeschlechte: da die Bestimmung dieses Schriftstellers ganz nicht mit seinen Fragmenten zusammen hing: da insonderheit der Ton der würdigen Kritik seither so tief gefallen: warum sollte er seinen Namen zum kritischen Mährchen machen? Sein Buch konnte es immer seyn. Mit Fleiß nahm er also verschiedne Rollen: mit Fleiß sprach er in einem eignen Styl, weil er durchaus kein langweiliger claßischer Heiliger seyn wollte: mit Fleiß redete er hinter einer Blumendecke, die nicht sein Kleid ist.

Sein Buch fand Freunde, vielleicht mehr, als es verdiente, gewiß aber auch solche, deren es sich gerne verziehen hätte. Es trat ein Geschlecht berühmter Kunstrichter, dicht hinter ihm her, die da glaubten, auf das, was er gegen ein kritisches Werk, das er noch lange studiren wird, mit Gründen und prüfend eingewandt, ohne Gründe und schmähend weiter bauen zu können: die sich berechtigt fühlten, ihn oft sehr links verstanden, Strecken durch zum Wegweiser zu nehmen, und gemeiniglich am Ende dem Wegweiser selbst eins auf den Kopf zu geben: die sich berechtigt fühlten, so viel Nachtheiliges aus Anekdoten zu erdichten, als sich nicht excerpiren ließ: die .... doch was rede ich von Crispin ohne Crispins Namen, ich wende mich also an die Herausgeber der Hallischen und Erfurtischen Bibliotheken, Klotz und Riedel.

Und frage diese Herren aus Rechten der Menschheit: wer ihnen das Recht gegeben, so vieles von mir zu wissen, was ich selbst nicht weiß, und dem Publikum ins Ohr zu raunen, was mich selbst nie geträumet? Warum, daß sie meinen armen unschuldigen Namen so verstümmeln,[a] so umtäufen,[b] als wenn sie Wiedertäufer wären? Warum, daß sie mich so dreust in ein Vaterland,[c] in eine Schule[d] verweisen, wo jenes nie mein Vaterland, und dies noch weniger meine Schule gewesen? Warum, daß sie mir halbgehörte Aemter[e] zuerkennen, und Arbeiten aufbürden,[f] die ich nicht für die meinigen erkenne? Warum, daß sie mich verhaßt machen wollen, wo sie mich nicht klein machen können? Mich mit allen Professoren aller deutschen Akademien verhetzen,[g] und mir auf-

---

a) Klotz. Bibl. St. 1. p. 29. 32. u. s. w.   b) p. 161.   c) St. 3. p. 60.   d) St. 1. p. 161. 62.   e) ib.   f) p. 162.   g) St. 5. p. 33.

bürden, als ob ich diesen ganzen so achtungswürdigen, so verdienten Stand verachte? Und mir aufbürden, als ob ich diesem ganzen Stande allen Menschenverstand abspreche? Und mir aufbürden,[a] als ob ich glaube, daß auf einer namentlichen berühmten Akademie keine Menschen und Bürger und Unterthanen, sondern nothwendig alsdenn wilde Affen lehrten? Warum, mein Herr Riedel, daß Sie, um einen Gelehrten aufzubringen, dem ich anderweit so sehr meine Achtung bezeigt, sich durch ein dreustes Siehe![b] auf eine neue Auflage meiner Fragmente beziehen, von der ich zum Publikum noch nicht gesagt habe: Siehe! und vielleicht auch nicht sagen werde? Wollen Sie die Güte haben, mir den zu nennen, der auf Schleichwegen in eine Schrift hineinschielt, wo er nicht einsehen sollte, um nur gleich zur Sturmglocke zu laufen? Ists nicht gnug, daß Sie und Ihres gleichen das Recht haben, mir das Wort Torso[c] vorzubuchstabiren, vorzuerklären, wer Tacitus und Salluft gewesen, durch dreißige von Beispielen[d] mir zu demonstriren, daß Poeten und Prosaisten zu einer Zeit leben können, mich Dinge zu lehren, die ich mich schämen würde, Sie zu lehren, ja endlich mich nach Ihrer Art, das ist so sehr auf Kosten aller meiner Mitbürger,[e] ja aller Provinzen und Schulen Deutschlands[f] zu loben, daß ich über solch ein Lob mehr erröthe, als über Ihren ärgsten Tadel? Durch welche Beleidigung habe ich Ihnen das Recht gegeben, mich, wo Sie es nur können, anzustechen, und was mir noch kränkender ist, anzuschwärzen? — —

Ich apostrophire nicht weiter. Ich habe zu viel Achtung gegen das Publikum, als daß es sich gegen einen Schriftsteller als Menschen sollte einnehmen lassen, ehe es ihn durch Werke, wo er seinen Namen vorsetzen wird, kennet, und ihn zu verurtheilen, ehe er sich erklärt hat. Im Fall aber, daß Anekdoten der Art, insonderheit mit etwas Galle in Fluß gebracht, zum Charakter-

---

a) ibid. b) Ueber das Publikum p. 217. c) Bibl. St. 3. p. 70.
d) St. 5. p. 40. e) St. 1. p. 170. f) St. 3. p. 60.

vorzuge der neuesten Bibliotheken von gutem Tone gehören
sollten: so stehe ich dieser neuesten Critik und Anekdotenfabrik sehr
gerne fernerhin zu Diensten.

Der Verfasser der Fragmente über die
neuere Litteratur.

2.

Berlinische privilegirte Zeitung, 34. Stück, 21. März 1769. Erfurtische
gelehrte Zeitung, 26. Stück, 31. März 1769.

Nachricht.

Da eine gelehrte Zeitung die kritischen Wälder auf die
Rechnung des Verfassers der Fragmente über die neueste
Litteratur gesetzt hat:[1] so erkläret derselbe, daß er an diesem Buch
keinen Theil habe, und es in seiner Entfernung selbst noch nicht
gesehen.

3.

Allgemeine Deutsche Bibliothek IX, 2, 305. 306. Hamburger Correspondent
Stück 80. den 20. Mai 1769.[2]

Im gemeinen Leben siehet man es als eine Ehrlosigkeit[3] an,
in jemandes geheime Papiere einzusehen, und öffentlich davon bösen
Gebrauch zu machen; und in der Civil=Gerichtsbarkeit sind Ehren=
Strafen darauf gesetzt, wenn man den Namen eines Andern miß=
braucht, um ihn nur mißhandeln zu können. In der gelehrten

---

a) St. 2. p. 103. Vorr. S. 2.
1) Erf. Zeit.: Da in dieser und andern gelehrten Zeitungen die
kritischen Wälder auf die Rechnung des Herrn Herders gesetzt worden,
2) A. D. B.: Auf Verlangen wird folgendes eingerückt. H. C.:
AVERTISSEMENT.
3) H. C.: als Ehrlosigkeit

Republik sind diese Niedrigkeiten jetzt die gewöhnlichen Wege gewisser [1] Kunstrichter.

Schon vor Jahr und Tag bekam der Verf. der Fragmente von Hrn. Klotz einen unerwarteten Lobes- und Freundschaftsbrief und bat sich in der Antwort nur das aus, seinen Namen öffentlich ruhen zu lassen. Die Klotzische Bibliothek fand dieses nicht für gut; und da der Verfasser sich gegen ihre falsche Anecdotensucht öffentlich beklagte, so hat sie sich die kleine Rache genommen, eine neue Auflage der Fragmente, ein Buch das gar nicht heraus ist, vielleicht nach einem durch den Druckerjungen erschlichenen Exemplar niedrig zu recensiren, um nur nach ihrer löblichen Gewohnheit, mir wehe thun zu können.

Nicht genug! Es kommen von einem Ungenannten kritische Wälder auch über Klotzische Schriften heraus. — Wer kann sie geschrieben haben? Nach Hrn. Klotz und seinem Anhange kein anderer als ich, und noch immer ich, ob ich gleich seit lange öffentlich dagegen protestiret habe. Da hat man Gelegenheit mein Amt, meinen Stand, meinen Aufenthalt zu beschimpfen und beschimpfen zu lassen, ohne alle Rücksicht auf Ehrbarkeit, Publikum, und Menschliche Rechte. Ich protestire nochmals gegen die kritischen Wälder, mit deren Ton ich eben so wenig zufrieden bin, als Herr Klotz; beklage mich aber bei dem unpartheiischen Publikum über solche persönliche Angriffe und Beleidigungen recht empfindlich.

Herder.

---

1) H. C.: unserer

Journal meiner Reise
im Jahr 1769.

Den 23 Mai / 3 Jun. reisete ich aus Riga ab und den 25/5. ging ich in See, um ich weiß nicht wohin? zu gehen. Ein großer Theil unsrer Lebensbegebenheiten hängt würklich vom Wurf von Zufällen ab. So kam ich nach Riga, so in mein geistliches Amt und so ward ich deßelben los; so ging ich auf Reisen. Ich gefiel mir nicht, als Gesellschafter, weder in dem Kraise, da ich war; noch in der Ausschließung, die ich mir gegeben hatte. Ich gefiel mir nicht als Schullehrer, die Sphäre war [für]¹ mich zu enge, zu frembde, zu unpassend, und ich für meine Sphäre zu weit, zu frembde, zu beschäftigt. Ich gefiel mir nicht, als Bürger, da meine häusliche Lebensart Einschränkungen, wenig wesentliche Nutz=barkeiten, und eine faule, oft eckle Ruhe hatte. Am wenigsten endlich als Autor, wo ich ein Gerücht erregt hatte, das meinem Stande eben so nachtheilig, als meiner Person empfindlich war. Alles also war mir zuwider. Muth und Kräfte gnug hatte ich nicht, alle diese Mißsituationen zu zerstören, und mich ganz in eine andre Laufbahn hinein zu schwingen. Ich muste also reisen: und da ich an der Möglichkeit hiezu verzweifelte, so schleunig, übertäubend, und fast abentheuerlich reisen, als ich konnte. So wars. Den 4/15 Mai Examen: d. 5/16 renoncirt: d. 9/20 Erlaßung erhalten: d. 10/21 die letzte Amts=Verrichtung²: d. 13/24 Einladung von der Krone: d. 17/28 Abschiedspredigt, d. 23/3 aus Riga: d. 25/5 in See.

Jeder Abschied ist betäubend. Man denkt und empfindet weniger, als man glaubte; die Thätigkeit, in die unsre Seele sich auf ihre eigne weitere Laufbahn wirft, überwindet die Empfindbar=

---

1) „für" fehlt in der Handschrift. Im Lebensbild: mir
2) Auf einem Notizblatt zum Journal: „die letzte Leiche"

keit über das, was man verläßt, und wenn insonderheit der Ab=
schied lange dauret: so wird er so ermüdend, als im Kaufmann zu
London. Nur denn aber erstlich siehet man, wie man Situationen
hätte nutzen können, die man nicht genutzt hat: und so hatte ich
mir jetzt schön sagen: ei! wenn du die Bibliothek beßer genutzt
hätteſt? wenn du in jedem, das dir oblag, dir zum Vergnügen,
ein System entworfen hätteſt? in der Geſchichte einzelner Reiche
— — Gott! wie nutzbar, wenn es Hauptbeſchäftigung geweſen
wäre! in der Mathematik — — wie unendlich fruchtbar, von da
aus, aus jedem Theile derſelben, gründlich überſehen, und mit den
reellſten Känntnißen begründet, auf die Wißenſchaften hinaus zu
ſehen! — — in der Phyſik und Naturgeſchichte — — wie, wenn
das Studium mit Büchern, Kupferſtichen und Beiſpielen, ſo auf=
geklärt wäre, als ich ſie hätte haben können — und die franzöſiſche
Sprache mit alle dieſem verbunden und zum Hauptzwecke gemacht!
und von da aus alſo die Henaults, die Vellys, die Montesquieu,
die Voltaire, die St. Marcs, die La Combe, die Coyers, die
St. Reals, die Duclos, die Linguets und ſelbſt die Hume's franzöſiſch
ſtudirt; von da aus, die Buffons, die D'Alemberts, die Mau=
pertuis, die la Caille, die Eulers, die Käſtners, die Newtone, die
Keile, die Mariette, die Toricelli, die Nollets ſtudirt; und endlich
die Originalgeiſter des Ausdrucks, die Crebillons, die Sevigne, die
Moliere, die Ninons, die Voltaire, Beaumelle u. ſ. w. hinzu gethan
— das wäre ſeine Laufbahn, ſeine Situation genutzt, und ihrer
würdig geworden! Denn wäre dieſe mein Vergnügen und meine
eigne Bildung; nie ermüdend, und nie vernachläßigt geweſen! Und
Mathematiſche Zeichnung, und franzöſiſche Sprachübung, und Ge=
wohnheit im hiſtoriſchen Vortrage dazu gethan! — Gott! was
verliert man, in gewiſſen Jahren, die man nie wieder zurückhaben
kann, durch gewaltſame Leidenſchaften, durch Leichtſinn, durch Hin=
reißung in die Laufbahn des Hazards.

Ich beklage mich, ich habe gewiſſe Jahre von meinem Menſch=
lichen Leben verlohren: und lags nicht blos an mir ſie zu genießen?
bot mir nicht das Schickſal ſelbſt die ganze fertige Anlage dazu

bar? Die vorigen leichten Studien gewählt, französische Sprache, Geschichte, Naturkänntniß, schöne Mathematik, Zeichnung, Umgang, Talente des lebendigen Vortrages zum Hauptzwecke gemacht — in welche Gesellschaften hätten sie mich nicht bringen können? wie sehr nicht den Genuß meiner Jahre vorbereiten können? — Autor wäre ich alsdenn Gottlob! nicht geworden, und wie viel Zeit damit nicht gewonnen? in wie viel Kühnheiten und Vielbeschäftigungen mich nicht verstiegen? wie viel falscher Ehre, Rangsucht, Empfindlichkeit, falscher Liebe zur Wißenschaft, wie viel betäubten Stunden des Kopfs, wie vielem Unsinn im Lesen, Schreiben und Denken dabei entgangen? — Prediger wäre ich alsdenn wahrscheinlicher Weise nicht oder noch nicht geworden, und freilich so hätte ich viele Gelegenheit verloren, wo ich glaube, die besten Eindrücke gemacht zu haben: aber welcher übeln Falte wäre ich auch damit entwichen! Ich hätte meine Jahre genießen, gründliche, reelle Wißenschaft kennen, und Alles anwenden gelernt, was ich lernte. Ich wäre nicht ein Tintenfaß von gelehrter Schriftstellerei, nicht ein Wörterbuch von Künsten und Wißenschaften geworden, die ich nicht gesehen habe und nicht verstehe: ich wäre nicht ein Repositorium voll Papiere und Bücher geworden, das nur in die Studierstube gehört. Ich wäre Situationen entgangen, die meinen Geist einschloßen und also auf eine falsche intensive Menschenkänntniß einschränkten, da er Welt, Menschen, Gesellschaften, Frauenzimmer, Vergnügen, lieber extensiv, mit der edlen feurigen Neubegierde eines Jünglinges, der in die Welt eintritt, und rasch und unermüdet von einem zum andern läuft, hätte kennen lernen sollen. Welch ein andres Gebäude einer andern Seele! Zart, reich, Sachenvoll, nicht Wortgelehrt, Munter, lebend, wie ein Jüngling! einst ein glücklicher Mann! einst ein glücklicher Greis! — O was ists für ein unersätzlicher Schade, Früchte affektiren zu wollen, und zu müßen, wenn man nur Blüthe tragen soll! Jene sind unächt, zu frühzeitig, fallen nicht blos selbst ab, sondern zeigen auch vom Verderben des Baums! „Ich wäre aber alsdenn das nicht geworden, was ich bin!" Gut, und was hätte ich daran verlohren? wie viel hätte ich dabei gewonnen!

O Gott, der den Grundstof Menschlicher Geister kennet, und in ihre körperliche Scherbe eingepaßt hast, ist's allein zum Ganzen, oder auch zur Glückseligkeit des Einzeln nöthig gewesen, daß es Seelen gebe, die durch eine schüchterne Betäubung gleichsam in diese Welt getreten, nie wissen, was sie thun, und thun werden; nie dahin kommen, wo sie wollen, und zu kommen gedachten; nie da sind, wo sie sind, und nur durch solche Schauder von Lebhaftigkeit aus Zustand in Zustand hinüberrauschen, und staunen, wo sie sich finden? Wenn o Gott, du Vater der Seelen, finden diese Ruhe und Philosophischen Gleichschritt? in dieser Welt? in ihrem Alter wenigstens? oder sind sie bestimmt, durch eben solchen Schauer frühzeitig ihr Leben zu endigen, wo sie nichts recht gewesen, und nichts recht genossen, und alles wie in der Eil eines erschrocknen, weggehenden Wandrers erwischt haben; und alsdenn gar durch einen diesem Leben ähnlichen Tod, eine neue ähnliche Wallfahrt anzutreten? Vater der Menschen! wirst du es würdigen, mich zu belehren?

So denkt man, wenn man aus Situation in Situation tritt, und was gibt ein Schiff, daß zwischen Himmel und Meer schwebt, nicht für weite Sphäre zu denken! Alles gibt hier dem Gedanken Flügel und Bewegung und weiten Luftkreis! Das flatternde Segel, das immer wankende Schiff, der rauschende Wellenstrom, die fliegende Wolke, der weite unendliche Luftkreis! Auf der Erde ist man an einen todten Punkt angeheftet; und in den engen Kreis einer Situation eingeschlossen. Oft ist jener der Studierstul in einer dumpfen Kammer, der Sitz an einem einförmigen, gemietheten Tische, eine Kanzel, ein Katheder — oft ist diese, eine kleine Stadt, ein Abgott von Publikum aus Dreien, auf die man horchet, und ein Einerlei von Beschäftigung, in welche uns Gewohnheit und Anmaßung stoßen. Wie klein und eingeschränkt wird da Leben, Ehre, Achtung, Wunsch, Furcht, Haß, Abneigung, Liebe, Freund=schaft, Lust zu lernen, Beschäftigung, Neigung — wie enge und eingeschränkt endlich der ganze Geist. Nun trete man mit Einmal heraus, oder vielmehr ohne Bücher, Schriften, Beschäftigung und

Homogene Gesellschaft werde man herausgeworfen — welch eine andre Aussicht! Wo ist das veste Land, auf dem ich so veste stand? und die kleine Kanzel und der Lehnstul und das Katheder, worauf ich mich brüstete? wo sind die, für denen ich mich fürchtete, und die ich liebte! = = o Seele, wie wird dirs seyn, wenn du aus dieser Welt hinaustrittst? Der enge, veste, eingeschränkte Mittelpunkt ist verschwunden, du flatterst in den Lüften, oder schwimmst auf einem Meere — die Welt vorschwindet dir — ist unter dir verschwunden! — Welch neue Denkart! aber sie kostet Thränen, Reue, Herauswindung aus dem Alten, Selbstverdammung! — bis auf meine Tugend war ich nicht mehr mit mir zufrieden; ich sah sie für nichts, als Schwäche, für einen abstrakten Namen an, den die ganze Welt von Jugend auf realisiren lernt! Es sei Seeluft, Einwürkung von Seegerichten, unstäter Schlaf, oder was es sei, ich hatte Stunden, wo ich keine Tugend, selbst nicht bis auf die Tugend einer Ehegattin, die ich doch für den höchsten und reellsten Grad gehalten hatte, begreifen konnte! Selbst bei Beßerung der Menschen; ich nehme Menschliche Realitäten aus, fand ich nur Schwächung der Charaktere, Selbstpein, oder Änderung der falschen Seiten — o warum ist man durch die Sprache, zu abstrakten Schattenbildern, wie zu Körpern, wie zu existirenden Realitäten verwöhnt! = = Wenn werde ich so weit seyn, um alles, was ich gelernt, in mir zu zerstören, und nur selbst zu erfinden, was ich denke und lerne und glaube. — Gespielen und Gespielinnen meiner Jugendjahre, was werde ich euch zu sagen haben, wenn ich euch wieder sehe und euch auch über die Dunkelheit erleuchte, die mir selbst noch anhing! Nichts, als Menschliches Leben und Glückseligkeit, ist Tugend: jedes Datum ist Handlung; alles übrige ist Schatten, ist Raisonnement. Zu viel Keuschheit, die da schwächt; ist eben so wohl Laster, als zu viel Unkeuschheit: jede Versagung sollte nur Negation seyn: sie zur Privation, und diese gar zum Positiven der Haupttugend zu machen — wo kommen wir hin? — Gespielin meiner Liebe, jede Empfindbarkeit, die du verdammest, und ich blind gnug bin, um nicht zu erkennen, ist auch Tugend, und mehr als die, wovon Du rühmest, und wofür ich mich fürchte.[1] Du bist tugendhaft gewesen: zeige mir deine Tugend auf. Sie ist Null, sie ist Nichts! Sie ist ein Gewebe von Entsagungen, ein Facit von Zeros. Wer sieht[2] sie an dir? Der, dem du zu Ehren sie dichtest? Oder du? du würdest sie wie Alles vergessen, und dich, so wie zu Manchem, gewöhnen? O es ist zweiseitige Schwäche von Einer und der Andern Seite, und wir nennen sie mit dem grossen Namen Tugend!

Die ersten Unterredungen sind natürlich Familiengespräche, in denen man Charaktere kennen lernt, die man vorher nicht kannte: so habe ich einen[3] tracassier, einen verwahrloseten Garçon u. s. w. kennen gelernt. Alsdenn wirft man sich gern in Ideen zurück, an die man gewöhnt war: und so ward ich Philosoph auf dem Schiffe — Philosoph aber, der es noch schlecht gelernt hatte, ohne Bücher und Instrumente aus der Natur zu philosophiren. Hätte ich dies gekonnt, welcher Standpunkt, unter einem Maste auf dem weiten Ocean sitzend, über Himmel, Sonne, Sterne, Mond, Luft, Wind, Meer, Regen, Strom, Fisch, Seegrund philosophiren, und die Physik alles dessen, aus sich herausfinden zu können. Philosoph der Natur, das sollte dein Standpunkt seyn, mit dem Jünglinge, den du unterrichtest! Stelle dich mit ihm aufs weite Meer, und zeige ihm Fakta und Realitäten, und erkläre sie ihm nicht mit Worten, sondern laß ihn sich alles selbst erklären. Und ich, wenn ich Nollet, und Kästner und Newton lesen werde, auch ich will mich unter den Mast stellen, wo ich saß, und den Funken der Elektricität vom Stoß der Welle, bis ins Gewitter führen, und den Druck des Waßers, bis zum Druck der Luft und der Winde erheben, und die Bewegung des Schiffes, um welche sich das Waßer umschließt, bis zur Gestalt und Bewegung der Gestirne verfolgen, und nicht

---

1) Zuerst stand geschrieben: „verdammtest, — blind gnug war, — war auch — rühmtest, — fürchtete."
2) gestrichen: „sa(he)"
3) danach gestrichen: „Niedler"

eher aufhören, bis ich mir selbst alles weiß, da ich bis jetzt mir selbst Nichts weiß.

Waßer ist eine schwerere Luft: Wellen und Ströme sind seine Winde: die Fische seine Bewohner: der Waßergrund ist eine neue Erde! Wer kennet diese? Welcher Kolumb und Galiläi kann sie entdecken? Welche urinatorische neue Schiffart; und welche neue Ferngläser in diese Weite sind noch zu erfinden? Sind die letzten nicht möglich, um die Sonnenstralen bei stillem Wetter zu vereinigen und gleichsam das Medium des Seewaßers, damit zu überwinden? Was würde der Urinatorischen Kunst und der Schiffart nicht dadurch für unendliche Leichtigkeit gegeben? Welche neue Seekarten sind über den Ocean hinaus zu entdecken, und zu verfertigen, die jetzt nur Schiff= und Klippenkarten sind! Welche neue Kräuter für einen neuen Tournefort, wovon die Korallen nur eine Probe sind! Welche neue Welt von Thieren, die unten im Seegrunde, wie wir auf der Erde leben, und nichts von ihnen, Gestalt, Nahrung, Aufenthalt, Arten, Wesen, Nichts kennen! Die Fische, die oben hinauffahren, sind nur Vögel; ihre Floßfedern nur Flügel: ihr Schwimmen, Fliegen oder Flattern. Wer wird nach ihnen alles bestimmen wollen, was in der See ist? wie? wenn sich ein Sperling in den Mond erhübe, wäre er für unsre Erde Naturregister? — Der kalte Norden scheint hier der Geburtsort so gut der Seeungeheuer zu seyn, als ers der Barbaren, der Menschenriesen, und Weltverwüster gewesen. Wallfische und große Schlangen und was weiß ich mehr? Hierüber will ich Pon=toppidan lesen, und ich werde in den Horden ziehender Heeringe, (die immer feiner werden, je weiter sie nach Süden kommen; sich aber nicht so weit wie die Vandalen und Longobarden, wagen, um nicht, wie sie, weibisch, krank, und vernichtigt zu werden, son=dern zurückziehen) die Geschichte wandernder nordischen Völker finden — welche grosse Aussicht auf die Natur der Menschen und See=geschöpfen, und Climaten, um sie, und eins aus dem andern und die Geschichte der Weltscenen zu erklären. Ist Norden oder Süden, Morgen, oder Abend die Vagina hominum gewesen? Welches der

Ursprung des Menschengeschlechts, der Erfindungen und Künste und Religionen? Ists, daß sich jenes von Morgen nach Norden gestürzt, sich da in den Gebürgen der Kälte, wie die Fischungeheuer unter Eisschollen erhalten, in seiner Riesenstärke fortgepflanzt, die Religion der Grausamkeit, seinem Clima nach, erfunden, und sich mit seinem Schwert und seinem Recht und seinen Sitten über Europa fortgestürzt hat? Ist dies, so sehe ich zwei Ströme, von denen der Eine aus Orient, über Griechenland und Italien sich ins südliche Europa sanft senkt, und auch eine sanfte, südliche Religion, eine Poesie der Einbildungskraft, eine Musik, Kunst, Sittsamkeit, Wißenschaft des östlichen Südens erfunden hat. Der zweite Strom geht über Norden von Asien nach Europa; von da überströmt er jenen. Deutschland gehörte zu ihm, und sollte recht in seinem Vaterlande seyn, diese Geschichte Nordens zu studiren: denn es ist Gottlob! nur in Wißenschaft ein Trupp südlicher Colonien geworden. Ist dies, wird der dritte Strom nicht aus Amerika hinüberrauschen, und der letzte vielleicht vom Vorgebürge der Hoffnung her, und von der Welt, die hinter ihm liegt! Welche grosse Geschichte, um die Litteratur zu studiren, in ihren Ursprüngen, in ihrer Fortpflanzung, in ihrer Revolution, bis jetzt! Alsdenn aus den Sitten Amerika's, Africa's und einer neuen südlichen Welt, beßer als Ihre, den Zustand der künftigen Litteratur und Weltgeschichte zu weißagen! Welch ein Newton gehört zu diesem Werke? Wo ist der erste Punkt? Eden, oder Arabien? China oder Egypten? Abyßinien oder Phönicien?[1] Die ersten beiden sind alsdenn entschieden, wenn es bewiesen ist, daß die Arabische Sprache eine Tochter der alt Ebräischen sei, und die ersten Monumente des Menschlichen Geschlechts keine Arabische Verkleidungen sind. Die zweiten sind denn entschieden, wenn China nach der Deguignischen Hypothese als eine Tochter Egyptens bewiesen, oder gar gezeigt würde, daß sie sich nach Indien, nach Persien und denn erst nach Asien ausgebreitet. Die dritten sind denn abolirt, wenn Abyßinien blos als eine Tochter

---

1) Gestrichen: „die Tartarei"

Egyptens und nicht das Gegentheil gezeigt würde, was Ludolf u. a. behaupten; und Phönicien, als eine Tochter Asiens oder Aegyptens erschiene, nicht aber, wie es aus ihrem Alphabeth Schein gibt, selbst älter, als Moses wäre. Wie viel Zeitalter der Litteratur mögen also verlebt seyn, ehe wir wissen und denken können! Das Phönicische? oder das Aegyptische? das Chinesische? das Arabische? das Aethiopische? oder Nichts von Allem! so daß wir mit unserm Moses auf der rechten Stelle stehen! Wie viel ist hier noch zu suchen und auszumachen! Unser Zeitalter reift dazu durch unsre Deguignes, Michaelis und Starken! = = Und das wäre erst Ursprung! Nun die Züge! die Origines Griechenlands, aus Egypten oder Phönicien? Hetruriens, aus Egypten oder Phönicien, oder Griechenland? — — Nun die Origines Nordens, aus Asien, oder Indien, oder aborigines? Und der neuen Araber? aus der Tartarei oder China! und jedes Beschaffenheit und Gestalt, und denn die künftigen Gestalten der Amerikanisch=Africanischen Litteratur, Religion, Sitten, Denkart und Rechte — — — Welch ein Werk über das Menschliche Geschlecht! den Menschlichen Geist! die Cultur der Erde! aller Räume! Zeiten! Völker! Kräfte! Mischungen! Gestalten! Asiatische Religion! und Chronologie und Policei und Philosophie! Aegyptische Kunst und Philosophie und Policei! Phönicische Arithmetik und Sprache und Luxus! Griechisches Alles! Römisches Alles! Nordische Religion, Recht, Sitten, Krieg, Ehre! Papistische Zeit, Mönche, Gelehrsamkeit! Nordisch asiatische Kreuzzieher, Wallfahrter, Ritter! Christliche Heidnische Aufweckung der Gelehrsamkeit! Jahrhundert Frankreichs! Englische, Holländische, Deutsche Gestalt! — Chinesische, Japonische Politik! Naturlehre einer neuen Welt! Amerikanische Sitten u. s. w. — — Grosses Thema: das Menschengeschlecht wird nicht vergehen, bis daß es alles geschehe! Bis der Genius der Erleuchtung die Erde durchzogen! Universalgeschichte der Bildung der Welt!

Ich komme wieder aufs Meer zurück und in seinen Grund. Ist da nicht solch eine Kette von Geschöpfen, wie auf der Erde? Und wo die Seemenschen? Tritonen und Syrenen sind Erdich=

tungen, aber daß es nicht wenigstens Meeraffen gebe, glaube ich sehr wohl. Maupertuis Leiter wird nicht voll, bis das Meer entdeckt ist. Natürlich können sie so wenig schwimmen, wie wir fliegen. Der Fisch fühlt wenig: sein Kopf, seine Schuppen — sind, was dem Vogel Federn und sein Kopf, jedes in sein Element. Da singt der Luftvogel und dazu sein Kopf: der Fisch, was thut er? was hat er für neue Wassersinne, die wir Luft=Erdengeschöpfe nicht fühlen? Sind sie nicht Analogisch zu entdecken? Wenn ein Mensch je die Magnetische Kraft inne würde, so wäre es ein Blinder, der nur hören und fühlen, oder gar ein Blinder, Tauber, Geruch= und Geschmackloser, der nur fühlen könnte: was hat ein Fisch für Sinne? in der Dämmerung des Waßers siehet er: in der schweren Luft höret er: in ihrer dicken Schale fühlt die Auster — welch ein Gefühl, daß solche starke Haut nöthig war, sie zu decken, daß Schuppen nöthig waren, sie zu überkleiden? aber ein Gefühl welcher Dinge! vermuthlich ganz andrer, als Irrdischer.

Wie sich Welle in Welle bricht: so fließen die Luftundulationen und Schälle in einander. Die Sinnlichkeit der Waßerwelt verhält sich also wie das Waßer zur Luft in Hören und Sehen! Ei wie Geruch, Geschmack und Gefühl? — Wie die Welle das Schiff umschließt: so die Luft den sich bewegenden Erdball: dieser hat zum eignen Schwunge seine Form, wie das unvollkomme Schiff zum Winde! Jener wälzt sich durch, durch eigne Kraft: dieser durchschneidet das Waßer durch Kraft des Windes! Der Elektrische Funke, der das Schiff umfließt, was ist er bei einer ganzen Welt? Nordlicht? Magnetische Kraft? — Die Fische lieben sich, daß sie sich, wo kaum eine dünnere Schuppe ist, an einander reiben, und das gibt, welche Millionen Eier! Der unempfindliche Krebs und der Mensch, welche Einwürkung und Zubereitung haben sie nicht nöthig! — Kennet der Fisch Gattin? sind die Gesetze der Ehe anders, als untergeordnete Gesetze der Fortpflanzung des Universum?

Das Schiff ist das Urbild einer sehr besondern und strengen Regierungsform. Da es ein kleiner Staat ist, der überall Feinde um sich siehet, Himmel, Ungewitter, Wind, See, Strom, Klippe, Nacht, andre Schiffe, Ufer, so gehört ein Gouvernement dazu, das dem Despotismus der ersten feindlichen Zeiten nahe kommt. Hier ist ein Monarch und sein erster Minister, der Steuermann: alles hinter ihm hat seine angewiesenen Stellen und Ämter, deren Vernachläßigung und Empörung insonderheit so scharf bestraft wird. Das Rußland noch keine gute Seeflotte hat: hängt also von zwei Ursachen ab. Zuerst, daß auf ihren Schiffen keine Subordination ist, die doch hier die strengste seyn sollte; sonst geht das ganze Schiff verlohren. Anekdoten im Leben Peters zeigen, daß er sich selbst dieser Ordnung unterwerfen, und mit dem Degen in der Hand in die Cajute habe hineinstoßen lassen müssen, weil er unrecht commandirte. Zweitens, daß nicht jedes seinen bestimmten Platz hat, sondern Alles zu Allem gebraucht wird. Der alte abgelebte Soldat wird Matrose, der nichts mehr zu lernen Lust und Kraft [hat], und dünkt sich bald, wenn er kaum ein Segel hinanklettern kann, Seemann. In den alten Zeiten wäre dies thunlich gewesen, da die Seefart als Kunst nichts war, da die Schiffe eine Anzahl Ruder und Hände und Menschen und Soldaten und weiter nichts enthielten. Jetzt aber, gibts keine zusammengesetztere Kunst, als die Schiffskunst. Da hängt von einem Versehen, von einer Unwißenheit alles ab. Von Jugend auf müßte also der Ruße so zur See gewöhnt [werden], und unter andern Nationen erst lernen, ehe er ausübt. Aber sagt mein Freund, das ist ihr Grundfehler in Allem. Leichter nachzuahmen, zu arripiren ist keine Nation, als sie; alsdenn aber, da sie alles zu wissen glaubt, forscht sie nie weiter und bleibt also immer und in allem stümperhaft. So ists; auf Reisen welche Nation nachahmender? in den Sitten und der französischen Sprache, welche leichter? in allen Handwerken, Fabriken, Künsten; aber alles nur bis auf einen gewissen Grad. Ich sehe in dieser Nachahmungsbegierde, in dieser kindischen Neuerungssucht nichts als gute Anlage einer Nation, die sich bildet, und auf dem rechten Wege bildet: die überall lernt, nachahmt, sammlet: laß sie sammlen, lernen, unvollkommen bleiben; nur komme auch eine Zeit, ein Monarch, ein Jahrhundert, das sie zur Vollkommenheit führe. Welche grosse Arbeit des Geistes ist hier, für einen Politiker, darüber zu denken, wie die Kräfte einer jugendlichen halbwilden Nation können gereift und zu einem Original Volk gemacht werden. — — Peter der grosse bleibt immer Schöpfer, der die Morgenröthe und einen möglichen Tag schuff; der Mittag bleibt noch aufgehoben und das grosse Werk „Kultur einer Nation zur Vollkommenheit!"

Die Schiffsleute sind immer ein Volk, das am Aberglauben und Wunderbaren für andern hängt. Da sie genöthigt sind, auf Wind und Wetter, auf kleine Zeichen und Vorboten Acht zu geben, da ihr Schicksal von Phänomenen in der Höhe abhängt: so gibt dies schon Anlaß gnug auf Zeichen und Vorboten zu merken, und also eine Art von ehrerbietigen Anstaunung und Zeichenforschung. Da nun diese Sachen äußerst wichtig sind; da Tod und Leben davon abhängt: welcher Mensch wird im Sturm einer fürchterlich dunkeln Nacht, im Ungewitter, an Örtern, wo überall der blasse Tod wohnt, nicht beten? Wo Menschliche Hülfe aufhört, setzt der Mensch immer, sich selbst wenigstens zum Trost Göttliche Hülfe, und der unwissende Mensch zumal, der von zehn Phänomenen der Natur nur das zehnte als natürlich einsiehet, den alsdenn das Zufällige, das Plötzliche, das Erstaunende, das Unvermeidliche schrecket? O der glaubt und betet; wenn er auch sonst, wie der meinige, ein grober Ruchloser wäre. Er wird in Absicht auf Seedinge fromme Formeln im Munde haben, und nicht fragen: wie war Jonas im Wallfisch? denn nichts ist dem grossen Gott unmöglich: wenn er auch sonst sich ganz völlig eine Religion glaubt machen zu können, und die Bibel für nichts hält. Die ganze Schiffsprache, das Aufwecken, Stundenabsagen, ist daher in frommen Ausdrücken, und so feierlich, als ein Gesang, aus dem Bauche des Schiffs. — — In allem liegen Data, die erste Mythologische Zeit zu erklären. Da man unkundig der Natur auf Zeichen horchte, und horchen mußte: da war für Schiffer, die nach Griechenland kamen und die See nicht kannten, der Flug eines Vogels eine feierliche Sache, wie ers auch würklich im grossen Expansum der Luft und auf der wüsten See ist. Da ward der Blitzstral Jupiters fürchterlich, wie ers auch auf der See ist: Zevs rollete durch den Himmel, und schärfte Blitze, um sündige Haine, oder Gewäßer zu schlagen. Mit welcher Ehrfurcht betete man da nicht den stillen silbernen Mond an, der so groß und allein da steht und so mächtig würkt, auf Luft, Meer und Zeiten. Mit welcher Begierde horchte man da auf gewisse Hülfsbringende Sterne, auf einen Kastor und Pollux, Venus u. s. w. wie der Schiffer in einer neblichten Nacht. Auf mich selbst, der ich alle diese Sachen kannte, und von Jugend auf unter ganz andern Anzeigungen gesehn hatte, machte der Flug eines Vogels, und der Blitzstral des Gewässers, und der stille Mond des Abends andre Eindrücke, als sie zu Lande gemacht hatten, und nun auf einen Seefahrer, der unkundig der See, vielleicht als ein Vertriebner seines Vaterlandes, als ein Jüngling, der seinen Vater erschlagen, ein fremdes Land suchte. Wie kniete der für Donner und Blitz und Adler? wie natürlich dem, in der obern Luftsphäre den Sitz Jupiters zu sehen? wie tröstlich dem, mit seinem Gebete diese Dinge lenken zu können! Wie natürlich dem, die Sonne, die sich ins Meer taucht, mit den Farben des fahrenden Phöbus, und die Aurora mit aller ihrer Schönheit zu mahlen? Es gibt tausend neue und natürlichere Erklärungen der Mythologie, oder vielmehr tausend innigere Empfindungen ihrer ältesten Poeten, wenn man einen Orpheus, Homer, Pindar, insonderheit den ersten zu Schiffe lieset. Seefahrer warens, die den Griechen ihre erste Religion brachten: ganz Griechenland war an der See Kolonie: es konnte also nicht eine Mythologie haben, wie Aegypter und Araber hinter ihren Sandwüsten, sondern eine Religion der Fremde, des Meeres und der Haine: sie muß also auch zur See gelesen werden. Und da wir ein solches Buch noch durchaus nicht haben, was hätte ich gegeben, um einen Orpheus und eine Odyßee zu Schiff lesen zu können. Wenn ich sie lese, will ich mich dahin zurücksetzen: so auch Damm, und Banier und Spanheim lesen und verbeßern und auf der See meinen Orpheus, Homer und Pindar fühlen. Wie weit ihre Ein=

bildungskraft dabei gegangen ist, zeigen die Delphinen. Was schönes und Menschen freundliches in ihrem Blicke ist nicht; allein ihr Spielen um das Schiff, ihr Jagen bei stillem Wetter, ihr Aufprallen und Untersinken, das gab zu Fabeln derselben Gelegenheit. Ein Delphin hat ihn entführt, ist eben so viel, als Aurora hat ihn weggeraubt: zwei Umstände kommen zusammen und sie müssen also die Folge seyn von einander. So ist Virgils verwandelter Mast, die Nymphen, Syrenen, Tritonen u. s. w. gleichsam von der See aus, leicht zu erklären, und wird gleichsam anschaulich. Das Fürchterliche der Nacht und des Nebels u. s. w. Doch ich habe eine beßere Anmerkung, die mehr auf das Wunderbare, Dichterische ihrer Erzählungen führet.

Mit welcher Andacht lassen sich auf dem Schiff Geschichte hören und erzälen? und ein Seemann wie sehr wird der zum Abentheurlichen derselben disponirt? Er selbst, der gleichsam ein halber Abentheurer andre fremde Welten sucht, was sieht er nicht für Abentheurlichkeiten bei einem ersten stutzigen Anblick? habe ich dasselbe nicht selbst bei jedem neuen Eintritt in Land, Zeit, Ufer u. s. w. erfahren? wie oft habe ich mir gesagt: ist das das, was du zuerst da sahest? Und so macht schon der erste staunende Anblick Gigantische Erzählungen, Argonautika, Odyßeen, Lucianische Reisebeschreibungen u. s. w. Das ist das Frappante der ersten Dämmerungsgesichte; was siehet man in ihnen nicht? Ein Schiffer ist auf solche erste Wahrzeichen recht begierig: nach seiner langen Reise, wie wünscht er nicht Land zu sehen? und ein neues fremdes Land, was denkt er sich da nicht für Wahrzeichen? Mit welchem Staunen ging ich nicht zu Schiff? sahe ich nicht zum erstenmal alles wunderbarer, grösser, staunender, furchbarer, als nachher, da mir alles bekannt war, da ich das Schiff durchspatzierte? Mit welcher Neuerungssucht geht man gegen Land? Wie betrachtet man den ersten Piloten mit seinen hölzernen Schuhen und seinem grossen weißen Hut? Man glaubt in ihm die ganze französische Nation bis auf ihren König Ludwich den Grossen zu sehen? Wie begierig ist man aufs erste Gesicht, auf die ersten Gesichter; sollten es auch nur alte Weiber seyn; sie sind jetzt nichts als fremde Seltenheiten, Französinnen. Wie bildet man sich zuerst Begriffe, nach Einem Hause, nach wenigen Personen, und wie langsam kommt man dahin zu sagen, ich kenne ein Land? Nun nehme man diese Begierde, Wunder zu sehen, diese Gewohnheit des Auges zuerst Wunder zu finden, zusammen: wo werden wahre Erzählungen? wie wird alles Poetisch? Ohne daß man lügen kann und will, wird Herodot ein Dichter; wie neu ist er, und Orpheus und Homer und Pindar und die Tragischen Dichter in diesem Betracht zu lesen! —

Ich gehe weiter. Ein Schiffer, lange an solches Abentheuerliche gewohnt, glaubts, erzählts weiter: es wird von Schiffern und Kindern und Narren mit Begierde gehört, forterzählt — und nun? was gibts da nicht für Geschichten, die man jetzt von Ost und Westindien, mit halbverstümmelten Namen, und Alles unter dem Schein des Wunderbaren höret. Von grossen Seehelden und Seeräubern, deren Kopf nach dem Tode so weit fort gelaufen, und endlich gibt das eine Denkart, die alle Erzälungen vom Ritter mit dem Schwan, von Joh. Mandevill u. s. w. glaubt, erzählt, möglich findet, und selbst wenn man sie unmöglich findet, noch erzählt, noch glaubt, warum? man hat sie in der Jugend gelesen: da paßten sie sich mit allen abentheuerlichen Erwartungen, die man sich machte: sie weckten also die Seele eines künftigen Seemannes auf, bildeten sie zu ihren Träumen, und bleiben unverweslich. Eine spätere Vernunft, der Anschein eines Augenblicks kann nicht Träume der Kindheit, den Glauben eines ganzes Lebens zerstören: jede etwas ähnliche Erzählung, die man als wahr gehört (obgleich von Unwißenden, von halben Abentheurern) hat sie bestätigt: jedes Abentheuer, das wir selbst erfahren, bestätigt — wer will sie wiederlegen? Wie schwer ists, zu zeigen, daß es kein Paradies mit feurigen Drachen bewahrt, keine Hölle Mandevils, keinen Babylon. Thurm, gebe? Daß der Kaiser von Siam in seinem Golde das nicht sei, was er in solcher Dichtung vorstelle? Daß die weissen Schwanen und der Ritter mit ihnen Poßen sind? Es ist schwer zu glauben sagt man höchstens, und erzählts fort: — oder streitet dafür mehr als für die Bibel. Ist aber ein solcher Leichtgläubiger beßwegen in jeder Absicht ein Thor, ein dummes Vieh? o wahrhaftig nicht. Solche Träume und geglaubte Poßen seines Standes, seiner Erziehung, seiner Bildung, seiner Denkart ausgenommen, und er kann ein sehr vernünftiger, thätiger, tüchtiger, kluger Kerl seyn.

Hieraus wird erstlich eine Philosophische Theorie möglich, die den Glauben an eine Mythologie und an Fabeln der Erzälung erklärt. Unter Juden und Arabern und Griechen und Römern ist diese verändert: im Grunde aber, in den Vorurtheilen der Kindheit, in der Gewohnheit zuerst Fabel zu sehen, in der Begierde sie zu hören, wenn unsre eigne Begebenheiten uns dazu auflegen, in der Leichtigkeit, sie zu faßen, in der Gewohnheit, sie oft zu erzählen, und erzählt zu haben und geglaubt zu seyn, und doch manches damit erklären zu können, sollte es auch nur seyn, daß Gott nichts unmöglich sey oder andre fromme Moralen — das sind die Stützen, die sie unterhalten, und die sehr verdienen, erklärt zu werden. Hier bietet sich eine Menge Phänomena aus der Menschlichen Seele; dem ersten Bilde der Einbildungskraft, aus den Träumen, die wir in der Kindheit lange still bei uns tragen; aus dem Eindruck jedes Schalles, der diesen sausenden Ton, der in dunkeln Ideen fortdämmert, begünstigt und verstärkt; aus der Neigung, gern Sänger des Wunderbaren seyn zu wollen; aus der Verstärkung, die jeder fremde Glaube zu dem unsrigen hinzuthut; aus der Leichtigkeit, wie wir aus der Jugend unvergeßliche Dinge erzälen — — tausend Phänomena, deren jedes aus der Fabel der ersten Welt ein angenehmes Beispiel fände, und viel subjektiv in der Seele, objektiv in der alten Poesie, Geschichte, Fabel erklärte. Das wäre eine Theorie der Fabel, eine Philosophische Geschichte wachender Träume, eine Genetische Erklärung des Wunderbaren und Abentheuerlichen aus der Menschlichen Natur, eine Logik für das Dichtungsvermögen: und über alle Zeiten, Völker und Gattungen der Fabel, von Chinesern zu Juden, Juden zu Egyptern, Griechen,

Normännern geführt — wie groß, wie nützlich! Was Don Qui= chotte verspottet, würde das erklären, und Cervantes wäre dazu ein grosser Autor.

Zweitens siehet man hieraus, wie eine relative Sache die Wahrscheinlichkeit oder Unwahrscheinlichkeit sei. Sie richtet sich nach ersten Eindrücken: nach ihrer Masse, Gestalt und Vielheit. Sie richtet sich nach der Langwierigkeit und Öfterheit ihrer Bestä= tigungen: nach einer Anzahl von Concurrenzen, die ihr die Hand zu bieten schienen: nach Zeiten, Sachen, Menschen. Ein Volk hat sie in dieser Sache anders, in andrer Gestalt, und Graden, als ein anders. Wir lachen die Griechische Mythologie aus, und jeder macht sich vielleicht die seinige. Der Pöbel hat sie in tausend Sachen: ist seine Unwahrscheinlichkeit dieselbe, als des zweifelnden Philosophen, des untersuchenden Naturkundigen? Klopstocks dieselbe als Hume, oder Moses in eben der Sphäre? Jeder Erfinder von Hypothesen welche eigne Art Unwahrscheinlichkeiten zu messen: Hermann v. der Hardt? Harduin? Leibniz, und Plato, die beiden gröſten Köpfe zu Hypothesen in der Welt: Deskartes, wie zweifelnd, wie mißtrauisch und welche Hypothesen? Es gibt also eine eigne Gestalt des Gefühls von Wahrscheinlichkeiten, nach dem Maas der Seelenkräfte, nach Proportion der Einbildungskraft zum Urtheil, des Scharfsinns zum Witze, des Verstandes zur ersten Lebhaftigkeit der Eindrücke, u. s. w. welche Theorie der Wahrschein= lichkeit aus der Menschlichen Seele hinter Hume, Moses, Bernouille, und Lambert.

Jeder Stand, jede Lebensart hat ihre eignen Sitten: Hume hat in Geschichte und Politischen Versuchen viele solcher Charaktere sehr auszeichnend gegeben: ich lerne aus einzelnen Menschen Classen und Völker kennen. Ein solcher Schiffer — welch Gemisch von Aberglauben und Tollkühnheit: von roher Größe und Unnutzbarkeit: von Zutrauen auf sich und Feindseligkeit mit andern; in vielen Stücken wird ein alter Held kennbar: Wie er von sich erzälet, auf seine Kräfte pocht, seine Belesenheit für untrüglich, die Summe gemachter Entdeckungen für die höchste, Holland auf dem höchsten

Grabe hält: seine rohen Liebesbegebenheiten, die eben so unwahrscheinlich sind, seine Heldenthaten u. s. w. daher kramet = = doch gnug von solcher Charakteristik des Pöbels. Es wäre beßer gewesen, wenn ich einen Euler oder Bouguer und La Caille von der Schiffart, Schifsbau, Pilotage u. s. w. gehabt hätte — ein Theil der Mathematik, den ich noch nothwendig lebendig studiren muß. Jetzt wenn ich den Hiob aus der Sandwüste las, so war es dem Ort eben so unangemeßen, als ein Hebräisches Lexicon zu studiren. Auf dem Meer muß man nicht Gartenidyllen, und Georgika, sondern Romane, abentheurliche Geschichten, Robinsons, Odyßeen und Aeneiden lesen! So fliegt man mit den Fittigen des Windes, und schifft mit dem abentheurlichen Seehelden: statt daß jetzt die Bewegung des Geistes und des Körpers entgegen streben.

Man bildet sich ein, daß man auf Meeren, indem man Länder und Welttheile vorbeifliegt, man viel von ihnen denken werde: allein diese Länder und Welttheile siehet man nicht. Sie sind nur fernher stehende Nebel, und so sind auch meistens die Ideen von ihnen für gemeine Seelen. Es ist kein Unterschied, ob das jetzt das Curische, Preußische, Pommersche, Dänische, Schwedische, Norwegische, Holländische, Englische, Französische Meer ist: wie unsre Schiffart geht, ists nur überall Meer. Die Schiffart der Alten war hierinn anders. Sie zeigte Küsten, und Menschengattungen: in ihren Schlachten redeten Charaktere und Menschen — jetzt ist alles Kunst, Schlacht und Krieg und Seefahrt und Alles. Ich wollte den Reisebeschreiber zu Hülfe nehmen, um an den Küsten jedes Landes daßelbe zu denken, als ob ichs sähe; aber noch vergebens. Ich fand nichts, als Okularverzeichniße und sahe nichts, als entfernte Küsten. Liefland, du Provinz der Barbarei und des Luxus, der Unwißenheit, und eines angemaßten Geschmacks, der Freiheit und der Sklaverei, wie viel wäre in dir zu thun? Zu thun, um die Barbarei zu zerstören, die Unwißenheit auszurotten, die Cultur und Freiheit auszubreiten, ein zweiter Zwinglius, Calvin und Luther, dieser Provinz zu werden. Kann ichs werden? habe ich dazu Anlage, Gelegenheit, Talente? was muß ich thun, um es zu werden? was muß ich zerstören? Ich frage noch! Unnütze Critiken, und todte Untersuchungen aufgeben; mich über Streitigkeiten und Bücherverdienste erheben, mich zum Nutzen und zur Bildung der lebenden Welt einweihen, das Zutrauen der Regierung, des Gouvernements und Hofes gewinnen, Frankreich, England und Italien und Deutschland in diesem Betracht durchreisen, Französische Sprache und Wohlstand, Englischen Geist der Realität und Freiheit, Italienischen Geschmack feiner Erfindungen, Deutsche Gründlichkeit und Kenntniße, und endlich, wo es nöthig ist, Holländische Gelehrsamkeit einsammeln, grosse Begriffe von mir, und grosse Absichten in mir erwecken, mich meinem Zeitalter bequemen, und den Geist der Gesetzgebung, des Commerzes und der Policei gewinnen, alles im Gesichtspunkt von Politik, Staat und Finanzen einzusehen wagen, keine Blößen mehr geben und die vorigen so kurz und gut, als möglich zu verbeßern suchen, Nächte und Tage darauf denken, dieser Genius Lieflands zu werden, es todt und lebendig kennen zu lernen, alles Praktisch zu denken und zu unternehmen, mich anzugewöhnen, Welt, Adel und Menschen zu überreden, auf meine Seite zu bringen wissen — edler Jüngling! das alles schläft in dir? aber unausgeführt und verwahrloset! Die Kleinheit deiner Erziehung, die Sklaverei deines Geburtslandes, der Bagatellenkram deines Jahrhunderts, die Unstätigkeit deiner Laufbahn hat dich eingeschränkt, dich so herabgesenkt, daß du dich nicht erkennest. In Critischen unnützen, groben, elenden Wäldern verlierst du das Feuer deiner Jugend, die beste Hitze deines Genies, die größte Stärke deiner Leidenschaft, zu unternehmen. Du wirst eine so träge, lache Seele, wie alle Fibern und Nerven deines Körpers: Elender, was ists, das dich beschäftigt? Und was dich beschäftigen sollte? und nach Gelegenheit, Anlaß und Pflicht beschäftigen könnte? = O daß eine Evmenide mir in meinen Wäldern erschiene, mich zu erschrecken, mich aus denselben auf ewig zu jagen, und mich in die grosse nutzbare Welt zu bannen! Liefland ist eine Provinz, den Fremden gegeben! Viele Fremde haben es, aber bisher nur auf ihre Kaufmännische Art, zum Reichwerden, genoßen; mir, auch einem Fremden, ists zu einem höhern Zwecke gegeben, es zu bilden! Dazu sei mein geistliches Amt; die Colonie einer verbeßerten Evangelischen Religion zu machen: nicht schriftlich, nicht durch Federkriege, sondern lebendig, durch Bildung. Dazu habe ich Raum, Zeit, und Gelegenheit: ich bin ohne drückende Aufsicht: ich habe alle Groß= Gut= und Edeldenkende, gegen ein paar Pedanten, auf meiner Seite: ich habe freie Hand. Laßet uns also anfangen, den Menschen und Menschliche Tugend recht kennen und predigen zu lernen, ehe man sich in tiefere Sachen mischet. Die Menschliche Seele, an sich und in ihrer Erscheinung auf dieser Erde, ihre sinnlichen Werkzeuge und Gewichte und Hoffnung[en] und Vergnügen, und Charaktere und Pflichten, und alles, was Menschen hier glücklich machen kann, sei meine erste Aussicht. Alles übrige werde blos bei Seite gesetzt, so lange ich hiezu Materialien sammle, und alle Triebfedern, die im Menschlichen Herzen liegen, vom Schreckhaften und Wunderbaren, bis zum Stillnachdenkenden und Sanftbetäubenden, kennen, erwecken, verwalten und brauchen lernen. Hiezu will ich in der Geschichte aller Zeiten Data sammlen: jede soll mir das Bild ihrer eignen Sitten, Gebräuche, Tugenden, Laster und Glückseligkeiten liefern, und so will ich alles bis auf unsre Zeit zurückführen, und diese recht nutzen lernen. Das Menschliche Geschlecht hat in allen seinen Zeitaltern, nur in jedem auf andre Art, Glückseligkeit zur Summe; wir, in dem unsrigen, schweifen aus, wenn wir wie Roußeau Zeiten preisen, die nicht mehr sind, und nicht gewesen sind; wenn wir aus diesen zu unserm Mißvergnügen, Romanbilder schaffen und uns wegwerfen, um uns nicht selbst zu genießen. Suche also auch selbst aus den Zeiten der Bibel nur Religion, und Tugend, und Vorbilder und Glückseligkeiten, die für uns sind: werde ein Prediger der Tugend deines Zeitalters! O wie viel habe ich damit zu thun, daß ichs werde! wie viel bin ich aber, wenn ichs bin! — Welch ein Großes Thema, zu zeigen, daß man, um zu seyn, was man seyn soll, weder Jude, noch Araber, noch Grieche, noch Wilder, noch Märtrer, noch Wallfahrter seyn müsse; sondern eben der aufgeklärte, unterrichtete, feine, vernünftige, gebildete, Tugendhafte, geniessende Mensch, den Gott auf der Stuffe unsrer Cultur fodert. Hier werde alles das Gute gezeigt, was wir in unserm Zeitalter, Künsten, Höfflichkeit, Leben u. s. w. für andern Zeitaltern, Gegenden, und Ländern haben; alsdenn das Grosse und Gute aus andern dazu genommen, sollte es auch nur zur Nacheiferung seyn, so weit es möglich wäre, es zu verbinden — o was schläft in alle dem für Aufweckung der Menschheit. Das ist eine Tugend, und Glückseligkeit und Erregung, gesammlet aus mehr als aus Iselins Geschichte, aus dem lebendigen Vorstellen der Bilder aller Zeiten und Sitten und Völker; und gleichsam daraus die Geschichte eines Agathon in jeder Nation gedichtet! Welch ein grosses Studium! für Einbildungskraft und Verstand und Herz und Affekten! Einer aus Judäa und ein Hiob aus Arabien, und ein Beschauer Aegyptens, und ein Römischer Held, und ein Pfaffenfreund, und ein Kreuzzieher und ein Virtuose unsres Jahrhunderts gegen einander und in allem Geist ihres Zeitalters, Gestalt ihrer Seele, Bildungsart ihres Charakters, Produkt ihrer Tugend und Glückseligkeit. Das sind Fragmente über die Moral und Religion aller Völker, Sitten und Zeiten, für unsre Zeit — wie weit lasse ich damit hinter mir die Bruckers und die Postillenprediger und die Mosheimschen Moral[isten].[1] Ein solches grosses Geschäfte, in seiner Vollendung, welch ein Werk würde es für die Welt! Aber was sorge ich für die Welt; da ich für mich, und meine Welt und mein Leben zu sorgen und also aus meinem Leben zu schöpfen habe. Was also zu thun? Dies in allen Scenen zu betrachten und zu studiren! Die ersten Spiele der Einbildungskraft der Jugend, und die ersten starken Eindrücke auf die weiche empfindbare Seele zu behorchen; aus jenen vieles in der Geschichte unsres Geschmacks und Denkart erklären; aus dieser alles Rührende und Erregende brauchen zu lernen. Das erste Verderben eines guten

---

1) Im Msc.: Moral. L.: Moralisten.

Jünglings auf seine Lebenszeit, was gibts auch aus meinem Leben
für rührende Züge, die noch jetzt alle meine Thränen locken, und
so viel Homogene ähnliche Verwirrungen und Schwächungen auf
mein ganzes Leben würken. Alsdenn das Wunderbare und Immer
Gute, was jeder Schritt unsres Lebens mit sich bringet — weiter!
ein Bild von allen Gesichten und Nationen und merkwürdigen
Charakteren und Erfahrungen, die ich aus meinem Leben mich
erinnere — was für Geist und Leben muß dies in meine Denk=
art, Vortrag, Predigt, Umgang bringen. So lernte ich ganz
mein Leben brauchen, nutzen, anwenden; kein Schritt, Geschichte,
Erfahrung, wäre vergebens: ich hätte alles in meiner Gewalt:
nichts wäre verlöscht, nichts unfruchtbar: alles würde Hebel, mich
weiter fortzubringen. Dazu reise ich jetzt: dazu will ich mein
Tagebuch schreiben: dazu will ich Bemerkungen sammlen: dazu
meinen Geist in eine Bemerkungslage setzen: dazu mich in der
lebendigen Anwendung dessen, was ich sehe und weiß, was ich
gesehen und gewesen bin, üben! Wie viel habe ich zu diesem
Zwecke an mir aufzuwecken und zu ändern! Mein Geist ist nicht
in der Lage zu bemerken, sondern eher zu betrachten, zu grübeln!
Er hat nicht die Wuth, Kenntniße zu sammlen, wo er sie kann;
sondern schliesset sich schlaf und müde in den ersten Kreis ein, der
ihn festhält. Dazu besitze ich nicht die Nationalsprachen, wohin ich
reise. Ich bin also in Frankreich ein Kind: denn ich müßte Fran=
zösisch können, um nicht geltend zu machen, um Alles zu sehen,
zu erfragen, kennen zu lernen, um von meinem Orte und aus
meinem Leben zu erzählen und also dies auf gewiße Art zu wieder=
holen und gangbar zu machen. Ich bin also, ohne dies alles, in
Frankreich ein Kind, und wenn ich zurück komme, eben dasselbe:
Französische Sprache ist das Medium um zu zeigen, daß man in
Frankreich gelebt und es genossen hat — so auch mit andern
Sprachen — wie viel habe ich zu lernen! mich selbst zu zwingen,
um nachher Einer seyn zu können, der Frankreich, England,
Italien, Deutschland genossen hat, und als solcher erscheinen darf!
Und kann ich als solcher erscheinen, was habe ich in Liefland als

Prediger, für Vorzüge und Geltungsrechte! Mit allen umgehen, von allem urtheilen zu können, für eine Sammlung von Känntnißen der policirten Welt gehalten zu werden! Was kann man mit diesem Scheine nicht thun! nicht ausrichten! Wie viel liegt aber vor mir, diesen Schein des Ansehens zu erreichen, und der Erste Menschenkenner nach meinem Stande, in meiner Provinz zu werden!

Bin ichs geworden, so will ich diesen Pfad nicht verlassen, und mir selbst gleichsam ein Journal halten, der Menschenkänntnisse, die ich täglich aus meinem Leben, und derer, die ich aus Schriften sammle. Ein solcher Plan wird mich beständig auf einer Art von Reise unter Menschen erhalten und der Falte zuvorkommen, in die mich meine einförmige Lage in einem abgelegnen Scytischen Winkel der Erde schlagen könnte! Dazu will ich eine beständige Lecture der Menschheitsschriften, in denen Deutschland jetzt seine Periode anfängt, und Frankreich, das ganz Convention und Blendwerk ist, die seinige verlebt hat, unterhalten. Dazu die Spaldinge, Resewitze und Moses lesen; dazu von einer andern Seite die Mosers, und Wielands und Gerstenbergs brauchen; dazu zu unsern Leibnizen die Shaftesburis und Locke's; zu unsern Spaldings die Sterne's, Fosters, und Richardsons; zu unsern Mosers, die Browne und Montesquieus; zu unsern Homileten jedes Datum einer Reisebeschreibung oder merkwürdigen Historie dazu thun. Jahrbuch der Schriften für die Menschheit! ein grosser Plan! ein wichtiges Werk! Es nimmt aus Theologie und Homiletik; aus Auslegung und Moral; aus Kirchengeschichte und Ascetik, nur das, was für die Menschheit unmittelbar ist; sie aufklären hilft; sie zu einer neuen Höhe erhebt, sie zu einer gewissen neuen Seite verlenkt; sie in einem neuen Licht zeigt; oder was nur für sie zu lesen ist. Dazu dient alsdenn Historie und Roman, Politik, und Philosophie, Poesie und Theater als Beihülfe; bei den letzten Allen, wird dies nicht Hauptgesichtspunkt, aber eine sehr nutzbare und bildende Aussicht! Ein solches Journal wäre für alle zu lesen! Wir habens noch nicht; ob wir gleich

Materialien dazu haben! Es würde in Deutschland eine Zeit der Bildung schaffen, indem es auf die Hauptaussicht einer zu bildenden Menschheit merken lehrte. Es würde das Glück haben, was kein Journal so leicht hat, Streitigkeiten und Wiederspruch zu vermeiden; indem es sich von allem sondert, und nur bilden will. Es würde seinen Autor berühmt, und was noch mehr ist, beliebt machen: denn das Menschliche Herz öfnet sich nur dem, der sich demselben nähert und das ist ein Schriftsteller der Menschheit! O auf dieser Bahn fortzugehen, welch ein Ziel! welch ein Kranz! Wenn ich ein Philosoph seyn dörfte und könnte; ein Buch über die Menschliche Seele, voll Bemerkungen und Erfahrungen, das sollte mein Buch seyn! ich wollte es als Mensch und für Menschen schreiben! es sollte lehren und bilden! die Grundsätze der Psychologie, und nach Entwicklung der Seele auch der Ontologie, der Kosmologie, der Theologie, der Physik enthalten! es sollte eine lebendige Logik, Aesthetik, historische Wißenschaft und Kunstlehre werden! aus jedem Sinn eine schöne Kunst entwickelt werden! und aus jeder Kraft der Seele eine Wißenschaft entstehen! und aus allen eine Geschichte der Gelehrsamkeit und Wißenschaft überhaupt! und eine Geschichte der Menschlichen Seele überhaupt, in Zeiten und Völkern! Welch ein Buch! — — und so lang ich dies nicht kann! so sollen meine Predigten und Reden und Abhandlungen und was ich künftig gebe, Menschlich seyn! und wenn ichs kann, ein Buch zur Menschlichen und Christlichen Bildung liefern, das sich, wie ein Christ in der Einsamkeit u. s. w. lesen laße, was empfunden werde, was für meine Zeit und mein Volk und alle Lebensalter und Charaktere des Menschen sei! — Das wird bleiben! —

Ein Buch zur Menschlichen und Christlichen Bildung! Es finge von der Känntniß sein selbst, des weisen Baues an Leibe und Geist an: zeigte die Endzwecke und Unentbehrlichkeiten jedes Gliedes an Leib und Seele; zeigte die Mancherleihheit, die dabei statt fände, und das doch Jedes nur in dem Maas möglich und gut ist, wie wirs haben: alsdenn Regeln und Anmahnung, sich

an Leib und Geist so auszubilden, als man kann. Dies erst an
sich, und so weit ist Roußeau ein grosser Lehrer! Was für
Anreden sind dabei an Menschen, als Menschen, an Eltern und
Kinder, an Jünglinge und Erwachsne, an mancherlei Charaktere
und Temperamente, Fähigkeiten und Menschliche Seelen möglich!
Alsdenn kommt ein zweiter Theil für die Gesellschaft, wo
Roußeau kein Lehrer seyn kann. Hier ein Catechismus für die
Pflichten der Kinder, der Jünglinge, der Gesellschafter, der Bürger,
der Ehegatten, der Eltern; alles in einer Ordnung und Folge und
Zusammenhang, ohne Wiederholungen aus dem vorigen Theile,
ohne Einlaßung auf Stände und blos Politische Einzelnheiten —
wäre ein schweres Werk. Drittens ein Buch für die **Charaktere
aus Ständen**, um die bösen Falten zu vermeiden, die der Soldat
und Prediger, der Kaufmann und Weise, der Handwerker und
Gelehrte, der Künstler und Bauer gegen einander haben; um jedem
Stande alle seine Privattugenden zu geben, alle mit einander aus
den verschiednen Naturen und Situationen der Menschheit zu erklären,
und zu versöhnen, alle dem gemeinen Besten zu schenken. Hiemit
fängt sich ein vierter Theil an, wo Unterthanen und Obrigkeiten
gegen einander kommen; vom Bauer an, der dem Sklaven nahe
ist, denn für Sklaven gibts keinen Catechismus, zu seiner bürger=
lichen Herrschaft, zum Adel, zum Prinzen, zum Fürsten hinan;
alsdenn die mancherlei Regierungsformen, ihre Vor= und Nachtheile
und endlich Grundsätze eines ehrlichen Mannes, in der, wo er lebt.
Hieraus werden fünftens die schönen, überflüßigen Bedürfnisse:
Kunst, Wißenschaft, gesellschaftliche Bildung: Grundriß zu ihnen:
ihre Erziehung nach Temperamenten und Gelegenheiten: ihr Gutes
und Böses: Auswahl aus ihnen zum ordentlichen, nützlichen und
bequemen Leben unsres Jahrhunderts: und hier also Philosophie
eines Privatmannes, Frauenzimmers u. s. w. nebst einer Bibliothek
dazu: Sechstens: Mängel, die dabei bleiben, uns zu unterrichten,
zu beruhigen, zurückzuhalten, aufzumuntern: Christliche Känntniße,
als Unterricht, Beruhigung, Rückhalt, und Erhebung: Was Men=
schen davon wissen konnten und wie Gott sich Menschen geoffen=

baret hat, in Absicht auf die Schöpfung, Ursprung des Uebels in der Welt, Wanderungen des Menschengeschlechts, Erlösung, Heiligung, künftige Welt. Begriffe von der Theopneustic überhaupt; von der Gestalt der Religion in Judäa; im alten und neuen Testament, und in den verschiednen Jahrhunderten. Alles im Gesichtspunkt der Menschheit — und hieraus Lehren für Toleranz: Liebe zur Protestantischen Religion: wahrer Geist derselben im Akademischen Lehrer, Prediger, Zuhörer, Privatchristen. Christliche Erziehung: Taufe: Confirmation: Abendmal: Tod, Begräbniß. — — — Ich liefre nur kurze Gesichtspunkte, wohin würde die Ausarbeitung nicht führen! — Noch ist alles Theorie: es werde Praxis und dazu diene die Seelensorge meines Amts. Hier ist ein Feld, sich Liebe, Zutrauen und Känntniße zu erwerben: ein Feld, zu bilden und Nutzen zu schaffen — wenn die Religion z. E. bei Trauungen und Taufen und Gedächtnißreden und Krankenbesuchen, den Grossen edel und groß und vernünftig; den Geschmackvollen mit Geschmack und Schönheit; dem zarten Geschlecht zart und liebenswürdig; dem fühlbaren Menschen fühlbar und stark; dem unglücklichen und sterbenden tröstlich und Hoffnungsvoll gemacht wird. Und hier ist ein Feld besonders für mich. Sich vor einer Gewohnheits= und Kanzelsprache in Acht nehmen, immer auf die Zuhörer sehen, für die man redet, sich immer in die Situation einpaßen, in der man die Religion sehen will, immer für den Geist und das Herz reden: das muß Gewalt über die Seelen geben! oder nichts gibts! = = Hier ist die vornehmste Stelle, wo sich ein Prediger würdig zeigt: hier ruhn die Stäbe seiner Macht.

Alles muß sich heut zu Tage an die Politik anschmiegen; auch für mich ists nöthig, mit meinen Planen! Was meine Schule gegen den Luxus und zur Verbeßerung der Sitten seyn könne! Was sie seyn müße, um uns in Sprachen und Bildung dem Geschmack und der Feinheit unsres Jahrhunderts zu nähern und nicht hinten zu bleiben! Was, um Deutschland, Frankreich und England nachzueifern! Was, um dem Adel zur Ehre und zur Bildung zu seyn! Was sie aus Polen, Ruß= und Kurland hoffen könne! Was sie für Bequemlichkeiten haben, da Riga der Sitz der Provinzcollegien ist, und wie unentbehrlich es sei, die Stellen kennen zu lernen, zu denen man bestimt ist. Wie viel Auszeichnendes eine liefländische Vaterlandsschule haben könne, was man auswärtig nicht hat. Wie sehr die Wünsche unsrer Kaiserin darauf gehen, und daß zur Kultur einer Nation mehr als Gesetze und Colonien, insonderheit Schulen und Einrichtungen nöthig sind. Dies Alles mit Gründen der Politik, mit einem Vaterlandseifer, mit Feuer der Menschheit und Feinheit des Gesellschaftlichen Tons gesagt, muß bilden und locken und anfeuren. Und zu eben der Denkart will ich mich so lebend und ganz, als ich denke und handle, erheben. Geschichte und Politik von Lief= und Rußland aus, studiren, den Menschlich wilden Emil des Roußeau zum Nationalkinde Lieflands zu machen, das, was der grosse Montesquieu für den Geist der Gesetze ausdachte, auf den Geist einer Nationalerziehung anwenden und was er in dem Geist eines kriegerischen Volks fand, auf eine friedliche Provinz umbilden. O ihr Locke und Roußeau, und Clarke und Franke und Heckers und Ehlers und Büschings! euch eifre ich nach; ich will euch lesen, durchdenken, nationalisiren, und wenn Redlichkeit, Eifer und Feuer hilft, so werde ich euch nutzen, und ein Werk stiften, das Ewigkeiten daure, und Jahrhunderte und eine Provinz bilde.

Die erste Einrichtung meiner Schule sei, so viel möglich, im Stillen, und mit Genehmigung meiner Mitlehrer: auf solche Art ist die Bevestigung seiner Absichten natürlich, und ich sichere mich der Liebe meiner Collegen. Ists möglich, einzuführen, daß jeder seine Arbeiten wählt, die für ihn sind, Stunden wählt, die für ihn sind, keinen Unterschied an Classen und Ordnungen findet und finden will: wie viel wäre damit ausgerichtet. So hat jeder seine Lieblingsstunden und Arbeiten: so fällt der Rangstreit weg, und das, was da bleibt, ist nur Ordnung: so wird die Achtung der Schüler unter die Lehrer vertheilet: so wird der Einförmigkeit und dem verdrüßlichen Einerlei, immer einen Lehrer und eine Methode zu haben, abgeholfen: so wird Veränderung in das Ganze der

Schule gebracht, und alle Classen nehmen daran Theil: so wird keine ganz und gar verwildert, da doch alle Subjekte bei einer Schule nicht Alle gleich gut seyn können: so wird ein größeres Band unter Lehrern und Schülern: so bekommt jeder die ganze Schule auf gewisse Art zu übersehen, zu unterrichten, und wird ein Wohlthäter des Ganzen: so bekommt der Aufseher das Ganze der Schule mehr zu kennen: so und überhaupt so ist die Vertheilung die natürlichste. Nun wird nicht Alles der Lateinischen Sprache aufgeopfert und ihr gleichsam zu Liebe rangiret: nun kann jeder Schüler, nach jeder Fähigkeit, hoch und niedrig und gerade an seinem Ort seyn: nun darf keiner, um einer Nebensache willen, in Allem versäumt werden: das Papistisch Gothische, das die Lateinische Sprache zur Herrscherin macht, wird weggenommen, und Alles wird ein regelmäßiges natürlich eingetheiltes Ganze. Jedem Lehrer bleibt sein Name, sein Rang, seine Lateinische eigne Classe; nur jede andre Wißenschaft, Theologie, Physik, Griech. Ebr. Franz. Sprache, Geographie, Historie, Realien, Poesie u. s. w. wird vertheilt.

Eine Realklasse fängt an. Die ersten Känntniße mehr der Naturgeschichte, als der Naturlehre, mehr von sich, als von Entferntem Fremden, von Körper, Seele, merkwürdigen Sachen, die man täglich braucht, und siehet und nicht kennet, Kaffee und Thee, Zucker und Gewürze, Brot und Bier und Wein u. s. w. Die ganze äußere Gestalt der Welt, in deren Mitte das lernende Kind steht, wird erklärt. Er auf den Unterschied, und Ähnlichkeiten und Beschaffenheiten der Thiere geführt, die er so liebt: die gemeinsten Bedürfnisse des Lebens, Erfindungen und Künste ihm gezeigt, damit er sich selbst kennen, in seinem Umkreise fühlen, und Alles brauchen lerne. Das wird ihn zu keinem Fremdlinge in der Welt machen, wo er ist: ihm keine unverstandnen Ideen laßen, die er sonst mit Sprache und Gewohnheit lernt, ihn aufwecken, selbst zu betrachten, und überhaupt dem grossen Zwecke nacheifern, ihm das zu erklären, oder ihm die Erklärung von Alle dem finden zu lehren, was ihm die Sprache, als Vorurtheil einprägte. Hier brauchts keines Genies für Lehrer und Schüler; nur Treue,

Fleiß und Aufmerksamkeit. Hier kommen lebendige Sachen und Kupfer zu Hülfe: er kennet seine Welt: hier wird Alles lebendig: er findet sich, daß das eben dasselbe ist, was er wuste und nicht weiß, zu kennen glaubte und nicht kennet, spricht und nicht denket. Welche Wetteiferungen! welche Revolution in der Seele des Knaben! welche Erregung von unten auf! Eifer, nicht blos Akademisch todter Erklärungen, sondern lebendiger, lebendiger Känntniße; das erweckt die Seele. Das gibt Lust zu lernen und zu leben: das hebt aus der Einschläferung der Sprache; das läßt sich den Eltern, zum Ruhm der Kinder, vorpredigen; das läßt sich anwenden: das bildet auf Zeitlebens. Buffons Naturhistorie ist hier für den Lehrer, mit Auswahl, ein gutes Buch: die Artikel von der Menschheit, von vielen einzelnen Thieren, ohne System, ist blos für die Jugend und sonst kaum gut. Hoffmanns Kinderphysik war es sonst, und muß es, in Ermanglung eines Beßern, noch seyn: Rothe ist so ein Stymper, wie Baumeister: und nichts weniger, als eine Natur= lehre für Kinder.

Man siehet, daß sich mit dieser Klasse von selbst manches zusammen schlinge, insonderheit aus der Geschichte der Künste, der Handwerke, der Erfindungen; nur daß dieses alles blos unter= geordnet bleibt und kein Hauptzweck wird, wie in der Domschule. Ein Schüler, der von Künsten und Handwerken ohne lebendige Anschauung allgemein hin schwatzt, ist noch ärger, als der von Allem nichts weiß: der aber, dem jede Kunst dienet, um andres von lebendigen Känntnißen, die er als Knabe schon haben muß, zu erklären; der bleibt noch immer Knabe, indem er auch davon hört, und wird nicht ein Maulaffe von einem unwissenden nachplaudern= den Lehrjungen.

Man siehet, daß Mathematische Begriffe eben so gut hiezu gehören, aber nicht, wie sie in unsern Büchern stehen, sondern wie sie der Hauptbegriff einer ganzen Wißenschaft sind, Töne, Farben, Waßer, Luft, Figuren, Erscheinungen, Maschinen u. s. w. kommen als Spielwerk, hieher und werden die Basis zu einem sehr großen Gebäude. Erzählungen von dieser und jener Begebenheit, Sache,

Erscheinung, Erfindung, Denkwürdigkeiten, weben sich überall ein, plündern Historie und Geographie, ohne von beiden einen pedantischen Schatten zu leihen, würzen und beleben Alles, geben lauter Data, und Merkwürdigkeiten, ob sie gleich nur immer, es war einmal! erzählen: von der heiligen Historie knüpft sich hier nichts ein, als was würklich Menschlich ist: Adam, die Schöpfung, das Paradies, die Sündfluth: Kirchenceremonien, die von Christo herkommen, Taufe und Abendmal, machen dessen Geschichte unentbehrlich und rührend; alles blos Jüdische und noch mehr Ärgerliche wird vermieden: es wird Hauptzweck, dem Knaben von alle Dem lebendige Begriffe zu geben, was er sieht, spricht, geniesst, um ihn in seine Welt zu setzen, und ihm den Genuß derselben auf seine ganze Lebenszeit einzuprägen. Mit einem solchen Anfange wird er nie der Wissenschaften und noch weniger des Lebens überdrüßig werden; nie seine Schulzeit beklagen: sich nie in einer andern Welt gebohren zu seyn wünschen, weil ihm durch keine andre der Kopf verrückt ist, und die seinige sein erster Horizont wurde. Schöne Klasse: die erste und beste den Menschlichen Geist zu bilden: die angenehmste, die Entwicklung einer schönen jugendlichen Seele zu behorchen, und sie auf ihre ganze Lebenszeit weise, gründlich, von Vorurtheilen frei, und glücklich zu machen. Sie verschließt auf immer den faulen morrastigen Weg, auf Wörter, Bücher und Urtheile andrer stolz hinzutreten und ewig ein schwatzender Unwissender zu bleiben. O wäre ein solches Buch geschrieben! oder vielmehr hätte ich einmal einen solchen Cursus durchgelehrt! und noch mehr ihn selbst durchgelernt! und zuerst durchgelernt! und wäre so gebildet! Nun bleibt mir nichts, als eine zweite Erziehung übrig: ich will mich in Frankreich bemühen, die Buffons, und Rollets recht schätzen zu lernen, überall Kunst und Natur und Auftritte der Menschen aufzusuchen, und in mich zu prägen und recht zu geniessen: und die rechten Quellen von Büchern kennen lernen, um mich nach ihnen, wenn ich sie habe, zu bilden — Genius meiner Natur! wirst du mich an mein Versprechen, das ich dir und mir thue, erinnern!

Für das Herz gehört eben eine solche Klasse. Der Catechismus Luthers muß recht innig auswendig gelernt werden und ewig bleiben. Erklärungen über ihn sind ein Schatz von Pflichten und Menschenkänntnißen. Was auch Basedow über das Jüdische der zehn Gebote sage, mit rechten Erklärungen und leichten Einleitungen sind sie eine schöne Moral für Kinder. Das Artikelbekänntniß, ist dem ersten Stück nach, vortreflich und mit jedem Wort der Erklärung groß: das zweite führt auf die Lebensgeschichte Jesu, für Kinder so rührend und erbaulich: das dritte mehr nach den Worten des Artikels selbst, als jedem Buchstaben der Erklärung sehr nützlich und gleichsam die Basis zum Bekenntniß dessen, was Christliche Republik ist. Luther ist nicht in seinen Sinn eingedrungen, der mit jedem Wort eine Politische Einleitung ist, schön und unterrichtend. Das Gebet Christi ist schwer zu erklären und Luther zu weitläuftig: es ist im Sinn und mit Worten der Zeit Jesu; zum Theil auch nach den Vorurtheilen der Jünger, die auf Ein beßeres mit ihren eignen Ausdrücken gelenkt werden: es hat also eine Jüdisch=Hellenistische Farbe, und muß, da es einmal täglich in unserm Munde ist, in solche Worte, eben so kurz und verständlich übersetzt werden, als es ein Christus jetzt, für Kinder beten würde. Das Sakrament der Taufe ist vortreflich, um zu bilden, um daran zu erinnern, was man versprochen, um Christliche Bürger zu machen. Eine Taufe ohne Unterricht nach derselben ist Nichts; mit diesem, in den ersten frühesten Jahren, die nutzbarste Sache von der Welt. Das Abendmal ist das, worauf sie zubereitet werden sollen und nicht zeitig und innig gnug zubereitet werden können. Das soll einer meiner größten Zwecke seyn, dies Sakrament würdig zu machen, es zu erheben, die Confirmation in alle Feier ihres Ursprungs zu setzen, und die ersten Eindrücke so ewig zu machen, als ich kann. Dazu will ich Karfreitag und Alles Rührende zu Hülfe nehmen, um es wenigstens von Außen so ehrwürdig zu machen, als ich kann: die ersten Eindrücke in ihrem ganzen Einflusse aufs Leben zu zeigen, den Pöbel zu empören, die schönen Geister zu überzeugen, die Jugend zu erbauen.

Der Catechismus der Menschheit, wie ich ihn oben entworfen, fängt hier an, und wie schließt er sich mit Luthers Catechismus zusammen. Züge, Porträte, Geschichte, Leben aus aller Historie kommt dazu, um Menschlich zu bilden: aus der Bibel wenig — Kain, die Sündfluth mit gehörigen Einschränkungen, die Geschichte Josephs, Eli, einiges von David, die Geschichte von Jesu in einigen Handlungen u. s. w. Die Geschichte andrer Völker und Zeiten, in grossen Beispielen und Vorbildern drängt sich Haufenweise heran: lebendig werde sie erzählt, wieder erzählt, nie gelernt, nie Pedantisch durchgefragt und durchgeknätet: so bildet sich Seele, Gedächtniß, Charakter, Zunge, Vortrag, und nachdem wird sich in späterer Zeit, auch Styl, auch Denkart bilden. Mit jedem solcher Geschichten wird die Seele des Knaben in einen guten Ton gewiegt: der Ton trägt sich stille fort, wird sich einprägen, und auf ewig die Seele stimmen. —

Die zweite Realclasse ist schon ein completerer Cursus, der sich dem Wißenschaftlichen mehr nähert. Die Naturhistorie wird schon mehr Naturlehre, allgemeiner, zusammenhangender, mit Instrumenten und Erfahrungen. Da bekommt der Jüngling Wunderdinge zu sehen und noch mehr, zu arbeiten: wie bin ich aber hierinn versäumt? Weiß ich Instrumente zu wählen, zu brauchen, zu verbeßern? Hier muß mir meine Reise zu Hülfe kommen, oder alles ist vergebens. Die erste beste Instrumentensammlung, wo ich sie finde: wo ich mit einem Manne bekannt werde: insonderheit in Deutsch- und Holland, wo ich der Sprache mächtig bin — ich will sie sehen, und kennen lernen, und jeden Mann nutzen, mit dem ich umgehe, und mich zu solchen drängen, mit denen ich umgehen kann, und keinen Winkel leer laßen. Eine Reisebeschreibung jedes Landes soll mir die Merkwürdigkeiten in Natursachen, Instrumenten und Kupfern sagen, die da zu sehen sind: und da jeder Mann gern seine Sachen erklären mag, so hoffe ich Erklärer zu finden. Und wenn ich zurück komme: o so will ich alles erregen, um die Nutzbarkeit und Unentbehrlichkeit solcher Sachen des Anschauens zu zeigen, ich will das Elende der Worterzählungen beweisen und nicht ruhen, bis ich der Schule einen Schatz von Instrumenten und Naturalien verschaffe, und nachlasse. Vielleicht wird sich, wie Büsching das Glück gehabt, solche zu finden, auch für mich und meine Absichten Beförderer finden — —

Die Naturgeschichte wird in das Entferntere fortgesetzt; durch Kupfer und Natursachen. Buffon, Swammerdam, Reaumur, Röseler u. s. w. sollen hier spielende Bücher seyn, deren Bilder mit Erzählungen begleitet werden. Wie vieles habe ich hier selbst zu lernen, was ein Philosoph, wie Reimarus wuste. —

Eben hiemit wird ein Weg zu Büschings Vorbereitung zur Geographie: ein Buch, das ich wünschte, wie ein Collegium, in seinem Umfange, durchzuwissen. Die Naturhistorie verschiedner Reiche führt auf die Geographie, die in ihrem Anfange am schwersten ist. Wie ich von meiner sichtlichen Situation ausgehe? wie Naturansicht einer Insel, Halbinsel, festes Land u. s. w. auf eine Karte komme? wie ich diese in der Natur finde? wie eine Karte der Welt werde? wie sich Meer und festes Land im Ganzen verhalte? wie Flüße und Gebürge werden u. s. w.? wie die Erde rund seyn könne? wie sie sich umschiffen lasse? wie sie in der Luft schwebe? wie Tag und Nacht werde? — siehe da! so wird der Anfang der Geographie natürlich Physische Geographie. Hier versammelt sich Naturlehre, Naturhistorie, etwas Mathematik und viel Data, viel Erscheinungen, viel Geschichten. Es ist nicht zu sagen, wie schwer manches den Kindern zu erklären sey, wovon sie immer schwatzen; aber eben auch ists nicht zu sagen, wie nutzbar ein solcher Cursus seyn müße. Hier wird die vorige Naturgeschichte ausgebreitet: ich finde, daß jedes Land seine Menschen, und Geschöpfe habe; ich lerne sie überall kennen, jedes an seine Stelle setzen, und den ganzen Umfang einsehen, in den Alles gehört, den ganzen Körper der Erde. Man läßt sich also in jedes Landes einzelnes und am wenigsten Politisches Detail noch nicht ein: von allem die Hauptbegriffe, und wie Alles insonderheit zum Ganzen gehört. Natur bleibt also Natur und die Erste: Menschengattungen, politische und wilde und halbwilde Welt, in ihrer Gestalt, Kleidung, Lebensart;

also nur Hauptstädte, aber viel Data von Sitten, Haupteinrichtungen und Zuständen: was sie haben und liefern, sind und nicht sind: wiefern alles ein Ganzes ist, oder nicht ist. Bei allem kommt Erzählung und Bild zu Hülfe; die ganze Geographie wird eine Bildersammlung. Wenig und keine erzwungene Reflexion, keine Charakteristik, noch keine einseitige Ideen; aber Data, Erzählungen. Da lernt der Jüngling aus seinem Winkel hinaus sehen, er lernt Humanität, nichts blind verachten und verspotten, alles sehr kennen, und seinen Zustand geniessen, oder sich einen beßern suchen. Grosses Studium! wer wird dabei ermüden? Lindingers Charaktere sind ein elendes Werk: die Geographie in Dodsleis Lehrmeister ist ein Anfang: aus den besten Reisebeschreibungen, aber im Geschmacke eines Reisenden, wie Rousseau (s. Emil 4. Theil über die Reisen) muß ein lebendiger Auszug alles beleben! Welche Welt hier für den Jüngling! zu hören! zu behalten! wieder zu erzählen! aufzuschreiben! Styl, Denkart, Vernunft zu bilden! abzuwechseln — welche Welt! Was Pikard in Absicht auf Religionen allein ist, ist dies auf Alles!

Mathematik wird noch nicht anders getrieben, als mit Physik verbunden: wie viel aber kann und muß da schon getrieben werden, um jene nicht zu verlassen. Zur Geographie schließt sich Astronomie, Chronologie, Gnomonik: zur Känntniß des Lichts, der Luft, des Waßers, der Körper, Optik, Aerometrie, Hydrostatik, Mechanik: zur Känntniß der Karten Geometrie und Perspektiv — von allem also lebendige, nette, vollständige Begriffe; ist der Raum klein oder groß?

Aber es kommt noch ein grösserer, die Historie: diese muß jetzo schon eine Historie der Völker werden, und wie das? Daß sie dem andern treu bleibe, nur die Hauptveränderungen und Revolutionen jedes Volks erzähle, um seinen jetzigen Zustand zu erklären, alsdenn nur die Hauptveränderungen und Revolutionen zu erzählen, wie der Geist der Cultur, der Bekanntheit, der Religion, der Wißenschaften, der Sitten, der Künste, der Erfindungen von Welt in Welt ging: wie vieles dahin sank und sich verlor: andres neues herauf kam und sich fortpflanzte: wie dieser mit jenem Geschmack abwechselte, und weiter fortging, und der Strom der Zeiten sich immer fortsenkte, bis er unsre Zeit gab, den Punkt, auf dem wir stehen. Man sieht, diese Historie ist nichts, als eine Reihe von Bildern, in vielen Gattungen: nur muß in keiner kein einziger todter Begrif gegeben werden, sonst ist alles verlohren. Von keinem Geschmack, Erfindung, Kunst keine Geschichte gegeben werden, wo nicht der Begriff schon in der ersten Klasse liegt, von keinen Revolutionen z. E. in der Politik, seinen Kriegslehre u. s. w. erzählt werden, wo nicht der Gesichtspunkt schon vorgesteckt ist. Man sieht, daß hier nichts von unsrer Geschichte bleibt: keine Reihe von Königen, Schlachten, Kriegen, Gesetzen, oder elenden Charakteren; alles nur aufs Ganze der Menschheit, und ihrer Zustände, der Völkerwanderungen und Einrichtungen, Religionen und Gesetze und Denkarten, Sprachen und Künste — lauter Hauptbegriffe. Keine Geschichte einer einzelnen Kunst wird hier vollständig gegeben, so wenig, als eine einzige vollständige Theorie zum Grunde lag; aber der Same zu allen Theorien und allen Geschichten, einzelner Künste, Wißenschaften, Gesetze u. s. w. so fern er im Strom der Zeiten lebendig herbei geschwommen, darsteht. Wir haben gnug Geschichten des revolutions von Franzosen und Engländern; alle sind sehr zu brauchen und keine soll vergebens da seyn; nur keine muß, wie sie ist, gebraucht werden, und Rollin am wenigsten. Geschichte der Juden, von Prideaux, der Aegypter von Marigni, Mallet, mit Shaw, mit Pocock verbunden, der Chineser von Duhalde, der Japaner von Kämpfer, der Tartaren von de Guigne, der Indianer und Perser von Tavernier, der Araber von Marigni, der Griechen von Linguet, Winkelmann, Mably u. s. w. von Toscana, von Rom, von den neuern Völkern — welche große Anzahl Sammlungen, in der ich nicht eher ruhen will, bis ich eine kleine complete Sammlung der besten in jeder Gattung habe, und mir daraus eine Geschichte des Menschlichen Geschlechts mache. Abbt unternahm sie, und führte sie nicht aus; Boßvet hat einige vortrefliche Bilder,

und Voltaire noch nutzbarere Betrachtungen: die Boisens und
Häberlins sammlen vor: die Mehegans u. s. w. behandeln auf
ihre Art: die Gatterers streiten über Historische Kunst; ich will
nichts als eine bildende, Materielle Geschichte des Mensch=
lichen Geschlechts suchen, voll Phänomena und Data. Mon=
tesquieus Geist der Gesetze, und Römer, Hume über England,
Voltaire, Mably, Goguet, Winkelmann u. s. w. sind hiezu
grosse Leute! Doch ich gerathe zu weit.

In diesem grossen Fortfluß der Geschichte, ist Griechenland
ein kleiner Platz, und in diesem kleinen Platz die Mythologie eine
Einzelne Merkwürdigkeit — immer merkwürdiger, als hundert
andre Mythologien, da sie sich über drei grosse Völker und so viel
Zeiten und Dichter und Weltweisen und Künstler erstreckt, die die
Lehrer der Welt sind. In der Kunst und Dichtkunst ist diese
Mythologie am sichtbarsten, am schönsten, am anschaulichsten: in
jener wird sie wie eine lebendige Daktyliothek für Kunst und Denk=
art und Poesie und Nationalgeist studiret: und allerdings ist sie
ein grosser Beitrag zur Geschichte des Griechischen Geistes. Statt
der blossen zerstückten Erklärungen könnte man für die Jugend
schöne Stellen der Dichter, ganze Beschreibungen und ganze Gedichte
aufsuchen und die todte Kunst durch die lebendige Poesie beleben.
Ueberhaupt kann man nicht zu viel thun, um das blos Fabelhafte
in der Mythologie zu zerstören; unter solchem Schein, als Aber=
glaube, Lüge, Vorurtheil hergebetet, ist sie unerträglich. Aber als
Poesie, als Kunst, als Nationaldenkart, als Phänomenon des
Menschlichen Geistes, in ihren Gründen und Folgen studirt: da ist
sie groß, göttlich, lehrend!

Den Uebergang von Mythologie der Griechen auf Geschichte
unsrer Religion ist rasch und hier nichts als Zufall: diese ist hier,
wie eine Geschichte der biblischen Bücher aus Zeit, Volk, Nation,
Denkart zu studiren. Michaelis Einleitung ins A. T. würde das
beste Buch hier seyn, wenn wir sie hätten; jetzt wird aus seiner
Einleitung ins N. T. nur ein weniges merkwürdiges herausgezogen,
was für die Jugend wißenswürdig ist: und bei dem A. T. ist auf

seine Ueberſetzung zu warten und indeſſen ein Karpzow, Molden=
hawer u. d. gl. zu brauchen. Es iſt nicht zu ſagen, was ein
ſolches Pragmatiſches Studium der Religion für Nutzen brächte:
noch iſt kein Kompendium, kein Syſtem in der Seele der Jugend
präetablirt: noch iſt nichts als Chriſtliche Oekonomik der Kirche nach
Luthers Catechiſmus getrieben; jetzt wird Geſchichte, die es aus Zeit
und Volk erklärt, wie Theopneuſtie, und die Schriften der Theo=
pneuſtie müſſen verſtanden werden. Das wird angenehm, wie
Geſchichte, wie lebendige Exegetik, wie ein Hinwandeln in andre
Zeiten und Länder. Das wird bilden, und Pragmatiſche Einleitung
zur Quelle der Theologie. Das gibt auf Lebenslang Hochachtung
und Verſtand der Religion: das iſt das beſte Mittel, ein neues
Chriſtliches Publikum zu ſchaffen. Mit dem Catechiſm zur Menſch=
heit wird dabei fortgefahren, und er iſt das Buch zur Bildung.
Ordnung des Heils wird nicht anders getrieben, als ſo fern ſie
jedesmal aus der Bibel im Zuſammenhange der Zeit, Geſchichte und
Sinnes folgt: das einzige Mittel eine wahre Dogmatik zu bekommen,
die weder eine Sammlung Bibliſcher Sprüche, noch ein Schola=
ſtiſches Syſtem ſey.

In dieſem Zeitraum muß die Einbildungskraft leben; wie im
erſten Gedächtniß, Neugierde, Sinn und Empfindung befriedigt
wurden. Hier iſt Alles Bild, Gemälde, der erſte Schritt von der
Erfahrung zum Raiſonnement, was jetzt folgt.

Und das wird dritte Klaſſe. Hier wird die Phyſik ſchon in
ihren Abſtrahirten Grundſätzen, im Zuſammenhange einer Wißen=
ſchaft gezeigt. So auch die Mathematik und hier wirds alſo ſchon
Geſichtspunkt, eine Schlußreihe zu überſehen, wie ſie die Newtone
gedacht und ausgedacht haben. Ebenfalls nähert ſich die Natur=
geſchichte einer Kette; blos der Ordnung und des Ueberſehens wegen;
blos alſo aus Schwäche und nicht aus Nothwendigkeit. In allem
dieſen offenbart ſich jetzt Philoſophie der Natur; allgemeine groſſe
Ausſichten, um ſo viel als möglich die Kette der Weſen anzurühren,
die in der Natur herrſcht. Von Newton bis Maupertuis, von
Euler bis Käſtner gibts hier Lehrer des Menſchlichen Geſchlechts,

Propheten der Natur, Ausleger der Gottheit. Auf solche Art wird das System nicht zu frühe Geist der Erziehung; es kommt aber auch nicht zu spät: es schichtet die Seele, gibt der Jugend den letzten Druck, und Aussichten auf die ganze Zeit des Lebens. Hier bediene man sich des Sulzerschen Geistes der Encyklopädie, um bei allem Stuffe der Vollkommenheit, Mängel, und wahre Beschaffenheit zu zeigen: man werde überall, wie Bacon, um auf Lebenszeit zu entzünden und den Jüngling auf die Akademie zu lassen, nicht als einen, der seine Studien vollendet hat, sondern sie jetzt erst anfängt, jetzt erst ein Bürger der Republik wird, jetzt erst zu denken anfängt und dazu auf die Akademie und aufs ganze Leben eingeweihet wird. Eltern, Obrigkeiten, könnt ihrs gnug belohnen, daß man dadurch Faulheit und Ausschweifung bei eurer litterarischen Jugend auf Akademien fast unmöglich, Moralisch wenigstens unmöglich macht.

Die Geographie wird hier eben so vollendet. Ein lebendiger Abriß der Statistik jedes Landes, und des Zusammenhanges aller Länder durch Sprache, Commerz, Politik u. s. w. Hier wird, wer Geist dazu hat, eingeweihet, um ein Schutzgeist der Nationen zu werden; ihr Intereße gegen einander wird gewogen; er vergleiche, denke, wähle, verbeßre, ordne. Wie viel Unterwißenschaften öfnen sich hier! Dekonomie des Landes, Gesetzgebung, Handel, in allen ihren Zweigen! Zu allem die Samenkörner, zu allem die Morgenröthe zu einem glücklichen Tage. — — Hier schließt sich die Geschichte an. Sie läßt sich schon auf jedes Reich im Detail ein, und so werden Könige, Reihen, Geschlechter, Namen, Kriege u. s. w. unvermeidlich. Alles aber wird nie eine Geschichte der Könige, der Geschlechter, der Kriege: sondern des Reichs, des Landes, und alles deßen was zu deßen Glückseligkeit oder Abfall beigetragen hat, oder nicht. Es versteht sich, daß es hieher gehört, wie sich alle Reiche zusammenschlingen, auch blos in Politischen Verträgen betrachtet: dies ist der letzte und veränderlichste Theil der Geschichte: nach welchen Aussichten über alle Zeiten und Völker nach dem Genie des Montesquieu, dem Bemerkungsgeist eines Mabli, der Politik eines Hume u. s. w. — Erziehung, die für unser Zeitalter, wo der Kriegerische und Religionsgeist aufgehört hat, wo nichts als der Commerz= Finanzen= und Bildungsgeist herrscht, sehr nöthig und nützlich ist.

So wie jede Lehre auf dieser Classe schon überhaupt näher dem Wißenschaftlichen wird: so auch die Künste und Handwerke. Hier müssen einige z. E. Zeichnung, Malerei, in besondern Stunden vorausgesetzt, und mit Hülfe dieser von andern durch Nachzeichnungen u. s. w. Nachricht gegeben werden. Alle Instrumentalkünste sind in diesem Felde die schwersten: was soll man von ihnen zeigen? Instrumente? die würken nur, indem sie würken und diese Momente sind in ihnen nicht sichtbar. Wortbeschreibungen? wie elend, wie schwach, wie leicht werden sie die Sprache eines Halle. Man besuche also die Buden einiger Künstler, z. E. Uhrmacher u. s. w. und pflanze nur dem jungen Menschen Lust ein, die andern selbst zu besuchen. Man zeige ihm, wie viel Geist, Fleiß, Erfindung, Verbeßerung, Vollkommenheitsgabe in allen ruhe, und daß dieser Theil der Menschen der nächste sey an der unnachahmlichen Kunst der Thiere, die gewißermaßen Kunst der Natur selbst ist. Hier siehet er den gröſten Schauplatz des Menschlichen Geistes, den der Jüngling so leicht und gern verkennen lernt, und darinn blind bleibt.

Auf dieser Klasse ists erst Ort zur völlig Abstrakten Philosophie und Metaphysik, mit der man sonst zu frühzeitig anfängt: die aber hier unentbehrlich ist, und auch eine ganz andre Gestalt annimmt. Sie ist hier das Resultat aller Erfahrungswissenschaften, ohne die sie freilich nichts als eitle Spekulation wäre, hinter denen sie aber auch der bildendste Theil ist. Die Psychologie, was ist sie anders, als eine reiche Physik der Seele? Die Cosmologie anders, als die Krone der Newtonischen Physik? Die Theologie anders, als eine Krone der Cosmologie, und die Ontologie endlich die bildendste Wissenschaft unter allen. Ich gestehe es gern, daß wir noch keine Philosophie in dieser Methode haben, die recht Jünglinge bilden könnte, und die Ontologie insonderheit, die vortrefflichste Lehrerin grosser Aussichten, was ist sie, als Terminologie geworden! O was wäre hier eine Metaphysik in diesem Geiste durchgängig, seine Aussichten von einem Begriffe auf einen höhern auszubreiten, im Geist eines Bako, was wäre das für ein Werk! Und ein lebendiger Unterricht darüber im Geist eines Kants, was für himmlische Stunden!

Die Logik wird nichts als eine Experimental Seelenlehre der obern Kräfte, und so wird sie ein ganz ander Ding, als sie ist. Welch ein Abgrund von Erfahrungen, wie die Seele Jdeen sammlet, Urtheilet, schliesset, liegt hier verborgen, und was ist die kleine elende A. b. c. Tafel die unsre Logik enthält. Man muß immer verbergen, daß man lehren will, und nur Jdeen aufwecken, die in uns schlafen; unsre Logik thut das Gegentheil, nichts als lehren thut sie und siehe! sie lehrt trocken und erbärmlich. — Eben hieraus leuchtets hervor, was für ein kleiner Theil in ihr entdeckt sey: welch ein weit grösserer ist die Aesthetik, als eine Philosophie der Sinne, der Einbildungskraft, der Dichtung! — Welch ein grösserer, die Philosophie des eigentlichen Bonsens, worunter das Wahrscheinliche, das Phänomenon u. s. w. nur kleine Funken sind, und die die wahre Lehrmeisterin des Lebens wäre.

Eben so die Moral mit der Seelenlehre, die Ethik mit der Menschlichen Natur, die Politik mit allen Phänomenen der Bürgerlichen Haushaltung verbunden! wie schließt sich alles an, was für ein Bako gehört dazu, um dies alles nur zu zeigen, wie es in den Plan der Erziehung und Aufweckung einer Menschlichen Seele gehört! der es ausführe und selbst dahin bilde!

Die Theologie tritt hier heran, wird ein System, aber voll Philosophie eines Reimarus, so wie sie in der vorigen Klasse voll Philologie eines Michaelis und Ernesti war. Alsdenn wird sie weder ermüden, noch veredeln: sie wird denkende Christen und Philosophische Bürger machen — und wohl dem, der mit ihr, als Theologe, auf die Akademie geht.

Auf die Akademie geht, und siehe da! eine Krone aller Philosophie, den Jüngling zu erheben, daß er sich selbst bestimme, seine Studien recht einzurichten wisse, gut lese, höre, betrachte, genieſſe, ſehe, fühle, lebe, daß er wiſſe ſein eigner Herr zu ſeyn. Welch ein Pythagoräiſch Collegium! wie ein Geſpräch mit ſich ſelbſt beym Schluß des Tages! Geßners Encyklopädie, mit mehr Realität durchwürzt, wäre darüber das beſte Lehrbuch, und Sulzer ihm zur Seite. Jener, um die Menſchliche, dieſer um die gelehrte Seite des Jünglings zu decken: jener mit dem Geiſt eines Rouſſeau, dieſer eines Bako erklärt: das muß anfeuren, bilden, und auf die ganze Lebenszeit anſtoſſen!

Ich habe mich über Sprachen nicht ausgelaſſen und alſo nur drei Claſſen geſetzt: denn es iſt beſſer, daß man lange auf einer Claſſe bleibe, als zu geſchwinde ſpringe. Iſt der Lehrer derſelbe: ſo iſt eine ſolche zu öftere Veränderung nur ein Name; iſt er andrer, iſt ſeine Methode anders, ſo iſt der zu öftere Sprung ſchädlich. Ueberdem gibts hier würklich drei Stuffen in der Natur der Sache: das Kind lernt nichts, als ſich alles erklären, was um ihn iſt, und er ſonſt nur ſchwatzen würde, und legt durch Neugierde, Sinnlichkeit und Empfindung den Grund zu allem: der Knabe dehnt ſich in Ausſichten und Känntnißen der Einbildungskraft ſo weit aus, als er kann, und überfliegt das Reich der Wiſſenſchaften in hellen Bildern: der Jüngling ſteigt auf alles herunter, und erforſcht mit Verſtand und Vernunft, was jener nur überſahe. Sinn und Gefühl iſt alſo das Inſtrument des erſten: Phantaſie des andern, und gleichſam Geſicht der Seele: Vernunft des dritten und gleichſam Betaſtung des Geiſtes! Der Materie nach theilte ſich jede Stuffe wieder in drei Behältniße, Naturlehre, Menſchliche Geſchichte, und eigentliche Abſtrakte Philoſophie. So z. E. in der erſten Klaſſe: Naturlehre, Geſchichte, Chriſtlicher Catechismus. In der zweiten, Naturlehre, mit Naturhiſtorie und Mathematik: Geographie und Geſchichte: Einleitung in die Geſchichte der Religion und Catechismus der Menſchheit. In der dritten Mathematik und Phyſik und Künſte: Geographie, Geſchichte und Politik: Metaphyſik, Philoſophie, Theologie, Encyklopädie. Die Eintheilung iſt überall natürlich. Der Phyſiker kann nicht ohne Mathematik und umgekehrt; der Hiſtoriker nicht ohne Geographie und umgekehrt:

der Philosoph nicht ohne Religion seyn und vice versa. Das erste ist für den Sinn, das andre fürs Gesicht des Geistes und Einbildung, das dritte für Verstand und Vernunft: so werden die Seelenkräfte in einem Kinde von Jugend auf gleichmäßig ausgebessert, und mit Proportion erweitert. Das ist das Kunststück aller Erziehung und der Glückseligkeit des Menschen auf sein ganzes Leben!

Hiezu habe ich also drei Lehrer, oder neun Lehrer, oder im höchsten Nothfall nur Einen nöthig. Das erste ist das beste, und jeder der dreien lehrt auf drei Stuffen seiner Klasse: dies ist von außen gut, um ihm durchgängiges Ansehen zu verschaffen; und von innen, um ihm mehr Raum zu geben, von unten auf seine Wißenschaft zu excoliren, die mancherlei Stuffen derselben in Evidenz, Nothwendigkeit und Bildung zu zeigen, Methode des Menschlichen Geistes in drei Classen zu lernen, und ihm endlich, wenn er sich seinem Felde gibt, Ruhe von außen und von andern Arbeiten und Verwirrungen zu verschaffen. Der Schüler wiederum wird an eine fortgehende Methode gewöhnt, sieht, daß es immer der Lehrer ist der vorher mit ihm Kind war, jetzt Knabe, jetzt Jüngling wird, und gewinnt ihn desto lieber, indem er ihn immer beßer verstehen, nutzen, anwenden lernt. So wird das Gebäude ohne Verwirrung und ohne Unordnung, und da der Vormittag vier Stunden gibt: so bleibt jeder eine übrig, und die vierte zu einer Sprache. Die ganze Realschule wird also ein simpler Plan von 3. Classen, 3. Lehrern; 9. Abschnitten und 9. Hauptarbeiten, die aber viel unter sich begreifen.[1]

Es ist natürlich, daß ich dazu fähige, willige, jugendliche Subjekte von Lehrern nöthig habe: Obern, die mich äußerlich unterstützen, mit Raum, Zeit, Instrumenten, Bildern: und denn Lehrbücher. Es wäre nicht unnütz, wenn der Aufseher einer Schule selbst Schemata zu den letzten gebe, wo wir sie noch nicht gedruckt haben: gedruckt aber sind sie in gewisser Maaße nach unsrer Welt beßer, und nach der Pythagoräischen schlimmer.

---

1) Im Msc. folgt hier die auf der nächsten Seite abgedruckte Tabelle.

[Zu S. 386¹.]

	Claſſe 1. Natur	Claſſe 2. Geſchichte	Claſſe 3. Abſtraktion
Ordnung 1.	lebendige Naturhiſtorie einzeln	lebendige Geſchichte aus aller Zeit einzeln	Catechismus: Sprüche: Empfind. Deutſche Poeſie: und Sprache:
Ordnung 2.	Naturlehre. künſtl. Mathem. Phyſik.	Geſchichte und Geographie künſtlich Bilder aller Völker aller Zeit } unſrer Zeit	Einleitung in die Geſchichte der Religion und Catechismus der Menſchheit.
Ordnung 3.	Naturwiſſenſchaft ſcientif. Mathem. Phyſik Naturlehre Künſte	Geſchichte und Geographie politiſch: Grund aller Zeiten aller Völker unſrer Zeit	Philoſophie und Metaphyſik Logik, Aeſthetik, Moral, Politik, Ethik Theologie, Abſchied, Encyklopädie

25*

Jetzt Sprachen! — Sprachen? — Es wird immer einen ewigen Streit geben, zwischen Lateinischen und Realschulen: diese werden für einen Ernesti zu wenig Latein, jene für die ganze Welt zu wenig Sachen lernen. Man muß also Stückweise fragen. Ist die Lateinische Sprache Hauptwerk der Schule? Nein! Die wenigsten haben sie nöthig: die meisten lernen sie, um sie zu vergessen. Die wenigsten wissen sie auch auf solchem höllischen Wege in der Schule selbst: mit ihr gehen die besten Jahre hin, auf eine elende Weise verdorben: sie benimmt Muth, Genie und Aussicht auf Alles. Das ist also gewiß, daß a) keine Schule gut ist, wo man nichts, als Latein lernet; ich habe ihm zu entweichen gesucht, da ich drei völlig unabhängige Realklassen errichtet, wo man für die Menschheit und fürs ganze Leben lernet; b) daß keine Schule gut ist, wo man nicht dem Latein entweichen kann: in der meinigen ists. Wer gar nicht nöthig hätte, Latein zu lernen, hätte Stunden gnug, in dem was gezeigt ist und gezeigt werden soll; c) daß keine gut ist, wo sie nicht wie eine lebendige Sprache gelernt wird. Dies soll entwickelt werden.

Man lobt das Kunststück, eine Grammatik, als Grammatik, als Logik und Charakteristik des Menschlichen Geistes zu lernen: schön! Sie ists, und die Lateinische, so sehr ausgebildete Grammatik ist dazu die beste. Aber für Kinder? die Frage wird stupide. Welcher Quintaner kann ein Kunststück von Casibus, Deklinationen, Conjugationen und Syntaxis Philosophisch übersehen? Er sieht nichts, als das todte Gebäude, das ihm Quaal macht; ohne Materiellen Nutzen zu haben, ohne eine Sprache zu lernen. So quält er sich hinauf und hat nichts gelernt. Man sage nicht, die todten Gedächtniß Eindrücke, die er hier von der Philosophischen Form einer Sprache bekommt, bleiben in ihm, und werden sich zeitig gnug einmal entwickeln. Nicht wahr! kein Mensch hat mehr Anlage zur Philosophie der Sprache, als ich, und was hat sich aus meinem Donat je in mir entwickelt?

Weg also das Latein, um an ihm Grammatik zu lernen; hiezu ist keine andre in der Welt als unsre Muttersprache. Wir lernen diese dumm und unwissend: durch sie werden wir klug im Sprechen und schläfrig im Denken: wir reden fremder Leute Worte und entwöhnen uns eigner Gedanken. Was für Geschäfte hat hier die Unterweisung und welches wäre früher, als dieses! Die ganze erste Klasse von Naturhistorie ist ein lebendig Philosophisches Wörterbuch der Begriffe um uns, sie zu erklären, zu verstehen, anzuwenden: ohne Pedanterei der Logik, ohne Regeln der Grammatik. Die ganze erste Klasse der Geschichte ist Uebung in der leichtesten, lebendigsten Syntaxis, in der Erzälung des historischen Styls. Die ganze erste Klasse für die Empfindungen ist Rhetorik, erste Rhetorik der Sprachenergie: alles lebendige Uebung. Nur spät, und wenig aufschreiben; aber was aufgeschrieben wird, sei das lebendigste, beste, und was am meisten der Ewigkeit des Gedächtnißes würdig ist. So lernt man Grammatik aus der Sprache; nicht Sprache aus der Grammatik. So lernt man Styl aus dem Sprechen; nicht Sprechen aus dem künstlichen Styl. So lernt man die Sprache der Leidenschaft aus der Natur; nicht diese aus der Kunst. So wirds Gang, erst sprechen d. i. denken, sprechen d. i. erzählen, sprechen d. i. bewegen zu lernen; und wozu ist hier nicht der Grund gelegt! Die erste Klasse der Sprache sei alle[1] Muttersprache, die sich mit den vorigen zusammenschlingt, und immer Eine Arbeit auf Eine Seele fortsetze. Der Lehrer lehre denken, erzählen, bewegen: der Schüler lerne dreies: so lernt er sprechen: diese Klasse ist also nicht von den[2] vorigen, der ersten Ordnung durch alle 3. Klassen unterschieden. Die Wiederholung und Methode des Lehrers ist schon Sprachübung.

Aus dieser ersten Ordnung des Sprechens folgt in der zweiten, das Schreiben: und also der Styl. Laß den Schüler die Erfahrungen und Versuche, die er sieht, in aller Wahrheit aufschreiben: die Bilder der Historie und Geographie in allem ihrem Lichte aufschreiben: die Einleitung in die Geschichte der Religion und Menschheit in aller Stärke aufschreiben: und er hat

---

1) L.: also   2) L.: der

alle Uebungen der Schreibart, weil er alle der Denkart hat. Er lernt zwar freilich damit nicht Sachenlose eckle Briefe, Chrien, Perioden, Reden, und Turbatverse machen, die bei aller Ordnung noch Turbatverse, bei allen Materialien Schulchrien, bei aller Kunst der Wendung, linke Perioden, bei allem Geschrei kalte Reden bleiben; aber er lernt was Bessers: Reichthum und Genauigkeit im Vortrage der Wahrheit: Lebhaftigkeit und Evidenz, in Bildern, Geschichten und Gemälden: Stärke und unaufgedunstete Empfindung in Situationen der Menschheit. Jene erste Methode verdirbt in Briefen, Reden, Perioden, Chrien und Versen auf ewig: sie verdirbt Denk- und Schreibart: gibt nichts, und nimmt vieles, Wahrheit, Lebhaftigkeit, Stärke, kurz Natur: setzt in keine gute; sondern in hundert üble Lagen, auf Lebenszeit, macht Sachenlose Pedanten, gekräuselte Periodisten, elende Schulrhetoren, alberne Briefsteller, von denen Deutschland voll ist, ist Gift auf Lebenszeit. Die meinige lehrt alles, indem sie nichts zu lehren scheint: sie ist die bildendste Klasse des Styls, indem sie nichts als ein Register andrer Klassen ist, so wie auch würklich die Worte nur Register der Gedanken sind. Sie gewöhnt also dazu, nie Eins vom andern zu trennen, noch weniger sich auf eins ohne das andre was einzubilden, und am wenigsten, das Eine gegen das andre zu verachten. Mit ihr erspart man unendlich viel Zeit, unnütze und unmögliche Mühe, die auf jedem andern Wege seyn muß, thut mit Einem, was nicht durch 7. gethan werden [kann][1], bildet Sachenreiche Köpfe, indem sie Worte lehret, oder vielmehr umgekehrt, lehrt Worte, indem sie Sachen lehret, bildet den Philosophen, indem sie den Naturlehrer unterrichtet, und hebt also zwischen beiden den ewigen Streit auf: bildet den Schriftsteller der Einbildungskraft, indem sie aus der Geschichte und Weltkarte unterrichtet, und hebt also zwischen Beiden den ewigen Streit auf: bildet den Redner, indem sie den Philosophen der Menschheit[2]

---

1) „kann" von G. Müller im Msc. zugesetzt.
2) ausgelassen: „bildet,"

und hebt also zwischen Beiden den ewigen Streit auf. Der Logiker und der Naturerklärer wird Eins: was er ursprünglich auch ist, und in den Tſirnhauſens, Paſcals, Wolfen, Käſtners und Lamberts war. Der Geſchicht= und Schönſchreiber wird Eins, was er ursprünglich auch war, da die Herobote, Xenophons, Livius, Nepos, Boccaze, Macchiavells, Thuane und Boßvets, Hume, und Winkelmanns galten. Der Redner ins Herz und der Redner über Situationen der Menschheit wird Eins, was er auch war, da die Platone und Demoſthene, die Catonen und Ciceronen, die Boßvets und Bourdaloue und Roußeaus, u. ſ. w. noch ſprachen. Da war im erſten Fache noch keine Baumeiſterſche Logik, im zweiten keine Gatteriſche Hiſtorienkunſt, im dritten keine Ariſtoteliſche oder Lind= nerſche Rhetorik vorhanden. Da lernte man beſchreiben, erzählen, rühren, dadurch daß man ſahe, hörte, fühlte! —

Die dritte Klaſſe wird hier eine Philoſophiſche Klaſſe des Styls, wie es ſchon ihre Arbeiten mit ſich bringen, die nichts als Philo= ſophie ſind. Nichts in der Welt iſt ſchwerer, als Kunſt und Hand= werk zu beſchreiben: wie gut muß man geſehen haben! wie gut ſich auszudrücken wiſſen! wie oft ſeinen Styl wenden, Worte ſuchen, und recht fürs Auge reden, damit man begreiflich werde! Und dazu führt die erſte Ordnung — zu einer Gattung von Styl, die ganz vernachläßigt wird, zu einer Gattung, in der die Halle's ſo elend ſind, zu einer Gattung, die für alle am nöthigſten iſt, für Kaufmann und Handwerker, für Mann von Geſchäften und Erfahrungen, für Alle. Hier iſt Gellert elend, wie es Mai durch ſein Beiſpiel zeigt: und hier iſt doch die wahre Nutzbarkeit und Würde der Schreibart, in unſrer Sachen= und Politiſchen= und Commerz= und Oekonomiſchen Welt, vom Staatsminiſter, bis zum Projektmacher; vom Mühlenſchreiber bis zum Praktiſchen Philoſo= phen, vom Handwerker zum Kaufmann. Hier zeigt ſich die rechte Würde, in welcher z. E. ein Baumeiſter, ein edler Mechanikus, ein Kaufmann, wie H., und ein Staatsmann reden, der nicht wie in Regensburg ſchreibt. Hier ſind wir Deutſche mit unſern Kreis= und Staatsgeſchäften, mit unſern Oekonomie und Handels=

büchern, mit unsern Pütters und Estors, noch so sehr hinten: hier muß der Jüngling anfangen, und vollkommen werden.

Dasselbe bezieht sich auf die zweite und dritte Klasse dieser Materie; wo er in allen Arten der Realität — von Politik bis zur Philosophie Unterricht erhält, und hier eben wird die Rhetorik in ihrer grossen Allgemeinheit erst offenbar. Beschreibungen von Künsten und factis: Beschreibungen von den Gründen einer Situation, d. i. Politik und denn Raisonnement bis zu allen Gattungen der Abstraktion: o wie viel Arten des Styls mehr, als unsre Redekünste geben. Vortrag in Metaphysik, Logik, Aesthetik, Bonsens, Moral, Ethik, Politik, Theologie; allemal in ihrem Umfange — Gott! welcher Reichthum, Verschiedenheit, Menge an Materien und Formen! Und endlich von Allem aus Philosophische Blicke auf Sprache und Alles! = = Das ist Styl der Muttersprache und sonst nichts in der Welt!

Jeder Lehrer legt in seiner Classe den Grund zu den Materialien dazu; die Aufsicht und Correktur derselben gehört dem Inspektor. So lernt er jeden Schritt der ganzen Schule, jedes Verdienst jedes Lehrers, jedes Talent jedes Schülers, und jeden Fortgang jedes Talents derselben in vollem Maasse, und nicht durch Behorchen der Lektionen, nicht durch Berichte der Lehrer, nicht durch falsche vage Exploratorien und Examina, sondern durch Proben und Effekte kennen. Der Lehrer hätte nichts zu thun, als die Schüler dazu anzuhalten, und der Inspektor, dem Lehrer Plan oder Lehrbuch zu geben: alles thut sich von selbst, ohne Bitterkeit, Musterungsbegierde und Herrschsucht. Die erste Klasse, die nicht schreibt, sondern sich nur übt, zeigt diese Uebungen kindlich auf und erzählt desto mehr: das ist beßer, als Paränetische und Betstunde: das ist das Jugendliche Wettspiel feuriger Kinder. Eine allgemeine Versammlungsstunde der Lehrer und Schüler, wo die würdigsten hervorgezogen, die unwürdigen gesichtet, und eben dadurch auch den Lehrern Aufmunterungen gegeben werden. Eine freundschaftliche Stunde monathlich unter Lehrern, wo man nicht betet, sondern sich bespricht, sich freuet, aufmuntert, ergötzet, als Mitarbeiter in einer

Ernte! — Eigentliche Rhetorik und Poetik als Kunst, ist noch nicht hier, sie wird später hinten kommen! —

Man siehet, daß der Lehrer in jeder Stunde Materialien gibt; der Schüler sie zu Hause, oder in der letzten Viertheilstunde ausarbeitet: und der Inspektor hat wöchentlich neun oder wenigstens 6. Stunden nöthig, um alles zu hören, zu lesen, zu beurtheilen. Man begreift, daß eben damit ein gar zu grosses Quantum von selbst wegfalle. Daraus wird wechselsweise eine Geschichte der Arbeiten gemacht, wie die Geschichte der Memoirs der Akademie: die bleibt bei der Schule. Die Anzahl der Correkturen wird jedem Schüler, und der Rektor wählt nur die Meisterstücke, um zum Denkmal und zur Verewigung der Guten im Archiv der Schule auf= behalten zu werden. Es versteht sich, daß die Gerügten Faulen eben so gut im Archiv der Schule, wie auf der Rolle des Censors mit einer Note aufbehalten werden; nur daß dies jedes mal nur das dritte mal geschieht. Am Examen, das jährlich einmal öffentlich ist, wird diese Geschichte der Akademie laut und zur feierlichsten Stunde vorgelesen: der Lehrer hat eine in seiner Klasse, wenn er will; die von der Schule, bleibt bei dem Rektor, um auch äußerliche Unge= zogenheiten der Schülerrache zu verhüten. Der Rektor ist selbst der Sekretär davon, der es monatlich aus den Uebungen heraus= zieht, und in den Versammlungen vorlieset.

Nach der Muttersprache folgt die Französische: denn sie ist die allgemeinste und unentbehrlichste in Europa: sie ist nach unsrer Denk= art die gebildetste: der schöne Styl und der Ausdruck des Geschmacks ist am meisten in ihr geformt, und von ihr in andre übertragen: sie ist die leichteste, und einförmigste, um an ihr einen Praegustus der Philosophischen Grammatik zu nehmen: sie ist die ordentlichste zu Sachen der Erzählung, der Vernunft und des Raisonnemens. Sie muß also nach unsrer Welt unmittelbar auf die Muttersprache folgen, und vor jeder andern, selbst vor der Lateinischen vorausgehen. Ich will, daß selbst der Gelehrte beßer Französisch, als Latein könne!

Drei Classen gibts in ihr: die erste hat zur Hauptaufschrift Leben; die andre Geschmack, die dritte Vernunft — in allem der entgegengesetzteste Weg von unserer Bildung, die todt anfängt, Pedantisch fortgeht und mürrisch endigt. Es muß ein Französischer Lehrer daseyn, der spreche, Geschmack und Vernunft habe; sonst sei er von allem entnommen. Das erste Wort hieß Leben, und das erste Gesetz also; die Sprache soll nicht aus Grammatik, sondern lebendig gelernt werden; nicht fürs Auge und durchs Auge studirt, sondern fürs Ohr und durchs Ohr gesprochen, ein Gesetz, das nicht zu übertreten ist. Ich weiß, was ich mir für verwünschte Schwürigkeiten in den Weg gelegt, aus Büchern, mit dem Auge, ohne Schall und Vestigkeit sie zu verstehen und zu verstehen glauben: da bin ich mehr als ein Unwissender. Die erste Sprache ist also eine Plapperstunde. Der Lehrer spricht mit dem Schüler über die bekanntsten Sachen des gemeinen Lebens, wovon überdem die erste Ordnung handelt. Der Schüler kann fragen, der Lehrer muß ihm antworten, und sich nach ihm richten. Ein Schüler hat nach dem andern Freiheit, (aber nur im zweiten Theil des Cursus) Materien vorzuschieben; nur alle weitere Methode, Lehre, Frage, Ausdruck bleibt dem Lehrer. So wird der Schüler ein lebendig Gespräch und wie schön ist, wenn er das wird und ist: denn ist er auf ewig auf dem besten Wege. Nichts als eine kleine Geschichte wird bei dieser Klasse gehalten, nach der sich alsdenn der Inspektor richtet: dessen Stunde hier, wie dort, eine Stunde kindischer Babillards ist; aber für ihn eine Stunde seyn muß, der er gnug thun kann: sonst ist Alles aufgehoben.

Die 2. Französische Klasse spricht und lieset; mit Geschmack für die Schönheiten und Tours der Sprache: hier sind Boßvets und Fenelons, Voltaire und Fontenelle, Roußeaus und Sevignes, Crebillons und Duklos Leute für den Geschmack der Sprache, der Wißenschaften, des Lebens, der Schreibart. Hier wird gelesen, das Buch geschloßen und geschrieben; also gewetteifert. Hier werden alsdenn die Schönheiten der Sprache recht erklärt und gehäuft, um einen Originalen Französischen Styl zu bilden. Uebung und Gewohnheit ist überall Hauptmeisterin, und so wie das Lehrbuch der Claße ein Auszug aus Büffons, Nollets, und allen Geschichten und ein Catechismus der Menschheit aus Roußeau u. f. w. ist: so ist das Geschichtbuch der Claſſe nichts minder, als ein Wetteifer mit dieſen groſſen Leuten.

Drittens und endlich kommt die Philoſophiſche Grammatik der Sprache. Bei der Mutterſprache hatten wir wenig Bücher; aber wir konnten ſie, eben weil es Mutterſprache war, lebendig ſelbſt ableiten und bilden. Hier haben wir nicht blos gute Bücher, Reſtauts, d'Arnauds, Duklos, Desmarais, ſondern die Grammatik iſt auch die leichteſte unter allen Sprachen. Die Sprache iſt einförmig, Philoſophiſch an ſich ſchon, vernünftig: ungleich leichter als die Deutſche und Lateiniſche, alſo ſchon ſehr bearbeitet. Zudem hats auch den Vorzug, wenn man an ihr Philoſophiſche Grammatik recht anfängt, daß ihr Genie zwiſchen der Lateiniſchen und unſrer ſteht: von dieſer wird alſo ausgegangen und zu jener zubereitet. Dies Studium iſt hier alſo am rechten Orte, angenehm und bildend: es ſagt die Mängel der Sprache, wie ihre Schönheiten: es verbindet Leſungen und Uebungen über die Werke der groſſen Autoren ſelbſt. Es übet ſich im Mechaniſchen, Phyſiſchen, Pragmatiſchen Styl, indem uns die Franzoſen, in allem, in ihren Politiſchen, Phyſiſchen, Mechaniſchen Werken ſo ſehr überlegen ſind: übet ſich in der Geſchichte, wo die Franzöſiſche Sprache die meiſten feinen Unterſchiede in Zeiten, Fluß in Bildern, Reihe von Gedanken u. ſ. w. hat: übet ſich in der Philoſophie, in der die Franzöſiſche Sprache den meiſten Schwung genommen: und thut zu allem die Urtheile der Critiker, der Frerons und Voltaire und Clements hinzu, um auch die Sprache der Franzöſiſchen Critik lebendig zu lernen. Aus allem kommen Proben an den Direktor, der dieſe Sprache alſo nach aller Feinheit verſtehen muß; oder der Zweck iſt verloren. Dies iſt Eins von den Mitteln, wodurch die Schule brilliren muß, und ohne ihr Weſen zu verlieren, und falſch zu brilliren. — — Jetzt ſollte die Italieniſche Sprache folgen, das Mittel zwiſchen der Franzöſiſchen und Lateiniſchen, inſonderheit für den Adel, die Kenner von Geſchmack, und die, die ſonſt nicht Lateiniſch lernen, unentbehrlich; die Ausſicht iſt aber zu weit — ich komme aufs Latein.

Warum soll man bei dem eine Ausnahme machen, um es nur todt und vereckelt lernen zu wollen? Es ist eine todte Sprache! Gut! Historisch=Politisch=Nationaltodt; aber litterarisch lebt sie; in der Schule kann sie leben. Aber so wird sie nicht rein und Classisch gesprochen? warum nicht? wenn es der Lehrer spricht, wenn er nur Sachen wählt, über die es lohnt, Latein zu sprechen, warum nicht? und denn, gibt Natur und Fluß und Genie und Kern der Construktion, und lebendige Verständlichkeit der Lat. Sprache nicht mehr, als das Schattenwerk weniger reinen Worte und Phrases? und werden nicht mehr Zwecke in der gelehrten Republik erreicht, wenn ich Latein kann, um zu sprechen, zu lesen, zu verstehen, zu fühlen: als zu Wortsichten, zu feilen, zu mäckeln? Und ists nicht endlich Zeit, von dieser Sucht hinweg zu lenken, und das Studium der Lateinischen Sprache würdiger zu machen? Die Wiederherstellung der Wissenschaften fing sich in Italien an: dies Land spricht beinahe Latein, indem es Italienisch spricht; Ohr und Zunge sind Latein: das konnte die Sprache adoptiren. Die Lateinische Sprache hatte in den Klöstern die Wissenschaften und Religion erhalten: sie schien von beiden und insonderheit der letzten also untrennbar. Italien konnte also seine Reihen von Vida's und Sannazars haben, in denen wenigstens die leichte holde Italienische Natur, die holde Musik der Sprache u. s. w. zu sehen sind: indessen hat doch schon, wie jeder weiß, und der Autor über die Ital. Liter. gezeigt hat, diese Sprache viele Jahrhunderte durch sehr dadurch verlohren; sie hat Anagrammatisten und Critiker gezält, und den grossen Geist aufgehalten, der in Italien schläft. Was geht dies alles uns entfernte Deutsche an? wohlan also! mit unserer eignen, Nordischen, Originalsprache sei.

Die erste Lateinische Klasse spät, weit nach der Muttersprache, hinter der Französischen und selbst Italienischen, wenn es seyn kann. Sie fange zwar nicht mit Sprechen (denn das Genie ist zu verschieden!) aber mit lebendigem Lesen an, in Büschings Buch, wenn es nur Originallateinischen Perioden hat, oder in den histor. select. oder im Cornel. Nepos, oder wo es sei. Nur lebendig,

um den erſten Lat. Eindruck ſtark zu machen, den Schwung und
das Genie einer neuen, der erſten Antiken Sprache recht einzu=
pflanzen, und alſo wahre Lateiner zu bilden. Hier wird nichts
geplaudert, von Seiten der Schüler; und der Lehrer ſpricht nur
immer als Lektion, lebendige Lektion, rein und vorſichtig. Aber
viel wird geleſen, immer Eindrücke, lebendige Bemerkungen, einge=
pflanzt: hier iſt alſo die erſte Claſſe was bei der Franzöſiſchen
die zweite war; aber wie viel Vorſchritte hat nicht auch der
Schüler ſchon?

Die zweite Klaſſe fährt ſchon gelehrter fort, übt ſich in allen
Arten des Styls, und ſchreibt alſo. Da ſind Livius, und Cice=
ronen und Salluſtius und Curtius u. ſ. w. was für eine neue
Welt von Reden, Charakteren, Geſchichtſchreiberei, Ausdruck, Höf=
lichkeit, Staatswelt! wenig wird überſetzt! denn dies wenigſtens
nicht Hauptzweck! aber alles lebendig gefühlt, erklärt, Rom geſehen,
die verſchiednen Zeitalter Roms geſehen, das Antike einer Sprache
gekoſtet, Antikes Ohr, Geſchmack, Zunge, Geiſt, Herz gegeben:
und Allem nachgeeifert! Welch Gymnaſium! welche ſchöne Mor=
genröthe in einer Antiken Welt! Welch ein Römiſcher Jüng=
ling wird das werden! Hier alſo kommt Antike Hiſtoriographie,
Epiſtolographie, Rhetorik, Grammatik! Man ſieht, wie übel, daß
man die Rhetorik fürs einzige nimmt! Die antike Rhetorik mit
der Modernen verwechſelt! Die Antike Hiſtoriographie nicht erklärt,
die Epiſtolographie zum Muſter nimmt, und überhaupt Grammatik
einer Antiken Sprache nicht von der Modernen unterſcheidet. Hier
wird alles unterſchieden, lebendig gekoſtet, nachgeeifert! in dieſer
Klaſſe muß ſich der Lat. Styl bilden!

Die dritte folgt: und hier die Poeten: Lukrez und Virgil,
Horaz und Ovid, Martial und Juvenal und Perſius, Catull und
Tibull. Hier iſt das gröſte Feld, antike Schönheit, Sprache, Geiſt,
Sitten, Ohr, Regiment, Verfaſſung, Wiſſenſchaften zu fühlen zu
geben. Hier keine Nacheiferungen; es ſei denn, wen die güldne
Leier Apolls ſelbſt weckt; aber viel Gefühl, Geſchmack, Erklärung.
Auf dieſer Klaſſe ſind die Blumen und die Krone der Lateiniſchen

Sprache: die Virgile und Horaze, die Ciceronen in ihrer Philos. und höchsten Rede, die Pliniusse und Tacitus: die größten Muster also Antiker Poetik und Poesie, Antiker Rhetorik und Rede, Antiker Politik und Naturhistorie — welche Welt, wahre Gelehrte, Weise aus der Alten Welt, Römische Sachgelehrte zu bilden, die die Römer kennen! Wie viel habe ich selbst noch auf solche Art zu studiren! —

Griechisch endlich, ist das unter den Antiken, was Französisch unter Modernen war. Auch der bloße Theologe fängt nicht mit dem Lateinischen Testament und der Hällischen Grammatik [an], sondern mit einer Reellen Grammatik, deren wir viele haben, und so gleich mit Lesen des Herodots, Xenophons, Lucians und Homers. Wohlverstanden in einem Cirkus von Zeit, Fortschritten und Wißenschaften! Hier ist die wahre Blume des Alterthums in Dichtkunst, Geschichte, Kunst, Weisheit! Welcher Jüngling wird hier nicht, der die Lateinische Sprache durchschmeckt, höher athmen und sich im Elysium dünken. Drei Classen gibts hier: ich bin aber noch zu wenig mit mir selbst über Methode einig, um sie genau zu bestimmen. Am sichersten, daß sie sich nach dem Latein richten: in der ersten viel gelesen, in den Herodots und Xenophons und Lucianen, oder im ersten allein. In der zweiten viel geschmeckt und bemerkt, in allen Prosaischen Gattungen. Im dritten der ganze Griechische Geist gekostet, in Poesie und was dem anhängt. Es schadet nichts, daß diese in der Geschichte vorausgegangen ist: denn in der Geschichte des Geistes nach unsrer Zeit, Welt, Sitten, Sprache geht sie nicht voraus: zuerst genommen verdirbt sie so gar: da gegentheils hinten nach erscheinend, alles auf sie bereitet und einladet, wie blühende Kinder auf ihre blühendere Mutter! O wer hier ein Kenner der Griechen wäre.

In der Hebr. Sprache möchte ich mit Michaelis einig seyn, sie gar nicht, oder wenigstens müßte sie mit der kleinsten Auswahl getrieben werden, gleichsam der innigste Kreis eines Pythagoras. Sie kommt also sehr spät, und wird blos als Orientalische, Botanische, Poetische Sprache eines Buchs oder einer Sammlung wegen getrieben, die vortreflich ist. Dies ganze Studium ist Philosophie: die Sprache geht zu sehr ab, als sie sprechen, in ihr schreiben zu können, aber als Orientalische Natur und Nationaldenkart betrachtet — welch eine Welt! Moses fängt an, und wir lernen seine Lieder selbst wie Kinder — von Abraham bis Moses wird lebendig zu lesen gesucht: Jacobs Lobgesang und Mirjam wird studirt: Moses Leben und Republik studirt, erklärt und so weit muß man gekommen seyn, um auf Akademie zu wandern. Wer weiter will, geht Josua und die Richter durch, fängt die Samuelis an, und geht jetzt an die Psalmen, Jesaias und einige Propheten: fährt in den Königen fort, und geht mit einer Auswahl der Propheten und Psalmen weiter: mit einigen Büchern Ezechiel, Daniel, Malachias, Esra, Nehemia, Esther zu endigen ist kaum nöthig. —

Hier ist eine Tabelle der Klassen der Sprachschule: Deutsche Sprache hat Vorsprung, Französische folgt; Italienische bei manchen: bei andern Lateinische, Französische, Ebräische. Also

1. Deutsche Klasse. Erste Ordnung.	Französ. Klasse. Erste Ordnung.	Lat. Klasse. Erste Ordnung.	Griechische Erste Ordnung.	Hebräische Zweite Gr. Ordnung.
				Dritte Latein.
			Zweite Latein.	Zweite Italien.
		Zweite Französische.	Dritte Franz.	Repitit. des Franz.
	Zweite Deutsche.	Dritte Deutsche.	Erste Italien.	Repitit. des Deutschen.

Man siehet mit Fleiß nur zwei Ital., 2. Gr. Classen; denn beide sind sich an Subjekten entgegen. Nur eine Hebr., denn sie ist die letzte, Philos., eingeschränkteste Sprache; und ihr Anfang ist leicht; so wie ihr schwerster Fortgang zum Glück blos Akad. ist, nicht Scholastisch ist. Französisch hat 4. Klassen, denn es muß immer fortgesetzt werden: Lat. nur drei: Deutsch fünf, denn es dauret so lang, als Unterricht in den Wissenschaften dauret, und ist nach unsrer Methode unabtrennbar von den Gedanken. Die erste Deutsche Klasse coincidirt mit der ersten Ordnung der 3. ersten Klassen, und fodert keine Besonderheit, als die Correktur des Lehrers. Die zweite Schichte, wo die Französische anfängt wills, und das bis zur Griechischen Schichte: das sind täglich 3. Stunden, wovon die eine zwei, die andere 3., die 3te 4. Absonderungen hat. Die Hebräische Schichte fällt auf 2. Stunden die Woche, etwa Mitwoch und Sonnabend mit 5. Abtheilungen. Und so sind mit allen diesen Spracharbeiten täglich 3. und Mitwoch und Sonn= abend eine Stunde besetzt, mit den vorigen 3. zusammen addirt sind täglich 6., Mitwoch und Sonnabend eine nach Mittage, und das ist auch der Raum der Schule.

Hier ist also Haupttabelle des Ganzen:

	7 — 8	8 — 9	9 — 10
1. Ordn.	Katechism. etc. Abstrakt.	Lebend. Geschichte	Leb. Nat. Histor.
2. Ordn.	Geschichte u. Geogr.	Naturlehre	Relig.
3. Ordn.	Naturwissen	Philosoph.	Gesch. u. Geogr.

Sprachenschule

	10 — 11	2 — 3	3 — 4	Mitw. u. Sonn.
Erste Franz. Klasse		2te Deutsche	3te Deutsche	Hebr.
Erste Lat. Klasse		2te Franz.	3te Franz.	Gr. u. Ital.
Erste Gr. ob. Ital.		2te Lat.	3te Lat.	Deutsch u. Franz.

So wechseln, Lehrer, Schüler, Arbeiten, ab, alles!

Daß die Schule so möglich National und Provinzialfarbe bekomme, versteht sich, und das in Religion, Geschichte, Geographie, Naturhistorie, Politik, Vaterlandsgegenden [1] u. s. w. daß dies aber

---

1) Im Msc: Vaterlandsgegegenden (Vaterlandsgegenständen?)

nicht mehr, als Farbe seyn müße, versteht sich eben so sehr: denn
der Schüler soll für alle Welt erzogen werden. Die Ritterklassen sind
Reiten, Zeichnen, Fechten; sie sind vor 7. um 11. oder nachmittag
um 4. oder endlich Mittwochen und Sonnabend. Sonnabend nach
Mittag bleibt wenigstens ganz von Scholastischen Arbeiten leer!

Aber Ausführen? und warum könnte ich eine solche Stiftung
nicht ausführen? Wars den Lykurgen, Solonen möglich, eine
Republik zu schaffen, warum nicht mir eine Republik für die Jugend?
Ihr Zwingels, Calvins, Oekolampadius, wer begeisterte euch? und
wer soll mich begeistern? Eifer für das Menschliche Beste, Größe
einer Jugendseele, Vaterlandsliebe, Begierde auf die würdigste Art
unsterblich zu seyn, Schwung von Worten zu Realien, zu Etablißemens,
lebendige Welt, Umgang mit Grossen, Ueberredung des Gen.
Gouverneurs, lebendiger Vortrag an die Kampenh[ausen], Gnade der
Kaiserin, Neid und Liebe der Stadt! = = O Zweck! grosser Zweck,
nimm alle meine Kräfte, Eifer, Begierden! Ich gehe durch die
Welt, was hab' ich in ihr, wenn ich mich nicht unsterblich mache!

Ich schiffete Kurland, Preußen, Dännemark, Schweden, Norwegen,
Jütland, Holland, Schottland, England, die Niederlande
vorbei, bis nach Frankreich; hier sind einige Politische Seeträume.
Kurland, das Land der Licenz und der Armuth, der Freiheit
und der Verwirrung; jetzt eine Moralische und Litterarische Wüste.
Könnte es nicht der Sitz und die Niederlage der Freiheit und der
Wißenschaft werden, wenn auch nur gewisse Plane einschlagen?
Wenn das was bei dem Adel Recht und Macht ist, gut angewandt,
was bei ihm nur gelehrter Luxus ist, aufs Grosse gerichtet würde?
Bibliothek ist hier das Erste, es kann mehr werden, und so sei es
mir Vorbild und Muster der Nacheiferung und Zuvorkommung.
Auf welche Art wäre dem Liefländischen Adel beizukommen zu grossen
guten Anstalten? dem Kurländischen durch Freim.⬜,[1] dem Liefländischen,
durch Ehre, Geistliches Ansehen, gelehrten Ruhm, Nutzbar-

---

1) „Freimäurer=Loge" steckt hinter der im Msc. undeutlichen Abkürzung, nicht, wie in L. steht: „Freimüthigkeit."

keit. Also zur Verbeßerung des Lyceum, also zur Anschaffung eines Physischen Kabinets von Natursachen und Instrumenten, also zur Errichtung neuer Stellen zum Zeichnen, und der Französischen und Italienischen Sprache u. s. w. Der gute Umgang zwischen den Predigern im Kurland sei mir auch Vorbild! = = Was für ein Blick überhaupt auf diese Gegenden von West=Norden, wenn einmal der Geist der Kultur sie besuchen wird! Die Ukraine wird ein neues Griechenland werden: der schöne Himmel dieses Volks, ihr lustiges Wesen, ihre Musikalische Natur, ihr fruchtbares Land u. s. w. werden einmal aufwachen: aus so vielen kleinen wilden Völkern, wie es die Griechen vormals auch waren, wird eine gesittete Nation werden: ihre Gränzen werden sich bis zum schwarzen Meer hin erstrecken und von dahinaus durch die Welt. Ungarn, diese Nationen und ein Strich von Polen und Rußland werden Theil= nehmerinnen dieser neuen Kultur werden; von Nordwest wird dieser Geist über Europa gehen, das im Schlafe liegt, und dasselbe dem Geiste nach dienstbar machen. Das alles liegt vor, das muß ein= mal geschehen; aber wie? wenn? durch wen? Was für Samen= körner liegen in dem Geist der dortigen Völker, um ihnen Mytho= logie, Poesie, lebendige Kultur zu geben? Kann die Katholische Religion ihn aufwecken? Nein, und wirds nicht nach ihrem Zu= stande in Ungarn, Polen u. s. w. nach dem Toleranzgeist, der sich auch selbst in dieser und der Griechischen Religion mehr ausbreitet, nach dem anscheinenden Mangel von Eroberungen, den diese Religion mehr machen kann. Vielmehr werden also unsre Religionen mit ihrer Toleranz, mit ihrer Verfeinerung, mit ihrer Anrückung an einander zum gemeinschaftlichen Deismus einschlafen, wie die Römische, die alle fremde Götter aufnahm: die brausende Stärke wird ein= schlafen, und von einem Winkel der Erde ein andres Volk erwachen. Was wird dieses zuerst seyn? Auf welche Art wirds gehen? was werden die Bestandtheile ihrer neuen Denkart seyn? wird seine Kultur blos off= oder defensiv im Stillen gehen? was ists das eigentlich in Europa nicht ausgerottet werden kann vermöge der Buchdruckerei, so vieler Erfindungen und der Denkart der Nationen?

Kann man über alles dies nicht rathen nach der Lage der gegen=
wärtigen Welt, und der Analogie verfloßner Jahrhunderte? Und
kann man nicht hierinn zum Voraus einwürken? Nicht Rußland
auf eine Kultur des Volks hinzeigen, die sich so sehr belohne? Da
wird man mehr als Bako: da wird man im Weißagen größer als
Newton: da muß man aber mit dem Geist eines Montesquieu
sehen; mit der feurigen Feder Roußeaus schreiben, und Voltairs
Glück haben, das Ohr der grossen zu finden. In unserm Jahr=
hundert ists Zeit: Hume und Locke, Montesquieu und Mablys
sind da: eine Kaiserin von Rußland da, die man bei der Schwäche
ihres Gesetzbuchs fassen kann, wie Voltaire den König von Preussen:
und wer weiß wozu der gegenwärtige Krieg in den Gegenden
bereitet. Hier will ich etwas versuchen. Schlötzers Annalen,
Beilagen, Merkwürdigkeiten, Millers Sammlungen, jenes seine
Geschichte der Moldau soll mir Gedenkbuch seyn, das ich studire:
Montesquieu nach dem ich denke und wenigstens spreche: das Gesetz=
buch der Kaiserin wenigstens Einfassung meines Bildes, **über die
wahre Kultur eines Volks und insonderheit Rußlands.**
[I.] Worinn die wahre Cultur bestehe? nicht blos im Gesetze geben,
sondern Sitten bilden: was Gesetze ohne Sitten, und frembange=
nommne Grundsätze der Gesetze ohne Sitten sind? Ob bei Ruß=
lands Gesetzgebung Ehre das erste seyn könne? Bild der Nation?
Ihre Faulheit ist nicht so böse, wie man sie beschreibt; natürlich,
war bei allen Nationen und Schlaf zum Aufwachen. Ihre List
— ihre Nachahmungssucht — ihre Leichtigkeit — wie in allem der
Saame zum Guten liege? wie er aufzuwecken sei? was ihn ver=
hindre? Weg zur allmälichen Freiheit. Was eine plötzliche schaden
könne? Weg zur allmälichen Einrichtung? Was plötzliche Colonien,
Vorbilder u. s. w. schaden können? Was die Deutschen geschadet
haben? Vortreflichkeit guter Anordnung, die über Gesetze und
Hofbeispiele geht. Einrichtung des Ackerbaues, der Familien, der
Haushaltungen. Der Dependenz der Unterthanen, der Abgaben,
ihrer Lebensart. Einige Vorschläge für die neue Oekonomische
Gesellschaft, die mehr den Geist der Oekonomie in Rußland betreffen.

Daß andre Länder und selbst Schweden nicht immer Vorbilder seyn können. Vom Luxus. Daß Befehle hier nichts machen können, üble Folgen in Riga. Daß das Exempel des Hofes nur an Hofe gelte, und da auch grosse Vortheile aber auch Nachtheile habe. Daß viele einzelne Exempel in einzelnen Provinzen mehr thun; und noch mehr einzelne Beispiele in einzelnen Familien. Folgen davon, daß die Rußische Herren das ihrige in Peterburg verzehren. Daß der Peterburger Staat ins Prächtige Geschmacklose verfällt; wogegen unsre Kaiserin arbeitet. Daß es mit Frankreich anders sei durch den Besuch der Fremden und andre Anstalten, und daß auch selbst dieses sich erschöpft. Uebles Beispiel der Gouverneure in den Provinzen, und der Hausväter in Fabriken und Bauerhütten. II. Daß weder Englands noch Frankreichs noch Deutschlands gesetzgeberische Köpfe es in Rußland seyn können. Wie sehr man sich in der Nachahmung Schwedens versehen. Daß man Griechenland und Rom nicht zum Muster nehmen könne. Daß es Völker in Orient gebe, von denen man lernen müße. Persien, Aßyrien, Egypten, China, Japan. Grundsätze hievon, nach dem Charakter, der Vielheit und der Stuffe der Rußischen Nationen. Eintheilungen in ganz cultivirte, halb cultivirte und wilde Gegenden. Für diese ihre Gesetze, um sie herauf zu bilden, das sind Gesetze der Menschheit und der ersten rohen Zeiten. Wie diese Nationen von Rußland vortreflich zu brauchen sind. Wie das Halbcultivirte Gesetze haben muß, um gesittete Provinz nichts aber mehr zu werden. Unterschied des Geistes der Cultur in Provinz und Hauptstädten. Endlich Gesetze für Haupt= und Handelsstädte. Wie Montesquieu Muster seyn kann. Die wilden Völker sind an den Gränzen: das halbgesittete ist Land: das gesittete Seerand. Gebrauch von der Ukraine. Vorige Plane hieher. III. Das Materielle von den Gesetzen und der Beitrag jedes auf die Bildung des Volkes macht das dritte aus. Alles nach Montesquieu Methode kurz, mit Beispielen, aber ohne sein System. Die Fehler der Gesetzgebung frei beurtheilt, und ihre Grössen frei gelobt. Viel Beispiele, Geschichten und Data angeführt und o ein grosses Werk! und wenn es ein=

schlüge? was ists ein Gesetzgeber für Fürsten und Könige zu seyn! und wo ist ein beßerer Zeitpunkt als jetzt, nach Zeit, Jahrhundert, Geist, Geschmack und Rußland!

Die Staaten des Königs von Preußen werden nicht glücklich seyn, bis sie in der Verbrüderung zertheilt werden. Wie weit ists möglich, daß nicht ein Mann, durch sich, kommen kann? wie groß, wenn man ihn in allen geheimen Spuren seines Geistes verfolgte? wie groß, wenn er sein Politisches Testament schriebe, aber ohne das Epigramm zu verdienen, was er selbst auf Richelieu gemacht hat. So dünkt er uns jetzt, wie aber der Nachwelt? was ist denn sein Schlesien? wo wird sein Reich bleiben? Wo ist das Reich des Pyrrhus? Hat er mit diesem nicht grosse Aehnlichkeit? — — Ohne Zweifel ist das Größeste von ihm Negativ, Defension, Stärke, Aushaltung; und nur seine grossen Einrichtungen bleiben alsdenn ewig. Was hat seine Akademie ausgerichtet? Haben seine Franzosen Deutschland und seinen Ländern so viel Vortheil gebracht, als man glaubte? Nein! seine Voltäre haben die Deutschen verachtet und nicht gekannt: diese hingegen haben an jenen so viel Antheil genommen, als sie auch immer aus Frankreich her genommen hätten. Seine Akademie hat mit zum Verfall der Philosophie beigetragen. Seine Maupertuis, Premontvals, Formeis, d'Argens was für Philosophen? was haben sie für Schriften gekrönt? den Leibniz und Wolf nicht verstanden, und den Hazard eines Premontval, die Monadologie eines Justi, den freien Willen eines Reinhards, die Moralphilosophie und Kosmologie eines Maupertuis, den Styl eines Formei ausgebrütet. Was ist dieser gegen Fontenelle? was sind die Philosophen auch selbst mit ihrer schönen Schreibart gegen die Locke und Leibnitze? — Ueber die Sprachen sind sie nützlicher geworden. Michaelis, Premontval und die jetzige Aufgabe; aber doch Nichts grosses an Anstalt, und für ewige Ausführung. Mathematik hat einen Euler gehabt; der wäre aber auch überall gewesen, so wie le Grange sich im Stillen bildete. Und denn fehlts allen seinen Entdeckungen noch an dem grossen Praktischen in der Anwendung, wodurch Völker lernen, und Weise ihre Theorien verbessern um sie augenscheinlich ins Werk zu richten. Der Geschmack der Voltaires in der Historie, dem auch Er gefolgt ist, hat sich nicht durch ihn ausgebreitet: seine Unterthanen waren zu tief unter ihm und Voltaire, um ihn zum Muster zu nehmen: zu sehr unwißende Deutsche, zu sehr Unterthanen. Seine und Voltairs Philosophie hat sich ausgebreitet; aber zum Schaden der Welt: sein Beispiel ist schädlicher geworden, als seine Lehre. Daß er seine Deutsche nicht kennet? warum er Preußen verachtet? Daß er Machiavell folgt, ob er ihn gleich wiederlegt hat. Aussichten auf das Glück seiner Unterthanen nach der Zertheilung.

Schweden: da sehe ich die Klippe des Olaus! Wie war die Zeit, da er lebte, da er starb! Wie grosse Gedanken gibt sein Grab mit Nebel und Wolken bedeckt, von Wellen bespült u. s. w. von dem Nebel und der Zauberei seiner Zeit? Wie hat sich die Welt verändert! Was für drei Zeiten, die alte Skandinavische Welt, die Welt des Olaus, unsre Zeit des armen ökonomischen und erleuchteten Schwedens. Hier wars, wo vor aus Gothen, Seeräuber, Wikinger, und Normänner segelten! Wo die Lieder ihrer Skalden erklangen! Wo sie ihre Wunder thaten! Wo Lodbroge und Stille fochten! welche andre Zeit! Da will ich also, in solchen dunkeln trüben Gegenden ihre Gesänge lesen und sie hören, als ob ich auf der See wäre: da werde ich sie mehr fühlen, als Nero seine Heroide da Rom brannte. Wie verändert von diesem, als auf dieser See die Hanseestädte herrschten. Wisby, wo bist du jetzt? Alte Herrlichkeit von Lübeck, da ein Tanz mit der Königin Bornholm kostete, und du Schweden ihren Gustav Wasa gabst, wo bist du jetzt? Alte Freiheit von Riga, da der Altermann seinen Hut auf dem Rathhause lies und nach Schweden eilte, um die Stadt zu vertheidigen, wo jetzt? Alles ist zurückgefallen: mit weichen Sitten ist Schwachheit, Falschheit, Unthätigkeit, Politische Biegsamkeit eingeführt; der Geist von Hanseestädten ist weg aus Nordeuropa, wer will ihn aufwecken? Und ists für jede dieser Städte, Hamburg, Lübeck, Danzig, Riga nicht grosse wichtige Geschichte, wie sich dieser Geist verlohren? nicht, wie sich ihr Handel, ihre Privilegien u. s. w.

sondern ihr Geist vermindert und endlich Europa verlassen hat, und haben wir solche Geschichte von Hanseestädten? Willebrand sollte sie schreiben, wenn er nicht zu fromm wäre: und alle Hansee= städte auf ihren offenbaren Rechtstägen lesen! — Jetzt, Riga, was ists jetzt? Arm und mehr als arm, elend! Die Stadt hat nichts, und mehr auszugeben, als sie hat! Sie hat eine dürftige, nutzlose Herrlichkeit, die ihr aber kostet! Ihre Stadtsoldaten kosten, und was thun sie? ihre Wälle und Stadtschlüßel kosten und was thun sie? Das Ansehen ihrer Rathsherren kostet ihnen so viel schlechte Begegnung und nutzt nichts, als daß sie sich brüsten und den Bürgern für den Kopf stossen können. Alles reibt sich an der Stadt: Gouverneur und Regierungsrath, Minister und Krons= schreiber. Dieser gibt sich ein dummes Ansehen mit seinen 150. Rubeln über Bürgermeister und Rath: das ist Uebelstand. Der Minister läßt sichs bezahlen, daß er nicht schade: Uebelstand. Der Regierungsrath zwackt Foderungen ab, daß er helfe: Uebelstand. Gouverneur wird in Ansehen Despot und verbindet noch Intereße: Uebelstand — alles ist gegen einander. Kaiserin und Stadt: Hof und Stadt: Gouvernement und Stadt: Kronsbediente und Stadt: Titelräthe und Stadt: Adel und Stadt: Schmaruzer und Stadt: Rathsherren und Stadt — welcher Zustand! Man kriecht um über andre sich zu brüsten: man schmarutzt, um sich zu rächen: man befördert sein Intereße, und schiebts auf die Kaufmannschaft: man erkauft sich einen Titel, um elend zu trotzen: man bereichert sich, um mit leeren Versprechungen zu helfen. Welcher Zustand! Unmög= lich der Rechte, sondern die Hölle zwischen Freiheit und ordentlichem Dienste. Es höre der Unterschied zwischen Stadt und Krone auf: der Rath behalte seine Einrichtungen, Freiheiten, Departemente, Gewalt: nur [er] bekomme einen Präsidenten, der sie gegen Milita= rische Begegnung durch sein Ansehen schütze. Auch sie müssen Kronsbediente werden, und aller Unterschied der Begegnung z. E. bei Gerichten u. s. w. aufhören: sie selbst und jeder unter ihnen, Advokat u. s. w. Rang bekommen: Die Casse muß ihr bleiben, nur der Präsident sei das Mittel, das sie mit dem Hofe binde und von

allem wisse. Er sei der Burggraf, und der Vater der Stadt: der
Vertreter gegen Gewalt, und Vorsprecher bei der höchsten Obrigkeit.
Im Commerzcollegio bekomme der Präfect der Stadt mehr Ansehen
und könne dem Oberinspektor näher kommen. Der Oberpastor stehe
über dem Pastor der Jacobikirche, aber unter dem Superintendenten
und das Stadtconsistorium so unter dem Oberconsistorium, wie
Magistrat unter Hofgericht. Die Kanzelei sei nicht erblich, aber doch
die Stadtkinder behalten Vorzug und kein militärisches Aufdringen
sei möglich. Sie balancire mit der Krone und aller Haß werde
ausgelöscht. Man nehme Rathsherrn so gut aus Advokaten hier,
wie bei der Krone: Kanzlei und Advokatur sei kein Wiederspruch;
aber auch keine nöthige Verbindung. Man wähle, wo man findet,
und lasse nicht 2. Rathsherrn und den Advokaten freie Hände.
Kein Bürger werde in Ohrenklagen gegen den Magistrat gehört,
und kein Magistrat beschimpft. Der Partheiengeist werde erstickt:
in der Handlungsverbeßerung beßere bürgerliche Commission gesetzt:
so im Geistlichen auch, wo so viel Verbeßerung nöthig ist, und die
Stadt werde Eins, ruhig, glücklich. Sie bleibe keine Scheinrepublik,
keine Republica in republ.; aber eine Dienerin mit Vorzügen und
Range; wie glücklich wer das könnte! Der ist mehr als Zwinglius
und Calvin! ein Befreier und zugleich Bürger — sind dazu keine
Wege möglich? aber jetzt nicht: spät: durch Gewalt an Hofe. Ich bin
bei der Stadt gewesen, mit Advokaten, Canzlei und Rath umge-
gangen; komme unter die Krone, werde dies Departement kennen
lernen; beides untersuchen — soll dies nicht Vorurtheil für mich
seyn? Kampenhausen und Tesch und Schwarz und Berens nützen:
im Stillen arbeiten, und vielleicht bekomme ich einmal ein Wort
ans Ohr der Kaiserin! Was Morellet in Frankreich ausrichtet; ich
das nicht an einem andern Ort. Dazu will ich meine Gabe zum
Phlegma und zur Hitze ausbilden, mir erste Anrede und Gabe des
kalten deutlichen Vorschlages geben, den nur spät ein Enthu=
siasmus unterstütze, und so mich im Stillen bereiten, um Einst
nützlich zu werden — o hätte ich doch keine Critische Wälder
geschrieben! — — — Ich will mich so stark als möglich vom Geist

der Schriftstellerei abwenden und zum Geist zu handeln gewöhnen! — Wie groß, wenn ich aus Riga eine glückliche Stadt mache.

Die dritte Periode auf der Ostsee sind die Holländischen Domainen: Holland, dies Wunder der Republik; hat nur Eine Triebfeder, Handelsgeist, und dessen Geschichte möchte ich lesen. Wie er auf den Geist der Feudalkriege folgte? sich aus Amerika und Asien in Europa übertrug, und einen neuen Geist der Zeit schuff. Er war nicht einerlei mit dem Erfindungsgeiste: Portugal und Spanien nutzten nichts von ihren Entdeckungen: er war eine Oekonomie Europens zu dem sich aus Morrästen eine arme, dürftige, fleißige Republik emporhob. Welch ein grosser Zustrom von Umständen begleitete sie zum Glück! zum Glück von Europa! Aber von ihnen hat Alles gelernt: derselbe Geist hat sich überall ausgebreitet: England mit seiner Akte, Frankreich, Schweden, Dännemark u. s. w. Holland ist auf dem Punkte zu sinken; aber natürlicher Weise nur allmählich. Der Verf. des Commerce de la Hollande hats gezeigt: sein Mittel aber zur Entdeckung des 5ten Welttheils wird nichts thun: der Entdeckungsgeist ist nicht der Kaufmannsgeist. Daher hat man nichts einmal unternehmen wollen: auch unternommen, wäre für Holland kaum eine Einnahme und Einrichtung zur Bothmäßigkeit möglich: und endlich würden sie es so gewiß verlieren, als Holland sein Brasilien und Portugal sein Ostindien verlor. Dieser Verfall ist kaum mehr vermeidlich: die Gestalt Europens ist zu sehr darnach eingerichtet, daß sie ihn fodert; und Holland sinkt durch sich selbst. Seine Schiffe gehen umsonst: die Preise der Compagnie fallen: die Republik ist weniger in der Waage Europens, und muß dies Wenige bleiben, sonst wird sie noch mehr. Sie bereichert sich von dem, was andre ihr zu verdienen geben, und diese geben ihr weniger zu verdienen, und werden endlich von ihr verdienen wollen. Es wird also einmal und vielleicht schon bei meinen Lebzeiten eine Zeit seyn, da Holland nichts als ein todtes Magazin von Waaren ist, das sich ausleert und nicht mehr vollfüllen mag und also ausgeht, wie eine Galanteriebude, die sich nicht ersetzen will. Der Geldwechsel wird noch länger als der Waarenhandel dauren; wie aber, wenn England mit seinen Nationalschulden da einmal ein Fallißement macht? In diesem Betracht aber kann es sich noch lange erhalten: denn einmal ist doch vor ganz Europa eine Geldwechslerin nöthig: diese muß eine Republik seyn: liegen, wie Holland liegt: mit dem Seedienst verbunden seyn: die Genauigkeit zum Nationalcharakter haben und siehe! das ist Holland! Republik, in der Mitte von Europa, für die See geboren, arbeitsam und nichts als dieses, genau und reinlich wie im Gelde so in der Rechnung: es wird lange Wechslerin bleiben, was ists denn aber als dieses allein? Keine Seemacht, sondern Seedienerin; keine handelnde Nation mehr: sondern Dienerin und Hand des Handels: welche grosse Veränderung! Denn wird man sehen, was Handelsgeist, der nichts als solcher ist, für Schwächen gibt: das wird alsdenn kein grübelnder Philosoph, sondern die Reelle Zeit lehren, nicht mit Worten, sondern Thaten: in einem grossen Beispiel, für ganz Europa, an einer ganzen Nation. Da wird man sehen, wie der blosse Handelsgeist den Geist der Tapferkeit, der Unternehmungen, der wahren Staatsklugheit, Weisheit, Gelehrsamkeit u. s. w. aufhebet oder einschränket: man kanns zum Theil in Holland schon jetzt sehen. Ist hier wahres Genie? einen ehrlichen Friso nehme ich aus; diese Provinz ist nicht Holland: das übrige ist, als öffentliche Sache, Lateinisch, Griechisch, Ebräisch, Arabisch Experiment. Medicin. Kram; sehr gut, nach unsrer Litteratur vortreflich, ein Muster, unentbehrlich. Sie kommen weiter, als die Deutschen und Franzosen, die sich allem widmen, und weniger weit, als die Engländer, die immer Genie mit ihren Erfahrungen verbinden, und das erste oft übertreiben. Alles ist in Holland zu Kauf: Talente, und die werden also Fleis: Gelehrsamkeit und die wird Fleiß: Menschheit, Honnetete, alles wird vom Kaufmannsgeiste gebildet, — doch ich will erst Holland sehen! — Und zum Uebersehen des Genies, oder zum Gedächtnißlernen des Krams der Gelehrsamkeit ist das, glaub ich, das erste Land!

Was wird aber auf den Handelsgeist Hollands folgen? Geist der Partheien, d. i. der Ekonomischen innerlichen Handlung eines jeden Landes? Auf eine Zeitlang glaub ichs, und es läßt sich dazu an in ganz Europa. Oder der Partheien, d. i. der Aufwieglung? Dies ist auf das eben genante unvermeidlich. Eines der großen Völker im Ekonomischen Handel z. E. England wird ein andres aufwiegeln, das wild ist, und dabei selbst zu Grunde gehen — könnte dies nicht Rußland seyn! — Oder der völligen Wildheit, Irreligion, Ueberschwemmung der Völker? was weiß ich. Die Jesuiten in Amerika haben aufgehört: ich habe mich betrogen: seinem Untergang indessen wird der feine Politische Geist Europens nicht entgehen. In Griechenland sprach man nicht ein Wort von Rom, bis dies jenes überwand: so mit Griechenland und Egypten: Egypten und Persien: Aßyrien und Meden. Nur Rom und die Barbaren — das war anders: da munkelte es lange, wie der Pöbel sagt: in unsrer Zeit muß es noch länger munkeln, aber desto plötzlicher losbrechen. —

Was wollen doch alle unsre Kriegskünste sagen? Ein Griechisches Feuer, Eine neue Erfindung, die alle vorige zerstört, ist allen überlegen. Was will alle Gelehrsamkeit, Typographien, Bibliotheken u. s. w. sagen? Eine Landplage, eine Barbarische Ueberschwemmung, alsdenn ein Herrnhutischer Geist auf den Kanzeln, der Gelehrsamkeit zur Sünde und Mangel der Religion und Philosophie zum Ursprunge des Verderbens macht, kann den Geist einführen, Bibliotheken zu verbrennen, Typographien zu verbrennen, das Land der Gelehrsamkeit zu verlassen, aus Frömmigkeit Ignoranten zu werden. So arbeiten wir uns mit unserm Deism, mit unsrer Philosophie über die Religion, mit unsrer zu feinen Cultivirung der Vernunft selbst ins Verderben hinein. Aber das ist in der ganzen Natur der Sachen unvermeidlich. Dieselbe Materie, die uns Stärke gibt, und unsre Knorpel zu Knochen macht, macht auch endlich die Knorpel zu Knochen, die immer Knorpel bleiben sollen: und dieselbe Verfeinerung, die unsern Pöbel gesittet macht, macht ihn auch endlich alt, schwach und nichts tauglich. Wer kann wider die Natur der Dinge? Der Weise geht auf seinem Wege fort die Menschliche Vernunft aufzuklären, und zuckt nur denn die Achseln, wenn andre Narren von dieser Aufklärung als einem letzten Zwecke, als einer Ewigkeit reden. Alsdenn muß man die Diderotschen und Schweizerischen Politiker wiederlegen, oder, da dies im Geist unsrer Zeit, da der AntiRoußeauianism herrscht, zu einer Fabel wird und noch zu früh auch für Nutzen und Ausführung wäre, bei sich das beßere denken. Alle Aufklärung ist nie Zweck, sondern immer Mittel; wird sie jenes, so ists Zeichen daß sie aufgehört hat, dieses zu seyn, wie in Frankreich und noch mehr in Italien, und noch mehr in Griechenland und endlich gar in Egypten und Asien. Diese sind Barbarn und verachtenswürdiger als solche: die Mönche von Libanon, die Wallfahrter nach Mecca, die Griechischen Papa's sind rechte Ungeziefer aus der Fäulniß eines edlen Pferdes. Die Italienischen Akademien in Kortona zeigen die Reliquien ihrer Väter auf und schreiben drüber, daß es erlaubt sey, sie aufzuzeigen, lange Bücher, Memoires, Quartanten und Folianten. In Frankreich wird man bald so weit seyn: wenn die Voltaire und Montesquieu todt seyn werden: so wird man den Geist der Voltaire, Boßvets, Montesquieu, Racine u. s. w. so lange machen: bis nichts mehr da ist. Jetzt macht man schon Encyklopädien: ein D'Alembert und Diderot selbst laßen sich dazu herunter: und eben dies Buch, was den Franzosen ihr Triumph ist, ist für mich das erste Zeichen zu ihrem Verfall. Sie haben nichts zu schreiben und machen also Abregés, Dictionaires, Histoires, Vocabulaires, Esprits, Encyclopedieen, u. s. w. Die Originalwerke fallen weg. — Daß ein Volk durch seine Feinheit des Geistes, wenn es einmal auf Abwege geräth, desto tiefer hinein sich verirre, zeigt der unvergleichliche Montesquieu an den Griechen, die durch ihren feinen Kopf eben so tief hinein in die Spekulation geriethen über die Religion, die ihr Gebäude umwarf.

England — in seinem Handel geht es sich zu ruiniren? seine Nationalschulden werden die Verfall des Ganzen machen? — aus Amerika wirds da nicht von seinen Colonien, Schaden nehmen? was ists in der Concurrenz andrer Nationen? wie weit kann diese dagegen noch steigen? = geht es im Handel also zu Bette, oder noch höher zu werden? Aber sein Geist der Manufacturen, der Künste, der Wißenschaften wird der sich nicht noch lange erhalten? Schützt es da nicht seine Meerlage, seine Einrichtung, seine Freiheit, sein Kopf? Und wenn es insonderheit die Aufwieglerin überwindender Nationen seyn sollte, wird es nicht dabei wenigstens eine Zeitlang gewinnen? und lange für dem Ruin sich wenigstens noch bewahren? = =

Frankreich: seine Epoche der Litteratur ist gemacht: das Jahrhundert Ludwichs vorbei; auch die Montesquieus, D'Alemberts, Voltaire's, Roußeau sind vorbei: man wohnt auf den Ruinen: was wollen jetzt die Heroidensänger und kleinen Comödienschreiber und Liederchenmacher sagen? Der Geschmack an Encyklopädien, an Wörterbüchern, an Auszügen, an Geist der Schriften zeigt den Mangel an Originalwerken. Der Geschmack an äußerlichen fremden Schriften, das Lob des Journal etranger u. s. w. den Mangel an Originalen: bei diesen muß doch immer Ausdruck, Stempel u. s. w. verlohren gehen und wenn sie doch gelesen werden, so ists ein Zeichen, daß der bloße Werth und die Natur der Gedanken schon reichhaltig gnug sey, um nicht die Wortschönheit nöthig zu haben. Und da die Franzosen von der letzten so viel und Alles machen, da ihnen Wendung, Ausdruck und überhaupt Kleid des Gedankens alles ist: da die Deutschen so sehr von den Wendungen und dem Lieblingsstaat der Franzosen abgehen und doch, die so verachteten Deutschen doch gelesen werden — so ist dies ein grosses Kennzeichen von der Armuth, von der demüthigen Herabkunft des Landes. Marmontel, Arnaud, Harpe sind kleine Stoppeln, oder sprossende Herbstnachkömmlinge: die grosse Ernte ist vorbei.

Was hat das Jahrhundert Ludwichs würklich Originelles gehabt? Die Frage ist verwickelt. Aus Italien und Spanien haben ihre grösten Geister vieles her, das ist unleugbar: die Klubbe unter Richelieu arbeitete über fremde Gegenstände: Corneilles Cid ist Spanisch: seine Helden noch Spanischer: seine Sprache in den ersten Stücken¹ noch Spanischer, wie Voltaire in seinem Commentar darüber zu lesen ist. Seine Medea war ein Hexenstück: sein Cid siehe davon die merkwürdige Vorrede Voltairs und die Romancen drüber. Von Moliere findet man etwas im 2ten Theil der Bibliothek der Ana — der Cardinal Mazarin, der Quinault und die Oper aufweckte, war Italiener. Die Ritteraufzüge, Festlichkeiten u. s. w. Italienisch: Lulli ein Italiener: der Geschmack der Kunst, Baukunst, Bildhauerei, Verzierungen, Münzen, Italienisch: die Komödie Italienisch. Die Gesellschaft der Wißenschaften meist Italiener im Anfange, siehe Fontenelle und Voltaire: Telemach ein Gedicht halb Lateinisch halb Italienisch in seinen Beschreibungen: u. s. w. Die vornehmsten Künste waren erfunden oder zurückerfunden von den Italienern: was haben die Franzosen gethan? nichts, als das Ding zugesetzt, was wir Geschmack nennen. Dazu disponirte sie ihre Philosophischere Sprache, mit ihrer Einförmigkeit, Reichthum an Abstrakten Begriffen und Fähigkeit, neue Abstracte Begriffe zu bezeichnen. Da kam also der Spanische und Italienische Geschmack mit ihren Gleichnißen und Spielwörtern ab, man nenne diese Katachresen, oder Concetti oder wie man wolle, wovon noch die ersten französischen Romanen, Tragödien und Poesien voll sind. Die zu hitzige Einbildungskraft der Spanier und Italiener ward in der kältern Sprache und Denkart der Franzosen gemildert: das gar zu feurige der Liebe verschwand; es ward gemildert; aber mit dem Abentheuerlichen ging auch das wahrhaftig zärtliche weg: es ward endlich frostige Galanterie, die nur Adel in Gedanken, Franchise in Worten und Politesse in Manieren sucht. So wird also keine wahre zärtliche Liebe mehr die Scene eines Franzosen von Geschmack seyn. — Man sehe sie selbst auf ihrem Theater: welche ausstudirte Grimassen! einförmige Galanterien! — Sie haben das Herzbrechende weggeworfen: das gar zu niedrige von Küssen u. s. w. ist weg: das Uebertriebene von Augen u. s. w. ist weg: die wahre eheliche

---

1) gestrichen: „Comödien"

Liebe wird nicht gespielt; der wahre Affekt der Brautliebe ist gemein, ist einem Theil nach unedel und verächtlich; dem andern Theile nach übertrieben und lächerlich — was bleibt über? wo sind die schönen Griechischen Scenen der Jphigenia u. s. w. auf dem Französischen Theater? — — Eben so ists mit dem Helden des Französischen Geschmacks. Der Spanier abentheuerlich; Italien hat jetzt keine mehr: was ist aber der galante Held Frankreichs. — — Die Komödie ist in Italien zu gemein, zu Hanswurstmässig; in Frankreich ist sie in Scenen des gesellschaftlichen Lebens ausgeartet. Moliere ist nicht mehr. Man schämt sich von Herzen aus zu lachen: man lächelt wie im Lügner des Gressets und andren; (s. Clements Nouvell. darüber). Die Französische Komödie macht Scenen des gesellschaftlichen Lebens; Abende nach der Mode, Marquis, oder nichts. — — Die wahre Kanzelberedsamkeit weg: keine unmittelbare Rührung, sondern Tiraden von grossen Bildern, langschwänzigen Perioden, nichts mehr. Können die Bossvets, Flechiers, u. s. w. rühren! Dazu ist weder Thema, noch Publikum, noch das Ganze der Rede; erleuchten, hie und da erschüttern, das können sie — nur jener Redner vom jüngsten Gericht in einer Provinz wuste zu rühren mit dem Ganzen der Rede; in Paris wäre er ausgelacht, oder ausgezischt u. s. w.

Also ists nur eine gewiße Annäherung an die kältere gesunde Vernunft, die die Franzosen den Werken der Einbildungskraft gegeben haben: das ist Geschmack und ihr Gutes. Es ist aber auch Erkältung der Phantasie und des Affekts, die sie ihm damit haben geben müssen; und das ihr Geschmack im bösen Verstande, der endlich nichts, als das bleibt, was Montesquieu Politische Ehre ist. Dieser grosse Mann gibt auch hierinn eine Bahn zur Aussicht. Griechenland war gleichsam wahre Republik der Wissenschaften; da galt auch seine Triebfeder, Litt.=Tugend, Liebe zu den Musen. In Rom wars Aristokratie: da schrieben nur einige Vornehme und ihre Tugend war Moderation. Mit einemmal wards Despotism unter der Päbstischen Regierung. Eine andre Art von Gestalt bei der Wiederauflebung, wo es Ehre war die

Alten nachzuahmen; das war Aristokratische Monarchie: die Alten das Depot der Gesetze und des Senats. Vergleichung dieses Zeitpunkts mit den Römern, bei denen die Griechen auch ein Depot der Gesetze und Senat waren; aber bei ähnlichern Sitten, Sprachen, Zustande; also minder tyrannisch, minder Venetianisch, wie die letzte. — In Frankreich wars Monarchie! Ehre und wie sie Montesquieu beschreibt, ward Triebfeder in Allem — in England ists Despotism und Demokratie, Shakespear u. s. w. regieren: und werden verspottet: Bolinbroke regierte und wird verspottet — was ists in Deutschland. — In Holland Despotism und Schaarwerksarbeit; in Deutschland Akademische Aristokratie, die sich in¹

Wie kann sie in Deutschland nachgeahmt werden? Eben um so weniger, da wir von dieser Monarchie, von diesem Hofzustande, von dieser Honneur in der Litteratur wenig wissen, sie nicht haben können und wo wir sie haben, mit Verlust erkaufen. Der Franzose weiß nichts vom Reellen der Metaphysik und kann nicht begreifen, daß es was Reelles in ihnen gebe (s. Clement bei Gelegenheit Condillacs, Maupertuis, Königs u. s. w. Siehe eben so die Spöttereien Voltaires, Crebillons u. s. w.). Er hat lauter Convention des Gesellschaftlichen in seiner Philosophie, die er hat und sucht; wir lieben Abstrakte Wahrheit, die an sich liebenswürdig ist, und das Faßliche ist nicht Hauptwerk sondern Conditio sine qua non. So auch in der Physik u. s. w. Bei Fontenelle erstickt alles unter Gespräch, in seinen Lobreden alles Materielle unter schöne Wendung, daß die Wissenschaft selbst Nebensache wird. So auch in der Menschlichen Philosophie: bei Roußcau muß alles die Wendung des Paradoxen annehmen, die ihn verdirbt, die ihn verführt, die ihn gemeine Sachen neu, kleine groß, wahre unwahr, unwahre wahr machen lehrt. Nichts wird bei ihm simple Behauptung; alles neu, frappant, wunderbar: so wird das an sich Schöne doch

---

1) Der Satz steht auf den letzten Zeilen von S. 47 des Msc. Auf der neuen Seite weiter schreibend hat Herder ihn wol dem Sinne nach, nicht aber in der Form zum Abschlusse gebracht.

übertrieben: das Wahre zu allgemein und hört auf Wahrheit zu seyn; es muß ihm seine falsche Tour genommen, es muß in unsre Welt zurückgeführt werden, wer aber kann das? Kans jeder gemeine Leser? ists nicht oft mühsamer, als daß es das lohnt, was man dabei gewinnt? und wird nicht also Rousseau durch seinen Geist unbrauchbar oder schädlich bei aller seiner Größe? — Endlich Voltäre gar — was ist bei dem Historic als ein Supplement und eine Gelegenheit zu seinem Witze, seiner Spotterei, seiner Betrachtungslaune? Diese ist an sich schön; sie kann, insonderheit die Deutschen, sehr bilden; nur nachgeahmt werden? in der Historie nachgeahmt werden? Muster der Historie seyn? mit oder ohne Voltäres Geist — nie! mit ihm wird die Historie verunstaltet; ohne ihn noch mehr verunstaltet — man lese ihn also als Voltäres Einfälle über die Historie! so recht und kann viel lernen. Dies gilt noch mehr die Abstrakten Wißenschaften, die Newtonische Philosophie und am meisten seine Metaphysik. = = Thomas was muß man ihm nehmen und geben, daß er würdig lobe! Geben den Geist der Helden, die er lobt, Sulli, und D'Aguesseaus, Trouins und des Marschalls, und insonderheit Deskartes — hat er den? kann er den haben? Er ist also ihr Deklamateur, was man bei allen, am meisten bei Deskartes, Sulli und dem Marschall sieht: macht Kleinigkeiten groß, und vergißt Größen: hat so viel ers auch verbergen will, seine loci communes von Erziehung, Schutzgeist, Ungewöhnlichem der grossen Seele, Charakter aus Trüblet und Boßvet: hat noch mehr seine erschrecklichen loci communes bei Beschreibung der Länder, der Wißenschaften, der Völker, Kriege und grossen Unternehmungen — da siehet man die Thomasschen Aufstutzungen, die ihm genommen, was bleibt übrig? seine Anekdoten, die er anführt, und historische Umstände! Indessen ist er bei seinen Fehlern zu lesen: diese sind süße, bildende Fehler! aber nicht das sie das Hauptwerk der Lobreden werden. Ein Deutscher, der Wolf und Leibniz lobte, wie anders der?

Rochefoucault! wie entfernt er sich! wie vertieft er sich! seine Hauptmaxime selbst ist nur halbwahr: und welche unmenschliche Anwendung! politisch wahr und vielleicht auch nützlich! aber Menschlich nicht wahr und erniedrigend, demüthigend, nicht beßernd, sondern verschlimmernd — die Ausgeburt eines scharfsinnigen Kopfs, eines witzigen Gesellschafters, der oft betrogen ist, und sich durch seinen Stand ein ernsthaftes Deßus gibt; eines Melancholischen Temperaments und gallichten Herzens. Ich lese meinen Tristram lieber! — Montesquieu endlich selbst; ist er ganz frei vom faux-brillant? man sehe, wie oft er in der Uebersetzung unkenntlich ist, und es zum Theil seyn muß, der Güte und Fehler seiner Sprache halben. Ganz frei vom falsch Philosophischen? noch minder! und seine Uebersetzung in unsre Philosophischere Sprache ist hier noch mehr Zeugin. — — Man sieht, die Mühe, die er sich gibt, Abstrakt, tiefsinnig zu seyn: Ideen zu verkürzen, um nur viel zu denken zu geben und es scheine, daß er noch mehr gedacht habe: Aufstutzungen kleiner Juristischen Fälle und Phänomene unter Gerüste von grossen Aussichten, Continuationen desselben Sujets, Bemerkungen, Zubereitungen u. s. w. Selbst seine Grundsätze sind wahr, fein, schön; aber nicht vollständig und einer unendlichen Mischung unterworfen: Es gibt Demokratische Aristokratien und v. v. Aristokratien und Demokratien in verschiedner Stuffe der Cultur diese, der Macht und des Ansehens jene. Aristokratische Monarchien und Monarchische Aristokratien wie z. E. Rom, Florenz u. s. w. diese; jenes Schweden und Polen sind, und selbst diese wie verschieden sind sie? und noch mehr können sie seyn, nach Einrichtungen, Sitten, Kultur, Macht der Aristokraten und des Monarchs. Monarchischer Despotism, da dieser durch jenen nur gemildert wird, wie[1] unter Ludwich XIV. und Richelieu in Frankreich; und Despotische Monarchie, wie in Preußen und mit schwächern Zügen in Dännemark. Aristokratischer Despotism, wie in Rußland; Demokratischer, wie in der Türkei. — Demokratisch Aristokratische Monarchie wie in Schweden; Monarchische Aristokratische Demokratie wie in England, u. s. w. wer kann alle kleinere Republiken und

---

1) Hiernach gestrichen: „in Preußen und"

Staatsverfaßungen durchgehen? in allen Zeiten? Ländern, Veränderungen? das einzige Rom wie viel hats gehabt? wenn war es sich gleich? Nie! welch ein feines Werk ist da noch aus Montesquieu (Geist der Gesetze) über Montesquieu (Geist der Römer) zu schreiben, was er und Mably nicht geschrieben! — Wie muß er also verstanden, vermehrt, ausgefüllt, recht angewandt werden! wie schwer ist das letzte insonderheit? das zeigt das größeste Beispiel, die Gesetzgebung Rußlands! Wie groß für Montesquieu, wenn er so geschrieben hätte, um nach seinem Tode ein Gesetzgeber des größesten Reichs der Welt seyn zu können? Jetzt ist ers, der Ehre nach! aber ob auch der Würde, dem würklichen Nutzen nach? Das weiß ich nicht.

Die Monarchin Rußlands setzt eine Triebfeder zum Grunde, die ihre Sprache, Nation, und Reich nicht hat, Ehre. Man lese Montesquieu über diesen Punkt, und Zug für Zug ist die Rußische Nation, und Verfaßung das Gegenbild: man lese ihn über Despotism und Crainte, und Zug für Zug sind beide da. Nun höre man ihn selbst, ob beide zu einer Zeit da seyn können.

Die Ehre will, daß man sich von Mitbürgern unterscheide, schöne, grosse, außerordentliche Handlungen thue: ein Ruße kann nicht diese Triebfeder haben, denn er hat keine Mitbürger: er hat für Bürger kein Wort in seiner Sprache. Der junge Ruße von Stande sieht an Bürgern nichts als Knechte, wovon ich selbst ein redendes Beispiel gekannt habe: der junge Ruße ohne Stand sieht nichts als Pfiffe, wodurch er sich heben kann. Diese Pfiffe sind nicht Geist der Nation, weil sie Gröffe des Geistes sind, sondern weil sie Vortheile bringen: so hebt sich der Grosse, wenn er glücklich rebellirt, und der Arme, weil er dadurch reich wird. Beide wagen, als Sklaven, ein letztes! unglücklich oder glücklich! Furcht oder Hoffnung! = ganz also das Gegentheil der Ehre! Ists honett ein betrügerischer Kaufmann, ein Schmeichler, ein Rebell, ein Königsmörder zu seyn! der Ruße ist alles durch Natur!

Die Ehre will, daß man nicht niedrig schmeichle: der Ruße ist nie andres, als niedrig in seiner Schmeichelei, damit er groß gegen andre sei: b. i. er ist Sklave um Despot zu werden. Die Ehre will, daß man die Wahrheit spreche, wenn es Honetete gebeut; der Ruße sagt sie denn am wenigsten, und wenn es auch nur der geringste Vortheil wollte. Die Politeße der Rußen ist grob Despotisch z. E. im Saufen, Küssen u. s. w. hat grobe Ehre; oder ist grobe Gewohnheit; oder endlich Betrügerei. Kein Ruße ist fein, um zu zeigen, daß er nicht grob und niedrig ist: denn sonst würde ers immer seyn, auch gegen Bediente, Untere u. s. w. sondern gegen die ist er eben Despot. Solche Sitten haben sich z. E. dem Rathe in R[iga] selbst eingeflößt, und der dicke B. ist ein Muster Rußischer Politesse: sein Anhängling hat wahrere Französische, um ihr selbst willen, daß er doch nicht B. sey.

Diese Triebfeder ist also nicht blos nicht; die Sklavische Furcht ihr Gegentheil ist um so mehr würksam. Wie kann jene nun zur Triebfeder genommen werden? Damit sich der Hof betrüge! damit das Gesetzbuch nie gehalten werde! damit eine völlige Verwilderung einbreche! der Furcht und ihren gräulichen Unternehmungen wird nicht zuvorgekommen, sie nicht eingehalten, sie nicht gelenkt: die Gesetze sind zu gelinde! Von der andern Seite werden Gesetze keine Ehre einflössen, diese also nicht würksam machen: der Staat hat also keine Triebfeder; er wird Despotische Aristokratie, oder wenigstens Demokrat. Aristokrat. Despotism bleiben, und sich in eine grosse Umwälzung hineinrollen, so bald das Gesetzbuch und nicht die Person eines Prinzen regiert. Diese regiert jetzt: wird sie aber immer regieren?

Die Monarchin will, um ihre Nation nicht zu schmälern, den Despotism verkennen, in der Triebfeder: vielleicht verkennet sie ihn auch im Effect: denn wie und welche Art und woher sie regiert, ist sie keine Despotin und kann es auch nicht seyn. Aber sieht sie denn keine Despoten ihrer Selbst? sieht sie keinen Senat, Grossen u. s. w. denen sie sich bequemen muß. Und was ist nun ärger, als ein Aristokratischer Despotism? = = Sie sieht nichts als Aristokratische Republik im Senate: sie ehrt ihn mit dem Namen eines Depots der Gesetze u. s. w. sie nimmt Regeln aus einer

Republik her, um sie auf ihn zu passen. Grosse Kaiserin! wie unrecht genommen! = = Diese Herren stellen sie das Reich vor? sind sie aus dem ganzen Adel des Landes genommen? durch rechte Wege hineingekommen? sind sie die Gewährleute der Gesetze, da Rußland keine Gesetze hat? haben sie die gehörige Macht zu wiedersprechen? die gehörige Triebfeder fürs Reich zu reden? was ist ihr Reich? ihre Unterthanen? die sind Sklaven. Dein Reich! Große Kaiserin! Nein! ihr Palais, Güter, Luxus, Bedürfniße, Parthen, die sie durch Geschenke gewonnen, das ist ihr Reich, dem sie dienen! für das sie alles thun werden — für welches sie Pöbel für Dir sind, um Despoten über Dich und das Reich zu seyn; welche Republik! welch eine Zerstreuung! = = und nun wo ist Montesquieu an seiner Stelle. = = Ein zweiter Montesquieu, um ihn anzuwenden!

Die Normandie = o Land, was bist du gewesen? Wo ist dein Geist der Galanterie und des Heldenthums, der Gesetze, und der Erziehung, wo ist er? und wie groß war er? was hat er nicht in Europa ausgerichtet? in Frankreich, in England, in Neapel, in Sicilien, in Italien, in Asien durch die Kreuzzüge, in Cypern, in der Welt? Eine Geschichte von ihm wäre mehr als eine Geschichte des Französischen Patriotismus: sie enthielte zugleich einen grossen Theil des Ritter= und Riesengeschmacks, mithin der Französischen, Englischen und Italienischen Litteratur. Und wohin ist dieser Geist verflossen? Er hat sich im Fluß der Zeiten verdünnet, er ist in Orden und Cerimonien, in Kreuzzüge und Wanderungen verflossen, er ist nicht mehr. Indessen warens doch noch meistens aus der Normandie, die die berühmtesten Schriftsteller Frankreichs gewesen: Marot, Malherbe, Sarrazin, Segrais von Kaen: Scuderi von Havre, die Corneillen, Brebeuf, Fontenelle von Rouen, Benserade dabei, und der Kardinal Perron aus Niedernormandie. Einer in den Ana zerbricht sich darüber den Kopf, wie dies mit dem Phlegma der Provinz zu reimen sey; ich hätte Lust hievon zu abstrahiren, und die zweite Wiederauflebung ihres Geistes hier zu suchen.

In Frankreich: alles spricht hier Französisch, so gar Piloten und Kinder! Man legt die letzte Frage einem Deutschen Bedienten in den Mund und es wird Buffonnerie. Wie viel Sachen aber sind nicht von den Alten, die wir so untersuchen, daß uns nur immer ein Bedienter diese Frage zuruffen sollte. So wenn wir die Griechische Sprache im Homer untersuchen: diese Sprache muß man alsdenn denken, sprachen alle Kinder! verstanden alle Leute! Poeten und Narren sangen sie auf den Gassen. Das waren Götter des Volks und des Pöbels! Geschichte und Heldenthaten des Volks und der Kinder! Accente und Sylbenmaaße des Volks und der Nation! So muß man sie lesen, hören, singen, als ob man sie in Griechenland hörte, als ob man ein Grieche wäre! = = Was das für Unterschied gibt zwischen einer lebendigen und tobten Sprache, das weiß ich! Diese lieset man mit den Augen: man sieht sie; man hört sie nicht: man spricht sie nicht aus: man kann sie oft nicht aussprechen, wenn man sie gleich verstehet. So entbehrt man allen lebendigen Klang, und bei einem Poeten, bei einem Griechischen Poeten allen lebendigen Wohlklang: alles malende im Ton der Wörter: alle Macht des Sylbenmaaßes, des Schalls, der Annehmlichkeit. So wenig ich alle Süßigkeiten in Voltaires Sylbenmaaßen fühlen kann: so wie ichs immer mehr lernen muß, sie in ihm und Greßet und Racine zu fühlen; tausendmal mehr mit der lebendigen, tönenden, im Leben abgezognen, lebendig gesungnen Griechischen Sprache. Welche Zauberei gehört dazu, sie zu singen, nicht zu deklamiren, sondern zu singen, zu hören, wie sie Jo bei Plato sang und hört und fühlte und wer kann das? = Wie viel Bemerkungen Clarks, Ernesti fallen da nicht weg! werden unleserlich! unausstehlich! In Holland will ich Homeren so lesen und den dürftigen 2. Theil meiner Crit. Wälder damit voll füllen! =

Zweitens! fällt mit der tobten Sprache aller lebendige Accent weg: die Flick= und Bindewörter, auf die sich die Rede stützt, wenn es auch nur ein eh bien! ma foi! u. s. w. seyn sollte, aber so hörbar ist, um Leben oder nichts zu geben. So sind im Französischen das n'allés pas etc. das je m'en vais etc. und 1000.

andre Ausdrücke, und viele Phrases, Bindewörter, u. f. w. müßens im Griechischen seyn. Hier ist Clarke sehr zu brauchen und für mich zu wünschen, daß ich einen gebohrnen Griechen fände oder selbst nach Griechenland käme, auch nur, wie es jetzt ist: um diesen lebendigen Ton des Sinnes, den Accent des Ausdrucks u. f. w. zu hören, um National Griechisch sprechen zu können. Wie viel 1000. kleine Unterschiede gibts da nicht, bei Constructionen, temporibus, Partikeln, Aussprache, die man blos durch die lebendige Rede hört. Die Franzosen z. E. scheinen mit ganz andern und höhern Organen zu reden, als wir: unsre scheinen tiefer im Munde und Rachen zu liegen: so Holländer, Engländer; jene höher, öffnen mehr den Mund: insonderheit wird das beim Singen merklich. Daher auch mit je höhern Organen man spricht, man Musikalischer wird und sich dem Gesange nähert: s. Roußeaus Wörterbuch unter Accent, Schall, Ton, Stimme u. f. w. Die Deutschen singen also wenig oder gar nicht: der Franzose mehr: der Italiener seiner Sprache und Organen nach noch mehr: der Grieche noch mehr und sang. Das gehört zu haben, so sprechen zu können, so die Sprache in allen Accenten der Leidenschaft kennen: das heißt Griechisch können. O könnte ich Homer so wie Klopstock lesen! Skandire ich nicht: welch andrer Poet! Weiß ich für die Leidenschaft und Natur ihn zu scandiren; was höre ich da nicht mehr! Welche Verstärkung, Stillstand, Schwäche, Zittrung u. f. w. O sänge mir Homer, Pindar, und Sophokles vor.

Drittens endlich; der Sinn und Inhalt der Rede: Lieblingsausdrücke und Bezeichnungen der Nation: Lieblingswendung und Eigenheit in der Denkart — Gott! Welcher Unterscheid! Wie hier der Franzose das Jolie liebt, immer vom Amusanten spricht, von Honnetete, die bei ihm ganz was anders ist; was hatte da der Geist der Griechischen und Lateinischen Sprache? Nicht, was das Wort heißen kann, nach ein Paar Wörterbüchern; sondern nach dem Sinn des lebenden Volks, hier, jetzt, und mit Eigensinn heißet? So muß Thersit charakterisirt werden und alle Charaktere und Homer und Alles! Welch ein Feld zu lernen, den Geist der Grie=

chischen Sprache zu lernen! nach Zeitaltern und Schriftstellern. Da muß man aber in der Erziehung ein Montagne und Shaftesburi gewesen seyn und lebendig Griechisch können, oder kann nichts! Welche grosse Sache, wenn ein Professor der Griechischen und Lateinischen Sprache diese so kann! nicht durch Wörterbücher, und Grammatik, sondern durch ein feines innerliches Gefühl, was uns unsre Ammen beßer beibringen, als unsre gelehrte Aristarche! Dies feine Gefühl am Sinn der Worte, der Redarten, der Construction, des Klanges haben es im Lateinischen Geßner und Ernesti? hat es Klotz gehabt? kann er Geßner und Christ und Crusius beurtheilen? Wie beurtheilt er sie und Reiste und Sannazar insonderheit und Vida u. a.? Hier muß man sich aus den alten Lateinern und aus den neuen Italienern und aus den Favoritsprüchen in ana bilden, und ja gewisse Jahre und Fertigkeiten und am meisten lebendige Eindrücke nicht versäumen. Hat Ruhnke dies Gefühl im Griechischen? Herel im Griechischen? Heine nicht im Lateinischen! das wäre Weg ihn zu loben (im 2t. Th. der Krit. Wälder). Hats Klotz in Absicht auf Horaz? Hats Algarotti in Absicht auf diesen mehr? Wie sind in diesem Betracht die verschiednen Urtheile verschiedner von einem Manne zu vereinigen! Siehe die Bibliothek der ana p. 84. 85. u. s. w. Hat Lambin, B. - - - und Ramler ein solch Gefühl von Horaz! Klotz von Tyrtäus, Weiße? = = Dies ist auch der beste Weg mich herauszuziehen, wo man mich der Wörtlichen Schwäche im Griechischen und Lateinischen beschuldigt. Hierdurch werden die Krit. Wälder sich im 1. und 2. Theil sehr heben und das soll Holland thun! So will ich in Frankreich Französisch, in Holland Lateinisch und Griechisch, in England Englisch, in Italien Italienisch und Lateinisch und Griechisch lernen: ei wo Hebräisch und Arabisch? = = Ja aber, das ich nirgends die Frage vergesse: in Frankreich reden auch die Kinder Französisch?

Von diesem Geist der Zeit hängen Sprachen, wie Regierungen ab: die Sache wird bis zum Augenschein frappant, wenn man vergleicht. Derselbe Geist der Monarchischen Sitten, den Montesquieu an seiner Person so augenscheinlich malt, herrscht auch in ihrer Sprache. Tugend, innere Stärke, hat diese wenig, wie die Nation; man macht mit dem Kleinsten das Größeste was man kann, wie eine Maschine durch ein Triebrad regiert wird. Nationalstärke, Eigenheit, die an ihrem Boden klebt, Originalität hat sie nicht so viel; aber das was Ehre auch hier heißt, das Vorurtheil jeder Person und jedes Buchs und jedes Worts ist Hauptsache. Ein gewißer Adel in Gedanken, eine gewisse Freiheit im Ausdruck, eine Politeße in der Manier der Worte und in der Wendung: das ist das Gepräge der Französischen Sprache, wie ihrer Sitten. Nicht das, was man andern lehrt ist Hauptmine, sondern das, was man selbst weiß und lehren kann; was man sich selbst schuldig ist, und das weiß keiner vortreflicher als Voltaire, und Roußeau, so sehr es der letzte auch verläugnet und so gräulich verschieden sie es auch sind. Sie sinds doch, der erste eitel und frech auf sich; der andre stolz und hochmüthig auf sich: aber beide suchen nichts so sehr, als das Unterscheidende. Nur jener glaubt sich immer schon unterschieden zu haben, und verficht sich blos durch Witz; dieser durch seine unausstehliche, immer unerhörte Neuigkeit und Paradoxie! So sehr Roußeau gegen die Philosophen ficht, so sieht man doch, daß es auch ihm nicht an Richtigkeit, Güte, Vernunft, Nutzbarkeit seiner Gedanken gelegen ist; sondern an Größe, Aufferordentlichem, Neuen, Frappanten. Wo er dies finden kann, ist er Sophist und Vertheidiger: und daher haben die Franzosen auch so wenig Philosophen, Politiker und Geschichtschreiber; denn diesen drei Leuten muß es blos an Wahrheit gelegen seyn. Was aber opfert nun nicht Voltaire einem Einfall, Roußeau einer Neuigkeit, und Marmontel einer Wendung auf!

Die Galanterie ist daher so fein ausgebildet unter diesem Volk, als nirgends sonst. Immer bemüht, nicht Wahrheit der Empfindung und Zärtlichkeit zu schildern; sondern schöne Seite derselben, Art sich auszudrücken, Fähigkeit erobern zu können — ist die Galanterie der Französischen Romane und die Coquetterie des Französischen Styls entstanden, der immer zeigen will, daß er zu leben und zu erobern weiß. Daher die Feinheit der Wendungen, wenn sie auch nichts sind, damit man nur zeige, daß man sie machen könne. Daher die Komplimente; wenn sie nur nicht niedrig sind: daher also aus dem ersten die Crebillons, aus dem zweiten die Fontenelle, aus dem dritten die Boßvets und Flechier, die Prologen und die Journalisten. Hätte Fontenelle die Gaben auf den Inhalt gewandt, die er jetzt auf Wendungen und die Oberfläche der Wißenschaften wendet, welch ein grosser Mann wäre er geworden, in einer Klasse; da jetzt als Sekretär aller Klassen keiner über ihn ist unter denen die vor ihm gewesen und nach ihm kommen werden. So die Komplimenten der Journalisten: keine Nation kann beßer, feiner, genauer, reicher schildern als diese: nur immer wird diese Schilderung mehr zeigen, daß sie schildern können, daß sie Erziehung haben, daß sie nicht grob wie Deutsche sind, als die Sprache des Sturms der Wahrheit und Empfindung seyn. Die Galanterie ist nichts weniger als die Sprache des Affekts und der Zärtlichkeit: aber des Umgangs und ein Kennzeichen, daß man die Welt kenne.

So auch der Tadel: er ist immer die Sprache, die da zeigt, daß man auch zu tadeln hardi und frei und klug gnug sey: nicht die Sprache, daß der Tadel unentbehrlich, nützlich, nothwendig, gut, gründlich sey. Das ist Wahrheit des Pöbels, der sie blos aus Simplicität um ihr selbst willen sagt. — — So auch der Wohlstand: er ist Hauptsache der Manier. Man will gefallen; dazu ist der grosse Ueberfluß der Sprache an Wohlstands=Höflichkeits=Umgangsausdrücken; an Bezeichnungen fürs Gefällige, die immer das Erste sind: Bezeichnungen für das, was sich unterscheidet: an Egards, ohne sich was zu vergeben u. s. w. Diese Hofmine hat die Sprache von innen und außen gebildet und ihr Politur gegeben. Geschmack ist Hauptsache und tausendmal mehr als Genie, dies ist verbannt, oder wird verspottet, oder für dem Geschmack verkleinert. Der beständige Ueberfluß von vielen Schriften und Vergnügen, macht nichts als Veränderung zur Haupttugend: man ist der Wahrheit müde: man will was Neues, und so muß endlich der barokste Geschmack herhalten um was Neues zu verschaffen. Dies Neue, das Gefällige, das Amüsante ist Hauptton. Auch als Schriftsteller, auch in der ganzen Sprache ist der Honnet homme der Hauptmann. Tausend Ausdrücke hierüber, die auch im Munde des Pöbels sind, geben der Sprache ein Feines und Cultivirtes, was andre nicht haben. Jeder wird von seiner Ehre, von Honnetete, u. s. w. sprechen und sich hierüber so wohl, und oft so fein, so delikat ausdrücken, daß man sich wundert. Hierinn ist sie Muster, und es wäre eine vortrefliche Sache vom Geist, vom Wohlstande, von der Ehre, von der Höflichkeit der Französischen Sprache und ihrer Cultur zu schreiben!

Aber nun umgekehrt: wo ist Genie? Wahrheit? Stärke? Tugend? Die Philosophie der Franzosen, die in der Sprache liegt: ihr Reichthum an Abstraktionen, ist gelernt; also nur dunkel bestimmt, also über und unter angewandt: also keine Philosophie mehr! Man schreibt also auch immer nur beinahe wahr: man müste auf jeden Ausdruck, Begrif, Bezeichnung Acht geben, sie erst immer selbst erfinden, und sie ist schon erfunden: man hat sie gelernt: weiß sie praeter propter: braucht sie also, wie sie andre verstehen und ungefähr brauchen: schreibt also nie sparsam, genau, völlig wahr. Die Philosophie der Französischen Sprache hindert also die Philosophie der Gedanken. — — Welche Mühe hat sich hierüber Montesquieu gegeben: wie muß er oft bestimmen, sich immer an einem Wort festhalten, es oft neu schaffen um es zu sichern! wie muß er kurz, trocken, abgeschnitten, sparsam schreiben, um völlig wahr zu seyn: und doch ist ers nicht immer und das seiner Sprache halben! doch ist er nicht genau, oft seiner Sprache halben! und den Franzosen unleserlich, kurz und freilich, da man immer ins Extrem fällt, zu abgekürzt. Helvetius, und Roußeau bestätigen noch mehr, was ich sage, jeder auf seine Art. Hieraus werde beurtheilt, ob die Französische Sprache Philosophische sey? Ja sie kans seyn, nur Franzosen müsten sie nicht schreiben! nicht sie für Franzosen schreiben! sie als todte Metaphysische Sprache schreiben! und da nehme man doch ja lieber gerade statt dieser Barbarischen, die es damit würde, eine andre noch mehr Barbarische, die nicht Franzosen erfunden, die sich nicht wie die Französische[1] verändert, die todt, Metaphysisch, bestimmt ist, die Lateinische. — — Aber freilich in Sachen lebendigen Umgangs mit etwas Teinture der Philosophie keine beßer, als die Französische. Sie hat einen Reichthum an feinen und delikaten Abstractionen zu substantiven, eine grosse Menge Adjectiven zur Bezeichnung insonderheit Dinge des Geschmacks, eine Einförmigkeit in Construktionen, die Zweideutigkeiten verhütet, eine mehrere Kürze von Verbis als die Deutsche; sie ist zur lebendigen Philosophie die beste.

Insonderheit in Sachen des Geschmacks! Grosser Gott! welche Menge, Reichthum, glücklicher Ueberfluß in Bezeichnungen, Carakterisirung der Schönheit und Fehler herrscht nicht in Clements Nouvellen! Welch ein Ueberfluß von Hof= und Galanter Sprache im Angola, im Sopha, in den feinen Romanen des Jahrhunderts! Selbst der Mangel hat hier Reichthum gegeben! Man macht Subst. aus Adject.: man macht Bezeichnungen mit dem genitive: c'est d'on[2] etc. man formt neue Wörter: man biegt andre alte in einen neuen Sinn — was wäre hier für ein Wörterbuch und für eine Grammatik über den Geschmack in der Französischen Sprache zu schreiben, wie das Comische z. E. bekannt ist: so hier das Aesthetische, das Feine, das Galante, das Artige, das Polie! Ich wünsche und wäre es nicht werth mich daran zu üben! Wer von dieser Seite die Französische Sprache inne hat, kennt sie aus dem Grunde, kennt sie als eine Kunst zu brilliren, und in unsrer Welt zu gefallen, kennt sie als eine Logik der Lebensart. Insonderheit aber wollen die Wendungen derselben hier berechnet seyn! Sie sind immer gedreht, sie sagen nie was sie wollen: sie machen immer eine Beziehung von dem, der da spricht, auf den, dem man spricht: sie verschieben also immer die Hauptsache zur Nebensache, und die Relation wird Hauptsache und ist das nicht Etiquette des Umgangs? Mich dünkt, diese Quelle der Wendungen hat man noch nicht gnug

---

1) Im Msc. verschrieben: „Franzosen" 2) d'un (?)

in diesem Licht angesehen, und verdients doch so sehr, philosophisch behandelt zu werden. Hier geht die Französische Sprache von allen ältern ab: hier hat sie sich einen ganz neuen Weg gebahnet: hier ist sie andern und der Deutschen Sprache so sehr Vorbild geworden: hier und hier allein ist sie Originalsprache von Europa. Die Alten kannten dies Ding der galanten Verschiebungen nicht: wie oft ist Montesquieu in Verlegenheit, wenn er seinen Perser Französische Wendungen machen läßt, oder ihn Orientalisch will reden laßen und also diesen Wendungen entsagen muß. Und doch ist Montesquieu noch so edel, so simpel, so einfach in seinem Ausdruck, daß er in seinen Briefen z. E. oft wie ein Winkelmann spricht, und in seinen Sachen, die ausgearbeitet sind, und wo er nicht drechselt, noch mehr. Und doch ist Montesquieu der vielleicht, der unter allen Franzosen am meisten von seinen Freunden den Römern und Orientaliern gelernt hat! Wie viel verliert man daß sein Arsaces nicht erscheint! wie würde er da auch über die Eheliche Liebe Morgenländisch denken und Französisch sprechen! Nun nehme man aber andre, die die Französische Sprache haben Orientalisiren wollen, um den Unterschied zu sehen! Wo bleibt da das Morgenländische Wiederholen des Chors? Es wird in Französische Wendung umgegoßen. Hier will ich noch die Lettres Turques von Saintfoix lesen und überhaupt sehen wie dieser delikate Geist den Orientalismus behandelt! Alsdenn die Peruvianerin mit ihrer Französischen Liebesmetaphysik! Alsdenn den guten Terraßon in seinem Sethos! Ramsai in seinem Cyrus und hier wäre die Parallele schön, wie Xenophon den Perser gräcifiret und Ramsai ihn französiret, oder nicht! Alsdenn ein Blick über die Türkischen Spione, Sinesischen und Jüdischen, Iroquesischen und Barbarischen Briefe, über die Französischen Heroiden aus Orient her, über die Orientalischen Erzählungen in den Englischen Wochenblättern, in Wieland, in Sonnenfels, in Bodmer — — um aus allem Verschiedenheit des Genius der Sprache zu sehen. — — Die Griechische Sprache hat eben so wenig von diesen Wendungen des bloßen Wohlstandes gewußt, wie es ihre Sprache der Liebe, des Umganges, des Affekts, der Briefe, der Reden zeigt. Daher der jämmerliche Unterschied wenn Euripid und Racine seine Griechischen Liebhaber! wenn Corneille und Sophokles seine Helden sprechen läßt — bei den Griechen ist alles Sinn, bei dem Franzosen alles loser, gewandter Ausdruck. Voltaire hat Recht, daß es schwer sei, Griechische und Lateinische Verse französisch zu machen und das Corneille dabei viel Kunst bewiesen! Viel Kunst freilich: Voltaire hat wahr, daß aus einem meist zwei werden, weil Wendung und Endreim in der Französischen Sprache gegeben sind, und vorgestochen daliegen! Aber wehe der Sprache, die so was giebt! und vorzeichnet, das sind nicht Olympische Schranken! Hier öffnet sich überhaupt die grosse Frage, ob bei dieser Bildung des Französischen Stelzenausdrucks in der Tragödie nicht viel an Corneille gelegen! an seiner schweren Art sich auszudrücken! an dem Geschmack den er vor sich fand! an der gewandten Ritter= und Höflichkeitssprache, die man liebte, der er aus dem Spanischen folgte! die ganz Europa angesteckt hatte! Und denn, Corneille war ein Normann, so wie die Scuderi, so wie Brebeuf, so wie Benserade, so wie Fontenelle! und haben alle mit ihrem Normännischen Romangeist im Ausdruck nicht eben so viel und mehr zum Verfall des guten simpeln Geschmacks beigetragen, als mans von den Seneka und Persius und Lukans aus Spanien abmißt! Seneka und Corneille, Lukan und Brebeuf, der Philosoph Seneka und Fontenelle, wie gut paßen sich die nicht überhaupt. Vom Fontenelle zeigts die Vorrede vor dem Esprit de Fontenelle: von Corneille hats Voltaire in einigen Remarquen gezeigt und wäre über ihn ausführlicher zu zeigen. Von Brebeuf, Scuderi, Benserade, Marot ist alles bekannt! Von hieraus ein Weg über die Verschiedenheit des Ausdrucks in der Griechischen und Französischen Tragödie! und wie viel Corneille auf diese gewürkt! eine grosse und weder vom Elogisten Fontenelle, noch vom Commentator Voltaire berührte Frage. Racine folgte dieser Sprache nach und hat sie zur künstlichsten Versification zugeschmiedet: und Belloi und Marmontel, jener in der Zelmire, dieser im Dionys. und Aristomen u. f. wie übertreiben sie! Noch artiger wäre die Aufgabe von der

Verschiedenheit des Griechischen, oder Römischen und Französischen Wendungsausdrucks in Reden! Hier müßte man Uebersetzungen vergleichen und Original gegen Original halten, Demosthen gegen Boßvet, Cicero gegen Flechier und urtheilen! Daraus entscheiden sich die Inversionen der Französischen Sprache, über die Batteux und Cerceau und Diderot und Clement so getheilt sind. Ohne Zweifel hat die Französische Sprache viele, aber das sind Tours des Wohlstandes! nicht Inversionen für die Einbildungskraft! wie das Latein, wie das Griechische! Diese den Alten ganz unbekannte Sprache, so fern sie ans Dekorum gränzt, würde den zweiten Theil der Krit. Wälder sehr heben! und wäre völlig neu!

Woher ist aber dieser Geist des Wohlstandes bei den Franzosen entstanden? Aus dem Genie der Nation? die wie Saintfoix will, schon als Barden das schöne Geschlecht ehrten und schon zu Julius Cäsars Zeiten leichtsinnig und Tänzer waren? Alsdenn aus dem Feudalgeist der alten Franken! wo hier die Gesetze der Ehre und der Monarchie für Montesquieu sich herleiten, da hier die Gesetze der Ehre in der Sprache! Alsdenn aus dem Spanisch-Italienischen Geschmack, der vor dem Jahrhundert Ludwichs die Welt beherrschte! Alsdenn aus dem Hofgeschmack Ludwichs, der die Teniers aus seiner Stube hinwegroch und bei dem vieles aus seinem Jugendlichen Romangeist erklärt werden kann! Und endlich aus dem einmaligen Ton, in den sich die Nation gesetzt hat, und auf welchen sie andre Nationen besuchen um ihre Höflichkeit zu sehen und zu lernen.

Mit diesem Geist des Wohlstandes geht aber den Franzosen das meiste innre Gefühl weg! So wie die Regelmäßigkeit ihrer Sprache aus Wohlstand immer verschoben ist, daß sie sich nie recht und gerade zu ausdrückt: so macht auch überhaupt der Wohlstand Barrierre für den Geist! Ihr Vive le Roi ist Wort, Ausdruck, den sie empfinden, wie sie alles empfinden, leicht, ohne Jugement, auf der Oberfläche, ohne Grund und dabei sind sie glücklich — sie preisen ihn und dienen ihm und thun alles pour le Roi, auch wenn sie aus der Schlacht laufen! Die Deutschen grübeln schon

mehr, murren, wenn ihr König Invaliden die Erlaßung gibt und
der König von Frankreich thuts immer; murren, wenn sie nicht
aus dem Lande sollen, und die Franzosen machen sich eine Ehre
draus, es nicht zu wollen! murren bei Auflagen und Verpach=
tungen, und in Frankreich ist alles verpachtet! Kurz, in Frank=
reich ist alles selbst bis auf den Namen Ludwichs des Vielgeliebten
Ehre des Patriotism, darüber man schreiben möchte: sie wissen
nicht, was sie thun? und warum sie es thun! So die Generosite
des Franzosen! Sie ist Politesse; selten reelle, Gründliche Freund=
schaft, Einlaßung in die Situation des Andern. So selbst ihr Ver=
gnügen: Agrement, Zerstreuung; nicht innerliches Eindringen und
daher hat Yorik Recht, daß es eine zu ernsthafte Nation ist: ihre
Gayete ist Flüchtigkeit, nicht innerliche Freude. Ihr Lachen ist mit
Wohlstand verbunden; daher wenig von dem süßen beseligenden
Lachen, das uns den Genuß der Natur zu fühlen gibt: sondern so
wie es Clement in seinem ersten Briefe bei Gelegenheit des Mechants
von Greßet und im letzten bei seinem Der Teufel ist los, zeigt.
Daher hat ihre Komödie so grosse Schranken, und schildert nichts
als Auftritte des bürgerlichen Lebens, oder Komplimentenscenen,
oder Wohlstandsübungen. Worinn sind die Franzosen glücklicher
als in diesen? Im Abend nach der Mode, in Visiten, in
Stellungen um eine Gruppe zu machen, in Amanten nach den
Affenminen des Wohlstandes. Aber den wahren Liebhaber? wer
macht den mit dem Händedrücken und Affektiren — den wahren
Menschen im Auftritt — das wird gemeiniglich Coup de theatre,
wie z. E. in de la Chaussee, Prejugé à la Mode der beste schönste
Auftritt ein Theaterstreich wird. Das kann der Franzose nicht
sehen, daß ein gerührter Ehemann wiederkehrt, und zu Füßen
fällt, und die ganze Scene sich ordentlich entwickle, dazu muß
Masque und Radebrechen in Epigrammatischen Versen, und ein
bout rimé nöthig seyn. Das wahre Lachen ist überdem aus der
feinen neuen Französischen Comödie so glücklich ausgestorben, als
der wahre Affekt von ihrem Trauerspiel. Alles wird Spiel,
Schluchsen, Händeringen, Deklamiren, Scene, Bindung der Scenen

u. f. w. Von diesem letzten und von dem was Wahrscheinlichkeit des Orts, Zeit, u. f. w. ist, haben sie ein Gefühl von dem der Deutsche weniger, der Engländer nichts fühlt. Und es ist auch in der That nichts als Etiquette des Theaters, woraus sie das Hauptwerk machen. Man lese alle Voltairische Abhandlungen über das Theater und in seinen Anmerkungen über Corneille gleich die erste Anmerkung vom Schweren und Wesentlichen des Theatralischen Dichters, und man sollte schwören, den Cerimonien Meister, nicht den König des Theaters zu lesen. So wie bei aller Franz. Anordnung der Häuser doch nicht in allem Bequemlichkeit herrscht: so wie sie bei ihren Gesellschaftszimmern ein andres eben so nöthiges vergessen: so wie sie bei ihrem Etiquette sich Lasten aufgelegt haben, die sie nicht aber andre fühlen, so auch bei ihrem Theater, Romanen, und allem, was Scene des Wohlstandes heißt. Welche freiere Natur haben da die Engländer, nur auch freilich übertrieben! und was könnten wir Deutsche uns für eine schöne mitlere Laufbahn nehmen! Die Komödie vom Italiener, die Tragedie vom Engländer, in beiden die Französische Feile hinten nach, welch ein neues Theater! Da wird keine Zelmire sich mit hundert Verbrämungen es zu sagen schämen, daß sie ihrem Vater die Brust gegeben! Da wird kein Ehemann sich schämen, sich mit seinem Weibe zu versöhnen! Da wird die Opera comique nicht Lieder und petits airs des Wohlstands lallen, sondern Scenen der Empfindung, Lieder der Empfindung haben! und wieviel hätte sie damit gewonnen — o was wäre hierüber zu sagen! — —

Den 4/15. Jul. stiegen wir in Painböf an Land, und unser Wahrzeichen war ein altes Weib. Man gewöhnt sich an alles, sogar ans Schiff und mein erster Eintritt in die Barke war nicht ohne kleinen Schauder so bei Helsingör, so hier. Wie gut wäre es gewesen mich bei Koppenhagen zu debarquiren. Ich erinnere mich noch der himmlischen Nächte, die ich vor Koppenhagen hatte, der schönen Tage, da wir die Jagdschlößer des Königs und seine Flotte vorbei zogen, der schönen Abende, da wir seine Gesundheit im letzten guten Rheinwein trunken. Ich bin aber zu gut um mich lenken zu lassen und ich gab mein Wort ohne daß ich selbst wollte und ohne daß ich sagen kann, ein andrer habe mich dazu gezwungen. Der Geist Klopstocks hatte nicht gnug Anziehung vor mich, um über die kleinen Hindernisse der Reise zu profitiren, und so ward mein ganzer Plan vereitelt. In Deutschland wäre kein Schritt für mich ohne den größesten Nutzen gewesen und meine Beschäftigung wäre in ihrem vollen Feuer geblieben. Klopstock wie sehr dachte ich ihn zu nutzen, um seinen Geist und sein Temperament kennen zu lernen! um mich mit ihm über sein Bild des Meßias und seiner Zeit und seiner Religion überhaupt zu besprechen! um einen Funken von seinem Feuer zu bekommen! um seinen Meßias noch einmal und von Angesicht zu Angesicht zu lesen! ihn lesen, ihn deklamiren zu hören! und also auch nur von seinen Sylbenmaassen rechten Begriff zu erhalten! = = Resewitz! über wie viel Punkte der Offenbahrung hatte ich nicht zu reden, wo man nur mündlich offenherzig ist. Ueber die ersten Urkunden des Menschlichen Geschlechts. Ueber unsere Begriffe von den Patriarchen. Von Moses und seiner Religion. Von der Theopneustie und dem Zustande der Jüdischen Kirche zu aller Zeit. Vom Character des Erlösers und der Apostel. Vom Glauben. Von den Sakramenten. Von der Bekehrung. Vom Gebet. Von der rechten Art zu sterben. Vom Tode und Auferstehung. Von einer andern Welt nach den Bildern der Christen = = welch ein Catechismus der Redlichkeit und mündlichen Offenherzigkeit! = = Alsdenn Cramer und ihn predigen zu hören, ihnen meine Ideen von der geistlichen Beredsamkeit zu geben, vielleicht selbst zu predigen! = = Das Münzkabinet zu sehen und da Begriffe zu sammlen, die ich durchaus noch nicht habe! = = Gerstenberg aufzusuchen, mit ihm die Barden und Skalder zu singen, ihn über seine Liebe und Tändeleien im Hypochondristen und wo es sey, zu umarmen, die Briefe über die Merkwürdigkeiten ꝛc. mit ihm zu lesen, von Hamann, Störze,[1] Klotz u. s. w. zu sprechen,

---

1) L: Sturz

und Funken zu schlagen, zu einem neuen Geist der Litteratur, der vom Dänischen Ende Deutschlands anfange und das Land erquicke. Alsdenn da über die Skalden zu schreiben, und nach Kiel hin ins Arabische zu verschwinden. Das war meine erste Periode, werde ich sie in Frankreich erreichen?

Es ist freilich vortreflich, die Französische Sprache und Nation von ihr selbst aus zu kennen; aber wenn man schon wählen muß, wenn man nicht lange Zeit, nicht viel Geld zu reisen hat, und am meisten noch nicht reisen gelernt hat: muß man da Frankreich wählen? Für die Kunst, für die Wissenschaft, was ist da zu sehen, wo alles in dem grossen Paris versteckt liegt, wo alles mit Luxus, Eitelkeit, und Französischem Nichts verbrämt ist? Wie viel grosse Leute gibts denn, die für mich so merkwürdig sind. Etwa einen Wille und wird der nicht vielleicht blos Künstler seyn? Einen Diderot, und hat der sich nicht vielleicht schon ausgelebt? Einen Buffon, Thomas, Du Klos, D'Alembert, Marmontel — und sind die nicht gewiß in einen Hefen Französischer Welt, und Anstandes und Besuchs eingehüllet? Und wem kann ich mich denn mittheilen? Wem Intereße an mir einflößen? Gegen wen mir den Stempel des Ausdrucks geben, der nach der Französischen Denkart allein den Menschen von Geschmack und von Geist ausmacht? Ton, Anstand, Geschwindigkeit, Wendung! siehe dahin ist alles geflohen. Armer! wirst du dich mit deiner Deutschen Denkart, die mit deiner Muttersprache so zusammen gewachsen ist, mit deiner Deutschen Langsamkeit dich nicht durch alle Französische Litteratur nur durchbetteln müssen? Und in welche Kluft stürzest du dich alsdenn von Beschämungen, Mißvergnügen, unaufgeräumten Stunden, verfehlten Visiten, müssigen Tagen? Wo wirst du einen Freund finden, der mit dir dies Land der Fremde für dich, durchreise? Louvre und Luxemburg aufsuche, Thuilleries und Gärten durchpromenire, dir Bibliotheken und Naturkabinette aufschließe, dich Künstler und Kunstwerke betrachten lehre? Wo wirst du ihn finden? und wirds ein Franzose oder ein Deutscher seyn?

Ich habe A. gesagt; ich muß auch B. sagen: ich gehe[1] nach Frankreich: eine Nacht vor Helsingör hats entschieden. Ich überließ mich meiner Trägheit, meiner Schläfrigkeit, um zwei Tage zu verderben: da mir nichts leichter gewesen wäre, als von Helsingör nach Koppenhagen zu gehen: wir sind fortgesegelt: ich fand mich in der See: ich gehe nach Frankreich. Nun ist also die Französische Sprache nach der Mundart der Nation, nach ihrem Ton, und Nasenlaut, nach ihrem Geschmack und Schönheit, und Genie mein Hauptzweck — und da, denke ich, in 14. Tagen, wie mir mein Freund B[erens] Hoffnung gemacht hat, in den Ton zu kommen, und mit ihr, wie viel habe ich, insonderheit in Riga, gewonnen! Welche Schande, bei Landräthen und Sekretairen von Wind und von Geschmack kein Französisch zu sprechen! Welche Schande eine Schweizerfranzösin und einen durchwandernden Franzosen insonderheit wenn es ein Abbe wäre, nicht zu verstehen! Welcher Vortheil hingegen mit jedem Narren nach seiner Narrheit zu reden! den Geschmack auch in der Sprache des Geschmacks hören zu lassen! Werke des Geschmacks in Poesie, Prose, Malerei, Baukunst, Verzierung, auch in der Sprache des Geschmacks zu characterisiren! Anekdoten von Paris zu wissen! wenigstens alles Das kennen, wovon andre plaudern! = Ferner, die Französische Oper, und Komödie zu studiren, zu schmecken! die Französische Deklamation, Musik und Tanzkunst zu geniessen! mir wenn nicht neue Aste der Vergnügen, wenigstens neue Farben zu geben! Kupferstecher = Maler = und Bildhauerkunst, wenn es möglich ist, unter der Aufsicht eines Wille, zu studiren! Von allem, was zum Jahrhundert Frankreichs gehört, lebendige Begriffe zu haben, um z. E. einen Clement, einen de la Place, einen Freron recht verstehen zu können! = Ferner die Französischen Gelehrten kennen zu lernen, wäre es auch nur, wie sie aussehen, leben, sich ausdrucken, bei sich und in Gesellschaft sind! Auch sie nur kennen bringt Leben in ihre Werke, und wenn nicht einen Stachel der Nacheiferung, so doch ein gutes Exempel, sich wie sie zu betragen.

---

1) Gestrichen: „bin" [in]

Das ist alsdenn ein Cursus der domestiquen Litteratur in Frankreich, der viel erklärt, an sich und im Contrast von Deutschland, und viel aufschließt! = Endlich die Französische Nation selbst, ihre Sitten, Natur, Wesen, Regierung, Zustand: was daraus auf ihre Kultur und Litteratur folge? was ihre Kultur eigentlich sey? die Geschichte derselben? ob sie verdiene, ein Vorbild Europens zu seyn? es seyn könne? was der Charakter der Franzosen dazu beigetragen? durch welche Wege sie das Volk von Honnetete, Sitten, Lebensart und Amusemens geworden sind? wie viel sie dabei wesentlichers verlieren? und es andern Nationen durch die Mittheilung ihrer Narrheit rauben und geraubt hatten! = Ja endlich! sollte sich denn keiner finden, der mein Freund und mein Muster werde, als Mann von Welt, um seine Känntniße recht vorzutragen, in unsrer Welt geltend zu machen, als Mann von Adreße und von Umgange, um auch in den Sachen, für die ich reise, es zu werden und das in meiner Zeit auszurichten, wozu ich da bin! Gütiges Schicksal, gib mir einen solchen, lehre mich ihn kennen! und gib mir Biegsamkeit, mich nach ihm zu bilden! Vorjetzt bin ich schon in Frankreich, ich muß es nutzen: denn gar ohne Französische Sprache, Sitten, Anekdoten, und Känntniße zurück zu kommen, welche Schande!

In Painböf Begriffe von Frankreich holen, welche Schande, und gibts nicht Reisebeschreibungen, die sie so geholt haben — Smollet z. E. und selbst große Reisebeschreibungen in den 5ten Welttheil, die von den Küsten aus geurtheilt haben.

Meine Reisegesellschaft von Painböf nach Nantes: es ist immer wahr, daß eine Niedrigkeit dem Dinge anklebt, von solchen Gesellschaften nach der Manier Teniers und Tristrams Gemälde nehmen wollen.

Ich verstand weder Pilot, noch Wirthin, noch alte Weiber mit alle meinem Französischen. So müste ebenfalls ein Grieche daran seyn, wenn er nach Griechenland käme. O Pedanten, leset Homer, als wenn er auf den Straßen sänge; leset Cicero, als wenn er vor dem Rathe deklamirte!

Der erste Anblick von Nantes war Betäubung: ich sah überall, was ich nachher nie mehr sahe: eine Verzerrung ins Groteske ohngefähr; das ist der Schnitt meines Auges, und nicht auch meiner Denkart. Woher das? ein Freund, den ich über eben diesen ersten Anblick fragte, stutzte und sagte, daß der seinige auch vast, aber vaste Regelmäßigkeit, eine grosse Schönheit gewesen wäre, die er nachher nie in der vue à la Josse hätte finden können. Entweder hat dieser kälter Geblüt, oder wenn ich so sagen darf einen andern Zuschnitt der Sehart. Ist in der meinigen der erste Eintritt in die Welt der Empfindung etwa deßgleichen gewesen? ein Schauder, statt ruhiges Gefühl des Vergnügens? Nach den Temperamenten derer, die dazu beitrugen, kann dies wohl seyn, und so wäre das der erste Ton, die erste Stimmung der Seele, der erste Anstoß von Empfindung gewesen, der nur gar zu oft wieder kommt. Wenn ich in gewissen Augenblicken noch jetzt meinem Gefühl eine Neuigkeit und gleichsam Innigkeit gebe: was ists anders, als eine Art Schauder, der nicht eben Schauder der Wohllust [ist]. Selbst die stärksten Triebe, die in der Menschheit liegen, fangen in mir so an, und gewiß, wenn ich in diesen Augenblicken zum Werk schritte, was könnte für eine frühere Empfindung dem neuen Wesen sich einpflanzen, als eben dieselbe? Und breite ich nicht also eine unglückliche verzogene Natur aus? oder ists kein Unglück, diese zu haben? oder werden mir bei reiferen Jahren, in der Ehe, bei rechten sanften Schäferstunden andre Gefühle und Schwingungen bevorstehen? Was weiß ich? Indessen bleibt dies immer Bemerkung in mir, die sich auf Alles erstreckt. Ein erstes Werk, ein erstes Buch, ein erstes System, eine erste Visite, ein erster Gedanke, ein erster Zuschnitt und Plan, ein erstes Gemälde geht immer bei mir in dies Gothische Grosse, und vieles von meinen Planen, Zuschnitten, Werken, Gemälden ist entweder noch nicht von diesem hohen zum schönen Styl gekommen, oder gar mit dem ersten verschwunden. Gefühl für Erhabenheit ist also die Wendung meiner Seele: darnach richtet sich meine Liebe, mein Haß, meine Bewunderung, mein Traum des Glückes und Unglücks, mein Vorsatz in der Welt zu leben, mein Ausdruck, mein Styl, mein Anstand, meine Physignomie, mein Gespräch, meine Beschäftigung, Alles. Meine Liebe! wie sehr gränzt sie an das Erhabne, oft gar an das Weinerliche!¹ wie ist die Entfernung in mir so mächtig, da es bei den Angolas nur immer der gegenwärtige Augenblick ist! wie kann mich ein Unglück, eine Thräne im Auge meiner Freundin rühren! was hat mich mehr angeheftet, als dieses! was ist mir rührender gewesen, als jene, die Entfernung! = = Daher eben auch mein Geschmack für die Spekulation, und für das Sombre der Philosophie, der Poesie, der Erzählungen, der Gedanken! daher meine Neigung für den Schatten des Alterthums und für die Entfernung in verfloßne Jahrhunderte! meine Neigung für Hebräer als Volk betrachtet, für Griechen, Egypter, Celten, Schotten u. s. w. Daher meine ² frühe Bestimmung für den geistlichen Stand, dazu freilich Lokalvorurtheile meiner Jugend viel beigetragen, aber eben so unstreitig auch der Eindruck von Kirch und Altar, Kanzel und geistlicher Beredsamkeit, Amtsverrichtung und geistlicher Ehrerbietung. Daher meine erste Reihen von Beschäftigungen, die Träume meiner Jugend von einer Waßerwelt, die Liebhabereien meines Gartens, meine einsamen Spatziergänge, mein Schauder bei Psychologischen Entdeckungen und neuen Gedanken aus der Menschlichen Seele, mein halbverständlicher, halbsombrer Styl, meine Perspektive von Fragmenten, von Wäldern, von Torsos, von Archiven des Menschlichen Geschlechts — — alles! Mein Leben ist ein Gang durch Gothische Wölbungen, oder wenigstens durch eine Allee voll grüner Schatten: die Aussicht ist immer Ehrwürdig und erhaben: der Eintritt war eine Art Schauder: so aber eine andre Verwirrung wirds seyn, wenn plötzlich die Allee sich öfnet und ich mich auf dem Freyen fühle. Jetzt ists Pflicht, diese Eindrücke so gut zu brauchen, als man kann, Gedanken voll zu wandeln, aber auch die

---

1) Zuerst: „wie sehr sie an das Erh..... Weinerliche gränze, zeigt ja insonderheit die R"
2) Zuerst: „Neigu(ng)"

Sonne zu betrachten, die sich durch die Blätter bricht und desto lieblichere Schatten mahlet, die Wiesen zu betrachten, mit dem Getümmel darauf, aber doch immer im Gange zu bleiben. Das letzte Gleichniß habe ich insonderheit in den Wäldern in Nantes gefühlet, wenn ich ging oder saß und meinen Belisar, meinen Thomas auf Dagueßeau las, und über mein Leben nachdachte und dasselbe für meine Freundin in Gedanken entwarf, und mich in grossen Gedanken fühlte, bis selbst das Leben des Erlösers in seinen grösten Scenen mir zu imaginiren, und denn aufblickte, die Allee, wie einen grünen Tempel des Allmächtigen vor mir sah, und Gedanken aus Kleists Hymne und seinem Milon aus dem Herzen aufseufzete, und wieder las, und durch die Blätter die Sonne sah und das weite Getümmel der Stadt hörte und an die dachte, die mein Herz besaßen und weinte! Da soll es seyn, wo mein Geist zurückwandert, wenn er Marmontels erste Kapitel und Thomas Dagueßeau lieset, und den Meßias fühlt und ein Leben Jesu entwirft.

Wie kann man sich in dem Charakter eines Menschen beim ersten Besuch irren, insonderheit wenn er sich hinter der Maske des Umgangs versteckt. Der erste, der mich in N[antes] besuchte, schien die Munterkeit, Belebtheit selbst: wer hätte in ihm den Türken an Bequemlichkeit, und den Langweiligen errathen sollen, der sich auf seinem Lehnstuhl zermartert und die schrecklichste höllische Langeweile auf die muntersten Gesichter ausbreitet, der immer einen Diskurs zu lang findet, frägt und keine Antwort Lust hat zu hören, mitten im Diskurs ein langweiliges Gähnen hervorbringt und an nichts Geschmack findet — wer hätte den in ihm rathen sollen? Artig gnug! sollte man sagen, wenn alle Französische Männer so sind, wer wird denn — — und siehe es sollte umgekehrt heißen: Gleißend gnug! wenn alle Französische Männer so anders beim Kartentisch mit andern, und zu Hause sind, so heißt das Feuer aufraffen, damit es ersterbe und todte Flammen geben. Und würklich an diesem Charakter war recht das Französische zu sehen, was nichts als Gleißnerei und Schwäche ist. Seine Höflichkeit war politesse und

honnêteté, oft auswendig gelernt und in Worten: seine Lobes=
erhebungen fingen damit an, „er sprach Französisch" und endigten
damit, er war von einer politesse, daß — — und der Nachsatz
fehlte. Seine Geschäftigkeit war leicht, aber auch um nichts: Briefe
schreiben, wie Waßer; es waren aber auch gewäßerte Briefe, die
nichts enthielten als Metereologische Verzeichniße über Regen u. s. w.
Seine Delikateße war todte Ordnung z. E. Symmetrie auf dem
Tische, oder Faulheit: Seine Ruhe Gedankenlosigkeit: Sein Urtheil
eine Versicherung voriger Jahre über die er weiter nicht dachte:
sein Wiederspruch oft der simpelste Gegensatz ohne Umschweif und
Gründe: kurz, bei allen guten Seiten, die abgebrauchteste, entschla=
fenste Menschliche Seele, die Gähnendes gnug hatte, um zehn
Andre um sich einzuschläfern und gähnend zu machen. Seine
Freundin, der entgegengesetzteste Charakter von der Welt hielt ihn
für unglücklich: er wars nicht, als nach ihrer Empfindung: dieser
Gegensatz zeigt, wie opponirt beide Charaktere waren; zeigt aber
auch die schöne Seele, die halb aus Freundschaft, halb aus Mit=
leid seit Jahren in die Gewohnheit hineingedrungen ist, mit zu
schlafen, und sich aufzuopfern![1]

---

1) „Hier fehlt offenbar zwischen dieser und der vorigen Lage. — Auch
fehlt der Schluß hinter dieser Lage." Bemerkung von Caroline Herder, auf
einem vor Blatt 65/66 des Msc. eingeschlagenen Blättchen. Durch ein nach=
träglich gefundenes Blatt, das sich unmittelbar vor S. 65 einfügen ließ,
(S. 442—445 Z. 8 = L. 304—308) ist die Lücke nur zum kleinsten Teil
ausgefüllt.

Auf die Dogmatik müste ein anderes Werkchen folgen, wie die Christliche Religion jetzt zu lehren sey. Hiezu viel Data, wo der gemeine Unterricht Schwächen, Irrthümer, Mißbildungen gibt; wo er unnütz ist in Geheimnißen und Dunkelheiten von Abstraktionen: wo er was zu denken scheint und nichts zu denken gibt, in der ganzen Orientalischen Seite: wo er gar verderblich werden kann, in manchen Pflichten der Ewigkeit, der Unnützlichkeit guter Werke u. s. w. wo er veraltet und unvollkommen ist, wo ihm also aus unser Zeit zugesetzt werden muß — Hiezu immer Data, so kurz, so einfältig, daß nichts mehr und minder werde, als ein Catechismus der Christlichen Menschheit für unsre Zeit.

Die geistliche Beredsamkeit ist lange ein Lieblingsplan meiner Seele gewesen; aber wie wenig habe ich noch Materialien gesammlet. Ein grosser Theil davon kommt ins grosse Werk, daß man nehmlich nicht wie Propheten, Psalmisten, Apostel predigen müsse; und zweitens wie die verschiednen Geschichten und Stellen der Offenbarung KanzelMaterien seyn können. — — Das übrige des Werks von den Kirchenvätern z. E. Chrysostomus an, über Luther, und die neuern Engländer, Franzosen und Deutschen muß allein abgehandelt werden.

Christliche Kirchengeschichte — was blos ein Christ vom Zustande der Kirche aus jedem Jahrhundert wissen muß — o welch ein ander Werk — als Schröck! — Um alles das auszuführen, um davon wahre Begriffe auch nur für mich zu bekommen, was habe ich da zu studiren! Und um das zu studiren, was wie ich glaube, kein andrer für mich thun kann! so ists Geist der Zeit und Känntniß der Menschlichen Seele! Eine Deutsche Bibel und eine Bibel nach dem Grundtexte und Poli Commentar. sind mir dazu Hauptstücke: alsdenn die Englischen Uebersetzer, die Jüdischen Paraphrasten, Richard Simon, Michaelis, u. s. w. o grosses Werk!

Und geschrieben muß es werden! ohne System, als blos im Gange der Wahrheit! ohne übertriebnen Schmuck, als blos Data, nach Datis! Viel Beweise, Proben, Wahrscheinlichkeiten! Schlag auf Schlag! Adel, Größe und Unbewußtheit der Größe, wie Oßian, und Moses! Edle Erhobenheit über kleine Wiedersprüche und Kabalen der Zeit, wie für die Ewigkeit geschrieben! Sprache an den gesunden Verstand und das Menschliche Herz wie Pascal und Roußeau, wo er nicht Paradox und Enthusiast ist! Viel Materie, und in Form Simplicität! Kein Esprit der Franzosen, der Montesquieu so verunziert: keine Enthusiasterei! die Sprache der Wahrheit für alle Welt! insonderheit für die Nachwelt! — — Grosses Werk empfange meine Wünsche! meinen Eidschwur! meine Bestrebung!

Ich komme auf meine Deutsche zurück, die viel denken und nichts denken, und nichts ist von zwei Seiten betrachtet, unwahrer und wahrer, als der Satz. Unwahrer; der Erfinder der Luftpumpe, des Pulvers, des Laufs der Sterne, der Infinitesimalrechnung ꝛc. der Kupferstecherkunst sind Deutsche: und also die Guerike, Keplers, Schwarze, Leibnitze, Dürers u. s. w. aber gegen wenige Erfindungen welche Menge von Systemen! In der Theologie, und haben wir eine Erklärung der Bibel? Haben wir Polos, Locke, Bensone u. s. w. — In der Juristerei und Historie — da sind wir als Sammler, einzig. In der Medicin reichen unsre wahren Bemerker an die Burhave und Sydenhams? In der Philosophie endlich. Wie vieles ist bei Wolf System, Zuschnitt, Form, Methode! Eine Probe ist die Aesthetik: wie viel scheinen wir gedacht zu haben! wie wenig denken wir!

Ich habe z. E. etwas über die Aesthetik gearbeitet, und glaube, wahrhaftig neu zu seyn; aber in wie wenigem? In dem Satze, Gesicht sieht nur Flächen, Gefühl tastet nur Formen: der Satz aber ist durch Optik und Geometrie schon bekannt und es wäre Unglück, wenn er nicht schon bewiesen wäre. Blos die Anwendung bliebe mir also: Malerei ist nur fürs Auge, Bildhauerei fürs Gefühl: eine Entdeckung, die noch immer arm ist, und wenn sie zusehr ausgedehnt ist, lächerliche Folgen geben kann, wie wir jetzt sind, da wir Gesicht für Gefühl gebrauchen, und zu gebrauchen gewohnt sind. Also sei dieser Satz blos Wegweiser zu mehrern Erfahrungen, über Gesicht und Gefühl! ich muß ein Blinder und Fühlender werden, um die Philosophie dieses Sinnes zu erforschen! ich glaube, dabei schon auf einigen neuen Wegen zu seyn: laßet uns sehen!

Von der Bildhauerkunst fürs Gefühl s. Collektaneenbuch hinten unter den Alten Schwäbischen Poesien. Bl. 3.

1. Illusion der Statue vom Fleische:
    von der Bekleidung Ursachen ꝛc.
    von der Griechischen Nacktheit Aufklärung
    Warum Malerei nicht Nacktheit noch Waßergewänder nachahme
    von Haaren, Augenbranen, Binde um den Mund u. s. w.
    von Adern, Knorpeln, Schaam
    vom Griechischen Profil
    von vorgebognen Armen, kleiner Taille und Füßen.

2. Illusion der Statue vom Geiste:
    von der Stirn, dem Tempel der Gesinnung
    vom Auge dem Redner des Verlangens
    von der Nase
    von der Augenbrane, dem Wink des Willens
    vom Munde dem Sitz der Grazie und des Reizes
    von der Stellung des Kopfs zur Seite, vorwärts, zurück
    von der Stellung der Brust, aus = einwärts, zur Seite
    von der Stellung der Hände und Füße,
    Correspondenz zwischen Stirn und Brust, Auge und Hand, Mund und Fuß.

3. Vom Schönen durchs Gefühl (hinter Baumgarten Aesth.)
    Daß es der Blinde habe;
    daß es die fühlbare Form des Guten und Bequemen sey, also ein fühlbarer Begrif der Vollkommenheit
    Erklärungen daraus auf die Kunst der Thiere
        des blühenden Alters
        Ruhe und sanfte Ruhe.

4. Von der Philosophie des Gefühls überhaupt (neu Papier k)
    1. Sprache, die ein Blinder erfunden
    2. seine Welt, seine Kosmologie
    3. die Erinnerung seines Ichs, wie es sich ins Universum
       geoffenbart hat, seine Psychologie u. Kosmologie
    4. seine Ideen von Raum, Zeit, Kraft, seine Ontologie
    5. seine Ideen von Unsterblichkeit der Seele, Gott, Welt,
       Religion, Theologie, Nat.

Das ist ein Plan, den ich schon entworfen, der aber noch sehr zu beleben ist, durch die Gesellschaft und das Studium der Blinden und Stummen und Tauben! Diderot kann Vorbild seyn, Versuche zu machen, nicht aber blos auf seine Versuche zu bauen und darüber zu systematisiren! Ein Werk von der Art kann die erste Psychologie werden, und da aus dieser alle Wißenschaften folgen, mithin eine Philosophie oder Encyklopädie zu diesen allen. Vorzüglich aber will ich der Sucht der Deutschen wiederstehen, aus Nominalerklärungen alles herzuleiten, was folgt und nicht folgen kann.

Italiener sind die feinsten und erfindsamsten; für die mitlern Zeiten ists wahrhaftig wahr. Ihre Komödie lebt: ihre Heldengedichte sind Originale: in ihnen ist Kunst geschaffen: Galilei und Tartini, Machiavell und Boccaz, Ariost und Taßo, Petrarch und die Politiane, Columb und Vespuci, der Erfinder der Ferngläser und des Kompaßes — alles Italiener! der ganze Französische Parnaß ist aus Spanien und Italien gestohlen: in beiden Ländern lebt mehr wahre Natur, Genie, Schöpfung. Die Italienische und Französische Komödie, Ariost und La Fontaine, Taßo und Voltaire, die Italien. und Franz. Musik, Petrarch und die Franz. Liebesdichter — welcher Unterschied! O daß ich Italien kennte, mich in ihre Natur setzen, und sie fühlen, und mich in sie verwandeln könnte!

Ich habe in Nantes die neue Voyage d'Italie gelesen und zu excerpiren angefangen. Welche Anstalten die gewesen sind und zum Theil noch sind — ich habe darauf gedacht, manche von ihnen in meiner Republik nachzuahmen! Wie viel ist da zu sehen, was ich durchaus nicht gesehen habe! Insonderheit lebende Natur. Als=

denn über sie ein Bild liefern, was Frankreich und Europa von ihnen genutzt! Was sie unter den Römern und mittlern Zeiten gethan, geleistet!

Ich wurde in Nantes mit einem jungen Schweden, Koch, bekannt — durch die Klotzische Bibliothek! so muß sich selbst das Pasquillhafte oft zu Zwecken finden! Wer hätte mir sagen sollen, daß dies Buch dienen würde, um mich in Nantes bekannt zu machen: hätte ich aber verlohren, wenn ich nicht bekannt geworden wäre?

Dieser junge Mensch hatte vielen Geschmack am Wahren, Guten, und Würklich Schönen! Ich hab es oft bei ihm gesehen, daß sein Auge und sein Geist mehr für das Richtige geschaffen war, als meines; daß er in Allem ein gewisses Gefühl von Realität hatte, das ihn nicht mit Hypothesen sätigte; daß er nicht aus Büchern Sachen lernen wollte, die auf Erfahrung und Praxis beruhen, sondern zur That schritt. Zeichnen, Geometrie, wahre Mathematik, Physik, Algebra, Augenschein der Kunst — werde ichs nie lernen, und immer die Akademie der Wißenschaften nur aus Fontenelle kennen? Womit habe ichs in meinem vergangnen Zustande verdient, daß ich nur bestimmt bin, Schatten zu sehen, statt würkliche Dinge mir zu erfühlen? Ich genieße wenig, d. i. zu viel, im Uebermaas und also ohne Geschmack: der Sinn des Gefühls und die Welt der Wollüste — ich habe sie nicht genossen: ich sehe, empfinde in der Ferne, hindere mir selbst den Genuß durch unzeitige Präsumption, und durch Schwäche und Blödigkeit im Augenblick selbst. In der Freundschaft und Gesellschaft: zum Voraus unzeitige Furcht oder übergroße fremde Erwartung, von denen jene mich im Eintritt hindert, diese mich immer trügt, und zum Narren macht. Ueberall also eine aufgeschwellte Einbildungskraft zum Voraus, die vom Wahren abirrt, und den Genuß tödtet, ihn matt und schläfrig macht, und mir nur nachher wieder fühlen läßt, daß ich ihn nicht genossen, daß er matt und schläfrig gewesen. So selbst in der Liebe: die immer Platonisch, in der Abwesenheit mehr als in der Gegenwart, in Furcht und Hoffnung mehr, als im Genuß, in Abstraktionen, in Seelenbegriffen mehr, als in Realitäten empfindet. So bei der Lectüre, wie walle ich auf, ein Buch zu lesen, es zu haben; und wie sinke ich nieder, wenn ichs lese, wenn ichs habe. Wie viel auch selbst der besten Autoren habe ich durchgelesen, blos der Wahrheit ihrer Känntniße wegen, in der Illusion ihres Systems, in der Fortreißung ihres Ganzen, blos des Inhalts wegen, ohne Niedersinken, und Ermatten! so lese ich, so entwerfe ich, so arbeite ich, so reise ich, so schreibe ich, so bin ich in Allem!

Empfindungen der Art haben mich, wie Walter Shandy, auf die Ideen gebracht, ein Werk über die Jugend und Veraltung Menschlicher Seelen zu erdenken, wo ich theils aus meiner traurigen Erfahrung, theils aus Beispielen andrer Seelen, die ich zu kennen Gelegenheit gehabt, einer solchen Veraltung zuvorzukommen, und sich seiner Jugend recht zu erfreuen und sie recht zu genießen lehre. Der Plan entstand mir schon in Riga, in traurigen Tagen, wo die Organisation meiner Seele gleichsam gelähmt, das Triebrad der äußeren Empfindungen stille stand, und sie in ihr trauriges Ich eingeschlossen, die muntere Sehnsucht verlohren hatte, sich Ideen und Vergnügungen und Vollkommenheiten zu sammlen. Da ging ich umher, dumm, und Gedankenlos, und stumpf, und unthätig, sprach zum Lachen ec. nahm hundert Bücher, um hundert von ihnen wegzuwerfen, und doch nichts zu wißen. Hier fiel mir der ehrliche Swift ein, der über den alten elenden grauen Mann, den er im Spiegel sahe, die Achseln zuckte, und zum Gegensatz schilderte sich mir die junge fröliche Welt des Plato und Sokrates vor, wie sie unter Scherz und Spiel ihre Seelen und Körper übeten, und bildeten, und schlank, stark, und vest machten, wie schöne Oelbäume am Rande der Quelle. Der alte und immer junge Montagne fiel mir ein, der sich immer zu verjüngen wuste im Alter und ich stand da, stutzig, betäubt und alt in meiner Jugend. Die Begriffe samleten sich: es sollte eine Abhandlung in die Königsberg. Zeitungen werden und wurde nicht, wie viel andre Plane meines Lebens. In der Unthätigkeit von Nantes brachte mich die Umarbeitung der Kritischen Wälder, die Bekanntschaft mit diesem Jünglinge, der so sehr auf das Wesen hinzueilte, und am meisten das

Gefühl des Leeren, Reelllosen in mir, wieder auf die Gedanken. So wie es aber immer mein Fehler ist, nie recht an Materie, sondern immer zugleich an Form denken zu müssen; so ward ein Riß daraus, zu dem der Abt Clement die muntre Jugend seines Styls hergeben sollte. Der Plan ward lange umhergewälzt, und es ging ihm also, wie bei allen Umwälzungen; zuerst werden sie grösser; nachher reiben sie sich ab. Einen Abend gab ich meinem Schwedischen Jünglinge davon Jdeen, die ihn bezauberten, die ihn entzückten: das Gespräch gab Feuer; der Ausdruck gab Bestimmtheit der Gedanken: werde ich jetzt, in der frostigen, unbequemen Stellung, da ich sitze, noch einige Funken von dem fühlen, was mich so oft durchwallte, wenn ich der Unthätigkeit und der Vernichtung der B[abut]schen Gesellschaft entrann:

Die Menschliche Seele hat ihre Lebensalter, wie der Körper. Ihre Jugend ist Neugierde, daher kindischer Glaube, unersättliche Begierde, Dinge zu sehen, insonderheit Wunderdinge, die Gabe Sprachen zu lernen, wenn sie nur an Begriffen und Dingen hangen; jugendliche Biegsamkeit und Munterkeit u. s. w. Ein Alter, von der Neugierde, ist immer verächtlich und ein Kind.

Das Kind konnte an Allem, was es durch Neugierde kennen lernte, noch nicht viel Antheil nehmen: es sahe nur, es staunte, es bewunderte. Daher seine Ehrerbietung für die Alten, wenn sie ihm wahrhaftig ehrwürdig sind: daher die Tiefe seiner Eindrücke, die durch Staunen und Bewundern gleichsam eingerammelt werden. Je mehr Seele und Körper wächst, je mehr die Säfte in beiden zunehmen und aufwallen: desto mehr nähern wir uns gleichsam an die Gegenstände an, oder ziehen sie stark zu uns. Wir mahlen sie also mit Feuer des Geblüts aus: das ist Einbildungskraft, das herrschende Talent der Jugend. Da ist Liebe mit allen ihren Scenen die bezauberte Welt, in denen sie wandelt: oder in der Einsamkeit sinds Dichter, alte entfernte Dichterische Geschichten, Romane, Begeisterungen. Da wohnt der Enthusiasmus von Freundschaft, sie mag Akademisch oder Poetisch ausgemalt werden: da die Welt von Vergnügungen, von Theilnehmungen, Zärtlichkeiten. Da wird auch in den Wißenschaften, alles Bild, oder Empfindung, oder aufwallendes Vergnügen. Das ist der Jüngling: ein alter tändelnder feuriger Greis ist ein Geck.

Er wird Mann und Gesellschafter: dies zuerst, und also nach unsrer Welt werden die heftigen Züge der Einbildungskraft ausgelöscht: er lernt sich nach andern bequemen, sich von andern unterscheiden: das ist, Witz und Scharfsinn kommen los. Er wird Gesellschafter; lernt alles Feine, das in der gesellschaftlichen Politur besteht: und wozu ihn Liebe, um seiner Schöne zu gefallen und was zu gelten, Freundschaft, die bei uns meist Gesellschaft ist, Vergnügungen, die nie ohne das Gesellschaftliche so allgemein sind, kurz alles einladen. Ein Fontenelle, der in der Akademie der Wißenschaften, und in seinem 103. Jahr witzelt, ist lächerlich. — — Aus dem Gesellschafter wird Mann, und dies ist eigentlich die reelle Stuffe, da der Gesellschafter blos ein Zugang ist, den man nicht entbehren kann, in dem man aber nicht stehen bleiben muß. Im Mann regiert Bonsens, Weisheit zu Geschäften. Er hat die Bahn der Neugierde durchwandelt, und gefunden, daß es viel Leeres gibt, was blos ersten Blick verdient und nichts mehr; er ist die Zeit der Leidenschaften durch, und fühlt, daß sie gut sind, sich in die Welt hineinzuleben, nicht aber sich durch sie hinweg zu leben, sonst verliert man alles. Er hat also kaltes Geblüt, wahre Dienstfertigkeit, Freundschaft, Weisheit, Brauchbarkeit, Bonsens. Sein Alter, seine Gesellschaft, seine Denkart, seine Beschäftigung sind die Reellsten im Menschlichen Leben: er ist der wahre Philosoph der Thätigkeit, Weisheit Erfahrung.

Der Greis ist ein Schwätzer und Philosoph in Worten. Seine Erfahrungen, matt, weitläufig, ohne Bestimmtheit in Lehren vorgetragen, werden loci communes: und er ist reich an ihnen, weil er Erfahrung zu haben glaubt, und sie vorträgt, da er die Jugend so von sich entfernt sieht, sie für zu frei hält, weil er nicht mit springen kann u. s. w. Das ist das Alter der Ruhe. Neuen Eindrücken ist die Seele kaum mehr offen: sie ist verschloſſen: zu neuen Erfahrungen kaum aufgelegt: zu furchtſam: für neuen Unterricht nicht mehr biegſam gnug; geſätigt gleichſam an Lehre. Das was vorher weich, und gleichſam Knorpel der Bewegung waren, ſind Knochen der Ruhe geworden. Die Seele genieſſt ihr Leben, das ſie geführt und verlebt ſich; und es iſt dieſe eingezogne Furchtſamkeit auch gut, weil der Greis kaum mehr Kraft und Stärke hat, ſich aus ſeiner Auſternſchaale zu bewegen. Das iſt der Greis. — — Ariſtoteles, Horaz, Hagedorn haben die Lebensalter geſchildert: ihre Schilderung muß für die Seele auf gewiſſe Hauptbegriffe Pſychologiſch zurückgeführt werden, und dieſe ſind Neugierde, Einbildungskraft und Leidenſchaft, Witz und Bonſens, endlich die alte Vernunft. Und aus ihnen wird ſo ein Syſtem des Menſchlichen Lebens, wie Montesquieu die Regierungsarten geſchildert hat.

Jeder Menſch muß ſie durchgehen: denn ſie entwickeln ſich aus einander: man kann nie das Folgende genieſſen, wenn man nicht das vorhergehende genoſſen hat: das erſte enthält immer die Data zum Zweiten: ſie gehen in Geometriſcher nicht Arithmetiſcher Progreſſion fort: in ihrer ganzen Folge nur genieſſt man das Leben, und wird auf honette Weiſe alt. Man kann nie das vorhergehende völlig zurücknehmen, (auch in Verbeßerung) ohne das gegenwärtige zu verlieren.

Hingegen aber, wenn man 1) dem Lebensalter nicht Gnüge thut, in dem man iſt, 2) wenn man das folgende vorausnimmt, 3) wenn man gar alle auf einmal nimmt, 4) wenn man in verlebte zurückkehret: da iſt die Ordnung der Natur umgekehrt, da ſind veraltete Seelen: junge Greiſe, greiſe Jünglinge. Unſre Vorurtheile der Geſellſchaft geben viel Gelegenheit zu ſolchen Monſtern. Sie nehmen Zeitalter voraus, kehren in andre zurück, kehren die ganze Menſchliche Natur um. So iſt Erziehung, Unterricht, Lebensart: hier eine Stimme der Wahrheit und Menſchheit iſt Wohlthat: ſie ſchafft den Genuß der ganzen Lebenszeit: ſie iſt unſchätzbar. Und dazu das Buch.

Erster Theil: nach Fähigkeiten der Seele: und eben dabei nach den Zeitaltern der Menschheit.

Erster Abschnitt: von der Ausbildung der Sinne: und also von der Seele der Kindheit.

Man verliehrt seine Jugend, wenn man die Sinne nicht gebraucht. Eine von Sensationen verlaßene Seele ist in der wüstesten Einöde: und im schmerzlichsten Zustande der Vernichtung. Nach langen Abstraktionen folgen oft Augenblicke dieses Zustandes, die verdrießlichsten im Leben. Der Kopf wüste und dumm: keine Gedanken und keine Lust sie zu sammeln: keine Beschäftigung und keine Lust sich zu beschäftigen: sich zu vergnügen. Das sind Augenblicke der Hölle: eine völlige Vernichtung, ein Zustand der Schwachheit, bis auf den Grad, was zu begehren. — — Man gewöhnt die Seele eines Kindes, um einst in diesen Zustand zu kommen, wenn man sie in eine Lage von Abstraktionen, ohne lebendige Welt; von Lernen ohne Sachen, von Worten ohne Gedanken, von gleichsam Ungedanken ohne Gegenstände und Wahrheit hineinquält. Für die Seele des Kindes ist keine größere Quaal, als diese: denn Begriffe zu erweitern, wird nie eine Quaal seyn. Aber was als Begriffe einzubilden, was nicht Begriff ist, ein Schatte von Gedanken, ohne Sachen; eine Lehre ohne Vorbild, ein Abstrakter Satz, ohne Datum, Sprache ohne Sinn — das ist Quaal; das ältert die Seele. (Alle Tugenden und Laster sind solche Abstracta aus 1000. Fällen herausgezogen: ein feines Resultat vieler feinen Begriffe.)

Gehe also in eine Schule der Grammatiker hinein: eine Welt älternder Seelen, unter einem veralteten Lehrer. Jeder Mensch muß sich eigentlich seine Sprache erfinden, und jeden Begrif in jedem Wort so verstehen, als wenn er ihn erfunden hätte. Eine Schule des Sprachunterrichts muß kein Wort hören laßen, was man nicht versteht, als wenn mans denselben Augenblick erführe. Man gehe ein Deutsch Lexicon durch, ob man so die Sprache versteht: man gehe eine fremde Sprache durch, tausendmal weniger. Ein Kind lernt tausend Wörter, Nuancen von Abstraktionen, von denen es durchaus keinen Begrif hat; tausend andre, von denen es nur halben Begrif hat. In beiden wirds gequält, seine Seele abgemattet und auf Lebenslang alt gemacht. Das ist der Fehler der Zeit in der wir leben: man hat lange vor uns eine Sprache erfunden, tausend Generationen vor uns haben sie mit feinen Begriffen bereichert: wir lernen ihre Sprache, gehen mit Worten in 2. Minuten durch, was sie in Jahrhunderten erfunden und verstehen gelernt; lernen damit nichts: veralten uns an Grammatiken, Wortbüchern und Discursen, die wir nicht verstehen, und legen uns auf Zeitlebens in eine üble Falte.

Weg also Grammatiken und Grammatiker. Mein Kind soll jede Todte Sprache lebendig, und jede lebendige so lernen, als wenn sie sich selbst erfände. Montagne, Shaftesburi lernten Griechisch lebendig: wie weit mehr haben sie ihren Plato und Petrarch[1] gefühlt, als unsre Pedanten. Und wer seine Muttersprache so lebendig lernte, daß jedes Wort ihm so zur Zeit käme, als er die Sache sieht und den Gedanken hat: welch ein richtiger philosophisch denkender Kopf! welch eine junge blühende Seele! So waren die, die sich ihre Sprache selbst erfinden musten, Hermes in der Wüste, und Robinson Crusoe. In solcher Wüste sollen unsre Kinder seyn! nichts als Kindisches zu ihnen reden! Der erste abstrakte unverstandne Begriff ist ihnen Gift: ist, wie eine Speise, die durchaus nicht verdaut werden kann, und also wenn die Natur sich ihrer nicht entledigt, schwächt und verdirbt. Hier eben so, und was würden wir, wenn die Natur nicht noch die Güte hätte, uns dessen durch Vergessenheit zu entledigen. Wie ändert sich hier Schule, Erziehung, Unterricht, Alles! Welche Methode, Sprache beizubringen! Welche Genauigkeit und Mühe, Lehrbücher zu schreiben und noch mehr über eine Wißenschaft zu lesen, und sie zu lehren! Lehrer! in Philosophie, Physik, Aesthetik, Moral, Theologie, Politik, Historie und Geographie kein Wort ohne Begrif, kein Begrif präoccupirt: so viel, als in der Zeit

---

1) Verschrieben statt „Plutarch"?

eine Menschliche Seele von selbst fassen kann, und das sind in der ersten Jugend, nichts als Begriffe durch Sinne.

Auf diese eingeschränkt, wie lebt die Menschliche Seele auf: nun kein Zwang, keine Schule mehr. Alles Neugierde, die Neugierde Vergnügen. Das Lernen Lust und Ergötzen; üben, sehen, neu sehen, Wunderdinge sehen, welche Lust, welche schöne Jugend! Hier ein Plan, was und wie sie in allen Wissenschaften hindurch zu lernen hat, um immer jung zu seyn, ist Verdienst der Menschheit.

Umgekehrt aber: sehet die elenden Schüler, die in ihrem Leben nichts als Metaphysik an Sprache, schönen Künsten und Wissenschaften, und Allem nichts als Metaphysik lernen! sich an Dingen zermartern, die sie nicht verstehen! über Dinge disputiren, die sie nicht verstanden haben. Sehet elende Lehrer! und Lehrbücher, die selbst kein Wort von dem verstehen, was sie abhandeln. In solchen Wust von Nominalbegriffen, Definitionen, und Lehrbüchern ist unsre Zeit gefallen: drum liefert sie auch nichts grosses: drum erfindet sie auch nichts. Sie ist wie der Geizige, hat Alles und geniesset nichts. Ich darf nur meine eigne Erziehung durchgehen, so finde ich einen Reichthum von traurigen Exempeln. Ein Kind muß blos durch sich und seine Triebfeder handeln, das ist Neugierde: die muß geleitet und gelenkt werden; ihm aber keine fremde eingepflanzt werden z. E. Eitelkeit u. s. w. die es noch nicht hat. Durch die kans viel lernen, nichts aber an seinem Ort, zu seiner Zeit. Die Jugend der Menschlichen Seele in Erziehung wieder herzustellen, o welch ein Werk! Das einzige, was den Schwarm von Vorurtheilen tödten kann, der in Religion, Politik, Weltweisheit u. s. w. die Welt bedeckt! ich zweifle aber, ob es ganz in unsrer Gesellschaft angeht. Jeder lernt die Masse von hundert andrer Gedanken und wird damit alt.

Nicht, als wenn man nicht von der Gesellschaft andrer profitiren könnte: der Mensch ist ein so geselliges Thier, als er Mensch ist. Die Senkung zur Sonne ist den Planeten eben so natürlich, als ihre Kraft fortzueilen. Aber nur, daß die Geselligkeit unsre

Eigenheit nicht ganz tödte: sondern sie nur in eine andre schönre
Linie bringe. So also wird die Gesellschaft uns auch tausendmal
mehr Begriffe geben können, als wenn wir allein wären: allein
nur immer Begriffe, die wir verstehen können, die Begr.[1] sind.
Der Führer muß uns den Weg verkürzen, uns aber selbst gehen
lassen, nicht tragen wollen, und uns damit lähmen!

Es ist eine schwere Sache, jede Wissenschaft in allen Begriffen
und jede Sprache in allen Worten auf die Sinne zurückzuführen,
in denen und für die sie entstanden sind, und das ist doch zu jeder
Wißenschaft und Sprache nöthig.

Zweitens. *Alle seine Sinne zu gebrauchen.* Das
Gefühl z. E. schläft bei uns, und das Auge vertritt, obgleich
manchmal nur sehr unrecht, seine Stelle. Es gibt eine Reihe von
Modifikationen des Gefühls, die kaum unter der Zahl der bisherigen
5. Sinne begriffen werden können, und in denen allen die schöne
Jugend geübt werden muß. Ueberhaupt ist kein Satz merkwürdiger
und fast vergeßner, als: ohne Körper ist unsre Seele im Gebrauch
nichts: mit gelähmten Sinnen ist sie selbst gelähmt: mit einem
muntern proportionirten Gebrauch aller Sinne ist sie selbst munter
und lebendig. Es gibt in den alten Zeiten der schönen Sinnlich=
keit, insonderheit in den Morgenländern Spuren, daß ihre Seele
gleichsam mehr Umkreis zu würken gehabt habe, als wir. Alsdenn
würden sich theils neue Phänomena theils die Alten auf neue Art
[zeigen].[2] Das ist der Weg, Originale zu haben, nehmlich sie in
ihrer Jugend viele Dinge und alle für sie empfindbare Dinge ohne
Zwang und Präoccupation auf die ihnen eigne Art empfinden zu
lassen. Jede Empfindung in der Jugendseele ist nicht blos was sie
ist, Materie, sondern auch aufs ganze Leben Materie: sie wird
nachher immer verarbeitet, und also gute Organisation, viele, starke,
lebhafte, getreue, eigne Sensationen, auf die dem Menschen eigenste
Art, sind die Basis zu einer Reihe von vielen starken, lebhaften,
getreuen, eignen Gedanken, und das ist das Original Genie. Dies

---

1) „Begriffe" oder „begriffen"?   2) in L. sinngemäß ergänzt.

ist in allen Zeiten würksam gewesen, wo die Seele mit einer grossen Anzahl starker und eigenthümlicher Sensationen hat beschwängert werden können: in den Zeiten der Erziehung fürs Vaterland, in grossen Republiken, in Revolutionen, in Zeiten der Freiheit, und der Zerrüttungen wars würksam. Diese sind für uns weg: wir sind im Jahrhundert der Erfahrungen, der Polizei, der Politik, der Bequemlichkeit, wo wir wie andre denken müssen, weil wir, was sie sehen, wie sie sehen lernen, und man es uns durch Religion, Politik, Gesellschaftston, u. s. w. selbst zu denken verbeut, wie wir wollen. Wir sehen in unsrer Jugend wenige Phänomena, wenn es noch Zeit ist, sie zu sehen, damit sie in uns leben. Diese Phänomena sind meistens schwach, gemein, unwichtig, aus einer bequemen, üppigen Welt, wo die Regierung der Staaten, und alle grosse Handlungen des Menschlichen Geschlechts geheim, oder verborgen, oder gar verschwunden sind: und also ihr Anblick kein Zunder zu grossen Thaten geben kann. Wir werden durch Worte und das Lernen fremder allgemeiner Begriffe so erstickt, daß wir nicht auf sie merken, wenigstens nicht mit dem ganzen Feuer auf sie merken können. Die rührendsten Auftritte der Natur sind bei uns weg. Wir bekommen also nur schwache, monotone Stöße: unsre Jugendlichen Sensationen sagen wenig unsrer Seele: diese erstirbt.

O gebet mir eine unverdorbne, mit Abstraktionen und Worten unerstickte Jugendseele her, so lebendig, als sie ist; und setzet mich denn in eine Welt, wo ich ihr alle Eindrücke geben kann, die ich will, wie soll sie leben! Ein Buch über die Erziehung sollte bestimmen, welche und in welcher Ordnung und Macht diese Eindrücke sollten gegeben werden! daß ein Mann von Genie daraus würde, und dieses sich weckte! Durch Repräsentation der Sachen fürs Gesicht, noch mehr aber Gefühl: durch Körperliche Uebungen und Erfahrungen allerlei Art, durch Bedürfnisse und Ersättigungen, wie sie nur seyn können. Alles versteht sich pro positu, in welcher Art von Welt man lebt, und sehen kann. Jeder Mensch wird finden, daß seine später verarbeiteten Gedanken immer von solchen Eindrücken, Visionen, Gefühlen, Sen=

fationen, Phänomenen herrühren, die aber oft schwer zu suchen sind. Die Kindheit in ihrem langen tiefen Traum der Morgenröthe verarbeitet solche Eindrücke und modificirt sie nach allen Arten, dazu sie Methoden bekommt. Dies führt auf ein drittes:

Man gebrauche seine Sinne, um von allem Begriffe der Wahrheit zu bekommen, und nicht gleich mit dem ersten Eindruck dem Häßlichen und Falschen eigen zu werden. Ich weiß nicht, wie viel vortrefliche Folgen nicht entstehen müßten, wenn alle erste Eindrücke, die man uns liefert, die besten wären. Unsre Gothische Fratzen und Altweibermärchen sind sehr schlechte erste Formen: die ersten Eindrücke von Tempeln, und Religion sind Gothisch, dunkel und oft ins Abentheuerliche und Leere: die ersten Bilder und Gemälde sind Nürnbergsche Kupferstiche: die ersten Romane Magellonen und Olympien; wer denkt wohl dran, in der Musik, die ersten Töne schön, sanft, Harmonisch, Melodisch seyn zu laßen? Daher kommts auch, daß unsre Seelen in dieser Gothischen Form veralten, statt daß sie in den Begriffen der Schönheit erzogen, ihre erste Jugend wie im Paradiese der Schönheit genießen würden. Hier sind aus meinem Beispiel die Folgen klar. Nach den ersten Eindrücken meiner Erziehung hat sich viel von meiner Denkart, von der Bestimmung zu einem Stande, vielleicht auch von meinem Studieren, meinem Ausdruck u. s. w. gerichtet. Was kann aus einer in Geschichte, Kunst, Wißenschaft und Religion Gothisch verdorbnen Jugendseele werden? Und was würde aus einer werden können, die mit den schönsten Begriffen des Schönen genährt würde? Hier starke Menschliche Anreden! Proben z. E. von einem richtig gewöhnten Auge, Ohr, von einem Sinn des Schönen! Und denn Vorschläge und Vorbilder!

Wenn ich hier von Vorbildern der Schönheit u. s. w. rede: so sage ich nicht, daß unsre Seele in der Kindheit alle die feine Verbindungen von Begriffen schon habe, die in uns dies Sentiment bilden: die hats noch nicht. Allein eben daß man der Verwirrung von Begriffen zuvor kommt, bildet man ihn. Wir lernen die feinsten Abstraktionen, die das Resultat langer Betrachtungen sind, die nicht anders als aus einer Menge feiner und seltner Verbindungen und Associationen mit andern haben entstehen können, in einem Augenblick durch den Hasard der Sprache, oder durch schlechte Gelegenheiten. Ein schöner Jüngling müste nichts als richtige Sensationen haben, und aller Ideen beraubt werden, die noch nicht für ihn sind. Weil er aber in der Gesellschaft lebt, und leben sollen, so geht diese Beraubung nicht lange an, aber in der Mittheilung auch deßen, was andre für ihn ausgedacht haben, und worinn derselbe eingeweihet wird, muß wenigstens so viel Philosophie wohnen, daß er nichts wider seinen gesunden Verstand annehme, wenn auch schon manches durch die Gesellschaft accelerirt wäre: daß er nichts ohne richtige Sensation annehme, was er ausspricht u. s. w. So muß er zum Begrif seiner Worte, seiner Tugenden und seiner Sentiments der Schönheit kommen.

Die Schönheit z. E. von wie vielen Ideen ist sie das Compositum? von wie vielen Ideen aus ganz verschiednen Sachen gezogen? wie fein verflochten sind alle diese Ideen von denen sie das Resultat ist? was setzen sie vor seine Begriffe schon wieder voraus von Ordnung, Maas, Proportion? Und diese Begriffe was für eine Reihe Bemerkungen, Sitten, Convenanzen wieder? wie ändern sie sich also nach diesen Convenenzen nach Ort, Zeit, Völkern, Nationen, Jahrhunderten, Geschmacksarten? wie viel Weisheit gehört also dazu einer Jugendseele die ersten Eindrücke des Schönen in Formen, Gestalten, Körpern, Tönen richtig zu machen! ihn noch nichts von Schönheit überhaupt reden, sondern nur das Einzelne, jedes beste Schöne in seiner Art begreifen lassen! ihn allmälich von einem simpeln Gegenstande zu einem mehr verflochtnen führen! von Bildhauerkunst zur Malerei, von einfach schöner Musik zu einfach schönen Tänzen! lebendige Gestalt wird er sich selbst suchen, nur laßt uns seine Seele so zur Richtigkeit der Begriffe und sein Herz zur Richtigkeit der Tugend gewöhnen, daß er auch in dieser so complicirten Wahl noch richtig geht.

Was für einen Unterschied in der ganzen Doktrin gäbe dies! Die ganze Moral ist ein Register feiner Abstrakter Begriffe: alle

Tugenden und Laster das Resultat vieler feiner Bemerkungen, feiner Situationen, feiner Fälle! Jahrhunderte, Gesellschaften, Convenanzen, Religionen haben dazu beigetragen! Welche kindische Seele kann sie alle indem sie das Wort hört und lernt, entziefern! Welcher Philosoph hat sie entziefert! Welcher lebendige Philosoph wenn jener sie auch entziefert hätte, hätte sie so lebendig, um sie anwenden zu können! um dem Strom von Sprache, Gesellschaft, feinen Unterricht wiederstehen zu können, der auf eine Seele los stürmt! Hier ein grosses Geschäfte: der Verf. des Gouverneurs ou Essai sur l'education (Lond. Nou. se) hat einige angefangen: Schönheit, Herrschaft; simpler, und Philosophischer als er, will ich ihm nachfolgen! Das Alter der Einbildungskraft ist leicht. Sie nimmt keine neue Bilder mehr an: sie wiederholt nur die vorigen. Noch ein andres höheres Alter: sie wiederholt sie auf einerlei Art. Das höchste endlich: sie wiederholt sie, ohne sie einmal völlig und ganz auszudrücken. Sie spricht wie mit schwacher Zunge, wie im Traum.

Alle Bilder, die wir sehen, malen sich in unser Auge, in unser Gehirn: da bleiben welche vielleicht materielle Spuren, das macht das Gedächtniß. Diese Spuren können aufgefrischt und zur idealen Gegenwart gebracht werden: das ist Imagination. Wie sie sich ins Gehirn malen? Physisch ist dies Problem noch nicht gnug aufgelöset: die Bemerkungen, die Maupertuis vorschlägt mit dem Gehirn der Maleficanten würden dazu helfen, und denn würde gleichsam die Welt Materieller Ideen lebendig. Wie sie sich im Gehirn erhalten, und nicht von andern ausgelöscht werden? Huart hat darüber Spitzfündigkeiten gegeben, die bei seinem Scharfsinn es wenigstens zeigen, daß eine beßere Auflösung unmöglich sei, wenn man zuviel grübeln will. Wie sie sich im Gehirn wieder aufwecken laßen? Das ist eine von den dreien Unbegreiflichkeiten, die Scaliger nicht auflösen konnte — laßet uns die Metaphysik laßen und Praktisch reden.

So lange das Gehirn, oder die Tafel der Seele weich und zart ist, alle neue Bilder, mit aller Stärke, in allen Farben und Nuancen, mit aller Wahrheit, Neuigkeit und Biegsamkeit einzuneh=

men: da ist die weiche und wächserne Jugend der Seele! da fühlt ein Klopstock in seiner Kindheit alle die Bilder, die er nachher singt, modellirt und so mannichfalt verarbeitet! da steht die Einbildungskraft offen, und o wenn nur die guten, die besten Bilder jedesmal hineingebracht würden! –– –– Allmälich schließt sich die Seele d. i. sie verarbeitet die vorigen Ideen: sie wendet sie an, so oft sie Gelegenheit hat: dadurch werden jene zurückgerufen und gleichsam stärker eingeprägt: immer zurückgeruffen und immer stärker: das Gehirn also härter und vester: endlich werden sie eben durch die starke Erneurung die einzigen und ewig. Sie kommen immer wieder, und die Seele kann nichts denken, ohne daß sie wieder kommen. So kommen dem Klopstock seine eiserne Wunden, und seine letzten Stunden immer zurück, daß er fast nichts ohne sie 2c. Natürlich daß sie endlich andern Ideen den Eingang wehren, und an unrechtem Ort zurückkommen: die Seele, die gleichsam in einer neuen Gesellschaft mehr Neuigkeit, aber auch mehr Zwang hätte, stützt sich auf die alte, schon bekandte: die besucht sie: da gefällt sie sich: diese Furchtsamkeit neue Ideen zu besuchen, diese Anhänglichkeit an die Alten Freunde ist ein Zeichen des Alters.

Endlich komt man gar so weit, zu erzälen, bis man im Erzälen sich vergißt, und nur schwache und träge Abbrücke in Worten gibt von dem, was man denkt und sich einbildet. So wie ein langer Lügner endlich selbst seine Lügen vorträgt, ohne daß ers inne wird: so auch ein langer Erzäler, ohne daß er erzälet. Er verliert die Aufmerksamkeit auf das, was er sagt: ob es auch für einen, der so etwas nicht gesehen, nicht gehört, oder nicht so oft erzälen gehört hat, als dieser es selbst erzält hat, so ganz, so eindrücklich, so vollständig sei, daß es ganzen Eindruck geben könne. Daher z. E. bei Klopstock in seinen Liedern die schwachen Wiederholungen aus seinem Meßias: ihm sind diese und jene einzelne Züge im Ganzen eindrücklich gewesen: er glaubt, daß sie andern, so einzeln, als sie ihm einkleiben, auch so mächtig seyn müssen: er vergißt also das Eindrückliche Ganze zu geben, und wird schwach, matt, todt. O Jugend der Seele, die so stark spricht, als sie siehet und fühlet! Mit jeder Wiederholung schwindet ein Zug der Aufmerksamkeit: mit jeder Wiederholung schwächt sich Bild, es wird nur Nachbild, Nachabdruck, und endlich ists die geschwächste Gestalt der Seele!

O ihr grossen Meister aller Zeit, ihr Moses und Homere! ihr sangt durch Eingebung! pflanztet was ihr sanget, in ein ewiges Sylbenmaas, wo es sich nicht regen konnte: und so konnte es so lange wiedergesungen werden, als man wollte. Wir in unsrer matten, unbestimmten, uns selbst und jedem Augenblick überlaßnen Prose wiederholen und prosaisiren so lange, bis wir endlich nichts mehr sagen. So gehts einem alten Profeßor, der gar zu oft einerlei gelesen: einem alten Prediger, der gar zu oft einerlei gelehrt, gesagt, verrichtet hat, einem alten Witzlinge; er wird endlich schwach, was Stachel seyn sollte, ists nicht mehr, was Delikatesse seyn sollte, wird Finesse: kurz, Fontenelle in seinem Alter, wie ihn auch Clement charakterisiret: einem alten Anakreontisten, wie es Gleim zeigt: einem alten Spötter, wie es Voltaire beweiset u. s. w.

Welche grosse Regel: mache deine Bilder der Einbildungskraft so ewig, daß du sie nicht verlierest, wiederhole sie aber auch nicht zur Unzeit! eine Regel zur ewigen Jugend der Seele. Wem seine ersten Bilder so schwach sind, daß er sie nicht stark und in eben der Stärke von sich geben kann, da er sie empfangen, der ist schwach und alt. So gehts allen Vielbelesnen und Zuviellesenden, die nicht Gelegenheit haben, das was sie gelesen, Einmal stark und lebendig zu wiederholen: oder die nicht Lebhaftigkeit gnug haben, zu lesen, als ob man sähe, fühlte, selbst empfände, oder anwendete: oder endlich, die durch zu Ueberhäuftes, schwächliches, Zerstreutes Lesen sich selbst aufopfern! So gehts mir. Indem ich mich zu sehr aus meiner Sphäre wage: indem ich nie mit ganzer zusammengenommner, natürlich vollkommnen Seele lese, so wird kein Eindruck ganz! Nie so ganz, als ihn der Autor empfand, oft nicht einmal so ganz, daß ich ihn sagen, oder mir nur stark und vollendet denken kann. O Greise, schwache Beschaffenheit der Seele! Der Magen ist verdorben: die Natur geschwächt: die Seele keinen wahren Hunger, also auch keinen wahren Appetit zur Speise: also auch keine starke völlige Verdauung: also auch keine gesunde Nahrung.

Wie ist ihm zu helfen? Wenig eßen, viel Bewegung und Arbeit: d. i. ohne Allegorie wenig Lesen, viel Ueberdenken mit einer gewißen Stärke und Bündigkeit, und denn Ueben, Anwenden. Wie wenn dazu meine Reisen dienten? Da komme ich in die Nothwendigkeit, nicht immer lesen oder vielmehr lesend schlendern zu können: da muß ich Tagelang ohne Buch bleiben. Da will ichs mir also zum Gesetz machen, nie zu lesen, wenn ich nicht mit ganzer Seele, mit vollem Eifer, mit unzertheilter Aufmerksamkeit lesen kann. Hingegen will ich alsdenn an das, was vor mir liegt, denken, mich von der gräulichen Unordnung meiner Natur heilen, entweder zu sehr voraus, oder zu spät zu denken, sondern immer die Gegenwart zu genießen. Alsdenn wenn ich das Buch ergreife — nicht anders, als mit voller Lust und Begierde, und so daß ich endlich so weit komme, ein Buch auf einmal so lesen zu können, daß ichs ganz und auf ewig weiß; für mich und wo ich gefragt werde, wo ichs anwenden soll, und auf welche Art auch die Anwendung seyn möge. Ein solches Lesen muß Gespräch, halbe Begeisterung werden, oder es wird nichts! —

(Bricht ab; vgl. S. 441[1])

Einzelne Blätter zum „Journal der Reise."

(1.)

Ueber die Bildung Menschlicher Seelen:
aus Thomas Eloges.

[Nantes: vgl. S. 417. 438—440].

Was ists, was grosse Männer über die Menschheit ausbreiten? Er sagt: sie ehren sie, wir haben diese höheren Geister nöthig, um unsre Schwäche zu suppliren. Sie dienen dem Staat mit ihren Talenten, erleuchten ihn durch ihre Känntnisse, zieren ihn durch ihre Tugenden.

Ein grosser Mann ist ein langes und mühsames Werk der Natur. Diese Mutter, fruchtbar an so viel Wesen, die sie zum Zeitvertreib zu erschaffen scheint, scheint diese nicht hervorbringen zu können, als mit einer tiefen und langsamen Reflexion. (Das Rednerische weggenommen, und ich glaube das Gegentheil. Das wahre Grosse, das wahre Ideal der Menschheit wird erzeugt werden, wie Rammler an seinen Lycidas singt: Wen seine Mutter u. s. Die, so durch Schrecken, Erstaunen, Furcht auf die Welt gestossen werden, haben dies zur Hauptdenkart, zum Temperament ihrer Seele, sie können dadurch grl.(?)[1] werden: nur wir aber nennen solche gross.)

Wer weiß, ob wir der Natur nicht helfen können, in dieser erhabenen Produktion? Wer weiß, ob die Bewunderung und Verehrung des Menschlichen Geschlechts für diese seltnen Männer,

---

1) L.: gross [entspricht dem Sinne nicht]

die mannichmal erscheinen, nicht die Knospe von Grösse in gewissen Seelen entwickeln könnten, wo die Undankbarkeit sie verhärtet, oder das Decouragement sie erstickt: (Das Rednerische weg — so ist dies, die schlechtste Hülfe: die ersten Keime entwickeln sich früher, als bis Politische Beziehungen sie wecken.)

— — (Aber hieraus ein Blick auf die Menschliche Seele wird gross. Wenn gabs grosse Männer? was breiteten sie über die Menschheit aus? waren sie nützlich oder schädlich? Was war ihr inneres Gefühl? wie war ihr erstes Gefühl der Zeugung gewesen? Wie viel Jahrhunderte hatten sie hervorgebracht? Wie lange hatte die Natur arbeiten und die Welt reifen müssen, bis sie erschienen? Welche Präparation von langen Erfindungen, Anrichtungen gehörte voraus dazu, bis sie erfanden, anrichteten und gross wurden? Diese Lage von Sachen half der Natur und war Natur; wie wenig konnten Menschen ihr helfen? wie wenig durch äusserliche elende Ehren? Der grosse Mann war grösser als seine Zeit: er verachtete die Welt, der er diente: er hatte ein grösseres Gewicht, als das Bleimaas des Beifalls in sich. Ehre war seine letzte Neigung, nicht seine erste.... Wie können wir denn das Genie erwecken? in seiner Knospe enthüllen? Nicht durch Ehre, aber durch Bildung, durch Entwicklung — — nicht niederschlagende Furcht in seine Welt setzen, kämpfen, und überwinden lassen.

Kühn ists, wenn Thomas den Genius Sokrats in der Hauptneigung eines jungen Menschen findet. Sokrates glaubte einen Genius zu haben, der neben ihm wachte. Könnte man nicht sagen, dass alle grosse Männer einen haben, der sie auf die Bahn führt, die ihnen die Natur gezeichnet hat, der von dieser Seite alle ihre Sensationen, Ideen, Bewegungen lenkt, der ihre Talente nährt, erwärmt, entfaltet, der sie fortreisst, sie unterjocht, der über sie einen unüberwindlichen Ascendant nimt, der die Seele ihrer Seele ist. — — Von der Wiege an schien sich die kühne und unerschrockne Seele des Mauriz zu den Schlachten hin zu werfen. —

O Genius! werde ich dich erkennen? Die Jahre meiner Jugend gehen vorüber: mein Früling schleicht ungenossen vorbei: meine

Früchte waren zu früh reif und unzeitig. Führer meiner Jugend, und du hülletest dich in Schatten! — —

Mein Genius rief mich zu den Wißenschaften, zur Philosophie. Ich dachte frühe: frühe riß ich mich los von der Menschlichen Gesellschaft, und sah im Waßer eine neue Welt hangen, und ging, um einsam mit der Frülings Blume zu sprechen, um mich in Erschaffung grosser Plane zu vergnügen, und sprach Stunden lang mit mir selbst. Die Zeit war mir kurz; ich spielte, ich las, ich sammlete Blumen um nur meinen Gedanken nachzuhängen. Das Grosse, Unerforschliche, Schwere riß mich fort: das Leichte gemeine fiel ab, wie was durch zu wenig Attraktion gehalten wird. Umstände warfen mich in andre Bahnen: ich warf mich zurück durch Phantome und Ueberraschungen und wuste nicht, wie mir war. Ich gab mich, als ein Sklave der Nothwendigkeit Wißenschaften, die ich am wenigsten brauchte, der Philosophie, der Dichtkunst, den Sprachen, der Erforschung des Schönen, vorzüglich aber dem Studium der menschlichen Natur. Ich ward nie, was ich werden sollte, wozu mich Nothwendigkeit und Umstände machen wollten, sondern immer was anders. So als Schüler, so als Lehrer: so in Königsberg, so in Riga: so auf Reisen. — — Genius, durch welche Wege bin ich geführt und umhergeworfen!

Ich bin etwas zu weit verführt von der Wahrheit. Ich kenne sie nicht in der Philosophie und in der Physik: nicht in Mathematik, noch im Praktischen der schönen Künste: noch im Gebrauch der Menschheit, und der Gesellschaft: ich bin im Lande der Hypothesen, der Abstraktionen, der Träume. Genius! willst du mir nicht diese Hülfe geben? Mich durch Erfahrung bilden? mir das Reich der Wahrheit entsiegeln?

(2.)

Gedanken bei Lesung Montesquieus.
[Nantes: vgl. S. 403—405. 418—421].

Geist der Gesetze! Freilich Alles in der Welt hat seine Gesetze von der Gottheit bis zum Atomus; was sind sie aber? wenigstens so fern wir sie kennen? — — Abgezogne Theilbegriffe, bemerkte einzelne Eigenschaften, die wir in Sätze, in Grundsätze, in Maximen verwandeln, und das wird ein Gesetz. Die Physik gibt davon Beispiele. Alle Gesetze der Attraktion sind nichts als bemerkte Eigenschaften, die wir unter einander ordnen, bis ein Hauptgrundsatz wird. Die Gesetze der Metaphysik sinds noch sichtbarer. Alle Gesetze und Regeln, wornach Gott, die Welt, die Seele würken soll, sind Bemerkungen, wie sie würkt oder würken könnte; es sind abgezogne Bemerkungen von Eigenschaften ihres Wesens. Je mehr wir diese unter einander ordnen können, desto weniger und einfacher werden die Gesetze, desto näher kommen wir Einem Begriff, dem Hauptbegrif des Wesens. Der Geist der Gesetze ist also nichts als das Wesen der Sache, das ist, das Ding selbst. Je mehr wir dies kennen, je inniger wirs einsehen, desto mehr haben wir in diesem Einen Blick den Geist seiner Gesetze; je weniger wirs kennen, desto reicher und noch ungeordneter werden sich die Gesetze zeigen: eine Menge kleiner detaillirter Bemerkungen, abgerißner Eigenschaften ohne Kopf und Hand. Diese sammlen, unter einander ordnen gibt einen abgezognen Metaphysischen Begrif, und das Buch vom Geist der Gesetze sagt nichts, als eine Metaphysik der Gesetze, das ist ein Philosophischer Versuch, Alle Regierungsarten zu bemerken, ihre Unterschiede, und die Quellen ihres Unterschiedes zu erwägen, die Gründe auf ihre Gründe zu führen, um endlich auf einen Hauptbegrif zu kommen, der das Wesen der ganzen Regierungsart sei.

So viel Regierungsarten es also gibt, so viel Sachen, oder Data zu abstrahiren, und wenn keine zwei Regierungsarten, Länder und Völker sich in der Welt gleich sind: so gehört ein Universalismus dazu, sie alle zu übersehen: zu kennen, zu ordnen. Montesquieu hat nur wenige gekannt, und unter den wenigen noch wenigere recht zum Gegenstande gemacht: daher ist sein Buch so unvollkommen und seine Grundsätze so unapplicabel. Als Republik hat ihm Athen, Lacedemon, Creta und etwa Rom, kurz Plutarch gedient: als Aristokratie Venedig: als Monarchie sein einziges Frankreich: als

Despotism Türkei. Ist das Alles? gibts keine Nuancen dazwischen? Ist der Despotism in der Türkei und in Rußland, die Monarchie in Frankreich, Spanien, Portugall, Dännemark, Preußen einerlei? Ist ein Einziges dem Andern völlig gleich? Ist nicht jedes ein so eignes Datum nach Land, Volk, Einrichtung und Allem, daß seine Grundsätze nie anzuwenden sind, ohne unendliche Ausnahmen. Zum E. die französische Ehre in Preußen, in Spanien suchen? — — So auch Republiken? Polen, Schweden, England sind Aristokratien; richten sie sich nach Venedig? So auch Demokratien. — — Montesquieu hat also lange nicht gnug Data gehabt, gekannt und studirt, um zu Ersten Begriffen zu gelangen und seinem Werk Universalität zu geben. In Frankreich, in Venedig, in der Türkei mag es gut seyn, nirgends anders.

Man sieht die Folge in Rußland: woher konnte sich die Gesetzgeberin so mepreniren, und ihren Staat als Monarchie ansehen, wenn es nicht Nuancen zwischen Despotism und Monarchie gebe, wenn ihr Reich nicht eben in dieser Nuance läge, wenn Montesquieus Despotism nicht Unrußisch wäre? In allen Ländern Europens, die ich als solche genannt, die er nicht studirt hat, gilt dasselbe. Und in Asien, Africa, Amerika? O die Völker sind wild, und die wilden Völker sind denke ich, was Sitten, Gewohnheiten und Eigenschaften sind, am meisten zu studiren. Geschriebenes Gesetz ist ein Schatten, lebende Sitte und Gewohnheit ist ein Körper: diese das Bild, jene die Ueberschrift. Und diese lebendigen Bilder hat M. zu wenig studirt, zu wenig gekannt. Er war zu wenig Mensch, und zu sehr Bürger eines Monarchischen Staats, zu wenig natürlicher Philosoph und zu sehr Präsident, als sie in rechter Kraft studiren zu können. Sein Buch mag also Metaphysik für ein todtes Gesetzbuch seyn, Metaphysik zur Bildung der Völker ists nicht.

Ein Buch zur Bildung der Völker fängt bei lebendigen Beispielen, Gewohnheiten, Erziehung an, und hört bei dem Schattenbilde trockner Gesetze auf. Es studirt alle Völker, und die lebendigsten insonderheit, das sind die wilden, die halbwilden, die gesittet zu werden anfangen. Das Buch von Asien, Africa, und

Amerika liegt ihm vor und die Gesetzgeber der Alten, die nichts als solche Schöpfer waren dabei. Da wird Geist der Nationen, der Erziehung, der Mittel der Bildung sein Zweck, sein Hauptzweck: alsdenn kommen erst Gesetze, Regierungsform, Zeit — — man müste erst Metaphysiken aller Reiche, Länder und Völker haben, ehe eine Hauptmetaphysik geliefert würde, und das sollten billig die Geschichten jedes Volks seyn.

Zweitens: keine Regierungsform dauret: die Zeit ändert mit jeder Minute — eine andre Unvollkommenheit des Montesqu. Buchs. Seine französische Monarchie, auf wenn gilt sie? wie haben sich die Sitten geändert? wie ändern sie sich? Die Politische Geographie also die er entwirft ist nichts: sie ist so wandelbar, wie die Geschichte der Völker selbst: die ein schwebendes Bild ist: das sich über Völker und Zeiten fortwälzt.

Natur= und Civilgeschichte der Gesetze: warum müssen sie sich wiedersprechen? und die Religion oben drein? Warum muß es drei Erziehungen geben, die einander entgegen sind? Was können Prediger, Philosophen, und insonderheit Monarchen dazu beitragen, daß sie sich vereinigen? daß sie so Menschliche Natur werden, als die unwillführlichen und ewigen Gesetze der Welt sind: als es die mechanischen und ewigen Gesetze der Menschlichen Natur sind? Da wird ein Monarch im eigentlichen Verstande Schöpfer der Nation, wie Gott ein Schöpfer der Welt ist. Die Kräfte in der Materie waren da mit ihm zusammen: sie würkten, und da ist endlich die ordentliche schöne Welt geworden, die wir sehen. So liegt alles in Einer Nation und wartet auf Auferstehung.

So wie unsre Seele den Körper erfüllet: so Gott die Welt: so ein Monarch sein Reich: so ein Lykurg sein Sparta: daher haben kleine Republiken in ihrer Eingeschränktheit sich so vorzüglich gouvernirt.

So wie die Seele den Körper beherrscht, ohne sich ganz immer jeder kleinen Aktion bewußt zu seyn; dunkel aber geschieht Alles bis auf die Mechanischen Triebe zum Grundsatz der Vervollkommung — so ein Monarch sein Reich. Beileibe nicht, daß alles deutliches geschriebnes Gesetz sey: aber daß es lebendiger Trieb, Gewohnheit, gesunde Natur werde, und immer zur Vervollkommung des Ganzen abziele — denn ist der Staatskörper glücklich.

Unsre deutliche Vernunft regiert nur schwach den Körper; der Instinkt thuts lebender und beßer. Gewohnheiten, Sitten, Moralische Instinkte sind in einem Reich sein gesunder Zustand. Blos den Gesetzen folgen, und keine Sitten haben, heißt der kalten Vernunft allein folgen wollen, und den ganzen fühlbaren Theil der Menschheit nicht genießen.

Die Vernunft und den Instinkt im Streite haben, ist elender Zustand der Menschheit. Gesetze und Sitten im Wiederspruch haben, elender Zustand des Staats. Keine Sitten haben, ist so unglücklich, als keine Instinkt Kräfte haben; und in dem schmachtenden languißanten Zustande sind unsre Staaten Europens. Die Gesetze gebieten nur schwach und machen nicht glücklich: sie begnügen sich, nicht unglücklich zu machen: die Gewohnheiten sind politisch erstorben: es gibt kein Vaterland, keine Bürger mehr.

Wo ist ein Monarch, der hier Schöpfer werde? sein Volk kenne, wie Gott die Welt, wie die Seele den Körper, den sie sich gebauet: sein Volk bilde, daß die Gesetze seine Natur sind, und seine Natur diese Gesetze hervorbringe; sein Volk erhalte, so lange Natur, Natur bleibt. Er ist der Welt seines Staats so unentbehrlich, als sein Staat ihm. Sollte es nicht möglich seyn, daß so lange als Körper Körper sind, so lange ihre Gesetze der Bewegung, also auch so lange Menschen, Menschen sind, auf ihrer Stelle; ihre Gesetze? Lykurg töbtete sich, daß seine Gesetze galten!

(3.)

Gesetze der Welt: Gesetze der Körper: Gesetze Menschlicher und Thierischer Naturen; euch will ich in der Dunkelheit meines Labyrinths zu Hülfe nehmen, wie Gesetze für Nationen zu schaffen sind, daß sie so wie ihr, gelten, würksam werden, glücklich machen, ihr Ziel erreichen! Gesetze der Körper zuerst, denn sie sind die bekanntesten.

Anziehung und Zurückstoßung! ich kann sie nicht erklären, ich bemerke sie aber. Sie haben wahrscheinlich den Körper gebildet: sie erhalten ihn: sie sind sein Wesen, seine Natur: was weiß ich? Gesetze also der Anziehung und Zurückstoßung für eine Nation zu geben, die so natürlich ihrem Wesen sind, die eben diese Nation ursprünglich so gebildet, sie so erhalten haben, als jene Gesetze den Körper, das ist wahre Gesetzgebung.

Noch weiß ich nichts. Anziehung und Zurückstoßung sind Abstrakte Ausdrücke, sind Nichts als Wörter, gesammlete Begriffe; was habe ich nun gesagt, wenn ich sage, sie haben den Körper gebildet, sie erhalten ihn u. f. Nichts, als nach ihnen wird der Körper erhalten, d. i. es muß ein einfaches Wesen seyn, daß eine eingeschränkte Kraft hat, um sich einen Körper zu bereiten. Als Kraft ziehts an, als eingeschränkte Kraft wirds zurückgestoßen und bekommt Sphäre: da ist seine Bildung: die Bildung eines Körpers.

(4.)

[Paris. Vgl. S. 403—405].

Sammlung von Gedanken und Beispielen fremder Schriftsteller über die Bildung der Völker.

El Orinoco Illustrado: historia natural, Civil y Geographica de este gran Rio: por el P. Joseph Gumilla, Superior de las Missiones del Orinoco etc. Madrid.

Les Indiens en general sont certainement *des hommes*, mais leur barbarie a tellement defiguré ce qu'ils peuvent avoir de raisonnable que j'ose dire dans le sens moral que l'Indien barbare et sauvage est un monstre inconnu, qui a une tête d'ignorance, un coeur d'ingratitude, une ame d'inconstance, des epaules de paresse, des piés de crainte: son ventre et sa passion pour le vin sont des gouffres sans fond. — Artiges Bild, gezeichnet von ihren Bekehrern.

La discretion est la seule vertu qu'il leur accorde.

Qui est-ce qui pouvra penetrer le genie de ces peuples si agiles à faire le mal et si paresseux à faire le bien, si inconstant pour leur salut éternel et si fermes pour leur perdition? Il est absolument necessaire de croire que le Diable, furieux de ce que tant d'ames lui echapperoient les remplit d'un esprit de vertige pour les tromper à tous momens. Wohin kann Eigendünkel, Vorurtheil und Aberglaube einer Nation nicht führen im Urtheil gegen eine andre!

Und doch — die Cariben reden jeden Fremden gleich das erste mal an, wenn sie ihn sehen, als ob sie ihn immer gekannt hätten.

Frägt man sie nach dem Ursprung: ava carinna rote (wir allein sind Menschen) amucon papuroro itoto nanto (alle andre Völker sind unsre Sklaven). Ein Caribe, ein Spanier und ein Chineser reden die nicht gleich?

Sie leiten ihren Ursprung her von ungeheuern Würmen, die im Leibe einer grossen fürchterlichen Schlange gewachsen waren, nachdem diese der Sohn des Himmels und des Puru getödtet hätte, und so wie diese Schlange Feindin der Völker, so auch ihre Söhne, die Kariben. Die Othomakas glauben, daß sie aus Steinen entstanden wären. Die Salivas, es sei eine Zeit gewesen, da die Erde Männer und Weiber, wie Bäume und Pflanzen hervorgebracht. (Jede Genealogie jedes Volks ist nach Denkart. — Gumilla macht die Indianer zu Söhnen Chams, daher sie auch den Schwarzen lieber dienen, zu Juden, und was weiß ich mehr.)

Die Garaunas auf den Inseln des Orinoko eine sehr vergnügte Nation, die Freude auf ihr Gesicht gemalt, tanzend und springend, unter Lust und Spielen. Die Mißion kann bei ihnen nicht aushalten; wegen der Fliegen und oft Ueberschwemmungen. Der Palmbaum ist ihnen alles: Stamm, Bretter: Aeste, Mauren (?); Blätter, Stricke, Segel, Bänder, Kleider, Fächer wider die Fliegen: Saft des Baumes, Sirop, Weineßig, Speise, Delicatesse: Mark, Brod: Früchte überdem!

Die Aruakas, eine tapfre Nation: „ihr Chef zu den Mißionärs il est inutile que tu nous en parles: nous sommes né Aruakas, et nous mourrons Aruakas. Les premiers (?) Espagnols qui aborderent sur nos Côtes ne proposerent point à nos ayeux d'abandonner leur religion. Die Religion ist also eine Nationalehre! eine Erbschaft!

Die Guayquiries schliessen ihre Töchter 40. Tage vor der Hochzeit ein: das, glauben sie, sind ihre Critische Tage; wenn ein Mann dahin träte, wo sie gegangen sind, so bekäme er gräßliche Füße u. s. w. Bei der Hochzeit wirft der Cazique im Walde dem Teufel ein Stück Fleisch hin „tiens, prend cela, chien de Demon, en [et?] laisses nous tranquilles pour aujourdhui." Zwei Chöre von Weibern vor dem Brautpaar: Das eine:

ah ma fille, si tu connoissois les embarras et les chagrins du menage, tu ne prendrois pas un epoux: Das andre:

ah ma fille, si tu connoissois les plaisirs du menage, il y a long tems, que tu aurois pris un epoux.

Männer tanzen: Weiber lachen oder weinen: Kinder schreien: Musiker machen erbärmliche Musik; endlich Schildkrötenmalzeit und saufen.

Die Guamas: grausame Nation: Tanz und Blutvergießen zusammen; mit Blute heilen sie die Kranken: in einer Epidemie muß der Cazike alle sein Blut für seine Nation als für seine Kinder geben; und doch strebt alles nach der Caziken Stelle. — Sie fressen Erde, stehen Morgens frühe auf, heulen und weinen 3. Stunden zum Andenken ihrer verstorbenen Väter und Nationvater: denn theilt der Cazike sie zur Arbeit, zum Schildkrötenfange, zum Ackerbau u. s. w. Die halbe Nation ist bei öffentlichen Spielen. Die Weiber arbeiten in der Hütte bis Mittag an Kunstwerken und Masch.; alsdenn mitten in der Hitze zum Pelotenspiel; schlagen und stoßen sich bis aufs Blut; gehen hin, waschen sich im Fluß und legen Sand auf die Wunde. Die andern kommen vom Fangen: alsdenn der erste der sie sieht, schreit; und alles kommt bei den Caziquen, der es austheilt. Die Tapferkeit ist erblich: Weiber folgen in die Schlacht, die Pfeile aufzulesen. — Sonderbares Gemisch von Grausamkeit und Vergnügen.

Die Salivas: friedlich, stille, lieben die Musik. Weib, das Zwillinge gebiert, Abscheu und Tod: fliehen Leichname, daß sie das Lб [Land?] meiden.

Die Guaypas und Chiricoas, irrende Nationen, immer auf der Flucht, immer in Furcht, nicht 2mal 24. Stunden auf derselben Stelle: marchiren im Gänsemarche, einer hinter dem Andern, vermuthlich damit die ersten Weg machen, da das Heu u. s. w. Mann hoch ist. Die verheiratheten hinten mit Weib und Kind und hinten wieder Streitbare. — — Die Mißionärs, die ihnen folgen, tödten sie nicht, sie lassen sie aber oft mitten in der Wüste unter Löwen und Thieren. — — Da steht der feige, unbewehrte Europäer alsdenn!

Die Indischen Sprachen sind sehr viel, schwer und verschieden. Einige sprechen durch Kehle, andre durch Nase, — — Ende der Lippen — entsetzlich geschwind, 9. 10. Sylben, ehe der Spanier 2. 3. Buchstaben. — — Gumilla erklärt alles aus dem Thurmbau zu Babel. Les Indiens ne sauroient les avoir inventés, parce qu'elles sont aussi regulieres et aussi expressives que les langues les plus cultivées de l'Europe.

Es sind viel Nationen: oft reiben sie sich einander ganz auf: die Guayquiries nicht mehr als 50. Personen mit ihrem Caziquen, da sein ganzes Volk wie andern alle aufgerieben von den Caziquen.[1] — Gumilla leitet alles vom Brudermorde Cains her; aber die wahre Ursache, die diese Kriege unterhält, ist der Sklaven Kauf: dazu sucht man Gefangne: dazu ewige Kriege.

Der Cazike wird erst aufs grausamste gepeinigt, ehe er Cazique wird, das ist seine Probe, ehe er Anführer wird.

---

1) Verschrieben statt des Namens eines feindlichen Nachbarstammes.

Weiber pflanzen, säen, ernten ... Männer nichts ... puisqu'elles savent engendrer, elles doivent fertiliser tout ce qu' elles touchent — — (Sind nicht jede Nationalsprachen, um so eigner, und unaussprechlicher, als sie wild sind?)

Nutzungen dieser Beispiele.

a. Bedorften die Amerikaner einer Cultur Europens? Die Spanier haben sie ihnen nicht gebracht.

b. Kann das Christenthum Recht geben, zum Eigenthum, zur Unterwerfung, zur Grausamkeit? Die Frage ist ausgemacht; ob aber nicht das Christenthum mit seinen Sitten eben so viel zerstöre, als es vielleicht bringe, die Frage ist eben so wichtig. Die Bekehrung und Entnervung der Römer, der Sachsen, der Schweden, der Britten, selbst der Rußen sind Beispiele davon: Montesquieu, Hume, Dalin, Saintfoix, Henault u. s. w. sind hier in ihren Beispielen zu sammeln. Es würde also hieraus folgen, daß

c. erstlich die Einführung jeder fremden Religion sehr gefährlich sey. Sie zerstört immer Nationalcharakter, ehrwürdige Vorurtheile, z. E. bei Rußen das Verfahren Peters, nach der Rede des Erzbischofs. Wie behutsam Peter der grosse gegangen? Diese Idee ist nicht gnug auszuführen, und die Religion als ein Nationaleigenthum in Erziehung, in Denkart, im Publikum, im Geschlecht zu betrachten. Ein Volk muß es als Stolz fühlen, in Allem das Volk zu seyn, und dazu ist wahrhaftig Religion ein Hauptgesichtspunkt. Die Cultur des Menschlichen Geistes in einer Religion ist eine ganz andre Sache, die überall statt findet, es sei wo es wolle, nur da näher, als da!

d. Zweitens ists selbst mit der Einführung der Fremden eben so behutsam. Der Körper einer Nation immer zu ehren! Die Fremde, die Beispiele und Vorbilder werden, müssen sich gleichsam nationalisiren, und nicht ein öffentlicher Vorwurf seyn. Ruhm eines solchen Patriotismus, der unter Spaniern, Engländern, Franzosen noch immer statt findet, ob er sich gleich unter allen mindert. Grosser Artikel von der Bildung einer Nation nach andern, daß sie nichts an sich verliere. Er setzt voraus, daß jede Nation ihre Reichthümer und Eigenheiten des Geistes, des Charakters, wie des Landes hat. Diese sind aufzusuchen: und zu cultiviren. Kein Mensch, kein Land, kein Volk, keine Geschichte des Volks, kein Staat ist dem andern gleich, folglich auch das Wahre, Schöne und Gute in ihnen nicht gleich. Wird dies nicht gesucht, wird blindlings eine andre Nation zum Muster genommen, so Alles erstickt. Daß auch Vor=

urtheile zu verehren, zu brauchen, anzuwenden sind. Worinn also die erste Cultur bestehe, in Nutzung dessen, was in einer Nation liegt: in Erweckung dessen, was in ihr schläft. — Ein Monarch also muß sie kennen. Aussicht auf Rußland. In ihr geboren seyn. Reisen. In der Residenz und durch Gouverneurs kennt man sie nicht. Peter der grosse. Vortheil der Kaiserin bei der Gesetzgebung. Ehrwürdiger Anblick dieser Versammlung. Nutzung derselben. Ein Monarch muß sie fühlen. Peter der grosse fühlte gleichsam in sich Alles, was die Rußische Nation werden kann, und werden wird. Lob dieses Nationalgefühls. Die Monarchen von Spanien, England, Preußen u. s. w. habens nicht. Was es in Frankreich, ob es gleich nur auf der Oberfläche der Seele und durch Sentimens sich äuffert, vor Glanz gibt, wenn nicht Feuer. In der Geschichte ihrer Könige, Franz, Heinrich, Ludwichs. Was es in Portugall für Nutzen gehabt hat im Stillen. In Rußland am lautesten. Was es in Oesterreich haben wird. In Hannover. In Braunschweig. In Preussen unter Friedrich Wilhelm, Friedrich I., Friedrich Wilhelm und dem jetzigen auf eine eigne Art: ob gleich seine Monarchie kein Nationgefühl zu läßt, und keine Nation aus= macht, sondern blos auf Einsichten des jetzigen beruhet. — Zustand eines Staats, der blos auf solchen Einsichten und politischem Plan beruhet. Exempel aus der Geschichte, daß er blos von andern politischen Zuständen abgegangen hat. Bemühungen des Königs, Schlesien zu borussisiren. — Von Conquetten. Die wahren Conquetten sind die, wo sich die Völker ver= mischen. Z. E. Barbaren im 5. Jahrhundert in Italien, in Frankreich, in Deutschland . . . . China . . . . Gegenseitige Züge: Vandalen in Afrika, Mohren in Spanien, Dänen in England, Engländer in Frankreich, (Nor= männer das Gegentheil), Franzosen in Neapel, Sicilien und Italien über= haupt. Kreuzzüge im Orient. Türken sind Exempel von beiden. — — Als blosse Ueberwindung daurete es nicht lange und noch weniger wird es ewig dauren. Gegenden der Erschlaffung erhalten ihnen noch Alles. Ist ein Gleichgefühl zwischen Griechen und Rußen? Sind die Griechen nicht zu weit ab? Sie können die Türken biverfiren, was gewönnen sie aber, wenn sie unter Rußland kämen? Was Rußland thun muß, um ihre Nation zu unterscheiden, zu erkennen, ihr Nationalgefühl beizubringen? Grundsatz der Kaiserin! . . . Auch in der Gesetzgebung für so viel Nationen, Denkarten und Nationalgefühle. Welch ein Wunderwerk, für alle diese Nationen ein Gesetzbuch zu geben, jedem in seiner Denkart und in seinem Gefühl. Um alle auf ihrer Stuffe zu erreichen und zu bilden und fortzubilden. Versuch darüber. Eine Nation fortzubilden ist also die zweite Stuffe der Cultur. Der Fluß der Zeit, der Fortgang der Regierung bilden weiter, können aber auch zurückbilden. Häufige Beispiele von beiden aus der Geschichte. Hier das wahre Verdienst des Monarchen. Gegen die Ein=

wendungen derer, die da sagen, alles bilde sich von selbst. Ja aber auch
zurück. Hier muß ein Monarch den Fluß leiten. Situation und Zustand
der Bedürfniße sind die ersten Schranken, wornach. Wenn eine Nation
alles nutzt, was sie nöthig hat, und sich ihr darbietet. Dazu Umgang mit
andern Völkern. In ihr selbst werden Bedürfniße vorfallen.. Diese Mühe..
Befriedigung... Glückseligkeit — — In ihr Unordnung — — diese
Gesetze — — Ordnung — — Glückseligkeit. In ihr sich die Manieren
ändern... neue Gewohnheiten... Glückseligkeit. Grosser Zweck des Monar=
chen, keinen Keim zu ersticken, den die Zeit trägt. Keim von Menschlichem
Geiste.. jeder dazu, wozu er ist. — — Aufsicht, Nutzung aller — Frei=
heit allen, alles zu werden!.... Diese ist schon Beförderung. Taxation
dieser, und alles Lobes der Aufmunterung. Gränzen im Werth derselben.
Lobrede darauf. Was die Erweckung einer Zeit, eines Jahrhun=
derts thun kann? Mode ist nur kalt, klein, und vorübergehend; aber
Geist, den Geist machen, Neigung herrschend machen, wo es fehlt; diese
verändern, sobald es gnug ist —: andre aufwecken. Siehe groß! Das Jahr=
hundert Frankreichs ist ein Zeichen von Monarchischem Geiste der Ehre..
Eitelkeit gebar Akademie z. E. der Aufschriften; die der Wißenschaften, daß
Alles dem Könige zugehörte; die der Französischen Sprache noch mehr.
Theater: Geist der Vergnügungen nur immer der Ehre untergeordnet. Daß
Colbert dies fournirte, ist nicht sein größtes; wohl aber, daß er die Quellen
und Hilfsmittel dazu zu ersetzen suchte, durch Handel, Ackerbau, Manufak=
turen. Allgemeine Proben von dem Geist der honneur, der dies hervor=
gebracht. Wißenschaften dienten für Versailles u. s. w. Welch ein Geist,
wenn Rußland ꝛc. Peters Akademie hat noch keinen Nationalgeist: sie lebt
noch nicht für, durch und in der Nation. Sie dient niedrig dem Hof,
und schläft. Aber eine zu schaffen, aus und für die Nation, aus ihrem
Geist und der ihn fortleite. Alsdenn keine Grossen blos der Ehre wegen,
die die Akademie mit Füßen treten, Mitglieder. Sondern nur Würdige
Grosse, die die Wißenschaften lieben und sie aufmuntern. Es muß die
Akademie Geist der Emulation erwecken, oder alles ist verloren. Die Classen
aus der Nation selbst und dem Geist der Zeit z. E. Rußische Sprache:
schöne Wißenschaften d. i. Theater und Geschichte: Oeconomie und Ackerbau
im Lande zerstreut: Philosophie: daß auch abstrakte, aber Menschliche Philo=
sophie unentbehrlich sey zur Bildung eines Staats im Rußischen Zustande. —
Daß sie der Menschlichen Vernunft, der Religion, dem Lesen, dem Umgange,
den Grundsätzen, der Art zu handeln aufhilft: daß sie die Sprache erwei=
tert: den wandelbaren Geist der Nation fixirt; einer leichten Nation Solidität
beibringt. Was sie in Frankreich, in Deutschland, in England gewürkt. —
Gränzen, die ihr zu setzen sind. — Daß eine Prakt. Politische Classe für
Rußland noch nicht gut sey. Sie kann sich noch nicht bilden, nicht Zutrauen

zu Hülfsmitteln erhalten, also auch nicht nutzen. Daß aber Philosophen, die darauf aus ihren Gegenden kommen, sehr zu schätzen sind. — Was eine Praktische kleine Politik in England für Schaden und Gewühl errege. Was aber die höhere Politik da, und in Deutschland gewonnen habe. Die einseitigen Politischen Werke Frankreichs: Ton der Politik, der aus diesem Lande gekommen. Was das Theater einer Nation nutze. Ein Ruße besäuft sich, wenn ein Franzose Sonnabend und Sonntag im Theater ist. Ein Singtheater. Was Tänze und Gesänge des Volks an Festen für gute Kennzeichen sind. Spiele der Nat., wie sie zu dirigiren, anzuüben sind u. s. w. Geist der Tänze und der Musik dem Volk beizubringen: aber nicht durch Oper, sondern durch Natürliche Vorstellungen. Komödie sollte vom honneten Theater abgesondert werden: dies wird ein mal statt der Tempel gelten und mehr als diese seyn. Theater für Monarchen, Bürger, Despoten, gemeine Leute gut, vortreflich bildend. Es muß nicht Laster vorstellen, die das Land nicht hat: Der Rußische Mechant ist nicht der des Greßets; aber wohl ein lebender: Die Prüden, Precieusen u. s. w. Laster von Paris dörfen nicht Laster des Landes werden. Was das für Seuche macht, daß man selbst Fehler des Theaters, ob sie gleich lächerlich gemacht werden, nachzuahmen geneigt ist, und immer denkt, nur das Uebermaas sündige. Die Italienische Komödie mit ihren Doktoren, Harlekin u. s. w. ist in einem sich bildenden Staat, der diese Entführungen, Betrügereien gar nicht kennt, auch nicht einzuführen. Aber wohl Stücke, die ihr näher sind, die ihre Fehler lächerlich machen. Was verhaßt macht, ist nicht vorzustellen, man lernt. — — Tragedie wird am wenigsten aufkeimen: ist aus der Rußischen Nat. zu schaffen und aus der Geschichte der Völker: seine Komödie eher, die nähert der Monarchie: Tragedie der Republik — Tell in Rußland? — — Aber die honnete Komödie mitten inne, mit allen Scenen der Menschheit, der Stände, der Laster, der Charaktere, Lebensalter, und die mit allem feierlichen bekleidet — — o neuer aufzurichtender Tempel. Oper, eine Oper der Menschheit zu schaffen: blos Menschliche Auftritte: Empfindungen: Scenen: alles übrige ist Geräusch. Daß die Mythol. Pracht und das Fabelhafte der Französischen Oper ihre Musik hervorgebracht und zu Geräusch der Cyklopen gemacht hat. Ob eine Iphigenia, und andre blos Menschliche Scenen nicht gnug ausrichten. Nur Simplicität, Simplicität! Das Ohr muß aus dem Gesange und unartikulirten Tönen auch ohne Sprache, und das Auge mit Gestikulation und Auftritten erkennen und den Fortgang der Handlung sehen. — Bei Darbanus weiß ich noch nicht. Mehr Kleidung, Alter, Stand unterschieden. Auftritte weniger, unverwickelter: Tänze damit so verbunden, als die Chöre der Alten: Tänze voll Leidenschaft. Franzosen haben nur Statuen Grazie, und Geschwindigkeit und noble Mine, nichts mehr. Die Disproportion der Hände und Füße unausstehlich. Was ihre

Musik fürs Ohr, das Tanz fürs Auge: regelmäßig verwickelt, Künstlich, Gothisch. — Rußland ist noch näher an der Natur, und also auch der Menschlichen Oper näher. Theater der Hauptstadt muß frei seyn. Daß jeder Charakter der Komödie sich nach Nationen verändre, z. E. Glorieux der Franzosen ist Familie: das ist Knoten, Contrast, bes. ch. . (?)¹ Entwicklung: die Titel werden übergangen, die er in d. Br. [den Brief?] setzt. Bei dem Deutschen wärens Titel und Beschämung, daß sie nichts sind und daß er elend (?) wird. Beim Griechen wärens rühmende Alcibiaden, daß sie im Kriege, und im Bette, in Künsten und Wißenschaften Alles sind: und Beschämung. In Rom ists der Soldat, der viel und nichts gethan hat. In Judäa der Pharisäer: in England z. E. Scene im Wakefield, der Milord im Oberparlement: Rußland hat keinen, da wäre es der Despot, der immer zu unterdrücken wäre, der über Andre tyrannisch und selbst gegen einen Grossen gehalten, gezeigt, daß er nichts ist: der Weise und Künstler beschämt, und nachher gezwungen wird, sie zu erkennen: der alles für nichts hält und ihn [ihm?] gezeigt, daß er nichts ist. Der Chevalier à la Mode wäre in Deutschland bürgerlich. Der Tartufe ist in der Protestantischen Kirche ganz anders, als da: da Prediger selbst, der Magistrat, Stadt, Gemeine, Beichtkind, Gott betriegt, und ein Lasterhafter ist. Ein großes Sujet, wenn gezeigt wird, wie jemand mit halbredlichem Herzen Tartuffe seyn könne — — dahin kommen kann, sich selbst und Gott zu betriegen, ohne daß mans weiß — — sehr feine Komödie. Die andre gröber, da Jemand immer zwei Rollen spielt, erst halbwißentlich: denn mit Fleiß: grob, entdeckt wird. Bei dem ersten, das ein bürgerliches Trauerspiel würde, muste gezeigt werden, wie Jemand durch Erziehung, durch Falschheit der Seele, fausseté von Charakter ein Tartuffe werden könne: dies Werden auf Shakesp. ausgeführt, in allen seinen Situationen mit andern Menschen gezeigt, in allen bösen Folgen gezeigt — — welch grosses Trauerspiel! Ein Tartufe in Rußland müßte den Staat zu zerstören suchen, statt ihn aufzurichten, und dabei aufgeopfert werden — grosses Sujet fürs Land. — — Der Menschenfeind ist schon so häufig bearbeitet, und kann noch neu, daß er zurückgeführt wird. Man gebe ihm z. E. Roußeausche Grundsätze: setze ihn in Situationen, wo er die Laster der Menschheit erfahre: laße sich seine Sent. immer verstärken, bis er allmälich, durch neue Situationen, die sich fortwickeln, und die Folgen des Bösen als gut zeigen, von seinem Irrthum zurückgebracht wird — — schönes, Philosophisches Thema! Gleichsam Theatralische Wiederlegung Roußeaus, die beßer gelingen würde, als Klopstocks Salomo, der einen Scrupel zum Knoten gemacht hat. Ich glaube zu keinem

---

1) beschämende? — L.: bescheidene (sinnwidrig)

Stück sind Situationen häufiger und leichter, als zu diesem. Laß einen Menschen durch eine Disproportion und Des=astres der Geburt und der Erziehung unbequem für die Welt gemacht werden, laß ihn mit Freunden betrogen werden, laß ihn in der Liebe unglücklich sein (ein Lediger muß Libertin oder Misanthrop werden;) so wird er sich lästig und die Welt ihm: nun lebt der Menschenfeind; er ists für unsren Augen geworden; das ganze Parterr sympathisirt. Nun entwickelt sich alles: die Desastres klären sich auf; die Falschheit seiner Freunde ist theils unglücklich, theils Nothwend., theils seine Schuld, theils ihm zum Besten: die Liebe wird glücklich; es kommt aus: Alles ist nur Prüfung gewesen: er wird Menschenfreund. Ein solches Stück wäre das Menschliche Leben im Kleinen: und welche Mensch= liche Ideen hätten darinnen nicht Raum! Doch wo komme ich hin; ich weiß nicht den Rückweg und recapitulire:

1. Von der Bildung einer Nation durch sich. — — Von der Erken= nung ihres eignen Guten. Von der Entwicklung dessen, was am nächsten entwickelt werden kann. Vom Ganzen eines Nationalgefühls. Von dem Genuß alles dessen, was fortbilden kann.

2. Von der Bildung einer Nation durch Anstalten: die keine Gesetze sind. Vom Theater. Von Singspielen, und Tänzen. Tragedie und Komö= dien. Akademien: öffentlichen Gerichten: öffentlichen Festen und Freuden= tagen: öffentlichen Schulen und Collegien in Künsten und Wißenschaften, wo man auch hinlaufen kann, z. E. Anatomie, Kunstsäle, wo gemalt ist, und wo man noch arbeitet: wo gelesen wird und man lesen kann: Kupfer, Gemälde, Bibliotheken: . . . Von der Einführung, daß der Geist der Bil= dung Geist der Zeit werde.

3. Von der Bildung einer Nation nach andern — — sparsam . . behutsam . . Reisen . . gut und böses . . . Nutzbarkeit . . Nutzbar= machung . . . . Eine Nation läuft nicht blind an, als wenn sie blind und schlecht nachahmt. Beweis, daß immer falsche Nachahmung und Ver= mischung mit andern Völkern Nationen verdorben hat, zu allen Zeiten, in allen Geschichten . . . . Egypter . . . . Römer: durch Griechen und Christen . ., so auch neuere Nationen. — — Eine Nation indessen bleibt unvollkommen, wenn sie gar nicht nachahmt. Also Reisen. Insonderheit heut zu tage für das Ganze eines Staats unentbehrlich. . . . Durch Bücher lernt man alles elend kennen . . . . Beweis an Sprache, Sitten, Gewohnheiten, allem. Vieles läßt sich gar nicht beschreiben: eine Beschrei= bung würkt nichts; lebendiger Anblick eines Volks, welche Eindrücke! Geistliche müssen reisen, um Toleranz zu lernen. Aber frühe reisen, sonst Burnets. Staatsleute reisen: nicht zu frühe, sonst expatriiren sie sich; nicht zu spät, sonst wollen sie nicht lernen, sondern sich zeigen. Adel reisen; eben dasselbe. . . . . Was auf Reisen zu lernen. Grundsätze für jeden

Stand, nach dem Geist der Zeit, des Landes und ihres Vaterlandes. — — Belohnungen, die darauf gesetzt werden, wenn sie mit Guten Früchten wieder kommen. . . . Aufsicht auf Andre, die böse Sitten mitbringen. Justinian z. E. . . . Beförderung der Reisen durch den Hof. . . Dies ist Eintritt in die Welt und kann sehr fortbilden: Einfluß der Regierung auf die Sitten des Eintritts in die Welt, auf die Grundsätze der Erziehung und die häusliche Lebensart auch ohne Gesetze; . . . auf gute grosse Thaten, und Anstalten . . . . Dies Hauptzweck und muß viel Exempel haben: denn dadurch Geist der Zeit.

Wie sich der Geist der Zeit mit Völkern verändert. Genaue Aufmerksamkeit, durch welche Wege er sich verändert. Wie die Gesetzgebung die Sitten verbeßert. Dazu Reisen des Cyrus, Sethos, Leben des Lykurg, Solon, Numa lesen: Plato, Xenophon, und Plutarch: Demosthen: Quintilian: Terenz: Aristophan: Cicero: Sallust: Tacitus: Leben Julius, Augusts, Trajans, Antonins, Julians. Wie die Französische Nation das geworden ist, was sie ist. Saintfoix, Henault, Montesquieu, Duclos, Voltaire, Mably, u. s. w. — Die Englische: Hume! — die Italienische: Machiavell, Beccari, Sarpi, u. s. w. — Alsdenn die vornehmsten Bilder, Zeiten der Bildung, Wege der Bildung, Mittel, Folgen, Glückseligkeit angemerkt. Ein grosses Werk! Ohne System, nackte Geschichte; Bemerkungen, Erklärungen aus dem Menschlichen Geiste, Folgen, Anwendungen. Kein Witz, kein Zwang, kein Esprit. Welche würdige Beschäftigung dem Menschlichen Geist, Geist der Bildung, Geist der Völker, Geist der Bildung der Völker nachzuspüren! Da liegt Geschichte, Erziehung, Psychologie, Litteratur, Alterthum, Philosophie, Politik, Sprache, Gesetzgebung, schöne Wißenschaften, Eintritt in die Welt, Gewohnheiten, Künste, Moden, Namen, alles drinn — mehr als Geschichte des Menschlichen Geistes: Geschichte des Fortgangs und der Kräfte des Menschlichen Geistes in dem Zusammenfluß ganzer Zeiten und Nationen! sie alle multipl.: die größten Gesetze ausgezeichnet, die größten Männer bemerkt: ihr Geist ausgemessen: ihre Kunstgriffe ihnen abgelauret: ihre Würkungen gewogen: die Möglichkeit der Anwendung beurtheilt und gezeigt — ein Geist, ein guter Dämon hat mich dazu aufgemuntert, im Bilde der Nacht! — Das sei mein Lebenslauf, Geschichte, Arbeit! — Ein Traum hat mirs gezeigt, daß ich mit meinem Orientalism Michaelis, Gräcism Leßing, Latinism Klotz, Münzen und Künsten b. Kenner beleidigt habe: was bleibt übrig: als das grosse Werk: und das allein kann mich immer munter erhalten, da ich immer in der Galerie der größten Männer wandle! —

(5.)

Schöne Künste — — in Paris geschrieben b. 2. Dec.

Ich habe das Theater betrachtet, wie ein tableau parlant: aber die Oper mit dem singenden offnen Maul der Arnould und den Pausbacken des Sängers und den Minauderien der Rosalie, welch Gemälde?

Ich konnte die Sprache im Anfange noch nicht und hörte also mit den Augen. Selten habe ich das erreicht, was ich nachher las: selten das gesehen, was ich nachher fühlte und sehen wollte. Liegt die Schuld am Autor? am Musikus? am Akteur? oder an mir?

Ich habe oft Stücke voraus gelesen und mir denn, den Auftritt, sichtbar und hörbar imaginirt, und nachher oft nichts gesehen und zu viel gesehen, und nichts gehört und zu viel gehört. So bin ich die Zaire, die Semiramis, das prejuge nach der Mode durchgegangen, und wills noch durchgehen.

Ich habe die Tänze der Oper mit der Musik verbunden — um den hörbaren Ausdruck sichtbar zu sehen, und Modulation gefunden, Maas gefunden, Linien gefunden; aber keine Kraft — oft selbst keine Stellungen des Wohlstandes, der Wohlform, des Ausdrucks, — aber Geschwindigkeit, Spiel und Mißstellungen des Körpers.

Ich habe in allen schönen Künsten Menschheit gesucht und sie nicht immer gefunden; was hätte z. E. aus Psyche und Amor werden können: und wie muß sich die Arnould quälen, vieles auszudrücken auf einem Allegorischen Grunde, der nichts ist. Was ist im Tanze Menschliches? Menschliches in der Musik? — — Es wird die Zeit kommen, da unsere Musik erscheinen wird, wie unsere Gothische Baukunst, auch künstlich im Kleinen und nichts im Großen — keine Simplicität, kein Menschlicher Ausdruck, kein Eindruck.

Ich habe in den Theaterstücken Welt, Jahrhundert, Nation gesucht und immer Französische Nat. gefunden. — In Semiramis,

Tancred, Zaire, Horazier, Tell — wo ist da Aſſyriſche-, Ritter-, Türkiſche-, Römiſche-Schweizerwelt? Viel für die Augen von Unterſchiede; nichts für den Geiſt im ganzen Eindruck! Einzelne Maximen und Accomodationen wollen nichts ſagen.

Zaire iſt Chriſtlich und ich kenne kein Stück, das minder Chriſtlich wäre. Ein elender Name, eine Cerimonie, eine Religion ohne Känntniß kommt und ſtört die Menſchheit, die ſüßeſte Liebe, und macht die edelſten Seelen unglücklich. Und warum? —

Zaire iſt ein Stück der Liebe? ja aber nicht die erſten Auftritte, nicht die Komplimente. Auf die Franzöſiſche Liebe gerechnet: ſie ſind Galanterie. Aber die Auftritte, da Zaire zwiſchen Gott und der Liebe, zwiſchen ihrem Gott und ihrem Orosmann ſteht — — die ſind rührend. Was würde eine liebende Seele ihrem Geliebten nicht aufopfern!

Tankred iſt ein Stück voll Chevalerie: iſt das aber wahre Chevalerie, ſo wie ſich hier der Ritter der Geliebten annimmt, und dem Vater ſie aufopfert? Und dieſe Chevalerie machte ſie glücklich? den Helden? die Braut? Iſts nicht ein Stoß in die Chevaliertugend, daß die groſſe Heldenmäßige Geliebte ein ſolches Billet ſchreiben kann? Das Stück im Ganzen zeigt im Ausgang das Glück der Chevalerieliebe.

Semiramis: alles iſt Pracht, Pomp, fürs Auge — wenig für die Seele, als der vierte Auftritt: die Erkennung. Voltaire hat dies Stück fürs Auge geſchrieben, er hat alles gethan, um auf den Schluß zu bereiten, der Schatte ſieht man iſt ſein Hauptwerk und ich kenne nichts froſtigers, als dieſer Schatte: ſo gehts, wenn man etwas wagt, blos um neu zu ſeyn: nicht neu iſt, weil mans ſeyn muß.

Semiramis iſt fürs Auge: welch Gemälde, alle die Herrlichkeiten Babels, die die Dekoration vorſtellt, und eine im erſten Auftritt traurige Semiramis. — Dumenil hat nichts weniger als dieſen freſſenden Gram gemacht, und macht nie eine anhaltende Situation. — Das ſollte ein Gemälde für Könige, Helden, Erobrer ſeyn!

Semiramis ist fürs Auge, und welche Fehler fürs Auge! Die Schachtel, die kommt und wieder kommt, die Magier, die Priester, die kommen und wieder kommen und nichts thun: und endlich die Ermordung im Grabe. — Voltaire hat über der Decenz und der Zubereitung zu seinem Schatten alles Unwahrscheinliche und . . . . . (?) vergessen.

Aßur [machte Mole]: kein grösser Aergerniß, als ein Bild von einem Charakter im Kopfe zu haben und sich nachher so betrogen sehen! Hätte er ihn aufs beste gemacht, seine Pers., sein Bild — alles war nicht Aßur.

Die Momente der größten Aktion sind die simpelsten: Dumenil, wenn sie zuspringt, zufährt — le Kain, wenn er trotzt und starrt; jene, wenn ein Schrei ihr entfährt: dieser, wenn ein starkes Wort ihm austrabt — alles Händewerfen, Schreien, Schluchzen, Weinen, Tanzen, Fortwerfen der Andern ist nichts.

Pracht hindert an allem: die Chevaliers-Auftritte, die Semiramis- und Zaire-Auftritte, mehr sombre und ohne Pracht wären tausendmal stärker — Das ganze Theater ist zu sehr Theater: es sollte Antike Welt seyn. Tragedie soll eign. Theater haben, als Komödie, weil jene eigne Welt hat: größer, stärker, tiefer, sombrer Alles!

Ich habe ganze Stücke gehört und keinen inartikulirten Schrei der Natur und Leidenschaft gefunden, der natürlich wäre, Stücke gesehen und keine Bewegung, keinen Tritt gesehen, der stumm gerührt hätte. O Zaire! Zaire! — — Dumenil hat beides durch Natur, — le Kain durch Kunst!

Tragedie ist nicht für Frankreich — Alles ist fremde Nat. — fremder Auftritt — fremde Leidenschaft — fremde Welt. — Tragedie ist selbst nicht für Monarchien wie Frankreich; da ist nichts als der Schaum (?) der Liebe, der Empfindung, der Leidenschaft, — — Tragedie ist am wenigsten für Französische Sprache, welche Inversionen, Künstl., Komplimente, Jargon abstrakter Begriffe, Philosophie über Leidenschaft und keine Leidenschaft mehr. — Selbst Voltaires Stücke nehme ich nicht aus.

Eine Zaire in die wahre Sprache der Leidenschaft übersetzt — welch ein Werk! ihr alle Abstrakten Einkleidungen durch Phrases genommen, jeden nackt sagen lassen, was er sagt, — welch ein Werk! Oder fühle ich nichts, weil ich ein Deutscher bin?

Etwas ist dran! Ich müßte die französische Sprache . . . (?) in meiner Jugend gelernt haben, um alles Rührende und Melodiöse in ihren Worten zu finden. Ich sehe es aus einzelnen Ausdrücken, die mir eindrücklich werden, aus einzelnen Arien, die ich erst fühlen lernen muß. Jetzt verstehe ich nur Französisch für das Auge, nicht fürs Ohr, fürs Herz!

Anwendung auf Griechisch und Latein — Griechisch zu hören, als ob ichs fühlte — welch ein Werk! Wird mir das Latein zur Italienischen Sprache helfen? Ich hoffe es, was wäre das vor Nutzen, in meiner Jugend Latein gelernt zu haben.

Der wahre Ausdruck der Leidenschaft ist Simplicität; sehet eine Sophie! einen Jones! eine Annette, einen Lubin, wenn sie singen! Seht Dumenil, wenn sie sich vergißt und zufährt! le Kain, wenn er starrt! O Italiener! o Dumenil! o le Kain!

Welche Schule der Sitten ist in der Welt beßer, als Theater! Hier wo Laster und Tugenden, Narren und Bösewichter, Tugendhafte und Helden in Person, im Bilde, im Leben, in Aktion, in Geschichte erscheinen! für Auge, Ohr, Seele! Illusion! — O was für nützlichere Sache, als dem Theater mehr Illusion zu verschaffen. — Wer das thut, der arbeitet für die Menschheit.

Eine K. . . . in die Semiramis gesetzt: diese ohne Schatten und Fratzen, in mehr Illusion vorgestellt, welch ein Eindruck! — ists denn umsonst und unmöglich die Kraft, die Shakespear dem Theater in seinem Hamlet gibt.

Gehe ins Theater! erwarte einen Tartuffe, einen Misanthropen, eine Zaire! Denn gehe in die Kirche und erwarte eine frostige Predigt! denn gehe in die Meße, und erwarte nichts zu hören, und zu sehen, was du immer gesehen! denn gehe ins Grab der Genev. und falle nieder und erinnere dich ihrer Fratzentugenden; wo hast du mehr!

Wird eine Zeit kommen, da man Klöster und Kanzeln zerstören wird und das Theater säubern und zu aller Illusion bringen? und honnete Komödien von jeder andren unterscheiden? und ihr und ihren Akteurs einen eignen Namen geben? und sie ganz absondern? — — Ein Monarch muß anfangen! und eine solche Akademie der Sitten stiften; aber ja, daß sie nichts mit den Possen und dem Abentheurlichen gemein habe; sonst ist Alles verloren. O könnte ich dazu was beitragen! Ich will wenigstens Diderots Stimme verstärken!

Werde ich jetzt je über Figur und Form streiten wollen, nachdem ich den Mari forcé gesehen? Je mehr mich durch eine Meinung in Eifer setzen lassen, die mich mit dem Menschlichen Leben in solchen Contrast setzt, als diese Philosophie gegen den Heirathenden? Je mehr die Sprache der Abstraktion affektiren, die so vom Bonsens abweicht, als das il me semble. — — — Der Kerl, der Bauer im Nachspiel macht die Rolle des Bonsens ungemein gut! —

Die Schwürigkeit, in die das nicht Cocu seyn und seine Frau umgebr. haben in der Femme Juge et parti setzt, zeigt wenigstens, daß selbst die Eheliche Ehre, mit dem Tode bestraft was unrechtes enthalte — — und welche Ehre enthielte es denn nicht, wenn diese es ist! Tod ist gar zu natürlich: — — Das cocu seyn, wenn es nicht gesehn ist, ist Imagination! —

Aber es könnte ein beßer Stück über femme juge et parti gemacht werden: da ein Weib durch Cabalen spielt, und zeigt, was sie kann: da sie es hier unwahrscheinlich und wiedersprechend in Person zeigen will! Hier ruft man im Guten, aber in — — — aus: was kann nicht ein Weib; dort würde mans im Bösen und Polit. ausruffen.

Ueber die Oper.

Ein Tauber, der sähe, und ein Blinder, der hörte, wer hätte mehr von der Oper? Jener bei der Französischen, dieser unstreitig bei der Italienischen.

Man hat sich über die Französische Oper zerzankt: ich finde nichts simpler, als daß ihre Fehler zusammen hangen. Ein wunderbarer Grund, der pittoresker Grund des Ganzen ist, und wenig Menschliches, als nur in Episoden und Nebenscenen enthält, muß auch wunderbare Musik haben, die Wüsten malt, Felsen bildet, donnert, blitzt, kurz die Magisch, Zauberisch, Göttlich und — unmenschlich ist: muß wunderbare Dekorationen haben, Pracht fürs Auge, steife Röcke, und steife Aktion. Ueberall sehe ich gleichsam das Principium der französischen Nation, Ehre. — Ehre, Götter zu sehen; Helden in der Tragedie zu sehen, ist nicht gnug; hier erscheinen sie noch bunter und goldner. Prinzeßinnen zu sehen und wie spielen die Worte z. E. im Dardanus mit dem Namen der Prinzeßin, des Helden u. s. w.; Heldenliebe zu sehen; keine Menschliche, reißende, rührende, fortreißende; nein anständige, wunderbare Liebe, einen exces de l'ardeur d'un Heros, objets de flammes mit attraits und charmes vainqueurs. Gefängniße und Entführungen, lauter Roman- und Turnierheldenliebe, die so ganz nach dem Jahrhundert Ludwich XIV. schmeckt, als sich dies in die ganze Litteratur der Franzosen eingeprägt hat. Ehre, die die Tänze belebt, Nobleße und einförmige Grazie ist alles, was sie ausdrucken, statt der ganzen Empfindung, die durch einen ganzen Körper spreche. — — O eine neu zu schaffende Deutsche Oper! Auf Menschlichem Grund und Boden; mit Menschlicher Musik und Deklamation und Verzierung, aber mit Empfindung, Empfindung; o grosser Zweck! grosses Werk!

Sprechen, wo man spricht: singen, wo man singt! Oder nein! statt sprechen, ganze Auftritte durch nur Pantomime, und denn singen, wo man empfindet — — das ist eine Oper!

Der Plan muß einfach seyn: keine Verkleidung — — keine Verwicklung, — — keine Geschichten und Nouvellen von Romanen — — keine Handlung, die das Auge auch ohne Ohr nicht sehen, erkennen, übersehen, verfolgen, beurtheilen könnte. Der Taube muß die Oper verstehen können! Tiefe Allegorie und tiefe

Geschichte werden gleich ausgeschlossen, und die Frage fällt weg, die beide unterscheidet.

Der Plan muß Empfindung seyn: nur diese spricht durch Minen, nur sie singt durch Lieder! Nichts also, als Menschliche Scenen, alle Malereien durch Worte fielen weg. — —

Die Dekoration muß Menschlich seyn; die Schürzen der Mannspersonen in den Tänzen und ihre Schnürbrüste sind unleidlich. Ein elendes Ballet in der französischen Komödie, wie weit natürlicher!

Die Tänze Empfindung seyn. Nicht blos Füsse spielen, und Hände ausstrecken, oder den Nacken beugen, sondern mit dem ganzen Körper sprechen: und es wird von selbst, wenn Geberden die elenden Recitative ersetzen sollen. Getanzt muß nur werden, wenn getanzt werden soll: und denn Tanz der Freude, Liebe, Ueberraschung, Erschrecken, Wuth, Zwietracht, Rache, Furcht, Neckereien u. s. w. Den Inhalt ausdrückend: die Empfindung muß den Tanz gezeichnet, und die Musik dazu gesetzt, und die Geberden gebildet haben.

Oper ist Bild fürs Auge: Ton fürs Gehör: ei fürs Gefühl? unmittelbar fürs Gefühl? wo sind die Bewegungen in den Tänzen, die unmittelbar blind täuschen? Es müsten die seyn, die die Hüften der Frauenzimmer sehen lassen, und wenige andre, wenn sie zufahren, sich in die Arme werfen. Mannspersonen sagen nichts!

Wo sind die Töne des Gesanges, die unmittelbar erschüttern? und die Geberden der Deklamation, die stumm die gröste Wirkung thun müssen — und siehe! das lebte bei den Alten! — — Unsre Musik mahlt: unsre Deklamation ficht oder malt: unsre Tänze malen in Linien — — „die Kraft ist weg! — —

Wie sind die Künste entstanden? Siehe eine lebendige Schönheit! Reizende Stellungen werden dir im Gedächtniß bleiben — — ein Ideal davon Tanzkunst. — Nimm eine Stellung derselben, die du verewigt wünschest — — Bildhauerei! — — Halte für dieses Kunststück ein Glas! Gemälde — — Gemälde ist also Fläche, Bildhauerei Körper, Tanzkunst Schöpfung von Körpern.

Hat das französische Theater schöne Schälle? die schönsten von der Welt! schöne Töne? wenig oder keine! Laß alle Musikos ihre Instrumente stimmen: entsetzliche Vorbereitung zur Musik! — — — Nicht blos der Disharmonie wegen, sondern des würklichen Reellen Unterschiedes am Klange wegen: und das zeigt, daß es an sich schon vielartige Schälle gibt, daß diese das Wesen der Musik machen.

Stehe an einer Seite, wo nur der Baß brummt: hörst du die Musik? Philosoph, der du nur den Fundamentalbaß deiner Abstraktion siehst, siehst du die Welt? die Harmonie des Ganzen? stehst du am rechten Orte?

Wer sollte es glauben, daß es möglich sei, Takt in die Menschlichen Füße bis auf jede kleine Note zu bringen? Wer glauben, daß jeder kleine Gang fürs Ohr dem Auge durch eine Linie könne sinnlich gemacht werden?

Halte das Glas für? Das ganze Operntheater ist Gemälde. O da sollte Alles genutzt werden: Pyramiden Gräber, ihr solltet nicht blos fürs Auge daseyn!

Anmerkungen.*

13. Riedel, Ueber das Publicum. Briefe an einige Glieder desselben 1768. Die von Herder bekämpften Sätze bilden den Inhalt des ersten Briefes „An den Herrn Kreis Steuereinnehmer Weiße" S. 7—18.
16. „Wer tadelt ihn?" Winckelmann WW. I, 91.
18. Melchior Cesarotti (1730—1808). Von ihm Poesie di Ossian Figlio di Fingal antico Poeta Celtico ultimamente scoperte e tradotte in prosa Inglese da Jacopo Macpherson, e da quella trasportate in verso Italiano dall' Ab. M. Ces. con varie Annotazioni de' due Traduttori. In Padova 1763. — Vincenzo Scamozzi (1552—1616), Erbauer berühmter Paläste in Venedig, Florenz und Genua, Verfasser der Idea dell' architettura universale, Venezia 1615. Giovani Barozzio, nach seiner Vaterstadt Vignola genannt (1507—73) als Baumeister in Rom thätig, Vf. der Regole degli cinque ordini d'architettura s. l. et a. (1563) und der Regole della perspettiva pratica, Roma 1583. (R.) — Unter den umfänglichen Excerpten aus theoretischen Werken über die Architektur der Alten und der Renaissance-Zeit, die zum größten Teil in Nantes angelegt sind, befinden sich 12 Bl., eng beschrieben: „Aphorismen der Baukunst aus Vignola." — Die Compositionen von Christoph Nichelmann (1717—1761?) verzeichnet Gerber II S. 227 fgg. (R.) — Noverre, vgl. S. 230. 231. Die Figuren seiner neu erfundenen Tänze bilden öfters die „gelehrte" Beilage in den Königsbergischen Zeitungen.
34. In Riedels Drittem Briefe, An Herrn Moses Mendelssohn, werden die Sätze gewagt (S. 37 fgg.): „Die Schönheit ist subjektivischer Natur — fast wie die Idee vom Guten und Bösen — Ein jeder mag sein Steckenpferd reiten" u. s. w.
43. „verdammt zum Spott" — aus Ramlers Ode Auf ein Geschütz; vgl. Bd. I, 461. 462.
49. 50. Dieselben Beispiele und Beobachtungen in der „Plastik." 1778. S. 5—9.

*) Das (R.) bezeichnet wie in den früheren Bänden Carl Redlichs für alles Literarische und Bibliographische reichlich gewährten Beitrag.

52. 147. „der zurückgespiegelte Stab" — Rousseau, Emile L. II. Oeuvres VII. 274 fgg. (R.)

60. Pernetty — vgl. Bd. II, 384 zu 351.

61. Kapitel 3. Die Abhandlung über die „Bildhauerei als schöne Kunst des Gefühls" gehört nach Ausweis des in dieser Partie leider unvollständigen Manuscripts schon zu der älteren (Rigaer) Redaction. Diderots Lettre sur les Sourds et les Muets à l'usage de ceux qui entendent et qui parlent, 1755 (ein Auszug daraus unter den älteren Rigaer Papieren, fleißig für die „Fragmente" genutzt) und wahrscheinlich auch Berkelei's New Theory of Vision (Kalligone I, 42. Abrastea VI, 252 fg.) gaben die Idee, den Unterschied von Malerei und Plastik auf den des Gesichts und Gefühls zurückzuführen. Vgl. S. 443—445 dieses Bandes.

64. Webbe — vgl. Bd. III, 487 zu 251.

67. „Sie fühlet — Unsterblichkeit genoß." Nach Winckelmanns Beschreibung des Torso, WW. I, 228—232.

68. Dandré Bardon — gemeint Michel François André Bardon (1700—1783) Vf. der Eléments de peinture pratique, Paris 1766. (R.)

69. „Ich grause — wollen!" — Fast wörtlich wiederholt Plastik S. 50.

73. „Grif eines Albani" — Winckelmann, Von der Fähigkeit der Empfindung des Schönen in der Kunst. Dresden 1763 S. 12. „Der Herr Cardinal Alex. Albani ist im Stande, bloß durch Tasten und Fühlen vieler Münzen zu sagen, welchen Kaiser dieselben vorstellen." (R.) WW. I, 248.

75. 76. „Der Bach" — Aus E. Chr. v. Kleists Idylle „Milon und Iris" (Neue Gedichte vom Verfasser des Frühlings. Berlin 1758 S. 53.): „Schön ist der Bach, wenn Zephyrs" u. s. w. Vgl. S. 440. — „Baum — Petrachs Laura" —. In Petrarcas Sonetten befindet sich keine Stelle, welche eben dies Bild enthielte (Mitteilung von Henriette Michaelis).

77. Bild Ludwigs XV. von Charles André Vanloo.

88. Morelly, Physique de la beauté ou Pouvoir naturel de ses charmes. Amsterdam 1748. (R.)

89. Benj. Gottl. Lor. Boden (1737—1782) De umbra poetica. diss. III Witeb. 1764. — Johann Heinrich Lambert (1728—1777) Neues Organon, oder Gedanken über die Erforschung und Bezeichnung des Wahren, und dessen Unterscheidung vom Irrthum und Schein. Leipzig 1764. (R.) — Z. 19. Winckelmann I, 240.

90. Roger de Piles (1635—1709) Maler, Vf. verschiedener Werke über die Malerei, wie Cours de peinture par principes. Paris 1708. — Vgl. S. 148. — André Felibien, Sieur des Avaux (1641—95) Des principes de l'architecture, de la sculpture, de la peinture et des autres arts qui en dépendent. Paris 1669. — Gerard van Lairesse (1640—1711) Groot Schilderbock. Amsterd. 1712. Le grand livre des

peintres ou l'art de la peinture — trad. du Hollandois, Paris 1787. — Marin Mersenne (1588—1648) berühmter Mathematiker. Von ihm Harmonie universelle, contenant la théorie et la pratique de la musique, où il est traité de la nature des sons et des mouvements, des consonances, des dissonances, des genres, des modes, de la composition, de la voix, des chants et de toutes sortes d'instruments harmoniques. Paris. 1636. In lat. Uebersetzung Harmonicorum libri XII Paris. 1636. — Wilhelm Jacob van's Gravesande. Physices elementa mathematica experimentis confirmata. Lugd. Bat. 1720. 1721. — Joseph Sauveur (1653—1716) Vf. verschiedener Aufsätze über Akustik in den Mémoires de l'acad. royale des Sciences 1700 fgg., besonders Principes d'acoustique et de musique. (R.)

91. Leopold Mozart, Versuch einer gründlichen Violinschule. Augsburg 1756. — Johann Friedrich Agricola (1720—74) Tosi, Anleitung zur Singkunst, aus dem Ital. mit Anmerkungen. Berlin 1757. (R.)

94. Jean Philippe Rameau 1683—1764. Sein Hauptwerk Traité de l'harmonie réduite à ses principes naturels; divisé en 4 livres. Paris 1722. Das erste Buch Du rapport des raisons et proportions harmoniques enthält das von Herder erwähnte Princip. (R.)

105. „Drydens Timotheus" — vgl. II, 39. 367, in der Cantate „Alexanders Fest," der Citharöde, von dessen Spiel Alexander wunderssam erregt und geleitet wird; vgl. Herders Zerstreute Blätter I, 152.

106. „ohne Unsinn zu sagen, ganz Ohr" — Die Ausdrucksweise kam damals erst auf, und Fr. C. Gadebusch in seinen Nachträgen zu Frischens Wörterbuch 1763—67 (vgl. Bd. I, S. 537 zu 165) erklärt sie noch für neologisch und nicht gut deutsch; s. den Nachtrag. S. 508.

„Den Himmel öffnet" — nach Kleists „Milon" (vgl. zu S. 75) Gedichte S. 49: „Die holde Stimme hab ich lange nicht Gehört, mit welcher du mir ehedem Den Himmel öffnetest und in mein Herz Ruh und Vergnügen sangst."

109. „Wen aber, o Lycidas" — frei nach Ramlers Ode An Lycidas, vgl. S. 268. 269. 462. — „Apell der Zauberer" nach Ramlers Ode an den König, vgl. S. 263. (Gedichte Berlin 1825. I, 60. 4). (S.). — „Aedone" — In Klopstocks Ode Bardale heißt die Nachtigall ursprünglich Aedon und ihre Mutter Aedone (Sammlung vermischter Schriften von den Vff. der Bremer Beiträge I. 378): „Diesen fröhlichen Lenz lehrt' Aedone mich Meine Mutter, und sagte: Sing, Aedon, den Frühling durch." (R.)

110. „Freund, welch ein liebliches" — Sämtl. Werke ed. Körte I, 96. „An Uz" überschrieben. Herder scheint es mit einem andern Quellenliede an Kleist (Versuch in scherzhaften Liedern (I) S. 3. Werke I S. 2 verwechselt zu haben. (R.)

122. „Ein Reisender unsres Jahrhunderts — P. A. Guys, Voyage littéraire de la Grèce, ou lettres sur les Grecs anciens et modernes, avec un parallèle de leurs moeurs. 3 ème. éd. Paris 1783. I p. 160 fgg. (Lettre XIII: Les danses). (R.) Zur Entdeckung verhalfen die Zerstr. Bl. I p. XIV. — „Lucians Stück" — περὶ ὀρχήσεως. — Louis de Cahusac († 1789) La danse ancienne et moderne ou traité de la danse. à la Haye 1754. (R.)

123. Wieland, Agathon. Viertes Buch, 6 Kapitel. „Pantomimen." (R.) — Jos. v. Sonnenfels, Briefe üb. b. Wienerische Schaubühne. Wien 1768.

125. Winckelmann, Anmerkungen über die Baukunst der Alten. 1761. WW. II, 331 fgg.

127. 153. Alexander Gerard, An essay on taste. London 1759.

141. „Man lasse Krispin hereinkommen" — Crispin, lustige Person in der Komödie, pfiffiger tölpelhafter Bedienter. S. 338. Lessing VIII, 30: „Kauderwelscher könnte Crispin in der Komödie, wenn er sich für einen Mahler ausgiebt, die Kunstwörter nicht unter einander werfen."

143. Riedel, Philosophische Bibliothek, Erfurt 1768. 9 und Aufsätze für Klotzens Deutsche Bibliothek und für die Erfurtischen Gelehrten Zeitungen 1769. 70. (R.).

144. Joh. Georg Sulzer Ueber den Ursprung der angenehmen und unangenehmen Empfindungen, zuerst französisch in den Mémoires de l'acad. des sciences 1751. 2; deutsch in der Sammlung vermischter Schriften zu Beförderung der sch. W. u. K. Th. V. und einzeln, Berlin 1762; aufgenommen in Sulzers Vermischte Phil. Schr. (ed. Garve), Lpz. 1773. Th. I. S. 1 fgg. (R.).

146, Z. 12. v. u. „wie dies ist" — Das Fragezeichen nach dem „wie" der verwunderten Frage läßt Herder selten fort; nur die Verbindungen „wie? wenn" vgl. S. 252 Z. 8. v. u. — und „wie? oder" (lat. anne) kommen bei ihm häufig ohne dasselbe vor. Im ersteren Falle das Interpunctionszeichen fortfallen zu lassen, ist um diese Zeit nicht ungewöhnlich. So müßte auch in Goethes „Dem Schnee dem Regen" (Rastlose Liebe) Z. 13 nach heutigem Gebrauch interpungirt sein: „Wie? soll ich fliehen?" wie schon Herder in einer Abschrift des Gedichtes (um 1785) gethan hat.

148. „Ueber die Hauptgrundsätze der sch. K. u. W." — von Moses Mendelssohn. Zuerst unter dem Titel „Betrachtungen über die Quellen und Verbindungen der sch. K. u. W." in der Bibl. b. sch. W. u. b. fr. K. I. 2 S. 231 fgg. Dann in seinen Philosophischen Schriften, Berlin 1761. Th. II. Gesammelte Schr. I. S. 279 fgg. (R.) — „Lobspruch der Athener" — Thucyd. II, 40 (S.) — Jean Pierre de Crousaz, Traité du beau. Amsterd. 1712. — Yves-Marie André (1693—1764) Jesuit, Vf. eines Essai sur le beau 1741. (R.)

149. Charles Marguetel de St. Denis, Seigneur de St. Evremond (1613—1703) Oeuvres, Londres 1709. Amsterd. 1726. — Toussaint Rémond de St. Mard (1682—1757) Oeuvres 3 voll. à la Haye 1742, hier wol besonders wegen seines Examen philosophique de la poésie en général genannt. — François Joachim de Pierre, Cardinal de Bernis (1715—94) Oeuvres. Genève 1752. — Claude Henri Watelet (1718—86) Vf. des Dictionnaire des arts de peinture, sculpture et gravure, Mitarbeiter am Dictionnaire encyclopédique. Hier ist wol sein von Mendelssohn citirter Artikel Grâce in dem letzteren gemeint, oder sein Art de peindre, Poëme avec des Réflexions sur les différentes parties de la Peinture. Paris 1760. (R.)

153. Francesco Maria Zanotti (1692—1777) La filosofia morale. Bologna 1754. De sono in Comm. Bonon. I. (1731) (R.)

169. „Romeo's" — (Chr. Fel. Weiße) Beitrag zum Deutschen Theater. Fünfter Theil. Leipzig 1768. (R.)

171. Z. 8. v. u. „Fama des Virgils" — Aen. IV, 173 ss.

177. Julien David Le Roy, Mitgl. und Historiograph der Acad. royale d'Architecture (1724—1803) (R.) „Die Observations [sur les édifices des anciens peuples. Paris 1767] habe gelesen, aber nur einen Gedanken darin gefunden, der die große Analogie der ältesten Nationen auch selbst im Geiste ihrer Gebäude bekräftigt." An Hartknoch, Aug. 1769. Lb. II, 44.

178. αὔξησις — Longin. περὶ ὕψους c. 11.

179. Joh. Jac. Dusch, Der Schooshund, kom. Gedicht in neun Büchern. Altona 1756 (S.) — Memoirs of Mart. Scriblerus und Martinus Scriblerus περὶ βάϑους, beides von Al. Pope, gemeinschaftlich mit Arbuthnot und Swift. Nach Sam. Johnson ist Arbuthnot der Hauptverfasser. Swift ist wol am wenigsten beteiligt. (R.)

181. Z. 11 v. u. Die Quelle der „unzähligen Irrthümer" findet Herder, in einem etwa gleichzeitigen Briefe an Mendelssohn, darin, daß man den abstracten Begriff als Existenz betrachtet und realisirt hat. Lb. II, 112 fg.

183. Was Herder sprachlich über „Laune, Laun" bemerkt, hat er den lexicalischen Beiträgen von Gabebusch entnommen. „Man fänget an," bemerkt dieser (1765), dieses Wort wieder stark zu gebrauchen, um das engl. humour und das franz. humeur auszudrücken."

187. Kästner, Gesammelte poetische und prosaische Werke IV S. 137 fg. „Affenbetrachtungen." Zuerst im Anhang zu Kästners Vorlesungen in der Göttinger Deutschen Gesellschaft, Altenburg 1768. Darin wird das animal risibile (aus Martianus Capella 4, 398) erwähnt.

188 Z. 9. „Wurf des Pinsels" — nach den Maleranekdoten in Plin. N. H. 35, 10, 103. 104.

189. Heinrich Waser, Moralische Beobachtungen und Urtheile. Zürich 1757. Von Lessing besprochen im 13. und 14. Literaturbrief (Schrif-

ten VI, 28 fgg., vgl. Herder Bd. I, 505). Zwei Briefe von ihm stehen in M. Sam. Gotth. Lange Sammlung gelehrter und freundschaftlicher Briefe. Halle 1769, I S. 212—249. Seine Übersetzung des Hudibras war Hamburg und Leipzig 1765 erschienen. (R.) Von dieser Riedel, Br. üb. das Publ. S. 116: „Ich wünsche, daß der deutsche Übersetzer des Hudibras die affentheurliche, naupengeheurliche Geschichtklitterung studirt hätte; der deutsche Buttler würde noch einmal so komisch geredet haben, als er jetzt spricht." Vgl. Redlich zu Lessing IX. S. 68. (Hempel).

190. „die Hände gestemmt" — aus Ramlers Ode an den Apollo (Gedichte I, 6) vgl. S. 264 dieses Bandes. (S.) — Edward Young, The Centaur not fabulous. In six letters to a friend, or the life in vogue. 175. (?) Nicht fabelhafter Centaur. Aus dem Englischen. Leipzig 1755. (R.) — Don Sylvio — vgl. Bd. II, 324. „um den Geschmack . . . . zu bessern" — gegen Dusch, vgl. S. 278 fgg. dieses Bandes. „ein πρότερος ἔξιϑι — vgl. Bd. I, 446, 163.

193, Z. 1. Über den Scholastiker Ramon Lull († 1315) und dessen Ars magna s. Erdmann, Grundriß der Gesch. d. Phil. I, 377 fgg.

195. Apelles absoluta opera — Plin. Nat. Hist. 35, 10, 97.

196. „Pikartschen Stichen" — Gemmae antiquae caelatae, sculptorum imaginibus insignitae ad ipsas gemmas aut earum ectypos delineatae et aeri incisae per Bernardum Picart; ex praecipuis Europae Museis delegit et commentariis illustravit Philippus a Stosch. Amstelod. 1724. (R.). Die citirte Stelle steht in Riedels „Theorie" S. 230.

197. „nach gewissen Briefen" — Literarische Briefe an das Publikum. Altenburg 1769. Bf. Gottl. Bened. Schirach, Klotzianer. Vgl. Lb. II, 69.

198. „Zur Gedankenreihe" — gleichlautend Lb. II, 35 (Aug. 1769)

203, Z. 2. „neue historische Akademie" — in Göttingen unter Gatterers Leitung; vgl. Bd. III Einleitung S. XI mit Anm. 3.

Z. 2. v. u. „von den Ursachen" — Winckelmann, Geschichte der K. des Alt. Buch I, Kap. 3. WW. III, 122 fgg.

204. „Je mehr" u. s. w. — Winckelmann a. a. O. S. 127.

208. „O Phintis" — Pind. Ol. VI, 37 ss. „Sie gebar vom Zevs" — Ol. IX, 91 ss.

211, Z. 15. v. u. „feierte an" — ebenso Feierwerk in der ältesten Niederschrift der „Neujahrs=Aussichten" (I, 7 fgg.), schleibern, verschleibern, Adrastea IV, 439. VI, 244 Z. 9 v. u., Berkreiselung, Adr. VI, 190 Z. 4.

214. Geschichte des menschlichen Verstandes. Breslau 1765. Bf. Carl Friedrich Flögel, genannt auf der 2. Aufl. Breslau 1773. Vgl. Herder Bd. I, 87 fg.; die Conjectur „Goguet" S. 88[1] wird durch die Vorrede des Buchs bestätigt. (R.)

215. „Der Herr von Schmidt" — vgl. Bd. II, 373 zu 137.
217. „schön gemalte Gorgonen" — Winckelmann WW. III, 137.
225. Monstrum horrendum — nach Vergil. A. IV, 181.
230. „an den berühmten Wille" — Kupferstecher, zu dem Herder während seines Aufenthalts in Paris in freundschaftliche Beziehungen trat. Vgl. S. 436 dieses Bandes Z. 8 v. u. und Lebensb. II, 89. „Von Künstlern kenne ich Wille, bei dem ich viel Ähnlichkeit mit unserm Richter in Königsberg angetroffen, nur daß der Pariser nicht die kleinfügige Mine des Preußen hat. Er ist in P. mein bester und einziger Freund." An Hartknoch, Dec. 69. a. a. O. 124.
231. Die Abhandlungen Blairs über Ossian (vgl. S. 325) Critical Dissertation on the Poems of Ossian fand Herder im Original erst in Nantes; vgl. Lb. II, 36, wo „persische Poesien" Druckfehler f. „hersische" sein muß. Koberstein Grundriß III, 424 fgg.
234. οὐ γάρ τι γλυκύθυμος — Hom. Iliad. XX, 467.
236. „Der Königreiche Beschützer" — Klopstock, Messias, Erster Gesang (v. 647 fgg. der Ausg. v. 1798). (R.)
239.*) (H. W. v. Gerstenberg) Briefe über die Merkw. d. Lit. Zweyte Sammlung. Schleswig u. Leipzig 1766. S. 179. (R.)
243, Z. 3. v. u. Libellus de felici audacia Horatii (Opusc. p. 114—173) — Z. 1. v. u. at Lyricorum — Quintil. Instit. Or. X, 1, 96.
247, Z. 15. v. u. Libellus de Verecundia Virgilii (Opusc. p. 242—302. Vgl. Bd. III, 272 fgg.
250. Flexit ab illa — Tacit. Dial. de Oratt. c. 19.
254, Z. 14. „Curtius" — Hist. Al. M. 9, 10, 24—27. — Z. 15. „Lucian" — Deorum Dialogi XVIII (Junonis et Jovis).
255. hac iter — Verg. A. VI, 542. — ventum est — A. VI, 45.
261—271. Vgl. Bd. II, 365. 384.
267, Z. 3. v. u. „Streit zwischen ihm und seinem Freunde Selim," d. i. Gleim, wie u. a. aus dem Briefwechsel zwischen Herder und Nicolai (Lb. II, 105. 145) hervorgeht. („Ramler, der den Namen Selim später selbst in Aemil verändert hat, leugnet, daß damit eine bestimmte Person gemeint sei. Poet. Werke 1800. I S. 182." R.) — Jedenfalls haben die Berliner Freunde mit der eingeschalteten Anmerkung über die Lit. Briefe hier selbst geleistet, was Nicolai 1766, 30. Dec. von Herder gethan wünscht: „Vielleicht können Sie bei Gelegenheit anmerken, daß Sie aus sichern Nachrichten gehört, daß Herr R. nicht unter die Zahl der Mitarbeiter an den Briefen zu zählen sey." Lb. I, 2, 220.
275. Cardinal de Bernis, vgl. 491 zu 149. Bei Gisele a. a. O. ist in der Note die bezügliche Stelle aus dem „Fragment eines Gedichts wider die Freigeisterei" abgedruckt. (R.)

278—291. Vgl. Bd. I, 115—118.
287. „Sie aber, sich selbst" — Hom. Iliad. VIII, 553—63.
291. Die Chiffre Y ist durch ein Versehen fortgeblieben. (R.)
297. „Eloise an Abälard" — vgl. WB. z. sch. Lit. u. K. VI, 240. 8°, Abrastea II, 144—147. — „Biblis an Caunus" — nach Ovid. Met. IX, 446 ss.
299. τῷ δ᾽ ἤδη — Hom. Iliad. I, 250—52.
305. „Glücklicher Barde" — Ramler, Lyrische Gedichte, Berlin. 1772. S. 3. (R.) vgl. S. 262 dieses Bandes.
307, Z. 2. Johann Hübner (1668—1731) Poetisches Handbuch d. i. eine kurzgefaßte Anleitung zur Deutschen Poesie nebst einem vollständigen Reimregister. Leipzig 1696. 1712. 1720. 1731. 1742.
320. Die Ossian-Recension steht A. D. B. X, 1. 63—69. (R.)
323. επεα νιφαδεσσιν — Hom. Iliad. III, 213. 214. 222; vgl. Bd. III, 132, 193. 484.
324, Z. 12. „Moina" Schreib- oder Druckfehler für „Minona." S. die Lieder von Selma in Ossians und Sineds Liedern III S. 96 fgg. — (H. W. v. Gerstenberg) Gedicht eines Skalden. Kopenhagen 1766. Erster Gesang v. 1 fgg. (Vermischte Schriften II, S. 89 f.) (R.)
325. Die in Riga gemachten Versuche, Ossian im Klopstockischen Silbenmaße zu übersetzen, sind zum großen Teil erhalten. Es befinden sich darunter auch die in die „Volkslieder" (II, 2, 14. 15. 16) aufgenommenen Stücke, welche die neueren Goethe-Herausgeber „mit ziemlicher Sicherheit Goethe zuschreiben" (Strehlke) und deshalb unter dessen Gedichte eingereiht haben, so Strehlke in der Hempelschen Ausgabe der Gedichte III, 373—378, Karl Goedeke in der „Vollständigen Ausgabe in zehn Bänden." Stuttgart 1875. I, 910—913, Michael Bernays in dem „Jungen Goethe" I, 286—292. Es sind wiederholte Versuche mit den vielfachsten Variationen und Correcturen; man sieht, wie die Nachdichtung unter Herders Feder allmählich zu Stande kommt, so daß über sein Eigentumsrecht nicht der mindeste Zweifel bleibt. Das weitere darüber gehört der Einleitung und den Anmerkungen von Band V zu. Vgl. Lebensbild III, 152. 242—251. 308. 327 fg. Nur zu „Darthulas Grabesgesang" (W. L. II, 2, 14) hat sich bis jetzt kein Msc. gefunden.
326, Z. 7. Des Herrn Justizrath Ludwig von Heß Satyrische Schriften, herausgg. durch S****. Hamburg 1767. (R.)
330. informem terris — Tacit. Germ. c. 2. (S.) — Z. 13. v. u. Arminius und Thußnelda. Des ersten Theiles erstes Buch. Anfang. (Leipzig 1689. I. S. 5 fg.) (R.)
331. ubi militem — Tacit. Ann. I, 2.
332, Z. 4. v. u. „ei wenn" — G. Th. Hoffheinz Über den ostpreußischen hochdeutschen Dialect. Königsberg 1872. S. 14 „Es giebt hier ein

curioses Wörtlein ei. Dasselbe ist 1) eine Interjection der Verwunderung ... 4) ist es ein Zeichen des Angebots eines Gegenstandes unter der Voraussetzung, daß ein anderer mißfallen oder noch nicht genügt habe. So bieten die Verkäuferinnen auf Märkten stets mit ei ihre Waaren feil: ei wallnüsse! ei pfefferkuchen! 5) mit wenn verbunden, bedeutet ei die Frage, was geschehen solle, wenn ... ein vorausgesetztes Ereignis nicht zutrifft. Falls eine Spazierfahrt verabredet ist, sagt man: ei wenn es regnet, wo das ei die Frage ersetzt: was werden wir dann thun?" — Herder hat dies, vielleicht auch in Livland übliche, ei nicht bloß in seinen Briefen (wie Lb. II, 106) sondern auch in den Werken der sechziger Jahre: Bd. III, 358 Z. 9—11. IV, 346 Z. 5. 354, Z. 19. 424, Z. 6. v. u. 485, Z. 19. (Beispiele für die Bedeutungen 4 und 5; die an erster Stelle angeführte Verwendung ist wol nicht specifisch ostpreußisch).

326—333. Vgl. Bd. II, 375, 33. 380.

333, Z. 8 v. u. Übersetzer Joh. Sam. Patzke, damals Prediger in Magdeburg, unter Mitwirkung von Joh. Eustachius Goldhagen. (R.)

339, Z. 7. „um einen Gelehrten aufzubringen" — den Orientalisten Michaelis; vgl. Bd. I. Einleitnng S. XXX. — Z. 15 „das Wort Torso;" vgl. Lessing, Schriften VIII, 41.

340, Z. 1—3. Die Schlußworte (auch 339 letzte Zeile) sind denen von Lessings Vorrede zu den Abhandlungen über die Fabel nnwillkürlich nachgebildet. Schriften V, 358.

340. 341. Von dem Druck des „Avertissements" in der A. D. B. erfuhr Herder erst in Frankreich durch Hartknochs Brief, Lb. II, 140.

345, Z. 8. „war [für] mich zu enge" — „Auch das norddeutsche mich als Dativ I, 130 konnte immer im Texte stehen bleiben, denn es ist wirklich Herderisch, s. z. B. Aus Herders Nachlaß 3, 96, Herders Reise nach Italien S. 63." Aus der Recension von Band I. II. III dieser Ausgabe im Literarischen Centralblatt 1878 Nr. 18 S. 620. (R. H.) In der ersten Stelle, die der Recensent anführt, („Die — mich begegnete") — ist begegnen (nach rencontrer) transitiv construirt, wie auch sonst bei Herder, und wie sehr häufig „vorbeigehen" (praeterire), ja einmal sogar „gehen" = passer (III, 370 Z. 7). vgl. Lb. I, 2, 63 „die Zeit passiren". Transitiv ferner gebraucht Herder Verba wie „gnügen" (Bd. II, 280 Z. 16: Kunstrichter gnügen), „sich erinnern" Lb. I, 2, 456. WW. z. R. u. Th. IX, 222, Z. 2., und Verbindungen wie „überdrüssig werden" III, 76, 110; „ansichtig werden," II, 90, 227; „habhaft werden" z. B. im Manuscript der „Briefe das St. b. Theol. betr.": „Wenn Sie das mittlere (Buch) habhaft werden („gestrichen: erhaschen) können" (ebenso die Amtssprache der „Rigischen Anzeigen" um 1765 z. B. „Wer den entloffenen habhaft wird") —. Ich glaube daher, daß auch I, 130 „mich," wenn Herder so geschrieben hat, wirklich Accusativ sein soll, indem für „Gelegenheit geben zu" ein Verbum wie „veranlassen zu" vorschwebte. In der zu zweit angeführten Stelle: „Mich hat, wie er (der Erzbischof) lebt und wie er schläft, sehr behaget," halte ich „mich" ebenfalls syntaktisch für den Accusativ; Herder wird „es behagt" hier einmal wie „es ekelt" construirt haben: mit dem Accusativ z. B. Auch eine Philosophie S. 22 Z. 3 v. u., mit dem Dativ, ebenda S. 23 Z. 2 „dem Knaben ekelte;" vgl. Adrastea IV, 351 Z. 6. v. u. „ohne daß die Gesellschaft widernd daran Theil nehme; VI, 87 Z. 8. v. u. „Ich fürchte, es widert, es erbittert, ohne zu heilen" (beidemal transitiv gedacht). — Transitiv also wird wahrscheinlich auch S. 363 Z. 19 „mich anzugewöhnen" (se assuefacere) gebraucht sein. Nach dem allen schien es rätlich, das „für," welches Herder unmittelbar danach in der gleichen Verbindung anwendet, auch hier in den Text zu setzen.

345, Z. 5. v. u. „Abschiedspredigt" — gedruckt in den WW. z. R. u. Th. X, 280 fgg. und im Lebensbild I, 2, 454—485. Über den „Abschied" von Riga überhaupt und die Veranlassungen zur Reise Haym, Herder I, 1, 307 fgg. J. v. Sivers, Humanität und Nationalität S. 70. Herder in Riga S. 55.

346, Z. 2. George Lillo, The London Merchant or the History of George Barnwell. London 1731. Letzter Act. (R.) — Z. 5. Herder war Abjunkt bei der Rigaer Stadtbibliothek vom Januar 1765 an. Jegór v. Sivers, Humanität und Nationalität, Berlin 1869. S. 79. 80. (S.) — Die genannten franz. Historiker sind: Charles Jean François Hénault (1685—1770) Bf. des Abrégé chronologique de l'histoire de France, Paris 1744, das für verschiedene der folgenden Werke Muster gewesen ist. Paul François Velly (1709—59) Bf. einer Histoire de France, Paris 1755—62. Charles Hugues Lefebre de St. Marc (1698—1769) Bf. des Abrégé chronol. de l'hist. d'Italie. Paris 1761—70. Jacques Lacombe (1724—1801) Verfasser mehrerer Abrégés chronol. z. B. der histoire ancienne, du Nord, d'Espagne et de Portugall — Gabriel François Coyer (1707—82) Bf. einer histoire de Jean Sobieski. Amsterd. 1761. — César Vichard de St. Réal (1639—92) Bf. einer Schrift De l'usage de l'histoire, Par. 1761 u. f. w. (Oeuvres compl. Paris 1759) — Charles Pineau Duclos (1704—72) Bf. einer Hist. de Louis XI und der Mémoires sur les moeurs. Par. 1751. — Simon Nicolas Henri Linguet (1736—1794) Histoire du siècle d'Alexandre, Amsterd. 1762. (R.)

346. Nicolas Louis de La Caille (Herder schreibt zuweilen falsch Le Caille, wie S. 362) † 1762 in Paris, berühmter Mathematiker und Astronom. Von ihm z. B. Sur l'observation des longitudes en mer par le moyen de la lune. Paris 1759. Weit verbreitet waren seine nau=

tischen Almanache. Vgl. S. 362. — John Keill (1671—1721) Prof. der Astronomie zu Oxford (Introductio ad veram physicam et veram astronomiam. Er beschuldigte Leibniz die Infinitesimalrechnung von Newton entlehnt zu haben) — Edme Mariotte (Herder schreibt falsch Mariette) † 1648 als Mitgl. der Akad. d. Wiss. zu Paris. Berühmter Physiker (Mariotte'sches Gesetz, Mariotte'sche Röhre). — Evangelista Torricelli (H. schr. Toricelli († 1647) Nachfolger Galileis, Erfinder des Barometers. — Jean Antoine Nollet († 1770), berühmter Physiker, Entdecker der Diffusion vgl. S. 350. 374. 394. — Beaumelle, vgl. Bd. I, 102. 103.

349, Z. 2. v. u. „Gespielin meiner Liebe" — Madame Busch in Riga, „la plus digne de son sexe que j'aime et que j'adore de toute mon âme" nennt sie zu dieser Zeit Herder in einem Briefe an Begrow. Lb. II, 79, vgl. 83. 88 fg. S. 439 fg. dieses Bandes. Haym, Herder I, 1, 77.

351. Tournefort — vgl. Bd. III, 260. 488. — Erik Pontoppidan (1678—1764) compilirte ein Theatrum Daniae veteris et modernae, Brem. 1740. Gesta et vestigia Danorum extra Daniam. Lips. et Hafn. 1740. 41. (R.)

352. Joh. Ihre, Prof. zu Upsala, Vf. des Glossarium Suio-Gothicum. Upssalae 1769. — Z. 4. v. u. Des großen Sinologen Joseph de Guignes (vgl. S. 353. 379) „Hypothese" ist zu finden in seinem Essai sur le moyen de parvenir à la lecture et à l'intelligence des hiéroglyphes égyptiens, Mém. de l'acad. XXXIV. p. 1 fgg. (R.)

353. Hiob Ludolf (1624—1711) Vf. einer Gramm. linguae Aethiopicae. Lond. 1661, einer Hist. aethiopica s. Descriptio regni Habessinorum 1681—94. — „Starken" — wahrscheinlich der Orientalist Heinrich Benedict Starke, (1672—1727) dessen Lux grammaticae ebraeae noch 1764 neu herausgegeben war. (R.)

354. „Maupertuis Leiter" — wol in Pierre Louis Moreau de Maupertuis Système de la Nature 1751. zu suchen. (R.)

357, Z. 2 fg. „um sündige Haine zu schlagen" — nach Horat. C. 1, 12, 59. (S.) — Christian Tobias Damm (1699—1778) Rector des Cölnischen Gymnasiums zu Berlin. Unter seinen zahlreichen Schriften (vgl. III, 451) auch: Einleitung in die Götterlehre und Fabelgeschichte der ältesten Griechischen und Römischen Welt. Berlin 1763. — Antoine Banier (1673—1741) La mythologie et les fables expliquant l'histoire. Paris 1738—40. (R.) — Ezechiel Spanheim — vgl. III, 495. „Aus Ez. Spanh. Commentar. in Callimach."; der viel mythologische Gelehrsamkeit enthält, ein Auszug (1 Bl. 4º) bei den Rigaer Papieren.

358. „Virgils verwandelter Mast" — unklare Erinnerung an Vergil. A. IX, 117 ss., wo die Schiffe des Aeneas in Nymphen verwandelt werden:

(v. 119) delphinumque modo demersis aequora rostris ima petunt. „Lucianische Reisebeschreibungen" wahrscheinlich in der ἀληθής ἱστορία L. II.

359. John Mandeville, geb. um 1300 † 1372. Sein seltsames Reisebuch The voiage and travaile of sir John Mandeville knight, which treateth of the way to Hierusaleme and of the Marvayles of Ind with other islands and countries ist neu gedruckt Lond. 1725. (I ed. 1499). Es ist voll wunderlicher Sagen, darunter auch von Teufeln, die den Reisenden Feuer auf den Kopf speien. (R.)

361. Hermann von der Hardt (1660—1746) Prof. der orientalischen Sprachen zu Helmstädt, Vf. unzähliger Schriften. Seine tollste „Hypothese" ist die der Abstammung aller orientalischen Sprachen aus dem Griechischen. (R.) — Jacob Bernoulli (H. schreibt den Namen falsch) geb. 1654 † 1705 in Basel als Prof. der Math., der älteste in der Reihe der berühmten Mathematiker dieses Namens. Seine Ars coniectandi gab sein Neffe Nicolaus Bernoulli I († 1759 in Basel) heraus.

362. Pierre Bouguer, Prof. der Hydrographie, Mitglied der Pariser Acad. der Wiss. † 1758. Von ihm: Traité du navire etc. Paris 1727. Nouveau traité de navigation 1753. Sur les opérations nommées corrections par les pilotes 1752 und viele andere Abhandlungen über Nautik. Vgl. S. 362.

365. Jacob Brucker, Pastor zu Augsburg, Vf. der „Kurzen Fragen aus der philos. Historie von Anfang der Welt bis auf die Geburt Christi. 7 Theile. Ulm 1731—36; Bearbeiter des Neuen Testaments (6 Theile, Leipzig 1766—70) in dem sogenannten englischen Bibelwerk. (R.)

367. 368. „Ein Journal der Menschenkänntnisse" — Der Plan zu einem „Jahrbuch der Deutschen Literatur zum Behuf des Studiums der Menschheit" ist skizzirt auf einem Blatte, das man mangelhaft im Lebensbilde II, 490. 491 abgedruckt findet. Erst in den „Briefen zu Beförderung der Humanität" gedieh er zur Ausführung. Vgl. S. 439 Z. 8 v. u. — Über Foster vgl. Bd. III, 487 zu 233. — „Der Christ in der Einsamkeit" — erbaulich moralische Zeitschrift.

368. „Ein Buch zur Menschlichen und Christlichen Bildung" — S. 376. 381 kurz „Catechismus der (zur) Menschheit" (Humanität) genannt Über die Absicht ein solches Buch zu schreiben hat Herder schon in Riga etwas verlauten lassen. In einem Briefe von Hehn an Gadebusch (mir mitgeteilt von G. Bertholz in Riga), dat. Riga 18. Aug. 69, heißt es unter andern Nachrichten über Herder: bei seiner Ankunft, d. h. Rückkunft nach Riga werde der Catechismus der Menschheit gewiß vergessen sein.

371. Anton Friedrich Büsching, Director des grauen Klosters zu Berlin von 1766—1793. — Hecker, erster Rector der „ökonomisch=mathematischen

Realschule" zu Berlin (1707—68) (S.) — Martin Ehlers (1732—1800), Freund des Klopstockschen Kreises, als umsichtiger Schulmann in Segeberg, Oldenburg, Altona thätig, zuletzt Prof. in Kiel. Vf. der Gedanken von den zur Verbesserung der Schulen nothwendigen Erfordernissen. Altona 1766. (R.)

373. „Hoffmanns Kinderphysik" — wahrscheinlich ist Friedrich Hoffmann, Physicus in Halle († 1742) gemeint. — Georg Rothe, Lehrer der Mathematik am Gymnasium in Görlitz, Kurzer Begriff der Naturlehre. Görlitz 1754. (S.) — Baumeister, vielleicht der S. 391 genannte Görlitzer Rector Friedr. Christian B. (1709—85), der oft gedruckte Elementa recentioris philosophiae, usibus iuventutis scholasticae accommodata geschrieben hat. (R.)

377. Swammerdam — vgl. III, 260. 488. — „Röseler" — vielleicht Gottlieb Friedr. Rösler, Prof. der Math. und Phys. zu Stuttgart (1740—90), Vf. naturgeschichtlicher Werke, oder (Redlich) der durch seine „Insektenbelustigung" 1746—61 bekannte August Johann Rösel (1705—1759).

378. Johann Simon Lindinger (1723—84) Charaktere denkwürdiger Nationen. 2 Theile. Halle 1756. 57. — Dodsley, Der Lehrmeister, oder allgemeines System der Erziehung; aus dem Englischen (Dodsley's) 2 Theile. Lpz. 1762—65. — „Pikard" — gemeint ist der Maler Bernard Picart (1673—1733) mit seinen Cérémonies et coutumes religieuses de tous les peuples du monde. Amst. 1723. (R.)

379. Humphrey Prideaux (1648—1724) The Old and New Testament connected in the history of the Jews and neighb. nations. London 1716. — François Augier de Marigny († 1762) Histoire des Arabes sous le gouvernement des califes. Par. 1750 (Deutsch von Lessing). Histoire des Révolutions de l'empire des Arabes. Par. 1751. 52. — „Mallet" — wahrscheinlich Alain Manesson Mallet (1630—1706) Description de l'univers, contenant les différents systèmes du monde, les cartes générales et particulières de la géogr. anc. et mod. et les moeurs, religion et gouvernements de chaque nation. Par. 1683. — Thomas Shaw (1692—1751) Travels and observations rel. to several parts of Barbary and Levant. Oxf. 1738. (vgl. Bd. I, 81—87) — Richard Pococke (1701—1765) Vf. von A description of the East and some other countries. Lond. 1743—45. — Jean Baptiste du Halde (1674—1743) Description géogr. et hist. de l'empire de la Chine et de la Tartarie chinoise. Par. 1735. — Engelbert Kämpfer (1651—1716) The history of Japan together with a description of the kingdom of Siam written in highdutsch by E. Kaempfer and transl. from his orig. mscr. never before printed by J. G. Scheuchzer. Lond. 1727 (Deutsch ed. C. W. Dohm, erst 1777). Joseph de Guignes (1721—1800) Hist. génér.

des Turcs, des Mogols etc. Par. 1756—58. — Jean Baptiste Tavernier (1605—89) Six voyages en Turquie, en Perse et aux Indes. Par. 1676—79. — Linguet; vgl. zu S. 346. — Gabriel Bonnot de Mably (1709—85) Observations sur l' histoire de la Grèce. Gen. 1766. (R.) — Abbt; vgl. Bb. II, 371 zu 113. — Boßvet; vgl. III, 497 zu 454.

380. Friedrich Eberhard Boysen (1720—1800) Die allgemeine Welt=historie in einem vollst. und pragmat. Auszuge. Alte Historie I—X. Halle 1767—72. Allgemeines historisches Magazin. Halle 1767—70. — Guillaume Alexandre de Mehegan (1721—66) Tableau de l' histoire mod. depuis la chute de l'empire occidental jusqu'à la paix de Westphalie. Par. 1766. — Johann David Michaelis (1717—91). Seine „Einleitung in die göttl. Schriften des N. Bundes" erschien zuerst Göttingen 1750; seine „Teutsche Übersetzung des A. T. mit Anmerkk. f. Ungelehrte" in 13 Theilen Gött. 1769—86. (R.)

381. Johann Gottlob Carpzow (1679—1767) Critica sacra veteris Testamenti, Lips. 1728. — Joh. H. Dan. Moldenhawer (1709—90) *Introductio in libros sanctos vet. et novi Test., Regiom. 1736, anonym; die zweite Aufl. mit verändertem Titel 1745 unter seinem Namen. (R.)

382. 384. Joh. Georg Sulzer (1720—1779) Kurzer Begriff aller Wissenschaften und anderer Theile der Gelehrsamkeit, u. f. w. Leipzig 1745. 1759. 1760. u. f. w. (R.)

383. 391. Halle; vgl. Bd. I, 389. 545.

385. Joh. Matth. Gesner (1691—1761) Primae lineae isagoges in eruditionem universalem, nominatim philologiam, historiam et philosophiam, in usum praelectionum ductae. Gott. 1757. 1760 u. f. w. (R.)

391. Ehrenfried Walter Graf von Tschirnhausen (1651—1708), berühmter Mathematiker und Physiker, auswärtiges Mitglied der Pariser Acad., Erfinder der Brennlinie, der kupfernen Brennspiegel u. f. w. Von ihm Medicina mentis et corporis s. tentamen genuinae logicae in qua diss. de methodo detegendi incognitas veritates. Amst. 1687. (R.) — Bourdaloue; Herber schr. f. Bourdeloue. — Baumeister; vgl. zu S. 373. — Joh. Gotth. Lindner (1729—76) Prof. der Dichtk. in Königsberg. „Anweisung zur Teutschen Schreibart, nebst Beispielen. Königsb. 1755. (R.) — „Gellert elend" — vgl. II, 343. 344. — „ein Kaufmann, wie H." — höchst wahrscheinlich Hartknoch, Herders Freund und der Verleger seiner Schriften. Der natürliche, reine, kräftige Stil seiner Briefe an Herber (gedruckt im Lb. und in der Sammlung Von und an Herber II) ist ein Muster geschäfts=männischen Ausdrucks.

392. Johann Georg Estor (1699—1773). Unter seinen zahllosen juri=stischen Schriften (er war Prof. in Gießen, Jena, Marburg) auch „Nützliche

Sammlung zur Erkennung der ächten und reinen juristischen Schreibart. Marb. 1746. (R.)

395. P. Restaut (1696—1764) Principes et raisons générales de la gramm. fr. Par. 1730. — Ant. Arnould, Jansenist, mit Claude Lancelot Vf. der sog. Grammatik par Mrs. de Port-Royal: Gramm. génér. et raisonnée, contenant les fondements de l'art de parler, Par. 1660. Vermehrt mit Noten von Charles Pineau Duclos (1704—72) Paris 1754. François Seraphin Regnier des Marais (1632—1713) Vf. des Traité de la gr. fr. Par. 1705, der Hist. de la gr. fr. Paris 1706 u. f. f. — Mit Clement (vgl. 415. 416. 428. 430. 432. 448.) scheint der Kritiker Jean Marie Bernard Clément (1742—1812) gemeint. (R.)

396. Ant. Friedr. Büsching Liber Latinus in usum puerorum Latinam linguam discentium editus. Berol. 1767. ff. — Selectae e profanis scriptoribus historiae, rec. et praef. adiecit Joa. Frid. Fischer. Lips. 1765. Der Vf. (1724—99) war Conrector, später Rector der Leipziger Thomasschule u. Prof. (vgl. I, 299, 283) (R.)

398. „Hällische Grammatik" Johann Juncker (1679—1750) Arzt, Vf. der „Verbesserten und erleichterten griech. Gramm. in deutl. Regeln abgefaßt." Halle 1705. Sie erlebte unter dem Namen „H. Gr." in einem Jahrhundert 32 Auflagen. (R.) — „Botanische Sprache" — vgl. Bd. I, 272.

401. „Freimäurer=Loge" — Herder war seit 1766 Mitglied (Bruder Redner u. Sekretär) der Loge „Zum Schwerdt" in Riga. S. Haym, Herder I, 1, 106. Ebenda über die Reste seiner Logenreden in einem Studienhefte. (Die von mir hergestellte Lesart war Haym a. a. O. bekannt). Gedruckt ist die „Trauerrede v. Br. Herder auf den Hofrath Dr. Handtwig, Meister vom Stuhl der Loge zum Schwerdt in Riga" 1767; erwähnt im Maurerischen Herder=Album, Darmstadt 1845. S. 134. Ich habe sie bis jetzt nirgends aufgefunden. Durch Übermittelung derselben wäre der Ausgabe ein sehr dankenswerther Dienst erwiesen. — „Kampenhausen" — vgl. S. 408. Regierungsrath v. Campenhausen in Riga, der im Auftrage der „Krone" mit Herder verhandelt hatte. Ein Brief von ihm an Herder bezüglich der Berufung an das Lyceum (21. April 1771) VAH. II, 16.

403. Außer der S. 469—478 abgedruckten skizzirten Ausführung bezieht sich auf den Plan des „politischen Werkes" eine unvollständige schematisirte Übersicht des Inhalts, abgedruckt im Lebensbilde II, 485—491.

403. Die Materialien zu dem „politischen Werke," so weit sie aus Rußland zu beziehen waren, verzeichnet Herder in dem Briefe an Begrow, Nov. 1769: a) Schlözers Annalen von Rußland [Aug. Ludw. Schlözer, Russ. Ann. Th. I. 1767. russisch. Probe Russischer Annalen, Bremen u. Gött. 1768. (R.)]. b, desselben Leben Katharinens c, desselben Beilagen [Beilagen zu dem Neu veränderten Rußland, 1. Th., Riga 1769. (R.)] d, insonder-

heit das Gesetzbuch der Kaiserin e, alsdenn Millers Sammlungen von Rußland [Johann Peter Miller, 1725—89 (R)] f, Büschings Abhandlungen g, Büschings Magazin h, Büschings Geographie, 1. Theil von Rußland [Neue Erdbeschreibung, 11 Theile, Hamburg 1754—92.] i) Büschings Ausgaben von Voltaires Leben Peters k, Lomonossows Russische Geschichte." „a. b. c. d. f. und i sind sein (Hartknochs) eigner Verlag." Lb. II, 85. 86. — „Ein Buch von Schlözer s. t. Merkwürdigkeiten finde ich nicht. Vielleicht ist damit sein „Neu verändertes Rußland," 1 Th. Riga und Mitau 1767 gemeint, das wie die Beilagen pseudonym unter dem Namen Joh. Joh. Haigold's erschienen ist." R.

402—4. Über das Gravitiren Rußlands nach dem Schwarzen Meere und nach Asien, über die einstige Cultur dieser Gegenden — s. Abrastea II, 61—82. Ebenda die Beobachtungen über den Russischen Nationalcharakter in ausgereifter Gestalt.

405. 406 „in der Verbrüderung zertheilt" — die Präposition drückt hier (wie im Lat.) aufs kürzeste den aufgehobenen Widerspruch aus. Die Stelle ist von Jegór v. Sivers richtig gedeutet in der mehrfach citirten Säcularschrift 1768/9 S. 79. „Ein großes Wort", bemerkt er dazu, „das Bismarck erfüllen zu wollen scheint." — Über Friedrich d. Gr., seinen Antimachiavell und seinen vermeintlichen Macchiavellismus verwandte Urteile noch in „Auch eine Philosophie" 174 fg. 181 sgg.; vgl. Fünfzehn Provinzialblätter S. 22—24. Später rein anerkennend und bewundernd: Briefe zu Bef. d. Hum. V, 2. Abth. S. 6—8. 15 sgg. Zerstreute Blätter IV, 155. Schließlich über die Bedeutung der „Staaten des Königs von Preußen" für ganz Deutschland und „die ganze Menschheit" die mit wunderbarer Sehergabe geschriebene Stelle Abrastea III, 104—105. (a. 1802). — 405. Die angeführten akademischen Preisschriften und Vff. (nach R.): Andreas Peter le Guay v. Prémontval, 1716—64) Du hazard, sous l'empire de la providence, pour servir de préservatif contre le fatalisme moderne. Berlin 1755. Johann Heinrich Gottlob v. Justi († 1771) Nichtigkeit und Ungrund der Monaden. Halle 1748. Adolf Fr. v. Reinhard (1726—83) Vergleichung des Lehrgebäudes des Herrn Pope von der Vollkommenheit der Welt mit dem System des Herrn v. Leibniz, nebst einer Untersuchung der Lehre von der besten Welt. Leipzig 1757. (Preisschr. v. J. 1755, über deren Aufgabe Lessing und Mendelssohn in Pope ein Metaphysiker! gespottet hatten). — „die jetzige Aufgabe" — Herder an Hartknoch, Oct. 1769: „Ich denke folgendes Jahr, wills Gott! und gute Bibliotheken auf meinen Reisen über eine Preisfrage zu wetteifern, über die der Berl. Akad.: Comment est-il à expliquer, que des hommes abandonnés à leurs facultés, se forment une langue? eine vortreffliche, große und wahrhaftig philosophische Frage, die recht für mich gegeben zu sein scheint." Lb. II, 76. — Z. 3. v.

u. Le Grange (falsch geschr. wie Le Caille) Joseph Louis Lagrange (1736 geb. in Turin † 1813 in Paris) berühmter Mathematiker, Mitglied der Academie der W. und Director ihrer mathematischen Klasse (an Eulers Stelle) von 1766—1787; seit 1787 in Paris. Mitgl. der dortigen Acab. d. W.), später Senator.

407. Z. 2. Johann Peter Willebrand (1719—86), dän. Regierungsrath zu Glückstadt, dann Polizeidirector zu Altona, Vf. der „Hansischen Chronik, aus beglaubten Nachrichten zusammengetragen," Lübeck 1748, und der „Betrachtung über die Würde der Teutschen Hansa, auch über den Werth ihrer Geschichte." Hamburg 1768. (R.)

408. Tesch, Schwarz, Berens — die Häupter von Rigaer Patrizierhäusern, in dem Briefwechsel aus dieser Zeit oft genannt; ihr freundschaftlicher Verkehr mit Herder lebt in kleinen literarischen Denkmälern von seiner Hand fort. (Drey moralische Lieder dem moralischen Schwartz und Berensschen Brautpaar zum freundschaftlichen Denkmahl verehret. den 11. Nov. 1768. Riga, gedruckt mit Frölichschen Schriften. 4 Bl. 8°. Das zweite: „Wiegenlied. Schlaf deines Lebens erste Zeit" ist von Herder. Besonders aber der 80. Humanitätsbrief, VI, 184—198, ein Ehrendenkmal für Johann Christoph Berens, den „edlen Bürger und Senator," den Vf. der „Bonhommien, geschrieben bei Eröfnung der Rigischen Stadtbibliothek" (über die größtenteils die Br. 77—79, S. 138—183 handeln) und für Johann Christoph Schwarz, Bürgermeister des alten Rathes derselben;" zugleich für „manche vortrefliche Charaktere ihrer eblen Geschlechter." Vgl. auch das Bd. I, Einleitung S. XXIII Z. 3. v. u. genannte Denkmal für eine gleichfalls in der Correspondenz oft erwähnte vornehme Bürger=Familie. — Z. 7. v. u. André Morellet (1727—1819) Vf. zahlreicher nationalökonomischer Schriften (R.). „Hier ist das Wichtigste, daß der König die Ostindische Kompagnie aufgehoben: wollen Sie die darüber gewechselten Schriften lesen: so haben Sie des Abbts Morellets Memoire sur la situation actuelle de la Comp. des Indes zuerst und als die Hauptschrift, und seine beiden Gegner Necker und Grafen Lausagnais zu lesen." An Hartknoch, Aug. 1769. Lb. II, 61.

409. Le Commerce de la Hollande ou Tableau du commerce des Hollandois dans les quatre parties du monde p. l'auteur des Interêts des nations de l'Europe etc. S. Einleitung S. XVII. Chap. I. Du Commerce de la Holl. en general. Les moyens de relever ou de soutenir les branches du comm. Chap. II. De la Compagnie des Indes-Orientales. Chap. III. De la Comp. des Indes-Occidentales. Chap. IV. De la Societé de Surinam et de la Colonie de Berbices. (9 eng beschriebene Bl. 8°). Nach dem Vf. erkundigt sich Herder im Br. an Hartknoch, Aug. 69. „Was meinen Sie, ob das Werk nicht für unsere Zeiten, wo alles commer=

zirt, vom Könige bis zum Oberpastor, zu übersetzen wäre; oder wenn das nicht, wegen seines zu particularen Inhalts, nicht wenigstens das Interêt des nations von demselben Vf.?" Er macht sich zu gleicher Zeit selbst an die Übersetzung; der Anfang, ein Blatt im Format des Reisejournals, ist erhalten. „Commerce de la H. hat Dobsley mir auch weggefischt," klagt dann der Verleger in seinem Briefe, Dec. 69. Lb. 43. 140.

412. Z. 13. Die 1727 zu Cortona errichtete Etruskische Akademie publicirte Roma 1755—91 Saggi di dissert. accad. lette nella Accad. di Cort. (R.)

413—420. Was hier über Frankreich, die Franzosen, das Jahrhundert Ludwigs des XIV scharf bemerkt, geistreich hingeworfen wird, hat seine völlige Ausbildung erhalten im 1. Teil der Abrastea S. 22—150, so wie in einzelnen Abschnitten des zweiten Teils „Früchte aus den sogenannt= goldenen Zeiten des achtzehnten Jahrhunderts.

414. Z. 5. Herder bezieht sich hier (wie S. 421. 424) auf die in der Bibliothek zu Nantes vorfindliche Sammlung der f. g. Ana. — Z. 7. Jean Baptiste Lully (1733—87), der berühmte Gegner Glucks, geb. in Florenz. (R.)

416—420. Vgl. Abrastea I, 30—34. „Ist Eitelkeit das Principium einer Staatsverfassung?

417. „Thomas" — vgl. S. 440. 462—64. Antoine Léonard Thomas (1732—85) Vf. des Eloge du Maréchal de Saxe 1759, du chancelier d'Aguesseau 1760, de Sully 1763, de Descartes 1765, du Dauphin 1766. (R.) Wie tief sich Herder damals von dem aus Thomas nicht erst gewonnenen, aber bekräftigten, Dogma von einem, von seinem Genius durchbringen ließ, beweisen auch Stellen seiner Correspondenz, wie Lb. II, 76. 120. („sokratischer Dämon"). — Z. 2. v. u. Über Rochefoucault (H. schr. meistens f. Rochefaucault oder — faucoult) und seine „Hauptmaxime" siehe Abrastea I, 307. 334.

420. „der dicke B." — wahrscheinlich der Obersecretär des Raths Anthon Bulmerincq, welcher die Resolution auf Herders Gesuch um Enthebung von seinen Ämtern, den 8/19 Mai 1769 ausgefertigt hat. Lb. I, 2, 453.

421. Z. 5 v. u. Guillaume de Brebeuf (1618—61) aus Torigny oder Rouen parodirte den Lucan (vgl. S. 430) La Pharsale de Lucain ou les guerres civiles de César et de Pompée en vers français, Leide 1658. Poésies diverses. Par. 1662. Eloges poétiques Par. 1661. (R.)

424. „Algarotti" — Graf Francesco Alg. (1712—64) (R.) „in Absicht auf Horaz" — unter seiner Lectüre in Nantes erwähnt Herder „Algarotti über Horaz" (Lb. II, 62) und bei seinen Papieren findet sich noch ein Blatt 4° französisch geschrieben: Essai sur la vie d'Horace

d'après Mr. Algarotti. — Z. 11. „Klotz von Tyrtaeus" — vgl. II, 158 fgg. Biba's Ars Poetica hat Klotz 1766 herausgegeben. — „Weiße"; vgl. II, 183. 186. 375.

428. „im Angola" — über die jungen Windbeutel von Geschmack, solche Almaire's im Angola — „spottet Herder im Br. an Hartknoch Octob. 69 — „wenn sie diesen jungen Herrn im Angola zu kennen die Ehre haben" (Lb. II, 72). Die „Angola's" erwähnt er nochmals im N. J. S. 439 Z. 5. Es muß ein Charakter aus einem Moderoman sein, von der „feinen" lüsternen Crebillon'schen Art wie das in Verbindung damit erwähnte Sopha. (Claude Prosper Jolyot de Crébillon der Jüngere. Le Sopha. A la Haye 1742. (R.))

429. Montesquieu, Lettres persanes Par. 1721. — Saintfoix, Lettres turques. — Françoise d'Jssemburg d'Happoncourt Frau v. Graffigni, Lettres d'une Péruvienne. Par. 1747 (zuerst anonym) — Andreas Michael Ramsay (1686—1743) A new Cyropaedia or the travels of Cyrus. Lond. 1727. Deutsch von Claudius, Berl. 1780. Vgl. S. 478 und III, 483 zu 71. Die „Orientalischen Erzählungen" bei Sonnenfels wären zu suchen in einer seiner Wochenschriften: Der Mann ohne Vorurtheil. Wien 1765. Eleonore und Theresie. Wien 1767. Das weibliche Drakel. Wien 1767. (R.)

430. Du Belloi (1727—75), Zelmire — vgl. Lessings Schr. VII, 82 (S.) — Jean François Marmontel (1723—90) Denys le Tyran 1748. Aristomène. 1749. (R.)

431. Z. 6. Jean Antoine du Cerceau (1670—1730) Réflexions sur la Poésie française. (R.) — Diderot in der Lettre sur les sourds etc., die Herder schon zu seinem Kapitel über die Inversion in den Fragmenten benutzt hat, selbst bis auf das Beispiel „Fleuch die Schlange!" u. s. w. Vgl. Bd. I, 191. — Z. 13—15. Vgl. Bd. I, 236 und die Anmerkung dazu S. 539.

432. 433. Vgl. 479—486. 432. „Yorik" — Vgl. den Brief an Hartknoch aus Paris, Nov. 69: „Sie können nicht glauben, wie oft Yorick im Schandy, und in seinen Sentimental-Träumen der französischen Nation bis auf Herz und Busen gegriffen hat." (Lb. II, 89). — Pierre Claude Nivelle de la Chaussée (1692—1754) Erstes Stück: Préjugé à la mode 1735. (R.) vgl. Lessing VII, 93. fg.

433. Z. 8 v. u. Auf „Wahrzeichen" und Vorbedeutungen achtet Herder mit einer Art von Aberglauben noch auf der Italienischen Reise. Vgl. seinen Briefwechsel mit Caroline in „Herders Reise nach Italien." 1859. S. 123.

434. Z. 1—4. 436. Z. 1—2. Über die Unschlüssigkeit Herders und die durch Gustav Berens herbeigeführte Entscheidung giebt die Correspondenz

im Lebensbild weitere Auskunft. (Lb. II, 13 fg. 16. 52. 134. — „Störze" — Schon Georg Müller hat im Msc. die richtige Namensform Sturz hergestellt. Helfrich Peter Sturz (1736—79), damals Legationsrath in Kopenhagen, mußte als Freund Klopstocks und Gerstenbergs, als Mitarbeiter der Schleswigschen Briefe über die Merkwürdigkeiten der Lit. für Herder hohes Interesse haben, außerdem wol auch wegen der Reise, die er 1768 im Gefolge des Königs von Dänemark nach Frankreich gemacht hatte. Vgl. G. Jansen, Aus vergangenen Tagen: über Oldenburgs literarische und gesellschaftliche Zustände während des Zeitraums von 1773 bis 1811.

435. Z. 14—16. Herder an Hartknoch, Dec. 1769 aus Paris: „Von Gelehrten kenne ich Diderot, d'Alembert, Thomas, d'Arnould, Duclos, Barthelemy, de Guignes, d'Aubenton, Garnier und wie sie weiter heißen. Buffon und Marmontel sind auf dem Lande." (Lb. II, 124).

439. „Träume meiner Jugend von einer Waßerwelt" — vgl. S. 464 Z. 5. und das Widmungsgedicht der Bilder und Träume, Zerstr. Blätter III, 3. 4 (1787). „Träume der Jugend": „Ach in deinen Schooß versunken Sind die Welten, die ich trunken In dir sahe, Silbersee" (gemeint ist der kleine See bei Mohrungen). — Z. 8. v. u. „Archiven des Menschlichen Geschlechts" — vgl. S. 498 zu 367. 368.

440, Z. 5. Belisar — Roman von Marmontel 1767. — Kleists „Hymne" — vgl. III, 488 Z. 2. „Milon" — vgl. S. 489. — Z. 18—441. vgl. S. 448: Charakteristik von Monsieur und Madame Babut, in deren Hause Herder die freundlichste Aufnahme fand. Die letztere wird in der Correspondenz immer mit einem gewissen tendre erwähnt (Lb. II, 25. 78. 92. 127) — „une femme très aimable et tres estimable."

442. Der hier entwickelte Plan zu einer Dogmatik, Katechetik und Homiletik gelangt zur Reife in den „Briefen das Studium der Theologie betreffend." 1780. 1781. Die Briefform ist schon jetzt beabsichtigt gewesen. Sie wird bei Skizzirung des Inhalts in den Arbeitsheften dieser Zeit bereits vorausgesetzt. In dem einen z. B. sind zwei Sammlungen zu je zehn Briefen entworfen; in dem andern, mit der Überschrift „Zwischen Akademie und Beförderung" fünf Briefe, deren Inhalt in dem (ungedruckten) fünften Teil der „Theologischen Briefe" abgehandelt wird. Das nähere in der Einleitung des X. Bandes.

Z. 12. von u. Johann Matthias Schröckh (1733—1808) Christliche Kirchengeschichte. Leipzig 1768—1803. — Matthew Poole (Polus) 1623 —79, Sammler der Synopsis criticorum aliorumque scripturae interpretum. (R.)

444. 445. Der Verweisung auf das Collectaneenbuch kann man in den Mss. wegen der Zerstörung des Zusammenhangs (vgl. Einleitung S. XVII².) nicht mehr zur Genüge nachgehen. Die Abhandlung „Von der

Bildhauerkunst fürs Gefühl stand in einem Abschnitte des Heftes, der „Alte schwäbische Poesien" betitelt ist. Ein Blatt in der ausgerissenen Lage ist mit Übersetzung zweier Lieder aus Bodmers Minnesingern (in Riga) beschrieben: 1. Kaiser Heinrich: Ich grüße mit Gesange die süße — 2. Konrad der junge: Ich freu mich mancher Blumen roth. In ein zweites, mehrere Jahre älteres Heft war die Abhandlung Über die schöne Kunst des Gefühls eingetragen. Unmittelbar voran ging (1763/4 geschrieben) ein Auszug aus Baumgartens Aesthetik. Davon ist noch ein Blatt erhalten. Die dritte Verweisung, S. 445 Z. 1. auf das „neue Papier" mit der Signatur k (Kunst?) bleibt unklar. Eine mit k bezeichnete Lage findet sich nicht vor, dagegen etliche Blätter, meist altes d. h. aus früher benutzten Quart=heften ausgerissenes Papier, deren Inhalt sich ziemlich mit den Angaben sub 4, 1—5. deckt; so „Zur Politik und Naturlehre des Gefühls" u. s. w. Alles abgedruckt Lb. II. Vgl. Einleitung S. XVIII[2].

445, Z. 15. v. u. Giuseppe Tartini (1692—1770) Trattato di musica secondo la vera scienza dell' armonia. Padova 1754 (R.) — Voyage d'Italie. Von einem in französischer Sprache geschriebenen sehr umfänglichen Excerpt aus diesem Reisewerke sind noch sechs Bogen in zier=licher sauberer Schrift vorhanden.

446. Über den Verkehr mit dem jungen Schweden, das Vorspiel des Umgangs mit Goethe in Straßburg, insbesondere über die Art, wie dies Verhältnis sich anknüpfte, ist in dem Briefe an Hartknoch, August 1769 die Rede. Lb. II, 37. 38. „Das schätzbarste aber ist mir die Bekanntschaft mit meinem Verräther, einem Menschen von allen Anlagen, das Schöne zu kosten, wo es sich findet, von einem sehr sichern Geschmack in der Kunst, und einer großen Begierde zur Wissenschaft. Er holt mich täglich des Morgens frühe 5 Uhr vor seinen Kaufmannsarbeiten zu einer Promenade ab, . . . und sieht mich trotz seiner schwedischen Kälte für einen Genius an, der ihm hier in Nantes begegnet sei, um ihn zu erleuchten. Wenn Sie also noch etwas von meinem Enthusiasmus wissen, junge Geister zu finden, die bildbar sind: so können Sie glauben, daß ein solcher Fund einer so seltnen Seele in einem so außerordentlichen Fall noch mehr bindet, und ich liebe meinen guten Koch recht sehr." Vgl. Lb. S. 132.

447. „Ein Werk über die Jugend und Veraltung menschlicher See=len" — Herder hat es spät geschrieben. Es ist der in den Zerstreuten Blättern IV, 343—88 und auch einzeln, Gotha 1792 erschienene Aufsatz „Tithon und Aurora." Der Gedanke beschäftigte ihn auch im Januar 1769, da er in einem Briefe an Nicolai von „Lessings junger, unveralteter Seele" spricht. Lb. I, 2, 409. — Swift — vgl. Adrastea I, 298—329.

450, Z. 8. „Aristoteles" — in der Schrift περὶ ζῴων γενέσεως IV, 6. 775ᵃ 13. „Horaz" — A. P. 156—178. (S.) — „Hagedorn" — vgl. dessen Poetische Werke. Hamburg 1800. III S. 75. Das Kind. S. 76. Die Alte. S. 78. Der Jüngling. S. 79. Der Alte. (R.)

458, Z. 9. Der im Msc. undeutlich geschriebene Name des Londoner Verlegers ist Nourse, wie sich aus gleichzeitigen Notizen von Büchertiteln ergiebt.

464—469. Ein sehr sorgfältig in tabellarischer Form geschriebener „Auszug aus Montesquieu Geist der Gesetze," zehn Blätter im Format des Reisejournals, befindet sich im Nachlasse. Auf der Reise von Nantes nach Paris liest Herder bloß Montesquieu. Lb. II, 88.

469. (4) Herder hat die französische Übersetzung von Eidous benutzt, welche unter dem Titel Histoire naturelle civile et géographique de l'Orénoque etc. in drei Bänden, Avignon et Paris 1758 erschienen ist. Dieser Übersetzung lag die zweite Ausg. des Werks zu Grunde. (R.)

472. Dalin — vgl. Bd. I, 73 Z. 11. 20.

475. „Tell" — Neue Bibliothek der schönen Wissenschaften u. d. fr. K. IV, 192 (Neue Schriften aus Frankreich 1767) „Wilhelm Tell, ein neues Trauerspiel von M. le Mière, ist bis zum 3. Jänner sieben Mal hinter einander aufgeführt worden. Man tadelt mit Recht . . ., daß, indem sich der Vf. zu genau an die Geschichte gehalten, sein Stück zu viel Erzählung und zu wenig Handlung, und mehr wahres als wahrscheinliches habe, daß es mehr die Neugierde reize, als das Herz rühre." (S.) — „Dardanus," vgl. S. 484, eine tragische Oper Rameaus v. J. 1739. (R.)

477. Gilbert Burnet (1643—1715), Bischof von Salisbury, Vf. der englischen Reformationsgeschichte — vgl. Bd. I, 109—12 hat seine Reisen beschrieben in Some letters containing an account of whol seemed most remarkable in travelling through Switzerland, Italy, some parts of Germany ss. in the years 1685 and 1686. (R.)

480. Dumenil — vgl. S. 230, Z. 23. (Z. 21 l. Lecains!)

483. Mari forcé — wird wol Molieres Mariage forcé sein. — Femme juge et parti — Lustspiel von Antoine Jacob Montfleury (1640—85). (R.)

Nachtrag. 89, Z. 3. v. u. Rafael Mengs (1728—1779) Gedanken über die Schönheit und den Geschmack in der Malerei. Herausgg. von Joh. Caspar Füßli. Zürich 1762. Ein Auszug daraus „Mengs v. d. Schönheit" (1 Seite fol.) unter den Rigaer Excerpten aus Winckelmann.

106, Z. 7. v. u. „ganz Ohr" — Gadebusch a. a. O. „ganz. Man fänget an dieses Beywort auf eine im Deutschen ungewöhnliche Art zu brauchen." Darauf Beispiele aus Uz, Karschin, Gedichte. Berlin 1764, S. 85. 189. 201. („Gleim ward ganz Seele bei dem Namen Kleist, Und wird ganz Herz bei einer Sappho Scherzen"); E. Chr. v. Kleist, Werke 2, 42 u. a. „Mich deucht, man sage besser, lauter, anstatt ganz. Uz, Liebesgott, Lyr. Ged. S. 180 (1756): „Nur sein Verstand ist für uns lauter Ohr." Karschin, S. 188: „Der Schäfer stand, war lauter Ohr. S. 311: „Die Helden — stehen lauter Ohr." 332. Oder auch, wie die alten unverderbeten Deutschen, sich ausdrückten: Wenn der ganze Leib Auge wäre. 1 Cor. 12, 17."

195, Z. 12—14. Riedel bezieht sich auf die Stelle „Sine mixtura lucis nihil splendidum est" bei Seneca Epist. IV, 2, 5 (31).

207, Z. 18. Hymni Homerici IV, 53 ss.

296, Z. 14. Cl. Claudiani quae exstant, varietate lectionis et perpetua annotatione illustrata a Jo. Matth. Gesnero. Lipsiae 1759.

326, Z. 5. Eine nicht besonders glückliche Anspielung auf den Pisthetairos in den „Vögeln" des Aristophanes.

337. Eine Erwiderung auf die erste Erklärung wird erwähnt im Briefe von Hartknoch an Herder, Aug. 1769, Lb. II, 32. Herder will nicht antworten — „einer gewissen mehreren Würde wegen, die ich mir und dem Publikum schuldig bin." S. 34.

Halle, Buchdruckerei des Waisenhauses.

Printed in Poland
by Amazon Fulfillment
Poland Sp. z o.o., Wrocław